RICHERI
HISTORIARUM
QUATUOR LIBRI.

HISTOIRE
DE RICHER
EN QUATRE LIVRES,

Publiée

PAR L'ACADÉMIE IMPÉRIALE DE REIMS,

AVEC TRADUCTION, NOTES,

CARTES GÉOGRAPHIQUES ET *Fac simile* DU MANUSCRIT DE RICHER,

Par A.-M. POINSIGNON,

Ancien professeur d'histoire et censeur des études, docteur ès-lettres
et membre de l'Académie.

REIMS,

P. REGNIER, IMPRIMEUR DE L'ACADÉMIE.

—

1855.

RICHERI

HISTORIARUM

QUATUOR LIBRI.

—

HISTOIRE

DE

RICHER.

de Richer.

Fol. 8.
(L. I, C. 21.)

(L. I, C. 22.)

Hâ rex nullius suasione affect: nec' ... iiqua ...... adulezzo henrico rhenensi p-
sese dissussus resp. dist. Idq; multas sententias sermonib. tos de regi-
asserebat. Qa cu principes Rotbertus dux animo fixu perperam ... one suad-
Acū metropolitanus herueus cu copiis repentem urbem perrexit en
Suessonica ingressi et. Regis enis sdbcū. deserti frande pserent. euidregis HERI'Y'
.... faciis .... a .... suss..... mo ropo
Et ipse quorum prius cū paucissi post ū suff. fauente Ranulfo tu. a deser
eiusdē urbis epo. eloquentr adnuat. Romam itaq; cito dat. ecclis rib. capere
deserctoriis stupentib. cunctos penetrat. Factq; terribilis ubi inquit. ē romoso; a
domin' meus rex ...... p; multos pauca admodū respondendi vires :torib''
habuere. .....sese penitus desperati; qui tā cū viribus res fas co accin
de ide sen

Fol. 36.
(L. III, C. 55.)

serebat studiis numerusq; discipulozz indies accrescebat. Nomē eius tantū doc famā ger
torius fecit probari n solū p gallias. sed & iā p germaniā populos dilatat. Transitu per t'n p gallis
alpes acdissundu in italiā usq; thirreni & adriacide. Quo tēpore ocīous insaxonia of et italia
insignis habebat. Hic a philosoph fama audisset. aduertereq; quodnoī. disputatione. diffusa

PRÉFACE.

Voici vingt ans passés que le savant éditeur des *Monumenta Germaniæ historica* a fait la découverte de l'histoire dont nous publions aujourd'hui le texte et la traduction. Il visitait en Août 1833 la bibliothèque publique de Bamberg (Bavière), quand, au milieu des manuscrits historiques qu'elle possède, lui en apparut un fort ancien, en grande partie palimpseste et assez difficile à lire, sur lequel on avait écrit au xvie siècle : *Historia Richeri monachi*. M. Pertz eut bientôt reconnu qu'il avait sous les yeux l'ouvrage encore inédit d'un chroniqueur du xe siècle, dont on ne savait que le nom, transmis par Trithème (1) avec les huit premiers mots du 1er chapitre ; et l'étude approfondie qu'il en fit, ne tarda pas à lui donner la certitude que, par un bonheur assez rare, il possédait l'autographe même de Richer,

---

(1) Né en 1462, à Tritenheim, sur la Moselle, près de Trèves, Trithème fut successivement abbé de Spanheim au diocèse de Mayence, et de Saint-Jacques de Wurtzbourg.

écrit en entier et retouché de la main de l'auteur. Cent ans environ après la mort de celui-ci (1098-1104), son travail, déposé de bonne heure sans doute dans la bibliothèque du monastère de Saint-Michel de Bamberg, y avait été copié par Eckard d'Urangen (1); le moine Roger, de 1112 à 1123, l'avait inscrit dans le catalogue de cette bibliothèque, sous le titre de *Liber Richeri ad Gerbertum*, et à la fin du xve siècle, le savant abbé de Spanheim et de Wurtzbourg l'avait consulté et justement apprécié (2). De la bibliothèque du monastère il était alors passé dans celle du chapitre, et, depuis le commencement du xixe siècle, il reposait dans la bibliothèque publique, quand la curiosité savante de M. Pertz le fit sortir de l'obscurité où, depuis plus de 800 ans, il demeurait comme enseveli.

A peine eut-il vu le jour, que l'érudition s'en empara, heureuse de trouver un guide pour se diriger au milieu des ténèbres du xe siècle, et sortir des incertitudes auxquelles l'avaient jusquelà livrée la rareté et l'aridité pleine de confusion des chroniques contemporaines des derniers descendants de Charlemagne. Richer se présentait à elle avec des titres imposants : son père Rodolf avait aidé de ses conseils et de son bras les rois Louis IV et Lothaire, s'emparant, pour le premier (949),

---

(1) L'abbaye d'Urangen ou d'Urach était au diocèse de Wurtzbourg, en Franconie.
(2) *Pulchrum et compendiosum opus* (Trith. *Chronic. Hirsaug.*).

de la ville de Laon, que ce prince avait été contraint de donner à Hugues-le-Grand en échange de sa liberté (1); pour le second (956), d'un château-fort usurpé par le comte de Hainaut (2). Richer lui-même était moine de l'abbaye de Saint-Remy (3), alors la plus florissante de la France par ses richesses et par son école, par le voisinage de la ville de Reims, autour de laquelle s'agitaient alors les destinées de la monarchie, et par l'influence des archevêques, qui, depuis Hincmar, étaient en possession de diriger les affaires publiques (4). Il avait étudié sous Gerbert, le secrétaire aimé de l'archevêque Adalbéron (5), le secrétaire plus habile que dévoué du malheureux archevêque Arnoulf (6), qu'il remplaça un instant sur le siége épiscopal. Sous la direction de Gerbert il avait parcouru le cercle des connaissances qu'enseignait ce grand homme, et dont il nous a donné le détail (7); il y avait ajouté celle de la médecine (8), dont il ne cessa de s'occuper avec autant d'ardeur que des études libérales (9);

(1) II, 87-91.
(2) III, 6-10
(3) V. le *Prolog.*, et l. IV, 50.
(4) Remarquez l'acharnement avec lequel le duc de France soutient Hugues contre et Artauld, cf. III, 18.
(5) IV, 102.
(6) V. *le procès d'Arnoulf* au IVe liv., c. 102 et sq. *notes*.
(7) III, 46 et sq.
(8) IV, 50, et *in fine*, note c. V. ses nombreuses descriptions de maladies : I, 11, 13, 18, 49, 56, 65; — II, 37, 46, 59, 99, 103; — III, 14, 96, 109; — IV, 5, 24, 94.
(9) IV, 50.

et le soin avec lequel il décrit les batailles (1), les siéges et les machines de guerre (2), témoigne qu'il n'était pas étranger à l'art militaire. Sans doute son amour pour la science avait attiré sur lui l'attention de son maître, et l'étendue de son savoir détermina Gerbert, une fois devenu archevêque de Reims, à le prier d'écrire l'histoire de son temps (3).

Ce qui semble en effet hors de toute contestation, c'est que Richer a commencé, et non fini, son ouvrage par sa dédicace. Je n'en donnerai point pour preuve la considération peu concluante présentée par M. Guérard (4), mais le caractère de l'écriture qui, des neuf premiers feuillets au dernier, va se rapetissant de plus en plus, la nature de l'encre, qui est aussi blanche dans la première partie du manuscrit qu'elle est noire dans le reste (5), et le début de l'histoire dont le second mot, *itaque*, la lie étroitement aux derniers de la dédicace. Richer a donc commencé son histoire sous le pontificat de Gerbert (992-995); et si nous comparons l'écriture et l'encre du récit avec celles des simples notes historiques, nous serons amenés à conclure qu'il a écrit avant la

---

(1) I, 8 et sq., 30, 45 ; II, 35.
(2) II, 10, 44 ; III, 103-107 ; IV, 17-19, 21, 22.
(3) V. le *Prologue*.
(4) Savoir que « le recto du premier feuillet est rempli par elle, et que sur le verso du même feuillet sont écrits sans lacune les premiers chapitres du premier livre » (*Journal des Savants*, Août 1840, p. 479).
(5) V. notre *Fac simile* de ce manuscrit.

mort de Hugues-Capet le livre 1ᵉʳ et les 78 chapitres du livre 2ᵉ, qui nous conduisent jusqu'à l'an 948 ; et de la mort de Hugues à l'an 998, la fin du 2ᵉ livre et les livres 3 et 4, qui embrassent avec les notes un espace de cinquante ans (948-998) (1).

Ecrivant après la chûte des Carolingiens, le disciple de Gerbert pouvait être tenté d'encenser les nouveaux maîtres ; mais le fils de Rodolf avait hérité des sentiments paternels pour la race de Charlemagne, et le souvenir pieux qu'il avait gardé des illustres victimes de l'ambition, l'admiration profonde que lui avait inspirée le caractère des Louis d'Outre-Mer et des Lothaire, la piété dont l'avait rempli le spectacle des infortunes d'Arnoulf et de Charles de Lorraine, sont à peine tempérées par la reconnaissance qu'il devait au protégé de l'archevêque Adalbéron, au précepteur de Robert. Le dévouement inaltérable de Richer à la mémoire de ceux qu'avait servis son père, et dont il avait peut-être lui-même éprouvé la générosité, n'était pas moins propre à nous faire aimer son caractère, que ses nombreuses connaissances, sa position et ses relations, à recommander son histoire. Aussi les éloges n'ont-ils point manqué au religieux de Saint-Remy ; mais peut-être le plaisir de la découverte nous avait-il

---

(1) M. Pertz fait remarquer en effet très-judicieusement que la première partie de l'histoire *et des notes historiques* est écrite d'une encre aussi décolorée que celle de la deuxième partie de l'une et des autres est noire.

un peu trop disposés à l'indulgence, et la forme antique d'une œuvre où le discours se mêle au récit, où le style rehausse une habile ordonnance, nous avait-elle fait quelque illusion sur la valeur des matériaux de ce monument historique du xe siècle.

L'auteur prend sa narration au point où s'était arrêté Hincmar, c'est-à-dire à la naissance de Charles-le-Simple (888), et nous avertit que, dans l'exposition des faits passés, il s'est attaché à la chronique de Flodoard. Mais il ne l'a pas fait avec tant de scrupule que son travail soit exempt d'erreurs. Les unes tiennent à un sentiment singulier de vanité patriotique, et à je ne sais quelle préoccupation de soutenir dans sa décadence le prestige de l'antique puissance de la race Carolingienne. Ainsi Richer se plaira, dans le récit des batailles, à exagérer les forces des rois et la perte de leurs ennemis : là où Flodoard avait vu 1,100 morts, il en comptera 8,000 (1); là où Flodoard se contente de dire qu'*il y a eu beaucoup de morts des deux parts*, il osera invoquer son témoignage pour en marquer 11,000 du côté de Robert, 7,118 du côté de Charles (2); ailleurs il effacera le chiffre de 5,000 hommes pour y substituer successivement ceux de 6,000 et de 10,000 (3); il remportera des victoires éclatantes que ne confirme point l'auto-

(1) 1, 51.
(2) 1, 46.
(3) 1, 44.

rité de son guide (1) ; il ira jusqu'à fausser l'histoire, en changeant des noms propres, en remplaçant les noms de *Gislebert* et de *Belgique*, qu'il avait écrits d'après Flodoard, par ceux de *Henri* et de *Germanie* ou de *Saxe*, et cela, pour étendre la domination du roi de France au-delà du Rhin, et lui donner un vassal plus respectable dans la personne de Henri-l'*Oiseleur* (2) ; enfin il déguisera, atténuera, supprimera tout ce qui pourrait être défavorable à la cause de la royauté (3). D'autres erreurs ou infidélités peuvent s'expliquer chez lui par un défaut d'attention ou de goût, d'autres par un irrésistible besoin d'exercer sa plume, d'imiter les anciens et d'embellir les emprunts faits au Prêtre rémois de tous les trésors de sa science et de son imagination. Il commettra, par exemple, des confusions à peine excusables dans l'abréviateur d'un ouvrage déjà très-petit (4) ; il annoncera des faits sur lesquels il prendra ensuite le parti de se taire (5) ; il fera de fréquentes descriptions de maladies où les humeurs joueront un grand rôle (6) ; il inventera même des lettres où il répandra les agréments de son style déclamatoire (7).

(1) 1, 49.
(2) 1, 14, 22 et sq.
(3) V. *passim*.
(4) 1. 32, 33 ; 11, 78 et 82 *notes*.
(5) 1, 50.
(6) 1, 18 *et passim* (V. la *Table analytique*).
(7) 11, 77.

Si tels sont les défauts de Richer, quand il suit un auteur aussi grave et aussi sûr que Flodoard, quelle confiance devra-t-il donc nous inspirer dans son 3ᵉ livre (à partir du chap. 22ᵉ) et dans son 4ᵉ, où il cesse de s'appuyer sur autrui, et où nous ne pouvons que l'opposer à lui-même, comme au livre 3, c. 44, et au livre 4, c. 15 et 36, pour reconnaître ses écarts (1)? Il est vrai que, dès lors, il relègue au second plan l'histoire politique, et qu'il ne fait pour ainsi dire qu'effleurer les guerres extérieures et les luttes intestines, pour s'attacher aux affaires ecclésiastiques et les exposer avec tous les développements oratoires qu'elles comportaient (2), avec toute l'autorité que pouvaient lui donner les archives de l'abbaye de Saint-Remy (3), les confidences de Gerbert (4) ou ses propres souvenirs (5). Mais

---

(1) Hors de là et de quelques autres points douteux ou manifestement erronés (III, 92, 109 — IV, 12, 22, 34, 36, 98), il faut pourtant l'accepter de confiance ; car il n'y a plus pour sa véracité de contrôle possible.

(2) Ainsi le 4ᵉ livre ne renferme que trois ordres de faits : 1° L'élection de Hugues, à laquelle a travaillé l'archevêque Adalbéron, et la lutte de Charles contre Hugues, où intervient l'archevêque Arnoulf (44 chapitres); 2° Le procès d'Arnoulf et de Gerbert, comme conséquence de la lutte (36); et 3°, dans le domaine féodal, les démêlés de Foulques et d'Odon (18 chap.).

(3) III, 29 et 30.

(4) Il dut sans doute aux confidences de ce savant ce qu'il nous apprend de son éducation, de ses voyages (III, 43 et sq.), et de sa discussion avec Otric (*ibid.* 57 et sq.) — A ce genre de source, il convient de joindre les relations de notre chroniqueur avec ses contemporains; elles peuvent expliquer la plupart des anecdotes qu'il nous a transmises.

(5) Notamment en ce qui concerne l'enseignement de Gerbert (III, 46 et sq.)

cette préférence même, qui s'explique autant par la nature identique des désordres qui affligeaient la Gaule, que par l'influence toujours croissante qu'ils assuraient à l'Eglise, fait que Richer nous laisse à peine soupçonner la profonde perturbation sociale qui désola le règne de Hugues-Capet, après avoir précipité la ruine de Charles de Lorraine, et que son œuvre savante nous est d'un bien moindre secours pour l'intelligence de ces temps malheureux, que l'histoire confuse de Raoul Glaber, image pour ainsi dire vivante de la confusion qui régnait alors dans les esprits et dans les choses (1).

Du moins, et j'arrive ici à l'appréciation des mérites qui le distinguent, Richer, dans la seconde comme dans la première partie de son travail, nous donne des détails intéressants sur la situation morale et religieuse de la Gaule. Ce n'est pas une peinture des mœurs du temps : le temps lui-même était étranger à une pareille conception ; mais ce sont des anecdotes curieuses, des faits caractéristiques, qui, répandus dans l'histoire, y portent la lumière et nous permettent d'entrevoir la physionomie de l'époque. Ici, comme Héribert avait trahi Charles-le-Simple (2), et la noblesse normande Louis-d'Outre-Mer (3),

---

(1) Il faut convenir cependant que le chapitre 50 du l. iv, rapproché des ch. 24, 25 et 100 du l. ii, 58 du même livre, et 79 du l. iv, donne beaucoup à penser.

(2) i, 47.

(3) ii, 47 et sq.

l'évêque Adalbéron trahit Arnoulf et Charles de Lorraine (1); là, séduit par la promesse de grands avantages, le commandant de Melun (2), comme ceux de Château-Thierry (3), de Montreuil (4) et de Dijon (5), livre la forteresse dont on lui avait confié la garde; ailleurs on recourt à la ruse pour s'emparer des places qu'on trouve à sa convenance (6); chacun travaille à agrandir son domaine aux dépens de ses voisins ou du roi (7); la cupidité (8), l'égoïsme, une passion désordonnée d'avoir et de s'isoler, ont remplacé cette atroce barbarie dont les excès souillent les pages de l'histoire Mérovingienne. On voit bien encore l'évêque Foulques (9) et Guillaume de Normandie (10) tomber victimes des plus noires trahisons; mais ces sortes de violences apparaissent comme des forfaits inouïs, et la vengeance céleste ne tarde pas à en frapper les auteurs (11). Il est mieux, quand on a la science en partage, de s'empoisonner avec habi-

---

(1) IV, 47.
(2) IV, 75 et 76.
(3) II, 7.
(4) II, 11 et 12.
(5) III, 11.
(6) V. ci-dessus, *notes* 2, 3, 4, 5.
(7) I, 4, 52; II, 51; III, 6; IV, 40, *et passim*.
(8) Elle infectait même l'Eglise (V. au liv. IV, 102, les allusions de Gerbert aux ravages de la simonie).
(9) I, 17.
(10) II, 33.
(11) I, 18; II, 38.

leté, fût-ce même à la table des rois (1). — Ceux-ci, menacés dans leur puissance par l'amour effréné d'indépendance et d'isolement qui tourmente les esprits jusqu'au sein de l'Église (2), opposent la ruse à la ruse, la force à la force (3); ils luttent avec vigueur, avec opiniâtreté, contre leurs ennemis, qui sont autant ceux de la France (4) que de la dynastie Carolingienne; et dans cette lutte désespérée, où on les suit avec admiration, on aime à les voir dignement soutenus par leurs femmes (5), et confier à leur courage autant qu'à leur prudence la garde des villes qu'ils ont soumises (6). Ils constatent avec un soin jaloux, à la mort de chaque bénéficier, que les fiefs n'ont rien d'inamovible (7); mais l'usage est déjà plus fort que le principe, et ils sont eux-mêmes entraînés à augmenter plutôt qu'à affaiblir les *gouvernements* seigneuriaux (8). Ils s'efforcent d'enchaîner les volontés par les plus terribles serments (9); mais on se joue des serments et de la religion (10). Ils vont, ils viennent de la Champagne à l'Aquitaine ou à

---

(1) II, 59.
(2) IV, 68, 104.
(3) III, 86 et sq.; — I, 62, *et passim.*
(4) II, 24, 26, *notes.*
(5) II, 39, 48, 49, 51, 86; III, 1, 6, 12, 87,
(6) II, 6, 56; III, 8.
(7) I, 24, 37-38; II, 39; III, 13, etc.
(8) II, 39; III, 13.
(9) IV, 28-29-30, 47, *et passim.*
(10) 4, 30-33, 47, *et passim.*

XVI

la Bourgogne, de la Bourgogne à la Lorraine ; mais le vide semble se faire derrière eux : ce sont des voyageurs qui apprennent à Louis la consécration de l'archevêque Hugues, et les brigandages d'Angelbert et de Gozbert (1)! Dans cet étrange abandon du pouvoir, au milieu de ces rivalités ambitieuses des seigneurs, qui couvrent la Gaule de ruines, l'Eglise ne demeure pas oisive; elle menace, elle frappe de ses foudres les usurpateurs des biens du clergé (2), elle protége l'autorité des évêques contre le despotisme des seigneurs et des rois (3), la vie et la liberté des rois contre les entreprises des grands (4); elle ramène à la règle les religieux qui s'en sont écartés (5), recommande aux prêtres la chasteté, le recueillement et le désintéressement (6), favorise les arts, l'instruction (7). Si des prélats, oublieux de leur caractère, mettent leur pouvoir au service des passions humaines, et trop jaloux d'assurer et d'agrandir leurs privilèges, combattent sourdement l'autorité légitime, ou n'osent se déclarer ouvertement pour elle (8), ils conservent du moins encore le

---

(1) II, 25, 100 ; cf. II, 24.
(2) I, 19-26 ; III, 19-20.
(3) II, 56, 65-80 ; IV, 95, 99-107, et *première note historique*.
(4) II, 82, 95-97.
(5) III, 25, 31-42.
(6) II, 81 ; III, 24 ; IV, 104.
(7) III, 22, 23, 42, 43, 44 ; IV, 50.
(8) I, 25 ; — II, 22, 24, 25 ; — III, 84 ; — IV, 51 et 70, note 1.

respect de la papauté, et savent reconnaître et écouter sa voix, quand elle les rappelle au devoir (1). Toutefois leurs dispositions n'ont point changé, et, comme ils avaient soutenu Robert et Raoul contre Charles-le-Simple, Hugues le Grand contre Louis, ils soutiennent Hugues Capet contre Lothaire : ils lui sacrifient Artauld, ils lui procurent l'alliance d'Otton II, après avoir favorisé l'invasion des Allemands en France (2) ; ils l'élèvent enfin sur le trône (3), et immolent à sa sécurité les derniers descendants de Charlemagne (4). Quel était donc le tort des Charles le Simple et des Louis d'Outre-Mer, des Lothaire et des Louis V ? Ils avaient voulu s'affranchir de la tutelle des évêques et particulièrement des successeurs d'Hincmar, en même temps que briser les rets dont le premier vassal de la couronne l'avait enlacée. Menacées dans leur influence, les deux ambitions s'entendirent pour retenir la royauté dans un état de faiblesse et de dépendance, et de leur alliance sortit la révolution qui substitua les Capétiens aux Carolingiens.

Richer, qui, mieux que tout autre, nous fait entrevoir le caractère de cette révolution, sait nous attacher d'ailleurs par tout ce qu'il nous apprend de l'enseignement de Gerbert,

(1) II, 27, 48 et sq. ; — IV, cf. 89, 95 et *première note historique*.
(2) IV, 2.
(3) IV, 8 et sq.
(4) IV, 41 et sq.

et du tournoi philosophique que son maître eut à soutenir en présence de l'empereur Otton (1). Il est beau de voir, dans cet écrivain, un prince si puissant conserver, au milieu du tumulte des armes et de l'embarras des affaires, le goût des belles-lettres, et se plaire à entendre les deux plus fameux dialecticiens de son temps discuter, pendant près d'un jour, une division de la philosophie.

Richer est également curieux à suivre dans ses descriptions de maladies, et l'histoire de la science médicale a pu s'enrichir de ce fait qu'au Xe siècle le foie passait pour être le siége du sang (2).

Enfin Richer est précieux pour les usages de son temps, soit qu'en nous révélant les coquetteries quelque peu scandaleuses du cloître, il nous montre entre autres les souliers étroits, allongés en forme de bec et surmontés d'oreilles, dont les religieux paraient leurs pieds (3); soit qu'il nous représente les défenseurs de Senlis, ainsi que les soldats de Lothaire à l'attaque de Verdun, armés de l'arbalète, qu'on avait crue jusqu'ici beaucoup plus récente (4).

Si maintenant nous examinons l'écrivain, nous lui reconnaîtrons sans peine, avec l'abbé Trithème,

---

(1) III, 42-66.
(2) V. ci-dessus p. 7, *note* 8, et IV, 5.
(3) III, 35-42.
(4) II, 92; III, 104.

une *élocution brillante* ; nous le placerons volontiers, avec M. Guérard, beaucoup au-dessus de Grégoire de Tours, et peu au-dessous d'Eginhard; nous le trouverons même, si l'on veut, meilleur littérateur que Flodoard, bien que la bonne simplicité et la constante clarté du style de Flodoard ne soient pas à dédaigner ; mais, après avoir admis avec M. Pertz que le récit plait par sa rapidité et sa vigueur, il nous sera peut-être permis de faire observer que les discours sont plus curieux comme imitation du genre historique des anciens, que remarquables par la pensée et le goût; car ils sont la plupart aussi vides que déclamatoires (1). Les défauts de Richer lui sont du reste communs avec son époque, et il faut moins l'en reprendre que le louer des mérites qui lui sont personnels, et qu'il a évidemment acquis au contact de l'antiquité et dans un commerce spécial avec l'historien Salluste (2). Je le blâmerai toutefois sérieusement de s'être éloigné de Flodoard en ce qui touche la géographie, et de s'être plu à travestir à l'antique tous les noms contemporains, et à les remplacer même par des noms presque introuvables (3).

Nous n'insistons pas davantage sur la critique

---

(1) V. par ex. 1, 60 ; 11, 52, 77 ; 111, 79, 82 ; iv, 14.

(2) V. entre autres 1, 24 ; 111, 97, et iv, 2.

(3) C'est ainsi qu'il remplace les *Lorrains* par des *Belges*, qu'il appelle Senlis du nom de *Silletum*, que je ne retrouve, légèrement modifié, que dans un auteur du milieu du onzième siècle (*Senletensis* urbs, ap. *Dom Bouq.* viii ad ann. 998); le Doubs, du nom d'*Albis Dubis*, qu'on ne rencontre guères que dans Strabon.

de l'œuvre de Richer, parce qu'on trouvera dans les nombreuses notes dont nous en avons accompagné la traduction, toutes les observations propres à éclairer le texte original et le fond même de l'histoire.

Il ne nous reste donc plus ici qu'à donner une idée de notre travail. Nous avons reproduit fidèlement, avec toutes ses variantes, le texte qu'a donné M. Pertz en 1839, d'après le manuscrit autographe de Richer; nous contentant de rétablir le *j* français, inconnu à l'Allemagne, et de réunir en une seule lettre les deux dont se composent les diphtongues *ae* et *oe*. S'il nous est arrivé de modifier ce texte en quelques rares endroits (1), nous en avons toujours averti le lecteur, qui reconnaîtra, nous osons l'espérer, que nous avons obéi à la nécessité, plus prudent en cela que notre devancier, qui, pour avoir changé, par exemple, *gradivus* en *gravidus* (2), *præocissimus* en *præciosissimus* (3), est tombé dans de graves contre-sens. — Nous avons également suivi la division en chapitres ou paragraphes, adoptée par M. Pertz dans les endroits où Richer l'avait omise, et nous avons donné des titres aux chapitres qui en manquaient, en même temps que nous avons complété la série

---

(1) Par ex. au l. IV, c. 96, 97.

(2) I, 8, 45 — Cet adjectif n'est pas latin sans doute; mais entre plusieurs autres mots, le verbe *exaquari*, employé pour signifier *sortir de l'eau, débarquer*, (II, 58), l'est-il davantage? et faut-il pour cette raison le transformer?

(3) II, 33.

des dates, afin que les unes et les autres pussent offrir un résumé complet de l'histoire du xe siècle. — Quant à la traduction elle-même, nous aimons à penser qu'on la trouvera aussi scrupuleuse que possible, pour être celle d'un auteur qui n'a rien de commun après tout avec ses modèles, et qui varie, qui multiplie souvent l'expression sans profit pour la pensée (1). — En joignant, sous forme de notes, à cette traduction une appréciation de la valeur historique de l'ouvrage de Richer, nous avons compté que notre essai serait accueilli avec indulgence, et qu'au moins nous saurait-on quelque gré d'avoir osé entreprendre un travail que personne encore n'avait tenté. Enfin nous avons cru rendre un dernier service à la science en facilitant les recherches par une *table* alphabétique de toutes les matières renfermées dans ce volume, et en donnant une double *carte de la Gaule* physique et politique de notre auteur.

Voici bientôt neuf ans que Richer nous a été amplement révélé par un savant que la mort vient d'enlever à l'Institut de France; en voici neuf qu'un ami de la science, aussi modeste qu'infatigable, dont l'Académie impériale de Reims sent vivement la perte également récente, proposait à cette compagnie d'ajouter à la traduction qu'il

---

(1) Cette expression n'est pas toujours d'ailleurs très-intelligible : tantôt elle est trop vague, tantôt elle se présente avec un sens nouveau, quelquefois, nouvelle elle-même, elle ne laisse dans la langue aucune autre trace.

avait « déjà faite de la Chronique de Flodoard, un
» ouvrage qui en est le commentaire et la conti-
» nuation, et de donner à la France la première
» publication française du travail d'un compa-
» triote. » Prévenue, la même année, par la
Société de l'Histoire de France, dans l'accomplissement de son dessein, l'Académie de Reims
n'a pas cru devoir l'abandonner : il lui a paru
que, pour être la seconde dans l'ordre des temps,
une nouvelle traduction pouvait, ne fût-ce que
par une plus grande fidélité, se placer au
premier rang, et elle a daigné nous charger
l'année dernière de ce travail. C'est celui que
nous offrons aujourd'hui au public. Puisse-t-il
mériter son suffrage ! Nous serons heureux d'en
partager l'honneur avec ceux de nos savants
confrères dont les lumières et le dévouement
nous sont venus en aide.

Reims, 15 Mai 1854.

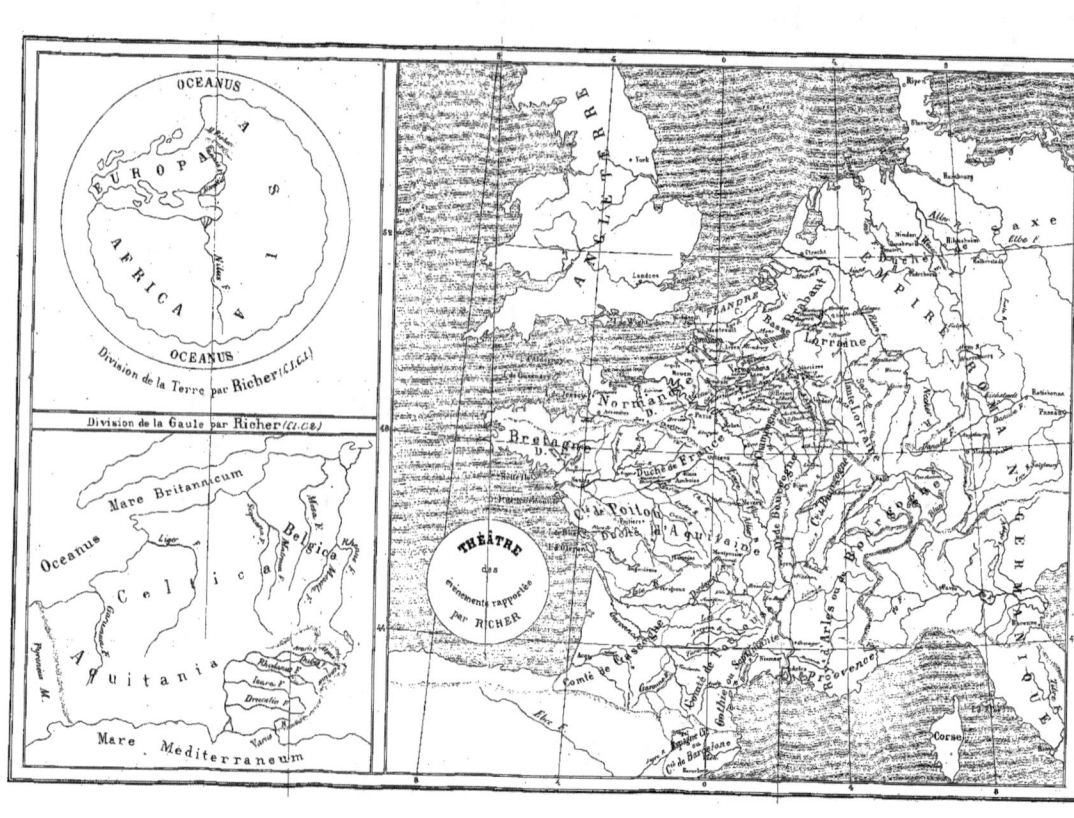

RICHERI

HISTORIARUM

QUATUOR LIBRI.

—

HISTOIRE

DE

RICHER

EN QUATRE LIVRES.

PROLOGUS.

DOMINO AC BEATISSIMO PATRI
GERBERTO, REMORUM ARCHIEPISCOPO,
RICHERUS MONACHUS.

Gallorum congressibus in volumine regerendis, imperii tui, pater sanctissime Gerberte (*a*), auctoritas seminarium dedit. Quam, quia summam utilitatem affert, et rerum materia sese multiplex (*b*) præbet, eo animi nisu complector, qua jubentis mira benivolentia pertrahor. Cujus rei initium a vicino ducendum existimavi (*c*), cum (*d*) res multo ante gestas, divæ memoriæ (*e*) Hincmarus ante te in pontificatu octavus (*f*), suis annalibus copiosissime annexuit; tantoque superiora lector ea inveniet, quanto a nostri opusculi exordio, per ejus regesta sese attollet. Et hoc, inquam, ne Karolorum aliorumque frequens in utroque opere repetitio, operis utriusque ordinem turbet. Ubi enim rerum ordo non advertitur, tanto nitentem error confundit, quanto a serie ordinis errantem seducit. Unde cum hic atque illic sepe Karoli, sepe Ludovici notæ offeruntur, pro tempore auctorum prudens lector reges æquivocos pernotabit. Quorum temporibus bella a Gallis sæpenumero patrata, variosque eorum tumultus, ac

(*a*) G. *codex.*
(*b*) x *evanuit.*
(*c*) ducere volui *ab auctore mutatum, ut supra.*
(*d*) m *evanuit.*

PROLOGUE.

AU SEIGNEUR ET BIENHEUREUX PÈRE
GERBERT, ARCHEVÊQUE DE REIMS,

LE MOINE RICHER.

Si j'entreprends, très-saint père Gerbert, de réunir en un corps d'ouvrage les guerres des Gaulois (1), c'est par respect pour vos ordres. La haute utilité d'un tel travail, la richesse de la matière me sollicitent aussi vivement à m'y soumettre, que je m'y sens porté par votre extrême bienveillance. J'ai cru devoir prendre mon point de départ à une époque rapprochée de la nôtre, parce que Hincmar de sainte mémoire, votre huitième prédécesseur dans le pontificat, a largement exposé dans ses annales les évènements plus éloignés, et que le lecteur, pour trouver la suite des faits antérieurs, n'aura qu'à remonter de la première ligne de mon petit ouvrage à celui d'Hincmar. J'ai voulu d'ailleurs empêcher par là que la fréquente mention des Charles et d'autres princes, dans les deux ouvrages, n'y jetât de la confusion. Car, dès qu'on perd de vue l'ordre des temps, plus les écarts sont grands, plus ils déconcertent nos efforts. Ainsi, comme dans l'un et dans l'autre il est souvent parlé de Charles et de Louis, le lecteur judicieux saura, suivant le temps des auteurs, distinguer entre les rois de même nom. Mon principal but en effet dans ce travail est de rappeler les nombreuses guerres

(e) d. m. *codex*.
(f) *Prima manu* Hincmarus ante te septimus Remorum metropolitanus.

(1) Sur ce que Richer entend par *Gaule* et *Gaulois*, v. ci-dessous, c. 2 et 3.

diversas negotiorum rationes, ad memoriam reducere scripto specialiter propositum est. Si qua vero aliorum efferantur, ob (*a*) incidentes rationes, quæ vitari non potuerunt, id evenisse putetur. Sed (*b*) si ignotæ antiquitatis ignorantiæ arguar, ex quodam Flodoardi presbyteri Remensis libello me aliqua sumpsisse non abnuo, at non verba quidem eadem, sed alia pro aliis longe diverso orationis (*c*) scemate disposuisse, res ipsa evidentissime demonstrat. Satisque lectori fieri arbitror, si probabiliter atque dilucide breviterque omnia digesserim. In dicendo enim recusans effluere, plurima succincte expediam. Ac totius exordium narrationis aggrediar, breviter facta orbis divisione, Galliaque in partes distributa, eo quod ejus populorum mores et actus describere propositum sit.

(*a*) per *manu* 1.

(*b*) Sed *usque* digesserim *manu 2 scilicet corrigentis.* [*Nam Richerus non solum Historias suas inter scribendum emendabat, ut « patet ex multis cum vocabulis tum sententiis eadem atramento quo scribi cœperant deletis, atque aliis vocibus et sententiis eadem scribendi serie substitutis, » sed etiam in recognoscendo opere toto « complura majoris momenti immutavit, ita ut vocabula, sententias, immo et paginas eraderet, eisque alia substitueret: quod præcipue locum habuit in quaternione primo, cujus atramenti pallor ab atramento nigriori auctoris opus suum recognoscentis valde distat. »* (P. Præfat.)]

(*c*) ordinationis *corr.* orationis.

des Gaulois au temps de ces princes (1), les différents troubles qui ont agité leurs règnes, et les causes variées des évènements. Si parfois il s'y trouve autre chose (2), ce ne sera qu'incidemment, on peut le croire, et pour des raisons auxquelles je n'ai pu me soustraire. Que si l'on m'accuse d'avoir ignoré l'antiquité, je ne cacherai point que j'ai fait quelques emprunts à un petit ouvrage de Flodoard, prêtre de Reims ; mais je les ai présentés en d'autres termes et sous une tout autre forme de style : c'est ce que mon travail même prouvera de la manière la plus évidente. Je crois d'ailleurs avoir assez fait pour le lecteur en racontant les évènements d'une façon intéressante et avec autant de brièveté que de clarté ; car, loin de me répandre en paroles, je veux être concis. Je commencerai avant tout par donner une division succinte de la terre, et par faire connaître les différentes parties de la Gaule, puisque je dois exposer le caractère et l'histoire des peuples de cette contrée.

(1) Richer n'aurait donc eu d'abord d'autre dessein que d'écrire l'histoire de Charles-le-Simple et de Louis-d'Outre-Mer. Peut-être voulait-il se borner à refaire la Chronique de Flodoard, en donnant à cette œuvre décousue une forme plus savante et plus littéraire.

(2) *Littéralement :* « S'il s'y trouve quelque chose de relatif à d'autres [rois], » aux rois d'Angleterre ou de Germanie par exemple.

RICHERI HISTORIARUM

LIBRI QUATUOR.

LIBER PRIMUS.

1. — Divisio orbis.

Orbis itaque plaga, quæ mortalibus sese commodam præbet, a cosmographis trifariam dividi perhibetur, in Asiam videlicet, Africam, et Europam. Quarum prior, a septemtrione per orientis regionem usque in austrum, extrinsecus Oceano disterminata, interius a Ripheis montibus usque ad terræ umbilicum, Thanai, Meothide, Mediterraneoque ab Europa distinguitur; ab umbilico vero usque in austrum, Nilo fluvio ab Africa est seclusa. Africam vero et Europam, exterius quidem ab austro in septemtrionem Oceano circumdatas, Mediterraneum interjectum (*a*) discriminat. Ab Asia vero interius earum alteram Nilus, alteram vero Mediterraneum, Thanaisque ac Meotis, ut dictum est, sejungunt. Quarum singulæ cum proprias habeant distributiones, Europæ tamen partem unam quæ Gallia a candore vocatur, eo quod candidioris speciei insigne ejus oriundi præferant, in suas diducere partes ratum duxi.

(*a*) interjectus *cod*.

(1) Sur ce mot, v. notre Préface.

HISTOIRE DE RICHER

EN QUATRE LIVRES.

LIVRE PREMIER.

I. — *Division de la Terre.*

La terre habitable se partage donc (1), suivant les géographes, en trois parties, savoir : l'Asie, l'Afrique et l'Europe. L'Asie, du nord au midi par l'est, a pour limite extérieure l'Océan ; à l'intérieur, des monts Riphées (2) au centre de la terre, elle est séparée de l'Europe par le Tanaïs, le lac Méotide et la Méditerranée ; du centre au midi, le Nil la sépare de l'Afrique (3). Quant à l'Afrique et à l'Europe, séparées entre elles par la Méditerranée, elles sont extérieurement enveloppées du sud au nord par l'Océan, et intérieurement séparées de l'Asie, ainsi qu'on vient de le dire, l'une par le Nil, l'autre par la Méditerranée et le lac Méotide. Chacun de ces trois pays a ses subdivisions propres ; mais j'ai cru devoir m'attacher uniquement à celles de la partie de l'Europe qu'on appelle Gaule à cause de la blancheur éclatante qui distingue ses habitants (4).

(2) On convient assez généralement que par les monts Riphées il faut entendre la chaine des monts Ourals (V. le livre II, c. 73, *note*), qui, avec le Pont-Euxin, omis ici par Richer, sépare l'Europe de l'Asie.

(3) En prenant pour limite de l'Afrique et de l'Asie, le Nil, et non l'isthme de Suez, Richer suit toute l'antiquité.

(4) *Gallia*, du grec γαλα, lait : c'est l'étymologie que donnent saint Jérôme et saint Isidore. Cluvier fait dériver le mot *Gallia* du celtique *Galleno*, qui signifie *voyager*.

II. — Istius Galliæ per partes distributio.

Gallia (*a*) ergo et ipsa in tria distincta est, in Belgicam, Celticam, Aquitanicam. Quarum prior Belgica, a Rheno, qui Germaniam ab Oceano determinat, quæ multarum gentium ferax, a germinando nomen accepit, exporrigitur usque in fluvium Matronam; ab utroque vero latere, hinc quidem Alpibus Penninis, inde vero mari vallatur, cujus circumfusione insula Brittannica efficitur. Celtica autem (*b*) a Matrona per longum in Garunnam distenditur; cujus latera, oceani Brittannici, et insulæ Brittannicæ limites habent. Quicquid vero a Garunna distenditur (*c*) in Pireneum, Aquitanica appellatur, hinc (*d*) Rhodano Ararique atque inde Mediterraneo conlimitans. Constat itaque totius Galliæ spatium ab oriente quidem Rheno, ab occidente Pyreneo (*e*), et a septentrione mari Brittannico, ab austro vero Mediterraneo cingi.

III. — Mores Gallorum.

Omnium ergo Galliarum populi innata audatia plurimum efferuntur, calumniarum impatientes. Si incitantur,

---

(*a*) Cap. 2, 3. *Ekkehardus in historia Pippini et Karolomanni majorum domus regiæ exscripsit.*

(*b*) autem hinc Matrona inde Garunna abluitur *prior lectio.*

(*c*) d. in Hiberum qui hiberiæ regioni nomen indidit, usque in oceanum *deleta.*

(*d*) h. provinciæ lugdunensi atque inde 1.

(*e*) Hybero. 1.

---

(1) Ainsi l'avait divisée César. Nous ne sortons pas de l'antiquité, nous n'apprenons rien de nouveau. C'était du reste, en fait de géographie pure, le défaut de tous les chroniqueurs, de s'attacher aux Romains, comme les Romains s'étaient attachés aux Grecs.

(2) En latin *germinare*. Tout le monde sait aujourd'hui que le mot *Germain* signifie *homme de guerre*.

(3) Quand la Belgique put ainsi s'étendre jusqu'aux Alpes Pennines, en embrassant la grande Séquanaise, elle n'avait déjà plus son unité; elle

II. — *Division de la Gaule.*

La Gaule se divise donc à son tour en trois parties distinctes, la Belgique, la Celtique et l'Aquitaine (1). La Belgique se trouve comprise d'un côté entre la Marne et le cours du Rhin, qui sépare de l'Océan la Germanie, ainsi nommée du mot *germer* (2), parce qu'elle est très populeuse; de l'autre entre les Alpes Pennines (3) et la mer, dont les flots forment, en l'environnant de toutes parts, l'île Britannique. La Celtique s'étend de la Marne à la Garonne (4), et sur les flancs a pour limites l'Océan et l'île Britannique. Tout ce qu'enserrent la Garonne et les Pyrénées, la Méditerranée, le Rhône et la Saône, se nomme Aquitaine (5). Ainsi la Gaule entière est, en définitive, bornée à l'est par le Rhin, à l'ouest par les Pyrénées, au nord par la mer de Bretagne, et au sud par la Méditerranée (6).

III. — *Mœurs des Gaulois.*

Tous les peuples de la Gaule ont le sang bouillant; ils ne savent pas supporter une injure, et, pour peu qu'on les provoque,

comprenait avec la Belgique proprement dite les deux provinces de *Germanie*, auxquelles la Séquanaise fut le plus souvent annexée, et ce changement se fit dès le temps d'Auguste. Richer, du reste, appliquera presque toujours dans son récit le nom de Belgique à la Lorraine (V. I, 14 et pass.).

(4) C'est ce qu'a dit César; ce n'était déjà plus ce qui existait du temps d'Auguste, où le nom de Celtique avait disparu pour faire place à ceux de Lyonnaise et d'Aquitaine. Ajoutez à cela que, dans le récit des faits, la Celtique, franchissant la Marne, usurpe chez Richer, comme dans l'historien Dion (l. v, c. 12), une partie du domaine de l'ancienne Belgique; Reims, Laon, Châlons, Thérouane sont dans la Celtique (I, 12), ainsi que Soissons (*id.*, 16); elle prend le nom de *Neustrie* entre la Seine et la Loire (*id.*, 4; cf. *id.*, 40), etc. Rien de constant; partout la plus étrange confusion.

(5) Richer ne suit ici ni les Romains de l'Empire, ni son temps; il s'oubliera bientôt lui-même dans son récit, pour s'attacher involontairement à la vérité, et renfermer l'Aquitaine entre la Loire et les Pyrénées, l'Océan et la Gothie ou Septimanie. Ainsi comprend-il dans l'Aquitaine Angers (I, 6), Angoulême, Limoges, Périgueux (*id.* 12), etc., l'Auvergne (III, 4), la Novempopulanie; et en exclut-il la Gothie aussi bien que la Provence (*id.*, 7.).

(6) C'est ainsi que parle Strabon.

cedibus exultant, efferatique inclementius adoriuntur. Semel persuasum ac rationibus approbatum, vix refellere consuerunt. Unde et Hieronimus : « Sola, inquit, Gallia » monstra non habuit, sed viris prudentibus et eloquentis- » simis semper claruit. » Præter hæc quoque Belgæ rebus disponendis insigniores, robore atque audatia non impares; maxima quæque magis ingenio quam viribus appetunt, et, si ingenio in appetendis cassantur, viribus audacter utuntur : cibi etiam potusque adeo parci. Celtæ vero ac Aquitani, consilio simul et audatia plurimi, rebus seditiosis commodi. Celtæ tamen magis providi, Aquitani vero præcipites aguntur, plurimumque in ciborum rapiuntur appetitum. Quod sic est eis innatum, ut præter naturam non appetant. Hinc et Sulpicius : « Edacitas, » inquit, in Græcis gula est, in Gallis natura. » Hos omnes populos etsi (*a*) natura feroces, ab antiquo fere per omnia (*b*) propere egisse, et cum pagani (*c*) essent, historiæ tradunt (*d*). Post vero a sancto Remigio (*e*) baptizati, adprime (*f*) clara semper et illustri (*g*) victoria emicuisse (*h*) feruntur. Quorum quoque primus rex christianus, Clodoveus fuisse traditur. A quo per succedentia tempora imperatoribus egregiis res publica gubernata fuisse dinoscitur, usque ad Karolum, a quo historiæ sumemus initium.

IV. — Quod ob infantiam et principum dissidentiam pyratæ Gallias * irruperint.

Hic patrem habuit (*i*) Karlomannum regem, avum vero paternum Ludovicum cognomento Balbum, abavum

---

* alli *ex conject. supplevi.*
(*a*) Vox *abscisa.*
(*b*) p. o. *abscisa; locum Ekkehardo adhibito restitui.*
(*c*) um pa *abscisa.*
(*d*) æ tra *abscisa.*
(*e*) a s. R. *abscisa.*
(*f*) adpri *abscisum.*
(*g*) a semper, lustri *abscisa.*

ils volent au combat, au carnage avec une joie sauvage. Quand ils se sont une fois pénétrés et convaincus d'une chose, ils n'y renoncent pas volontiers. Aussi, dit Jérôme, « seule la Gaule n'a » pas connu le monstre [de l'hérésie] ; mais elle a toujours eu des » hommes sensés et pleins d'éloquence qui l'ont illustrée par leurs » lumières (1). » Les Belges en particulier, sans être inférieurs aux autres en courage et en intrépidité, les surpassent dans l'administration des affaires. C'est à l'intelligence plutôt qu'à la force qu'ils demandent l'accomplissement des grandes choses ; mais l'intelligence trompe-t-elle leurs efforts, ils recourent bravement à la force. Ils sont également sobres dans le boire et dans le manger. Quant aux Celtes et aux Aquitains, puissants à la fois dans le conseil et sous les armes, ils sont très-turbulents. Les Celtes cependant sont plus prudents, les Aquitains plus emportés. Ceux-ci se distinguent par une avidité gloutonne, tellement innée chez eux qu'en la satisfaisant, ils ne font que céder à la nature. C'est pourquoi Sulpicius dit : « Manger beaucoup, c'est chez les Grecs un » excès, chez les Gaulois un besoin (2). » Tous ces peuples, anciennement payens et barbares, ont presque toujours alors réussi dans leurs entreprises : l'histoire nous le montre. Depuis, baptisés par saint Remi, on nous apprend qu'ils se sont constamment illustrés par le succès de leurs armes (3). La tradition rapporte aussi que leur premier roi chrétien fut Clodovée (Clovis). On sait que, depuis ce prince, l'Etat fut gouverné par des empereurs illustres jusqu'à Charles (4), par le règne duquel nous commencerons notre histoire.

IV. — *L'enfance de Charles IV et les rivalités des grands attirent les pirates dans les Gaules.*

Charles eut pour père le roi Carloman, pour aïeul paternel Louis dit le Bègue, et pour bisaïeul Charles-le-Chauve, illustre

---

(*h*) emicu *abscisum.*
(*i*) habuit Ludovicum regem c. b. avum vero t.

—

(1) Epist. 60 adv. Vigil.
(2) Dialog. I, 4.
(3) M. G. : « .... *ils sont cités pour s'être signalés par une grande et célèbre victoire* (celle de Vouillé sans doute). »
(4) Il s'agit de Charles III ou le Simple.

autem Karolum Calvum, Germanorum atque Gallorum imperatorem egregium. Biennis adhuc patrem amisit, matre (*a*) vix per quadriennium superstite. Ob cujus infantiam cum regnorum principes nimia rerum cupidine sese præire contenderent, quisque ut poterat rem dilatabat. Nemo regis provectum (*b*), nemo regni tutelam quærebat; aliena adquirere summum cuique erat; nec rem suam provehere videbatur, qui alieni aliquid non addebat. Unde et omnium concordia in summam discordiam relapsa est. Hinc direptiones, hinc incendia, hinc rerum pervasiones exarsere. Quæ cum immanissime agitarentur, piratæ qui Rhodomensem provintiam incolebant, quæ est Celticæ Galliæ pars, ad rerum immanitatem incitantur. Hæc gens ab insulis oceani septentrionalis remotioribus diu ante exierat, et per maria errando classe devecta, summam hanc Galliarum partem attigerat. Sæpe quoque eam armis impetivit, sæpe etiam a terræ principibus devicta occubuit. Quod cum multoties inter sese moverent, visum fuit Galliæ primatibus, ut dono regum hæc provincia ei conferretur; ita tamen ut, idolatria penitus relicta, christianæ religioni se fideliter manciparet, necnon et regibus Galliarum terra marique fideliter militaret. Hujus provinciæ metropolis Rhodomum esse dinoscitur, sex tantum urbibus, Baiocis videlicet, Abrincanto, Ebrocis, Sagio, Constantiæ, Liscio, vim suæ dominationis intendens. Hanc itaque ex antiquo a piratis possessam esse manifestum est. Sed paterna tunc sevitia ducti, in principes dissidentes moliri conantur. Unde et latrociniis ac discursionibus Brittanniam minorem, quæ

(*a*) m. paulo ante amissa 1.
(*b*) commoda 1.

———

(1) Richer se trompe; Charles-le-Simple, frère de Carloman, était fils *posthume* de Louis II le Bègue, petit-fils de Charles-le-Chauve et arrière petit-fils de Louis-le-Débonnaire. Tout ce chapitre est d'ailleurs plein d'erreurs chronologiques, dont la principale est celle qui rapporte à des

empereur des Germains et des Gaulois (1). Il perdit son père à l'âge de deux ans, et sa mère alors qu'il en avait à peine six. A la faveur de son extrême jeunesse, les grands (2) du royaume, emportés par une ambition effrénée, travaillèrent à se supplanter les uns les autres, et par tous les moyens possibles à agrandir leur domaine. De protéger les intérêts du roi, comme de veiller à la garde du royaume, nul n'avait souci. La grande affaire était de dépouiller son voisin, et l'on croyait n'avoir rien fait pour ses intérêts tant qu'on n'avait pas augmenté son bien d'une portion du bien d'autrui. Ainsi l'union de tous dégénéra-t-elle en une affreuse discorde; ce n'étaient que pillages, incendies, usurpations. Profitant de cet horrible désordre, les pirates qui habitaient la province de Rouen dans la Gaule Celtique, se laissent aller à tous les excès. Ces peuples étaient depuis longtemps sortis des îles les plus lointaines de l'Océan septentrional, et en s'aventurant sur les mers, ils étaient arrivés à cette importante contrée des Gaules. Souvent ils l'attaquèrent, souvent ils furent défaits, écrasés par les seigneurs du pays. Mais, après y avoir souvent réfléchi, les grands de la Gaule furent d'avis que les rois leur cédassent cette province, à la condition toutefois qu'ils renonceraient à l'idolâtrie pour embrasser sincèrement la religion chrétienne, et que sur terre et sur mer ils serviraient fidèlement les rois de la Gaule. On sait que la métropole de cette province est Rouen, et qu'elle étend sa suprématie sur six villes seulement, savoir : Bayeux, Avranches, Evreux, Séez, Coutances et Lisieux. Il est donc certain que les pirates l'occupaient depuis très-longtemps. Mais en ce moment, entraînés par leur barbare nature, il n'était point d'efforts qu'ils ne tentassent contre les princes divisés. Ils commencent par inquiéter et fatiguer de leurs brigandages la petite Bretagne, voisine et vassale de la

temps *anciens* et bien antérieurs au règne de Charles-le-Simple l'établissement des Normands dans la province Rouennaise, que Charles lui-même abandonna à leur chef Rollon en l'an 911. (V. plus bas, c. 19, *note*, et 31, *note*.)

(2) C'est le sens que le mot *princeps* a généralement dans Richer; et l'on peut dire qu'il répond à celui qu'il avait chez les Latins, où il signifiait le *premier*, le plus considérable. On peut regarder comme synonymes de *principes* dans notre auteur les mots *primates, magnates, optimates, proceres, majores* et *nobiles* qu'on y retrouve çà et là. (V. I, 15, 16, et la table des matières).

est Galliæ contigua atque militans, infestare aggrediuntur; reique occasionem nacti, fidem penitus abrumpunt, ulteriusque procedunt in Galliam, ac circumquaque palantes, longe lateque diffunduntur; feminarum, puerorum, pecudum, ceterarumque rerum non modicam prædam abducentes. Recipiuntur vero cum his omnibus secus Sequanam loco qui Givoldi fossa nuncupatur. Ac idem sepius aggressi, Galliæ Celticæ partem, quæ Sequanæ Ligerique fluviis interjacet, quæ et Neustria nuncupatur, totam pene insectati sunt. Hisque animo inerat interiores Galliarum partes irrumpere, earumque gentes aut a finibus pellere, aut gravissimis substituere tributis. Id etiam ante fieri, quam in consensum principes revocarentur, accelerabant, hujusmodi dissidentia, pecunias Galliarum sese asportaturos, certissime rati. Quorum impetus Catillo principe ferebatur. Principes tanta barbarorum ignominia confecti, de pace habenda per legatos inter sese admodum quærunt. Nec diu morati, jure obsidum, in unum consulturi conveniunt. In quo conventu, sapientium usi consilio, fidemque pacti, in concordiam maximam rediere; contumelias a barbaris injectas ultum ire parati. Et quia Karolus vix adhuc triennis erat, de rege creando deliberant; non ut desertores, sed ut in adversarios indignantes.

V. — Regis genus atque * fortuna.

Anno (*a*) itaque incarnationis dominicæ (*b*) 888, [16 Kal. (*c*)] Mart., quinta feria, communi decreto, Odonem virum militarem ac strenuum in basilica Sancti..... (*d*)

* a *deletum.*
(*a*) *Abscisum.*
(*b*) *Abscisum.*
(*c*) *Abscisa.*
(*d*) *Vox omissa est.*

(1) V. les *Annales de Prudence* à l'année 856.
(2) Cf. sur l'étendue de la *Neustrie* les *Gesta consulum Andegavensium*

la Gaule; puis, saisissant une occasion favorable, ils violent leurs serments, et envahissent cette dernière; ils s'y répandent de tous côtés, poussant devant eux femmes, enfants, troupeaux, et chargés d'un riche butin se retirent vers la Seine en un lieu nommé Géfosse (1). Ils attaquent souvent de même et ravagent presque entièrement la partie de la Gaule Celtique située entre la Seine et la Loire, et qu'on appelle Neustrie (2). Ils songeaient à pénétrer dans l'intérieur des Gaules, à en chasser les habitants ou à les soumettre à d'onéreux tributs, et se hâtaient de faire cette campagne avant que les seigneurs se réconciliassent entre eux, persuadés qu'à la faveur des divisions présentes ils raviraient facilement les richesses du pays. L'expédition était commandée par Catillus. Mais c'était trop d'humiliation pour les grands; ceux-ci se mettent sérieusement en mesure de faire la paix, s'envoient dans ce but des députés, puis bientôt des ôtages, et se réunissent pour délibérer en commun. Là, suivant les conseils des sages, ils se lient par des serments, rétablissent entre eux une parfaite harmonie, disposés qu'ils sont à courir venger les outrages qu'ils ont reçus des barbares; et, comme Charles touchait à peine à sa troisième année (3), ils se décident à se donner un roi, entraînés non par une pensée d'infidélité, mais par le désir de châtier l'insolence des ennemis.

V. — *Origine et succès du roi Eudes* (888-889).

L'an 888 de l'incarnation du Seigneur, [le 16 des calendes] de Mars (4), un jeudi, ils se rendent donc dans la basilique de Saint....

(Dom Bouq., t. IX, p. 29): « Quo nomine continetur quidquid a Parisius et Aurelianis interjacet inter Ligerim et Sequanam inferius usque in Oceanum. » — M. G. traduit: « .... *ils attaquèrent et ravagèrent fréquemment toute la Gaule Celtique, comprise entre la Seine et la Loire....* »

(3) Charles était né le 17 Septembre 879, et plus bas, au chap. 12, on le dit âgé de 15 ans en 893 : il avait donc 8 ans, et non pas 3, en 887, c'est-à-dire à l'époque de l'élection d'Eudes (V. c. 5, *note*).

(4) Le 15 Février au plus tard, puisque le compétiteur d'Eudes, Gui, duc de Spolète, étant parti pour l'Italie immédiatement après le couronnement de celui-ci, y fut élu avant le 21 février. Encore les deux dates sont-elles beaucoup trop rapprochées pour que la première soit admissible. J'aime mieux suivre le plus grand nombre des chroniqueurs, qui rapportent à la fin de l'année 887 l'élection et le sacre du fils de Robert.

regem creant. Hic patrem habuit ex equestri ordine Rotbertum; avum vero paternum, Witichinum advenam Germanum. Creatusque rex, strenue atque utiliter omnia gessit, præter quod in militari tumultu, raram componendi lites potestatem habuit (*a*). Nam pyratas signis collatis intra Neustriam septies fudit, ac in fugam novies compulit (*b*): atque hoc fere per quinquennium. Quibus repulsis, fames valida subsecuta est, cum triennio terra inculta remanserit. Jam enim mensura frumenti quæ sedecies ducta modium efficit, decem dragmis veniebat, gallinatius quoque quatuor dragmis; ovis vero tribus unciis, atque vacca iabo tollebatur. Vini nulla coemptio erat, cum, vinetis ubique succisis, vix ejus aliquid habebatur. Rex interea per loca (*c*), quæ piratis irruentibus aditum præbebant, munitiones exstruit, ac in eis militum copias ponit. Ipse cum exercitu in Aquitaniæ partes secedens, non ante se rediturum proponens, quam supradicta modii frumentarii mensura duabus dragmis veniret, gallinatius vero denario, atque ovis duabus itidem dragmis, vacca vero tribus unciis venumdaretur.

VI. — Pyratæ Brittanniam impetunt ac devastant.

Interea rege apud urbem Anitium rem publicam procurante, pyratæ a finibus Neustriæ pulsi, eum ad interiora Aquitaniæ concessisse (*d*) dinoscunt. Confluunt itaque ac classem parant, atque Brittanniam repentini irrumpunt. Brittanni repentino barbarorum impetu territi, sævientibus

---

(*a*) h. eo quod milites mediocri interdum subdi contempnerent *deleta*.
(*b*) c. immo et a finibus Galliarum penitus eliminavit *deleta*.
(*c*) l. maritima *deletum*.
(*d*) secessisse 1.

---

(1) Suivant les *Annales de Saint-Waast*, Eudes fut couronné dans le palais de Compiègne, et par conséquent dans la chapelle de la Sainte-Vierge (Pertz).

(1), et là, d'un commun accord, ils élisent pour roi l'intrépide et vaillant Eudes. Son père appartenait à l'ordre équestre (2), et se nommait Robert ; son aïeul paternel était l'étranger Witichin, de la nation germaine. Le nouveau roi montra, dans tout ce qu'il fit, une vigueur et un bonheur constants; toutefois, les embarras de la guerre lui permirent rarement de travailler à la réconciliation des partis (3). Sept fois dans la Neustrie il défit les pirates en bataille rangée; neuf fois il les contraignit à la fuite, et cela dans l'espace d'environ cinq ans. Leur expulsion fut suivie d'une grande famine, la terre étant demeurée trois ans sans culture. La mesure de froment, qui fait la 16ᵉ partie d'un muids, se vendait 16 dragmes ; un poulet 4 dragmes, un mouton 3 onces et une vache onze (4). A peine trouvait-on encore du vin à acheter, toutes les vignes ayant été coupées. Le roi fit fortifier les lieux ouverts aux invasions des pirates, et y mit des garnisons; puis il descendit avec son armée dans l'Aquitaine, avec le dessein de ne revenir que lorsque la mesure de blé vaudrait 2 dragmes, le poulet 1 denier, les moutons 2 dragmes, et les vaches 3 onces (5).

VI. — *Les Pirates envahissent et ravagent la Bretagne* (890).

Il était à Anicium (Le Puy), occupé de l'administration de son royaume, quand les pirates qu'il avait éloignés des frontières de la Neustrie apprennent qu'il s'est retiré au centre de l'Aquitaine. Ils se rassemblent aussitôt, disposent leur flotte et se jettent à

---

(2) Par *ordre équestre*, Richer entend désigner les vassaux, les *milites* ; aussi trouverons-nous ailleurs, dans le même sens, l'expression *militaris ordo* (IV, 11, 28).

(3) On pense bien en effet, malgré ce qu'a dit Richer au chapitre précédent, que tous les seigneurs n'avaient pas reconnu le nouveau roi, et que Charles compta de nombreux partisans. La suite le fit bien voir. Cf. ci-contre la note latine (*a*). — M. G. traduit néanmoins : « *Absorbé par la guerre, il ne put que rarement rendre la justice.* »

(4) Un *iabe*, dit le texte. Suivant M. Guérard, dans son traité *Du système monétaire des Francs sous les deux premières races*, le muids aurait coûté 1080 f. 48 c., et par conséquent la mesure 67 f. 53 c ; un poulet 27 f., un mouton 159 f. 57 c. et une vache 576 f. 77 c.

(5) C'est-à-dire 13 f. 50 c. la mesure de blé, 2 f. 66 c. les poulets, 13 f. 50 c. les moutons, et 159 f. 57 c. les vaches.

cedunt. Cuique vitam tantum salvare satis fuit. Rerum suarum ereptionem nemo quærebat; de vita solummodo agitabant. Unde et suis fere omnibus derelictis, pyratæ passim rapiuntur, quæque commoda asportant, ac cum multa rerum præda, nullo renitente, redeunt. Tam felici ergo successu elati, per exteriores Brittanniæ fines secus Andegavum, Aquitaniam irrumpunt, multaque depopulatione terram devastant; abducunt viros ac mulieres puerosque. Quorum provectiores in utroque sexu obtruncant; pueros servituti mancipant, feminas vero quæ formosæ videbantur prostituunt.

VII. — Odo rex * contra pyratas * exercitum * parat.

Sed nonnulli vario eventu elapsi, profugio salvati sunt, a quibus, dum exagitarentur, mox Odoni regi relata fuere. Qui rerum magnitudine motus, quotquot ex Aquitania potuit, edicto regio congregari præcepit milites peditesque. Ex Provintia quoque, quæ Rhodano et Alpibus marique ac Gothorum finibus circumquaque ambitur, Arelatenses ac Aurasicanos habuit, sed et ex Gothia, Tholosanos atque Nemausinos. Quibus collectis, exercitus regius, in decem milibus equitum, peditum vero sex milibus erat. Procedit itaque secus Briddam, sancti Juliani martiris castrum, iter agens; sanctumque regiis donis veneratus, Arvernicum pagum ingreditur. Huc jam hostes advenerant, ac castrum quod Mons Panchei dicitur, vehementi hostilitate premebant. Rex principibus Francorum atque Aquitanorum stipatus, licet ancipiti deliberatione, tamen belli dispositionem apud eos pertractabat, illos ad pugnam hortans, ac eorum magnanimitatem ex natura plurimum attollens. Aliis quoque gentibus eos esse potiores, tam viribus quam audatia et armis, memorabat; eorum quoque

* x, pyra, rcitum *abscisa.*

l'improviste sur la Bretagne. Effrayés d'une si soudaine attaque, les Bretons cèdent à la fureur des barbares, et ne songent qu'à mettre leur vie en sûreté. Le pillage de leurs biens ne les préoccupe pas; sauver leurs jours, voilà toute leur pensée. Aussi abandonnent-ils presque toutes leurs richesses; les pirates se répandent de tous côtés, emportent tout ce qui leur plaît, et se retirent, chargés de butin, sans rencontrer la moindre résistance. Enflés d'un tel succès, ils côtoient la Bretagne, et, près d'Angers, se précipitant sur l'Aquitaine, y commettent d'affreux ravages. Hommes, femmes, enfants sont arrachés au sol natal; les vieillards des deux sexes sont massacrés. Des enfants, les barbares font des esclaves, et les femmes qu'ils trouvent belles, ils les violent.

VII. — *Le roi Eudes se prépare à attaquer les pirates* (892?).

Cependant quelques-uns de ces malheureux parvinrent de diverses manières à s'échapper et à se sauver par la fuite. Ils apprirent bientôt à Eudes ce qui se passait. Le roi, touché de la gravité du péril, ordonna, par un édit, la levée d'autant de cavaliers et de fantassins que pourrait en fournir l'Aquitaine. La Provence, qui se trouve comprise entre le Rhône et les Alpes, la mer et la Gothie, lui envoya de son côté des Arlésiens, des Orangeais, et la Gothie des Toulousains et des Nîmois; en sorte que l'armée royale montait à dix mille cavaliers et six mille fantassins (1). Le roi marche avec eux sur Brioude, lieu consacré à saint Julien, martyr; il honore le saint par de riches offrandes, et entre ensuite sur le territoire de Clermont. Les ennemis y étaient déjà et pressaient vivement le château de Montpensier (2). Eudes, entouré des seigneurs Français et Aquitains, tient conseil avec eux sur les dispositions militaires à prendre, et triomphant de leurs irrésolutions, les anime au combat en exaltant leur bravoure naturelle. Il leur représentait qu'aucune nation ne les égalait pour la force, l'audace, ni les armes; il leur rappelait que leurs ancêtres avaient soumis

(1) L'expédition que prépare Eudes est la seule où Richer nous montre ainsi l'infanterie unie à la cavalerie; encore y apparaît-elle bien moins nombreuse que celle-ci. La cavalerie a décidément pris le pas sur sa rivale; et c'est par elle que sera désormais estimée la force d'une armée.

(2) Sur la gauche de l'Allier, près d'Aigueperse, au sud de Clermont.

majores, pene totum orbem debellasse, ipsumque caput orbis Romam immaniter attrivisse. Unde et oportere paternam animositatem in filiis renovandam, asserebat (*a*), ut patrum magnanimitas, filiorum virtute commendaretur.

VIII. — Impetus Odonis regis in pyratas, bellique qualitas.

Quibus dictis cum persuasisset, utpote vir audax ac violentus, cum sexdecim milibus, signis illatis, barbaros aggreditur. Sed peditum copias præmittit, atque ex eis primum impetum infert. Ipse cum equitatu succedens, peditum fortunam opperiebatur. Nec minus et barbari acies ordinaverant, ac indivisi adversarios excipere cogitabant. At regii pedites hostibus directi, primo certamine sagittas jaculantur; densatique, lanceis obversis, in illos feruntur. Excepti vero a barbaris, plurimi dilabuntur, non tamen præter adversariorum ruinam. Nam et eorum alii præcipitati, alii vero quam plures sauciati sunt. Post pedites vero et regius equitatus succedit; ac acies hostium, copiis peditum divisas, multo nisu irrumpit, sternitque, ut fertur, tredecim milia, paucis fuga salvatis. Et cum jam potiretur victoria spoliisque diripiendis instaret, barbarorum quatuor milia, quæ insidiose in abditis latuerant, ex obliquo viarum irruere. Qui cum gradivo incessu

(*a*) memorabat 1.

---

(1) M. Guadet observe ici avec raison « qu'on ne trouve dans les historiens aucune mention de la bataille livrée par Eudes aux Normands sur les bords de l'Allier; » et j'avouerai volontiers avec lui que « les détails donnés par Richer sont trop précis pour qu'on puisse élever des doutes sur la bataille elle-même. » Mais je suis surpris que notre choniqueur ait donné à cet événement des proportions et un caractère tels qu'on ne sait comment expliquer, ni par où excuser le silence des contemporains; je le suis d'autant plus « que son récit est arrangé de manière à laisser croire que Eudes n'était pas sorti d'Aquitaine depuis son entrée dans ce pays, » lorsqu'on sait que les invasions des Normands

presque toute la terre, et complétement abattu Rome elle-même, la première ville du monde. Comment l'ardeur des pères ne renaîtrait-elle pas dans leurs fils? Leur valeur ne devait-elle pas recevoir un nouvel éclat de celle de leurs enfants (1)?

VIII. — *Lutte du roi Eudes contre les pirates.*

Quand il les a entraînés par ces paroles, l'intrépide roi marche résolument à l'ennemi avec ses seize mille guerriers. Les fantassins s'avancent les premiers pour engager l'attaque. Lui-même vient ensuite avec la cavalerie, tout prêt à les soutenir. Les barbares, de leur côté, avaient disposé leurs lignes de bataille, et s'apprêtaient à recevoir de pied ferme leurs adversaires. L'infanterie royale leur envoie d'abord une décharge de flèches, puis la lance en avant, fond sur eux en masse. Les barbares tiennent bon et tuent beaucoup d'assaillants, non toutefois sans essuyer eux-mêmes de grandes pertes, car les uns tombent morts, et une foule d'autres sont blessés. Mais après les fantassins arrive la cavalerie du roi ; elle se précipite sur les pirates entamés par la première troupe, force leurs lignes, et étend treize mille hommes, dit-on, sur le carreau; peu réussirent à se sauver par la fuite. L'armée jouissait déjà de la victoire, et s'occupait à recueillir les dépouilles ennemies, quand, par des sentiers détournés, accourent quatre mille barbares, qui s'étaient tenus en embuscade. L'éclat de leurs armes qu'ils ne

---

en France l'y avaient plusieurs fois rappelé, et que sa première campagne y fut signalée par la glorieuse victoire de Montfaucon (24 juin 889), dont Richer ne dit pas un mot. Est-il maintenant nécessaire de remarquer que les milices d'Arles et d'Orange ne purent apporter à Eudes le concours de leur valeur, à la journée de Montpensier, que par suite d'une convention intervenue entre ce prince et le roi Louis l'Aveugle? — Car, encore que l'histoire de ces temps et de cette contrée soit fort embrouillée, on ne saurait pas plus admettre la soumission de la Provence à Eudes que celle de la Saxe à Charles-le-Simple (V. ci-dessous, c. 14). — C'est ainsi que le chroniqueur Adémar nous représente Rodolf I, roi de la Bourgogne Transjurane, venant, *à la prière d'Eudes*, l'aider à délivrer l'Aquitaine des Normands qui la désolaient (*Dom Bouq.*, t. VIII, p. 232).

propinquarent, armorum luce ab observatoribus cogniti sunt ; factoque signo exercitus in unum redit. Rex multo plures advenire arbitratus, suos hortatur stipatores, ut priores animos resumant, immo et non amittant ; decus pro patria mori, egregiumque pro christianorum defensione corpora morti dare, multis sermonibus asserens. Exercitus itaque densatus, licet anterioris belli vulneribus æger, tamen obvenire non distulit.

IX. — Ingo ex mediocribus cum * regis signo * bellum ingreditur *.

Et cum agitaretur quis regium signum efferet, eo quod in tanta nobilium manu nullus sine vulnere videbatur, idque omnes evitarent, e medio omnium Ingo prosilit, ac militatum sese offerens, imperterritus dixit : « Ego » ex mediocribus, regis agaso, si majorum honori non derogatur, signum regium per hostium acies efferam. Nec fortunam belli ambiguam expavesco, cum semel me moriturum cognosco. » Ad hæc Odo rex : « Nostro, inquit, dono, » ac principum voluntate signifer esto. » Ille signum exci-

* ibus cum, no, gre *abscisa*.

---

(1) M. G. traduit : « Toutefois, comme ils s'approchaient à pas lents, » l'éclat de leurs armes donna l'éveil aux sentinelles... » — Mais il me paraît évident qu'après avoir terminé la phrase précédente par *irruere* (s'élancer, se précipiter, fondre sur), Richer n'a pu commencer la suivante par la peinture d'une marche *lente* et pesante ; aussi bien ne s'est-il point servi du mot *gradivo*, mais *gradivo* ; et, quoique ce dernier mot ne soit pas plus latin, comme adjectif, que d'autres qu'on rencontre çà et là dans son ouvrage, il me semble qu'en le prenant pour ce qu'il doit vouloir dire en cet endroit, en lui donnant la signification de *martial, belliqueux, militaire*, on obtient un sens fort raisonnable, qui est celui-ci : Et comme ils s'avançaient militairement (les armes hautes), l'éclat de leurs armes les signala. On ne voit pas bien d'ailleurs comment, *par l'effet d'une marche lente*, cet éclat les aurait trahis. (Cf. I, 45).

(2) Le texte dit : Je suis écuyer du roi [de la classe] des *mediocres*. Cette expression que Richer emploie assez fréquemment se trouve dans les lois barbares, comme désignant une classe de citoyens intermédiaire

dissimulent point (1), les signale à la vigilance des vedettes ; l'armée se reforme en bataille, et Eudes, qui les croit bien plus nombreux, exhorte ses compagnons d'armes à ne point se décourager, mais à rappeler leur vaillance. Il leur représente longuement combien il est beau de mourir pour la patrie, de verser son sang pour défendre des chrétiens. Aussi, tout affaiblis qu'ils sont par les blessures qu'ils viennent de recevoir, ils n'hésitent point à s'avancer.

IX. — *Ingon marche au combat avec l'étendard royal.*

Et comme il s'agissait de savoir qui porterait l'enseigne royale, — car, de tant de nobles guerriers, il n'en était point qui ne fût blessé et qui ne déclinât cet honneur, — Ingon s'élance du milieu de la foule, et offrant ses services : « Je suis, dit-il d'une voix as-
» surée, simple écuyer du roi (2), mais, si ce n'est pas attenter
» aux droits des princes, je porterai l'enseigne royale à travers les
» rangs ennemis. Je ne redoute point les hasards de la guerre
» je sais que je dois mourir une fois. » Le roi Eudes lui répond : « Par notre grâce et la volonté des grands, sois
» porte-enseigne. » Ingon, recevant alors l'enseigne, s'avance,

entre les *majores*, que nomme Ingon dans la même phrase, et les *minores*. Mais elle n'a point d'équivalent exact dans la langue française. Nous ne connaissons même pas exactement les droits et les priviléges, non plus que les obligations respectives de ces trois classes. Qu'il nous suffise de savoir qu'à la première (*majores*) appartiennent les bénéficiers et particulièrement les fidèles du roi ; à la seconde (*mediocres*) les hommes absolument libres, propriétaires allodiaux et autres ; et à la troisième (*minores*) les colons tributaires, au dessous desquels se rangeaient les *esclaves* ou *serfs*.

Au reste, la société était loin de présenter, au temps de Richer, le même aspect qu'à l'origine des lois barbares dont nous parlons ; les quatre classes dont elle se composait au commencement, s'étaient réduites à deux : *nobles* et *serfs* étaient les seules conditions qu'y admettait Adalbéron, évêque de Laon, dans son poème au roi Robert ; et l'on pouvait, sans craindre aucune confusion, prendre l'une pour l'autre les expressions *mediocres* et *minores* (V. ci-dessous, c. 16, note). Celle-ci même prévaudra, pour désigner les vassaux de second ordre, par opposition aux *milites majores*, c'est-à-dire aux comtes et aux autres grands vassaux qui possédaient des fiefs de dignité, ou qui jouissaient des droits régaliens (V. les actes du concile de Saint-Gilles, tenu vers l'an 1042. *Concil.*, t. IX).

piens, agmine densato circumseptus incedebat. Factusque cunei militaris acumen, hostes vibrabundus ingreditur. Præcipitantur barbari, viresque amittunt. At regius exercitus rediens, iterum irrumpit sternitque; tertioque adortus fere omnes opprimit. Ex quorum tumultu cum aer densatus, multo pulvere pinguesceret, Catillus (a) cum paucis per caliginem fuga sese surripuit, atque in dumetis sese abdidit. Qui cum lateret, a victoribus passim palantibus repertus atque captus est, suisque qui secum (b) latuerant (b) gladio transfixis, post spolia direpta Odoni regi oblatus est.

X. — Tiranni * baptismus, et * interfectio *.

Utiliter ergo patrata victoria, rex tirannum captum secum Lemovicas ducit; ibique ei vitæ ac mortis optionem dedit, si baptizaretur, vitam, sin minus, mortem promittens. Tirannus mox absque contradictione baptizari petit. Sed dubium an fidei quicquam habuerit. Quia ergo Pentecostes instabat sollempnitas, ac episcoporum conventus regi aderat, ab episcopis ei triduanum indicitur jejunium. Die vero constituta cum in basilica sancti Marcialis martiris, post episcoporum peracta officia, in sacrum fontem ab ipso rege excipiendus descenderet, jamque trina inmersione in nomine Patris et Filii et Spiritus Sancti baptizatus esset, Ingo ante signifer, gladio educto letaliter eum transverberat, ac fontem sacratum, vulneris effusione immaniter cruentat. Rex tantum facinus indignans, principibus frementibus homicidam rapi ac trucidari jubet. Ille gladio projecto fugiens, sancti Marcialis aram complexus est; indulgentiam ab rege ac primatibus postulans, atque loquendi locum multis clamoribus petens. Et jussu regio, de commisso facinore responsurus sistitur. Orsusque sic ait :

* i, et, o *abscisa.*
(a) rex barbarorum *corr.* Catillus.
(b) m, la, t *abscisa.*

entouré d'une nombreuse garde, et prenant la tête du coin militaire, il tombe comme la foudre sur les ennemis, qui sont culbutés et perdent confiance. Une seconde charge de l'armée royale les écrase ; une troisième les anéantit presque tous. Comme la mêlée soulevait dans les airs une poussière épaisse, Catillus, à la faveur de l'obscurité, put, avec quelques-uns des siens, se dérober par la fuite et se cacher dans des broussailles ; mais les vainqueurs répandus dans la campagne ayant découvert sa retraite, le prirent, et, après avoir tué et dépouillé ceux qui l'accompagnaient, le conduisirent au roi Eudes.

X. — *Baptême et meurtre du tyran Catillus.*

Après cette utile victoire, le roi partit pour Limoges avec son prisonnier. Là il lui laisse le choix de la vie ou de la mort : la vie avec le baptême, sinon la mort. Le tyran sans hésiter demande le baptême ; mais il est douteux qu'il ait jamais eu la foi. Or la solennité de la Pentecôte approchait, et le roi avait auprès de lui une réunion d'évêques ; les évêques imposèrent à Catillus un jeûne de trois jours ; au bout de ce temps, et après la célébration de l'office pontifical, dans la basilique de saint Martial, martyr, Catillus descendit dans les fonts sacrés, où le roi lui-même devait le présenter au baptême. Déjà, par une triple immersion (1), on l'avait baptisé au nom du Père et du Fils et du Saint-Esprit, quand Ingon, le porte-enseigne, tirant son épée, le frappe mortellement et souille de son sang les fonts sacrés. Le roi indigné d'un tel forfait ordonne aux seigneurs interdits de saisir l'homicide et de le mettre à mort. Mais Ingon, jetant son épée, court embrasser l'autel de saint Martial ; il implore l'indulgence du roi et des seigneurs, et demande à grands cris à s'expliquer. Le roi lui ordonne de se justifier, et il parle ainsi :

(1) On baptisa de la sorte dans toute l'Eglise jusqu'au xiv° siècle. Le baptême ne s'administrait d'ailleurs qu'aux fêtes de Pâques et de Pentecôte, comme on le voit encore par les décrets du concile de Londres, tenu en 1237.

XI. — *Oratio Ingonis pro se apud regem et principes suasorie habita.*

« Deum voluntatis meæ conscium testor, nihil mihi
» fuisse carius vestra salute. Vester amor ad hoc me impulit;
» ob vestram salutem in has me miserias præcipitavi; pro
» omnium vita, tantum periculum subire non expavi. Grande
» quidem est gestum negotium, sed major est negotii utili-
» tas. Regiam majestatem me læsisse quidem non abnuo,
» sed multa commoda in facinore comparata assero. Consi-
» deretur auctoris animus, animadvertatur etiam futura
» facinoris utilitas. Tirannum captum, metus causa baptis-
» mum petiisse adverti; eumque, postquam dimitteretur,
» pluribus injuriis vicem redditurum, suorumque stragem
» gravissime ulturum. In quem, quia futuræ cladis causa
» visus est, ferrum converti. Hæc est mei facinoris causa;
» hæc me ad scelus impulit. Hoc ob regis suorumque salu-
» tem peregi. Et utinam morte mea, patriæ libertas, rerum-
» que tranquillitas consequantur! Sed si occidor, ob regis
» primatumque salutem occisus videbor. Cogitet jamquis-
» que, an pro hujusmodi mercede ei militandum sit; et an pro
» fide servata, tali habendus sit retributione. Ecce capitis et
» pectoris laterisque recentia vulnera! Patent præcedentium
» temporum cicatrices, dispersique per reliqua corporis
» membra livores. Quorum assiduis doloribus confectus,
» nihil, post tot mala, nisi mortem, malorum finem
» exspecto. » Qua conquestione alios ad benivolentiam traxit,
alios vero ad lacrimas impulit. Unde et milites pro eo agen-
tes, regem demulcent, et ad pietatis clementiam suadent;
nihil regi prodesse asserentes, si suorum quispiam intereat;
immo in tiranni occisione gaudendum, vel quia vītæ datus
sit si fidelis decessit, vel quia ejus insidiæ penitus defece-
rint si in dolo baptismum susceperit. Quibus rex animum
temperans, tumulato barbaro, Ingonem in gratia resumit.
Et insuper castrum quod Blesum dicitur ei liberaliter accommodat, eo quod is qui castri custodiam agebat, in bello
pyratico occisus esset. Ejus quoque uxorem derelictam,

XI. — *Ingon se justifie auprès des rois et des grands.*

« J'en atteste le ciel qui connaît mes sentiments, je n'ai jamais
» rien eu de plus cher que votre salut. C'est mon attachement pour
» vous qui m'a poussé à cette action ; c'est pour vous sauver que
» je me suis précipité dans cet abîme de malheur ; c'est pour le
» salut commun que j'ai osé affronter un si grand péril. Ce que
» j'ai fait est grave sans doute, mais le profit en est immense. J'ai
» outragé, je l'avoue, la majesté royale, mais j'affirme que mon at-
» tentat est fécond en avantages. Considérez l'intention du coupable,
» et voyez dans l'avenir l'utilité de sa faute. J'ai compris que le
» tyran captif n'avait cédé qu'à la peur en demandant le baptême,
» et qu'une fois rendu à la liberté, il rendrait mal pour mal et
» tirerait du carnage des siens une éclatante vengeance. J'ai
» vu en lui la cause de nouvelles calamités, et c'est pour cela que
» j'ai tourné mon épée contre lui. Voilà ce qui a déterminé ma
» conduite, ce qui m'a poussé au crime. Je n'ai eu en vue que le
» salut du roi et des siens. Et plaise à Dieu que ma mort assure
» la liberté et le repos de ma patrie. Mais si je meurs, je paraîtrai
» avoir péri, victime de mon dévouement au roi et aux grands. Que
» chacun voie si c'est pour une telle récompense qu'il entend ser-
» vir, si c'est là le prix réservé à sa fidélité. Voici les blessures
» récentes de ma tête, de ma poitrine et de mes flancs ; et
» l'on peut suivre sur toutes les parties de mon corps la trace
» livide des anciennes. Affaibli par les douleurs continuelles
» qu'elles me causent, je n'attends plus, après tant de maux,
» que la mort qui les termine tous. » Ingon par ces plaintes
captive la bienveillance des uns, arrache des larmes aux autres.
Aussi les guerriers d'intercéder pour lui, de calmer le roi et de le
disposer à la clémence : A quoi, lui représentent-ils, peut servir
au roi la mort d'un de ses fidèles ? Ne vaut-il pas mieux
se réjouir du meurtre d'un tyran, que le baptême a mis en
possession de la vie, s'il est mort dans la foi, ou dont on n'a
plus à redouter les attaques, s'il l'a reçu avec déguisement ? Le
roi cède à ces raisons, fait enterrer le barbare, et rend à Ingon
ses bonnes grâces. Bien plus, il lui accorde généreusement le
château de Blois, qui avait perdu son gouverneur dans la
guerre contre les pirates, et il lui fait épouser la veuve de cet

dono regio in matrimonio Ingo sibi accopulat. Regis exinde ac principum gratia admodum usus, prospere ac feliciter omnia gerebat. Verum id in brevi. Nam vulnerum sanies male a cirurgis amputata, cum sub recutita superficie, tumorem intrinsecus operaretur, nimio humoris reumatismo, plus biennio vexatus, in lectum decidit. Unde et intercluso reumate, penitus intumuit. Sicque toto erisipilato corpore, vitam amisit, Gerlonem filium parvum superstitem relinquens, qui ab rege tutori commissus, patrimonium cum matre possedit.

XII. — Promotio * Karoli in regem *.

Interea rex a Lemovica urbe dimotus, Echolisinam petit, ac ibi quæque gerenda disponit. Nec multo post petens Petragoram, nobilium causas quæ litibus agitabantur ibi æquissime ordinat, plurimum (a) de communibus omnium causis apud optimates pertractans. Quibus cum foret admodum intentus, ibique per aliquot tempora sese moraturum proponeret, Fulco Remorum archiepiscopus, de Karoli promotione in regnum apud Belgas tractabat. Videbatur etenim tunc, quod præsens oportunitas huic rei aliquam commoditatem pararet. Idque plurimum persuadebat Neustriorum absentia (b); etenim cum rege in partibus Aquitaniæ tunc detinebantur. Suadebant quoque multiplices adolescentis quærimoniæ. Jam enim quindennis, de regni amissione apud amicos et domesticos gravissime conquerebatur; regnumque paternum repetere multo conatu moliebatur. Ei ergo omnes Belgicæ principes,

* tio, em *abscisa*.

(a) pl. de privatis, multumque de comm. 1., *linea subducta* de p. m. *deleta sunt*.

(b) absentia qui Sequanæ Ligerique fluviis interjacent *deleta*.

(1) De même que, dans les familles indépendantes, le plus proche parent était seul en droit de disposer de la main de la fille après la mort du père, ainsi, dans celles qui avaient recherché ou subi son patronage,

officier (1). Dès lors Ingon, en faveur auprès du roi et des grands, jouit d'un bonheur parfait, mais bien court. Car, mal pansées par les chirurgiens, ses blessures, en se refermant, déterminèrent à l'intérieur une tumeur, dont le développement toujours croissant, après l'avoir tourmenté pendant plus de deux ans, finit par le retenir au lit. Les humeurs emprisonnées amenèrent alors une enflure et une érysipèle générales, et Ingon succomba, laissant un jeune fils du nom de Gerlon, à qui le roi donna un tuteur, et qui hérita avec sa mère du domaine paternel.

XII. — *Charles est élu roi* (893).

Cependant le roi ayant quitté Limoges, se rendit à Angoulême, où il mit tout l'ordre possible, et bientôt après à Périgueux, où il régla avec équité les différents des nobles, et s'occupa activement avec les grands des intérêts de la nation. Tandis que, tout entier aux affaires, il comptait séjourner là quelque temps, Foulques, archevêque de Reims, travaillait en Belgique (2) à placer Charles sur le trône. Le moment semblait favorable à cette entreprise, inspirée d'ailleurs par l'absence des Neustriens, qui étaient retenus avec le roi dans l'Aquitaine, et par les continuelles lamentations de Charles. Car ce prince, déjà parvenu à sa quinzième année, témoignait à ses amis et à ses serviteurs le plus vif regret d'avoir perdu la couronne, et n'épargnait aucun effort pour la recouvrer. Tous les seigneurs de la Belgique et quelques-uns de ceux de la Celtique lui étaient

---

c'était le seigneur qui remplaçait la parenté, parce que la fille, le père et les descendants du père étaient placés dans son *mundium*, c'est-à-dire en son pouvoir et sous son autorité. C'est à ce titre, ou du moins sous ce prétexte, dit un savant historien, que, dès le temps de la race mérovingienne, les rois prenaient sur eux de délivrer des *præceptiones* ou autorisations pour épouser des filles ou de riches veuves, qui n'étaient même pas toujours dans leur dépendance. — En perdant de vue ce point historique, M. G. est tombé ici dans le plus étrange contre-sens : « *Le roi lui fit épouser aussi une femme qu'il avait lui-même répudiée.* » (Cf. Flod. Chron., ann. 939 : « Ludovicus rex.... *relictam Gisleberti Gerbergam ducit uxorem....* »)

(2) Richer donne ce nom tantôt à la Belgique romaine, comme ici même, comme aux chap. 13 et 14, tantôt et plus souvent à la Lorraine seule, comme quelques lignes plus bas (*note* 1).

et aliquot Celticæ summopere favebant. Horum quoque consensus, sub Remensi metropolitano, sacramenti jure firmatur ; ac tempore statuto conveniunt, ex Belgica quidem Coloniensis, Trevericus, atque Maguntinus metropolitani, cum suis diocesaneis episcopis, aut eorum probabilibus legatis ; ex Celtica vero Remorum prædictus metropolitanus, cum aliquot suis diocesaneis, Laudunensi videlicet, Catalaunico atque Morinensi. Anno (*a*) autem incarnationis dominicæ (*a*) 893. 5 Kal. (*b*) Februar., die dominica, collecti Remis in basilica Sancti Remigii Karolum quindennem regem creant ; ac in urbe purpuratum, more regio, edicta dare constituunt. Et ex Celtica quidem, paucissimi ejus partes sequebantur, ex Belgica vero, ei omnes addicti sunt. Ab illis enim devotissime exceptus, per omnes *(c)* eorum urbes et oppida (*d*) humanissime deductus est.

XIII. — Odonis * reditus ab Aquitania * ejusque obitus.

Quod factum Odo rex comperiens, ab Aquitania redit ; urbemque Turonicam petens, sanctum Martinum donis regalibus honorat. Sicque Parisii receptus, sanctos martires Dionisium, Rusticum et Eleutherium magnifice donat. Tandem fluvio Matrona remenso, Belgicam ingreditur ; ac oppido receptus, quod dicitur Fara, præ nimia anxietate

---

* Odonis, ia *abscisa*.
(*a*) An. domini *abscisa*.
(*b*) 5 kal. *jam abscisa*.
(*c*) per o *abscisa*.
(*d*) et opp *abscisa*.

---

(1) Comme il est certain qu'alors le royaume de Lothaire appartenait à Arnoulf, ces trois évêques n'ont donc pu se donner Charles pour roi (P.).

dévoués. L'archevêque de Reims reçut leurs serments ; à une époque fixée se réunirent, de la Belgique, les archevêques de Cologne, de Trèves et de Mayence avec leurs suffragants ou des délégués de ceux-ci (1), de la Celtique, l'archevêque de Reims avec quelques-uns de ses suffragants, savoir : les évêques de Laon, de Châlons, de Thérouanne ; et, l'an de l'Incarnation 893, le 5 des calendes de Février (2), assemblés à Reims dans la basilique de Saint-Remi, ils créèrent roi Charles, âgé de quinze ans, le revêtirent de la pourpre, et dans cet appareil, lui firent rendre des édits à la manière des rois. Le nouveau monarque comptait peu de partisans dans la Celtique, il est vrai ; mais toute la Belgique lui était attachée ; il en visita toutes les villes et places, et partout il reçut l'accueil le plus empressé.

XIII. — *Eudes revient de l'Aquitaine ; sa mort* (898).

A la nouvelle de ces événements, le roi Eudes quitte l'Aquitaine (3). En traversant Tours, il honore saint Martin par de riches présents ; arrivé à Paris, il y laisse également des dons magnifiques en l'honneur des saints martyrs Denys, Rustique et Eleuthère, enfin il passe la Marne et entre dans la Belgique. Mais, à La Fère (4), les soucis dont il était poursuivi, commen-

(2) **28** Janvier.

(3) Eudes, depuis 889, était revenu plusieurs fois en France pour y combattre les Normands et la guerre civile (V. ci-dessus, p. 20, note 1).

(4) Le séjour d'Eudes à La Fère-sur-l'Oise, après le passage de la Marne au sortir de Paris, ne s'expliquerait pas, si nous ne savions d'ailleurs que ce prince contraignit Charles à se retirer dans la Lorraine, et à implorer l'appui d'Arnoulf ; que l'impuissance de celui-ci, non moins que les projets ambitieux de Zwentibold, son fils, sur la France romane, déterminèrent Charles à lui demander la paix avec une part du royaume (895); que la difficulté de s'entendre remit les armes aux mains d'Eudes, et que ce roi, partout victorieux de ses adversaires, mais se sentant affaibli par les fatigues et les soucis, gratifia spontanément son compétiteur de *la portion du royaume qu'il voulut* (896). On convient assez généralement qu'il lui laissa les pays situés entre la Seine et le Rhin, prenant le reste pour lui.

insomnietatem pati cœpit. Quæ cum nimium succresceret, mentis alienationem operabatur. Superantibusque humoribus, anno regni sui decimo, ut quidam ferunt mania, ut alii frenesi, finem vitæ accepit. Tumulatur (a) vero cum (a) multo suorum lamento, in basilica sancti (a) Dionisii martiris.

XIV. — Mores Karoli.

Karolus itaque rex creatus, ad multam benivolentiam intendebat. Corpore prestanti, ingenio bono simpliciaque (b); exercitiis militaribus non adeo assuefactus, at litteris liberalibus admodum eruditus; in dando profusus, minime avarus; duplici morbo notabilis: libidinis intemperans, ac circa exsequenda juditia paulo neglegentior fuit. Galliarum principes ei animo ac sacramento annexi sunt. Necnon et Rotbertus Odonis regis defuncti frater, vir industrius atque audatia plurimus, sese militaturum regi accommodat (c). Quem etiam rex Celticæ ducem præficit, ac in ea omnium gerendorum ordinatorem concedit; ejus (d) fere per quadriennium consilio utens, eique admodum consuescens. A quo per Neustriam deductus (e), urbibus atque oppidis ab eo receptus est, urbemque Turonicam petens, plurima auri atque argenti talenta, sancto Martino liberaliter impertit. A cujus servitoribus pro sese fieri deprecationes postulans, perpetim cotidianas obtinuit. Inde quoque omnibus obtentis rediens, Belgicam repetit, ac sanctum Remigium donis egregiis honorat. Et sic Rotberto Gallia (f) Celtica collata, in Saxoniam (g) secedit; cujus urbes sedesque regias lustrans cum oppidis, nullo renitente, obtinuit.

(a) Tu, cum m, se *abscisa*.

(b) s. Cui etiam in primis adolescentiæ annis. Pax atque tranquillitas rei publicæ concordia suorum. Commoditas privatorum grata fuere. Id vero in brevi. *deleta*.

(c) a. Rex ergo principibus stipatus, ac multo suorum obsequio inclitus, more regio leges condit, ac decreta edicit. Rotbertum quoque *deleta*.

cèrent à lui ôter le sommeil ; le mal, croissant toujours, détermina chez lui une aliénation mentale, et les humeurs prenant le dessus, il mourut de folie, suivant quelques-uns, d'un transport au cerveau, selon les autres, dans la dixième année de son règne. On l'enterra au milieu des gémissements de tous les siens, dans la basilique de Saint-Denis, martyr (1).

XIV. — *Caractère de Charles.*

Charles, élu roi, se montra animé des intentions les plus bienveillantes. Il était beau de corps, simple et bon de caractère, peu fait aux exercices militaires, mais très-versé dans les belles-lettres, ennemi de l'avarice et se plaisant aux largesses. Mais il avait deux grands défauts : il était dissolu dans ses mœurs et négligeait trop le soin de rendre la justice. Les seigneurs des Gaules lui jurèrent fidélité et lui demeurèrent attachés de cœur. Robert lui-même, le frère du feu roi Eudes, s'engage à le servir. C'était un homme de ressource et de courage. Le roi le fait duc de la Celtique (2), et lui en abandonne toute l'administration ; il le consulte en tout, pendant près de quatre ans, et lui montre un grand attachement. Robert, de son côté, conduit Charles dans la Neustrie, et lui en ouvre les villes et les places fortes. En passant par Tours, le roi fait généreusement don à saint Martin de plusieurs talents d'or et d'argent (3), et demande des prières aux ministres de ses autels ; il en obtient pour tous les jours et à perpétuité. Après quoi il regagne la Belgique, et fait de riches présents à l'abbaye de Saint-Remi. Ayant ainsi établi Robert dans la Celtique, il part pour la Saxe, en visite les villes, les résidences royales et les places fortes, dont il prend paisiblement possession, et donne pour duc

---

(*d*) e. plurimum *deletum*.

(*e*) d. quæ est Celticæ pars *deleta*.

(*f*) *Hæc usque præficit Ekkehardus Uraug. in hist. Heinrici, sed haud accurate exscripsit.*

(*g*) Belgicam corr. Saxoniam.

(1) Le 1ᵉʳ Janvier 898.

(2) C'est-à-dire de Neustrie (cf. c. 16) ou de France.

(3) Expression empruntée au système monétaire de la Grèce antique, pour désigner une somme d'argent considérable.

Ubi (a) etiam Heinricum regio genere inclitum, ac inde oriundum, ducem omnibus præficit. Sarmatas (b) absque prælio subditos habuit; Anglos (c) quoque ac reliquos transmarinorum populos, mira benivolentia (d) sibi adegit. Vix tamen (e) per decennium (e). Et forte felicissimus per omnia fuisset, si in uno nimium non errasset.

XV. — Nimia Karoli * dilectio * erga Haganonem *.

Nam cum multa benignitate principes coleret, præcipua tamen beatitudine Haganonem habebat, quem ex mediocribus potentem effecerat; adeo ut magnatibus quibusque longe absistentibus (f), ipse regio lateri solus hæreret, pilleum etiam a capite regis sepissime sumptum, palam sibi imponeret. Quod etiam multam regi intulit labem (g). Etenim primates id ferentes indignum, regem adeunt, ac apud eum satis (h) conqueruntur, hominem obscuris parentibus natum, regiæ dignitati multum derogare, cum acsi indigentia nobilium, ipse tamquam consulturus regi assistat. Et nisi a tanta consuetudine cesset, sese a regis consilio penitus discessuros. Rex dissuasionibus his minime credulus, a dilecto non cessit.

XVI. — Indignatio ** Rotberti ** in Haganonem **.

Interea Belgicæ (i) urbibus (k) atque oppidis firmissime optentis (l), in Celticam redit, ac urbe Suessonica recipit

* ia Karoli, io, Haganonem *abscisa*.
** natio, tberti, anonem *abscisa*.
(a) Ubi *usque* præficit *corrigentis manu adjecta*.
(b) S. quoque *deletum*.
(c) Anglorum *deletum*.
(d) b. militare *deletum*.
(e) en, nium *abscisa*.
(f) absisentibus *Pertz. edit*.
(g) calamitatem *corr*. labem.
(h) s. inde *deletum*.
(i) *in loco raso sed atramento et manu eisdem*. Galliarum *Ekkehardus qui hæc exscripsit*.
(k) finibus *corr*. urbibus.
(l) cum paschalis sollemnitas immineret, Aquisgrani palatio sese recepit. Huc *Ekkeh*.

aux Saxons Henri, qui était de race royale et originaire du pays (1). Charles soumit les Sarmates sans combat; il s'attacha également, par son extrême bonté, les Angles et les autres peuples d'outre-mer. Mais cette prospérité se soutint à peine dix ans. Peut-être n'eût-il rien manqué au bonheur du prince, s'il ne s'était gravement trompé en un point.

XV. — *Attachement excessif de Charles pour Haganon.*

En effet, bien qu'il témoignât aux seigneurs beaucoup de bienveillance, il avait une affection toute particulière pour Haganon, que d'un rang inférieur (2) il avait élevé à la puissance; tellement que, tandis que tous les grands se tenaient à une distance respectueuse de sa personne (3), seul ce favori demeurait à son côté, et poussait fort souvent la familiarité jusqu'à lui ôter publiquement son chapeau de dessus la tête pour s'en couvrir lui-même. Cette conduite fit au roi beaucoup de tort; les grands, indignés, vinrent le trouver, se plaignirent assez vivement qu'un homme d'une naissance obscure osât profaner la dignité royale, en se posant en conseiller du roi, comme s'il y avait faute de noblesse, et menacèrent Charles, s'il ne renonçait à une telle liaison, de se retirer entièrement de son conseil. Mais le roi demeura sourd à ces avertissements, et n'éloigna point son favori.

XVI. — *Indignation de Robert contre Haganon* (920).

Cependant Charles, après avoir affermi son autorité dans les villes et les places de la Belgique, revient dans la Celtique et s'éta-

---

(1) On pourrait justement reprocher à Richer de flatter le portrait du roi Charles; mais ce qu'il faut surtout regretter, c'est qu'emporté par un étroit patriotisme, il ait substitué les Saxons aux Belges, Henri à Gislebert, ainsi que le prouvent les corrections qu'il a faites à son manuscrit. Cette erreur volontaire, jointe à la confusion chronologique des événements auxquels se trouvent mêlés ces princes et ces peuples, et à la déplorable complaisance avec laquelle Richer travestit à l'antique les noms et les choses, appelant par exemple les Lorrains des Belges, répand sur toute cette partie de son histoire une obscurité qui nous tromperait, si le flambeau de Flodoard ne venait heureusement nous guider.

(2) Voy. sur la classe des *mediocres*, à laquelle appartenait Haganon, ce que nous avons dit plus haut, ch. 9, *note*.

(3) M. G.: « Cela fit que les grands s'éloignèrent de lui, et que le seul » Haganon resta près de sa personne. »

sese. Huc ex omni Gallia principes confluunt ; huc etiam minores (a) multo favore conveniunt (b). Inter quos cum Rotbertus in majore gratia apud regem sese haberi putaret, utpote quem ducem in Celtica omnibus præfecerat, cum rex in palatio sedisset, ejus jussu dux dexter, Hagano quoque ei levus pariter resedit. Rotbertus vero dux tacite indignum ferebat, personam mediocrem (c) sibi æquari, magnatibusque præponi. At iram mitigans, animum dissimulabat, vix regi pauca locutus. Celerius ergo surgit, ac cum suis consilium confert. Quo collato, regi per legatos suggerit, sese perferre non posse sibi Haganonem æquari, primatibusque anteferri ; indignum etiam videri hujusmodi hominem regi hærere, et Gallorum nobilissimos longe absistere ; quem nisi in mediocritatem redigat, sese eum crudeli suspendio suffocaturum. Rex dilecti ignominiam non passus, facilius se omnium colloquio, quam hujus familiaritate posse carere respondit. Quod nimium Rotbertus indignatus, cum optimatibus plerisque injussus Neustriam petit, ac Turonis sese recipit. Multam ibi de regis levitate indignationem (d) habens. Plurima etiam ut in se transfundatur rerum summa, apud suos caute pertractans. Quamvis (e) etenim regi (e) faveret, non (e) mediocriter tamen ei regnum invidebat (e), cum sibi post (e) fratrem hereditandum (e) magis videret. Nonnulla quoque moliebatur in Fulconem Remorum metropolitanum, qui regem a cunabulis educaverat, atque in regnum promoverat. Videbatur etenim quia, si is solum deperiret, facilius

---

(a) mediocres *Ekkeh*.

(b) conveniunt; assunt et duces, ex Saxonia quidem Heinricus, ex Gallia Ruotpertus. Cottidie secus fores regii cubiculi manent, cottidie egressum regis a penetralibus aulæ prestolantur. Cum vero nullum eis ab rege responsum per dies quatuor daretur, Heinricus id molestissime ferens, dixisse fertur, aut Haganonem quandoque cum Karolo regnaturum, aut Karolum cum Haganone ad rerum mediocritatem deventurum ; indignansque rege inconsulto discessit. *Ekkardus Uraug. qui deinde tribus lineis reconciliationem Heinrici per Heriveum, infra capp. 23. 24. enarratam. scribit. Superioris fabulæ, licet genio Richeri optime conveniat, nullum in codice vestigium, nec eam a Richero profectam esse, narratio infra cap. 20 de causa inimicitiæ Henrici ostendit.*

blit à Soissons. Là, de toutes les parties de la Gaule accourent les seigneurs; là se rendent aussi avec grand empressement les gens de moyen état (1). Robert s'y trouva, lequel pensait bien être en haute faveur auprès du roi, puisque celui-ci l'avait investi, comme duc, d'un pouvoir absolu dans la Celtique. Le roi, tenant un plaid dans son palais, le fit mettre à sa droite et placer Haganon à sa gauche. Le duc ne vit pas, sans une secrète indignation, qu'un homme d'un rang inférieur lui fût égalé, et placé au dessus des grands. Mais il contint sa colère, dissimula son ressentiment et n'adressa que quelques mots au roi. Bientôt il se lève pour conférer avec les siens, après quoi il envoie dire à Charles qu'il ne peut supporter qu'Haganon soit mis sur le même rang que lui, et élevé au dessus des seigneurs; qu'il trouve indigne qu'un tel homme siége à côté du roi, quand la première noblesse des Gaules se tient à une distance respectueuse de sa personne, (2) et que, s'il ne le fait rentrer dans sa modeste condition, lui-même se chargera de le pendre sans pitié. Charles, blessé de l'affront fait à son favori, répond qu'il se passera plus aisément de la société de tout autre que de l'amitié d'Haganon. De quoi Robert, grandement outré, part pour la Neustrie avec la plus grande partie de la noblesse, sans prendre congé du roi, et se retire à Tours. Là, il se répand en plaintes amères sur la légèreté du prince et dispose habilement les siens à faire passer entre ses mains l'autorité suprême. Car, tout en soutenant le roi, il ne lui en portait pas moins envie, et croyait qu'après son frère, c'était bien plutôt à lui que devait revenir la couronne. Il songeait aussi à se défaire de Foulques, archevêque de Reims, qui avait élevé Charles dès le berceau, et l'avait placé sur le trône (3). Ce prélat, une fois mort, il pensait s'emparer plus

(c) ignobilem *corr.* mediocrem.
(d) querimoniam *c.* indignationem.
(e) Q, r, non, men, vi, po, dit *abscisa*.

(1) *Minores* est pris ici dans le sens de *mediocres* : cf. ci-contre (a) la traduction d'Eckard, et v. ci-dessus, c. 9, *note*.

(2) M. G.: « ... qu'il lui paraissait indigne que le roi attachât à sa » personne un homme de cette espèce, et mit à l'écart les plus nobles des » Gaulois. »

(3) L'ordre chronologique montre assez que le meurtre de Foulques se rattache mal à l'affaire d'Haganon (P.). Car Foulques fut assassiné en 900; et ce ne fut qu'en 920 que les grands rompirent à Soissons avec le roi, en 922 que Robert déclara et atteignit le but de son ambition.

refundi in sese regnum potuisset. Id etiam apud Balduinum Morinorum principem admodum agitabat. Hic enim ab eo (*a*) persuasus ejus partes jam rege deserto sequebatur.

XVII.— Interfectio Fulconis, archiepiscopi.

Quo rex comperto, in Balduinum fertur, ac multa obsidionis vi castrum Atrabatum ab eo aufert, atque cum tota sancti Vedasti abbatia, Fulconi prædicto metropolitano concedit. At post aliquot tempora metropolitanus, ob itineris longinquitatem fratrumque (*b*) incommoditatem (*b*), Altmarum comitem accersiens (*c*), abbatiam sancti Medardi quam ipse comes tenebat, ab eo accipit, et pro ea abbatiam sancti Vedasti cum castro Atrabato rationibus utrimque habitis ei impertit. Unde et ad nimiam pertrahitur Balduinus crudelitatem ; multaque affectus anxietate, ad ultionem penitus sese convertit. Amicitiam ergo circa metropolitanum simulat ; per legatos quoque multam benivolentiam mandat (*d*), fidemque spondet. Illud tamen multa suorum curiositate observat, utrum privatus an cum copiis regis palatium petere consuescat ; privatum multo nisu impetere cupiens. Hæc dum sic haberentur, pro regiis causis contigit episcopos Belgicæ apud regem congregari. Unde et metropolitanus accersitus cum iter accelerare pararet, incautus cum paucis festinabat. Cui mox affuit quidam Winemarus cum cohorte a Balduino missus (*e*). Metropolitanus cum esset cum paucis, a cohorte cum suis interceptus est. Nulli fugæ locus patuit. Omnes circumvallantur atque impetuntur ; admodum utrimque dimicant ; utrimque fusi procumbunt. Winemarus metropolitanum adortus, lancea inermem transfigit (*f*), atque inter suos septem vulneribus sauciatum præcipitat. Cui cum adhuc ictus intenderet, quidam suorum multo episcopi amore

(*a*) a Rotberto *deletum*.
(*b*) fra, mo *abscisa*.
(*c*) a. rationibus habitis *deleta*.

aisément du pouvoir. C'était surtout avec Beaudouin, prince des Morins (1), qu'il tramait ceci ; car il était parvenu à lui faire abandonner la cause du roi et à l'attirer dans son parti.

XVII. — *Meurtre de l'archevêque Foulques* (16 Juin 900).

A la nouvelle de ce qui se passe, Charles [899] se porte contre Beaudouin (2), lui enlève de vive force le château d'Arras, et le donne à l'archevêque Foulques, avec toute l'abbaye de Saint-Waast. Mais, au bout de quelque temps, l'archevêque, frappé des inconvénients que présentait aux frères la longueur de la distance, fait venir le comte Altmar, et échange avec lui, par contrat, l'abbaye de Saint-Waast avec le château d'Arras contre l'abbaye de Saint-Médard, que le comte possédait. Cette perte inspire à Beaudouin des sentiments criminels. Le chagrin qu'il en éprouve ne laisse plus de place dans son esprit qu'au désir de la vengeance. Il feint donc de se réconcilier avec Foulques et lui transmet, par des envoyés, l'assurance de son amitié et d'un inviolable attachement. Cependant il charge les siens d'examiner avec soin si le prélat se rend ordinairement seul ou escorté au palais du roi, désirant vivement le surprendre seul, pour l'attaquer. Sur ces entrefaites, le roi convoqua les évêques de la Belgique, pour s'entretenir avec eux des intérêts de la couronne. Foulques, ainsi mandé à la cour, s'y rendait en hâte, sans défiance et avec peu de monde, quand se présente bientôt à lui, à la tête d'une cohorte (3), un certain Winemar, envoyé par Beaudouin. L'archevêque, dont la suite était peu nombreuse, est cerné avec elle; nul ne saurait fuir ; ils sont tous enveloppés et assaillis ; le combat est vif des deux parts, des deux parts on tombe frappé. Winemar, fondant sur le prélat sans défense, lui passe sa lance à travers le corps et le renverse, percé de sept coups. Comme il allait lui en porter de nouveaux, quelques-uns des siens, par un beau

(d) spondet c. mandat.
(e) m. omnium quos terra sustinet sceleratissimus *deleta*.
(f) tranfigit *codex*.

---

(1) Beaudouin, comte de Flandre, fils de Beaudouin et de Judith, fille de Charles-le-Chauve.
(2) Parce qu'il s'était emparé de Péronne *contre la volonté du roi*.
(3) V. ci-dessous, c. 28, *note*.

ducti, super eum procumbunt. Qui cum eo mox transfixi atque occisi sunt; quatuor tantum fuga labuntur (*a*), qui rei negotium Remis demonstrant. Tunc vero magna militum manus, ab urbe mox cum armis educta, adversarios persequi conatur. Sed eis elapsis, dominum occisum cum suis colligunt, atque multo doloris lamento Remos deportant, cum sacerdotibus sacerdotem plurimo dignitatis obsequio condentes.

XVIII. — Winemari * interitus *.

Interea collectis apud regem episcopis, talia mox referuntur. Quod etiam omnibus nimium animi incussit dolorem ; rex ipse in lacrimas dissolutus, de casu pontificis (*b*) adeo conquestus est. Episcopi quoque in fratris morte et coepiscopi, multa commiseratione condoluere; initoque consilio, Winemarum cum suis complicibus, horribili anathemate damnant. Qui in brevi deficiens, insanabili ydropis morbo a Deo percussus est. Ventre itaque turgidus, exterius quidem lento igne, interius vero immani incendio urebatur. Ingens tumor pedum non deerat. Verenda vermibus scaturiebant. Crura tumentia ac lucida. Anelitus fetidus. Viscera etiam paulatim per colum diffluebant. Super hæc omnia sitim intollerabilem sustinebat. Appetitum vero comedendi aliquando habebat, sed cibi illati fastidium inferebant. Insomnietatem jugem patiebatur. Omnibusque factus intolerabilis, omnibus horrori (*c*)

* c, in *abscisa*.
(*a*) ereptis 1.
(*b*) amici c. pontificis.
(*c*) *vox abscisa*.

---

(1) Flodoard (iv. 10) dit qu'il fut lancé par les *évêques du royaume des Francs;* il le fut véritablement par un synode de douze évêques [de *Reims*, *Rouen*, *Térouane*, *Amiens*, *Beauvais*, *Cambrai*, *Noyon*, *Soissons*, *Laon*, *Senlis*, *Meaux* et *Châlons*,] réunis à Reims, le 6 Juillet de l'an 900 (*Concil.* ix, p. 481): ce qui s'accorde avec ce que rapportent les chroniques de saint Waast et de saint Bertin

dévouement, se précipitent sur lui pour le protéger ; ils sont transpercés et tués avec lui. Quatre seulement parvinrent à s'échapper et allèrent porter cette nouvelle à Reims. Aussitôt un grand nombre de soldats prirent les armes, et se mirent à la poursuite des ennemis ; mais n'ayant pu les atteindre dans leur fuite, ils enlevèrent le corps de Foulques avec ceux de ses compagnons, et les rapportèrent en gémissant dans la ville de Reims, où on ensevelit le prélat avec pompe au milieu de ses prédécesseurs.

XVIII. — *Fin de Winemar.*

Cependant les évêques réunis auprès du roi ne tardent pas à connaître cet évènement, et il n'est personne qui n'en soit profondément affligé. Le roi déplore jusqu'à verser des larmes la triste fin du pontife ; les évêques aussi se répandent en gémissements sur la mort de leur frère et co-évêque, et, après en avoir délibéré, ils lancent sur Winemar et ses complices un horrible anathème (1). Bientôt Winemar s'affaiblit, frappé par la main de Dieu d'une incurable hydropisie. Son ventre se gonfle ; un feu lent le brûle extérieurement ; au dedans un violent incendie le dévore. Les pieds enflent en même temps, ainsi que les jambes qui deviennent luisantes ; les parties naturelles fourmillent de vers : l'haleine est fétide, les intestins s'échappent peu à peu. Avec cela une soif insupportable ; parfois de l'appétit, mais du dégoût à la vue des mets ; absence continuelle de sommeil. Enfin le malheureux était devenu un fardeau pour tous, pour tous un objet d'horreur. Ses

que Winemar frappa Foulques *à son retour de Compiègne à Reims*, après avoir échoué dans la mission que lui avait confiée Beaudouin de se rendre l'évêque favorable et d'obtenir par lui la remise d'Arras. — Ce fut dans ce concile fameux que, pour la première fois, on vit les évêques jeter à terre les flambeaux qu'ils tenaient à la main et les éteindre, en interdisant aux excommuniés toute inhumation : « Que
» leur sépulture, s'écrièrent-ils, soit celle de l'âne ; qu'ils restent comme
» le fumier sur la surface de la terre, afin qu'ils soient, pour les races
» présentes et futures, un exemple d'opprobre et de malédiction, et,
» comme les flambeaux que nous tenions en nos mains s'éteignent mainte-
» nant foulés aux pieds, qu'ainsi s'éteigne leur vie pour l'éternité. » —
Ce que devenaient les cadavres des excommuniés, nous le voyons clairement exprimé par le concile de Troyes (878) : ils restaient exposés en proie aux bêtes sauvages. Quelquefois aussi on les couvrait de gazon ou de pierres, ce qui s'appelait *imblocare* ; ou bien on les enfermait dans des creux d'arbres.

habitus est. Itaque amici atque domestici ab eo dimoti sunt, multo ejus corporis fetore confecti ; in tantum ut nullus medicorum, saltem medendi causa ad eum accedere posset. Quibus omnibus dissolutus, omni christianitatis communione privatus, a vermibus ex parte jam consumptus, flagiciosus ac sacrilegus ab hac vita pulsus est.

XIX.— Promotio * Herivei in * episcopatum *.

Sepulto vero domno Fulcone metropolitano, Heriveus vir spectabilis et palatinus, episcoporum consensu, et Remensium conibentia in pontificatu, regis donatione, succedit. Quorum uterque quanta utilitate, quantaque religione in æcclesia Remensi floruit, si quis ad plenum (*a*) dinoscere (*a*) cupit (*a*), legat librum Flodoardi presbiteri, quem ab urbe condita de ejusdem urbis episcopis uberrime descripsit. Adepto quoque Heriveus pontificatu, multa fide regem sequebatur, desertoribus adeo infestus. Erlebaldum Castricensium comitem, qui res sui episcopii pervaserat, et oppidum quod vocant Macerias obtinebat, more æcclesiastico prius quidem ut resipiscat ammonet, post vero anathemate damnat. Qui cum sibi nec damnatus satisfaceret, in eum cum multis militum copiis fertur, oppidumque multa obsidione per quatuor ebdomadas vehementer adurget. Erlebaldus continuam non ferens impugnationem, clam ab oppido cum aliquot suorum dilabitur. Qui vero remanserant victi, portis mox patefactis, metropolitano

---

* tio, in, tum *abscisa*.
(*a*) enum, e cupit *abscisa*.

---

(1) Voila un chapitre qui, comparé aux cinq ou six lignes de Flodoard sur le même sujet (*Eccles. Rem. hist.*, IV, 10, *ad finem*), peut donner une idée exacte de la façon dont Richer entendait se servir de ce chroniqueur. L'œuvre de son devancier ne sera bien souvent pour lui qu'un thème, au développement duquel il appellera, en l'absence de nouveaux détails historiques, toutes ses connaissances, toutes les

amis, ses serviteurs s'éloignaient de lui, ne pouvant endurer la puanteur de son corps, laquelle était si affreuse qu'aucun médecin ne pouvait l'approcher même pour le soigner. Miné par tous ces maux, privé de la communion chrétienne, en partie déjà consumé par les vers, infâme et sacrilège, Winemar fut banni de cette vie (1).

XIX. — *Promotion d'Hérivée à l'épiscopat* (920).

Le seigneur Foulques enseveli, le roi lui donna pour successeur, avec le consentement des évêques et d'accord avec les Rémois, le très-honorable Hérivée, l'un des dignitaires de sa cour. Ce que ces deux pontifes ont montré de piété, ce qu'ils ont rendu de services à l'église de Reims, celui qui voudra le connaître à fond n'aura qu'à lire le grand ouvrage du prêtre Flodoard sur les évêques qui, depuis la fondation de la ville, ont occupé ce siége. Parvenu à l'épiscopat, Hérivée demeura fermement attaché au roi, et se déclara l'ennemi des déserteurs de sa cause. Erlebald, comte de *Castricum* (2), avait usurpé des terres de son évêché, et retenait la place qu'on appelle Mézières : il commença par l'exhorter, suivant la coutume de l'Église, à revenir à de meilleurs sentiments, puis il le frappa d'anathème ; et, comme le comte ne s'en montrait pas plus empressé de donner satisfaction, Hérivée marcha contre lui avec de nombreuses troupes, et, mettant le siége devant la place, la pressa vivement pendant quatre semaines. Erlebald ne pouvant soutenir ses efforts continus, s'évada de la place avec quelques-uns des siens, et ceux qui étaient restés en ayant bientôt ouvert les portes et s'étant rendus à l'archevêque, celui-ci les expulsa,

---

ressources de sa faconde et de son imagination. S'il s'y présente surtout, comme ici, un cas de maladie grave, il en exposera les symptômes avec un soin scrupuleux, en homme qui n'est point étranger à la médecine et qui est bien aise de le montrer (V. III, 96 et 109). On voit en effet, par quelques endroits de la chronique de Richer, que l'étude de cette science était devenue pour lui une véritable passion ; il nous dira par exemple, en son quatrième livre, les dangers qu'elle lui a fait braver ; et les derniers mots de son manuscrit, les derniers traits de sa plume auront rapport à un ouvrage de médecine qu'il désirait qu'on lui prêtât.

(2) Erlebaldus comes pagi Castricensis, dit Flodoard. Ce pays devint plus tard le *comté de Rethel*. (V. dom Bouq., t. VIII, p. 176.)

cedunt. Eisque ejectis, suos ibi deposuit, ac de toto pago Erlebaldum profugum disturbavit.

XX. — Ad Renum * mutua petitio, * ac comitis * Erlebaldi * occisio.

Rex (a) in pagum Warmacensem, locuturus Heinrico Transrhenensi, concesserat. Huc quoque Erlebaldus comes advenit, apud regem deploraturus a Remensium metropolitano sese immaniter habitum. Heinricus apud regem de (b) rerum dispositionibus fidelissime satagebat. Cui rei cum (c) admodum intenderet, Germanorum Gallorumque juvenes linguarum (d) idiomate (d) offensi, ut eorum mos est, cum multa animositate maledictis sese lacessire (e) cœperunt; consertique gladios exerunt, ac se adorsi, letaliter sauciant. In quo tumultu, cum ad litem sedandam Erlebaldus comes accederet, a furentibus occisus est. Rex proditionem ratus, ocius surgit, suisque stipatur. Heinricus vero (f) dolum arbitrans, classem repetit, atque a regiis stipatoribus Rhenum transire cogitur (g). Existimabant (h) enim hi (i) qui regi assistebant (i), eum in dolo venisse. A quo etiam tempore (k) Karolo infestus ferebatur.

   * Ad R, p, tis E *abscisa*.
(a) capp. 20—22. *Trithemius ad a.* 895 *excripsit*.
(b) de amicicia inter se habenda plurimum s. *deleta*.
(c) c. uterque *deletum*.
(d) ling, ma *abscisa*.
(e) impetere *corr.* lacessire.
(f) v. rerum nescius *deleta*.
(g) c. Qua die nihil concordiæ, nihil amiciciarum inter eos habitum est. *deleta*.
(h) Exis *abscisum*.
(i) hi, bant *abscisa*.
(k) t. Heinricus *delelum*.

(1) C'est à partir de ce fait que Richer commence à suivre les annales de Flodoard, qui ne le quitteront plus qu'au ch. 21 de son livre IIIe. Est-il nécessaire de faire observer que le présent chapitre nous transporte sans transition de 900 à 920, laissant ainsi une grande lacune dans les

les remplaça par ses hommes, et chassa Erlebald de tout le canton (1).

XX. — *On se rend des deux côtés sur les bords du Rhin. — Meurtre du comte Erlebald.*

Charles s'était rendu dans le pays de Worms, pour conférer avec Henri d'Outre-Rhin (2). Le comte Erlebald y vint aussi pour se plaindre au roi de la façon violente dont l'archevêque de Reims l'avait traité. Or, tandis qu'Henri était tout entier occupé avec le roi de l'arrangement des affaires, il arriva que de jeunes Germains et de jeunes Gaulois, choqués de la différence des langues, s'emportèrent suivant la coutume, jusqu'à se charger d'injures, et tirant leurs épées, s'attaquèrent à se blesser mortellement. A cette vue, le comte Erlebald accourt pour calmer l'effervescence, apaiser le tumulte ; les furieux le tuent. Le roi croyant à une trahison se lève aussitôt et s'entoure des siens. Henri de son côté soupçonnant quelque piège, regagne sa flotte, et repasse le Rhin pressé qu'il est par la garde du roi ; car ceux qui accompagnaient Charles pensaient qu'il était venu avec des intentions perfides. Aussi depuis lors le regarda-t-on comme un ennemi de ce prince (3).

événements du règne de Charles-le-Simple, et de rappeler qu'au nombre des faits qui la remplissent se trouve ce fameux traité de Saint-Clair-sur-Epte (911), qui, avec la main de Ghisèle, fille de Charles, assurait à Roll, chef des Normands, la province Rouennaise et le droit de tenter la conquête de la Bretagne, à condition qu'il recevrait le baptême et se ferait le vassal du roi ?

(2) Il est bon de remarquer que le récit de cette entrevue n'est pas à sa place. Quand le premier des ducs *bénéficiaires* de Lorraine, Rainier, vint à mourir en 916, Charles, qui avait été reconnu, quatre ans auparavant, roi de Lorraine (912, *Chron. Sax.*), permit à Gislebert de succéder à son père (Richer, 34).

Mais Gislebert, oubliant bientôt les obligations qu'il avait à ce prince, s'éleva contre lui. Ses armes ne furent pas heureuses, et il dut se retirer à la cour du duc de Saxe, Henri, son beau-père (R., 36-38).

Rentré en grâce auprès de Charles, il se révolte de nouveau (920) et se fait reconnaître souverain de la Lorraine au préjudice du roi de France (R. 39. — Flod., ann. 920). Mais celui-ci, désireux de s'attacher Henri, étant venu à Worms, Gislebert crut ne pouvoir plus compter sur son beau-père, et se décida à faire de nouveau sa paix avec Charles (R. 22-24).

(3) J'ai quelque peine, je l'avoue, à accepter cette conclusion de l'en-

XXI. — Desertorum * dolosa regi * Karolo persuasio de Haganonis * abjectione.

Hinc itaque Heinrico, inde Rotberto duce Karolus urgebatur; factusque eorum medius, utrimque premebatur. Post hæc ad interiora Belgicæ rediens, urbe Suessonica sese recipit, multam ex hujusmodi infortunio apud suos agitans quærelam. Huc etiam ex Belgica quo Celticæ conlimitat, atque ex Celtica principes nonnulli confluunt. Sed et Rotbertus dux propinquior factus, Stampis sese recipit, ac ad palatium legatos dirigit, regalia negotia inde experturus. At qui confluxere, Rotberti partes tuebantur, cujus suasu capti, de Haganonis abjectione apud regem pertractant, non ut id fieri velint, sed ut regnandi occasio Rotberto paretur. Abjectionem itaque Haganonis leviter suadent; ducem etiam a se discessurum si non abjiciat, mediocri assertione demonstrant; quatinus levi obiurgatione rex ammonitus, cœptis insistere non formidet. Unde et post contra eum justissimam indignationis causam se habituros arbitrabantur. Quod etiam totum ad vota eorum provenit. Nam rex nulla (a) suasione affectus, numquam a dilecto sese discessurum respondit; idque multis sententiarum sermonibus asserebat. Quod cum (b) Rotbertus dux in ejus animo fixum perciperet, Heinrico Transrhenensi (c) per legatos (c) de regis ejectione (c) suadet (c). Compererat (c) enim (c) eum a regiis stipatoribus (c) in fugam (c)

* Dese, regi, de Haganonis *abscisa*.

(a) levissima c. nulla.

(b) c. principes in e. a. f. perciperent 1. *Post quatuor lineis tota captionis historia absoluta erat, quibus jam erasis, secunda manu omnia usque* Regis enim sollicitus, desertorum fraudem præsenserat *adscripta sunt*.

(c) rans, legat, ejec, et, Com, im, stipa, fugam *abscisa*.

—

trevue de Worms, où le roi de Germanie fuit devant la garde du modeste roi de France, et, après s'être allié aux ennemis de ce prince, se réconcilie

XXI. — *Les transfuges conseillent perfidement au roi Charles de renvoyer Haganon.*

Charles se trouva donc serré d'un côté par Henri, de l'autre par le duc Robert, et, placé entre les deux, il commença d'être foulé de toutes parts. Il revint dans la Belgique, et se retira dans ville de Soissons, en déplorant amèrement avec les siens son infortune. Alors accoururent quelques seigneurs de la Celtique, et de la partie de la Belgique qui touche à cette province. Robert en même temps se rapprocha, et vint attendre les évènements à Etampes, d'où il envoya des députés au palais. Or ceux qui s'y trouvaient réunis étaient des partisans de Robert ; à l'instigation du duc, ils sollicitent du roi le renvoi d'Haganon, non qu'ils le voulussent sincèrement, mais afin de ménager à Robert une occasion d'usurper la couronne. Aussi ne sont-ils pas très-pressants, et représentent-ils mollement à Charles que le duc l'abandonnera s'il n'éloigne Haganon ; ils espèrent que, trompé par la douceur de leurs reproches, le roi ne craindra pas de persister dans sa conduite, et leur fournira ainsi contre lui une juste cause d'indignation. Tout se passa en effet comme ils le désiraient. Le roi ne se laissa point persuader, répondit que jamais il ne se séparerait de son favori, et défendit avec chaleur sa résolution. Le duc Robert apprenant qu'elle était inébranlable, envoie des émissaires à Henri d'Outre-Rhin pour l'engager à renverser Charles — car il savait qu'il avait été contraint de fuir devant les gardes du roi —

---

avec lui sous l'empire des plus étranges paroles (c. 23). Je me demande comment Henri a pu conspirer contre Charles et refuser d'appuyer la rébellion de son gendre, travailler à renverser un rival et respecter la Lorraine. S'il s'agit bien de Henri dans les chapitres 21 et sq., je cherche vainement dans Richer le deuxième raccommodement (V. c. 20, n. 2.) de Gislebert avec Charles, et je perds la suite des faits qui intéressent ce prince et son gouvernement ; si, au contraire, Henri est placé là pour Gislebert, la Saxe pour la Lorraine, ainsi que l'indique d'ailleurs le texte primitif de notre auteur, je retrouve entre Flodoard et Richer une concordance satisfaisante, et je conclus que, s'il y a eu à Worms, en 920, une entrevue entre Charles et Henri, on en ignore les résultats, mais qu'ils n'ont pas été de nature à encourager Gislebert, et que, ne pouvant compter sur l'appui des Germains, l'ambitieux duc, après avoir prêté l'oreille aux criminelles suggestions de Robert, s'est décidé, sur les instances d'Hérivée, à faire de nouveau sa soumission.

coactum ; unde *(a)* et de se fidem *(a)* continuo facit *(a)*. Cujus consensu tirannus mox lætus *(b)*, in sese regnum *(c)* transferre *(c)* diligentissime *(c)* laborabat *(c)*. Largitur itaque *(c)* plurima, atque *(c)* pollicetur infinita *(d)*. Tandemque *(e)* inductos de transfugio jam principes aperte alloquitur; regem inquiens Suessionis sese privatum *(f)* habere; Belgas præter paucissimos ad sua discessisse. Unde et rei commoditatem adesse memorabat *(g)*, facillime et ex æquo regem posse capi asserens, si ipsi omnes palatium adeant acsi consulturi, in ipso quoque palatii cubiculo inter consulendum regem capiant teneantque. His favent omnes pene ex Celtica, et de patrando facinore apud tirannum conjurant. Palatium ergo adeunt, regemque utpote consulturi stipant. Intromissum vero cubiculo, ut paucis allocuti sunt, capiunt ac tenent.

XXII.— Heriveus * metropolitanus * Karolum a desertoribus * captum liberat * Remosque ducit *.

Jamque abducere nitebantur, cum metropolitanus Heriveus cum copiis repentinus urbem Suessonicam ingreditur. Regis enim sollicitus, desertorum fraudem præsenserat. Et ipse quidem prius cum paucis, post vero sui, favente Riculfo, ejusdem urbis episcopo, consequenter admittuntur. Armatis itaque circumdatus, concilium desertorum, stupentibus cunctis, penetrat, factusque terribilis: « Ubi inquam est dominus meus rex?» Ex tam multis, pauci admodum respondendi vires habuere, sese penitus deceptos rati. Qui tamen cum, viribus resumtis, dicerent : «Intro cum » paucis consultat!» metropolitanus ostio obserato vim infert;

* us, litanus, rto, m liberat, ucit *abscisa.*
(a) un, idem, acit *abscisa.*
(b) mo.... tus *vel* me.... tus *codex; media excisa sunt.*
(c) reg. erre, issime, abat, itaque, atque *abscisa.*
(d) ita *Trith.* — *mediis abscisis* in *et* ta *plana sunt; igitur* majora haud *recipiendum erat.*
(e) emque *abscisum.*

et il n'a point de peine à le convaincre. Joyeux de son adhésion, le tyran travaille sans retard et sans relâche à faire passer la couronne sur sa tête. Il fait de grandes largesses, des promesses sans nombre, et finit par prêcher ouvertement la révolte aux seigneurs qu'il a gagnés : Le roi, leur dit-il, vit à Soissons en simple particulier ; les Belges, à l'exception de quelques uns, se sont retirés sur leurs terres. Le moment est donc venu où ils pourraient très-facilement et avec justice s'emparer de la personne du prince ; il leur suffirait de se rendre tous au palais comme pour délibérer avec lui, de le saisir au milieu de la discussion et de le retenir prisonnier dans sa chambre. Presque tous les seigneurs de la Celtique applaudissent à ces paroles et s'entendent avec le tyran sur l'exécution du crime. Ils se rendent donc au palais, se pressent autour du roi comme pour discuter avec lui quelque mesure, l'entraînent dans sa chambre, et là, après quelques moments d'entretien (1), le font et le retiennent prisonnier.

XXII. — *Le métropolitain Hérivée arrache Charles aux mains des transfuges, et le conduit à Reims.*

Ils s'apprêtaient déjà à l'emmener, quand l'archevêque Hérivée entra tout-à-coup dans Soissons avec des troupes. Car sa sollicitude pour le roi lui avait fait pressentir les desseins perfides de ses ennemis. Il fut d'abord admis seul dans la ville avec un petit nombre des siens ; mais, grâce à Riculf, évêque de Soissons, les autres ne tardèrent pas à le suivre. Ainsi escorté d'hommes armés, il surprend les transfuges que sa présence jette dans la consternation, et prenant une voix terrible : « Où est, dit-il, le roi » mon seigneur ? » De tant de factieux, à peine un petit nombre trouva la force de répondre ; ils se croyaient trahis. Cependant revenant à eux ils disent à Hérivée : « Il est là-dedans qui tient » conseil avec quelques seigneurs. » Le métropolitain faisant

(*f*) um *abscisum.*

(*g*) *primum a abscisum.*

(1) M. G. traduit : « ... *ainsi qu'ils l'ont raconté à quelques personnes.* »

serisque pessumdatis, cum (*a*) paucis sedentem repperit. Captum enim custodibus adhibitis ergastulo deputaverant. Quo metropolitanus manu apprehenso : « Veni, inquit, rex, » tuisque potius utere. » Et sic a metropolitano e desertorum medio eductus est. Tunc etiam equum ascendens, cum 1500 armatorum ab urbe exivit, atque Remos devenit. Post cujus discessum, desertores pudore confusi, illusos sese indignabantur ; confusique (*b*) ad Rotbertum redeunt, atque rem non satis prospere gestam desertori transfugæ reportant. Karolus vero rex cum metropolitano aliisque paucis qui a se quidem defecerant, sapientium tamen consilio ad se reversi erant, Belgicæ interiora repetit, ac Tungros concedit. Ibique, episcopo tunc defuncto, Hilduinum, eligente clero ac populo favente, per archiepiscopum Herimannum, præsulem ordinat, virum liberalem ac strenuum, sed factiosum. Nam mox episcopus ordinatus, iis Belgicæ principibus qui (*c*) Rotberto duci in regis abjectione favebant, mox hæsit et favit, plurimum cum eis contra regem machinans. At (*d*) rex, bono suorum usus consilio, per Heriveum metropolitanum ducem Heinricum (*e*), qui in Saxonia (*f*) omnibus præerat, accersit. Hic enim ab Rotberto (*g*) persuasus, cum aliis ab rege discesserat.

XXIII. — Conquestio * Herivei Remensium * metropolitani * apud Heinricum * pro Karolo rege.

Penes quem metropolitanus vice regis sic orsus ait : « Hactenus, vir nobilissime, tua prudentia, tua liberalite, » pax principum, concordia omnium utiliter floruere. At

* tio, ensium, ani, um *abscisa*.
(*a*) c. duobus tantum 1.
(*b*) Iratique 1.
(*c*) q. cum Rotberto duce regem abjecerant 1.
(*d*) At Remorum metropolitani Herivei concilio usus Gislebertum qui in Belgica omnibus potior erat per legatos accersit. Hic enim ab Heinrico persuasus cum aliis nonnullis ab rege discesserat. Et accersitus cum

alors briser les serrures, enfonce la porte de la chambre, et trouve le roi assis avec quelques gardes auxquels on l'avait remis, en attendant qu'on l'enfermât dans une prison; il le prend par la main en lui disant : « Venez, prince, vous vous trouverez » mieux au milieu de vos fidèles; » et il le tire ainsi de la foule des transfuges. Charles aussitôt monte à cheval, sort de la ville avec quinze cents hommes d'armes, et se rend à Reims, tandis que les transfuges honteux et confus d'avoir été déjoués, vont trouver Robert et porter au traître la nouvelle que le complot a échoué. Cependant Charles, avec le métropolitain et quelques autres personnes qui, après l'avoir abandonné, étaient revenues à lui sur de meilleurs conseils, gagne l'intérieur de la Belgique, et se retire à Tongres. L'évêque de la ville étant alors venu à mourir, il fait sacrer par l'archevêque Herimann (1), Hilduin, qui avait pour lui l'élection du clergé et la faveur du peuple. Cet Hilduin était un homme de naissance et d'action, mais très-remuant. A peine élevé à l'épiscopat, il se rallia aux seigneurs de Belgique qui travaillaient pour Robert à renverser le roi, et se mit à ourdir avec eux de nombreux complots contre sa personne. Mais, Charles suivant l'avis des siens, chargea le métropolitain Hérivée de ramener le duc Henri qui administrait la Saxe ; et qui, séduit par Robert, s'était, comme les autres, séparé du roi.

XXIII. — *Supplique d'Hérivée à Henri en faveur du roi Charles.*

Le métropolitain lui parla ainsi au nom du roi: « Jusqu'ici, noble
» prince, votre prudence et votre bonté avaient fait utilement fleurir
» la paix entre les grands, la concorde entre tous. Mais, depuis

---

multo honore ante regem admittitur, *ita primo auctor, quibus inmutatis multo profusiorem historiam prima manu scripsit.*

(*e*) Gislebertum 1.

(*f*) Belgica 1.

(*g*) Heinrico 1.

—

(1) Herimann était archevêque de Cologne. L'évêque de Tongres, remplacé par Hilduin, se nommait Etienne.

» postquam malivolorum invidia animum remisisti, circum-
» circa discordiæ vis a latibulis emersit. Quæ res domino
» nostro regi apud te oratum ire suasit. Ante hac enim non
» mediocriter ob tua merita dilectissimus fuisti. Tua egre-
» gia fides ei recognita, in magnis periculis multam sibi
» fidutiam parat. Cum totius statu dignitatis rex potiretur,
» paululum a te oberrasse (a) sese non ignorat. Sed id
» multa fide corrigere gestit. Nec est hoc inusitatum et sin-
» gulare (b); omnium est interdum desipere, bonorum vero
» rationibus redire. Sufferendum est itaque atque summa
» benignitate indulgendum. Tu quoque, Germanorum (c)
» optime, nimium a recto secessisse videris. Neque id
» mirum. Nam dux Rotbertus (d) omnia sitiens, regique
» regnum immaniter invidens (e), incautum te suasionibus
» illexit. Quid enim suasorie digesta non efficit oratio?
» Nimium inquam ab utrisque oberratum est. Sed jam
» tandem prior vobis redeat virtus. Summa utriusque
» ope, uterque nitatur, ut tu habeas regem tibi adprime
» commodum, et rex habeat te virum sese dignissimum.
» Nam te idem præstare gestit (f) iis omnibus qui Germa-
» niam (g) inhabitare noscuntur. Ob hoc igitur animum
» ad meliora revoca. Dominum (h) abjectum recipe, ut et
» tu ab eo extollendus excipiaris. »

XXIV. — Responsio * Heinrici (a)* ad * metropolitanum Heriveum *
de Karolo.

Ad hæc Heinricus (i): « Multa, inquit, me ab his dehor-
» tantur, nisi tua pater egregie virtus, ad idem quodammodo
» pertrahat. Scio enim quam difficile et arduum sit, ei con-
» silium dare, cum sua inconstantia, tum suorum invidia.

* R, ad He *abscisa*.
(a)*Gisleberti 1.
(a) o. crebro *deletum*.
(b) s. at frequentatum et commune *deleta*.
(c) Belgicorum 1.

» que l'envie des méchants vous domine, la discorde et la
» violence sortant de leurs retraites ont fait partout invasion.
» C'est ce qui a déterminé le roi notre seigneur à venir vous
» adresser une prière. Car jusqu'à présent vos mérites lui
» avaient inspiré pour vous la plus vive affection ; votre rare
» fidélité lui est connue, et le remplit de confiance en face du
» péril. Il sait bien qu'en des temps plus heureux, il s'est un
» peu éloigné de vous ; mais il se fait une joie de réparer ce
» tort par un entier attachement. Et qu'y a-t-il là de si
» étrange, de si extraordinaire ? Il n'est personne qui parfois ne
» se trompe ; mais l'homme de bien revient de ses erreurs ; aussi
» faut-il les supporter charitablement et les pardonner avec bonté.
» Vous même, le meilleur des Germains, vous semblez vous être
» un peu trop écarté du droit chemin, et cela n'a rien de surpre-
» nant. C'est le duc Robert, dont l'ambition démesurée convoite
» avec ardeur la couronne royale, qui vous a surpris par ses
» enchantements. Car de quoi n'est pas capable une parole élo-
» quente et persuasive ? Il y a donc eu erreur des deux côtés.
» Mais puissent enfin vos premiers sentiments se réveiller en vous,
» et vous animer tous deux à retrouver, vous un roi plein de
» bonté, le roi, un serviteur dévoué ! Charles désire vivement
» vous placer à la tête de la Germanie entière. Revenez donc à
» de meilleures pensées, et tendez les bras à votre seigneur
» abaissé, si vous voulez qu'à son tour il vous accueille et vous
» élève. »

XXIV. — *Réponse de Henri au métropolitain Hérivée.*

Henri répondit : « Bien des motifs me détourneraient de cette
» réconciliation, si votre vertu, vénérable père, ne m'y entraî-
» nait en quelque sorte. Je sais combien il est difficile et périlleux
» de *lui* donner un conseil, tant il est inconstant et environné

(d) *manu 2 additum.*
(e) i. *sive incauto tibi nescio sive malum cupienti* 1.
(f) *cupit* 1.
(g) *Belgicam* 1.
(h) D. *tuum* 1.
(i) *Gislebertus* 1.

» Non est incognitum mihi, quantum pro eo domi mili-
» tiæque pridem certaverim. Illud etiam notissimum
» constat, quantum circa me fide debita abusus sit. Id
» fortassis, pater, persuades quod, cum factum erit, fecisse
» penitebit. Sed quia de futuro nemo satis callidus, nemo
» satis prudens fit, licet sæpius prava quam bona consilia
» proveniant, ferar quocumque jubes; modestiamque
» meam, post tuam dignitatem demittam, virtutem tuam
» expertus. Equidem decretum mihi fuerat, ingenio,
» consilio, armis ab eo recedere. » Persuasus itaque per
metropolitanum, Heinricus (a) regi deducitur, multoque
ambitionis honore ante ad mittitur, ac ambo in amicitiam federantur. »

XXV.

Quibus gestis Hilduinus Tungrensium episcopus, cum iis qui ab rege defecerant conspirasse in (b) regem insimulatus, regique infensus, ab eo insectabatur (c). Cujus odii vis eo usque pervenit, ut Richerum, Prumiensis monasterii abbatem, promoveret, et Hilduinum abdicaret. At Richerus ab rege donatus, cum ab metropolitano Herimanno urgeretur, eo quod contra fas ab rege episcopatum suscepisset super eum qui tenebat, quique nulla culparum confessione victus, nullo juditio damnatus esset, regis jussu Romam festinat; ac ibi Johanni papæ, et regis sententiam et sui negotii causam demonstrat. Papa in Hilduinum desertorem indignans, ab officio eum suspendit ac anathemate damnat; Richerum vero episcopum ordinat, ac suæ auctoritatis benedictione donat. Hæc dum sic agerentur, Hilduinus prosequitur, incassum apud papam plurimam

---

(a) *manu* 2.
(b) apud 1.
(c) impetebatur *corr.* insectabatur.

---

(1) Est-il nécessaire, après ce que nous avons dit plus haut (c. 14 et 20), d'insister ici sur l'invraisemblance ou plutôt la fausseté de ces rapports entre Charles et un prince qui n'était plus alors duc de Saxe, mais roi de Germanie ? (Cf. II, 18, *note*). Continuons plutôt de mettre

» d'envieux. Je n'ai point oublié toutes les luttes que j'ai eu autre-
» fois à soutenir pour lui au-dedans comme au-dehors; et personne
» n'ignore de quelle ingratitude il m'a payé. Peut-être, ô mon
» père, me repentirai-je un jour de vous avoir écouté. Mais,
» comme l'avenir échappe aux plus habiles et aux plus prudents,
» et quoiqu'on se trouve plus souvent mal que bien des conseils,
» j'irai où votre voix m'appelle, et connaissant votre vertu, je
» soumettrai mon humilité à votre mérite supérieur. Mais en
» vérité j'avais résolu de lui refuser l'appui de mes lumières, de
» mes conseils et de mes armes. » Ainsi subjugué par l'archevêque, Henri se rend auprès du roi, qui lui fait l'accueil le plus
honorable, et tous deux se lient d'amitié (1).

XXV. — [*L'abbé Richer succède à Hilduin, évêque de Tongres.*]
(920-922)

Charles poursuivit ensuite Hilduin, évêque de Tongres, accusé d'avoir conspiré contre lui avec les transfuges, et qui se montrait fort hostile à son autorité. Le ressentiment du roi alla jusqu'à déposer ce prélat et à lui substituer Richer, abbé du monastère de Prum. Cependant, comme Richer était persécuté par le métropolitain Herimann, pour avoir indûment accepté de Charles le siége d'un prélat, qui, n'ayant fait l'aveu d'aucune faute, n'avait été frappé d'aucun jugement, le roi lui ordonna de se rendre sans retard à Rome, pour y donner connaissance au pape Jean (2) de sa résolution et des motifs de sa conduite. Le pape en ayant donc été instruit, fut fort indigné contre le traître Hilduin, le suspendit de ses fonctions, lança sur lui l'anathème, et sacra Richer évêque en lui donnant sa bénédiction pontificale. Sur ces entrefaites Hilduin

---

de l'ordre dans les faits qui intéressent la Belgique de Richer. Peu de temps après l'entrevue de Worms, les deux rois se retrouvaient sur le Rhin pour se jurer amitié (921, Flod.). Quelles furent les conditions de cette alliance qu'ils renouvelèrent la même année? On l'ignore. Quelques-uns ont cru que le roi de France y céda la Lorraine à celui de Germanie. Mais il est certain que, l'ambitieux Gislebert ayant alors une troisième fois secoué le joug de l'obéissance pour aider Robert à détrôner Charles (922, — R., 40-41), celui-ci poursuivit le rebelle jusque dans la Lorraine (Flod.), comme il eut les Lorrains pour appui dans sa lutte contre l'usurpateur (R. 42-45.)

(2) Jean X.

querimoniam fundens, ac apud eum pro absolutione admodum laborans. Quo conquerente, Richerus redit, ac sedem vacuam jussus ab rege ingreditur.

XXVI.

His ita sese habentibus rex ad interiores Belgicæ partes iter retorquet; ibique ob multas rerum quæ emerserant causas, regio decreto et metropolitani jussu sinodus apud Trosleium habenda indicitur. Cui sinodo domnus Heriveus præsedit, rege quoque ibidem præsidente. Ubi quam plurimis quæ utillima visa sunt determinatis, regis interventu et omnium episcoporum qui sinodo interfuere consensu domnus Heriveus metropolitanus Erlebaldum prædictum Castricensium comitem a vinculo excommunicationis (a) absolvit. Ibi etiam Rodulfo Laudunensium episcopo defuncto, Adelelmum ejusdem urbis thesaurarium multo episcoporum consensu ab rege donatum sollempniter ordinat.

XXVII.

His prospere et utiliter gestis, rex superiora Belgicæ repetit, aliqua suorum ibi ordinaturus. In Richuinum comitem fertur, eo quod et ipse desertor, Rotberti partes tuebatur. Ejus ergo oppidis obsidionem adhibet, vehementi expugnatione infestans. At ille equitatum intolerabilem advertens, jure obsidum victus ad regem redit. Rex victum excipiens, animum ab ira mitigat (b) ac eum in gratiam resumit.

XXVIII.

Dum hæc gerebantur, Rotbertus Celticæ Galliæ dux piratas acriter impetebat. Irruperant enim, duce Rollone filio Catilli, intra Neustriam repentini. Jamque Ligerim classe

---

(a) ex *abscisum*.
(b) a.. ira mitig.. *codex*.

---

(1) Cependant Hugues, roi d'Italie, lui donna l'évêché de Vérone, d'où il passa à celui de Milan.

arrive se plaignant amèrement au pape, et sollicitant son absolution, mais en vain (1). Richer le laisse se plaindre, revient en Gaule, et par ordre du roi prend possession du siége vacant.

XXVI. — [*Synode de Troli.*] (921)

Charles retourne ensuite dans l'intérieur de la Belgique, et alors, sur un décret royal et l'ordre du métropolitain, se réunit à Troli (2) un synode pour l'expédition des nombreuses affaires qui étaient survenues. Ce synode fut présidé par le seigneur Hérivée aussi bien que par le roi (3). Quand on eut réglé les affaires les plus pressantes, l'archevêque Hérivée, sur la proposition du roi et du consentement de tous les évêques présents, dégagea Erlebald, comte de Castricum, des liens de l'excommunication. Il sacra aussi pour la ville de Laon Adelelme, trésorier de cette ville, présenté par le roi, aux grands applaudissements des évêques, en remplacement de Rodulf, décédé.

XXVII. — [*Le roi attaque le transfuge Ricuin qui fait sa soumission.*]

Après cela, le roi satisfait regagna la Belgique supérieure, pour y régler d'autres affaires. Il attaqua le comte Ricuin, comme transfuge et partisan de Robert, assiégea ses places, et les pressa vivement. Le comte, voyant qu'il ne pouvait résister à la cavalerie royale, s'avoua vaincu, remit des ôtages, et revint à Charles, qui le reçut avec bonté et lui pardonna.

XXVIII. — [*Robert marche contre le pirate Rollon, qui avait envahi la Neustrie.*] (911)

Pendant ce temps-là, Robert, duc de la Gaule Celtique, attaquait vivement les pirates, qui, sous la conduite de Rollon, fils de Catillus, avaient fait tout-à-coup une irruption dans la Neustrie. Ils avaient sur leurs vaisseaux traversé la Loire, et s'étaient établis

---

(2) Troli près de Soissons. En ce même lieu, le même Hérivée avait tenu, le 26 Juin 909, pour le rétablissement de la discipline ecclésiastique, un concile fameux. Witton, archevêque de Rouen, dont il est parlé plus bas (c. 32), y assistait.

(3) Flodoard, avec plus de raison sans doute, se contente de dire : *en présence du roi Charles, præsente quoque Karolo rege.*

transmiserant, ac finibus illius indemnes potiebantur. Ibant passim palantes, atque cum vehementibus manubiis ad classem sese referebant. Dux vero ex tota Neustria copias collegerat; plures quoque ex Aquitania accersiverat. Aderant etiam ab rege missæ quatuor cohortes ex Belgica, quibus et Richuinus prædictus præerat. Aquitanorum vero legiones Dalmatius curabat; Neustrios vero ipse dux Rotbertus disponebat. Sicque totus ducis exercitus in quadraginta milibus equitum consistebat. Dalmatium ergo cum Aquitanis in prima fronte constituit; dein Belgas (*a*), at Neustrios subsidiis locat. Ipse etiam dux legiones circumiens præcipuos quosque nomine vocans hortatur, ut suæ virtutis ac nobilitatis plurimum meminerint; pro patria, pro vita, pro libertate certandum asserens; de morte non sollicitandum cum ea omnibus incerta sit; si vero fugiant, eis nihil ab hostibus esse relinquendum. His et aliis quam plurimis, militum animos incendebat. Quibus dictis, dux in locum ubi prælium erat gerendum, instructos ordines deducit.

XXIX.

Nec minus et hostium exercitus contra hos rem militarem multa audatia ordinabant. Quorum exercitus in quinquaginta milibus armatorum consistens, ordinatim obvenientibus procedit. Rotbertus dux vim belli maximam imminere advertens, cum mille robustis ex Neustria, Dalmatio in prima fronte sese assotiat. Procedit itaque cum Dalmatio et Aquitanis (*b*). At piratarum legiones longo sese ordine protenderant (*c*), ipsumque ordinem ad hostes

---

(*a*) b. duce Gisleberto ordinat. inde u. 1.
(*b*) A. frontibus maforto signatis. At 1.
(*c*) profenderant *cod*.

---

(1) Eble, comte de Poitou, s'était joint à lui, avec Richard, duc de Bourgogne. (V. dom Bouq., *ibid*.)

sans difficulté dans le voisinage de la rivière, d'où ils se répandaient de tous côtés, et rapportaient sur leur flotte un énorme butin. Le duc avait levé des troupes dans toute la Neustrie, et en avait encore fait venir de l'Aquitaine (1). Le roi de son côté avait envoyé de la Belgique quatre cohortes, sous le commandement de Ricuin. C'était Dalmace (2) qui conduisait les légions (3) aquitaines ; Robert lui-même les Neustriens. Toutes ces forces réunies montaient à 40,000 cavaliers. Le duc plaça Dalmace avec ses Aquitains au premier rang; les Belges formèrent la seconde ligne, et les Neustriens la réserve. Parcourant ensuite les légions, le duc appelle les principaux chefs par leur nom, et les exhorte à se rappeler leur courage et leur noblesse : c'est pour la patrie, leur dit-il, c'est pour la vie, pour la liberté qu'ils vont combattre. Qu'ils n'aillent point se préoccuper de la mort, puisqu'elle est incertaine pour tout le monde ; mais qu'ils songent que leur fuite mettrait tout ce qu'ils possèdent à la merci de l'ennemi. Par ces paroles suivies de beaucoup d'autres, il enflamme l'ardeur des soldats; après quoi il les conduit en ordre de bataille au lieu où devait se donner le combat (4).

XXIX. — [*Dispositions des pirates pour la bataille.*]

Les pirates avaient fait aussi leurs dispositions avec une grande vigueur, et leur armée, forte de 50,000 hommes, s'avançait en bon ordre. Robert voyant que l'affaire allait être vive, prit avec lui mille Neustriens d'élite, et, venant se placer au premier rang, se porta en avant avec Dalmace et les Aquitains. Cependant les pirates avaient étendu leur ligne, et formé le croissant, afin d'envelopper

(2) M. G. traduit *Dalmatius* par *Dalmate*.

(3) Richer se plait à donner un vernis romain aux institutions de son temps ; c'est pourquoi il divise en *légions*, *cohortes* et *centuries*, les armées féodales, dont les éléments, on le sait, étaient fort indépendants. Sans doute il attache à ces expressions le même sens que Salluste, son modèle, pour qui la légion comptait cinq à six mille hommes, la cohorte cinq à six cents, et la centurie, cent. Toutefois il est bon de rappeler que la légion n'a pas toujours été aussi considérable, et qu'au IVe siècle elle se trouvait réduite à quinze cents hommes environ.

(4) Ce lieu, que Richer ne désigne pas, est la campagne de Chartres. Les barbares assiégeaient la ville, disent les chroniqueurs. (V. dom Bouq., t. VIII. p. 241, 256, 287, etc.)

excipiendos curvaverant scemate lunæ quæ in augmento (*a*) est, ut, dum multo fervore hostes ruerent, exercitus circulatione exciperentur. Sic etiam ab iis qui in cornu utroque persisterent, a tergo appetiti, more pecudum sternerentur.

XXX.

His ergo in utraque parte paratis, uterque exercitus (*b*) signis collatis congreditur. Rotbertus cum Neustriis, Dalmatius cum Aquitanis legiones piratarum penetrant, statimque ab iis qui in cornibus erant, a tergo impetuntur. Mox quoque et (*c*) Belgæ inprovisi prosequuntur, atque piratas qui a tergo suos premebant, immani cede sternunt (*d*). Neustrii quoque atrocissime instant. In qua commixtione, cum Aquitani piratis circumdati, multo conamine eos quos impellebant in fugam cogerent, ii qui in cornibus perstiterant, a Belgis hinc premebantur, inde vero ab Aquitanis conversis letaliter urgebantur. Superati itaque arma deponunt, ac multis clamoribus pro vita supplicant. Rotbertus itaque tantæ cædi parcere petit, ac instat ut eruantur. Vix quoque ab cæde quievit exercitus, multo prosperioris fortunæ incitatus successu. Sedato vero tumultu, qui inter eos potiores videbantur, a duce capti sunt, reliqui vero sub jure obsidum ad classem redire permittuntur.

XXXI.

Patrata ergo victoria, exercituque soluto, Rotbertus captos Parisii deponit. Hos percunctans (*e*) an chistiani (*e*) essent, nullum eorum (*e*) quicquam religionis (*e*) hujusmodi (*e*) attigisse (*e*) comperit. Misso itaque ad (*e*) eos instruendos (*e*) reverendo presbitero (*e*) et monacho Martino (*e*), ad fidem Christi (*e*) conversi sunt. Qui (*e*) vero ad classem (*e*) redierant, alii (*e*) eorum christiani (*e*), alii pagani (*e*) mixtim inventi sunt. Et hi quoque per

---

(*a*) quæ quinta est 1.

(*b*) c. cum maximo clamore signis infestis 1.

l'ennemi au plus fort de l'action, et de permettre aux guerriers des deux ailes, en tombant sur ses derrières, de l'écraser comme un troupeau.

XXX. — [*Les Normands sont taillés en pièces.*]

En cet état les deux armées s'ébranlent et le combat s'engage. Tandis que Robert avec ses Neustriens, Dalmace avec les Aquitains enfoncent les légions des pirates, les deux ailes ennemies les attaquent par derrière. Mais les Belges arrivent à l'improviste et font de ces barbares un affreux carnage. Les Neustriens de leur côté les pressent avec acharnement Au milieu de cette mêlée, les Aquitains mettent en fuite les pirates dont ils étaient environnés, les poussent avec vigueur et faisant volte-face prennent entre eux et les Belges les débris de leurs bataillons qui sont culbutés. Les barbares ainsi défaits mettent bas les armes, et demandent à grands cris la vie. Robert veut arrêter le carnage, et sauver ces malheureux ; mais c'est à peine si ses prières, ses instances parviennent à retenir le soldat qu'anime le succès (1). Enfin le tumulte s'apaise ; le duc retient ceux des ennemis qui semblent les plus puissants, et laisse les autres retourner à leur flotte après avoir livré des ôtages.

XXXI. — [*Robert fait baptiser ses prisonniers.*] (911-912)

Robert victorieux licencie l'armée, et conduit ses prisonniers à Paris. Là il leur demande s'ils sont chrétiens, et découvre qu'aucun d'eux n'a la moindre connaissance de notre religion. Il leur envoie donc pour les instruire le vénérable prêtre et moine Martin, et ils se convertissent au christianisme. Quant à ceux qui étaient retournés à la flotte, il se trouva que les uns étaient chrétiens et les autres payens. Martin instruisit encore ces derniers, et à leur

(c) et Gislebertus cum Belgis inprovisus prosequitur 1.

(d) sternit 1.

(e) t, n, e, l, h, g, a, d, presbite, M. Christ, Q, sem, a, i, ni *ex conjectura*.

—

(1) Il y eut, disent (ad ann. 911) la chronique d'Angers et celle de Hugues de Fleury, six mille huit cents Normands tués (Dom Bouq, t. VIII). L'évêque de Chartres, Waltelme, la chemise de la Sainte Vierge à la main, poursuivit intrépidement les ennemis.

prædictum virum instructi, receptis a duce opsidibus (*a*) quos dederant, ad salutaria sacramenta deducti sunt.

XXXII.

Et cum de baptisterio ageretur, Wittoni Rhodomensium metropolitano eis (*b*) prædicandum a duce committitur. Witto vero non se solo contentus, Heriveo Remensi epistolam dirigit, per quam ab eo querit, quo ordine, qua ratione gens ante perfida æcclesiæ sotianda sit. Heriveus vero metropolitanus multa diligentia hæc disponere cupiens, conventum episcoporum fieri jubet, ut multorum rationibus res idonee distribueretur.

XXXIII.

Et die constituta, sinodus habita est. In qua primum de pace et religione sanctæ Dei æcclesiæ, statuque regni Francorum salubriter ae competenter tractatum est ; post vero de piratarum mitigatione atque conversione uberrime agitatum. Decretum quoque de eodem ab ipsa Divinitate rationem quærendam, jejunandum etiam ab omnibus triduo ; domno vero papæ id esse suggerendum, ut, invocata per jejunium Divinitate, et domno papa humiliter consulto, efficatius res ordinaretur. Revolutis itaque patrum decretis, reverendus metropolitanus Heriveus 24 capitula in volumine ordinavit, rationabiliter ac utiliter digesta, et qualiter rudes in fide habendi sunt continentia.

(*a*) hospitibus **1**.
(*b*) *vox obscura.*

---

(1) Tout ceci se rattache, mais vaguement, à la conversion de Rollon et de ses Normands (Janv. 912), qui suivit le traité de Saint-Clair-sur-Epte (911 — V. *Hist. de l'Egl. de Reims*, par Flodoard, **iv**, 14.). Flodoard rapporte même le succès de Robert, ainsi que le traité, à l'année 921 (*Chron.*, ann. 921); mais en cela il est dans l'erreur. Les chapitres 28-31 ne sont donc pas à leur place.

(2) M.-à-m. : « Et pendant qu'il était question de baptême, de

tour, après que le duc leur eut remis les ôtages qu'ils avaient livrés, ils reçurent le baptême (1).

XXXII. — [*Il charge l'archevêque de Rouen d'évangéliser les pirates.*] (900)

En même temps (2), le duc charge Witton, archevêque de Rouen, d'évangéliser les pirates. Witton, qui ne veut pas s'en rapporter à lui seul, écrit à Hérivée de Reims, et lui demande comment il doit s'y prendre pour attacher à l'Eglise cette race jusque-là si perfide. Le métropolitain Hérivée, désireux d'apporter à cette affaire le plus grand soin, convoque une assemblée d'évêques afin d'obtenir de leurs lumières un réglement convenable.

XXXIII. — [*Le synode de Reims s'occupe de la conversion de ces barbares.*] (900)

Au jour fixé, le synode se réunit. On s'y occupa d'abord avec sagesse et avec fruit de la paix de la sainte Eglise de Dieu, de sa religion et de l'état du royaume des Franks; puis on traita longuement des moyens de civiliser et de convertir les pirates. On décréta que sur ce point il fallait invoquer les lumières de la divinité même, et observer un jeûne général de trois jours; en même temps on donnerait avis de ces mesures au seigneur pape, afin que, la divinité invoquée par le jeûne, et le pape humblement consulté, l'affaire reçût une solution plus efficace. Les décrets des pères terminés, le vénérable métropolitain Hérivée en tira sur la façon dont il fallait en user avec les païens nouvellement convertis (3),

conversion. » M. G. traduit : « *Le moment de la cérémonie étant* « *arrivé.* »

(3) et qui retournaient ensuite à l'idolâtrie. C'est ce que démontrent ces vingt-quatre articles et la lettre du pape Jean IX à Hérivée. On voit par là que l'Eglise était depuis longtemps occupée de la conversion des Normands, quand celle de Rollon vint fixer leur inconstance. Flodoard nous dit d'ailleurs en tels formels « qu'Hérivée travailla puissam-
» ment à la civilisation et à la conversion des Normands, *jusqu'à ce*
» *qu'enfin*, après la bataille que leur livra près de Chartres le comte
» Robert, ils consentirent à embrasser la religion chrétienne... (*Hist. eccl.*
» *Rem.* IV, 14). » M. G. a donc tort de traduire *qualiter rudes in fide habendi sunt* par ces mots : « *de quelle manière les barbares devaient*
» *être initiés à la foi chrétienne.* »

Quæ omnia venerabili Rodomensi Wittoni delegavit. Ille vero excipiens, utiliter (a) sumptum negotium consummavit.

XXXIV.

Hac etiam tempestate Ragenererus, vir consularis (b) et nobilis, cognomento Collo-Longus, cujus etiam obitus multam rei publicæ in Belgica intulit labem, communi corporis valitudine tactus et oppressus, finem vitæ apud Marsnam palatium accepit. Cujus exequiis Karolus rex interfuisse dicitur, ac oculos lacrimis suffusus dixisse : « O, inquiens, ex alto humilem, ex amplo artissimum ! » altero personam, altero monumentum significans. Peractisque exsequiis, Gisleberto ejus filio, jam facto juveni, paternum honorem, coram principibus qui confluxerant liberalissime accommodat.

XXXV.

Hic cum esset clarissimo genere inclitus, et Heinrici Saxoniæ ducis filiæ Gerbergæ conjugio (c) nimium felix, in

---

(a) efficacissime atque utiliter 1.
(b) v. c. *codex.*
(c) matrimonio 1.

---

(1) On ne saurait placer après la conversion des Normands les chap. 32 et 33, ni les rapporter à ce temps-là même, — car, à l'époque où fut conclu le traité de Saint-Clair-sur-Epte, Witton n'était déjà plus : c'est un point où s'est trompé Flodoard, aussi bien que Richer.—Mais il est nécessaire de leur assigner pour date l'année 900, où Hérivée fut sacré le 6 juillet, où mourut Jean IX le 30 septembre, suivant l'*Art de vérifier les dates.* Je ne vois d'ailleurs dans la réponse d'Hérivée à Witton aucune allusion au synode dont parle ici Richer ; le travail que l'archevêque de Reims envoie à celui de Rouen est bien le fruit de ses lumières privées, et il ne comprend que vingt-trois articles au lieu de vingt-quatre (Cf. Flod. *Rem. eccl. hist.* L. IV, 14). Enfin comment concilier la résolution qu'aurait prise le synode de consulter le pape, avec l'empressement qu'il semble mettre à prévenir sa réponse ? Flodoard s'accorde bien mieux avec le caractère de cette réponse, et me parait plus près de la

vingt-quatre articles qu'il mit en ordre et envoya au vénérable Witton de Rouen, lequel s'en servit avec succès pour achever l'œuvre qu'il avait entreprise (1).

XXXIV. — [*Mort du comte Rainier.*] (916)

En ce temps-là Rainier, surnommé Cou-Long (2), personnage noble et consulaire (3), cédant au destin commun, mourut au palais de Merschen. Ce fut une grande perte pour toute la Belgique. Aussi dit-on que le roi Charles assista aux funérailles de ce seigneur, et qu'il s'écria en versant des larmes : « O que la grandeur est peu de chose, et que les puissants » tiennent peu de place (4) ! » rapportant l'un de ces mots à la personne et l'autre au monument. Après les obsèques et en présence des grands qui étaient venus à la cérémonie, il conféra généreusement au jeune Gislebert, fils de Rainier, la charge de son père (5).

XXXV. — [*Caractère de Gislebert, son fils et son successeur.*]

L'éclat de sa naissance et le bonheur qu'il eut d'épouser Gerberge, fille de Henri, duc de Saxe, lui inspirèrent un orgueil qui

vérité quand il dit qu'Hérivée, après avoir satisfait Witton, « voulut » consulter le pontife romain » (*ibid.*). Je suis convaincu que Richer, qui n'est pas toujours très-intelligent, ni fort attentif, a commis ici des confusions comme celle que nous aurons à signaler en 948, mêlé des objets différents, et appliqué à un synode quelconque, ce que Flodoard dit en général de ceux qu'a tenus Hérivée : « *in quibus* de pace et religione etc. » salubriter conpetenterque tractavit. »

(2) Richer se trompe (V. ci-dessous la *note 5*).

(3) Richer semble réserver ce titre aux comtes (Cf. la Table des matières), comme il donne aux dignitaires du palais celui de *vir palatinus*. Quant aux qualifications honorifiques de *vir illustris*, *spectabilis*, *clarus*, *clarissimus* et *nobilis*, renouvelées du code Théodosien, il les applique indifféremment à toute personne d'un rang éminent.

(4) M. G. : « *O comme la grandeur s'abaisse! comme l'espace se* » *resserre !* »

(5) Rainier avait un second fils, Rainier II, qui lui succéda au comté de Hainaut, et dont il est question au l. III, c. 6 et sq. C'est celui-ci qui était surnommé *Cou-Long*. (V. dom Bouq. t. VIII, *Chron. Sax.* et *Chron. de Nang.* an. 977.)

nimiam præ insolentia temeritatem præceps ferebatur; in disciplina militari ex audatia nimius, adeo ut quodcumque inevincibile, appetere non metueret; corpore mediocri et denso, duroque membrorum robore, cervice inflexibili, oculis infestis atque inquietis sicque mobilibus, ut eorum color nemini ad plenum innotuerit; pedibus omnino inpatientibus; mente levi. Oratio ejus ambigua ratione consistens, interrogatio fallens, responsio anceps; orationis partes, raro dilucidæ sibi cohærebant; suis adeo profusus, aliena enormiter sitiens; majoribus ac sibi æqualibus coram favens, occulte vero invidens; rerum confusione ac mutua dissidentium insectatione plurimum gaudens.

XXXVI.

Talis itaque in regem nimia animositate ferebatur. Meditabatur quoque regis abjectionem admodum, ac plurimum id pertractabat apud eos qui in Belgica potiores videbantur; non quidem Rotberto, sed sibi regnum affectans; sua quoque principibus pene omnia distribuens. Et majores quidem prædiis et ædibus egregiis inclite donabat, mediocres autem auri et argenti talentis efficaciter illiciebat Fit itaque multorum ex Belgica cum eo consensus. Sed hoc satis improvide ac inconsulte. Nam licet ob magna beneficia comparatos sibi attraxisset, non tamen ex jurejurando ad patrandum facinus sibi annexuit. Leviter ergo attracti, leviter post dissociati fuere.

XXXVII.

Nam cum Karolus hoc audito a Celtica cum exercitu rediret, Belgisque bellum inferre pararet, Belgæ mox non in aperto cum Gisleberto resistere nisi sunt, sed oppidis ac municipiis (*a*) sese recludunt. Rex vero singulis qui ab se defecerant legatos dirigit, per quos significabat sese regali atque sollemni donatione largiturum, quicquid eis

---

(*a*) munitionibus 1.

le précipita dans une excessive témérité. Sous les armes, il était
d'une telle audace qu'il ne craignait pas de s'attaquer à l'impossible. De taille moyenne, gros et robuste de corps, le cou raide,
l'œil méchant et si mobile que personne n'en connut jamais bien
la couleur, les pieds toujours en mouvement, l'esprit léger, il
avait un langage obscur, des questions fallacieuses, des réponses
ambigües; peu de clarté et de liaison dans les idées. Prodigue de
son bien, énormément avide de celui d'autrui; ami déclaré, ennemi secret de ses supérieurs et de ses égaux, il ne se plaisait
qu'aux troubles et aux dissensions.

XXXVI. — [*Il trame la ruine du roi Charles.*]

Animé d'une haine violente contre le roi, il méditait sa ruine et
y travaillait auprès des grands de la Belgique avec d'autant plus
d'ardeur qu'il convoitait la couronne non pour Robert, mais pour
lui-même. Aussi distribuait-il aux seigneurs presque tout son bien,
donnant aux plus puissants des terres et des palais, et gagnant
les petits par de riches présents en or et en argent (1). Beaucoup
de Belges lui promirent donc leur appui; mais, comme il avait agi
avec imprévoyance et légèreté, répandant les bienfaits pour se
faire des partisans, sans obliger ceux-ci par des serments à
consommer le crime, il en résulta que les liens qu'il avait si aisément formés, se rompirent ensuite aisément.

XXXVII. — [*Charles se rend en Belgique avec une armée, et gagne les Belges.*]

Car, lorsque Charles, à la nouvelle de ce qui se passait, revint
de la Celtique avec une armée et se prépara à faire la guerre aux
Belges, ceux-ci, loin d'essayer de le combattre en pleine campagne
avec Gislebert, se tinrent renfermés dans leurs places et leurs
villes. Le roi de son côté envoya des messagers à chacun de ceux
qui l'avaient abandonné, pour leur faire savoir qu'il leur assurerait
par un acte solennel la propriété de tout ce que Gislebert leur

(1) M. à M. : par des *talents d'or et d'argent*. Sur cette expression
voy. ci-dessus c. 14, *note* 3. — Touchant les *majores*, les *mediocres*, *id.*
c. 9, *note* 2.

ab Gisleberto prædiorum et ædium collatum est; sese quoque contra Gislebertum pro eis certaturum, si is eis ex collatis beneficiis quicquam repetere velit. Quo capti, mox jure sacramenti ad regem redeunt, habitisque rationibus quicquid beneficiorum ab Gisleberto eis collatum fuit, regali largitate firmissime unicuique donatur. Unde et a Gisleberto recedentes, regi constantissime resociantur ac cum eo in Gislebertum feruntur.

XXXVIII.

Gislebertus vero in oppido Harburc, quod hinc Mosa et inde Gullo fluviis vallatur, a fronte vero immani hiatu, multoque horrore veprium defensum est, cum paucis claudebatur. Huc rex cum exercitu properat, locatque obsidionem, hinc et inde navalem, a fronte vero equestrem. In cujus expugnatione cum persisteret, Gislebertus (a) navali fuga dilabitur. Oppidani vero capti, in regis deveniunt jussionem. Gislebertus autem cum duobus clientulis, paterna hereditate privatus, Rhenum exulaturus pertransit; ibique per annos aliquot apud Heinricum socerum deceptus exulat. Evoluto autem aliquot annorum tempore, Heinricus apud regem suasorie egit, ut Gislebertus revocaretur, ac in regis gratiam resumeretur, ea vero rerum conditione, ut regis sententia ex collatis beneficiis intemerata, Gislebertus ea tantum regali clementia reciperet, quorum possessores per tot sui exilii tempora jam obierant.

XXXIX.

Ab exilio itaque revocatus, regis gratiam per Heinricum meretur, ea tamen, ut dictum est, conditione, ut a beneficiis quæ insolenter diduxerat, quandiu possessores

---

(a) G. clam per murum dilapsus fluvium enatando transmeavit, et cum duobus clientibus Rhenum exulaturus pertransiens, annis aliquot apud socerum suum Heinricum patrimonio privatus exulavit. Oppidani autem absque duce relicti, se subdiderant regi. *Ekkeh. Ur.*

avait conféré en terres et en maisons ; qu'il irait même jusqu'à combattre pour eux Gislebert, s'il tentait de leur reprendre les bénéfices qu'il leur avait concédés. Gagnés par ces offres, ils reviennent au roi, auquel ils se lient par des serments, règlent avec lui leurs intérêts, et de sa munificence reçoivent à titre inamovible, tous les bénéfices que leur avait conférés Gislebert. Aussi, délaissant le traître, pour s'unir sincèrement au roi, ils se portent avec Charles contre son ennemi (1).

XXXVIII. — [*Gislebert exilé se rend auprès de son beau-père Henri.*]

Or Gislebert s'était enfermé avec quelques hommes dans la place de Harburc (2), protégée d'un côté par la Meuse, de l'autre par la Geul, et en avant par un affreux précipice hérissé d'épais buissons. Le roi y vient avec son armée, cerne la place par terre et par eau, et la presse si bien que Gislebert prend le parti de fuir sur un bateau. Les habitants alors se remettent à la disposition du roi, et Gislebert, privé de l'héritage paternel, passe le Rhin avec deux pauvres clients. Il resta quelques années dans l'exil et la douleur auprès de son beau-père ; après quoi Henri pria le roi de le rappeler et de lui pardonner, à la condition qu'il respecterait la mesure que Charles avait prise relativement aux bénéfices conférés, et qu'il ne recevrait de la clémence royale que ceux dont les possesseurs étaient morts pendant la longue durée de son exil.

XXXIX. — [*Rappelé de l'exil, il travaille, mais en vain, à détacher Henri de Charles.*] (920-922)

Grâce à Henri, Gislebert est donc rappelé de l'exil et obtient du roi son pardon, à la condition toutefois, ainsi qu'on l'a dit, que, tant que les possesseurs actuels vivraient, il ne toucherait

---

(1) Les traits de ce genre sont communs au moyen-âge. Ces temps barbares ne se piquaient pas d'une grande délicatesse de sentiments. On voit d'ailleurs par cette histoire que les bénéfices n'étaient pas encore tous viagers et inamovibles, puisque le roi ne fit pas autre chose que donner à ce titre ce qu'avait dû conférer pour un temps seulement le comte Gislebert.

(2) Aujourd'hui le bourg de Geul, dans le Limbourg hollandais.

viverent careat; ea vero quorum possessores per annos aliquot obierant, regis miseratione repetat. Recipit itaque quæ a defunctis quidem derelicta vacabant, maximam suarum rerum partem, Trajectum, Juppilam, Harstalium, Marsnam, Littam, Capræmontem. Quibus habitis, Karolus rex in Celticam redit, Nortmannis qui extremos Galliarum fines locis maritimis infestabant, copias inferre parans. Heinrico vero trans Rhenum contra Sarmatas profecto, Gislebertus per suos immaniter vexabat et atterebat eos qui ab rege sua data obtinebant. Alios clandestina invasione enecans, alios incessanter ut sua relinquant adurgens, tandem evincit, suisque omnibus potitur, truculentius exinde in regem machinans. Socerum itaque adit, eique ab rege dissuadet, Celticam solam regi posse sufficere asserens, Belgicam vero atque Germaniam rege alio plurimum indigere. Unde et, ut ipse in regnum coronari non abnueret, multis suasionibus permovebat. Heinricus vero cum nefanda eum suadere adverteret, dictis suadentis admodum restitit, et ut quiesceret ab illicitis, multis amplificationibus agitabat.

XL.

Et Gislebertus quidem, cum apud socerum non proficeret, ut (*a*) regnum sibi (*a*) parare posset (*a*), in Celticam secedit ac transit in Neustriam; sicque cum Rotberto duce de eodem negotio consilium confert, suadens ei de regni susceptione ac Karoli abjectione. Exultat tirannus, et tiranno absque mora favet. Deliberant itaque ambo, et post pro (*b*) perpetrandis fidem sacramento (*c*) confirmant (*d*).

(*a*) u, sib, p *ex conject.* (*b*) ex 1. (*c*) sacramentis t.

(*d*) c. Et post hæc Gislebertus in Belgicam redit, municipia militibus copiis sufficientibus implens, in regem omnia ordinans; sic ubi rudera aditum faciebant, firmioribus claustris ræedificans. Ratus vero milites a sese deficere posse, si jurejurando sibi eos non annecteret, fidem ab omnibus eorum jurejurando sed et obsides quos vult accipit, eosque in oppido Harburc quod pene inexpugnabile videbatur deputatos recludit, in regem omnia palam ordinans. [His rex permotus *delet*.] Nec minus [ea socero *del.*] id optinuit, ut quæcumque ipse in regem machinaretur, ea socero injuriæ non essent, maxime ob id quod Sarmatarum infestatione

pas aux bénéfices qu'il avait si follement aliénés, et qu'il tiendrait de la générosité du roi ceux que pendant son absence la mort des possesseurs avait laissés vacants. Il recouvra de la sorte la plus grande partie de ses biens, Maestricht, Jupille, Herstall, Merschen, Littoy (1), Chèvremont. Cela fait, le roi Charles revint dans la Celtique, et se disposa à marcher contre les Normands qui infestaient les côtes de l'extrême Gaule. Henri, de son côté, ayant traversé le Rhin pour aller combattre les Sarmates, Gislebert fit cruellement persécuter et opprimer par ses fidèles ceux à qui le roi avait donné ses biens. Les uns étaient surpris et mis traîtreusement à mort, les autres pressés sans relâche de renoncer à leurs bénéfices; enfin il fit tant qu'il recouvra tous ses domaines, puis il se remit à comploter contre Charles avec plus de violence que jamais. Il alla trouver son beau-père, et s'efforça de le détacher du roi, prétendant que la Celtique pouvait suffire à ce prince, et que la Belgique et la Germanie avaient bien besoin d'un autre souverain. Il n'était sorte de considérations flatteuses par lesquelles il ne cherchât à l'ébranler et à l'amener à prendre le titre de roi. Mais Henri sut résister fermement à ses criminels conseils, et n'épargna rien pour le dissuader de ses coupables desseins.

XL. — [*Il se tourne du côté du duc Robert.*] (922)

Gislebert, voyant qu'il ne pouvait déterminer son beau-père à prendre la couronne, passa dans la Celtique et de là dans la Neustrie, où, s'abouchant avec le duc Robert, il l'engagea à renverser Charles et à s'asseoir sur le trône. Le tyran, transporté de joie, accueille aussitôt avec faveur la proposition du tyran. Ils s'entendent tous les deux, et s'engagent par serment à exécuter leur projet.

ipse admodum pressus, alienis negotiis utiliter interesse non posset. His ergo rex in Celtica permotus, Belgicam impetit. At Gislebertus utpote qui fidem abruperat, ad regem non solum venire contempsit, verum pecuniis atque rerum pollicitationibus ab rege quoscumque poterat subtrahebat. Et rex quidem cum patienter hæc ad tempus toleranda non ignoraret, Tungris cum iis qui secum ex Celtica advenerant absque tumultu residebat; lenius fieri asserens quicquid per patientiam toleratur : ad odium quoque sese esse hostium recognoscens, cum a Rotberto hinc in Celtica, ab Gisleberto vero inde in Belgica urgeretur. Et Rotbertus quidem de regis abjectione suique provectione adeo laborabat, idque apud principes sic obtinuit, ut contra regem cum eo fere omnes crudelissime conjurarent. Et tempore *deleta*.

(1) Voy. dans dom Bouquet IX, 666, la donation de la reine Gerberge à Saint-Remi de Reims, du 12 Févr. 968. (P.)

XLI.

Tempore vero constituto, cum rex Tungros redisset, ibique privatus resideret, urbem Suessonicam Rotbertus ingreditur. Apud quem ex tota Celtica primates collecti, qua ratione regem abjiciant, constantissime consultant. Nec defuit Gislebertus ab Belgica, qui mox absque deliberatione Rotbertum regem creandum perstrepebat. Communi ergo omnium qui aderant decreto, Rotbertus eligitur; ac multo ambitionis elatu Remos deductus, in basilica sancti Remigii rex creatur. A cujus coronatione peracto triduo, Heriveus Remorum metropolitanus diutina egritudine vexatus, interiit. Qui si eodem tempore valuisset, tanto facinori oportunitas non patuisset. Cui etiam mox succedit donatus ab Rotberto (*a*) Seulfus, qui tunc urbis ejusdem officio fungebatur (*b*) archidiaconatus; vir strenuus (*c*) multaque rerum scientia inclitus.

XLII.

Interea Karolus a Gallis præter paucissimos Belgarum desertum sese comperiens, apud præcipuos eorum qui a se non defecerant, plurimam de suo infortunio agitabat querelam. Miseriorem sese inquiens si hac urgeatur calamitate, quam si oculos claudat suprema morte, cum illa dolores augescant, ista demantur (*d*); carius quoque sibi ferro occidi, quam regno a pervasore privari; post regni enim privationem, solummodo superesse in exilium deportationem. In quo etiam ab iis quos summo semper habuit amore, apud quos diutius conversatus sit, quibus quoque nihil umquam mali molitus fuerit, debere sese suffragia accipere memorabat.

(*a*) rege 1.
(*b*) ebatur *ex conject.*
(*c*) liberalis ac st. 1.
(*d*) demantur. Vix etiam spem aliquam sibi relictam cum a tiranno totum pervasum sit, potestas dominandi et libertas habendi 1.

XLI. — [*Il fait nommer roi Robert dans la ville de Soissons.*]

Au temps convenu, tandis que le roi, rentré à Tongres, y vivait en simple particulier, Robert vient à Soissons et réunit auprès de lui les grands de toute la Celtique, tous bien décidés à chercher les moyens de se défaire du roi. Gislebert était aussi présent, et, avant toute délibération, il ne cessait de répéter qu'il fallait nommer roi Robert [29 Juin]. Tous les assistants d'un commun accord élisent donc le duc, et le conduisant à Reims en grande pompe, ils le proclament roi dans la basilique de Saint-Remi [2 Juillet]. Trois jours après son couronnement, l'archevêque de Reims, Hérivée mourait à la suite d'une longue maladie. Assurément, s'il eût alors joui d'une bonne santé, il aurait prévenu un si affreux attentat. On lui donna pour successeur l'archidiacre de Reims, Seulf, présenté par Robert: c'était un prêtre zélé et renommé pour son profond savoir.

XLII. — [*Charles se plaint aux siens de l'abandon où il se trouve* (923).]

Cependant Charles apprend que les Gaulois, sauf un petit nombre de Belges, l'ont abandonné, et il se plaint amèrement de son infortune aux principaux seigneurs qui lui étaient restés fidèles (1) : N'était-il pas plus malheureux de ces rigueurs du sort que si la mort lui eût fermé les yeux ? Car enfin, si l'un aggrave les douleurs, l'autre vous en délivre. Oui, il aimerait mieux périr par le fer, que de se voir dépouillé de la couronne par un usurpateur. Après la privation d'un trône, que peut-il rester, si ce n'est l'exil ? Dans cette situation il croyait pouvoir compter sur ceux qu'il eut toujours en grande affection, bien loin de leur avoir jamais fait aucun mal, et au milieu desquels il avait le plus longtemps résidé.

(1) Les autres avaient reconnu Robert, et ce prince, à la suite d'une conférence qu'il eut avec Henri sur les bords de la Roër, avait *accordé* à ses adversaires une trêve de plusieurs mois. Mais, au mépris de la trêve, ceux-ci passèrent la Meuse avec Charles, et s'avancèrent sur Soissons, où ils savaient que Robert était campé. (Flod. *Chron.* an. 923.)

XLIII.

Ad hæc sui (*a*) : « Pernitiosum est, inquiunt, o rex,
» juratis a domino deficere, sceleratissimum vero contra
» dominum stare. Si de desertore ac transfugis agi-
» tur, horumque nominum si advertatur interpretatio,
» quicquid moliti sunt, præter jus est et equum. Unde et
» sine dubio si pugnæ necessitas eos adurgeat, divinitatis
» ultionem non evadent. Id vero certissime noveris, nullo
» modo regnum a te repetendum, nisi bello ipsum aggre-
» diaris tirannum. Regnum ereptum non irrumpes nisi
» ferro viam violenter aperias. Et quia jam nunc res
» pugnam suadet, sacramento fides adhibenda est, ut
» nobis juratis res in ambiguo non sit. Dein saltem
» qninquaginta eligendi sunt, qui certissime tirannum
» appetant, vimque ei inferant, ut, cum belli violentia
» alios in alios exagitaverit, isti tiranno tantum laborent,
» inventumque transfigant. Quid enim proderit omnes
» interfici, et malorum causam reservari? » Et decreto
communi in Rotbertum conjurant.

XLIV.

Mox quoque et regio jussu accersiuntur ex Belgica, quicumque ab rege non defecisse videbantur. Quorum collec-
torum numerus, ut fertur, vix in decem (*b*) milibus
putabatur. Et tamen in quantum perspici valuit, nullus
militiæ (*c*) ineptus admissus est. Omnes corpore valentes,
et non inertes pugnæ ; omnes quoque in tirannum unanimes. His rex circumseptus, per Condrucium Hasbaniumque
procedit in hostem ; ereptumque regnum irrumpens, sedem
regiam Atiniacum pridem suam ingreditur. Ibique aliquantisper reparato exercitu, in adversarium fertur (*d*).

(*a*) Belgarum magnates 1.
(*b*) quinque *corr*. VI, *corr*. X. *codex*.
(*c*) pugnæ 1.

XLIII. — [*Les amis de Charles lui offrent de combattre ses adversaires.*]

A cela ses fidèles répondirent : « C'est sans doute, ô roi, une
» grande faute de se montrer parjure à son seigneur, mais c'est le
» plus énorme des forfaits de s'élever contre lui. Il suffit de savoir
» ce qu'on entend par déserteurs et par transfuges pour être assuré
» que ceux dont il s'agit n'ont rien entrepris qui ne fût contraire à
» l'équité et à la justice. Aussi n'est-il point douteux que, s'ils sont
» forcés de combattre, ils n'échapperont pas à la vengeance céleste.
» Or il faut que vous sachiez bien que vous ne recouvrerez votre
» couronne qu'en poursuivant le tyran le fer à la main. Vous ne
» remonterez sur le trône qu'en vous y frayant une voie par les
» armes. Et, puisqu'il faut combattre, lions-nous par les serments,
» afin que nous ne soyons pas tentés de regarder en arrière. Ensuite
» qu'on choisisse cinquante d'entre nous qui, dans l'ardeur de la
» mêlée, rechercheront le tyran, ne s'attacheront qu'à lui, et le
» transperceront de leurs épées. Car à quoi servirait la ruine de tous,
» si la cause du mal devait leur survivre ? » Et d'une commune
voix ils jurent de combattre Robert.

XLIV. — [*Charles marche contre Robert.*]

Bientôt, sur l'ordre du roi, se réunissent de la Belgique tous ceux
qui lui sont restés fidèles. Leur nombre, dit-on, s'élevait à peine
à dix mille. Mais on n'avait, autant que possible, admis parmi eux
que des hommes d'un courage éprouvé, tous robustes de corps,
tous bouillants d'ardeur, tous animés d'une même haine contre le
tyran. Environné de ces guerriers, le roi s'avance contre l'ennemi
par le Condroz et l'Hasbain, pénètre dans les états qu'on lui a
ravis, et entre dans son ancienne résidence d'Attigny (1). Son
armée s'y refait un peu, et il continue sa marche.

(*d*) f. Axonam vero fluvium transmeans in urbem Suessonicam tendit ;
ibi etenim tirannus exercitum collegerat *postea deleta*.

---

(1) Attigny sur l'Aisne, au-dessus de Rethel. — Condroz et Hasbain,
deux contrées du pays de Liége dont la première avait pour ville principale Huy, et la seconde, Tongres.

XLV.

Factus vero tiranno propior, exercitum ad congressum ordinat, sex milia robustorum præmittens. Quibus etiam virum consularem (*a*) nomine Fulbertum ducem constituit. Se ipsum vero quatuor (*b*) milibus circumseptum, labentibus primis subventurum deputat. Postquam autem per singulas legiones discurrens, præcipuos quosque (*c*) multum diuque ad vim belli hortatus est, instructos ordines plurimis suasionibus incitans, ad locum ubi congrediendum erat, deducit. Axonam vero fluvium transmeans, ad urbem Suessonicam tendit. Ibi etenim tirannus copias collegerat; cujus quoque exercitus in viginti milibus consistebat. Cum ergo Karolus rex bello prudentia intenderet, instinctu episcoporum aliorumque religiosorum qui sibi assistebant actum est, ut ipse rex bellum non ingrederetur, ne forte in rerum confusione regalis stirps eo lapso consumeretur. Id etiam duces et milites coegerunt. Ab omnibus ergo coactus, quatuor (*d*) milibus quibus ipse circumseptus incedebat, virum consularem (*e*) Hagraldum præficit. Hortatur vero plurimum, ut Dei tantum auxilium implorent; nihil eis metuendum, nihil de victoria diffidendum memorans. Regni quoque pervasorem (*f*) vix uno momento duraturum asserebat : « Cum, inquiens, Deus » hujusmodi abhominetur, et apud eum nullus superbiæ » locus sit, quomodo stabit quem ipse non munit? Quo- » modo resurget, quem ipse præcipitat (*g*) ? » Et post hæc cum episcopis virisque religiosis qui aderant, montem loco oppositum conscendit, ubi etiam est basilica beatæ Genovefæ virginis dedicata, eventum belli inde experturus. Interea junctim procedit exercitus et magnanimus

(*a*) v. c. *codex*.

(*b*) duobus 1.

(*c*) quosque de militia et famæ gloria, priorumque nobilitate, et filiorum utilitate multum d. h. est 1.

(*d*) duobus 1.

XLV. — [*Les partisans de Charles le décident à ne pas combattre.*]

En se rapprochant du tyran, il dispose ses troupes pour le combat; il met en avant six mille hommes des plus solides, sous le commandement d'un personnage consulaire nommé Fulbert, et prend avec lui les quatre mille autres, pour soutenir au besoin les premiers. Il parcourt ensuite les légions les unes après les autres, exhorte vivement les chefs à bien faire, s'efforce d'enflammer l'ardeur des soldats, et, conduisant l'armée au lieu du combat, il franchit l'Aisne et marche sur Soissons : c'était là que le tyran avait réuni ses forces, lesquelles montaient à vingt mille hommes. Charles prenait avec sagesse ses dispositions, quand les évêques et les autres ecclésiastiques qui l'accompagnaient le sollicitèrent de ne point prendre part à l'action, de peur qu'il ne vînt à tomber dans la mêlée et que la race royale ne s'éteignît en lui ; soldats et généraux le pressèrent également de se retirer. Cédant à ces instances générales, il remet donc à Hagrald, personnage consulaire, le commandement des quatre mille hommes qu'il avait avec lui. Il exhorte en même temps les siens à n'implorer que le secours de Dieu, leur représentant qu'avec son appui ils n'ont rien à craindre, que la victoire ne saurait être douteuse, et assurant que l'usurpateur du royaume tiendrait un moment à peine devant eux. « Car Dieu, leur dit-il, a les ambitieux de cette sorte en abo-
» mination; l'orgueil n'a point d'accès auprès de lui; et alors
» comment se soutiendrait celui que son bras ne fortifie point ?
» comment se relèverait celui qu'il renverse? » Ensuite Charles, pour attendre l'issue de la journée, monte avec les évêques et les ecclésiastiques présents, sur une colline située en face du champ de bataille et sur laquelle est une basilique consacrée à sainte Geneviève. Cependant l'armée s'ébranle et marche résolument (1)

(*e*) v. c. *codex*.

(*f*) tirannum 1.

(*g*) non erigit 1.

---

(1) M. G., qui, au chap. 8, avait déjà transformé l'adjectif *gradivo* en *gravido*, traduit l'adverbe correspondant comme s'il y avait *gravide*, comme une masse.

gradive in hostem accelerat. Procedit quoque tirannus, animo non impar, at legionibus potior.

XLVI. — Bellum inter Karolum et Rotbertum, ejusque fuga.

Quibus utrimque visis comminus, cum maximo clamore utrique exercitus signis infestis concurrunt. Congressique, innumeri hinc inde corruunt. Et Rotbertus quidem rex cum in certamine ignotus esset, et hinc inde feriendo toto campo fureret, a conjuratis conspectus, an ipse esset interrogatur. At ille intrepidus mox barbam obvelatam detegit (*a*), seseque esse monstrat (*b*), multa vi in Fulbertum comitem ferrum vibrans. Ille vero, lœtali ictu accepto (*c*), ab eo in dextram obliquatur. Et sic per loricæ manicam lancea eum in latere gravissimo ictu sauciat, necnon et per epar atque pulmonem et sinistri lateris ypocundriam ferrum usque in clipeum transigit (*d*), et circumseptus ab aliis, septem lanceis confossus præcipitatus corruit, diriguitque; multoque Fulbertus mox exhaustus sanguine et intercertans, mortuus cecidit. Interempto vero Rotberto, tanta vi cædis uterque deseviit exercitus, ut in parte ejus (*e*) undecim milia, in parte vero Karoli septem milia centum duodeviginti a Flodoardo presbitero ferro interiisse descriptum sit. Et jam quidem Karoli victoria videbatur, eo quod, tiranno occiso, qui illius fuerant in fugam ferebantur; cum ecce Hugo Rotberti filius vix adhuc pubescens in prælium ab Heriberto deducitur, succurritque

---

(*a*) a lorica extraxit 1.

(*b*) monstravit 1.

(*c*) vero clipeo ictum excipiens 1.

(*d*) transigit. Irruunt et circumquaque conjurati. A quibus Rotbertus circumseptus, septem 1.

(*e*) Rotberti 1.

---

(1) Ceci n'est pas exact. Charles profita du dimanche pour tomber à l'improviste sur les Français qui ne comptaient pas combattre ce jour-là,

à l'ennemi. Le tyran, de son côté, s'avance avec une égale ardeur et des légions supérieures en nombre.

XLVI. — *Bataille entre Robert et Charles, et fuite de ce dernier.*

Quand elles se voient rapprochées (1), les deux armées s'élancent l'une sur l'autre avec de grands cris, se heurtent, se mêlent, et de nombreux guerriers tombent des deux parts. On ignorait où combattait le roi Robert; mais, comme il allait frappant de tous côtés des coups furieux, les conjurés le remarquent et lui demandent s'il est Robert. Lui alors découvre fièrement sa barbe, et se fait reconnaître à la vigueur avec laquelle il attaque le comte Fulbert (2). Mortellement atteint, celui-ci chancelle en présentant le flanc droit à son adversaire, qui, au défaut de la cuirasse, lui porte au côté un si rude coup de lance que le fer traverse le foie, le poumon, l'hypocondre gauche, et va s'enfoncer dans le bouclier. Mais en même temps les autres conjurés enveloppent le tyran, le frappent de sept coups de lances, et le renversent sans vie à côté de Fulbert, qui, épuisé par la perte de son sang, ne tarde pas à mourir en combattant encore (3). Robert mort, les deux armées s'acharnèrent tellement au combat que, suivant le prêtre Flodoard, il périt onze mille hommes dans les rangs ennemis de Charles, et que celui-ci en perdit sept mille cent dix-huit (4). Déjà la victoire semblait assurée à Charles; car les partisans du tyran prenaient la fuite, quand son fils Hugues, à peine adolescent, parut sur le champ de bataille, conduit par Héribert, et releva

---

et qui prenaient tranquillement leur repas du midi. A peine eut-on le temps de s'armer et de se mettre en bataille. (Flod. *id. ibid.*)

(2) Suivant d'autres, Robert avait voulu se charger lui-même de l'étendard royal, et, pour être plus aisément reconnu, il avait dégagé de dessous sa cuirasse sa longue barbe blanche : « *Rodbertus autem ipse* » *vexillum sibi ferebat, dejecta barba canitie plena extra loricam, ut* » *cognosceretur.* (Ademari Chronic.) »

(3) S'il faut en croire la chronique mentionnée ci-dessus, Robert aurait été tué par Fulbert lui-même : « *Fulbertus Rodbertum regem per* » *medium cerebri dividendo confodit.* » Mais ce qui semble aujourd'hui certain, c'est qu'il ne périt pas de la main de Charles.

(4) Cela ne se trouve ni dans les Annales, ni dans l'Histoire de Flodoard. (P.)

labentibus. Et licet cum copiis advenerit, tamen utpote qui patre (*a*) amisso omnes suspectos habebat, nulloque duce fretus erat, a belli violentia quievit. Illud tantum memorabile fuisse refertur (*b*), quod nullo resistente locum belli occupavit, et aliquantisper in eo stetit, acsi manubias hostium direpturus : unde et sibi victor videbatur (*c*). Karolus vero ob necem tiranni victoria potiri sese putabat. Quapropter et anceps victoria fuit, cum Celtæ (*d*) desertores regem extinctum amiserint, Karolus vero nihil spoliorum attigerit. Neutrum (*e*) illorum spolia diripuisse (*e*) contigit (*e*). Cujus rei oportunitas (*e*) cum Karolo (*e*) non defuisset (*e*), nulla tamen (*e*) ductus cupiditate (*e*) rem penitus (*f*) vitavit. Nam transfugis (*g*) plurimum diffidens, utpote qui maximam exercitus partem amiserat, mox iter sine spoliis in Belgicam (*h*) retorsit, post (*i*) truculentius redire disponens. Hac tempestate terræ motus in pago Camaracensi factus est, ex quo domus nonnullæ subversæ sunt. Unde et rerum calamitas adverti potuit, cum regni princeps præter jus captus, et in carcerem usque in diem vitæ suæ supremum detrusus sit. Nam cum rem militarem disponeret, et exercitum copiosiorem Galliis inferre pararet, Gallisque inde timor multus incuteretur, mitiore animo ferebantur. Quod Karolus rex subintelligens, per legatos revocare eos nitebatur, multisque

(*a*) rege 1.
(*b*) referuntur *cod. negligentia scriptoris qui pluralem numerum in hac tantum voce et in ultima sententia non correxit.*
(*c*) victores videbantur *cod.*
(*d*) Galli 1.
(*e*) m, uis, it, o, arolo, sset, men, idi *ex conjectura.*
(*f*) pnitu : *cod.*
(*g*) Gallis 1.
(*h*) Germaniam 1.
(*i*) r. in Gallias t. 1.

(1) M. G.: « Toutefois, bien que Hugues arrivât avec des forces, et

le courage de ceux qui pliaient. Mais, bien qu'il eût amené des troupes avec lui, comme la mort de son père lui rendait tout le monde suspect et qu'il ne savait sur qui compter, il ne poursuivit pas son avantage (1). Seulement il y eut cela, dit-on, de remarquable que, demeuré maître sans opposition du champ de bataille, il y resta quelque temps comme pour enlever les dépouilles de l'ennemi. Il put ainsi s'attribuer la victoire ; mais Charles y prétendait également, à cause de la mort du tyran ; elle demeura donc incertaine, les Celtes transfuges ayant perdu leur roi, et Charles n'ayant remporté aucunes dépouilles. Du reste aucun des deux partis n'eut pour lui ce dernier avantage. Charles eût pu se l'assurer ; mais, étranger à la cupidité, il en négligea complétement l'occasion, et se défiant plus que jamais des transfuges, après la perte qu'il avait faite de la plus grande partie de son armée, il se hâta de reprendre sans butin le chemin de la Belgique, pour revenir bientôt encore plus terrible (2). — Il y eut en ce temps-là dans le Cambrésis un tremblement de terre qui renversa quelques maisons, présage trop certain d'un grand malheur, puisque le chef de l'Etat fut contre toute justice arrêté et jeté dans une prison pour le reste de ses jours. — Il faisait les préparatifs d'une nouvelle expédition et se disposait à conduire en Gaule une armée plus nombreuse ; les Gaulois en concevaient une grande frayeur et commençaient à prendre des sentiments plus pacifiques (3). Charles, qui le soupçonnait, n'épargne rien pour les ramener à lui, épuise tous les motifs de persuasion. En même

qu'il pût ne voir en face de lui que des meurtriers de son père ; bien qu'il ne fût guidé par aucun chef, cependant... »

(2) L'invraisemblance de tout ce récit suffirait pour nous le rendre suspect, si nous ne savions d'ailleurs que Charles fut vraiment défait et prit la fuite avec les Lorrains ; que la mort seule de Robert empêcha les Celtes de le poursuivre, et que ceux-ci, beaucoup moins cependant que les paysans des environs de Soissons, s'enrichirent des dépouilles des vaincus (Flod., ann. 923). Un tel dénouement était trop humiliant pour le descendant de Charlemagne : notre historien, peu scrupuleux, l'a complétement faussé.

(3) Ceci n'est pas probable. Abandonné des Lorrains, et privé du secours des Normands, que pouvait Charles, si ce n'est *prier, supplier ses ennemis le comte Héribert, l'archevêque Seulf et les autres grands du royaume de revenir à lui* (Flod., ann. 923.) ? Il le fit, mais en vain, et dut se réfugier encore derrière la Meuse (*id. ibid.*).

rationibus eis id suadere querebat. Nortmannis quoque usque ad effectum suasit, adeo ut regi fidem spondere, eique ut juberet militare vellent. Qui cum regi militaturi occurrere pararent, a Gallis intercurrentibus inhibiti sunt. Unde et eorum suppetiis rex privatus est.

XLVII. — Rodulfi * regis promotio * ac Karoli * captio.

Galli a pertinatia nullatenus quiescentes, Rodulfum Richardi Burgundionis filium accitum, apud urbem Suessonicam, eo licet satis reclamante, regem sibi praefecerunt, virum strenuum, ac litteris liberalibus non mediocriter instructum. Quod Heribertus tantorum malorum incentor sese velle dissimulans, Karolum regem per legatos accersit, tantis flagiciis se reniti voluisse mandans, sed conjuratorum a multitudine vehementissime suppressum ; tunc nullum consilii locum patuisse, nunc vero remedii partem optimam sese repperisse ; unde et maturius accedat, quo ei ipse obvenire valeat ; cum paucis tamen, ne si cum multis adveniant, dissidentium animositate in bellum cogantur ; et pro itineris securitate si sibi placeat, ab ipsis legatis jurisjurandi fidem accipiat. Rex horum credulus, ab legatis jusjurandum pro fide accepit, ac sine suorum deliberatione proditori obvenire non distulit. Et proditor dolos dissimulans, cum paucis aeque obvenit ; datisque osculis excepti, familiaribus colloquiis cousi sunt. Et inter loquendum cohortem armatorum ab abditis evocat, regique incauto inducit. Qui multitudini reniti non valens, a

* i, otio, i *ex conjectura.*

(1) Richard-le-Justicier, fait *duc* de Bourgogne en 877 par Charles-le-Chauve, son beau-frère. — C'est alors que, se voyant décidément abandonné, Charles-le-Simple se serait tourné du côté du roi de Germanie, et lui aurait cédé toutes ses prétentions sur la Lorraine (Sigeb. Gemblac.). Henri promit à l'infortuné prince de le soutenir ; mais, sur ces entrefaites, Héribert faisait Charles prisonnier, et les Lorrains se montraient disposés à reconnaitre Raoul pour souverain (Flod., ann. 923). Henri, cette fois, se prenant à écouter les sollicitations de son gendre Gislebert, passe en

temps il déterminait les Normands à lui jurer fidélité et à se mettre à sa disposition ; mais, comme ceux-ci s'apprêtaient à venir se ranger sous ses drapeaux, les Gaulois survinrent et les arrêtèrent ; ainsi le roi fut privé du secours de leurs armes.

XLVII. — *Election du roi Rodolf, et arrestation de Charles.*

Persistant dans leur résistance, les Gaulois firent alors venir à Soissons Raoul (Rodolf), fils du bourguignon Richard (1), et, malgré ses protestations, lui décernèrent le titre de roi (2) : c'était un homme aussi brave que lettré. Puis Héribert, l'auteur de tout le mal, feignant d'y être étranger, envoya des émissaires (3) à Charles pour lui dire qu'il avait voulu s'opposer à un si grand crime, mais que la multitude et la violence des conjurés l'avaient réduit au silence ; que si la prudence n'avait pu se faire entendre alors, il avait trouvé un remède à peu près sûr maintenant aux difficultés de la situation ; Charles n'avait donc qu'à se presser de venir et à s'approcher assez pour qu'il pût lui-même aller au-devant de sa personne ; ils ne devaient du reste amener tous deux que peu de monde, sans quoi il serait à craindre que l'animosité de leurs gens ne les engageât dans une bataille ; enfin, si le roi désirait un gage de sûreté pour ce voyage, ses propres envoyés lui prêteraient le serment de fidélité. Charles, trop crédule, reçut le serment, et, sans en avoir délibéré avec les siens, partit aussitôt pour aller trouver le traître. Celui-ci, de son côté, dissimulant sa fourberie, vint au devant du roi avec peu de suite. Tous deux s'embrassèrent et s'entretinrent familièrement ; mais, au milieu de la conférence, à un signal donné, une troupe de gens armés s'élance d'une embuscade et enveloppe le roi, qui, surpris et contraint de céder au nombre, est fait prisonnier. Quelques-uns des siens sont également

---

Lorraine. Raoul intervient et le force à partir ; la Lorraine se divise entre les deux prétendants. Cependant, à la suite d'une nouvelle campagne, Henri se voit maître de tout le pays (925), et il ne tarde pas à en remettre l'administration à Gislebert (928), dès lors reconnu duc de Lorraine sans contradiction (Flod. et Hug. Flav.).

(2) Il fut proclamé à Soissons, dans l'abbaye de Saint-Médard ; et peu de temps après, « Emma, sa femme, fille du roi Robert, fut sacrée à Reims par l'archevêque Seulf. » (Flod. *ibid.*)

(3) « Ils ignoraient, dit-on, les projets de celui qui les faisait agir. » (Flod. *ibid.*)

cohorte captus est; aliquibus cum eo captis, quibusdam etiam interemptis, reliquis quoque fugatis. Ductusque Peronam, carcerali custodiæ deputatur. Germani rege amisso, in diversa feruntur. Quorum alii de reditu domini elaborant, alii vero a spe dejecti, Rodulfo regi favent, nec tamen in ejus fidem penitus concedunt. Quorum priores exspectatione diutina domini libertatem opperientes, Heribertum proditorem de fidei violatione sepe convenerunt, ac inde plurimum apud male conscios conquesti sunt. Quibus persuadere non valentes, de perjurii reatu nihil ruboris incusserunt, cum ira Dei eis immineret.

XLVIII. — Exactio * pecuniæ * publicæ * piratis dandæ.

Hæc dum agerentur, pyratæ (*a*) Gallias irruperunt, pecudum armentorumque abductione, multarumque opum exhaustu, cum plurimorum captivitate terram depopulantes. Quorum impetum rex dolens, suorum usus consilio exactionem pecuniæ collatitiæ fieri exactoribus indixit, quæ hostibus in pacis pacto conferretur. Et collata, ad votum commune paciscuntur, atque in sua concedunt. Rex vero licet merens ad alia se contulit. Exercitum itaque in Aquitaniam adversus ejus principem Wilelmum parat, eo quod subdi sibi contempneret. Et tempore opportuno cum exercitu super Ligerim affuit. At Wilelmus militum copiam non patiens, obruenti per legatos occurrit (*b*). Illisque

* E, c, c, *ex conject.*
(*a*) Nortmanni 1.
(*b*) o. dolose tamen 1.

---

(1) Héribert reçut Charles au château de Saint-Quentin, dit Flodoard, et, après avoir congédié [sans violence aucune] ceux qui étaient venus avec lui, fit conduire le prince dans sa forteresse de Château-Thierry, sur la Marne. Péronne, d'ailleurs, n'appartenait pas encore au comte, et ce ne fut que l'année suivante (924) que Raoul lui en fit présent. Charles paraît être resté à Château-Thierry jusqu'à l'époque où la division se mit entre Raoul et Héribert (927). Conduit alors à Saint-Quentin, il y demeura près d'une année; après quoi seulement Héribert, réconcilié avec le roi, transporta Charles à Péronne (*Flod.*).

pris, d'autres tués et le reste mis en fuite. On conduit Charles à Péronne (1), et on l'enferme dans une prison. Ainsi privés de leur roi, les Germains (2) prirent différents partis ; les uns travaillèrent à recouvrer leur seigneur ; les autres, désespérant d'y parvenir, se rangèrent du côté du roi Raoul, sans cependant lui engager leur foi. Les premiers, qui nourrissaient toujours l'espoir de revoir leur maître, reprochèrent souvent au traître Héribert la violation de ses serments, et s'en plaignirent avec amertume à ses complices. Mais ils ne purent ni les émouvoir ni les faire rougir de leur parjure, bien que la colère de Dieu fût suspendue sur leurs têtes.

XLVIII. — *Levée de deniers publics pour acheter la paix des pirates* (924).

Sur ces entrefaites, les pirates envahirent et ravagèrent les Gaules, emmenant tout le bétail, épuisant les ressources et faisant grand nombre de captifs. Affligé de cette invasion, le roi, après avoir pris conseil des siens, ordonna aux collecteurs de lever sur le peuple une contribution destinée à acheter la paix ; le produit en fut remis aux pirates, et, à la satisfaction générale, ceux-ci consentirent à se retirer. Le chagrin du roi ne l'empêcha pas de s'occuper d'autres soins. Il fit les préparatifs d'une expédition dans l'Aquitaine, dont le prince Guillaume lui refusait l'obéissance, et, en temps utile, parut sur la Loire avec une armée. Guillaume, effrayé du nombre des troupes, envoie des députés à Raoul ; un jour entier se passe en conférences (3) d'une rive à l'autre du

(2) Richer veut dire les Lorrains. Sur la suite des événements dont la Lorraine fut le théâtre en ces temps-ci, et que notre auteur a passés entièrement sous silence, voy. la *Chroniq. de Flodoard* aux années 923-935, avec la note 1 de la page 82.

(3) Près d'Autun. Guillaume ne fit réellement sa soumission qu'au bout de huit jours. Deux ans après, il avait déjà quitté le parti du roi (*Flod.*, ann. 926), et dans ses états on recommençait à mettre le nom de Charles au bas des chartes et diplômes, ainsi que le témoigne une charte de l'église de Brioude, « donnée le 16 des Kalend. de Mars, la troisième année après que Charles eut été détrôné par les infidèles Franks [ann. 926] (*Dom Bouq.*, t. IX, p. 561.). » V. sur les événements de l'année 924 la *Chronique* de Flodoard, bien autrement complète que l'*Histoire* de Richer.

fluvio interfluente, in legatorum suasionibus dies tota consumpta est. Tandem die altera fidem utrimque pacti, a se discesserunt.

XLIX. — Congressus * Rodulfi * regis cum piratis *, eorumque fusio *.

Rex inde regressus, febre acuta apud urbem Senonicam corripitur. Qui cum die cretica convaluisset, vi recidiva rursus opprimitur. Ac de salute desperans, Remos ad Sanctum Remigium sese deferri fecit. Cui dona plurima largitus, elapso mense utiliter convaluit, urbemque Suessonicam alia curaturus expetiit. Ubi cum apud principes rem publicam consuleret, legati adsistunt, qui pyratas (*a*) fide violata interiores Burgundiæ (*b*) partes irrupisse asserunt; congressosque cum Manasse ac Varnero comitibus, Jozselmo atque Ansegiso episcopis, adeo defecisse, ut eorum 960 apud montem Calaum sternerentur, nonnulli capti tenerentur; reliqua vero minorum manus, lapsa profugio sit; Warnerus vero equo occiso, quo vectus ferebatur, decem vulneribus perfossus interierit. His rex motus, diem alteram in partibus deliberationis totam consumpsit. Et die tertia, edicto regio tirones ex citeriori Gallia intra dies quindecim collegit; collectosque cum aliquot magnatibus super fluvium Sequanam adversariis inducit. At pyratæ (*c*) renisuri obvenientes, a Gallis in sua castra redire coacti sunt. Galli fugientes insecuti, castris ignem inmittunt, congressique vehementi conamine, victos sternunt. At alii fuga pedestri, alii profugio navali elapsi sunt, alii cum castris succensi, alii ferro ad tria

* Co, R, r, f *ex conject.*
(*a*) Nortmannos 1.
(*b*) Galliarum 1.
(*c*) Nortmanni 1.

———

(1) « Henri fut également retenu tout l'été par une maladie sur les frontières des Sarmates (Flod. *Chron.* ann. 924.). » Aussi la Lorraine put respirer cette année.

fleuve ; enfin le lendemain on s'entend, on engage des deux côtés sa parole et on se sépare.

XLIX. — *Le roi Robert en vient aux mains avec les pirates et les défait* (925).

De retour à Soissons, le roi fut attaqué d'une fièvre aiguë, et, après avoir éprouvé du mieux le jour critique, fut repris de la maladie avec une nouvelle violence. Désespérant alors de sa guérison, il se fit porter à Reims auprès du tombeau de saint Remi, fit à l'abbaye de riches présents, et au bout d'un mois recouvra si bien la santé (1), qu'il put regagner Soissons pour s'y livrer à d'autres soins. Il y délibérait avec les princes sur les affaires du royaume, quand arrivent des courriers qui lui annoncent que les pirates, infidèles à leurs promesses, ont envahi la Bourgogne ; qu'ils ont eu à Chaumont, avec les comtes Manassé et Warner et les évêques Jozselme (2) et Ansegise, un engagement où ils avaient laissé neuf cent soixante des leurs sur le carreau, et quelques autres entre les mains de leurs adversaires ; le reste, gens de petit état, avait pris la fuite ; mais Warner, ayant eu son cheval tué sous lui, avait reçu dix blessures et avait succombé. Emu de ces nouvelles, le roi donne le jour suivant tout entier à l'expédition des affaires, et le lendemain par un édit royal appelle en quinze jours sous les armes la jeunesse de la Gaule Citérieure (3). Dès qu'elle se trouve réunie sur la Seine avec quelques grands, il la conduit à l'ennemi. Celui-ci vient au-devant, pensant l'arrêter; mais il est forcé de regagner son camp. L'armée Gauloise poursuit les pirates dans leur fuite, brûle leur camp, et par un vigoureux effort les défait et les écrase. Les uns fuient par terre, les autres sur leurs barques ; ceux-ci périssent dans l'incendie du camp, ceux-là tombent sous le

(2) Ou Goslin (*Flod.*).

(3) Voilà encore une indication vague et trompeuse. Flodoard est bien plus précis et satisfaisant : « Raoul, dit-il, partit pour la Bourgogne avec » quelques troupes de France, c'est-à-dire les milices de l'Église de Reims, » Abbon, évêque de Soissons, et quelques autres ; le comte Héribert » l'accompagnait aussi. Ayant fait une levée considérable en Bourgogne, » le roi se dirigea vers le camp des Normands, sur la Seine. » Le récit de l'affaire par Richer est d'ailleurs bien différent de celui de Flodoard, et beaucoup moins vraisemblable.

milia interfecti sunt. Quos vero fuga exagitavit, post collecti, quodam suo oppido secus mare sito collecti sunt, cui etiam Augæ nomen erat.

L. — Rollonis pyratæ interitus suorumque ruina.

Quorum princeps Rollo sufficientibus copiis oppidum implens, bello sese manifeste paravit. Rex inde digressus, exercitum provocanti infert, congredi non differens. Oppidum aggressus est. Et obsidione disposita, vallum quo cingebatur, irrumpit. Atque sic tirones peribolum conscendentes, adversarios pervadunt, oppidoque potiti (*a*), mares omnes trucidant, feminis intactis parcunt, oppidum diruunt atque comburunt. Cujus incendiis aere densato ac denigrato, in tetra caligine nonnulli evadentes, finitimam quandam occupant insulam. Quos sine dilatione exercitus aggressus appetit, ac navali pugna victos opprimit. Pyratæ, vitæ spem amittentes, alii sese fluctibus inmergunt ac enecantur, alii enatantes ab observatoribus jugulati sunt, alii nimia formidine tacti telis propriis sese appetunt. Et sic, omnibus ademptis prædaque direpta non modica, rex Belvacum rediit, ibique resedit.

LI. — Item piratarum * interitus *.

Inde audito Atrabatensium regionem a piratis aliis vexari, assumpto exercitu ab his qui loca maritima inco-

---

* ira, inte *ex conject.*

(*a*) p. Rollonem oculis effossis suggillant *hæc jam*, *linea subducta, deleta sunt*.

---

(1) Ici Richer ajoutait ces mots qu'il a effacés depuis sans les remplacer : *on crève les yeux à Rollon*. Nous ne savons donc pas comment est mort ce héros, et le titre seul du présent chapitre nous annonce qu'il a succombé dans cette affaire : encore est-ce une affirmation sans fondement. Ce qui me paraît certain, c'est qu'il n'a pas terminé sa carrière en 917, ainsi que le marque Orderic Vital ; qu'il ne

fer au nombre de trois mille. Ceux qui avaient échappé à ce désastre s'étant réunis ensuite, s'enfermèrent dans une de leurs places, située près de la mer, et à laquelle on donnait le nom d'Eu.

L. — *Mort du pirate Rollon et ruine des siens.*

Le prince Rollon met dans la place des forces suffisantes et se prépare ouvertement à la guerre. Le roi revenu de la Bourgogne n'hésite pas à répondre à la provocation et à attaquer la place. Il dispose ses troupes à l'entour, et celles-ci, franchissant le rempart dont elle était environnée, escaladent les murs et pénètrent dans l'enceinte ; une fois maîtresses de la place (1), elles égorgent tous les mâles, respectent les femmes, saccagent la ville et y mettent le feu. Une noire et épaisse fumée obscurcit l'air ; quelques pirates en profitent pour s'échapper et se retirer dans une île du voisinage ; mais aussitôt l'armée court les attaquer et les écrase dans un combat naval. Perdant tout espoir de salut, les uns se précipitent alors dans les flots où ils trouvent la mort, les autres sont tués, tandis qu'ils s'efforcent de nager ; quelques-uns, dans la terreur dont ils sont frappés, se percent de leurs propres traits. Pas un seul n'échappa, et le butin fut considérable. Le roi revint alors à Beauvais et y établit sa résidence (2).

LI. — *Nouvelle défaite des pirates* (926).

Ayant ensuite appris que d'autres pirates ravageaient l'Artois, il leva une armée sur les côtes, et se porta rapidement à leur

---

se trouva pas à Eu, mais qu'il se contenta d'y envoyer des troupes : *Quo... Rollo princeps mille Nortmannos... ex Rodomo transmiserat* (ann. 925), et qu'en 927 Guillaume-Longue-Epée exerçait déjà l'autorité, comme successeur désigné et agréé de son père (Flod., ann. 927, et Richer, *infra*, c. 53). Mais Flodoard fait encore apparaître Rollon l'année suivante ; et Guillaume de Jum. (c. 22) dit positivement qu'après avoir fait reconnaître son fils pour son successeur, il vécut encore un lustre ; il serait donc mort vers 931, ce qui est du reste tout-à-fait conforme au calcul de la *Chronique de Tours* : « Anno 931 obiit Rollo, anno vitæ 86. »

(2) Il semble que le roi n'ait pas quitté Beauvais, et que l'expédition fut conduite par Héribert (Flod., ann. 925).

lebant, repentinus in eos fertur. Piratæ comminus congredi non ferentes, ab exercitu cedere coacti sunt; ac coartati, saltu quodam vitam tueri nitebantur. At exercitus circumquaque eos obsidens, adeo urgebat. Illi vero noctu eruptione facta, in castra regis feruntur. Et circumvallante exercitu penitus inclusi, miserabili fortunæ succubuere, octo namque eorum milia ibi cesa referuntur. Quo tumultu rex inter humeros (*a*) sauciatus, Hildegaudus vero, clarissimi generis comes, interemptus est; aliique nonnulli, nec tamen aliquo nomine clari. Rex victoria potitus, Laudunum rediit.

LII. — Lunæ defectio *.

Tunc etiam luna quartadecima terræ objectu obscurata, visibus intuentium defecit. Acies quoque igneæ Remis in celo visæ sunt. Quibus præsagientibus signis, febrium ac tussicularum morbus e vestigio irrepsit; unde nonnulli loetaliter affecti, occubuere. Cum his quoque et litium tumultuatio inter regem ac Heribertum qui Karolum sub custodia detinebat, non modica subsecuta atque exagitata (*b*) est, eo quod Heribertus ab rege nimia expetebat, rex vero utpote insatiabili nihil accommodabat.

LIII. — Karolus ** liberatur ** ab Heriberto **.

Regi ergo minas Heribertus intendens, Karolum regem a carcere eductum in pagum Veromandensem deduxit, non ut regno fidelis eum restitueret, at ut ex ejus eductione aliquam suspectis formidinem incuteret. Nortmannis itaque accersitis atque apud oppidum Augam collectis, eum (*c*) deduxit; ibique filius Rollonis pyratæ, de cujus interfectione jam relatum est, regis manibus sese militaturum committit, fidemque spondet, ac sacramento firmat.

* de, io *ex conject*.
** rolus, eratur ab, berto *ex conject*.
(*a*) rex a tergo sauciatus 1.
(*b*) modica exorta est 1.

rencontre. Ils n'osèrent l'attendre, et, forcés de fuir en même temps que, serrés de près par l'ennemi, ils se retirèrent dans un bois, pensant y être en sûreté. Raoul les enveloppe de son armée et celle-ci les pressait vivement; tout-à-coup, une nuit, ils se précipitent sur le camp du roi; mais, enfermés de toutes parts, ils succombent à leur triste sort, laissant, dit-on, huit mille d'entre eux sur la place (1). Dans le tumulte Raoul avait été blessé entre les épaules, et l'illustre comte Hildegaud tué, ainsi que quelques autres guerriers moins marquants. La victoire assurée, le roi revint à Laon.

LII. — *Eclipse de lune* (927).

On vit alors la lune en son quatorzième jour s'éclipser par suite de l'interposition de la terre. On aperçut aussi à Reims des armées de feu dans le ciel. A la suite de ces présages, survint une maladie mêlée de toux et de fièvre, dont moururent quelques personnes; puis il s'éleva entre le roi et Héribert, qui retenait Charles en prison, une contestation sérieuse, parce que Héribert demandait trop au roi, et que celui-ci se refusait à satisfaire son insatiable avidité (2).

LIII. — *Héribert rend Charles à la liberté.*

Héribert, pour effrayer le roi, tira donc Charles de sa prison et le conduisit dans le Vermandois (3) : ce n'était pas qu'il voulût, en fidèle sujet, le rétablir sur le trône; mais il pensait par là inspirer quelques craintes à ceux dont il se défiait. Il convoqua les Normands à Eu, et là le fils de Rollon (4), de ce pirate dont nous venons de raconter la triste fin, jura entre les mains du roi de le servir avec fidélité.

(*c*) Karolum 1.

---

(1) « *Il périt, dit-on*, 1100 *Normands* (Flod.). » Ceci est bien plus admissible. « *On se battit à la lueur de l'incendie de quelques cabanes* (*id.*). » Voilà une circonstance que Richer a bien eu tort de négliger : c'est tout un tableau.

(2) « La division se mit entre eux au sujet du comté de Laon, qu'Héri-
» bert demandait pour son fils Odon (Eudes), et que le roi avait donné à
» Roger, un des fils du comte Roger (Flod, *Chron.*). »

(3) C'est-à-dire à Péronne (V. ci-dessus, c. 47, *note.*).

(4) Guillaume-Longue-Epée.

LIV. — Sententia * papæ in * Rodulfum * petita, ab Heriberto *. rejecta *.

Exinde Heribertus Rodulfo regi invidens, admodum insidiabatur. Unde et cum Karolo Remos deveniens, pro eo Romam legatos dirigit, ac Johanni papæ epistolam mittit, per quam significabat, contra Karolum nec sese conjurasse, nec conjurationis conscium fuisse, conjuratis tantum invitum cessisse; unde et se velle plurimum, ut Karolus regno restituatur, qui innocens sine causa abjectus sit; nec solum se in hac esse sententia, at optimorum quosque (*a*) præter hos qui donis multiplicibus corrupti sint (*b*). Quapropter et ipse auctoritate apostolica regno restitui regem abjectum jubeat; quicumque ejus præcepto refragari nisus fuerit, anathemate perpetuæ maledictionis condempnet; ac pro hac re episcopis atque principibus Galliarum et Germaniæ epistolam dirigat, continentem et bonorum benedictionem et contradictorum maledictionem. Legati ergo Romam properant negotium (*c*) peracturi, sed consumpto itineris labore, nihil mandatorum peragunt. Namque a præfecto captus papa, eo quod a se plurimum dissideret, ab eo carcerali custodia detinebatur. Unde et sine legationis effectu digressi, in Gallias remearunt. Heribertus vero ad alia sese conferens, apud Hugonem (*d*) Rotberti filium de fide inter sese habenda adeo satagebat. Quem et suasionibus efficaciter allicuit, ac fide pacti sibi annexuit. Hugonis itaque efficatia persuasus, ad Rodulfum redit, eique reconciliatus aliquandiu hesit. Cujus in multa gratia susceptus, ut se fidelitatis exsecutorem monstraret, Karolum mox Peronæ in carcerem retrusit.

* ntem, papæ in, dulfum, Heriberto reje *ex conject.*
(*a*) nonnullos I.
(*b*) s̄t *codex.*
(*c*) negiū *deletum.*
(*d*) H. *codex.*

LIV. — *Héribert demande au pape une sentence contre Raoul, et prend ensuite un autre parti* (928).

Ensuite Héribert, qui poursuivait toujours le roi Raoul de son inimitié, et qui ne cessait de lui tendre des pièges, vient à Reims avec Charles, et, en faveur de ce prince, envoie des députés à Rome avec une lettre pour le pape Jean (1), où il lui disait qu'il n'avait ni conspiré contre Charles, ni trempé dans la conspiration, et que c'était bien malgré lui qu'il avait cédé aux conjurés. Aussi désirait-il vivement que Charles remontât sur le trône, dont on l'avait renversé sans motif légitime; et ce vœu n'était pas seulement le sien, c'était aussi celui de tous les honnêtes gens qui ne s'étaient point laissés corrompre par de nombreux présents. C'est pourquoi il priait le pape d'ordonner de son autorité apostolique le rétablissement de Charles, de frapper de l'anathème d'une éternelle malédiction quiconque tenterait de combattre son décret, et d'envoyer à ce sujet aux évêques et aux princes des Gaules et de la Germanie une lettre pleine de bénédictions pour les bons et de malédictions pour les opposants. Les députés se rendent en toute hâte à Rome pour y remplir cette mission; mais c'est en vain qu'ils ont fait ce pénible voyage; ils ne peuvent remplir leur mandat; car le préfet de Rome (2), qui ne pouvait s'entendre avec le pape, s'était emparé de sa personne et le retenait en prison; ils se retirent donc sans avoir rien fait et reviennent en Gaule. Héribert, formant alors un autre plan, travailla à s'attacher Hugues, fils de Robert. Il y parvint à force de caresses, et une alliance fut jurée entre eux. Cédant alors à l'influence de Hugues, il se rapprocha de Raoul, se réconcilia avec lui, et lui demeura quelque temps attaché (3). Comblé de faveurs par ce prince, et voulant lui donner un gage de sa fidélité, il ramena bientôt Charles à sa prison de Péronne (4).

---

(1) Jean X.
(2) Il s'agit de Gui, marquis de Toscane, frère de Hugues, roi d'Italie.
(3) Il venait d'en obtenir enfin la ville de Laon (*Flod.*).
(4) V. ci-dessus, p. 84, n. 1.

LV. — Heribertus * a rege * Remense * episcopium accepit *.

Unde et ab rege donari petens, episcopium Remense sub optentu filii sui adhuc pueri, ab eo accepit. Nam et tunc hac vita divæ (a) memoriæ Seulfus metropolitanus decesserat. At quia ætas tenerior puerum sacris officiis prohibebat, Odelrico cuidam, ab Aquensi episcopio pyratarum insectatione pulso, pro eo ministrare concessum est. Cui etiam abbatiam Sancti Timothei martiris ad usus proprios attribuit, et insuper canonicorum victum simul impertivit. Rodulfus interea rex quanta foret æquitas suæ vitæ demonstrare cupiens, ad Karolum ubi servabatur accessit. Apud quem multa de ejus miseriis conquestus, sermone multiplici si offenderat suppliciter veniam postulabat. Et quoniam suscepti regiminis apicem penitus amittere non valebat, quod ratio conferebat ei restituit, sedes videlicet regias, hoc est Attiniacum et Pontionem; sicque Suessionum remeavit.

LVI. — Karoli obitus.

Karolus post hæc tedio et angore deficiens, in machronosiam decidit; humoribusque noxiis vexatus, post multum languorem vita privatus est. Rodulfus vero rex, pyratas Galliam Aquitanicam irrupisse per legatos comperiens, eamque hostiliter debacchantes infestasse, vim inferre cogitabat.

LVII. — Regis ** ac pyratarum ** conflictio, ** eorumque ** fusio.

Edicto ergo regio, omnibus qui de militari ordine valebant accitis ex Gallia Celtica, cum multis Belgarum, duodecim cohortes ordinat. Cum quibus iter arripiens, usque

---

* Her, a r, mense, acc *ex conject.*
** R, pyra, flic, que f *ex conject.*
(a) piæ 1. d. 2.

---

(1) Flodoard le nomme *Odalric.*

LV. — *Le roi donne à Héribert l'évêché de Reims pour son fils.*

C'est alors qu'il demanda au roi et qu'il en obtint l'évêché de Reims sous le nom de son fils encore enfant. Car l'archevêque Seulf de sainte mémoire n'était plus ; et, comme l'enfant était trop jeune encore pour célébrer les saints offices, on chargea d'administrer pour lui le diocèse un certain Odelric (1), que les incursions des pirates avaient contraint d'abandonner le siège d'Acqs (2), et auquel on donna, pour ses besoins personnels, l'abbaye de Saint-Timothée, martyr, avec la prébende canoniale. Cependant Raoul jaloux de montrer toute sa modération, alla trouver Charles dans sa prison (3) ; il s'apitoya sur ses infortunes, et le sollicita humblement de lui pardonner les offenses qu'il pouvait avoir commises envers lui. Et comme il ne pouvait pas entièrement renoncer au pouvoir qu'il avait accepté, il lui rendit ce que permettait la raison, c'est-à-dire les résidences royales d'Attigny et de Ponthion (4) ; après quoi il revint à Soissons.

LVI. — *Mort de Charles* (929).

Mais bientôt Charles, accablé de chagrin et d'ennui, tomba dans une maladie de langueur, et, après avoir longtemps souffert de la malignité des humeurs, quitta cette vie (5). Pour Raoul, ayant appris que les pirates avaient envahi l'Aquitaine et qu'ils la ravageaient furieusement, il se mit en mesure de les châtier.

LVII. — *Le roi combat et défait les pirates* (930).

Par un édit, le roi convoqua tous les hommes d'armes valides de la Gaule Celtique et un grand nombre de Belges ; il en forma douze cohortes, et, s'étant mis en marche avec elles, il s'avança jusqu'à Limoges,

---

(2) L'église d'Acqs était alors, comme toutes celles de la Gascogne, désolée par les *Sarrasins* d'Espagne (Flod., IV, 22).

(3) A Reims, dit Flodoard, qui fait d'ailleurs mourir l'infortuné prince à Péronne.

(4) Ponthion sur l'Ornain, près Vitry-le-Brûlé, en Perthois. Flodoard ne parle que d'Attigny. — De quel profit cette restitution pouvait-elle être à Charles toujours captif ?

(5) Il mourut à Péronne, le 7 Octobre 929.

Lemovicas procedit. Ibique legionibus dispositis, cum pyratæ regium equitatum non sustinentes, profugio eripi niterentur, ab Aquitanorum legione repulsi sunt. Rex vero cum cohortibus prosecutus, gravi cede pene omnes fudit, paucis fuga lapsis. Suorum vero nonnulli sauciati, ex vulnere convaluere ; aliqui etiam interfecti. Itaque factum est ut Aquitani, gratias regi reddentes, multa ei benivolentia subdi voluerint, ac jure sacramenti in fidem firmissimam concesserint. Quibus utiliter patratis, rex exercitum reduxit, procinctumque solvit.

LVIII. — Heriberti et * Hugonis dissensio.

Dum hæc gererentur, inter Hugonem (*a*) et Heribertum de prælaturæ dignitate lites agitantur; efferatique sese prædis et incendiis graviter afficiunt. Rex in Heribertum indignans, eo quod perfidiæ promtum esse cognosceret, Hugonis (*b*) partibus (*b*) stabat (*b*), unde (*b*) et Heriberti (*b*) oppidum (*c*) Donincum nomine, Hugone ascito, aggressus expugnat, ac captum diruit. Nec minus et Atrabatum obsidione adhibita cepit, civesque victos ac juratos sibi annexuit. Rex inde digressus, cum quietum sese arbitraretur, Heribertus, Germanis qui Rheni litora incolunt eductis, in regem fertur, ac execrabili furore incendia rapinasque exercuit. Insuper et Hugonis oppidum quod secus torrentem Vitulam situm Braina dicitur, occupat, capit ac diruit.

LIX. — Heriberti præparatio ** contra ** regem.

Hujus vero contumeliæ causam rex se constituisse intelligens, ejus potentiam minuere quærebat. Remensibus ergo civibus legatos mittit, ac ut pontificem eligant præcipit. Quod etiam ni faciant, alium præter eorum velle, eis sese

---

* Heriberti et *ex conject*.

** Heriberti præpa, contra *ex conject*.

(*a*) H^rm *cod*.

où il rangea ses légions en bataille. Les pirates ne purent soutenir le choc de la cavalerie royale, et ils cherchaient à lui échapper par la fuite; mais la légion des Aquitains les arrêta, et le roi, survenant avec ses cohortes, les tailla tous en pièces, à l'exception d'un petit nombre qui parvinrent à s'enfuir. Raoul perdit de son côté quelques hommes, et eut plusieurs blessés qui guérirent. Reconnaissants du service qu'il venait de leur rendre, les Aquitains se soumirent avec empressement au roi et lui jurèrent une inviolable fidélité. Cette expédition, heureusement terminée, le roi ramena son armée et la licencia.

LVIII. — *Des dissentions éclatent entre Héribert et Hugues* (931).

Sur ces entrefaites, une contestation vint à s'élever entre Hugues et Héribert, sur une question de suzeraineté (1), et ils s'emportèrent l'un contre l'autre jusqu'à se poursuivre par le pillage et l'incendie. Le roi qui connaissait le penchant d'Héribert à la trahison, prit parti pour Hugues, vint assiéger avec celui-ci une place de son adversaire, nommée Doulens, la prit et la rasa. Il assiégea également Arras, la prit et s'en attacha par les liens du serment les habitants vaincus. Le roi pensait après cela goûter quelque repos, quand Héribert appelle les Germains (2) des bords du Rhin et marche avec eux contre Raoul, brûlant, ravageant tout sur son passage avec une exécrable fureur. Il s'empare d'une place de Hugues, nommée Braine, qui se trouve sur le torrent de la Vesle (3) et la détruit.

LIX. — *Préparatifs d'Héribert contre le roi.*

Le roi, songeant qu'il s'était justement attiré cet affront (4), travailla à affaiblir la puissance d'Héribert et envoya des députés aux citoyens de Reims, pour leur ordonner d'élire un évêque, leur

(b) Hugonis, pa, stab, un, He *ex conject.*

(c) castrum 1.

---

(1) « A cause de l'hommage fait à Héribert par Hilduin et Arnauld » vassaux de Hugues, et à Hugues par Herluin, vassal de Héribert (Flod., *Chron.* ann. 930, et *Hist.* IV, 23). » — M. G. traduit : « *Il s'éleva entre Hugues et Héribert des rivalités qui produisirent des dissentions.* »

(2) Richer veut dire les Lorrains de Gislebert (Flod.).

(3) On est étonné de voir un moine de l'abbaye de Saint-Remi transformer en torrent ce modeste affluent de l'Aisne.

(4) *Suppl.* : par la faiblesse avec laquelle il avait jusque-là cédé aux exigences d'Héribert, et contribué à agrandir sa puissance.

impositurum mandat. At cives, regiæ legationis mandatum excipientes, quid ipsi inde velint ac sentiant, per suos legatos referunt; sese, videlicet regio jussu, Heriberti filium licet adhuc puerum suscepisse, atque pontificem elegisse, inde etiam fidem ei jam accommodasse ; quapropter inpossibile esse ut, fide inviolata, ab eo sic deficere possint. Rex partibus Heriberti cives favere intelligens, collecto exercitu, urbem repentinus aggreditur ; ingredique prohibitus, obsidionem applicat, ac urbanos resistentes fervidus adurget. Qui multa expugnatione vexati, tercia tandem ebdomada portas victi et supplices aperuere.

LX. — Oratio Rodulfi regis ad * cives Remenses * pro se suasoria * .

Ingressusque urbem rex, post nonnulla disposita, collato cum suis consilio cives accersit (*a*). Coramque sic contionatus ait : « Quantum, inquiens, cædis, quantum
» etiam rapinarum, res publica (*b*) factione malorum
» nuper passa sit, optime, ut puto, nostis. Non enim fieri
» potuit ut, tot malis ubique grassantibus, intacti penitusque
» immunes relinqueremini. Nam cum vestra
» necessaria sepe direpta, sepe combusta sint, eorum
» calamitatem tolerastis. Et non solum publica exterius,
» at hic privata bona intrinsecus a sevissimo exactore
» Heriberto cotidie imminuuntur. Unde et vobis consulendum
» arbitror, ut pastorem vobis commodum conibentia
» communi eligatis, cum ille tiranni filius adhuc infantulus,
» vobis idoneus non sit, ac canonica auctoritas
» vacare æcclesiam pastore tanto tempore non permittat.
» Nec dedecoris quicquam in vos redundabit, cum militari
» violentia victos et captos, alia sequi necessitas vos adurgeat.
» Nec vos fateor tantum, quantum ego in hoc
» negotio oberravi. Itaque fecisse me penitet. Peniteat et
» vos vestrarum rerum dispendium peregisse. Reducite in

* d, scs, ria *ex conject.*

signifiant que, s'ils ne le faisaient, il leur en imposerait un malgré eux. Mais les Rémois répondent aux ordres de Robert, en lui transmettant à leur tour, par des députés, l'expression de leur sentiment et de leur volonté : « C'est sur l'ordre exprès du roi, lui disent-ils, qu'ils ont accueilli et choisi pour évêque le fils d'Hé-
» ribert, malgré sa grande jeunesse, et qu'ils lui ont juré fidélité;
» il leur serait donc maintenant impossible de l'abandonner sans
» violer leur serment. » Le roi, voyant qu'ils étaient attachés à Héribert, lève une armée, se présente tout-à-coup devant la ville ; et, comme on refuse de l'y recevoir, il l'assiége et la presse vivement. Enfin, fatigués des nombreux assauts qu'il livre à leurs remparts, les habitants se reconnaissent vaincus et lui ouvrent humblement leurs portes.

LX. — *Discours du roi Raoul aux bourgeois de Reims pour les gagner à sa cause.*

Raoul entre dans la ville, y prend quelques dispositions, puis, après avoir tenu conseil avec les siens, convoque les Rémois et leur parle ainsi : « Ce qu'en ces derniers temps les factieux ont
» fait de mal au royaume, en le livrant au meurtre et au pillage,
» vous le savez très bien, je pense, car vous n'avez pu échapper
» seuls aux ravages d'un fléau qui désolait tout le pays ; vous avez
» souvent vu saccager, livrer aux flammes les choses nécessaires à
» votre existence, vous avez donc aussi connu le malheur. Et non
» seulement les intérêts de votre cité sont compromis au dehors,
» mais ici même vos fortunes privées sont ruinées tous les jours par
» Héribert, le plus cruel des ravisseurs. Aussi me paraît-il que
» vous devez aviser à vous choisir d'un commun accord un prélat
» qui puisse vous défendre, puisque le fils du tyran est encore trop
» jeune pour vous être utile, et que les décrets canoniques ne
» souffrent pas qu'une église demeure si longtemps sans pasteur.
» Il n'en rejaillira, d'ailleurs, sur vous aucun déshonneur : vous
» êtes des vaincus, des captifs contraints par la violence des armes
» de vous plier au sentiment d'autrui ; et puis, si quelqu'un
» s'est trompé dans cette affaire, je l'avoue, c'est moi-même beau-
» coup plus que vous ; aussi je regrette d'y avoir contribué ; regret-
» tez également la perte de vos biens ; repassez dans votre esprit

(a) evocat 1.
(b) r. p. cod.

» mentem, quanta vos calamitas affecerit. Considerate
» etiam, quanto secundarum rerum successu provehi
» possitis, si bono pastore regamini.

LXI. — Electio Artoldi *.

Cives ab rege suasi, jussis regiis concedunt. Artoldus itaque monachus, rege jubente, ex cœnobio Sancti Remigii omnium consensu mox assumptus, per impositionem manuum episcoporum, tempore constituto, regali donatione consecratur episcopus. Qui prudenter ac strenue omnia gerens, satis suis profuit, atque ex benefactis, omnium et maxime suorum benivolentiam habuit.

LXII. — Captio Bovonis ** Catalaunici ** episcopi Laudunique ** castri **.

Quæ dum gererentur, Bovo Catalaunensium episcopus, fortuita peragratione a regiis stipatoribus captus, eo quod et ipse desertor ab rege defecerat, regi oblatus est. Qui apud regem, prodentibus sui facti consciis, convictus (a), ergastulo mancipatur. Quo peracto, a pernicie Heriberti non desistens, Hugone ascito, cum octo milibus Laudunum appetit. Ubi cum Heribertus multa obsidione urgeretur, egrediendi locum ab rege postulat, eo quod copias militum ciborumque sufficientes non haberet. Quo ab rege obtento, cum suis ab urbe exivit; uxorem in arce quam exstruxerat relinquens, cum copiis sese subventurum in proximo ratus. Rex vacuam urbem ingressus, dolosque penitus advertens, arcem diuturna expugnatione vexat, eamque circumquaque vallat, ac omnem egrediendi aditum obcludit, pugnam diutina congressione adhibens. At tanto certamine vires resistentium impares, armis depositis cedunt, ac pro vita supplicant. Tiranni vero uxor simul

---

* i *absc.*
** bo, uni, Lau, castri *ex conject.*
(a) rationabiliter convictus 1.

» toute l'étendue des maux qui vous ont affligés, et considérez la
» haute prospérité à laquelle vous pourriez parvenir sous l'admi-
» nistration d'un habile pasteur. »

LXI. — *Election d'Artauld.*

Les Rémois, persuadés, se soumettent aux ordres du roi, et bientôt le moine Artauld, qu'il désigne à leurs suffrages, après avoir été, du consentement de tous, tiré du monastère de Saint-Remi, est consacré évêque, par l'imposition des mains des évêques. Ce fut un prélat plein de prudence et d'activité dans la conduite des affaires ; il se montra dévoué aux intérêts de son diocèse, et sa bienfaisance le fit aimer de tout le monde et surtout des siens (1).

LXII. — *Captivité de Bovon, évêque de Châlons. Prise du château de Laon.*

Sur ces entrefaites, Bovon, évêque de Châlons, fut surpris dans un voyage par des gens du roi, et amené par eux devant Raoul, comme ayant déserté sa cause. Convaincu par le témoignage de ses propres complices, il fut mis en prison (2) ; après quoi, le roi, acharné à la perte d'Héribert, prit Hugues avec lui et marcha sur Laon, à la tête de huit mille hommes. Vivement pressé par ses armes, Héribert demande au roi la permission de sortir de la ville, car il manquait de soldats et de vivres ; il l'obtient et quitte la place avec les siens ; mais il laissait sa femme dans la citadelle qu'il avait construite, et pensait revenir bientôt avec des troupes. La ville abandonnée, Raoul y entre, et, devinant la ruse, il cerne étroitement la citadelle, en ferme toutes les issues, de manière à ne laisser aucun moyen d'en sortir, l'attaque vivement et lui donne de continuels assauts. Les forces des assiégés sont impuissantes à soutenir une telle lutte ; ils déposent les armes et demandent humblement la vie. La femme du tyran, qui a partagé leur défaite, se rend avec les siens auprès du roi pour l'implorer en sa faveur, et, lui remettant la

---

(1) Il fut chancelier de Louis-d'Outremer et de Lothaire, et mourut en 961. Nous avons de lui, sur son grand procès avec Hugues, un mémoire fort intéressant, que Flodoard a inséré dans son *Histoire de l'Eglise de Reims*, IV, 35.

(2) Il avait été livré à Hugues par le roi. Mais, l'année suivante, Raoul, de concert avec Hugues, le réintégra dans son évêché (Flod., ann. 932).

victa, pro se petitura, ad regem cum suis properat, arcem reddens, ac egrediendi tantum locum petens. Rex vero feminam retinere dedignans, cum suis digredi permisit, ac arcem exinde cum urbe obtinuit.

LXIII. — Interfectio * Adelelmi comitis * a quodam clerico * episcopium Noviomense * expetente * seducti *.

Ubi postquam urbi tuendæ necessaria ordinavit (*a*), de episcopio etiam Noviomensi cui esset dandum deliberabat, cum tunc Ayrardus episcopus obisset. Nam Walbertus Corbeiensium abbas ei succedere petebatur, vir strenuus ac liberalis, et cui totius honesti decus admodum placuit. Nec minus et prædictæ urbis quidam clericus ab rege sese fieri successorem postulabat, vir barbarus, manu atque audatia nimius, et cui solitum erat rerum alienarum surreptionibus lætari. Hic ab rege civibusque abjectus, cor ad dolos convertit. Adelelmum itaque Atrabatensium comitem, cujus casus merorem multis incussit, seducturus petit, ejus auxilium suppliciter petens, ac suum (*b*) pollicens, sese ab rege contemptum penitus supprimens : « Si, inquit, per te episcopatus dignitate potiar, per me » efficaciter comitatus honorem consequeris. Quod etiam » sic fieri valebit, si nocturnus urbis muros conscendas, » et, me interius procurante, tuos introducas. Ego etiam » cum pluribus adero; collectique in agmine, urbem » pervademus. Itaque fiet ut cives aut capiamus, aut » propulsemus. » Horum Adelelmus credulus, dictis suadentis favet. Scelus ergo attemptaturus, urbem nocturnus cum ingentibus copiis petit. Clericus nulli in urbe male credulus, facinus patrandum in loco opperiebatur. Quo Adelelmus accedens, ab eo cum suis exceptus est; densatique in unum tubis ac clamore, atque armorum strepitu, in noctis caligine urbem exturbant. Unde cives excitati, cum sese dolo pervasos advertissent, fuga ab hostibus

* ctio, comi, cleri, vio, peten, ti (to *Pertz. edit.*) *ex conject.*

citadelle, ne sollicite que la permission de se retirer. Le roi dédaigne de retenir une femme, lui permet de s'en aller avec les siens, et prend possession de la citadelle (1), comme il avait fait de la ville.

LXIII. — *Mort du comte Adelelme, séduit par un clerc qui aspirait à l'évêché de Noyon* (932).

Après avoir pourvu à la défense de la place, Raoul examine à qui pourrait être donné l'évêché de Noyon ; car l'évêque Ayrard était mort, et, tandis qu'on demandait, pour lui succéder, Walbert, abbé de Corbie, homme instruit, zélé et fort ami de la vertu, le poste était recherché par un clerc de Noyon, grossier, entreprenant, batailleur et qui se plaisait à usurper le bien d'autrui. Ecarté par le roi et les habitants, celui-ci ne songea plus qu'à recourir à l'intrigue. Il alla trouver Adelelme, comte d'Arras, dont le malheur affligea tant de personnes, et lui demanda humblement son appui ; il lui promettait le sien en retour, et, lui cachant avec soin qu'il eût été rejeté par le roi : « Si vous parvenez, » lui disait-il, « à
» m'assurer les honneurs de l'épiscopat, je vous affermirai dans la
» possession de votre comté. Vous pourriez facilement réussir, en
» escaladant, pendant la nuit, les murs de la ville, et en vous y in-
» troduisant avec mon aide. Je me tiendrais prêt à l'intérieur avec
» une bonne troupe, et, nos forces réunies, nous nous répandrions
» dans la ville. De cette manière, les habitants seraient pris ou
» chassés. » Le trop crédule Adelelme accueille favorablement les propositions du clerc. Il marche donc sur la ville pendant la nuit avec des forces considérables, afin de consommer le crime. Le clerc, dont personne ne se défiait à Noyon, en attendait l'exécution sur un point convenu, et, quand Adelelme se présente, il le reçoit avec les siens. Tous ensemble aussitôt, par leurs cris, le bruit de leurs armes et des trompettes au milieu de l'obscurité de la nuit, jettent le trouble dans la ville. Réveillés par le tumulte, les citoyens reconnaissent qu'ils sont les victimes d'un guet-à-pens, et se dérobent, par la fuite, aux poursuites des ennemis qui, se

---

(*a*) Ubi cum rex urbi tuendæ necessaria ordinaret, ac in prædicti tiranni labem alia apud Hugonem disponeret, ac de episcopio e. N. e. e. d. deliberaret, *etc*. 1.   (*b*) p. illi etiam s. p. 1.

---

(1) Il semble qu'Héribert l'ait recouvrée peu de temps après (V. ci-dessous, II, 9 et 10).

erepti sunt. Nullus captus, eo quod hostes in unum juncti, per urbem dispergi formidaverint : unde et omnibus profugium patuit. Cives itaque abducti, a vicinis arma ac reliquas suppecias accipiunt, et die quinta magnanimes in urbem feruntur. Suburbani etiam feliciter subveniunt. Pugnam ergo promptissime adhibent ; Adelelmus vero clericusque cum suis acerrime renituntur. At vulgus qui in urbe remanserat, eisque fidem sacramento fecerat, fidem abrumpit, ac a tergo duriter eos cedit. Facti autem hostium medii, in æcclesiam fugere coacti sunt. Urbani vero ab interioribus recepti, Adelelmum ac clericum persequi non desistebant ; portisque æcclesiæ concisis, hostes appetunt, ac secus altare utrosque cum pluribus aliis crudeliter trucidaverunt ; urbemque possidentes, sua recepere. Quibus patratis, ac legali repurgio æcclesia emundata, Walbertus, Corbeiensis monachus et abbas, ab rege donatus, per metropolitanum Artoldum Noviomensium consecratur episcopus.

LXIV. — Aquitaniæ * atque Vasconiæ * principes * regi Rotberto militaturi * occurrunt *.

Interea Gothorum principes Ragenmundus et Ermingaudus super Ligerim fluvium regi obvenienti militatum occurrunt, ejusque manibus suas inserunt ; militiam spondent, ac inde fidem prout rex jubet concedunt. Rex inde digressus, in Aquitaniæ exteriora se contulit. Quo etiam et Lupus Acinarius Vasco, qui equum ferebatur habere annorum plus quam centum et adhuc toto corpore validissimum, regi militaturus occurrit, ac provinciæ procuratione reddita, rex liberaliter reddidit, atque a se principari concessit.

LXV. — Turma malorum ** prodigia.

Hac quoque tempestate, igneæ Remis in cælo acies visæ, et flammæ sanguineæ, quasi jacula aut serpentes,

---

* Aquitaniæ, co, pe, m, oc *ex conject.*
** lo *abscis.*

tenant serrés, craignaient de se disperser dans les rues. Aussi pas un ne fut pris, tous purent échapper. Ils obtiennent de leurs voisins des armes et d'autres secours, et, au bout de cinq jours, ils se portent courageusement sur la ville. Les faubourgs leur viennent heureusement en aide, et le combat s'engage avec vigueur. Adelelme et le clerc luttent avec opiniâtreté. Mais le peuple, qui était demeuré dans la place, et qui leur avait juré fidélité, rompant son serment, les attaque rudement par derrière. Ainsi placés entre deux corps ennemis, ils durent se retirer en désordre dans l'église. Cependant les citoyens à qui ceux du dedans avaient ouvert les portes de Noyon, pressaient sans relâche leurs adversaires; ils brisent les portes de l'église, se jettent sur l'ennemi, égorgent cruellement au pied de l'autel Adelelme et le clerc avec un grand nombre des leurs, et, ainsi demeurés maîtres de la ville, ils rentrent en possession de leurs biens. Cela fait, et l'église purifiée selon l'usage, Walbert, moine et abbé de Corbie, présenté par le roi, fut consacré évêque de Noyon par le métropolitain Artauld.

LXIV. — *Les princes d'Aquitaine et de Gascogne viennent offrir leurs services au roi Raoul* (1).

Raoul s'étant alors rendu sur la Loire, les princes des Goths, Raymond et Ermingaud (2) vinrent à lui, et mettant leurs mains dans les siennes, ils lui promirent de le servir de leur épée, et lui jurèrent fidélité dans les termes qu'il leur dicta. Après quoi le roi s'éloigna de la frontière de l'Aquitaine. Là aussi était accouru, pour lui rendre hommage, le gascon Louis Acinaire, qui avait, disait-on, un cheval âgé de plus de cent ans et encore très-sain et très-vigoureux. Il se démit entre les mains de Raoul de l'administration de sa province, et le roi la lui rendit généreusement, voulant qu'il tînt de lui son autorité.

LXV. — *Présages funestes* [934 (3)].

On vit à Reims, en ce temps là, des armées de feu dans le ciel, et, comme des traits ou des serpents, des flammes de sang sillon-

(1) *Rotberto*, dit le texte latin; mais c'est une faute évidente.
(2) Raymond, comte de Toulouse, et Ermingaud, comte de Rodez.
(3) Richer, comme pressé de finir son premier livre, se tait sur les événements des années 933-936, où domine la querelle de Hugues et d'Héribert, et pour lesquels nous renvoyons à la Chronique de Flodoard.

discurrere. Mox quoque subiit (*a*) et pestis, papulis erysipilatis innumeros enecans. Nec multo post et regis defectus subsecutus. Nam cum autumnali tempore melancolia in patientibus redundaret, cacocexia, quod Latini malam corporis habitudinem dicunt, toto autumno detentus est. Victusque humoris superfluitate, defecit, hominemque exivit. In basilica Sanctæ Columbæ virginis apud Senonas multa amicorum attritione, suorumque obsequio tumulatur. De regni amministratione nihil disposuit; at primatibus eam reliquit, eo quod filios non habuerit, qui regnorum rerum potirentur.

(*a*) subsecuta est 1.

ner les airs. Bientôt après, sous la forme de pustules érysipélateuses, éclata la peste, qui enleva un nombre infini de personnes. Le roi ne tarda pas non plus à mourir. Car, alors que l'arrière-saison aggravait l'état des malades [935] (1), il fut atteint d'une cachexie, ce qui équivaut à dire chez les Latins une mauvaise disposition du corps, laquelle ne le quitta pas de tout l'automne, et il finit par succomber à l'excès des humeurs (2). On l'enterra à Sens, dans la basilique de Sainte-Colombe, au milieu de la vive affliction de ses amis et de l'empressement respectueux de ses serviteurs. Il n'avait pris aucune disposition touchant le gouvernement du royaume ; mais il l'avait laissé aux grands, n'ayant point eu de fils qui pussent prendre en mains les rênes de l'Etat.

(1) M. G. : « Car une affection hypocondriaque s'étant au printemps emparée des malades. »

(2) Le 14 Janvier 936. Un peu plus d'un an avant lui était morte la reine Emma, femme d'un grand caractère, et, la même année que lui, le 2 Juillet, Henri-l'Oiseleur descendait au tombeau.

LIBER SECUNDUS.

I. — Gallorum * deliberatio * de rege * creando *.

Post cujus exequias, principes in diversa ducebantur, finemque petebant varium. Galli namque Celtæ cum Aquitanis, Hugonem Rotberti regis filium, Belgæ vero Ludovicum Karoli sequebantur. Quorum neutri commoditas aderat regnandi, cum Hugo patrem ob insolentiam periisse reminiscebatur, et ob hoc regnare formidaret, et Ludovicus in partibus Anglicæ moraretur, eo quod illuc delatus infans ad avunculum Adelstanum regem fuerit, ob Hugonis et Heriberti insectationem, eo quod ipsi patrem ejus comprehendissent, ac carceri trusissent. Galli itaque in regis promotione liberiores videri laborantes, sub Hugone duce deliberaturi de rege creando collecti sunt.

II. — Oratio Hugonis ** ducis ** ad Gallos ** pro Ludovico **.

Quorum medius dux post multam consultationem ad multam benivolentiam animum intendens, sic prælocutus ait : « Karolo rege miserabili fortuna defuncto, sive id eo
» promerente, sive nostris flagiciis ipsa Divinitate
» indignante, si quid a patribus et nobis ipsis admissum
» est, quo Divinitatis majestas læsa sit, multo conatu
» inprimis id erit abolendum, atque ab oculis amoven-
» dum. Discordiarum itaque molimina absint, et communi
» omnium conibentia de præferendo principe deliberemus.
» Pater meus vestra quondam omnium voluntate rex
» creatus, non sine magno regnavit facinore, cum is cui

* orum, rat, ge, do *ex conject.*
** Hu, cis, os, ovico *ex conj.*

LIVRE SECOND.

I. — *Les Gaulois délibèrent sur le choix d'un roi* (936).

Après ses funérailles, les grands se divisèrent et se tournèrent, les uns d'un côté, les autres d'un autre. Les Gaulois de la Celtique avec les Aquitains s'attachèrent à Hugues, fils du roi Robert, et les Belges à Louis, fils de Charles. Mais aucun de ces deux princes n'était en mesure de ceindre la couronne. Hugues se rappelait que son père s'était perdu par sa présomption, et ce souvenir l'effrayait trop pour lui permettre d'aspirer au trône ; quant à Louis, il résidait en Angleterre (1), à la cour d'Adelstan, son oncle, où on l'avait transporté encore enfant, pour le soustraire aux poursuites de Hugues et d'Héribert, quand ces seigneurs eurent arrêté et emprisonné son père. Les Gaulois, voulant donc paraître libres dans le choix d'un souverain, se réunirent sous la présidence de Hugues lui-même pour s'entendre à ce sujet.

II. — *Discours de Hugues aux Gaulois en faveur de Louis.*

Après y avoir longtemps réfléchi (2), le duc, s'inspirant des sentiments les plus désintéressés, prit la parole en ces termes : « Main-
» tenant que le roi Charles est mort d'une façon malheureuse,
» soit qu'il l'ait mérité, soit que nos crimes aient allumé contre nous
» la colère de Dieu, si nous et nos pères nous avons en effet outragé
» la majesté divine, efforçons-nous tout particulièrement,
» aujourd'hui, de réparer notre faute et d'en effacer la trace.
» Faisons donc taire tous nos dissentiments, et d'un commun
» accord, délibérons sur le choix d'un prince. Porté naguères au
» trône par vos suffrages unanimes, mon père n'en a pas moins
» commis un grand crime en régnant, alors que vivait, et vivait

(1) Avec sa mère Ogive ou Ethgive, sœur du roi Adelstan ou Athelstan.
(2) M. G. : « *Après une longue délibération.* »

» soli jura regnandi debebantur, viveret, et vivens carcere
» clauderetur. Quod credite Deo non acceptum fuisse. Unde
» et absit, ut ego patris loco restituar. Nec vero alieni
» generis quemquam post divæ memoriæ (a) Rodulfum
» arbitror promovendum, cum ejus tempore visum sit,
» quid nunc innasci possit, contemptus videlicet regis, ac
» per hoc principum dissensus. Repetatur ergo interrupta
» paululum regiæ generationis linea, ac Karoli filium
» Ludovicum a transmarinis partibus revocantes, regem
» vobis decenter create. Sicque fiet ut et antiqua nobilitas
» regiæ stirpis servetur, et fautores (b) a querimoniis
» quiescant. Jam quod potius est sequentes, a maritimis
» oris (c) adolescentem revocemus. » Quibus dictis
Gallorum principes mira benivolentia cedunt (d). Dux
itaque legatos oratores trans mare ad accersiendum Ludovicum dirigit, qui ei a duce Galliarum aliisque principibus reditum suadeant, ac de itineris securitate, fidem sacramenti jure faciant, principum adventum usque ad ipsas litoreas arenas denuntient. Qui mox digressi Morinum (e) devenerunt. Cujus in portu naves ingressi, velis tumentibus prosperis ventis, raptim ad terram devexi sunt. Adelstanus rex in urbem quæ dicitur Eurvich, regnorum negotia cum nepote Ludovico apud suos disponebat. Huc legati devenientes, regem adeunt, ac a duce magnatibusque Gallorum decenter salutantur (f).

III.— Legatio * Gallorum * ad Adelstanum * regem pro Ludovico *.

Legationem etiam promulgantes : « Ducis, inquiunt,
» benivolentia, atque omnium qui in Galliis potiores sunt,
» huc per undas ignoti maris devenimus; tanta est omnium

---

* io, rum, anum, dovico *ex conj.*

(a) d. m. *codex, quod* dominum meum *haud esse legendum, caput 3. monstrat.*

(b) multi 1.

(c) horis *codex.*

» enfermé dans une prison, celui à qui seul appartenait le droit de
» régner. Oui, croyez bien que ceci n'a point été agréable à Dieu.
» Aussi, loin de nous la pensée de mettre sur ma tête la couronne
» qu'a portée mon père! Je ne crois pas davantage qu'après Raoul,
» de pieuse mémoire, il faille porter au trône personne de race
» étrangère ; le règne de ce prince a trop bien montré ce que nous
» aurions maintenant à craindre, savoir le mépris du roi, et par
» suite les dissensions des grands. Revenez donc à la ligne un
» instant interrompue de la famille royale, et rappelant d'outre-mer
» le fils de Charles, prenez Louis pour roi. Par là sera conservée
» l'antique noblesse de la race royale, et s'apaiseront les plaintes
» de ses partisans. Arrêtons-nous donc à ce parti, qui est le meil-
» leur, et rappelons de par delà les mers le jeune Louis. » Ces
paroles sont accueillies avec une extrême faveur par les princes
des Gaulois. On envoie donc à Louis des députés (1) pour l'engager, de la part du duc et des autres seigneurs des Gaules, à repasser
les mers, lui garantir par serment la sécurité du voyage et lui
annoncer que les grands viendront le recevoir au port. Ces députés
arrivés à Boulogne s'y embarquent, et le vent favorable qui enfle
leurs voiles, les a bientôt transportés sur la terre anglaise. Le roi
Adelstan était avec sa cour dans une ville du nom d'Eurvich (2), où
il s'occupait avec son neveu Louis des affaires de son royaume.
Les députés s'y rendent, se présentent au roi et lui offrent les
hommages du duc et des grands de la Gaule.

III. — *Ambassade des Gaulois au roi Adelstan, pour en obtenir Louis.*

Exposant ensuite l'objet de leur mission, ils lui dirent : « Les
» bonnes intentions du duc et de tous les grands des Gaules, tant
» ils sont unanimes dans leurs bienveillantes dispositions, nous

(d) c. ac Ludouicum accersiendum conclamant. *deleta.*
(e) Bononiam 1.
(f) salutant c.

(1) On envoya Guillaume, archevêque de Sens (*Chron.* Clar. et Hugon.).
(2) York.

» voluntas, omniumque consensus. Divæ memoriæ (*a*)
» Rodulfo orbi subtracto dux Ludovicum succedere pro-
» curavit, cum id multi inviti concederent, eo quod de
» patris captione filium adeo suspectum haberent. Attamen
» duci elaboranti, id ab omnibus jocundissime concessum
» est. Ludovico ergo omnes bene per omnia optant. Nec
» sibi quicquam majus aut carius est ejus salute. Illum
» itaque omnes reddi petunt, quem in Galliis utiliter
» regnare cupiunt. Tempus constitui volunt, quo regnaturo
» ad ipsa maris litora dux cum principibus occurrat. »
Adelstanus rex, acsi barbaris non satis credens, ab eis
fidem per sacramenta super hoc quærit, et ad votum accipit.
Tempus quoque colloquii habendi statuitur. Legati ab rege
munerati atque digressi, in Gallias mari remenso redeunt,
ab rege gratias duci referentes, ac pro regis creandi advo-
catione multam ejus amicitiam pollicentes. Dux itaque cum
Galliarum principibus domnum regem excepturi, Bononiam veniunt, ac secus ipsas litoreas arenas collecti,
tuguriorum incendio presentiam suam (*b*) iis qui in altero
litore erant ostendebant (*c*). Ibi enim Adelstanus rex cum
regio equitatu nepotem præstolantibus Gallis missurus
aderat. Cujus (*d*) jussu domus aliquot succensæ, sese
advenisse trans positis demonstrabant.

IV. — Hugo * et reliqui Galliarum * principes Ludovicum * ab exilio *
revocant, * ejusque fiunt, eumque regem * creant.

Rex ergo Odonem episcopum (*e*), post Canthorbricen-
sium metropolitanum, Gallis ex adverso positis, legatum
dirigit, magnæ æquitatis ac eloquentiæ virum, Ludovicum
sese libenter missurum mandans, si tanto illum in Galliis
honore proveant, quanto ipse a suis provectus est, cum

* Hu, Gal, L, ab e, ca, eumque *ex conj*.
(*a*) D. M. *cod*.
(*b*) s. etiam iis 1.
(*c*) ostendebat *c*.
(*d*) C. etiam i. 1.

» amènent vers vous à travers les flots d'une mer inconnue.
» Raoul, de bienheureuse mémoire, ayant été ravi au monde, le
» duc a obtenu que Louis lui succédât ; bien des seigneurs hési-
» taient, parce que la captivité du père leur rendait le fils très-
» suspect ; mais, grâces aux efforts du duc, tout le monde a fini par
» donner avec bonheur son consentement. Tout le monde fait donc
» pour Louis les vœux les plus ardents, et la nation n'a rien de plus
» cher ni de plus précieux que son salut. Tous demandent que vous
» leur rendiez celui qu'ils désirent voir régner glorieusement dans
» les Gaules. Ils vous prient instamment de fixer le jour où le duc
» et les princes pourront venir sur le rivage recevoir leur souve-
» rain. » Le roi Adelstan, à qui les étrangers ne semblent pas
inspirer trop de confiance, leur demande le serment en garantie
de leur parole, et ils le satisfont. On arrête aussi le jour où l'entrevue aura lieu. Après quoi les députés quittent le roi, chargés de
ses présents, et, repassant la mer, rentrent dans les Gaules, où ils
apportent au duc les remercîments d'Adelstan et l'assurance de sa
vive amitié pour le zèle avec lequel il a concouru à l'élection de
Louis. Le duc et les princes des Gaules viennent donc à Boulogne
recevoir le roi, et, réunis sur le rivage, ils mettent le feu à des chau-
mières, pour annoncer leur présence à ceux qui se trouvaient sur
la côte opposée. Car le roi Adelstan y était avec la cavalerie
royale, tout prêt à envoyer son neveu aux Gaulois qui l'attendaient.
Par son ordre, quelques maisons incendiées apprennent à ceux-ci
qu'il était arrivé.

IV. — *Hugues et les autres princes des Gaules rappellent Louis de l'exil, et le reconnaissent pour leur roi.*

Le roi envoya donc aux Gaulois l'évêque Eudes, depuis (1) métropolitain de Cantorbéry, homme aussi juste qu'éloquent, pour leur faire savoir qu'il leur donnerait volontiers Louis, s'ils devaient l'honorer autant que l'avaient fait ses propres sujets, car la Gaule ne pouvait moins faire, et s'ils voulaient s'y engager par serment ;

(e) ergo legatum Odonem abbatem 1.

---

(1) M. Guadet fait justement observer que ce fut en 942 qu'il passa de l'évêché de Wilton à celui de Cantorbéry, et non en 933, comme le dit M. Pertz.

illi etiam non minus id facere valeant; idque jurejurando se facturos confirment. Quod si nolint, sese ei daturum suorum aliquod regnorum; quo contentus et suis gaudeat, et alienis non sollicitetur. Dux cum reliquis Galliarum magnatibus id sese facturum asserit, si rex creatus a suis consiliis non absistat; prosecutusque jurisjurandi sacramentum non abnuit. Legatus itaque rediens, regi præstolanti hæc omnia refert. Unde et securus nepotem cum iis qui apud se potiores erant, multa insignium ambitione navibus dirigit. Velisque aura commoda turgentibus pelagus ingressi, per quietum spumantibus remis ad terram feruntur. Firmatis vero tergo arenæ navibus Ludovicus egreditur, ac ducem cum reliquis occurrentibus excipiens, jure sacramenti sibi adcopulat. Dux inde accelerans, equum insignibus regiis adornatum adducit. Quem cum ascensui aptare vellet, et ille impatiens in diversa sese tolleret, Ludovicus agili exilitione prosiliens, equo strepenti neglecta stapha repentinus insedit. Quod etiam fuit omnibus gratum, ac multæ gratulationis provocatio. Cujus arma dux suscipiens, armiger præcedebat, donec jussus (a) magnatibus Galliarum contulit. Quibus militantibus cum multa ambitione et obsequio Laudunum deductus est. Ubi etiam et regnandi jura quindennis accipiens, omnibus faventibus per domnum metropolitanum Artoldum cum episcopis 20 rex creatus est. Inde quoque deductus, in vicinis urbibus gratulanter excipitur. Universi ei applaudunt; omnes letantur : tanta omnium fuit et eadem mens.

V. — Rex * cum duce Burgundiam * petit *, ac urbem Lingonicam * bello repetit * capitque *.

Nec minus et Burgundiam petere, ac urbes sedesque regias lustrare a duce monetur. Rex hortanti consentiens,

---

* Re, B, pe, Li, repet, ca *ex conj.*

(a) i, Heribert o comiti dedit; ille quoque tamdiu armigeravit, donec et ipse jussus Arnulfo comiti redderet. Sic quoque magnatibus 1.

que s'ils s'y refusaient, il lui céderait une partie de ses états, où il régnerait heureux sans envier ceux d'autrui (1). Le duc, ainsi que les autres grands des Gaules, promit de faire ce qu'on lui demandait, si Louis, une fois roi, daignait suivre ses conseils ; il alla plus loin et ne refusa pas le serment. L'ambassadeur s'en retourna donc et rapporta tout cela au roi qui l'attendait. Dès-lors rassuré, Adelstan embarque son neveu avec les plus puissants seigneurs de sa cour, et l'envoie en grande pompe dans la Gaule. Un souffle favorable enfle leurs voiles, et, par une mer paisible, les rames écumeuses les conduisent à terre. Les vaisseaux bien assujettis au rivage, Louis en sort, et, accueillant avec bonté le duc et tous ceux qui étaient présents, il se les attache par le lien du serment. Le duc alors s'empresse de lui amener un cheval caparaçonné aux armes royales, et veut mettre l'animal en position d'être monté ; mais, tandis que celui-ci, impatient, se jette de tous côtés, Louis s'élance, et, sans le secours de l'étrier, d'un bond enfourche le coursier frémissant, aux grands applaudissements de tous les seigneurs, qui le félicitent. Prenant ensuite les armes de Louis, le duc les porte devant lui (2), jusqu'à ce qu'il reçoit l'ordre de les transmettre aux grands de la Gaule, qui se partagent ainsi l'honneur de le servir. Louis fut de la sorte conduit à Laon en grande pompe et grand cortége. Là ce jeune prince de quinze ans (3) est investi du droit de régner, et, à la satisfaction générale, sacré roi par le seigneur métropolitain Artauld, assisté de vingt prélats [19 Juin 936]. De Laon, il alla dans les villes voisines, où il fut reçu triomphalement. Les applaudissements étaient universels (4), ainsi que l'allégresse. Tous les cœurs étaient confondus dans un même sentiment.

V. — *Le roi se rend en Bourgogne avec le duc ; il y prend la ville de Langres.*

Cependant le duc engage le roi à se rendre en Bourgogne et à en visiter les villes et les résidences royales. Louis accueille la pro-

---

(1) M. G. : « ... *où il vivrait content au milieu de ses sujets, sans être importuné de sollicitations étrangères.* »

(2) Voy. III, 85.

(3) M. G. : « *Là quinze seigneurs l'investirent de l'autorité royale.* » On ne s'explique pas une telle erreur, après la façon correcte dont le mot *quindennis* avait été rendu au l. I, c. 12.

(4) M. G. : « *Tout le monde s'applaudissait.* »

Burgundiam duce comitante ingreditur. Ad quem urbium principes benigniter confluentes, magnifice exceperunt, ac rogati fidem jure sacramenti dederunt. Hugo, tantum Rodulfi regis frater, Lingonicam urbem possidens, regi occurrere distulit, qui occurrerunt admodum iratus. Rex, dum per aliquot ebdomadas sua lustraret, inimici invidiam advertit. Proponens itaque ante discessum nullam præterire urbem, legatos Hugoni dirigit, qui a pertinatia eum revocent, ac ei de fide sibi servanda persuadeant. Qui apud eum perorantes, nihil pacis, nihil regii honoris acceperunt. Unde et digressi, audita regi referunt. Hugo præter jus se egisse dinoscens, urbi copias deputat; ipse in partes regni exteriores usque ad tempus secedens. Rex vero pertinaci indignans, exercitum urbi applicat, a parte qua planiciem præfert, pugnam acriter ingerens. Altera enim parte, latere montis educto, pene inaccessibilis est. In parte ergo quæ obsidioni aptior est, milites urbi rex cum duce adhibet. Quibus inpugnantibus hostes vehementissime resistunt, telisque ac lapidibus aerem densant, atque impetentes atterunt. Non tamen usque ad effectum repulsionis perstare potuerunt. Nam regii equitatus infestationem non ferentes, a parte præupta, quæ obsidione non premebatur, nocte egressi aufugerunt. Cives vero qui remanserunt, regi mox portas aperuere, eum cum suis absque refragratione in urbe gratulabundi excipientes. Qua rex potitus, ab ejus episcopo aliisque regni proceribus obsides accepit, atque sic cum duce Parisium iter retorsit.

VI. — Rex ducis * procurationem * a se amovit *.

Rex felicium rerum successu elatus, præter ducis procurationem res suas ordinari posse cogitabat. Unde et rei

* is, ra. m, it *ex conj.*

(1) Ce fils puîné de Richard-le-Justicier est connu sous le nom de *Hugues-le-Noir*. Après avoir, dès 936, disputé la Bourgogne à Gislebert, son beau-frère, que le roi Raoul en avait fait duc, il la partagea, en 938, avec ce prince et Hugues-le-Grand. Langres était donc une possession usurpée à Gislebert, et Flodoard dit avec raison que Hugues-le-Noir

position, et fait son entrée en Bourgogne, accompagné du duc. Les gouverneurs des villes accourent au devant de lui avec empressement, le reçoivent avec magnificence, et, sur l'invitation qui leur en est faite, lui prêtent le serment de fidélité. Le frère seul du roi Raoul, Hugues, qui tenait la ville de Langres (1), refusa de venir à la rencontre de Louis, et se montra fort irrité contre ceux qui le faisaient. Le roi, pendant quelques semaines qu'il mit à parcourir la Bourgogne, remarqua la jalousie de son ennemi, et, ne voulant point quitter le pays qu'il n'en eût visité toutes les villes sans exception, envoya des députés à Hugues pour fléchir sa résistance et lui inspirer des sentiments de fidélité. Mais les députés, malgré leurs instances, ne purent obtenir de lui aucune parole de paix, aucun hommage pour le roi, et revinrent communiquer à celui-ci ce qu'ils avaient entendu. Hugues, de son côté, sentant bien qu'il avait agi contre tout droit, mit des troupes dans la ville, et se retira pour un temps du royaume. Le roi, indigné de l'indocilité de ce vassal, fait approcher des murs son armée, pour engager vivement l'attaque du côté qui s'ouvre sur le plateau ; car l'escarpement de la montagne rend l'autre inaccessible. Louis avec le duc lance donc les soldats contre la ville, du côté le plus propre à un siège. L'ennemi résiste avec vigueur, obscurcit l'air de traits et de pierres, et en accable les assaillants, mais sans pouvoir les repousser. Aussi, désespérant de soutenir la bouillante ardeur de la cavalerie royale, la garnison sort la nuit et s'enfuit de la ville par le côté escarpé (2) que les assiégeants avaient négligé. Les habitants qui étaient restés ouvrirent bientôt leurs portes au roi, et le reçurent, lui et les siens, dans leurs murs avec empressement et bonheur. Le roi, maître de Langres, reçut des ôtages de l'évêque de cette ville, ainsi que des autres grands du royaume, et reprit avec le duc le chemin de Paris.

VI. — *Le roi s'affranchit de la tutelle du duc* (937).

Le roi, enflé du succès de ses affaires, pensa pouvoir s'affranchir de la tutelle du duc et administrer seul le royaume. Il se mit donc

avait pris la ville, *quam ceperat*. Le même chroniqueur nous apprend que cette même année, 938, Louis eut enfin avec lui une conférence, et qu'il se décida à jurer amitié au roi.

(2) M. G. : « *par une brèche.* » — Selon Flodoard, la garnison se serait enfuie tout d'abord, et la ville aurait été prise *sans combat*, *sine bello.*

militaris administrationem absque eo jam disponebat. Laudunum itaque tendit, ibique matrem suam Ethgivam reginam ad urbis custodiam deputat. Ac exinde quæcumque præter ducem adoriebatur. Quod etiam fuit non minimæ (*a*) labis seminarium. Dux etenim regem suæ procurationis dispositionem reppulisse advertens, Heribertum comitem sibi asciscit, plurima apud eum in regis contumeliam pertractans. Amicitiam inter sese mutuam conditionibus utrimque confirmant.

VII. — Heribertus castrum Theodericium dolo capit, ac proditorem in vincula conjicit.

Heribertus itaque Walonem regis fidelem qui castro quod Theoderici dicitur præerat, in dolo adiit, ac de transfugio illum alloquitur. Nec diu moratus, decepto (*b*) persuadet, majora pollicens, ac plura promittens. Ille mox de pollicitis jusjurandum postulat, postulata a sese sic facturum spondens. Tirannus libenter annuit. Nec minus et transfuga juratus, tempus patrando facinori demonstrat. Immo et tiranni manibus sese exinde militaturum committit, ac ex militia fidem accommodat. Quo peracto in sua discedunt. Tempus advenit, Walo simulatis negotiis milites regios qui secum præerant in diversa, acsi regis causam facturos, disponit. Ipse castro evacuato solus cum famulis relinquitur. Nec defuit cum cohorte tirannus. Qui a transfuga susceptus, castrum ingreditur atque occupat. Intuitusque transfugam : « Putasne, inquit, tuæ curæ » oppidum hoc reservandum? » captumque mox in vincula conjicit, suisque castri custodiam donat. Et nocte diei succedente, cæli pars prodigiose flammis erumpentibus in septentrione ardere visa est. Qua etiam mox prosequitur et Hungarorum per Gallias repentina persecutio. Qui nimium sævientes (*c*), municipia aliquot, villasque et

(*a*) fuit magnæ l. 1.
(*b*) pusillanimo 1.
(*c*) s. ob principum dissidentiam 1.

à régler sans lui les opérations militaires, se rendit à Laon et confia à sa mère, la reine Ethgive, la garde de la ville ; puis il cessa de prendre conseil du duc dans toutes ses entreprises. Cette conduite fut la source de bien grands maux. Car le duc, voyant que le roi échappait à sa tutelle, se ligua avec le comte Héribert, dans le dessein de lui faire beaucoup de mal ; et tous deux scellèrent leur amitié par un traité.

VII. — *Héribert s'empare de Château-Thierry par la trahison du commandant, qu'il fait ensuite jeter dans les fers.*

Héribert va donc trouver secrètement Walon, fidèle du roi, qui commandait Château-Thierry, et lui propose d'abandonner le service de ce prince. Le nombre et l'excellence des avantages qu'il fait briller à ses yeux ont bientôt fasciné et entraîné Walon. Il est prêt à faire ce qu'on lui demande, pourvu qu'on lui garantisse par serment ce qu'on lui promet. Le tyran s'empresse d'acquiescer à son désir, et le transfuge rassuré fixe le jour où il consommera son crime. Il va même jusqu'à s'engager à servir Héribert, et à prêter entre ses mains le serment de fidélité. Après quoi, on se sépare. Le temps venu, Walon, imaginant un prétexte, envoie sur divers points la garnison du château, comme pour protéger les intérêts du roi, et reste seul dans la forteresse avec ses serviteurs. Le tyran, qui se tenait prêt avec une cohorte, est alors accueilli par le traître dans la place ; il en prend possession, puis, les yeux fixés sur le transfuge : « Penses-tu donc, lui dit-il, que ce château doive être confié à ta » vigilance ? » Et ce disant, il le fait jeter dans les fers et remet aux siens la garde du château. — La nuit suivante, on vit du côté du nord des feux jaillir et embraser le ciel. Ce prodige (1) fut bientôt suivi d'une invasion des Hongrois (2), qui tombèrent également du nord sur les Gaules, où ils exercèrent d'affreux ravages. Ils pillèrent quelques places (3), désolèrent les villages et les cam-

(1) Ce prodige était probablement une aurore boréale.
(2) C'est la seule fois que Richer parle de ces barbares dont les invasions furent pourtant alors si fréquentes (V. entre autres *Flod.* passim).
(3) Et non *municipes*, comme traduit M. G. *Municipium* et *castrum* étaient deux mots synonymes (V. Rich. 1, 37 *n.* (*a*), 40 *n.* (*d*), et Flod. *Chron.* ann. 944).

agros depopulati sunt; basilicas quoque quamplures combusserunt; ac indempnes redire ob principum dissidentiam permissi sunt, cum magna captivorum multitudine. Rex enim copias non habens, ignominiam pertulit, et utpote a suis desertus, sevientibus cessit.

VIII. — Oppidum Montiniacum rex per cohortem expugnat * ejusque principem * capit.

Quibus digressis rex ad oppidum Montiniacum cohortem mittit, quæ illud occupet, captumque diruat, eo quod Serlus quidam latrocinia exercens, illic receptui sese habebat. Cohors ergo oppidum appetens, latrones impugnat. Nec morata vi capit, comburit, ac subruit. Latronem principem comprehensum dimissis minoribus regi deducit. Qui cum jussu regio gladiatori decollandus traderetur, Artoldi Remorum metropolitani interventu gratiam ab rege obtinuit, ac sese ulterius non latrocinaturum juratus, abire permissus est. His ita gestis, rex in partes Belgicæ mari contiguas concessit, oppidum in ipso maris portu exstruere nisus : cui etiam loco Guiso est nomen. Exceptusque ab Arnulfo regionis illius principe, apud eum de oppidi erectione agebat. Ubi dum in agendo moras faceret, castrum Remensis æcclesiæ nomine Causostem secus fluvium Matronam situm ab Artoldo præsule editum, Heribertus proditione ingreditur ac capit. Castrensesque invadens, eorum potiores abducit. Rura circumquaque depopulatur, ac ingentibus prædis oppidum implet, et cum armis milites ibi deponit, aliorsum ipse secedens.

IX. — Rex Lauduni arcem capit.

Interea regi ab metropolitano per legatos ista suggeruntur. Qui mox cœptum negotium intermittens, suo

* at, em *abscisa*.

(1) Dans le Soissonnais.

pagnes, incendièrent de nombreuses basiliques, et, grâce aux discordes des grands, purent, sans être inquiétés, s'en retourner chez eux avec un grand nombre de captifs. Car le roi, faute de troupes, dut supporter l'insulte, et, abandonné des siens, laisser faire les ravageurs.

VIII. — *Le roi fait attaquer Montigny par une cohorte, et s'empare du commandant de la place* (938).

Quand ils furent partis, Louis envoya une cohorte contre le château de Montigny (1), pour s'en emparer et le ruiner, attendu qu'il servait de retraite à un certain Serle, qui exerçait le brigandage. La cohorte, arrivée devant le château, l'attaque, emporte d'assaut ce repaire de brigands, le brûle et le détruit de fond en comble. Ceux qui le défendaient sont dispersés, et leur chef est pris et conduit au roi ; sur l'ordre du prince, on le livrait à l'exécuteur pour être décapité, quand l'archevêque de Reims, Artauld, intercédant pour lui, obtint sa grâce et sa liberté, sous la condition qu'il jurerait de ne plus se livrer au brigandage. Cela fait, le roi partit pour les contrées maritimes de la Belgique avec le dessein d'élever un château (2) dans le port même de Wissant. Reçu par Arnoulf, seigneur de la province (3), il s'entendit avec lui pour la construction de la forteresse. Tandis que cette affaire le retenait éloigné, Héribert entra par trahison dans un château de l'église de Reims, nommé Causoste (4), que l'archevêque Artauld avait fait construire sur la Marne, et emmena prisonniers les principaux d'entre les habitants. Il ravagea les campagnes d'alentour, remplit la place de butin, et laissant là une garnison, il se porta lui-même sur un autre point.

IX. — *Le roi prend la citadelle de Laon.*

Cependant des courriers de l'archevêque apportent au roi la nouvelle de cet attentat. Aussitôt, laissant là son entreprise, Louis

---

(2) Il ne s'agissait que de le restaurer, *restaurare* (*Flod.*). Ce port, aujourd'hui comblé, est situé dans le Pas-de-Calais.

(3) Arnoulf était comte de Flandre.

(4) Peut-être *La Chaussée*, département de la Marne, arrondissement de Vitry-le-François. — Le traître qui le livra se nommait Witpert (Flod. *Chron.*, et *Hist.* IV, 26).

auxiliaturus regreditur. Milites colligit, ac exercitum parat. Cum quo Laudunum veniens, arcem ab Heriberto nuper ibi exstructam et a suis adhuc detentam obsidet. At qui in arce erant, rebellioni sese parant. Rex ergo circumcirca sagittarios adhibens, missilibus evincere instabat. In quo tumultu hinc inde quam plures sauciati fuere, cum non minus qui in arce erant, sagittis aliisque missilibus uterentur. Rex ergo cum finem oppugnandi viribus non fecisset, ingeniose eos capere cogitabat.

X. — Machinæ compositio *.

Fecit itaque ex vehementissimis lignis compactis machinam, instar longilateræ domus, duodecim virorum capacem, humani corporis staturæ in alto æqualem. Cujus parietes de ingenti lignorum robore, tectum vero de duris ac intextis cratibus exstruxit. Cui etiam intrinsecus rotas quatuor adhibuit, unde machina ab iis qui intrinsecus laterent, usque ad arcem impelleretur. At tectum non æque stratum fuit, verum ab acumine dextra levaque dependebat, ut jactis lapidibus facilius lapsum præberet. Quæ exstructa, tironibus mox impleta est, ac ad arcem rotis mobilibus impulsa. Quam cum a superioribus hostes rupibus opprimere conarentur, a sagittariis undique dispositis, contumeliose repulsi sunt. Ad arcem itaque machina deducta, murus ex parte suffosus atque eversus est. Hostes multitudinem armatorum per hunc hiatum possibile introduci formidantes, arma deponunt, ac regiam clementiam implorant. Rex ergo amplius tumultuari prohibens, intactos pene comprehendit, præter hos qui in militari tumultu sauciati fuere, suosque ad urbis tutelam in arce deposuit.

* co *abscisum*.

vient porter secours à son fidèle sujet. Il lève des troupes, rassemble une armée, et, courant à Laon, met le siége devant la citadelle qu'Héribert y avait nouvellement élevée, et que ses hommes occupaient encore. Ceux-ci, se disposant à la résistance, le roi fait cerner la place par ses archers, et pense la réduire à coups de flèches. Mais, comme les assiégés lançaient aussi des flèches et d'autres projectiles, il y eut dans la lutte grand nombre de blessés des deux côtés. Alors le roi, qui n'avait pu réussir par la force ouverte à s'emparer du château, eut la pensée de recourir à la ruse.

X. — *Construction d'une machine.*

Il fit donc construire avec de fortes pièces de bois liées ensemble, une machine, de la hauteur d'un homme, ayant la forme d'une longue maison, et capable de contenir une douzaine de guerriers. Les parois en furent faites d'un bois très-dur, et le toit couvert de claies solidement tressées (1). Quatre roues, placées à l'intérieur de la machine, permettaient à ceux qui étaient cachés dedans, de la pousser vers la citadelle. Le toit, d'ailleurs, n'était pas plat, mais incliné à droite et à gauche, pour que les pierres qu'on lancerait dessus pussent glisser plus aisément. Cette machine construite, on la remplit de combattants qui, sur les roues mobiles, la poussèrent vers la citadelle. L'ennemi, du haut de ses rochers, s'efforçait de l'écraser, mais des archers, disposés de tous côtés, le repoussèrent victorieusement. La machine fut donc amenée au pied de la citadelle, et le mur en partie miné et renversé. A la vue de cette brèche, qui pouvait donner entrée dans la place à une multitude de combattants, l'ennemi, saisi de frayeur, déposa les armes et implora la clémence du roi. Celui-ci ordonna donc de cesser le combat, fit prisonniers les assiégés, à peu près sains et saufs, à l'exception de ceux qui avaient été blessés dans la lutte, et confia à ses soldats la garde de la citadelle.

---

(1) M. G. : « *le toit fut formé de poutres dures, attachées les unes aux autres.* »

XI. — Dolus Arnulfi atque * oppidi Monasterioli * captio.

Hæc dum gererentur, Arnulfus prædictus Morinorum princeps, Erluini oppidum secus mare situm Monasteriolum nomine, suæ parti addere cogitans, eo quod ex navium advectationibus inde plures questus proveniant, adipiscendi insidias componebat. Dirigit itaque quosdam suorum callidos in veste abjecta, dolos dissimulans, ad quendam ejusdem oppidi custodem, quem etiam in proditione non diffidebat facillimum. Qui ingressi, eum a domino salutant, ac loquendi opportunitatem petunt. Secedunt ergo. Illi tantum esse negotium propter quod venerant simulantes, ut a quo exordiri possent, penitus ignorarent, aliquantisper herebant. Et tandem suspirantes : « Eia te, inquiunt, Rot-
» berte ! eia te Rotberte ! — sic enim vocabatur — quantis
» malis elapsus, quantis periculis exemptus es, et quanti
» insuper secundarum rerum tibi debentur successus ! »
Et statim protulerunt duos anulos, alter aureum, alter vero ferreum « Et vide, inquiunt, quid in his perpendi valeat. »
Quo quid esset ignorante, illi prosecuntur : « In auro dona
» egregia, in ferro vincula carceris puta. Instat etenim
» tempus, quo et oppidum hoc in jus alterius concedat.
» Tacenda hæc tuæ fidei committimus. Res vobis nesciis
» disposita est. Nos quoque id ipsum penitus ignoramus.
» At rei summam scire non negamus. Mortem loquimur
» aut exilium. Unde et tibi Arnulfus comes consulens,
» futuræ cladis calamitatem per sua indicia significavit ;
» hortans ut ad sese transeas, et ab eo auri et argenti
» insignia, terrarumque copiam ac militum multitudinem
» accipias, cum dono regis. In manus Nortmannorum,
» qua arte nescimus, in proximo sitis deventuri. Et quid
» super his tibi visum fuerit, amico per nos respondere

* a, M, I *asbcisa*.

(1) V. II, 8.

XI. — *Ruse d'Arnoulf et prise de Montreuil* (939).

Pendant ce temps-là, Arnoulf, ce prince des Morins dont nous avons déjà parlé (1), songeait à s'emparer par surprise du château d'Erluin (2), nommé Montreuil, parce qu'étant situé sur la mer, il tirait des provinces maritimes un revenu considérable. Il choisit donc parmi les siens des gens adroits auxquels il fit prendre des vêtements grossiers, et les envoya au gouverneur de la place, qu'il supposait homme à se laisser aisément corrompre. Admis auprès de lui, ceux-ci le saluent de la part de leur maître, et lui demandent un entretien. On se retire donc à l'écart, et là, les envoyés d'Arnoulf, feignant de ne savoir comment aborder une affaire de l'importance de celle qui les avait amenés, hésitaient quelque temps. Laissant enfin échapper un profond soupir : « Ah ! Robert, » Robert ! s'écrient-ils, — car tel était son nom — à quels malheurs, » à quels périls tu as échappé, et à quelle prospérité n'es-tu pas » aujourd'hui réservé ! » En même temps ils lui présentent, l'un un anneau d'or, l'autre un anneau de fer (3), en lui disant : « Vois » ce que cela peut signifier. » Et comme il ne le trouvait point : « L'or, ajoutent-ils, te représente des dons magnifiques, et le fer » les chaînes d'un cachot. Car le moment approche où cette place » tombera aux mains d'un autre. C'est un secret que nous confions » à ta bonne foi ; les dispositions ont été prises à votre insu ; nous-» mêmes nous les ignorons entièrement ; mais nous en savons » néanmoins assez pour te déclarer que c'est une affaire de mort » ou d'exil. C'est pourquoi le comte Arnoulf, qui te porte de l'inté-» rêt, te fait connaître, par ces emblèmes, le malheur qui t'attend, » et t'engage à passer dans son parti, si tu veux recevoir de lui, » avec confirmation du roi (4), de grandes sommes d'or et d'ar-» gent, beaucoup de terres et de nombreux soldats, au lieu de » tomber au pouvoir des Normands, comme il vous arriverait » bientôt, sans que nous sachions comment. Ne diffère pas de » nous communiquer ta résolution, afin que nous la transmettions

---

(2) Erluin II (Herluin, *Flod.*) était fils d'Helgaud ou Hildegaud, comte de Ponthieu et de Montreuil, tué en combattant les Normands l'année 926 (V. ci-dessus, I, 51 et 58, n.).

(3) On voit par cet endroit qu'il n'y avait que deux envoyés.

(4) Cf., sur la valeur de cette expression, I, 37, et ci-dessous 39.

» ne differas. » Ille cupiditate ductus, proditionem (*a*) addubitat. Herebat ergo stupens. Proponit sibi tandem proditionis dedecus, ea posse necessitate purgari, quod omnes oppidanos in proximo aut exulaturos aut morituros sibi innotuit. Proditionem ergo spondet, ac juratus fidem dat. Nec minus et illi de pollicitis jurant. Tempus facinori datur, ac sacramento firmatur. Legati digressi, sese persuasisse referunt.

XII. — Ingressus * Arnulfi in Monasteriolum *.

Arnulfus itaque militum electorum copiam colligit, facinus quæsitum patraturus. Iterque carpens cum duabus cohortibus, usque (*b*) oppidum pene devenit. Sol jam occiderat. Proditor per portam quosdam emiserat, acsi aliqua utilia curaturos. Unde et ipse in muro stans, facem ardentissimam prætendebat, veluti famulis emissis lumen ministraturus, quo etiam luminis signo per legatos aditum significaverat. Huc Arnulfus cum equitatu irruens, per portam patentem oppidum ingresus est. Eoque potitus, Erluini uxorem cum filiis capit, ac ejus thesauros diripit. Erluinus vero habitu immutato, e medio hostium elapsus est. Arnulfus quoque omnibus pervasis, oppido suos deputat, Erluini uxorem cum natis Ædelstano, regi Anglorum, servandos trans mare deportat. Sicque ad sua oppido suis munito rediit.

XIII. — Conquestio ** Erluini ** apud Wilelmum ** ducem de castri uxorisque ** et natorum ** amissione **.

Erluinus vero vix mortis periculo liber, ad Wilelmum, principem Nortmannorum, sese contulit, plurimam de suis casibus quærimoniam apud eum agitans, sese inquiens infeliciorem, cum oppido et militibus privatus, ac uxore filiisque orbatus, nihil præter corpus possideat. De oppidi amissione non se adeo affici, cum id sine spe aliqua

---

* sus, na *abscisa*.

» à ton ami. » Robert, qu'entraîne la cupidité, hésite entre le devoir et la trahison ; il est interdit, immobile. Enfin il considère que le crime de trahison peut s'excuser par ce motif impérieux qu'il a su que tous les habitants du château devaient prochainement être exilés ou massacrés. Il s'engage donc à la trahison, et cela sous la foi du serment. Un serment lui garantit les promesses qu'on lui a faites ; un serment confirme le jour pris pour l'exécution du complot. Les envoyés d'Arnoulf se retirent ensuite et vont lui rendre compte du succès de leur mission.

XII. — *Arnoulf pénètre dans Montreuil.*

Arnoulf réunit donc, pour l'exécution du complot, une troupe d'élite, et, se mettant en route avec deux cohortes, arrive après le coucher du soleil aux environs de la place. Le traître en avait ouvert la porte afin d'envoyer au dehors quelques-uns de ses hommes, comme pour les besoins du service; et placé lui-même sur le mur, il avançait une torche ardente, comme pour les éclairer : c'était le signal d'approche dont il était convenu avec les envoyés d'Arnoulf. Celui-ci se précipite avec sa cavalerie vers la porte ouverte, entre dans le château, dont il s'empare, fait prisonniers la femme et les enfants d'Erluin, et pille les trésors de ce seigneur. Pour Erluin, il échappe aux ennemis à la faveur d'un déguisement. Maître de la place, Arnoulf en confie la défense à ses hommes, et envoie la femme et les enfants d'Erluin à Adelstan, roi des Anglais, pour être gardés à sa cour. Ces dispositions prises, il s'en retourna chez lui.

XIII. — *Erluin se plaint au duc Guillaume de la perte de son château, de sa femme et de ses enfants.*

Cependant Erluin, à peine sauvé de la mort, était allé trouver Guillaume, prince des Normands, et se plaindre à lui de ses malheurs, disant qu'il était le plus infortuné des hommes, puisque, privé de son château et de ses soldats, séparé de sa femme et de ses enfants, il ne possédait plus rien que son corps. Ce n'était pas, du reste, que la perte de son château lui causât un si vif chagrin, car

---

** st, ini, il, ux, na, ssi *abscisa.*

(a) p. spondet ac juratus fidem dat 1.

(b) ad 1.

recuperandi non sit, eo quod terra immobilis, ac oppidum intransitivum sit. Uxoris vero ac filiorum privatio, calamitatem interminabilem prætendere videntur, cum illis consumptis ipse doloribus assiduis urgeatur, et non consumptis, at sub aliena dominatione detentis, ipse vana seducatur exspectatione. Quare quoque ad petenda solatia se venisse memorabat, ac gemebundus hæc indesinenter petebat.

XIV. — Erluinus oppidum expugnat ac capit.

Princeps his quærimoniis motus, auxilium annuit, ac militum copiam ei committit. Erluinus itaque ad oppidum properat, ac tempestivius cum copiis appetit, circumque vallat terra marique. Instat itaque atque acriter adurget. Tandem vero multa expugnatione attritum, ingreditur, totumque pervadit. Arnulfi milites omnes comprehendit. Quorum alios gladio enecat, alios uxori natisque repetendis conservat.

XV. — Congressus * Erluini cum * militibus Arnulfi.

Arnulfus tanta suorum calamitate confectus, milites colligit, eosque in Erluinum mittit, qui ejus terram usque ad oppidum depopulentur. Directique, incendiis circumquaque ac rapinis admodum deseviunt, multaque rerum præda abducta, festinabant, cum legati ab Erluino affuerunt, qui indicarent, quod nisi totam prædam sine mora redderent, sine mora eis esse congrediendum. Hostes legationem spernentes, capta abducere accelerabant. Legati regressi, sese abjectos referunt. Erluinus cum quadringentis armatorum mox processit, ac festinantibus supervenit. Illi vero prædarelicta conversi, irruentibus obvertuntur. Signisque collatis, acriter dimicatum est. Prædones fere omnes gladio occubuere, præter hos quos fuga belli violentiæ exemit. Et tamen ii, cum fuga

---

* sus, um *abscisa*.

il n'avait pas perdu tout espoir de le recouvrer, la terre étant immobile, et un château ne pouvant changer de place (1). Mais la privation de sa femme et de ses enfants semblait devoir être pour lui une source intarissable de maux; car, s'ils mouraient, le chagrin le poursuivrait éternellement, et si, vivant encore, ils étaient retenus sous une domination étrangère, il deviendrait le jouet d'une vaine attente. Il était donc venu auprès de Guillaume pour lui demander du secours, et il l'implorait avec instance en gémissant.

XIV. — *Erluin assiége et reprend son château.*

Touché de son affliction, le prince lui accorde et lui confie un corps de troupes. Erluin court avec elles à son château, le cerne à propos par terre et par mer, le presse vivement et sans relâche, et par de nombreux assauts le réduit enfin à l'impuissance. Il y entre, le fait occuper toutentier, saisir tous les soldats d'Arnoulf, et tuant les uns, garde les autres, pour être échangés contre sa femme et ses enfants.

XV. — *Bataille entre Erluin et les troupes d'Arnoulf.*

Arnoulf, désespéré d'un tel désastre, assemble des soldats et les envoie ravager la terre d'Erluin jusque sous la forteresse. Ils portent donc de tous côtés le pillage et l'incendie, et, après avoir commis d'affreux dégâts, ils se retiraient en hâte avec un riche butin, quand arrivent des envoyés d'Erluin qui leur signifient qu'ils eussent à le restituer aussitôt, s'ils ne voulaient combattre à l'instant. L'ennemi n'écoute point l'ambassade, et presse sa retraite, tandis que les envoyés vont annoncer à Erluin qu'on n'a tenu aucun compte de leur avis. Erluin prend quatre cents hommes d'armes, et ne tarde pas à atteindre les fuyards. Ceux-ci, laissant là leur butin, font face aux assaillants, et les troupes, enseignes déployées, se livrent une rude bataille. Presque tous les pillards tombèrent sous le glaive, à l'exception de ceux que la fuite déroba à la fureur du

---

(1) C'est-à-dire, ne pouvant être enlevé, comme une femme et des enfants. — M. G. : « *et une place peut bien passer de l'un à l'autre.* »

eos exagitaret, ab Erluino post insectante atrociter fusi sunt. Erluinus prædis receptis cum ingentibus hostium manubiis ad sua feliciter remeavit.

XVI. — Belgicorum * querimonia * ad regem super ejus levitate *.

Quo tempore Belgicorum principes ad regem conveniunt, ac Lauduni apud eum gravissime conqueruntur, eo quod inconsultus omnia appetat. Si eorum quoque consiliis adquiescat, in bonum exitum res suas deventuras memorant. Ad hoc etiam sese convenisse, ut quid (a) velit eis injungat, quod (b) cupit ingerat. Si velit, consilio et armis, terra marique, contra hostes sese congressuros. Rex ab eis fide suscepta, cum multa benivolentia redire permisit, si fortuna quandoque postulet, redire jubens. Nec multo post et ab Ædelstano Anglorum rege classis regi cum copiis missa est. Audierat enim illum ab iis qui maritima incolebant loca, exagitari; contra quos classis dimicaret, regique nepoti auxilium ferret. Comperto vero contra regem, illorum neminem stare, ipsumque regem in partes Germaniæ prosperum secessisse, mari remenso ad propria remeat.

XVII. — Rex ** in Belgica ** suos sibi sociat ** et Ottonis fautores ** ultra Rhenum ** fugat.

Rex (c) in pago Elisatio cum Hugone Cisalpino principe locutus, Belgicos exteriores qui ad se nondum venerant,

* B, que, le *abscisa*.
** Re, ca, at, fau, Rhe *ex conj.*
(a) qd.
(b) qd.
(c) Rex namque in 1. *Quæ sequuntur, Ekkehardus satis libere in suum usum convertit; in codice stilo continuo exarata, nec ut magna libri primi pars corrigendo turbata sunt.*

---

(1) Richer explique très-bien au chapitre suivant le motif de cette conduite des Lorrains et de leur duc Gislebert. Ils étaient alarmés de la puissance toujours croissante du nouveau roi de Germanie, Otton Ier, dit le

combat. Encore ces derniers furent-ils poursuivis et fort maltraités par Erluin, qui leur reprit tout le butin qu'ils avaient fait et rentra heureusement chez lui, chargé de leurs propres dépouilles.

XVI. — *Remontrances des Belges au roi sur sa conduite inconsidérée.*

En ce temps-là les princes belges se rendirent à Laon auprès du roi, et lui reprochèrent avec force de se jeter inconsidérément dans toutes sortes d'entreprises. S'il daignait écouter leurs conseils, ses affaires auraient un plein succès. Aussi sont-ils venus le trouver pour recevoir ses ordres et connaître ses désirs. Il n'a qu'à vouloir, et de leurs conseils et de leurs armes, sur mer comme sur terre, ils le soutiendront contre ses ennemis (1). Le roi reçoit leur serment, les autorise gracieusement à revenir, leur en fait même un devoir, s'il arrive un jour que ses intérêts le demandent (2). Peu de temps après, le roi des Anglais, Adelstan, lui envoya une flotte chargée de troupes. Il avait entendu dire que les habitants de la côte inquiétaient le roi, son neveu, et la flotte était destinée à lui porter secours ; mais celle-ci, voyant que personne n'était en guerre avec Louis, lequel se trouvait alors dans les parages de la Germanie, repassa la mer et rentra en Angleterre (3).

XVII. — *Le roi s'attache les Belges et force les partisans d'Otton à fuir au delà du Rhin.*

Le roi eut une conférence en Alsace avec Hugues, le prince Cisalpin (4), gagna à sa cause les Belges, qui ne l'avaient pas encore

Grand, monté sur le trône en 936, et ils pensaient être plus libres sous la suzeraineté du roi de France.

(2) Louis, dit Flodoard, refuse d'abord de recevoir leur hommage, parce qu'il venait de faire alliance avec Otton ; mais il se montra moins scrupuleux quand ils se présentèrent une seconde fois à lui. « Les princi- » paux chefs du pays, c'est-à-dire, le duc Gislebert, les comtes Otton, » Isaac et Thierry, lui jurèrent donc fidélité. Les évêques s'abstinrent de » suivre cet exemple, parce que leurs ôtages étaient entre les mains » d'Otton. » Cependant Louis étant passé par Verdun pour se rendre en Alsace, après l'invasion d'Otton, dont il est parlé au c. 18, « quelques prélats de Lorraine se donnèrent à lui. »

(3) Non toutefois sans avoir ravagé les côtes de la Morinie (*Flod.*).

(4) V. ci-dessus, c. 5, et ci-dessous, c. 53, *note*.

sibi asciscebat. Et qui partibus Ottonis favebant, ultra Rhenum fugere compulit. Presenserat enim Ottonem velle in suum jus Belgicam transfundere. Unde et equo ei non ferebatur animo. Truculentius ergo contra illum agitans, suos de regno (*a*) exturbavit. Qui vero sibi consentiebant (*b*) asciscens, Gislebertum videlicet Belgicorum ducem, Theodericum quoque atque Isaac comites, cum eis consilium confert, ac pro fide habenda jusjurandum ab eis accipit, post hæc Laudunum rediens. Ibique ejusdem urbis episcopum Rodulfum, proditionis evidentissime insimulatum, ab urbe pellit, suosque simul ejicit. Quorum etiam res suis contulit.

XVIII. — Otto Belgicam * devastat.

Otto interea Belgicos comperiens regis partes sustentare, et a se penitus defecisse, Rheno transmisso Belgicam ingressus (*c*), ejus loca plurima incendiis ac ingentibus prædis devastat (*d*), eo quod ex collatione paterna princeps (*e*) fieri Belgicis dedignantibus contenderet, cum ejus pater Saxoniæ solum propter Sclavorum improbitatem rex creatus sit, eo quod Karolus cui rerum summa debebatur, adhuc in cunis vagiebat (*f*). Multam itaque prædam abducens, Rhenum transmeat.

XIX. — Impetus ** Gisleberti ** in Germaniam **, ejusque ac ** suorum fusio.

At Gislebertus dux dedecoris injuriam ultum ire volens (*g*), omnem Belgicam lustrat, ac tirones lectissimos in unum

* cam *ex conj.*
** Im, be, m, a *ex conj.*

(*a*) a. quicumque illius videbantur a Belgica ext. *Ekk.*
(*b*) c. consilio Giselberti ducis Belgicæ et Theoderici comitis sacramento sibi astringebat. Otto vero Belgas comperiens a se defecisse et ad Ludewicum confluxisse Rheno. *Ekk.*
(*c*) B. cum exercitu ingreditur. *Ekk.*
(*d*) d. Nitebatur enim acsi ex paterna traditione princeps fieri Belgicæ. Id vero contra jus agere calumpniabatur, cum ejus pater propter Sclavorum infestationem Saxoniæ tantum, quæ est pars Germaniæ, dux constitutus sit. *Ekk.*

embrassée, et contraignit de fuir au delà du Rhin les partisans d'Otton (1). Car il avait compris que ce prince voulait faire passer la Belgique sous ses lois ; aussi n'avait-il pas pour le roi Germain des sentiments très-bienveillants ; mais, nourrissant contre lui des projets hostiles, il bannissait de ses états ceux qui lui étaient attachés. Pour ceux de son propre parti, à savoir Gislebert, duc des Belges, et les comtes Théoderic et Isaac (2), il tient conseil avec eux et reçoit leur serment de fidélité ; après quoi il revient à Laon. Rodolf, évêque de cette ville, étant alors accusé et convaincu de trahison, Louis le chasse avec tous ses complices, et distribue leurs biens à ses fidèles.

XVIII. — *Otton ravage la Belgique.*

Cependant Otton, s'apercevant que les Belges l'avaient complètement abandonné, pour se donner au roi, franchit le Rhin, entre dans la Belgique et y porte l'incendie et la dévastation, prétendant, malgré les Belges, tenir le duché de son père, bien que celui-ci n'eût été fait roi de Saxe qu'en raison de la turbulence des Slaves, et parce que Charles, à qui appartenait la souveraine autorité, était encore au berceau (3). Otton emporta donc un riche butin et repassa le Rhin.

XIX. — *Invasion de Gislebert dans la Germanie ;
il est défait avec les siens.*

Mais Gislebert, jaloux de venger l'injure qu'il vient de recevoir, parcourt toute la Belgique, appelle sous ses drapeaux l'élite des

---

(*e*) rex 1.
(*f*) d. tunc a. in c. vagiret. *Ekk.*
(*g*) ire festinans, collecto exercitu post hostem accelerat transiensque Rhenum terram illam solotenus. *Ekk.*

---

(1) V. c. 16, *note* 1.
(2) Flodoard nomme en outre Otton (V. ci-dessus, c. 16, *n.* 2, et ci-dessous, c. 19, *n.* 1).
(3) Richer se contredit en nous présentant ici comme roi de Saxe, dès les premières années de Charles, celui dont il s'est plu dans son premier livre à faire un duc nommé par ce prince et soumis à son autorité (V. l. 1er, c. 14, 22-24). — M. G. traduit : « Il prétendait qu'il avait été fait par
» son père prince des Belges, de ces Belges qui le repoussent maintenant,
» dans le temps où les excursions des Slaves forcèrent son père à ne
» garder que le royaume de Saxe, et cela parce que Charles... »

cogit, senes tantum emeritos patriæ linquens. Factoque exercitu, Rhenum transmeat, ac patriam solotenus incendiis ingentibus vastat. Armentorum etiam pecudumque prædam nimiam exercitus congregat abducitque. Jam vero flumen ingredi parabat, cum (*a*) Otto exercitum accelerantibus induxit. Belgici (*b*) renitentes, cum Germanis secus fluvium (*c*) congressi sunt, atque (*d*) in parte utraque nimium fusi. Qua die Germanorum victoria ægre sustentata est, et licet innumerabilibus suorum stratis (*e*) tamen enituit. Nam (*f*) Gislebertus dux suorum fusione exercitum defecisse advertens, fuga periculum evadere nitebatur. In fluentum itaque cum equo prosilit. Qui cum fluminis pelagus enatare non posset, vi undarum victus periit (*g*), atque sessorem inmersit. Belgicorum (*h*) vero alii fluvio enecati, alii ferro cæsi, alii capti, nonnulli vero profugio erepti (*i*) sunt. Ludovicus rex Gislebertum extinctum comperiens, multam in ejus casu commiserationem habuit. Atque in Belgicam profectus, ejus uxorem Gerbergam Ottonis sororem conjugio duxit, eamque secum reginam in regnum coronavit.

(*a*) parabant et ecce Otto ex tota Saxonia collectas copias a. i. *Ekk.*
(*b*) Belgæ itaque cum duce suo indubitanter renitentes. *Ekk.*
(*c*) flumen signis infestis. *Ekk.*
(*d*) et ex utraque parte multi funduntur. *Ekk.*
(*e*) est — stratis *desunt apud Ekk.*
(*f*) Nam cum duæ terciæ eorum fusæ jacerent et Giselbertus suos defecisse adeo, adversarios autem illesos arbitraretur, in tanta confusione rerum fuga. *Ekk.*
(*g*) occubuit 1.
(*h*) At Belgæ, interitum ducis ignorantes, totis viribus decertabant, tantoque egerunt robore, donec post execrabilem innumerabilemque interitum eorum qui relicti fuerant alii caperentur alii in fluvium demergerentur. L. autem rex. *Ekk.*
(*i*) exempti 1.

(1) M. G.: « ... un immense butin en bestiaux et en troupeaux de » toute espèce. »

guerriers, ne laissant dans leurs foyers que les vieillards qui avaient fait leur temps, et, à la tête d'une armée, traverse le Rhin. Cette armée livre aux flammes le pays ennemi et n'en laisse que le sol ; elle fait aussi un immense butin de gros et de menu bétail (1), qu'elle pousse devant elle. Elle s'apprêtait à repasser le fleuve, quand Otton l'arrête dans sa marche rapide. Une lutte s'engage sur les bords du Rhin entre les Germains et les Belges, et des deux côtés beaucoup d'hommes succombent. Les Germains, ce jour-là, disputèrent vivement la victoire à leurs adversaires, et laissèrent sur le champ de bataille une foule innombrable des leurs, mais enfin leur fortune l'emporta. Le duc Gislebert, voyant son armée battue et mise en déroute, tenta de fuir, pour échapper à la mort, et se jeta à cheval dans le fleuve. Mais le cheval, ne pouvant nager à cause de la violence des eaux, périt, emporté par le courant et noya son cavalier. Quant aux Belges, les uns furent également noyés, d'autres tués, d'autres faits prisonniers; quelques-uns parvinrent à s'enfuir. Le roi Louis, en apprenant la mort de Gislebert, plaignit beaucoup sa triste destinée. Il partit pour la Belgique, épousa sa veuve, Gerberge, sœur d'Otton (2), et l'ayant fait sacrer reine, il la plaça sur le trône avec lui (3).

(2) Nés du second mariage de Henri-l'Oiseleur, Gerberge et Otton avaient pour sœur Hatwide, qui épousa Hugues-le-Grand et qui fut mère de Hugues-Capet. — On pense bien que ce mariage de Louis avec Gerberge n'était pas fait pour rassurer Otton ; aussi voyons-nous dans Flodoard que « étant rentré en Lorraine, il força presque tous les habitants à revenir à lui ; » puis (940) que « il donna le gouvernement de ce royaume à son frère *Henri* et se mit à poursuivre Louis dans la Bourgogne » où il se trouvait alors. Mais Henri ne demeura pas longtemps paisible possesseur de la Lorraine ; on le chassa, et le roi de Germanie fut contraint de donner aux Lorrains un homme de leur pays, *Otton*, comte de Verdun et, selon quelques-uns, frère de Gislebert, qui administra la province de 941 à 944, époque de sa mort. Alors Otton nomma pour duc, son propre gendre, *Conrad.*

(3) L'évêque Artauld témoigne dans sa lettre au concile d'Ingelheim qu'il donna à la reine Gerberge, comme il avait fait au roi Louis trois ans auparavant, la bénédiction et l'onction sainte : « Nono post [consecra-
» tionem meam] anno [940], postquam Ludovicum regem, favente Hugone
» cunctisque regni principibus [936], Gerbergam quoque reginam bene-
» dixeram et sacro perfuderam chrismate [939], instigatus Hugo comes
» iracundia.... Remensem obsidet urbem (Flod. *Hist. Rem. eccl.* l. IV,
» c. 35). »

XX. — Wilelmus * dux piratarum * regi contra * omnes fidem jurat *.

Dum hæc Lauduni gererentur, Wilelmus piratarum dux, legatos regi dirigit, qui sese satis ei fidelem indicent : quo rex jubeat, sese occursurum, fidemque contra omnes polliciturum. Quorum legationem rex multa benivolentia excipiens, in pagum Ambianensem sibi occurrendum constituit, eo quod ibi specialiter utilia quædam per illos determinanda (a) forent. Legatis itaque abductis, rex ad locum condictum tempore statuto devenit. Cui etiam dux prædictus obvius venit. Exceptusque a rege decenter, provinciam quam ei pater Karolus rex contulerat, ab eo etiam accepit. Unde et regis factus, tanto ei consensu alligatus est, ut jam jamque aut sese moriturum, aut regi imperii summam restituturum proponeret.

XXI. — Artoldus archiepiscopus Causostem munitionem expugnat et capit.

Hujusque rei negotio utiliter peracto, rex in Burgundiam secessit. In cujus absentia Artoldus metropolitanus, ne suæ rei putaretur inopia, absque regiis copiis Causostem munitionem appetit, eique obsidionem circumquaque adhibet. Quam continua oppugnatione (b) exagitans, quinto tandem die ingreditur, capitque. Illos quoque qui sibi surripuerant comprehendit. Sed utpote vir bonus, nulliusque vitæ æmulus, indempnes abire permisit. Oppidum etiam funditus subruit, sicque ad sua rediit.

XXII. — Heribertus et Hugo Remos obsident et capiunt, præsulemque pellunt.

Heribertus malorum (c) occasionem nactus, acsi suorum oppidum dirutum dolens, apud Hugonem ducem qualiter

* mus, ta, ntra, jurat *ex conj.*
(a) determinandæ *c.*
(b) expugnatione 1.
(c) mali 1.

XX. — *Guillaume, duc des pirates, jure au roi fidélité envers et contre tous.* (940).

Tandis que cela se passait à Laon, Guillaume, duc des pirates, envoya des députés au roi, pour l'assurer de son dévouement et lui dire qu'il était prêt à se rendre au lieu qu'il lui plairait d'assigner, pour lui jurer fidélité envers et contre tous. Le roi accueillit avec bonté l'ambassade, et donna rendez-vous à Guillaume sur le territoire d'Amiens, attendu qu'ils auraient à traiter là tout particulièrement des affaires importantes. Les députés partirent, et le roi, dans le temps convenu, se rendit au lieu fixé. Le duc vint au devant de lui, et en reçut, avec un accueil gracieux, le gouvernement qu'il tenait du roi Charles, père de Louis (1). Ainsi devenu l'homme du roi, Guillaume lui témoigna tant d'attachement qu'il voulait mourir ou le rétablir dans la plénitude de la royauté (2).

XXI. — *L'archevêque Artauld assiége et prend le fort de Causoste* (940).

Après avoir heureusement terminé cette affaire, le roi s'en alla en Bourgogne (3). En son absence, l'archevêque Artauld, pour qu'on ne le crût pas dans un état désespéré, vint, sans le secours des troupes royales, assiéger le fort de Causoste. Il le harcela sans relâche pendant cinq jours, et finit par s'en emparer (4). Il saisit également ceux qui s'étaient soustraits à son autorité; mais, en homme plein de bonté et qui ne voulait le sang de personne, il les renvoya sans leur faire aucun mal. Il rasa ensuite la forteresse et retourna chez lui.

XXII. — *Héribert et Hugues assiègent la ville de Reims, la prennent et en chassent l'évêque.*

Héribert, qui trouvait là une occasion de faire du mal, se plaint comme si l'on eût ruiné son bien, et s'entend aussitôt avec le duc

---

(1) Cf. I, 53.

(2) La même année Guillaume venait avec Hugues et Héribert assiéger les villes de Reims et de Laon (V. ci-dessous, c. 22, *note* 1, et 23, *note* 3).

(3) Avant son départ, « il accorda par une ordonnance royale à l'archevêque Artauld, et conséquemment à l'église de Reims, *le droit perpétuel de battre monnaie* dans la ville ; il donna aussi à la même église tout le comté de Reims (V. *Flod.* ann. 940). »

(4) Les assiégés l'abandonnèrent en voyant arriver Louis (*Flod.*).

Remos invadat, atque episcopum expungat, vehementissime agit. Cui mox Hugo utpote tiranno tirannus consentiens, sese auxiliaturum pollicetur. Collecto itaque agmine ambo in urbem feruntur, multa eam circum obsidione vallantes. Urbani Heriberto faventes, eo quod regio jussu ejus filium ante Artoldum delegissent, bello cedunt, præsulemque relinquunt, atque ad suæ pœnæ cumulum desertores ad tirannos transeunt. Apertis vero portis sexta obsidionis die, tirannos in urbem excipiunt. Artoldus pulsus, ad cœnobium Sancti Remigii proficiscitur, suam ibi Deo conspectori omnium querimoniam fundens. Ubi (a) mox episcoporum aliquibus ac quibusdam magnatibus stipatus, rogabatur ut Avenniacensi abbatia Sanctique Basoli rebus contentus, episcopii dignitate sese abdicaret. Atque multis minarum terroribus affectus consentit, juratus etiam, ut fertur, repudiavit (b); et tandem canibus satisfaciens, ad Sanctum Basolum ibi moraturus abscessit.

XXIII. — Hugo ac Heribertus in regis absentia Laudunum inpugnant.

Hugone ergo diacono, tiranni filio, Remis relicto, jampridem etiam ad episcopatum urbis ipsius evocato, ipse Heribertus atque Hugo Laudunum cum copiis aggrediuntur, obsidionem undique adhibentes, urbem militibus vacuam rati, eo quod rex in partibus Burgundiæ exterioribus alia curaret; et qua poterant oppugnantes, ingredi conabantur. At montis eminentia superioribus impares, non semel cedere coacti sunt. Instabant tamen, ac regi ingressum præripere conabantur.

(a) Qui 1.
(b) repudivit cod.

(1) Il s'entend aussi avec le duc de Normandie (*Flod.*). — Cette omission de Richer s'explique. (Cf. II, ci-dessus, 20 et n. 2).
(2) M. G. traduit : « *Mais il rétracta, dit-on, le serment qu'il avait fait.* » Cependant le c. 25, où nous voyons les bourgeois de Reims déclarer qu'ils ne veulent plus d'Artauld, *eo quod* SACRAMENTO *episcopium* REPUDIAVERIT, fixe d'une manière positive le sens de *juratus*

Hugues (1) sur les moyens de prendre Reims et de chasser l'évêque. Le duc, car les tyrans sont toujours d'accord, promet à Héribert son appui ; et tous deux, unissant leurs armes, se portent contre la cité, qu'ils cernent entièrement. Les bourgeois, favorables à Héribert, dont ils avaient, sur un ordre royal, élu le fils avant Artauld, refusent de se battre, abandonnent l'évêque et mettent le comble à leur crime en passant du côté des tyrans. Les portes de la ville leur sont ouvertes le sixième jour du siége, et ils y font leur entrée. Artauld, expulsé, s'en va au monastère de Saint-Remi répandre sa plainte devant Dieu, qui voit tout. Bientôt des seigneurs et quelques évêques viennent le solliciter de se contenter de l'abbaye d'Avenay et des biens de Saint-Basle, et de se démettre de la dignité épiscopale. Les menaces, qu'on ne lui épargne point, l'effraient : il consent à abdiquer, résignant même, dit-on, sous serment son évêché (2), et, pour apaiser ces chiens, il se retire enfin dans l'abbaye de Saint-Basle.

XXIII. — *Hugues et Héribert assiégent Laon en l'absence du roi.*

Le fils du tyran, Hugues, qui était diacre et depuis longtemps appelé au siége épiscopal de Reims, ayant été laissé dans la ville, Héribert et Hugues attaquent Laon (3), et en entreprennent le siége. Ils croyaient la ville dépourvue de troupes, attendu que le roi était alors occupé d'autres soins sur la frontière de la Bourgogne, et il n'était aucun point de la place qu'ils n'essayassent de forcer. Mais leurs adversaires, qui les dominaient du haut de la montagne, les obligèrent plus d'une fois de lâcher pied ; ce qui ne les empêchait pas de revenir obstinément à la charge, impatients qu'ils étaient de prendre la ville avant l'arrivée du roi.

repudiavit. — Du reste, Flodoard se contente ici de dire que, cité à Saint-Remi par les grands et les évêques, Artauld abdiqua sous l'empire de la persuasion ou de la contrainte, qu'alors on lui donna les abbayes de Saint-Basle et d'Avenay, et qu'il se retira dans la première. Mais, plus loin, le chroniqueur témoigne qu'il y eut serment : *juraverat* (ann. 941).

(3) « Hugues et Héribert, d'intelligence avec les Lorrains, [c'est-à-dire avec Otton, qui allait leur imposer pour duc son frère Henri], vinrent avec Guillaume assiéger Laon (*Flod.* Cf. ci-dessus, c. 20, *note* 2). » — Richer nous trompe encore par son silence sur les relations d'Otton avec les ennemis de Louis (Cf. ci-dessus, c. 22, *n.* 5).

XXIV. — Rege * adveniente * obsidio solvitur *.

Jamque ebdomadas septem obpugnaverant, cum rex hujus rei accitus nuntio, in Campania Remensi tempestivus affuit; et licet cum paucis, fluvium tamen Axonam permeat, et sic in hostes fertur. Quo comperto, tiranni (a), regis quoque animum simulque et æquitatem perpendentes, ab obsidione discedunt. Rex vero ingressus, victus necessaria suis paravit, ac quæque commoda ordinavit. Sicque alia dispositurus, Burgundiam repetit. In cujus discessu, Wido, Suessorum episcopus, a desertoribus suasus, eo quod et ipse eorum partes latenter tueretur, Remos veniens, Heriberti filium Hugonem, presbiterum ordinavit. Unde et eum pater sacerdotali dignitate ampliare cupiens, ut Artoldus pontificatus apice legaliter privaretur, instanter quærebat. Cujus rei rationem cum Hugone duce contulit, ac in effectum redigi admodum petiit.

XXV. — Artoldus ** a comprovincialibus ** episcopis ** repudiatur, et ** pro eo Hugo eligitur.

Disposita ergo rationum summa, Remensis dioceseos episcopos convocant, qui inter Artoldum et Hugonem controversiam determinent, objectorumque finem constituant. Collecti ergo apud urbem Suessonicam, in basilica sanctorum martirum Crispini et Crispiniani, civium Remensium querelam excipiunt, dicentium sese diutissime pastore destitutos; cui subdantur et obsequantur, suppliciter expetere; Artoldum jam se nolle, eo quod sacramento episcopium repudiaverit; at Hugonem, quod omnium unione electus, omnibusque acceptissimus sit. Quorum quærimoniis episcopi annuentes, sacerdotio dignum Hugonem asserunt, eo quod non solum carnis nobilitas, sed et animi mores pudici plurimum eum commendarent. Ratum etiam fore, si tanti honoris culmen personæ

* R, ni, s *abscisa*.
** A, c, e, et *ex conj*.

XXIV. — *L'arrivée du roi leur fait lever le siége.*

Il y avait sept semaines qu'ils l'assiégeaient, quand, sur la nouvelle de ce qui se passait, le roi accourut fort à propos dans la Champagne rémoise. Quoique suivi d'une poignée d'hommes, il franchit l'Aisne sans hésiter, et se porta contre l'ennemi. Au bruit de sa marche, les tyrans, qui connaissaient le courage et la droiture de Louis, abandonnent le siége (1), Louis entre dans la ville, l'approvisionne de vivres, pourvoit à tous ses besoins, puis retourne en Bourgogne, pour y régler d'autres affaires. Après son départ, Gui, évêque de Soissons, se laissant entraîner par les déserteurs, au parti desquels il était secrètement attaché, vient à Reims et y ordonne prêtre Hugues, fils d'Héribert. Dès lors, celui-ci, qui désirait avancer son fils dans la carrière sacerdotale, mit tout en œuvre pour dépouiller légalement Artauld de la dignité épiscopale. Il s'entendit pour cela avec le duc Hugues et le pressa d'agir.

XXV. — *Les suffragants d'Artauld le déposent, et élisent Hugues à sa place* (941).

Leur plan de conduite bien arrêté (2), ils convoquent les évêques du diocèse de Reims, pour régler le différend qui existe entre Artauld et Hugues, et mettre un terme aux discussions. On se réunit à Soissons, dans la basilique des saints martyrs, Crépin et Crépinien, et on entend les plaintes des bourgeois de Reims, disant qu'ils ont été fort longtemps sans pasteur, et demandant avec instance à qui ils doivent se soumettre et obéir; car ils ne veulent plus Artauld, puisqu'il a abdiqué sous serment l'épiscopat; mais Hugues, qu'ils ont tous unanimement élu, et qui leur est cher à tous. Les prélats accueillent les doléances des Rémois et déclarent Hugues digne du sacerdoce : la pureté de ses mœurs le recommande autant que l'illustration de sa naissance ; et l'on verra avec plaisir l'éclat d'une si haute dignité relevé par la noblesse de la personne.

(a) Heribertus et Hugo 1.

(1) « Ils gagnèrent pendant la nuit le fort de Pierrefonds. De Pierrefonds ils allèrent au-devant du roi Otton qu'ils conduisirent à Attigny, et là ils lui firent hommage (*Flod.*). »

(2) M. G.: « *Les choses ainsi préparées.* »

nobilitate adornetur. Hugonem itaque pene omnium conibentia attollunt, ac Remos deductum, in cœnobio monachorum Sancti Remigii metropolitanum sollempniter consecrant, atque in urbe decenter exceptum, multo obsequio ac reverentia honorant. Rex in partibus Burgundiæ, viatorum relatu, patratum negotium advertens, mox Laudunum rediit. Arnoldum quoque ac ejus fratrem Landricum proditionis insimulatos, nec tamen penitus convictos, cum in hac re promptissimi viderentur, ab urbe expulit.

XXVI. — Rex in partibus Burgundiæ exercitum contra tirannos colligit.

Rex cum rei militaris inopia contra tirannos nihil moliri valeret, Burgundiam repetiit, ut exercitum inde sumeret, Remisque induceret. Admodum etenim id attemptabat, ut Heribertum ab urbe pervasa pelleret. Dum ergo in colligendis militibus moram faceret, tiranni (*a*) multo equitatu Laudunum appetunt atque circumdant, spem proditionis in quibusdam habentes. Hæc dum aguntur, ad regis aures tempestive feruntur. Qui sumptis quos undecumque colligere (*b*) valuit, in pagum Porcensem devenit. Ubi cum rem militarem ordinaret, ac hostibus bellum inferre pararet, tiranni Lauduni (*c*) obsidione relicta, in regem vadunt, ac insperatum invadentes ejus exercitum, nonnullos sternunt, reliquos vero in fugam cogunt. Rex a suis eductus, vix cum duobus comitibus, vim mortis evasit, oppido quod Altus mons dicitur sese recipiens. Tiranni spe proditionis frustrati, obsidionem solvunt, atque in sua concedunt.

(*a*) Hugo ac Heribertus 1.
(*b*) collige *cod.*
(*c*) Remorum 1.

---

(1) Voici un trait qui, sans contredit, est l'un des plus saisissants que présente l'histoire de Richer. Il est impossible de mieux peindre la faiblesse et l'abandon de cette royauté si digne pourtant d'un meilleur sort (Cf. ci-dessous, c. 100).

Ils proclament donc Hugues archevêque d'un consentement presque unanime, et l'ayant conduit à Reims, ils le consacrent solennellement au monastère de Saint-Remy ; après quoi ils le reçoivent avec honneur dans la ville, et lui rendent toute sorte d'hommages. Cependant des voyageurs apprennent au roi ce qui vient de se passer (1) ; il revient aussitôt de la Bourgogne à Laon, et chasse de la ville Arnold et son frère Landric, accusés de trahison, mais moins convaincus d'un tel crime que coupables de s'être mis en avant dans toute cette affaire (2).

XXVI. — *Le roi lève en Bourgogne une armée contre les tyrans.*

Le roi, faute de troupes, ne pouvant rien entreprendre contre les tyrans, retourna en Bourgogne pour y lever une armée, et marcher avec elle sur Reims ; car il avait fort à cœur de reprendre cette ville à Héribert. Comme il tardait à rassembler des troupes, les tyrans se dirigent sur Laon avec une nombreuse cavalerie et environnent la place, comptant, pour y entrer, sur la trahison de quelques habitants. La nouvelle de cette attaque arrive heureusement à temps aux oreilles du roi. Il prend avec lui tout ce qu'il a pu ramasser, et arrive dans le Porcien (3). Il s'y préparait sérieusement à combattre l'ennemi, quand les tyrans, laissant là le siége de Laon, vont droit au roi, et, tombant à l'improviste sur son armée, lui tuent quelques hommes et mettent le reste en fuite. Le roi, dégagé par les siens, échappe à grande peine à la mort, et, suivi de deux de ses comtes (4), va s'enfermer dans la forteresse d'Omont. Les tyrans, déçus dans leur attente d'une trahison, lèvent le siége et s'en retournent chez eux (5).

(2) « Il donne ensuite à Roger le comté de Laon (*Flod.*). »
(3) En Champagne, aujourd'hui arrondissement de Rethel (Ardennes).
(4) « Il échappe avec peine, dit Flodoard, suivi de l'archevêque Artauld et du comte [de Laon] Roger. Artauld ayant perdu tout ce qu'il avait avec lui, se rendit auprès de Hugues et d'Héribert, prêta les serments qu'on lui demanda, obtint de nouveau les abbayes de Saint-Basle et d'Avenay avec le village de Venderesse ; et, après avoir fait la paix avec Hugues, son compétiteur, il se retira à Saint-Basle pour s'y fixer. »
(5) Cependant, « Hugues, Héribert, Guillaume et Arnoulf resserrent leur alliance, » et, tandis que Louis allait solliciter le secours des Aquitains, « Héribert se rend au delà du Rhin auprès du roi Otton (*Flod.*). » Déjà ils n'avaient repris le siége de Laon, une fois Louis battu, qu'après en avoir conféré avec Guillaume (*ibid.*).

XXVII. — Tiranni a papa monentur, ne regem suum persequantur.

Interea a domno Stephano papa vir clarus, nomine Damasus, legatus in Gallias directus est, apostolicæ sedis litteras afferens, jussionem apostolicam continentes, ut principes provinciarum (*a*) regem suum Ludovicum recipere non differrent, nec gladio ultra hostili eum insectarentur; et ni cessent, anathematis telo omnes esse figendos. Quo episcopi cognito Remorum dioceseos, in unum mox coacti, de anathemate in sese habendo nisi resipiscant vehementer (*b*) pertractant. Mittendum enim ad Heribertum disponunt, et ab eo suppliciter petendum, quatinus ipse ducem adeat, atque apud eum pro regis receptione agat, ostendentes anathematis periculum, et quanta iis debeatur ruina (*c*), qui dominorum contemptores ac persecutores esse non formidant. Quæ suasio nullum effectum habuit (*d*). A prædicto etiam papa mox alia legatio directa est, per Remensis æcclesiæ legatos, qui a papa eodem sacerdotale pallium Hugoni metropolitano detulere, dicentes apostolicæ jussionis hanc esse sententiam, ut Galliarum principes regem suum persequi parcant, et insuper illum magnifice attollant; quod nisi intra præscriptum diem efficiant, horribili anathemate hujus factionis auctores ac cooperatores sive fautores gravissime esse multandos; si vero apostolicæ jussioni gratanter obœdiant, legatos Romam dirigant, qui suam benivolentiam erga regem suum papæ referant. Et nec sic quidem tirannis quicquam persuasum est. A quibus cum regi incessanter quæreretur ruina, in contrarium res eorum tota relapsa est.

(*a*) regnorum 1.
(*b*) utiliter 1.
(*c*) q. labe afficiantur 1.
(*d*) s. cum n. e. haberet 1.

XXVII. — *Le pape enjoint aux tyrans de respecter le roi* (942).

Sur ces entrefaites, arrivait en Gaule un légat du seigneur pape Etienne (1), l'illustre seigneur Damase, porteur de lettres du siège apostolique adressées aux gouverneurs des provinces (2), pour leur enjoindre de reconnaître sans retard Louis, en qualité de roi, et de cesser de le poursuivre à main armée, s'ils ne voulaient être frappés du glaive de l'anathème. A cette nouvelle les évêques du diocèse de Reims se réunissent, et, troublés de l'anathème qui les menace, s'ils ne reviennent à de meilleurs sentiments, ils prennent le parti d'envoyer à Héribert, pour le prier d'intervenir auprès du duc et de l'engager à reconnaître le roi. Ils lui remontraient le danger de l'excommunication et la ruine certaine auxquels s'exposent ceux qui ne craignent pas de mépriser et de persécuter leurs seigneurs. Mais cette démarche n'eut point d'effet. Aussi le pape chargea-t-il bientôt les députés de l'église de Reims, qui apportaient de sa part le *pallium* à l'archevêque Hugues, de remettre aux seigneurs de la Gaule une nouvelle injonction apostolique, non seulement de ne plus persécuter leur roi, mais encore de lui rendre les plus grands honneurs (3). S'ils ne le faisaient dans le temps prescrit, les auteurs, complices ou fauteurs de la ligue seraient frappés sans pitié d'un horrible anathème ; si au contraire ils se soumettaient de bonne grâce à l'ordre apostolique, ils devaient envoyer à Rome des députés pour informer le pape de leurs bonnes dispositions envers le roi (4). Les tyrans résistèrent encore ; mais, tandis qu'ils poursuivaient obstinément la ruine de Louis, il arriva que tous leurs desseins aboutirent à un résultat contraire (5).

(1) Le pape Etienne VIII.

(2) V. ci-dessous, c. 30 et *note* 3.

(3) Le pape chargea de cette mission deux légats qui accompagnèrent les députés Rémois : *cum quibus pariter et legatio venit* (*Flod.*).

(4) Encore devaient-ils se tenir pour excommuniés, s'ils n'avaient soin de le faire avant Noël (*Flod.*).

(5) M. G.: « ... ce furent leurs affaires, au contraire, qui se trouvèrent entièrement ruinées. »

XXVIII. — Rex per Rotgerum comitem Wilelmum ducem sibi conciliat.

Etenim rex bonorum usus consilio, Rotgarium virum clarum Wilelmo pyratarum principi pro se locuturum direxit. Qui apud eum pro rege optime functus legatione, ibi rebus humanis excessit. Ante tamen principi usque ad effectum suasit. Nam non multo post suorum legatione regem fideliter accersit, exceptumque Rodomi, ingentibus donis (a) dignissime accumulat. Unde et factum est, ut alii hinc formidantes, ad regem tempestivius sese contulerint. Wilelmus itaque Aquitanorum dux, Brittannorumque Alanus, piratas regiam rem curare comperientes, accessum maturant, regem adeunt, atque fide pacti miliciam jurant. His itaque rex collectis, prædictis tirannis (b) secus fluvium Isara locuturus procedit. Tiranni regium equitatum suspectum habentes, prævenerunt, atque pontes præcipitaverunt, naves circumquaque in aliud litus abducentes. Sicque cum suis in adverso fluminis litore consederunt. Duabus tantum naviculis hinc inde cursitantibus, per internuntios controversia inter illos agitata est. Tandem sub pace sequestra obsidum jure a sese discedunt.

XXIX. — Ludovicus et Otto reges in amiciciam conveniunt, ac per Ottonem Hugo.

Rex principibus in pace dimissis, cum paucis iter in Belgicam retorquet, Ottoni cujus sororem conjugem sibi addixerat, ad loquendum obveniens. Quorum consilio multa concordia firmato, amicitiam mutuo conditionibus statuunt. Ac fine negocii facto, rex Laudunum rediit. Otto vero Hugonem in regis gratiam reducere satagebat. Quem multis verborum stimulis familiariter ac levi furore redarguens, eo quod regi suo contrairet, dominumque insectari non

(a) humanissime 1.
(b) Hugoni et Heriberto *glossa*.

(1) Comte de Laon (V. ci-dessus, c. 25, n. 2).

XXVIII. — *Le roi se concilie le duc Guillaume par l'entremise du comte Roger.*

Car le roi, suivant le conseil de personnes sages, envoya l'illustre Roger (1) à Guillaume, prince des pirates, pour l'intéresser à sa cause. Roger s'acquitta très habilement de sa mission et mourut à Rouen. Mais il avait eu le temps de disposer favorablement le prince. Car bientôt après, celui-ci envoya au roi une ambassade pour l'inviter à venir à Rouen, le reçut avec magnificence et le combla de riches présents. Cet accueil inspira des craintes à quelques seigneurs, et ils s'empressèrent d'accourir auprès du roi. Ainsi Guillaume, duc des Aquitains, et Alain, duc des Bretons, en apprenant que les pirates prenaient en main les intérêts de Louis, vinrent bien vite le trouver et lui jurer fidélité. Celui-ci, les prenant donc avec lui, s'avança sur l'Oise, pour conférer avec les tyrans (2). Mais les tyrans, qui se défiaient de la cavalerie royale, firent rompre les ponts, réunirent les bateaux des environs sur la rive opposée, et s'y établirent avec leurs forces. Deux barques seulement, allant d'un bord à l'autre, permirent à des commissaires de débattre les griefs des deux partis. Enfin une trêve fut conclue et garantie par des ôtages (3), et on se sépara.

XXIX. — *Les rois Louis et Otton font un traité d'amitié ; Otton rapproche Hugues de Louis.*

Après avoir renvoyé les princes en paix, Louis retourna en Belgique, pour y conférer avec Otton, dont il avait épousé la sœur. Les deux rois s'entendirent parfaitement, et réglèrent les conditions de leur alliance. Après quoi Louis revint à Laon. Otton, de son côté, travailla à réconcilier Hugues avec le roi, et y parvint, à force de lui reprocher amicalement (4) sa conduite, et de lui témoigner en termes adoucis son mécontentement de ce qu'il osait s'élever contre son seigneur et le poursuivre à outrance. Des personnes

---

(2) C'est-à-dire, avec Hugues et Héribert, qu'accompagnait Otton, duc de Lorraine (*Flod.*).

(3) « On en envoya également au roi Otton de la part de Louis, de Guillaume et de Hugues, par l'entremise d'Otton, duc de Lorraine (*Flod.*). »

(4) M. G. : « Il le réprimande souvent *dans des conversations familières.* »

formidaret, ad regem redire effecit. Et tempore oportuno, prudentium legationibus præmissis, regi ducem reducit, sibique conciliat.

XXX. — Principum apud regem conventus, ac Wilelmi in eorum contione tumultuatio.

Duce ergo in pristinam gratiam revocato, cum ipse virtute et copiis antecelleret, alii consequenter reducti sunt. Omnibus itaque ad regem reversis, in fisco regio Atiniaco principibus ab rege post dies triginta colloquium habendum indicitur. Et die constituta rex ibi cum provinciarum principibus affuit, Hugone videlicet cognomento Magno, Arnulfo Morinorum, Wilelmo piratarum ducibus, ac Heriberto tiranno. Nec defuit Saxoniæ rex Otto. Ludovicus rex cum in conclavi sese cum Ottone rege ac (*a*) principibus recepisset, consilio incertum an fortuitu, solus Wilelmus dux admissus non est. Diucius ergo afforis exspectans, cum non vocaretur, rem animo irato ferebat. Tandem in iram versus, utpote manu et audatia nimius, foribus clausis vim intulit, ac retrorsum vibrabundus (*b*) adegit. Ingressusque lectum conspicatur gestatorium (*c*). In quo etiam a parte cervicalis Otto editiore, rex vero in parte extrema humilior residebat. In quorum prospectu Hugo et Arnulfus duabus residentes sellis, consilii ordinem exspectabant. Wilelmus regis injuriam non passus : « An, » inquit, his interesse non debui ? Desertorisne dedecore » aliquando sordui ? » Fervidusque propinquans : « Surge, » inquit, paululum, rex ! » Quo mox surgente, ipse resedit, dixitque indecens esse regem inferiorem, alium vero quemlibet superiorem videri ; quapropter oportere Ottonem inde amoliri, regique cedere. Otto pudore affectus surgit, ac regi cedit. Rex itaque superior, at Wilelmus inferior consederunt.

(*a*) cum 1.
(*b*) fervidus 1.
(*c*) g. pulvinaribus ac ceteris necessariis stratum 1.

sages furent chargées de préparer les voies au duc, et, quand il en trouva le moment favorable, Otton le rapprocha de Louis et se l'attacha lui-même (1).

XXX. — *Assemblée des princes auprès du roi, et trouble qu'y cause le duc Guillaume.*

Le duc une fois rétabli dans son ancienne faveur, la supériorité que lui donnaient sa valeur et sa puissance, eut bientôt ramené les autres. Tous étant donc revenus au roi, celui-ci invita les princes à se rendre à une conférence qu'il devait tenir au bout de trente jours dans la maison royale d'Attigny (2). Au jour fixé, Louis se trouva là avec les gouverneurs des provinces, savoir Hugues, surnommé le Grand, Arnoulf, duc des Morins, Guillaume, duc des pirates, et le tyran Héribert (3). Otton, roi de Saxe, y était aussi. Or, il arriva qu'à dessein ou par hasard, on ne sait, Louis s'enferma dans une pièce du palais avec Otton et les princes, à l'exclusion de Guillaume. Après avoir longtemps attendu dehors, le duc, voyant qu'on ne l'appelait pas, commença à s'indigner ; puis, la colère le gagnant, comme il était d'un caractère bouillant et emporté, il enfonce les portes et les referme avec bruit. En entrant, il aperçoit un lit de repos, et Otton assis au chevet, tandis que le roi était au dessous de lui à l'autre extrémité. En face d'eux, Hugues et Arnoulf, chacun sur un siége, attendaient le moment de donner leur avis. Guillaume voit avec peine l'offense faite à la majesté du roi : « Ne devais-je pas, dit-il, assister à votre conférence ? Me suis-je » jamais souillé du crime de désertion ? » Et s'approchant vivement de Louis : « Levez-vous un peu, lui dit-il. » Louis se lève aussitôt, et Guillaume s'assied à son tour en disant que c'était une honte que le roi se trouvât au-dessous de qui que ce fût ; qu'Otton devait quitter sa place et la céder au roi. Otton se lève donc tout confus et cède sa place à Louis, qui occupe ainsi la plus élevée, ayant Guillaume au-dessous de lui.

---

(1) « Héribert se soumit aussi avec son fils de même nom que lui (*Flod.*). »
(2) Sur l'Aisne, aujourd'hui chef-lieu de canton (Ardennes).
(3) C'est-à-dire Hugues, duc de *France* et de *Bourgogne*, Arnoul, comte de *Flandre*, Guillaume, duc de *Normandie*, et Héribert, comte de *Champagne* et de *Vermandois*.

XXXI. — Otto injuriam sub specie fidei habendæ dissimulat, ejusque conquestio.

Otto penitus injuriam dissimulans, baculo innixus cœpto negotio finem dare stando satagebat. Ac rationibus determinatis, rex cum consultoribus surgens egreditur. Otto injuriam (*a*) Wilelmi vehementissime dissimulans, apud eum de fidei constantia inter sese servanda plurimum consultat. Unde et conceptum facinus, variis verborum coloribus obvelat. Quibus peractis, rex cum Wilelmo ad sua remeat. Otto vero cum Hugone et Arnulfo consilium conferens, de injuria irrogata apud illos amplius conquerebatur; ultra æquum et jus sese spretum memorans, ac coram amicis a sedibus amotum; amicos ergo compati oportere, et amici injuriam suam debere arbitrari. Ab eis quoque tantam insolentiam summopere repellendam aiebat, cum ea facilius ad eos pervenire valeat. Nam qui sibi regi non indulsit, minus illis indulturum. Quæ oratio plurimam invidiam paravit, ac amicos in odium Wilelmi incitavit, cum et ipsi quamvis latenter ei admodum inviderent. Otto rex ad sua rediit.

XXXII. — Deliberatio Hugonis et Arnulfi de morte Wilelmi.

Hugo et Arnulfus quid facturi Wilelmo essent deliberabant. Si eum gladio occidant, ad omnia sese fieri expeditiores aiebant; regem etiam ad quodcumque volent facilius inflexuros, si is solum pereat, quo rex fretus ad quæque flecti nequeat; si autem non occidant, discordias atque lites sine dubio proventuras, ac his occasione emersa, multorum stragem futuram. At horum utrumque perniciosum censebant, cum in occisione homicidii reatus redundaret, et in reservatione tirannis futura appareret. De occisione tandem persuasi, patraturos facinus accersiunt, vim negotii explicantes, atque in Wilelmum conjurare faciunt. Cujus interfectionis series mox apud conjuratos

(*a*) benivolentiam 1.

XXXI. — *Otton cache son ressentiment, et se plaint de l'injure qu'il a reçue.*

Otton, dévorant en silence son injure, se tenait debout, appuyé sur un bâton et pressait la clôture de la délibération. Enfin on en arrête les conclusions, et le roi, se levant, sort avec ses conseillers. Otton, dissimulant toujours son ressentiment, n'entretient Guillaume que de son désir de rester avec lui en bonne intelligence, et sous des protestations d'attachement déguise le crime qu'il médite. Sur quoi le roi retourne chez lui avec Guillaume. Mais Otton se plaint alors à Hugues et à Arnoulf de l'affront qu'il a reçu : C'est contre tout droit, contre toute raison, dit-il, qu'on l'a outragé, et c'est devant des amis qu'on l'a enlevé de son siège. Ces amis doivent donc ressentir son injure, la considérer comme la leur propre, et se montrer d'autant plus ardents à repousser une telle insolence qu'elle peut les atteindre plus aisément. Car celui qui n'a pas respecté la royauté, les ménagera bien moins encore. Ces paroles d'Otton allument dans le cœur de ses amis une haine profonde contre Guillaume, qu'ils jalousaient déjà secrètement, et le roi de Saxe regagne ses états.

XXXII. — *Hugues et Arnoulf trament la mort de Guillaume* (943).

Hugues et Arnoulf délibérèrent alors sur ce qu'ils feraient à Guillaume. S'ils le tuaient, tout, disaient-ils, leur deviendrait plus facile ; car le roi céderait plus aisément à tous leurs désirs, une fois privé de celui dont le seul appui lui donnait une inflexible fermeté. S'ils ne le tuaient pas, il fallait s'attendre à des discordes et à des disputes, qui entraîneraient la perte de beaucoup de monde. Ils ne se dissimulaient pas le danger de ces deux expédients, dont l'un devait faire retomber sur eux une accusation d'homicide et l'autre préparer dans l'avenir le triomphe de la tyrannie (1). Mais enfin ils se décident pour le meurtre, et chargent de l'exécution du crime des gens à qui ils expliquent toute l'affaire et qu'ils unissent contre Guillaume par les liens du serment. Ils arrêtent avec eux qu'Arnoulf enverra à Guillaume des députés chargés de lui

---

(1) M. G. : « ... car, en tuant le duc, ils paraissaient coupables » d'homicide, et en l'épargnant, *ils l'étaient à leurs propres yeux.* »

ita disponitur, ut ab Arnulfo legati mitterentur, qui pro colloquio multa necessitate in proximo habendo apud Wilelmum idonee legatione fungerentur. De tempore quærerent, quando sibi obveniendum foret; locum vero secus fluvium Summam peterent; quo ipse a terra sua egredi et collocuturis obvenire dignaretur. Qui postquam adveniret, et ab amicis exceptus esset, de amicitia plurimum, multum etiam de fide proponerent. Et quia tunc suis stipatus pervadi non posset, ictus differrentur, donec navim repeteret, si forte navigio eum advenisse contingeret. Cumque jam navigaret per pelagus, per conjuratos multo clamore revocaretur, acsi aliquid præcipuum oblivione prætermissum auditurus. Navicula ergo advectus cum paucis, aliis in pelago expectantibus, conjurati gladiis eductis incautum adorirentur. Si vero equester adveniret, post consilii finem Arnulfo digresso, illoque recedente, conjurati identidem eum repeterent, magnum quiddam sese afferre simulantes, quibusdam etiam seriis accitum detinerent, donec cunctis præeuntibus extremus retrorsum incederet. Quem adorsi gladiis non minus transverberarent. Insurgentium vero piratarum vim evaderent, si equis velocibus rapti, ad dominum cum copiis præstolantem transfugere tempestivius accelerarent; piratas etiam tunc nihil aliud quam aut fugam acceleraturos, aut domini exsequias procuraturos. Sicque factum esset, ut Arnulfo ignorante eo quod absens esset, tantum facinus patratum videretur.

XXXIII. — Wilelmi ducis interfectio.

Legati itaque directi, colloquium petunt et optinent. Tempus post dies 30 datur. Locus quoque in pago Ambianensi secus fluvium Summam ubi est insula Pinchinea conceditur. Negotioque peracto, legati redeunt. Tempore ergo constituto, Arnulfus terra, Wilelmus aqua in locum destinatum conveniunt. Ac de amicicia multum, plurimum de fide utrimque servanda collocuti sunt, atque post

demander, pour des motifs d'urgence, une entrevue très-prochaine; ils le prieront de fixer l'époque de cette conférence et un lieu sur la Somme, où, quittant sa terre, il daignerait se rendre lui-même. A son arrivée et après un accueil empressé, on parlerait beaucoup d'amitié, de dévouement. Et, comme en ce moment son escorte ne permettrait pas de le frapper, on différerait l'attaque, jusqu'à ce qu'il eût regagné son vaisseau, si toutefois il était arrivé par mer. On le laisserait mettre à la voile, puis les conjurés le rappelleraient à grands cris, comme si l'on avait oublié de lui parler de quelque objet important. Il viendrait sur sa barque avec peu de monde, laissant en mer le reste de ses officiers, et alors les conjurés, tirant leurs épées, se précipiteraient sur lui à l'improviste. Si au contraire il venait à cheval, les conjurés, attendant que la conférence fût terminée et qu'Arnoulf et Guillaume se fussent séparés, rappelleraient celui-ci de la même manière, comme ayant à lui faire une communication d'un haut intérêt (1), l'attireraient à eux et, après l'avoir isolé de sa suite, en le retenant par un entretien sérieux, le frapperaient de leurs épées. Ils échapperaient d'ailleurs à la fureur des pirates, en courant de toute la vitesse de leurs coursiers rejoindre leur maître qui les attendrait avec des forces ; et il ne resterait alors aux officiers de Guillaume qu'à prendre la fuite ou à emporter la dépouille mortelle de leur seigneur. Ainsi le meurtre commis en l'absence d'Arnoulf semblerait l'avoir été à son insu.

XXXIII. — *Meurtre du duc Guillaume.*

Les messagers envoyés demandent donc une entrevue et l'obtiennent. L'époque en est arrêtée à trente jours de là (2), et le lieu fixé sur le territoire d'Amiens, à l'endroit où se trouve l'île de Picquigni, sur la Somme (3). Leur mission terminée, les députés reviennent. Au temps convenu, Arnoulf et Guillaume arrivent au rendez-vous, l'un par terre et l'autre par eau. Ils s'entretiennent

---

(1) M. G. : « ... *feignant de lui apporter quelque objet de grande importance.* »

(2) Le 16 Décembre.

(3) L'expression manque ici de netteté. Selon Guillaume de Jumiège, ce fut dans l'île même qu'eut lieu l'entrevue, *super Sommæ fluvium.* « Erat quippe insula in medio alvei, *in qua* libatis osculis ambo duces consederunt. »

nonnullos sermones a se soluti. Arnulfus reditum simulans, aliquantisper digreditur. Wilelmus vero ad classem rediit; naviculamque ingressus dum per pelagus navigaret, a conjuratis multo strepitu (*a*) inclamatus, proram obvertit. Remigansque ad litus, quid vellent sciscitaturus, redit. Illi mox quiddam præocissimum se deferre asserunt, quod a domino suo oblivione suppressum fuit. Dux navicula litori apulsa, illos excipit, a quibus etiam mox gladiis eductis (*b*) interimitur. Duobus quoque puberibus, qui cum eo inermes aderant, et nauta sauciatis, a navicula facinorosi exiliunt, ac post conscium dominum in fugam feruntur. Qui autem jam per pelagus navigabant, conversi litus relictum repetunt, ac dominum interemptum, duosque puberes et nautam sauciatos inveniunt. Sumptumque domini corpus lamentabili obsequio sepulturæ deportant.

XXXIV. — Rex filio Wilelmi Richardo terram patris concedit.

Nec multo post et ejus filium de Brittanna concubina, nomine Richardum, regi deducunt, gesti negotii ordinem pandentes. Rex adolescentis elegantiam advertens, liberaliter excipit, provinciam a patre pridem possessam, ei largiens. Potiores quoque qui cum adolescentulo accesserant, per manus et sacramentum regis fiunt. Multaque regis liberalitate jocundati, recedunt Rodomum (*c*). Alii vero Nortmannorum Richardum ad regem transisse indignantes, ad Hugonem ducem concedunt.

(*a*) clamore 1.
(*b*) strictis 1.
(*c*) Rodomunt *c*.

(1) M. G., en substituant à tort *præciosissimum* à *præocissimum*, est arrivé au sens suivant: « *Ils répondirent qu'ils lui apportaient une* » *chose précieuse, que leur maître avait oublié de lui offrir.* »

(2) Suivant Guillaume de Jumiège, les conjurés étaient au nombre de quatre, et se nommaient Henri, Balson, Robert et Ridulf. Le meurtrier, selon la *Chron*. de St-Bertin, fut Balson, dit Le Court, chancelier d'Arnoulf.

(3) La prestation du serment était accompagnée de formalités symboliques, qui varièrent, suivant les temps et les lieux; une des plus répan-

longuement d'alliance, conviennent de se garder une inviolable amitié, et se séparent ensuite. Arnoulf, feignant de s'en retourner, s'éloigne un peu, et Guillaume, étant retourné vers sa flotte et monté dans sa barque, descendait le fleuve, quand les conjurés l'appellent à grands cris. Il donne ordre de tourner la proue et de ramer vers le rivage, pour savoir ce qu'on lui voulait. Ils lui disent alors qu'ils lui apportent une communication très-pressée (1) de leur maître, que celui-ci avait oublié de lui faire. Le duc fait approcher la barque du rivage et y reçoit les conjurés ; mais aussitôt ils tirent leurs épées et le frappent ; ils blessent aussi deux jeunes gens qui se tenaient sans armes à ses côtés, ainsi que le matelot, et, sautant à terre, ils fuient vers leur maître, complice de leur forfait (2). Les pirates, qui déjà voguaient vers la mer, virant de bord, reviennent au rivage et trouvent le duc tué et les deux jeunes gens avec le matelot blessés ; ils emportent le corps de Guillaume, et on lui rend avec tristesse les derniers devoirs.

XXXIV. — *Le roi donne à Richard, fils de Guillaume, la terre de son père.*

Peu de temps après, on amène à Louis le fils de Guillaume, nommé Richard, que le duc avait eu d'une concubine bretonne, et on lui raconte tout ce qui s'était passé. Le roi, touché de la noblesse du jeune prince, l'accueille avec bonté et lui accorde (3) la province qu'avait possédée son père. Les grands qui accompagnaient l'enfant, se font aussi, par les mains et le serment (4), les hommes du roi, et se retirent à Rouen, charmés de sa grande générosité. Mais les autres Normands, indignés que Richard se fût donné au roi, se rangent du côté du duc Hugues.

dues, consistait à mettre ses mains dans les mains de la personne à qui l'on engageait sa foi. Elle s'observa si longtemps qu'elle finit par passer dans nos mœurs.

(4) Flodoard, en employant le même langage, *terram Nortmannorum dedit*, entend parler, comme Richer, d'une simple confirmation (Voy. ci-dessus, I, 37 et II, 11). Louis ne se montra pas, d'ailleurs, aussi généreux que le dit Richer. Sa première pensée fut de retenir le jeune prince et de se rendre maître de son pays; mais un soulèvement d'une partie de la noblesse normande le détermina à recevoir l'hommage du fils de Guillaume. — Richard 1er avait alors une dizaine d'années ; ce sera un jour Richard-sans-Peur. « Il était né d'une noble » demoiselle, nommée Sprota, que Guillaume avait épousée à la *façon* » *danoise, danico more sibi juncta* (Guill. de Jum, l. III, c. 12). »

XXXV. — Rex a suis Rodomum accersitur, ac cum piratis dimicat.

Qui autem regis partes tuebantur, per legatos eum accersitum, Rodomi decenter suscipiunt. Ubi cum ei referretur, regem piratarum Setrich cum classe copiosa fluvium Sequanam ingressum, ac ejus ducem Thurmodum consequenter navalibus copiis advenisse, ut absque regis dono omnia pervadant, atque defuncti ducis filium ad idolatriam suadeant, ritumque gentilem inducant, rex copias unde congrediatur colligit; Deumque propitiaturum confisus, alienigenis cum 800 occurrit. Et quia cum paucis erat, ad hostes concludendos acies in diversa disponere nequivit. Suis itaque stipatus, erectis signis ac densato agmine procedit. Gentiles quoque ordine pedestri incedebant. Propinquantesque, patrio more, in primo tumultu enses jaciunt; quorum densitate equites territos ac sauciatos rati, cum clipeis et telis prosecuntur. At regius equitatus, ensium nube dilapsa, clipeorum objectione tuti in pedites feruntur, ac densati (*a*) acies sternendo atque interimendo indivisi penetrant egrediunturque, rursusque regressi penetrant, ac disrumpunt. Regem quoque Setrich cum violentia belli in fugam cogeret, in dumeto mox repertus, tribus lanceis a palantibus transfixus est. Thurmodus vero cum adhuc in certamine totis viribus ageretur, ab Ludovico equi impetentis pectore est dejectus. Quem cum rex impetu præteriret, nec eum dinosceret, et ab hostibus impetitus in loco staret, comminusque confligeret, Thurmodus suis stipatus, regem a tergo appetit, factusque ei dexter, per loricæ manicam pene usque ad sinistri lateris ypocundriam, lancea sauciat. Rex, multa cede ab eo impetu paulisper dimotus, sauciantem respicit; ictuque in dextram obliquato, provocantis caput cum humero sinistro obtruncat. Tanta

(*a*) conglobati 1.

(1) Flodoard présente ce Thurmod comme un seigneur Normand, qui, retourné à l'idolâtrie, tendait des embûches au roi *avec* Setricus, prince payen,

XXXV. — *Les partisans du roi le font venir à Rouen ; il se bat contre les pirates.*

Or ceux qui tenaient le parti du roi l'ayant invité à venir à Rouen, l'y reçoivent avec les honneurs qui lui étaient dus. Pendant qu'il était là, on vint lui annoncer que le chef de pirates, Setrich, était entré dans la Seine avec une flotte nombreuse, et que son général, Thurmod (1), à la tête des troupes de la flotte s'avançait pour arracher le pays à la souveraineté du roi et entraîner le fils du duc défunt au culte des idoles. Aussitôt Louis rassemble des troupes, et, confiant dans le secours de Dieu, marche avec huit cents hommes contre les étrangers. La faiblesse de son armée ne lui permettant pas d'étendre sa ligne de bataille pour envelopper l'ennemi, il masse autour de lui ses soldats et s'avance, enseignes déployées. Les payens, qui étaient à pied, s'ébranlaient aussi ; quand ils sont proches, suivant leur tactique nationale, ils lancent au premier choc leurs épées, et, pensant avoir effrayé et blessé les cavaliers, les pressent de leurs boucliers et de leurs traits. Mais la cavalerie royale, une fois le nuage d'épées dispersé, à l'abri derrière ses boucliers, s'élance contre les pirates et pénètre en masse compacte dans leurs rangs (2), qu'elle traverse à deux reprises, frappant, tuant, dispersant de tous côtés ces barbares. Leur roi Setrich, que la violence du combat avait fait fuir, est trouvé dans un buisson, et percé de trois coups de lance par des soldats égarés à la poursuite des fuyards. Pour Thurmod, il combattait encore de toutes ses forces, quand le cheval de Louis, vivement lancé, l'atteignit de son poitrail et le renversa ; mais, emporté par son ardeur, le roi passe outre sans reconnaître le pirate, et assailli par des ennemis, il leur tenait tête et luttait contre eux ; Thurmod arrive avec les siens par derrière, attaque le roi sur la droite, et, au défaut de la cuirasse, lui enfonce sa lance (3) presque jusqu'à l'hypocondre gauche. A ce coup, le roi laisse un instant ceux qu'il avait en tête ; il se retourne, et apercevant celui qui l'a blessé, il lui porte à droite un coup d'épée qui lui détache la tête avec l'épaule gauche. Il se fit un tel carnage des payens,

---

(2) M. G. : « ... *fond sur les fantassins unis en corps épais...* »

(3) *Sous l'épaule droite*, ajoute M. G. Cette interprétation est absolument inadmissible.

quoque cæde gentiles fusi sunt, ut eorum novem milia (a) cesa ibi referrentur. Reliqui vero, paucissimi tamen, navali profugio erepti sunt. Rex a Deo victoria potitus est, suorum tamen paucis fusis, nonnullis vero sauciatis. Post quorum curam redire disponens, Rodomum Erluino commisit; ipse Compendium rediens.

XXXVI.—Artoldus archiepiscopus tirannos dimittit, et ad regem transit.

Quo eum advenisse dinoscens, Artoldus, qui in cœnobio sancti Basoli confessoris ab urbe pulsus morabatur, mox quicquid a tiranno sibi relictum erat abjiciens, ad regem sese contulit, mallens apud eum parvo contentus morari, quam insaciabilis tiranni beneficiis detineri. Rex metropolitanum, quo ipse rex consecratus fuit, injuste præcipitatum dolens, ne diffidat hortatur, summum sacerdotium sese ei redditurum pollicens.

XXXVII.— Interitus Heriberti.

His ita sese habentibus, cum Heribertus quæque pernitiosa pertractaret, ac de quorundam calamitate multa disponeret, cum inter (b) suos in veste præciosa sederet, atque apud illos extensa manu concionaretur, majore apoplexia ob superfluitatem humorum captus, in ipsa rerum ordinatione, constrictis manibus nervisque contractis, ore etiam in aurem distorto, cum multo horrore et horripilatione coram suis inconsultus exspiravit. Susceptusque a suis, apud Sanctum Quintinum sepultus est. Quo sepulto, ejus filii mox regem adeuntes, ab eo benigne excepti sunt. Patris injuriarum nihil sibi reducens. Excipitur et Hugo

(a) $\overline{\text{IV}}$. præposito V. et in margine eadem manu $\overline{\text{IX}}$.
(b) apud 1.

—

(1) Huit cents hommes qui en tuent neuf mille! — Flodoard ne donne aucun détail sur cette affaire, que Richer a sans doute beaucoup enflée.

(2) M. G. « ... de lui rendre le pouvoir sacerdotal. » Comme, dans l'Eglise, on distingua de bonne heure l'évêque du simple prêtre par le

qu'ils eurent, dit-on, neuf mille hommes tués (1). Le reste, en très-petit nombre, parvint à s'enfuir sur ses vaisseaux. Quant au roi, à qui Dieu venait de donner la victoire, il n'eut que peu de tués et de blessés. Après avoir pourvu au soin de ceux-ci, Louis, se disposant à s'en retourner, donna à Erluin la garde de Rouen ; après quoi il revint à Compiègne.

XXXVI. — *L'archevêque Artauld s'éloigne des tyrans et va trouver le roi.*

Dès qu'il sut qu'il y était arrivé, Artauld, qui, depuis son expulsion de Reims, résidait au monastère de saint Basle, confesseur, quitta tout ce que le tyran lui avait laissé, alla trouver le roi, aimant mieux vivre avec peu auprès de lui, que de rester enchaîné par les bienfaits d'un tyran insatiable. Louis, affligé de la chûte de l'archevêque qui l'avait sacré roi, l'engagea à ne pas perdre courage, lui promettant de le rétablir dans la dignité épiscopale (2).

XXXVII. — *Mort d'Héribert.*

Sur ces entrefaites, Héribert, qui tramait toute sorte de pernicieux complots, et qui songeait à sacrifier à son ambition de nouvelles victimes, siégeait dans un riche costume au milieu des siens, et, la main étendue, les haranguait, quand, frappé d'une apoplexie, due à l'abondance des humeurs, les doigts crispés, les nerfs raidis et la bouche contractée jusqu'à l'oreille, il expira subitement au milieu des siens, saisis d'horreur et d'effroi. On l'emporta et on l'ensevelit à Saint-Quentin (3). Cela fait, ses fils vinrent bientôt trouver le roi, qui, oubliant les torts de leur père (4), les reçut avec bonté, l'évêque Hugues aussi bien que les

---

nom de *grand prêtre*, *summus sacerdos*, ainsi désigna-t-on la dignité pontificale par l'expression *summum sacerdotium*.

(3) La chronique de Saint-Bertin et les mémoires de Vermandois disent qu'il fut pendu par ordre du roi sur le Mont-Fendu, depuis appelé le Mont-Herbert ; mais le caractère du roi, les mœurs générales du temps, le silence de Flodoard et la version de Richer ne permettent pas d'admettre ce récit.

(4) Sur les instances d'Otton, duc de Lorraine, d'Adalbéron, évêque de Metz, et surtout du seigneur Hugues, leur oncle (*Flod*).

episcopus, ea tamen conditione, ut tempore congruo ratiocinari pro se de episcopatus adeptione non differat. Cum quibus quoque rex Ambianum digressus est. Ubi cum non sine suorum potioribus quæque præcipua disponere vellet, Erluinum Rodomi morantem per legatum accersit.

XXXVIII. — Congressio Arnulfi et Erluini.

Quod cum malivolorum relatione Arnulfus comperisset, insidias prætendit, obvenientique rege ignorante cohortem inducit. Quod Erluinus mox dinoscens, signis collatis congreditur. Congressus utrimque non modicus. Arnulfus, suis fusis, profugiens, vix urgentem evasit. Erluinus victoria potitus, alios enecat, alios capit, alios in fugam cogit. In quo etiam certamine, interfectorem Wilelmi, qui cum Arnulfo sibi vim (*a*) intulerat, militari insectatione comprehendit. Cujus manus obtruncans, in ultionem amici Rhodomum misit. Ac cesorum ereptis manubiis, ad regem concessit.

XXXIX.

Quo tempore Hugo dux in magna gratia regi habitus; ejus filiam ex sacro lavacro suscepit. Unde et eum rex (*b*) omnium Galliarum ducem constituit. Quo duce rex equitatum parans, cum Gerberga regina in Aquitaniam proficiscitur; ac urbem Nivernicam deveniens, Gothorum ducem Ragemundum Aquitanorumque præcipuos illic obvios excepit. Apud quos de provinciarum cura pertractans, ut illorum omnia sui juris viderentur, ab eis

---

(*a*) copias 1.
(*b*) rex Franciæ ducem 1.

---

(1) « A condition qu'on restituerait à Artauld les abbayes qu'il avait
» quittées pour suivre le roi, qu'on le pourvoirait d'un autre évêché et
» qu'on rendrait à ses frères et à ses parents les dignités qu'ils avaient
» eues dans le diocèse de Reims (*Flod*). »

autres, à la condition, cependant, qu'il se tiendrait prêt à répondre, en temps convenable, sur tout ce qui concernait son élection (1). Le roi se rendit avec eux à Amiens, et là, ne voulant prendre aucune mesure importante sans le conseil des principaux seigneurs, il fit venir Erluin de Rouen.

XXXVIII. — *Combat entre Arnoulf et Erluin.*

Arnoulf l'ayant appris par des rapports perfides, dressa une embuscade et, à l'insu du roi, se porta au devant d'Erluin avec une cohorte. Erluin ne l'eut pas plutôt aperçue, qu'il l'attaqua, enseignes déployées. La lutte fut assez vive des deux parts; mais enfin, Arnoulf, battu, s'enfuit et n'échappa qu'avec peine à la poursuite de son adversaire. Erluin, vainqueur, tua les uns, prit les autres et dispersa le reste. Il saisit, dans cette rencontre, le meurtrier de Guillaume, qui était venu avec Arnoulf pour le surprendre à son tour, et vengea son ami en faisant couper les mains à ce misérable (2) et en les envoyant à Rouen. Après quoi, chargé des dépouilles des morts, il se rendit auprès du roi.

XXXIX. — [*Le roi part pour l'Aquitaine, et reçoit à Nevers la soumission des seigneurs de la province*] (944).

En ce temps là, le duc Hugues, qui était en grande faveur auprès de Louis, tint sa fille sur les fonts sacrés. Aussi le roi le nomma duc de toutes les Gaules (3), et lui confiant le commandement de sa cavalerie, partit avec la reine Gerberge pour l'Aquitaine. Arrivé à Nevers, il reçut le duc des Goths, Raymond (4), et les principaux seigneurs d'Aquitaine, venus au devant de lui. Il s'occupa avec eux de l'administration des provinces, et, pour constater ses droits souverains, exigea qu'ils fissent entre ses mains

---

(2) C'était Balson, dit Le Court (V. ci-dessus, c. 33). Erluin le tua d'abord, dit Flodoard.

(3) Quelle exagération! « *Il lui donna*, dit Flodoard, *le duché de France,* » c'est-à-dire qu'il le lui confirma, « *et mit en son pouvoir toute la Bour-* » *gogne,* » dont il possédait déjà une partie (V. ci-dessus, c. 5, *note 1*).

(4) Raymond-Pons III, comte de Toulouse ou marquis de Gothie, dont il a déjà été fait mention au livre I, c. 64.

provincias recepit. Nec distulit earum administrationem eis credere. Commisit itaque ac suo dono illos principari constituit, regia hilaritate hilares redire permittens ; ac cum duce iter ipse in Galliam retorquens, Lauduni sese recepit.

XL. — *Arnulfus et Erluinus regis suasione* in amiciciam redeunt*.*

Ubi suorum præcipuos præter ducem colligens, apud eos agebat quatinus viri illustres Arnulfus atque Erluinus, factarum injuriarum inmemores fierent, ac in benivolentia unirentur ; suis rebus prosperiorem eventum deberi ratus, suorum concordia. Convocatis itaque de amicicia suadet ; sese inter eos judicem, penitus æquitatem utrique parti facturum pollicens. Concedunt itaque ac jussis regiis parent, datisque vadibus, equitatis jura exsecuntur. Rex cum utrisque faveret, quamlibet utrique liberalitatem conferre meditabatur. Qui cum Arnulfum de recompensatione rerum ereptarum nutare, ac Erluinum instantius amissa repetere adverteret, Arnulfum quoque majora restituturum, eo quod ipse ampliore rerum dispendio Erluinum affecerit, Erluino Ambianum in recompensatione amissorum pro Arnulfo concessit. Sicque factum est ut Erluino sua restituerentur, et Arnulfo sua non minuerentur. Regis itaque industria in amiciciam revocati, regia negotia exinde curabant.

XLI. — *Prodigiosa demonstratio ** cladis Brittannorum **.*

Quo tempore ferebatur Parisii turbo repente exortus, tanta vi discucurrisse, ut parietes multa lapidum mole

---

* asi, de *abscisa*.
** de, ti, ta *abscisa*.

---

(1) En décrivant ainsi la cérémonie de l'hommage, Richer est-il le jouet d'une illusion, ou pense-t-il grandir son héros ? Nous avons ailleurs répondu à cette question (V. Préface), et Richer ne fait ici pour nous que confirmer ce que nous avons dit de son dévouement à la race de Charlemagne.

(2) M. G. : « puis *à leur satisfaction, par un acte de son bon plaisir, il leur permit de s'en retourner.* »

l'abandon de leurs gouvernements; mais il les leur remit bientôt après (1), les confirmant dans l'exercice de leur autorité, et les congédia aussi satisfaits qu'il l'était lui-même (2). Ayant repris avec le duc le chemin de la Gaule (3), il se rendit à Laon.

XL. — *Le roi amène Arnoulf et Erluin à se réconcilier.*

Là le roi, réunissant ses principaux conseillers, à l'exception du duc, s'occupe avec eux des moyens d'obtenir d'Arnoulf et d'Erluin l'oubli réciproque de leurs griefs, et de les amener à se réconcilier; car il était bien convaincu que l'union des siens assurerait la prospérité de ses entreprises. Il les fait donc venir tous les deux, et les engage à vivre en bonne intelligence, les assurant qu'ils trouveront en lui un juge équitable, un arbitre impartial. Ils consentent à suivre les ordres du roi, et, donnant caution, se soumettent à la voix de la justice. Le roi, également favorable à tous deux, prit soin de les traiter tous deux avec une égale générosité, et, voyant qu'Arnoulf hésitait à indemniser Erluin de ce qu'il lui avait enlevé, tandis qu'Erluin redemandait avec instance ce qu'il avait perdu; considérant qu'Arnoulf aurait trop à restituer, attendu qu'Erluin avait fait de très-grandes pertes, il indemnisa celui-ci en lui donnant, pour Arnoulf, la ville d'Amiens. Par là, il rétablit Erluin dans son ancien état, sans rien diminuer de celui d'Arnoulf; et les deux rivaux, réconciliés par l'habileté du roi, servirent désormais Louis avec zèle (4).

XLI. — *Prodiges annonçant la défaite des Bretons.*

En ce temps, dit-on, il éclata tout-à-coup, sur Paris, une tempête si furieuse que des pans de murailles furent renversés de leurs

(3) *Gaule* est ici pour *France* évidemment.
(4) Louis voulut aussi se fortifier contre ses ennemis de l'alliance du roi Otton, et lui envoya des députés, tandis qu'il était au palais d'Aix et que des ambassadeurs de Hugues y venaient aussi. « Les premiers » furent reçus honorablement et les autres assez mal. Mais Manassès, » l'envoyé de Hugues, voyant les députés de Louis fort opposés aux » intérêts de sa légation, divulgua une commission qu'il avait reçue de » ce prince pour Otton et qu'il n'avait pas voulu publier jusque-là. » Il rapporta au roi de Germanie divers reproches injurieux que Louis l'avait chargé de lui faire; en sorte qu'Otton indigné congédia les députés de Louis, en défendant qu'on donnât aucun secours à leur maître, et accueillit favorablement les envoyés de Hugues (*Flod.*).

fundati, in Monte Martirum funditus eversi fuerint. Demones quoque equitum specie visos, basilicam quandam non procul sitam, evertisse, ejusque trabes memoratis parietibus tam valide incussisse, ut eos subruerint; evulsisse etiam ejusdem montis vineta, ac sata devastasse. Mox viso prodigio, Brittannorum pernicies subsecuta est. Qui Berengarii atque Alani principum dissidentia discordes, a Nortmannis cum quibus pactum egerant, pervasi, multaque cede attriti sunt. Necnon et civitas Namtarum capta est. Cujus episcopus cum supervenientium hostium metu territus, in æcclesiam fugere cogeretur, suorum densitate oppressus ac suffocatus est. Brittanni in ipso impetu viribus resumptis, hostes ab urbe vehementi conamine reppulerunt, illosque adorsi gravi cæde fuderunt. At Brittanni, prosperiore fortunæ successu confortati, tertia itidem die classem pervadunt, congrediunturque. In parte utraque innumeri fusi. Brittanni vero adversariorum copias non passi, in fugam feruntur. Nortmanni autem victoria potiti, Brittannorum alios gladio occidunt, alios in fluctus cogunt, alios vero a Brittanniæ finibus eliminant, præter hos qui servitutis jugo subdi non recusavere.

XLII. — Rex * terram Nortmannorum * pervadit capitque *.

Quo ad regis aures perlato, Arnulfum ac Erluinum comites, simulque et Burgundiæ episcopos aliquot, rex accersit (præsenserat etenim eorum nonnullos a fide defecisse, Hugonique cessisse), ac cum exercitu in eos

* R, N, r, c *abscisa*.

(1) Montmartre.
(2) Ce prodige n'était autre chose qu'une trombe. La Germanie en vit un bien autrement surprenant : « Un homme avait eu la » main coupée en l'année 930 : quatorze ans après, selon le témoignage » de ceux qui l'ont connu, cette main lui fut subitement rendue parfaite- » ment saine, pendant qu'il dormait (*Flod.*). » Remarquons en passant que Richer se montre très-sobre de récits merveilleux.
(3) Bérenger, comte de Rennes, et Alain IV, dit Barbe-Torte, comte de Vannes, puis de Nantes.

fondements sur le Mont-des-Martyrs (1). On avait vu, sous la forme de cavaliers, des démons détruire une basilique, située près de là, et de ses poutres ébranler si fortement les murailles dont on vient de parler qu'elles s'écroulèrent; ils arrachèrent aussi les vignes de la montagne et dévastèrent les moissons. Ce prodige (2) fut bientôt suivi de la ruine des Bretons. Divisés par les querelles de leurs princes, Bérenger et Alain (3), ils furent attaqués, écrasés par les Normands, avec lesquels ils avaient fait alliance, et la ville de Nantes fut prise (4). Frappé de terreur à la vue des ennemis qui inondaient la cité, l'évêque courut se réfugier dans une église, mais il y fut pressé par la foule des siens au point d'être étouffé. Les Bretons, cependant, ayant repris courage, repoussèrent vivement les ennemis de la ville, et, prenant l'offensive, leur firent essuyer une défaite sanglante. Encouragés par ce succès, trois jours après, ils attaquent la flotte des Normands, et, des deux côtés, l'acharnement du combat fait de nombreuses victimes; mais enfin les Bretons, ne pouvant résister à leurs adversaires, prennent la fuite, et les Normands, victorieux, massacrent les uns, précipitent les autres dans les flots, et chassent de la Bretagne tous ceux qui ne veulent point subir le joug de la servitude.

XLII. — *Le roi envahit et prend la terre des Normands.*

A cette nouvelle (5), le roi mande les comtes Arnoulf et Erluin, avec quelques prélats de la Bourgogne, et, soupçonnant plusieurs d'entre les Normands de l'avoir abandonné, pour se ranger du côté de Hugues (6), il marche contre eux avec une armée. Arnoulf, qui

(4) Suivant Flodoard, ce fut la ville de *Dol*, laquelle était aussi le siége d'un évêché.
(5) D'autres motifs l'y déterminaient aussi. « Tandis que ses gens pillaient l'évêché de Reims, les fils d'Héribert dévastaient l'abbaye de Saint-Crépin, et Raynald [comte de Roucy] celle de Saint-Médard ; tous se livraient les uns contre les autres à toutes sortes de dévastations (*Flod*). » Le désordre était à son comble.
(6) Sans doute ils étaient impatients de soustraire le jeune duc Richard à la tutelle de Louis. On ne voit rien du reste dans Flodoard ni dans Richer qui puisse justifier le reproche que font au roi les chroniqueurs normands d'avoir enlevé, sequestré Richard, que le dévouement ingénieux de son gouverneur aurait seul soustrait à la mort et rendu à la liberté et à son peuple. Il y a donc lieu de se tenir en défiance contre les accusations de ces chroniqueurs.

fertur. Arnulfus cum suis regem præcedens, Nortmannos, qui custodias observabant, utiliter congressus apud Arcas (a) fudit, ac regi incessum expedivit. Rex Rhodomum veniens, ab iis qui fidei servatores fuere exceptus est. Desertores vero mare petentes, amoliti sunt. Municipia vero copiis munita reliquere. Rex malorum nimias esse copias considerans, ab Hugone duce suppetias congrediendi per legatos postulat. Et ut ipse cum sufficientibus copiis veniat, Baiocarum urbem ita, si (b) eam cum reliquis expugnet, accommodat. Dux donum regium excipiens, suppetias parat, regique subvenit. Cum suis itaque ac quibusdam Cisalpinorum potentibus trans Sequanam fluvium iter faciens, Baiocas pervenit. Quam aggressus multa obsidione premit. Inter hæc a regiis stipatoribus persuasi Nortmanni, ad regem redeunt. Dux autem Baiocenses urgebat. Rex duci obsidionem (c) solvere per legatos jubet. Ille autem utpote ab rege datum, amplius oppugnat. Rex quoque iterum mandat, quod nisi cito discedat, sese in eum cum copiis iturum. Dux regiis jussis contraire non valens, ab obsidione coactus discedit. Rex urbem consequenter ingreditur. Cujus ad se civibus revocatis, Ebrocas petit ac nullo resistente ingreditur. Nec minus et ab Ebrocensibus acceptis obsidibus, reliqua absque contradictione obtinuit.

XLIII. — Dux * suos in *regis injuriam * hortatur.

Dux apud suos hanc injuriam sepissime memorans, de regis pernicie pertractabat ; fideles et amicos hortans, ut hoc ultum iri accelerent. Quod etiam multis querimoniis amplificans, suos in regem provocat. Bernardus itaque Silletensis atque Teutboldus Turonicus conquerenti satisfacientes, Montiniacum regis oppidum in ipsis Paschæ

---

* D, i, i, *abscisa*.

(*a*) Archas *corr.* Arcas.

allait devant le roi avec les siens, ayant rencontré, près d'Arques, les avant-postes Normands, les attaqua, les défit et permit à Louis d'avancer. Celui-ci, arrivé à Rouen, y fut accueilli par ceux qui lui étaient restés fidèles ; mais les rebelles avaient gagné la mer, laissant les villes garnies de défenseurs. Le roi, qui juge leurs forces redoutables, fait demander du secours au duc Hugues, et pour le déterminer à amener lui-même un corps d'armée suffisant, il lui assure la possession de Bayeux, à condition qu'il s'emparera de cette ville avec le reste de ses troupes. Le duc accepte le présent royal, dispose le secours, le conduit au roi, puis, traversant la Seine avec les siens et quelques seigneurs de la Cisalpine (1), il arrive devant Bayeux, qu'il assiége et presse vivement. Mais pendant ce temps-là, les gens du roi décident les Normands à revenir à lui. Louis envoie aussitôt au duc l'ordre de lever le siége, qu'il poussait avec vigueur ; le duc, à qui la place a été donnée, redouble ses attaques ; nouvel ordre du roi, signifiant au duc que, s'il ne se retire immédiatement, il marchera contre lui avec toutes ses forces. Hugues, n'osant passer outre, abandonne malgré lui le siége, et Louis entre dans la ville. Il en ramène à lui les habitants, puis gagne Evreux, où il fait son entrée sans opposition et reçoit des ôtages ; il soumit ainsi sans difficulté le reste des villes.

XLIII. — *Le duc excite les siens à le venger* (945).

Cependant le duc se plaignait souvent aux siens de l'affront qu'il venait de recevoir, et, méditant la ruine du roi, excitait ses fidèles et ses amis à tirer de lui une prompte vengeance. Il exagérait même ses griefs, pour les animer contre ce prince. Aussi Bernard de Senlis et Thibaud de Tours (2), s'associant à son ressentiment, attaquent pendant les fêtes de Pâques le château de Monti-

---

(*b*) ut *corr*. si.
(*c*) ab obsidione 1.

---

(1) C'est-à-dire de la Bourgogne (*Flod.*).
(2) Bernardus Sylvanectensis comes... dit Flodoard. Richer donne du mot *Sylvanectensis*, comme de *Sylvanectum*, une abréviation familière qu'on trouve assez difficilement ailleurs. (Cf. *Préface*, et v. ci-dessous II, 56, 82, 92, et III, 16.) — Bernard était proche parent de Richard ; Teutbold ou Tetbaud, Thibaud, surnommé le Tricheur, était comte de Chartres, de Blois, etc.

diebus pervadentes, capiunt diruuntque. Compendium quoque regiæ sedis aulam repentini penetrant, ac quæque regalia insignia diripientes asportant. Nec multo post et idem Bernardus regis venatores canesque capiens, cum equis ac venabulis abduxit.

XLIV. — Rex urbem * Remorum obsidione * premit *.

Rex Rhodomi talia comperiens, Nortmannorum exercitum colligit copiosum, ac collecto, redit, pagum Veromandensem ingrediens, penitusque depopulans. Accitis quoque Arnulfo, Erluino, Bernardo alio, Theoderico comitibus, in urbem Remorum fertur. Eamque disposita circumquaque obsidione cingit, eo quod Hugo ejusdem urbis episcopus quia ducis partibus favebat, regi ingressum negabat. Primo ergo impetu, graviter dimicatum est. Nam sagittariis hinc inde dispositis, qui in muro resistebant missilibus sauciantur. Quibus amotis alii intacti succedunt, vices pugnæ ingerentes. Sed et extra telis ac lapidibus jactis, nonnulli afficiuntur, ceduntque. Sepe tumultus reparantur, sepe ad portas, sepe ad murum comminus congressi. Animo utrimque feroces, nullo modo cedere parant; numquam sibi usque ad internetionem cessuri, nisi intercedentium supplicationibus obsidio soluta discessisset.

XLV. — Dux regi ** per legatos suadet ** ut-ab ** obsidione ** discedat.

Dux namque in ipsa obsidione per legatos petiit, ut Ragenaldus comes sumptis a sese obsidibus locuturus sibi occurrat. Quod et fieri ab rege concessum est. Directus itaque sub obsidum jure ad ducem venit. Apud quem dux diu deliberans, tandem agit, ut rex ab episcopo et urbanis obsides accipiens, ab urbis oppugnatione discedat, quatinus

---

* bem, obsi, it *abscisa*.
** egi, su, ab, ne *abscisa*.

gny, qui était au roi, le prennent et le détruisent. Ils surprennent aussi la résidence royale de Compiègne et en emportent tous les ornements royaux. Peu de temps après, le même Bernard s'emparait des veneurs et des chiens du roi, et les emmenait avec les chevaux et les épieux.

XLIV. — *Le roi assiége Reims.*

Le roi l'apprend à Rouen, lève une nombreuse armée de Normands, et, entrant dans le Vermandois, le ravage entièrement. Il fait venir en même temps les comtes Arnoulf, Erluin, un autre Bernard et Théoderic (1), marche sur Reims, et, comme l'évêque Hugues, qui tenait pour le duc, lui en refusait l'entrée, il entreprend le siége de la ville. Dès la première attaque, la lutte fut sanglante ; car les archers, disposés çà et là, blessaient de leurs flèches ceux qui se tenaient sur les murailles. Mais, les blessés écartés, d'autres tout frais prenaient leur place et entretenaient la lutte ; et les traits, les pierres, lancés des remparts, frappaient aussi et mettaient hors de combat plus d'un assiégeant. Souvent ces engagements se renouvelèrent, souvent on se battit aux portes ou à la muraille ; et l'acharnement était tel des deux parts, que personne ne songeait à reculer ; on se fût entretué jusqu'au dernier plutôt que de céder, si, à la prière de quelques médiateurs, le siége n'eût été levé (2).

XLV. — *Le duc détermine le roi à lever le siége.*

Le duc, en effet, envoya pendant le siége prier le roi de souffrir que le comte Raynald (3), moyennant ôtages, vînt conférer avec lui. Le roi y consentit, et Raynald, sous la garantie des ôtages, étant allé trouver le duc, celui-ci, après une longue délibération, finit par demander que le roi reçût des ôtages de l'évêque et des

---

(1) Neveu de ce comte Bernard, lequel avait autrefois bâti un fort dans le Porcien (*Flod. an.* 933 et 945). — Louis est également accompagné de l'archevêque Artauld et de ceux qui avaient été expulsés de Reims (*id.*).

(2) « Dans les environs, ajoute Flodoard, les moissons furent ravagées, les villages pillés ou brûlés, plusieurs *églises* démolies. » Richer a fermé les yeux sur cet endroit ; la cause du roi devait demeurer pure de tels excès.

(3) Comte de Roucy (V. ci-dessus, c. 42, *note* 1).

quocumque et quando rex velit, idem episcopus rationem redditurus accedat. Ragenaldus ducis animum regi perferens, ac consilium approbans, id fieri suadebat. Obsidibusque sumptis idoneis, rex obsidionem decima quinta die solvit, tempusque audiendæ rationis (a) post dies 40 sub ipsa Kalendarum Juliarum die constituit. Aliis ergo interim curatis, dies habendi colloquii advenit. Et dux de superiore negotio locuturus, obvius regi affuit. Declamatis autem eorum causis, vix sibi consentiebant. Rationibusque non satis utiliter procedentibus, nihil paci commodum constitutum est, præter quod sub pace sequestra usque ad medium Augusti rationem distulere.

XLVI. — Obitus Theotilonis * Turonensium * episcopi.

Quo tempore cum beatæ memoriæ Theotilo Turonicæ urbis præsul de renovanda inter principes pace vehementissime certaret, atque his admodum occupatus studiis, Lauduno discederet, peripleumonia in ipso itinere corripitur. Quæ cum pulmonibus tumorem ac fervorem incuteret, die quarta nati morbi hac vita migravit. Cumque adhuc in noctis tempesta spiritum efflaret, mox luminis globus per aera, ut fertur, emicans, vigilantibus visus est. Cujus lumine ad noctis depellendas caligines sufficienter usi, qui ejus corpus exanime deferebant, per 150 miliaria usque urbem Turonicam hujus lucis solamine, corpus beatissimum detulere, in basilica Sancti Juliani martiris, quod idem vir sanctus summa instruxerat religione, multa reverentia deponentes.

* he, si *abscisa*.
(a) ati *deleta*.

(1) Flodoard ne parle pas des bourgeois de Reims.
(2) « De près de deux cent milles, *dit-on* (Flod.). » Ceci ne me surprend pas autant que M. G.; car, en voyant Richer (II, 103) évaluer à près d'un

bourgeois de Reims (1), et qu'il levât le siége de la ville, à condition que le prélat viendrait rendre compte de sa conduite dans le temps et le lieu qu'il plairait au roi de lui indiquer. Raynald rapporte à Louis les dispositions de Hugues, approuve son projet et engage le prince à y acquiescer. Le roi accepte des ôtages convenables, lève le siége quinze jours après l'avoir commencé, et fixe l'époque des explications à quarante jours de là, le jour même des calendes de Juillet. En attendant, il se livre à d'autres soins, et le jour du colloque arrivé, c'est le duc qui vient trouver le roi, pour l'entretenir de l'affaire en question. Mais chacun défendant ses intérêts avec chaleur, on put à peine s'entendre, et la conférence n'eut aucune conclusion favorable à la paix ; seulement on convint d'une trêve, et les explications furent renvoyées au milieu d'Août.

XLVI. — *Mort de Théotilon, évêque de Tours.*

C'est alors que l'évêque de Tours, Théotilon, de bienheureuse mémoire, qui travaillait avec ardeur à rétablir la paix entre les princes, et qui revenait de Laon, tout occupé de ces soins, fut atteint en route d'une péripneumonie, qui, amenant aux poumons une tumeur avec inflammation, l'emporta au bout de quatre jours. Comme il rendait, la nuit, le dernier soupir, ceux qui le veillaient virent, dit-on, briller dans les airs un globe de feu. Son éclat suffit pour dissiper les ténèbres de la nuit, et pour éclairer ceux qui accompagnaient le corps inanimé du pontife. Grâce à cette lumière, ils portèrent son corps l'espace de cent cinquante milles (2), jusqu'à la ville de Tours, où ils le déposèrent avec respect dans la basilique de Saint-Julien, martyr, que la piété de ce saint homme avait élevée (3).

---

mille la distance qui séparait l'abbaye de Saint-Remi de la ville de Reims, je m'assure qu'il ne fallait pas moins de quatre milles pour une lieue, et que les trois cent cinquante-cinq kilomètres ou les quatre-vingt-huit lieues qui marquent la distance entre Tours et Laon, équivalaient à trois cent cinquante-cinq milles environ. Mais ce que ma raison s'expliquerait moins aisément, si Flodoard n'avait pris soin de m'avertir que le fait était loin d'être authentique, c'est que, Théotilon étant mort à quelques lieues seulement au-delà de Paris, une nuit eût suffi au parcours à pied d'un trajet de quarante à cinquante lieues.

(3) V. les *Ann. Bénéd.* de Mabill., l. XLIV, 60 et 74.

XLVII. — Captio regis * a Nortmannis *.

Quo sepulto, cum adhuc inter regem ducemque pax nulla composita esset, atque rex dolos simulatorum nondum perpenderet, Erluino suisque aliis sumptis, Rhodomum rediit ; nil veritus cum paucis illic immorari, cum idem consueverit. Dolus apud ducem a transfugis paratus, qui ante latuerat, orta oportunitate ex raritate militum, in apertum erupit. Nam dum tempestivus adveniret, ab Hagroldo qui Baiocensibus præerat, per legationem suasoriam accersitus, Baiocas cum paucis ad accersientem, utpote ad fidelem quem in nullo suspectum habuerat (a), securus accessit. Barbarus vero militum inopiam intuitus, cum multitudine armatorum regem incautum aggreditur. Cujus satellitum alios saucians, alios interimens, regem in fugam cogit. Et forte cepisset, nisi ab ejus armigero resistente ibi mox interfecto, aliquantisper detentus esset. Qua mora rex equi velocitate per devia raptus, Rhodomum solus pervenit. Urbemque ingressus, a civibus, eo quod cum Baiocensibus conspirassent, captus ac tentus est.

XLVIII. — Rex ** a Nortmannis ** per obsides ** dimittitur, et iterum ** dolo a ** duce capitur.

Hugo dux regem Rhodomi captum comperiens, Baiocas devenit ; pro regis captione gratias redditurus, ac ut sibi captus commitatur (b) ratiocinaturus. Nortmanni vero (c) justis conditionibus id agendum respondent, ut si dux regem excipiat, ipsi regis filios omnes, sub jure obsidum accipiant ; nec sub alia lege regem sese dimissuros. Dux captionem dissimulans, acsi regis causa rem ordinaturus, ad reginam Gerbergam, pro filiis regis legatos mittit. At regina rem necessariam cognoscens, sub sacramento

* re, rt *abscisa.*
** R, tm, ob, m, it, a d *ex conject.*
(a) habebat 1.

XLVII. — *Le roi est pris par les Normands.*

Théotilon était enseveli, et la paix n'était pas encore conclue entre le roi et le duc, quand Louis, qui ne se défiait pas des menées des traîtres, prit avec lui Erluin et ses autres conseillers, et revint à Rouen, où, selon son habitude, il ne craignit pas de séjourner avec peu de monde. Or les transfuges avaient tramé avec le duc un complot, qui, tenu jusque-là secret, éclata au grand jour à la faveur de l'isolement du roi. Car, profitant de l'arrivée de Louis, Hagrold, qui commandait Bayeux (1), lui fit demander une entrevue ; et le roi se rendait à Bayeux presque seul, allant trouver Hagrold avec la confiance que pouvait inspirer un fidèle, dont le dévouement n'était point suspect, quand le barbare, voyant le petit nombre de gens qui l'accompagnaient, le surprit et l'attaqua avec une multitude d'hommes armés ; il blesse les uns, tue les autres, et force le roi de fuir ; peut-être se fût-il emparé de sa personne, sans la résistance de l'écuyer du roi, qui parvint au prix de sa vie à arrêter quelque temps l'agresseur. Grâce à ce retard et à la vitesse de son cheval, Louis put, en courant à travers champs, arriver seul à Rouen. Mais, comme il entrait dans la ville, les habitants, complices de ceux de Bayeux, le saisirent et le retinrent.

XLVIII. — *Relâché par les Normands, moyennant des ôtages, le roi est traîtreusement retenu par le duc.*

Le duc Hugues, à cette nouvelle, vient à Bayeux, pour féliciter les Normands de leur capture, et les engager à lui remettre le prisonnier. Mais les Normands lui répondent qu'ils ne le feront qu'à la condition que le duc, en recevant le roi, leur donnera pour ôtages tous les fils de ce prince ; sinon ils le garderont. Le duc, prenant donc soin de lui cacher la captivité de Louis, envoie demander à la reine Gerberge les fils du roi, comme pour régler une affaire qui intéressait Louis. Mais la reine, malgré l'urgence

(b) *sic.*
(c) v. duci non satis creduli, *jam deleta.*

(1) Haigrold, Hagrold ou Harold est présenté par les chroniqueurs normands comme roi de Danemark ; mais les historiens scandinaves n'attribuent au roi Harold Blaatand aucune expédition en France, et les Français ne donnent pas au *normand* qui prit Louis d'autre qualité que celle de commandant de Bayeux.

minorem dirigit, majorem mittere evinci non valens. Nam duo tantum erant. Minore ergo obside oblato (a), Nortmannis non satis fuit; majorem admodum petentes (b). Sed quia iis quibus fidelior mens inerat, visum est regiæ stirpis nobilitatem posse penitus absumi, si desertoribus omnes filii cum patre teneantur, id sese non facturos responderunt; minorem tantum daturos, et pro majore ex se ipsis quemcumque petant dimissuros. Widonem ergo Suessorum episcopum, quem inter omnes potissimum videbant, expetunt, ac pro obside cum regis filio recipiunt. Rex itaque dimissus, cum a duce in sua deduci putaretur, ab eodem detentus est, ac Teutboldo Turonico custodiendus deputatur. Unde et manifestatum fuit, regiæ lineæ decus, in absumptione patris et filiorum penitus abolere tirannum voluisse. Re autem in contrarium ducta, unus tantum (c) regis filius a captione superfuit.

XLIX. — Otto * et Edmundus, reges * Germanorum * et Anglorum *, in ducem pro * rege moventur.

Cujus rei ordinem (d) regina mox per legatos oratores Edmundo Anglorum Ottonique Transrhenensium regibus indicat, ac super hoc gravissimam querimoniam litteris habitam mittit. Otto regis ac sororis casum dolens, pro restitutione regis, Hugoni mox legationem delegat, plurima postulans, aliqua etiam intentans. Edmundus quoque rex de sobrini miseriis adeo conquestus, eidem duci multam animi indignationem suorum legatione demonstrat; plurimum si non reddat contra illum sese facturum intendens,

---

* O, g, n, r, pr *ex conject.*
(a) dato 1.
(b) quærentes 1.
(c) ita c.
(d) *Quæ sequuntur, passim a Trithemio a. 946 exscripta sunt.*

---

(1) Pourquoi donc dire emphatiquement : *tous* les fils du roi ?

qu'ils lui représentent et le serment qu'elle exige, ne confie que le plus jeune de ses enfants aux messagers de Hugues, et ne peut se résoudre à se séparer de l'aîné ; car ils n'étaient que deux (1). On offre donc le plus jeune aux Normands (2) ; mais cet ôtage ne leur suffit point, ils veulent encore l'aîné. Toutefois, ceux dont le cœur était demeuré fidèle, considérant que c'en était fait de la noble race royale, si les déserteurs tenaient en leurs mains tous les fils avec le père, répondirent qu'ils ne subiraient jamais une telle exigence ; qu'on ne livrerait que le plus jeune des enfants, et qu'à la place de l'aîné, on prendrait dans leurs propres rangs qui l'on voudrait. Les Normands demandent donc Gui, évêque de Soissons, qui leur semblait le plus considérable de tous, et le reçoivent pour ôtage avec le fils du roi (3). Louis, dès lors relâché, pensait être reconduit chez lui par le duc ; mais celui-ci le retint et le confia à la garde de Thibaud (4) de Tours. Par où il devint évident que le tyran avait voulu détruire l'illustre race de nos rois, dans la personne du père et des enfants. Mais il en alla tout autrement, car un fils de Louis échappa à la captivité.

XLIX. — *Les rois Otton et Edmond sollicitent vivement le duc en faveur de Louis* (946).

La reine aussitôt envoie d'habiles députés à Edmond, roi des Angles, et à Otton, roi des peuples d'outre-Rhin, pour leur faire connaître les événements, et de plus, elle leur adresse par lettres ses tristes plaintes. Otton, sensible au malheur du roi et de sa sœur, fait aussitôt demander à Hugues, la liberté de Louis, et mêle des menaces à ses réclamations. Edmond, de son côté, déplorant le misérable sort de son cousin (5), fait témoigner au duc, l'indignation dont son âme est remplie; il le menace sérieusement, s'il ne relâche point le roi, de le

---

(2) Il était né cette année même à Laon, et avait reçu au baptême le nom de Charles (**Flod.**, 945). Livré aux Normands, il mourut au milieu d'eux (**Dom Bouq.**, VIII, 218), et sa mort acheva de dégager Louis envers Hugues.

(3) Hildère ou Hildegaire, évêque de Beauvais, est aussi désigné par Guill. de Jum., l. IV.

(4) V. ci-dessus, c. 43.

(5) Edmond, comme frère d'Adelstan, était oncle et non cousin de Louis (V. ci-dessus, II, 1).

insuper et hostes ei terra marique inducturum, ac terram ejus penitus depopulaturum. Quod si quolibet claudatur municipio, obsidionem vehementi conamine adhibiturum ; atque amplius duce, se a Gallis accepturum suppetias. Et nisi regem in proximo reddat, eum terra marique in proximo appetendum.

L. — Indignatio * ducis in Edmundum * regem *.

Dux gravi legatione confectus, Ottoni pro (a) parte dissentit, pro parte favet. Regis vero Edmundi legatis, id nec in proximo, nec præter rationem agendum respondet; ob minas Anglorum nil sese facturum ; ipsos si veniant, quid in armis Galli valeant, promtissime experturos. Quod si formidine tacti non veniant, pro arrogantiæ tamen illatione, Gallorum vires quandoque cognituros, et insuper pœnam luituros. Iratus itaque legatos expulit ; consultumque se conferens, apud suos partibus utitur deliberationis. Et post consultum, Ottonem expetit. Qui cum per legatos colloquendi oportunitatem quereret, infensus ei loqui non optinuit. Nimiumque iratus, in sua discessit, ac suorum usus consilio, regem adit, sicque alloquitur :

LI. — Proloquutio ** Hugonis ad regem **.

« Parvum te, o rex, adversariorum insectatio in partes
» transmarinas olim compulit. Meo vero ingenio et consilio
» inde (b) revocatus, regnis restitutus es. Post dum meis
» usus fuisti consiliis, rerum secundarum prosperis flo-
» ruisti. Numquam nisi tui furoris pertinatia a te defeci.
» Infimorum ac imprudentium hominum dispositione
» usus, a sapientium consiliis plurimum oberrasti. Unde

* ti, E, r *abscisa.*
** utio, regem *abscisa.*
(a) pro *abscisum.*
(b) regnis 1.

(1) M. G.: « de lui susciter des ennemis et sur terre et sur mer. »

traiter en ennemi, de mener contre lui des troupes sur terre et sur mer (1), et de ruiner entièrement ses domaines. Que s'il s'enfermait dans quelque place, il l'y assiégerait avec vigueur, soutenu bien plus que le duc par le secours des Gaulois. Hugues n'avait d'ailleurs qu'à relâcher immédiatement Louis, s'il ne voulait être immédiatement attaqué par terre et par mer.

L. — *Indignation du duc contre le roi Edmond.*

Le duc, troublé de la sévérité de ces remontrances, accueille en partie, en partie repousse les prétentions d'Otton. Quant au roi Edmond, il répond à ses ambassadeurs qu'il ne fera rien précipitamment, ni contre ses intérêts (2); que les menaces des Anglais seront impuissantes sur lui; que s'ils viennent, ils sauront bientôt ce que valent les Gaulois sous les armes; si au contraire la crainte les retient chez eux, ils apprendront un jour à connaître la puissance des Gaulois, et porteront la peine de leur arrogance. Il chasse ensuite avec colère les ambassadeurs, et confère avec ses fidèles sur la conduite qu'il doit tenir (3). D'après leur conseil, il va trouver Otton [945] et lui fait demander une audience; mais, à son grand mécontentement, il ne peut en obtenir, et revient chez lui fort courroucé. Ses amis lui conseillent alors de s'adresser au roi; il se rend auprès de lui et lui parle de la sorte.

LI. — *Discours de Hugues au roi* (946).

« Vous étiez bien jeune, ô roi, quand l'animosité de vos ennemis
» vous contraignit de franchir les mers. Grâce à mon influence et
» à mes conseils, vous avez été rappelé en Gaule et placé sur le
» trône; et depuis, tant que vous avez écouté mes avis, vos affaires
» ont prospéré. Jamais je ne me suis séparé de vous que votre fatal
» aveuglement ne m'y eût contraint. Mais vous, vous vous êtes en-
» tièrement écarté des conseils des sages, pour suivre les inspirations

---

(2) M. G.: « ... *qu'on ne l'amènerait ni de gré, ni de force à faire ce* « *qu'on demandait.* »

(3) J'aime bien mieux Flodoard quand il nous dit simplement « qu'Edmond envoie des ambassadeurs au prince Hugues pour l'engager à relâcher Louis, et que Hugues tient à ce sujet plusieurs conférences avec ses neveux et les autres seigneurs du royaume. » Voilà qui est naturel et digne. Richer ne me montre que la rhétorique de Richer.

» et rerum calamitas digne consecuta est (*a*). Quomodo
» enim præter me necessaria tibi ac gloriosa provenire
» arbitrare? Multum, inquam, tibi in hoc derogatum est.
» Jam memineris te virum esse. Consideres quoque quid
» tuæ rationi commodum sit. Sicque virtus redeat, ut (*b*)
» in benivolentiam nos revocet, te imperantem, et me
» militantem (*c*), per me etiam reliquos militatum tibi
» reducat. Et quia rex a me creatus, nihil mihi largitus
» es, Laudunum saltem militaturo liberaliter accommoda.
» Quod etiam causa erit fidei servandæ. » Rex utpote
captus, dictis proloquentis cessit. Unde et dimissus, data
Lauduno (*d*), Compendii sese recepit. Adest Gerberga
regina multa virtute memorabilis. Adsunt quoque aliquot
ex Belgica episcopi. Confluunt etiam viri illustres
nonnulli.

LII. — Querimonia regis apud privatos * de Hugonis * persecutione *.

Apud quos etiam rex his verbis conquestus est, et :
« Eia tu, inquiens, Hugo! Eia tu Hugo! quantis bonis a
» te privatus, quantis malis affectus, quanto etiam merore
» nunc detineor! Urbem Remorum pervasisti, Laudunum
» surripuisti. His tantum duobus recipiebar, his duobus
» claudebar. Pater meus captus atque in carcerem trusus,
» has quæ me premunt ærumnas cum anima simul amisit.
» Ego vero in eadem præcipitatus, ex regno paterno nihil
» nisi spectaculum præbeo. Jam nec vivere libet, nec
» emori licet. Quo me itaque conferam? » Paransque
amplius conqueri, ab indignantibus inhibitus est. Deinde
animum temperans, consilium cum suis confert.

LIII.

Quo collato, Ottoni regi per legatos ereptionem suam
demonstrat. Antea sese captum, nunc autem omnibus

---

* pri, ugonis, ne *abscisa*.

(*a*) est. Quomodo enim stare potest, quem socordia precipitat *deleta;
desunt etiam apud Trithemium.*

» d'hommes sans nom et sans prudence. Aussi cela vous a-t-il mal
» réussi, et c'était naturel; car comment avez-vous pensé pouvoir
» vous soutenir et vous élever sans mon appui? Je vous le dis, vous
» vous êtes grandement trompé en cela. Souvenez-vous que vous
» êtes homme, sachez voir ce qui convient à vos intérêts, et mon-
» trez-vous assez sage pour vous réconcilier avec votre serviteur,
» et me permettre de ramener les autres sous votre obéissance (1).
» Depuis que vous êtes roi, vous ne m'avez encore fait aucun don;
» accordez-moi du moins la ville de Laon pour prix de la fidélité
» que je vous promets; votre générosité vous assurera mon
» inviolable dévouement. » Le roi, qui n'était pas libre, acquiesce
aux propositions du duc, lui remet Laon, et, après avoir été relâché, se rend à Compiègne. La reine Gerberge, femme d'un
grand cœur, s'y trouve, ainsi que plusieurs évêques de Belgique.
Quelques personnages illustres y accoururent aussi.

LII. — *Le roi se plaint à ses amis des persécutions de Hugues.*

Le roi exhale devant eux ses plaintes: « Hugues, Hugues, s'écrie-
» t-il, que de biens tu m'as enlevés, que de mal tu m'as fait, et
» quel chagrin tu me causes encore aujourd'hui. Tu m'as ravi la
» cité de Reims, soustrait celle de Laon. C'étaient mes deux seuls
» asiles, mes deux seuls remparts. Retenu prisonnier, mon père
» a été délivré avec la vie des malheurs qui m'accablent. Et
» moi, plongé dans la même infortune, je n'offre de la royauté que
» le fantôme. Je ne veux plus vivre, et je ne puis mourir.
» De quel côté tourner mes pas? » Il aurait poursuivi, si ses amis,
indignés, ne l'en avaient empêché. Enfin il se calme et tient conseil
avec les siens.

LIII. — [*Il demande du secours à Otton, et à Conrad,
roi de Bourgogne.*]

Après quoi, il envoie au roi Otton des messagers pour lui faire
connaître la spoliation dont il est victime : il était auparavant

(b) quæ 1. *Trith.*
(c) m. componat *delet.*
(d) l. a duce regno *deleta.*

———

(1) M. G.: « *sous les enseignes.* »

bonis privatum memorans. Unde et amico auxilium conferat; urbes amissas repetere juvet; si id faciat, gratiam multam sese inde recompensaturum. Otto benignissime legationem excipiens, cum copiis in regis auxilium se iturum spondet, ac tempus edicit. Legati redeunt, ac mandata referunt. Nec minus et ab rege Genaunorum Conrado, copias petit, et accipit.

LIV.

Interea Otto rex cum, Rheno transmisso, exercitum per Belgicam duceret, obviat regi Conrhado, qui tunc ab Alpibus egressus, cum multa expeditione Ludovico succurrere accelerabat. Juncti ergo ambo, cum multo equitatu gradiebantur. Quorum accessum Ludovicus dinoscens, ocius occurrit. Tres itaque reges, in unum collecti, primi certaminis laborem Lauduno inferendum decernunt. Et sine mora, illo exercitum ducunt. Cum ergo ex adverso montis eminentiam viderent, et omni parte urbis situm explorarent, cognito incassum sese ibi certaturos, ab ea urbe discedunt, et Remos adoriuntur. Ubi quia planicies commoditatem exercitibus parabat, obsidio circumquaque disposita est. Et primo certamine comminus pugnatum est. In quo tela ac lapides tam dense ferebantur, quam densa grando quandoque dilabitur. Per integram ergo diem, continuis motibus urbs inpugnata est. Post vero comminus septies dimicatum, atque hoc fere per dies sex.

LV.

Nec tamen cives assiduis tumultibus victi, ullo modo cedebant, cum eorum præsul Hugo, quosdam principum

---

(1) Il s'agit de *Conrad-le-Pacifique*, fils et successeur de Rodolf II, roi de la Bourgogne Transjurane, lequel, par la réunion de la Provence à son royaume, devint premier *roi d'Arles* ou de *Bourgogne*. Flodoard l'appelle *roi de la Gaule Cisalpine*, comme Richer (II, 17) donne à Hugues-le-Noir, duc de Bourgogne, le titre de prince *Cisalpin* ou de *la Gaule Cisalpine*; il semble donc qu'on désignait alors sous ce nom la vieille Bourgogne tout entière, royaume et duché. — Quant au nom

captif; aujourd'hui il est entièrement dépouillé de ses biens. Il implore donc le secours de son ami, et le prie de l'aider à recouvrer les villes qu'il a perdues. S'il le fait, il lui en aura une grande reconnaissance. Otton accueille avec bonté l'ambassade, promet de venir avec une armée au secours du roi, et fixe l'époque de l'expédition. Les députés reviennent rendre compte au roi de leur mission; ce qui n'empêche pas Louis de demander des troupes à Conrad, roi de Genève (1), qui les lui promet.

LIV. — [*Les trois rois vont assiéger Reims.*]

Cependant Otton avait franchi le Rhin et s'avançait à travers la Belgique, quand il rencontra le roi Conrad, qui, descendu des Alpes, accourait avec une nombreuse armée au secours de Louis. Ils poursuivirent donc ensemble leur marche à la tête d'une cavalerie considérable. Dès qu'il apprend leur arrivée, Louis va les trouver, et les trois rois ainsi réunis décident qu'ils commenceront par attaquer Laon. Ils y dirigent aussitôt leur armée; mais, dès qu'ils voient la hauteur de la montagne, et qu'ils ont reconnu l'assiette de la place, convaincus que leur attaque serait inutile, ils s'éloignent pour marcher sur Reims. Là, le terrain qui est plat permettait aux armées de se développer; elles se rangèrent autour de la ville, et ouvrirent le siége par une vive attaque; traits et pierres volaient aussi drus que la grêle la plus épaisse. Le combat dura tout le jour, et se renouvela sept fois pendant près de six jours.

LV. — [*L'évêque Hugues abandonne la ville qui se rend.*]

Les habitants opposaient à ces continuels assauts une résistance opiniâtre, quand leur évêque Hugues vint trouver hors de la ville

---

Genaunorum, qu'on retrouve plus bas au chap. 98, et que M. Guadet a pris pour une corruption de *Sequanorum*, je ne doute pas qu'en dépit du manuscrit de Richer, dont l'orthographe au reste est loin d'être irréprochable, il ne faille le lire, tel qu'on le voit dans la *Chron. Sax.* (même année 946) : Conradus, rex *Gevannorum*, et que ce dernier mot ne soit lui-même pour *Genevannorum*, comme *Silletum*, *Silletensis* pour *Silvanectum*, *Silvanectensis*. Richer aura sans doute emprunté le titre singulier dont il pare le fils de Rodolf à l'histoire du premier royaume de Bourgogne, dont Genève fut une des capitales.

qui sibi quadam cognatione conveniebant, extra urbem (*a*) allocutus est, quærens ab eis rationem, ut scilicet quid agendum, quid vitandum, sibi dicerent ; si aliquorum intercessione id medendum videretur, si opus foret precibus, si etiam pugnæ instandum esset. Illi mox regum animositatem demonstrantes, fixum in eis asserunt nullorum interventibus sese concessuros, at obsidioni usque ad effectum operam daturos..Quod si urbem vi capi contingat, ipsi præsuli oculos effossuros, et hoc ita ordinatum fixumque. Unde et accelerandum ut egrediatur, suosque ab regum indignatione eripiat. His præsul territus, suis hoc monstrat. Et consilio habito, die obsidionis sexta, cum suis egreditur. Portæ (*b*) regibus panduntur.

LVI.

Reges vero, Artoldum resumentes, urbem consequenter introducunt. Duorumque metropolitanorum medius, Friderici Maguntini, ac Rotberti Treverensis, ab eis per manus pristinæ sedi restitutus est. Ubi etiam mox Gerbergam reginam cum aliquot illustribus custodiæ deputantes, ipsi tres reges in Hugonem ducem cum exercitu feruntur. Silletum quoque vi irrumpere nitentes, considerato oppidi firmamento, inde amoliuntur, non tamen sine suburbii combustione, et aliquorum nece ; sicque ad fluvium Sequanam contendunt.

LVII. — Quomodo pauci juvenes * naves a duce * subductas per * astutiam * repetitas * exercitui adduxerint *.

Dux vero eorum impetum præsentiens, a litore hostibus contiguo per 20 miliaria omnes naves abduci præceperat, ne adversariis transeundi commoditas pararetur. At frustrato ejus consilio, multo aliter provenisse notum est. Nam decem numero juvenes quibus constanti mente fixum

* juv, a d, per a, tas, ad *abscisa*.
(*a*) u. præter suorum conscientiam a. *deleta*.

quelques uns des chefs ennemis qui avaient avec lui des liens de parenté (1), pour leur demander ce qu'il devait faire ou éviter ; si quelque médiation, quelque prière ne pourrait pas arrêter le mal, ou s'il fallait continuer à lutter. Ceux-ci lui représentent l'animosité des rois, et lui assurent qu'ils ont résolu de n'écouter personne, mais de poursuivre le siége jusqu'à la soumission de la place. S'il arrivait que celle-ci fût prise d'assaut, ils ne manqueraient pas de crever les yeux à l'évêque : c'était chez eux un parti bien arrêté. Ce qu'il avait donc de mieux à faire, c'était de quitter au plus tôt Reims, et de sauver ainsi les siens de la colère des rois. L'évêque effrayé expose à ses fidèles la situation ; et, après en avoir délibéré, se décide, le sixième jour du siége (2), à abandonner avec eux la ville, dont les portes sont ouvertes aux rois.

LVI. — [*Artauld est rappelé et rétabli sur son siége.*]

Les rois y font leur entrée avec Artauld, qui, placé au milieu des deux archevêques Frédéric de Mayence et Robert de Trèves, est rétabli par eux sur son siége ; puis, ayant laissé la ville sous la garde de la reine Gerberge et de quelques grands, ils marchent contre le duc Hugues. Ils tâchent d'emporter Senlis ; mais, considérant la force de cette place, ils s'éloignent, non sans avoir brûlé les faubourgs, tué quelques personnes, et se dirigent vers la Seine.

LVII. — *Comment quelques jeunes gens reprirent et procurèrent à l'armée les barques que le duc avait fait enlever.*

Le duc avait prévu l'invasion, et, sur une étendue de vingt milles, avait fait enlever toutes les barques de la rive droite du fleuve, pour ôter à ses adversaires le moyen de le franchir. Mais sa prudence, on le sait, ne lui réussit point. Car dix jeunes gens, qui avaient pris la ferme résolution d'affronter tout péril, étaient venus en

---

(*b*) P. quoque *deleta*.

(1) « C'est-à-dire Arnoulf, qui avait épousé sa sœur ; Gui, qui avait » épousé sa tante, et Hérimann, frère de Gui (*Flod.*).

(2) Le troisième jour, dit Flodoard.

erat omne periculum subire, habitum militarem in peregrinum transformantes, reges prevenerant, obsecrationum vota simulantes (*a*). Sportulis itaque ab humero dependentibus, ferratis baculis procedunt. Habitumque mentiti peregrinum, urbem Parisium cum Sequana pontibus pertranseunt. Nullus eis molestus extitit. Ac litora exteriora quibus naves tenebantur petunt. Sicque in hospitium farinarii cujusdam divertentes, sese gratia visendi sanctorum loca ex citeriore litore (*b*) advenisse referunt. Farinarius juvenes formosos in habitu licet abjecto considerans, hospitium gratanter accommodat, et insuper eos mitius curat. Qui fraudem meditati, nummos dant, vinumque mercati hospitem inebriant. Et sic totam diem convivii jocunditate consumunt. Juvenes hospitem vino faciliorem advertentes, quod ei sit officium percunctantur. Ille farinarium sese memorat. At illi prosecuti, si quid amplius possit, interrogant. Ille etiam piscatorum ducis magistrum se asserit, et ex navium accommodatione questum aliquem sibi adesse. Illi vero : « Quoniam, » inquiunt, humanissimum nobis te invenimus, ampliora » etiam optamus. Unde et si quiddam nobis facias, 10 » solidos nos allegaturos pollicemur, ut videlicet trans » fluvium nos evehas, eo quod ulterius procedere oratum » nequeamus, itineris longitudine fatigati. » At hospite respondente ducis edicto naves ad interiora litora raptas, ne Germanis irrumpentibus pateat accessus, illi tempore nocturno absque calumnia id fieri posse prosecuntur. Ille pecuniæ cupidus, naulum accipit, ac de patrando negotio fidem dat. Nox affuit. Juvenes promissum fieri postulant. Ille mox, assumpto puero privigno, cum juvenibus in noctis tempesta ad naves properat. Comitantur et juvenes. Qui solitudinem videntes, puerum raptum in fluentum demergunt. Hospitem vero clamare nitentem, gutture invadunt. Atque mortem, ni quod volunt efficiat, intermi-

(*a*) s. Quod et fertur Bernardi comitis astutia dispositum *jam deleta*.
(*b*) itore *ex conject*.

avant, sous l'habit de pèlerin qu'ils avaient substitué à l'habit militaire, et, la besace sur le dos (1), le bâton ferré à la main, comme des gens qui vont en pèlerinage, ils passèrent la Seine à Paris sur les ponts, à la faveur de leur déguisement. Personne ne les inquiéta et ils purent gagner l'autre rive du fleuve, où les barques étaient retenues. Ils entrent chez un meunier et lui disent qu'ils sont venus de l'autre bord pour visiter les tombeaux des saints. Le meunier, en voyant de beaux jeunes gens, malgré les vêtements grossiers dont ils sont couverts, leur fait un gracieux accueil et les soigne comme il faut. Ceux-ci, dressant leur piège, donnent de l'argent à leur hôte pour avoir du vin et parviennent à l'enivrer. Ils passent ainsi tout le jour dans les plaisirs de la table. Puis, quand ils voient le meunier, sous l'influence du vin, se montrer plein d'abandon, ils lui demandent ce qu'il fait; il leur répond qu'il est meunier. — N'a-t-il donc que cette occupation? — Il leur dit qu'il est encore le chef des pêcheurs du duc et qu'il tire quelque profit de la location des barques. « Alors, reprennent » nos jeunes gens, puisque vous êtes si bon pour nous, nous » attendons de vous un nouveau service; si vous nous le rendez, « nous vous promettons dix sols de récompense (2). Il s'agit de » nous transporter de l'autre côté du fleuve, attendu que, fatigués » de notre long voyage, nous ne pouvons aller prier plus loin. » L'autre reprend que, par ordre du duc, on a attaché les barques de ce côté de la Seine, pour arrêter l'invasion des Germains. — Mais, observent-ils, ne pourrait-il pas, sans crainte d'être dénoncé, faire la nuit ce qu'ils désirent? — Le meunier, que séduit l'appât du gain, reçoit la somme offerte, et promet le passage. La nuit venue, les jeunes gens lui rappellent sa promesse. Aussitôt il prend avec lui son beau-fils, qui était un enfant, et, dans l'obscurité, court aux bateaux, suivi des pèlerins. Ceux-ci, se voyant seuls, saisissent l'enfant et le jettent dans la rivière. Le meunier veut crier, ils le prennent à la gorge et le menacent de mort, s'il ne fait leur volonté et ne détache les bateaux du rivage. Saisi de frayeur, il obéit; après quoi les jeunes gens conviennent de le lier au fond d'une barque et

---

(1) M. G. : « *portant des paniers sur leurs épaules.* »
(2) Ces dix sols pouvaient valoir 320 francs (V. *Du Système monétaire des Franks sous les deux premières races*, par M. Guérard, et Cf. I, 5, notes 4 et 5.)

nantur, ut videlicet naves solvat. Pervasus ergo ac territus, naves solvit. Consilioque inito, vinctum navi conjitiunt, ac naves singuli singulas ad litus deducunt. Ejecto vero hospite vincto, navim unam omnes ingressi, alias repetunt, ac novem iterum deducunt. Octiesque fluvium remensi, naves numero 72 abduxerunt.

LVIII.

Dum hæc gererentur, regum exercitus in ipsa diei orientis aurora fluvio affuit, navesque paratas cum remis invenit, quas tirones cum armis ingressi, navigant ac exaquantur. Tum circumquaque palantes, nullo prohibente a diversis portibus alias rapiunt, et exercitibus deducunt. Nam qui ruri degebant, irruentium metu omnes auffugerant. Dux vero Aurelianis sese receperat. Unde et qui resisteret aberat. Navibus itaque conexis, ac multo robore compactis, liburnas solidant. Quas ingressus exercitus, fluvium transit. Dein terra recepti, incendiis prædisque vehementibus totam regionem usque Ligerim depopulati sunt. Post hæc feruntur in terram pyratarum ac solo tenus devastant. Sicque regis injuriam atrociter ulti, iter ad sua retorquent. Ludovicus vero rex Remos redit.

LIX. — Qualiter Deroldus a quodam medico deceptus * sit eumque deceperit *.

Quo tempore Ambianensium episcopus Deroldus ab hac vita decessit, vir spectabilis ac palatinus, et quondam et regi admodum dilectus, in arte medicinæ peritissimus. De quo etiam fertur quod, cum adhuc in palatio regi serviret, a quodam Salernitano medico deceptus sit,

* ceptus, ceperit *abscisa*.

(1) « A l'exception des villes (*Flod.*). »
(2) Suivant Dudon et Guillaume de Jumiège, les Rouennais ne l'auraient pas attendue; mais, courant au devant d'elle, ils en auraient taillé en pièces l'avant-garde, conduite par un neveu d'Otton, qui fut tué sur le pont de Rouen.

d'en conduire chacun une à l'autre rive. Cela fait, ils mettent à terre leur prisonnier garroté, et, montant tous sur une seule barque, ils vont en prendre neuf autres, qu'ils emmènent également. Ils traversent ainsi huit fois le fleuve, et emmènent soixante-douze barques.

LVIII. — [*Les rois dévastent le pays jusqu'à la Loire, ainsi que la terre des Normands.*]

Cependant l'armée des rois arrive au point du jour sur le bord du fleuve. Les bateaux étaient prêts avec leurs rames, des soldats s'y jettent, traversent la Seine, et, courant de tous côtés, vont, sans que personne s'y oppose, enlever de divers ports d'autres bateaux qu'ils amènent à l'armée. La peur avait fait fuir devant l'invasion tous les habitants des campagnes, et le duc s'était enfermé dans Orléans; de sorte qu'il n'y avait nulle part ombre de résistance. On attache fortement les barques les unes aux autres, pour leur donner de la solidité, et l'armée passe ainsi le fleuve. Une fois à terre, elle brûle, elle pille horriblement tout le pays jusqu'à la Loire (1); puis, envahissant la terre des pirates, elle n'y laisse que le sol (2). Après avoir ainsi cruellement vengé l'injure faite à Louis, les rois regagnent chacun leurs états, et Louis revient à Reims.

LIX. — *Comment Dérold fut trompé par un médecin et le trompa à son tour.*

En ce temps mourut Dérold, évêque d'Amiens (3), homme remarquable, que la vive amitié du roi et ses connaissances profondes en médecine avaient autrefois attaché au palais. Il y servait encore le roi (4), quand il arriva, dit-on, qu'il fut joué par un médecin de Salerne qu'il joua à son tour. Tous deux étaient fort habiles médecins;

(3) Le médecin Dérold fut fait évêque d'Amiens en 929 (*Flod.*, ann. 929), l'année même de la mort de Charles-le-Simple, et il y a tout lieu de supposer qu'il dut cet honneur à ses sympathies pour le roi Raoul. Nous ne voyons pas du moins qu'il en ait eu de bien vives pour la race de Charlemagne, et nous savons qu'il se rangea du côté de Hugues et d'Héribert contre Louis et l'archevêque Artauld (V. le mémoire d'Artauld dans l'*Histoire de l'Eglise de Reims* de Flod., IV, 35). Il est bon d'ailleurs d'observer que la curieuse anecdote, ici racontée par Richer, se rapporte à une époque antérieure à l'épiscopat de Dérold : la *note latine* (a) ne permet aucun doute à cet égard.

(4) Charles-le-Simple.

cumque deceperit. Etenim cum uterque in arte medicinæ optime posset, et iste regi potior, Salernitanus vero reginæ (a) peritior videretur, commento regis repertum est quis eorum rerum naturas magis dinosceret. Jussit etenim coram se illos consedere convivas, causam rei penitus dissimulans, ac sepe eis questiones proponens. Quisque ut poterat proposita solvebat. Deroldus quidem, utpote litterarum artibus eruditus, probabiliter objecta diffiniebat. Salernitanus vero licet nulla litterarum scientia præditus, tamen ex ingenio naturæ, multam in rebus experientiam habebat. Regio itaque jussu cotidie consident, ac mensa regia continue una potiuntur. Et die quadam de dinamidiarum differentiis disputatum est, tractatumque uberius quid efficiat farmaceutica, quid vero cirurgica, quid etiam butanica. At Salernitanus, peregrina nomina non advertens, ab eorum interpretatione erubescens quievit. Invidet ergo plurimum, ac in ejus mortem venenum parare meditatur; multam dolose benivolentiam simulans. Parato vero maleficio, cum una in prandio residerent, Salernitanus ungue inpudici toxicato, liquorem piperis quo cibum pariter intinguebant, lœtaliter inficit. Quo Deroldus incaute sumpto, mox serpente veneno, deficere cœpit. Eductusque a suis, teriaca vim veneni repellit. Et triduo expleto coram rediens, Salernitano consuescebat. Interrogatus vero quid ei accidisset, fleumatis frigdore se leviter tactum respondit; quicquam fraudis se perpendisse dissimulans. Unde et hostem incautum efficit. Convivæ itaque redditi, Deroldus toxicum inter auricularem ac salutarem occultatum, ejus cibo sumendo respersit. Quod mox venis serpens, vitæ calorem fugabat. Vexatusque a suis eductus est. Qui veneno expellendo operam dans, nihil curæ agebat. Deroldum itaque magnificans, summumque eum in medicina prædicans, ejus curam vehe-

(a) r. Frederunæ *deletum*.

(1) Frédéronne (Cf. la *note latine a*).
(2) M. G. : « *Un jour on discuta sur la dynamique.* »

mais le Salernitain avait la confiance de la reine (1). Le roi, qui préférait Dérold, fit bien voir lequel des deux connaissait le mieux les secrets de la nature. Il les admit l'un et l'autre à sa table, sans rien dire du motif de sa conduite, et souvent il leur proposait des questions auxquelles ils répondaient chacun comme ils pouvaient. Dérold, en homme versé dans les sciences, résolvait les difficultés par le raisonnement; mais le Salernitain, étranger aux belles-lettres, joignait à un talent naturel une grande expérience. Sur l'invitation du roi, ils venaient donc régulièrement tous les jours s'asseoir à sa table. Or, un jour que la discussion roulait sur le caractère propre des différentes branches de la science médicale (2), et qu'on traitait longuement de la pharmaceutique, de la chirurgie et de la botanique, le Salernitain, qui n'entendait rien à ces noms étrangers, dut renoncer en rougissant à en donner l'explication (3); il en conçut une violente jalousie contre Dérold, et songea à se défaire de son rival par le poison. Il affecte donc les dehors de l'amitié, et, quand il est prêt à commettre sa méchante action, comme ils dînaient assis à côté l'un de l'autre (4), de l'ongle de son doigt du milieu, qu'il avait enduit par avance de la composition mortelle, il empoisonne la poivrade où ils trempaient ensemble les mets qu'on leur servait. A peine Dérold, qui était sans défiance, a-t-il pris de celle-ci, que le poison court dans ses veines ; il tombe en défaillance, ses gens l'emportent ; mais il triomphe de la violence du poison par la thériaque, et, reparaissant au bout de trois jours, il revoit le Salernitain. Celui-ci lui demande ce qui lui est arrivé, et Dérold, paraissant ignorer la trahison dont il a été l'objet, répond qu'il a eu un léger refroidissement. Il inspire de la sorte à son ennemi une grande sécurité. Les voilà donc redevenus convives ; Dérold alors, cachant du poison entre son petit doigt et l'index (5), le répand sur les mets du Salernitain. Le poison aussitôt s'insinue dans ses veines et glace son sang. On l'emporte et il s'efforce de combattre son mal, mais en vain ; il fait alors l'éloge de Dérold, exalte son talent en médecine et demande à grands cris ses soins.

(3) M. G. : « *Le Salernitain,... qui n'osait en demander l'explication, garda le silence.* »

(4) M. G. : « *Comme ils étaient tous deux à table.* »

(5) J'en conviens avec M. Guadet, on ne conçoit guères cette disposition, et il y a lieu de supposer que l'auteur a voulu écrire *annularem* au lieu de *salutarem*.

mentissime petebat. Qui regis jussu flexus, antidotis datis a toxico per industriam non ex toto purgavit. Nam sumpta teriaca, vis veneni in pedem sinistrum penitus dilapsa est; in tantum ut, apud domesticos eo familiariter agente, venenum, ut fertur, in modum ciceris a pede per venam surgens, ab antidoto obviante in pedem repelleretur. Quibus diutissime sic repugnantibus, pes in cutis superficie foratur. Factoque morbo, post a cirurgis miserabiliter absciditur.

LX.

Interea dux Neustriam combustam direptamque dolens, exercitum parat, et in Arnulfum, cum in regem non auderet, truculentus effertur. Oppida quoque illius aliquot impugnat. At cum per dies sex nullum comprehendere posset, voto frustratus sua repetit. Quæ dum a duce gererentur, rex obsidione Mosomum premebat, eo quod ducis nepos Hugo a pontificatu abjectus ibidem moraretur. Hunc itaque infestabat in ducis contumeliam. At ducem ab obsidione discessisse comperiens, ipse quoque Remos repetit. Qua etiam tempestate Bovo Catalaunensium episcopus, hac vita decessit. Cui etiam mox successit (*a*) ab rege, Gipuinus totius electione cleri, adolescens egregius, atque a domno Artoldo Remorum metropolitano consecratur episcopus.

LXI.

Post (*b*) hæc vero, rex in Belgicam concessit, ibique ei locuturus, Otto rex (*c*) obviam venit. Ac quæque neces-

---

(*a*) s. donatus *vox jam deleta.*

(*b*), *Regis iter Aquisgranense paulo amplioribus verbis Trithemius exposuit* a. 948 et 949.... Remorum civitatem revertitur. Quo jussu regio convenerunt ex Celtica fere omnes episcopi, abbates, comites et nobiles, illis duntaxat exceptis qui partes ducis Hugonis sequebantur. Communi omnium decreto statuitur, ut regiæ dignitatis causa disponeretur apud regem magnum Ottonem, eo quod ipse tunc in Belgica moraretur, et apud alios, quorum prudentiæ res publica videretur commendanda. Et legatis utrinque directis rex Otto indicit colloquium generale in palatio Aquisgrani ad festum Dominicæ Resurrectionis proxime habendum.

Dérold, cédant aux ordres du roi, donne au malade de l'antidote, mais de façon à ne pas le débarrasser entièrement du poison. La thériaque qu'il lui administra fit, en effet, tomber celui-ci dans le pied gauche, si bien que, sur les conseils de Dérold aux gens du Salernitain (1), toutes les fois que le poison, sous la forme d'un pois, dit-on, tendait à remonter du pied par les veines, l'antidote venait le refouler dans le pied. Ces deux principes se combattant ainsi longtemps, une plaie survint au pied, qui, par suite des progrès du mal, fut enfin tristement amputé par les chirurgiens.

LX. — [*Le duc marche contre Arnoulf, tandis que le roi assiége Mouzon.*] (947)

Cependant le duc, affligé de la dévastation de la Neustrie, lève une armée, et, n'osant rien entreprendre contre le roi, marche furieux contre Arnoulf. Il attaque quelques-uns de ses châteaux ; mais, au bout de six jours, voyant qu'il n'en pouvait prendre aucun, il rentre chez lui, trompé dans ses espérances. Durant cette expédition, le roi, de son côté, avait mis le siège devant Mouzon, où s'était retiré l'archevêque Hugues, après son expulsion du siège de Reims, et il poursuivait avec acharnement le neveu en représailles des hostilités de l'oncle. Mais, en apprenant la retraite du duc (2), il retourna lui-même à Reims. Sur ces entrefaites, mourut Bovon, évêque de Châlons, qui fut bientôt remplacé par un jeune clerc de noble naissance, nommé Gibuin, que tout le clergé élut, sur la recommandation du roi, et que sacra Artauld, archevêque de Reims.

LXI. — [*Louis va conférer en Belgique avec Otton.*]

Le roi partit ensuite pour la Belgique, où le roi Otton vint le trouver, pour conférer avec lui. Ils prirent ensemble les dispo-

---

(A. 949). Anno prænotato rex Otto, et Ludovicus Gallorum juxta condictum ad festum Dominicæ Resurrectionis in Aquisgrani conveniunt; ad quas e Germania et Gallia nonnulli quoque principes, episcopi, abbates et comites confluxerunt; qui omnes cum summa reverentia et honore sanctum pascha in dicto palatio celebrarunt. *Quæ ut seculi XVI. commentarium, nullius auctoritatis esse, patet.*

(c) r. Belgicæ *del.*

(1) M. G. : « *pendant qu'il agissait familièrement avec les gens de la maison.* »

(2) Et aussi « parce que le succès ne répondait pas à ses désirs et que les Lorrains le quittèrent au bout d'un mois (*Flod.*). »

saria ordinantes, ambo reges Aquisgrani pascha celebrant, atque multa reverentia sese mutuo honorant, atque hoc ab Ottone amplius; a quo etiam Ludovicus regiis donis liberalissime honoratur.

LXII. — Dux urbem * Remensem * impugnat *.

Dum hæc ita sese haberent, dux de regis injuria apud suos agitabat, oportunitatem in regis absentia asserens, qua urbem Remorum capiat, cum tunc urbs tam episcopo quam militibus vacua esset, rex etiam ipse alias occupatus alia quereret. Unde et possibile asserebat, facili expugnatione urbem capi, idque attemptare sese plurimum velle. Quibus milites capti, in urbem mittendas cohortes censent. Quæ collectæ, cum duce gradiuntur. Urbem appetunt, et circumquaque obsidione premunt. Diffunduntur quoque passim, atque frumentum ex locis contiguis in usum pugnæ convectant. Castra fossis muniunt, cratibusque circumdant. Pugnam ergo in dies aut semel, aut bis inferunt. Nec minus et cives vehementissime resistunt. Jamque id diebus numero novem agitabant, cum regem adeo indignatum regredi ab observatoribus nuntiatur. Et mox obsidione soluta, duodecima die ab urbe discedunt.

LXIII.

Nec diu moratus rex urbem succurrendo ingreditur. Apud quem mox principes collecti, de ejus ac communi salute consultant. Et quia rerum utilitas Ottonem consiliis interesse exigebat, diriguntur legati, per quos ei (a) necessitas demonstratur, ac colloquium exeunte mense Augusto sibi habendum secus fluvium Karam denuntiatur.

LXIV.

Cum hæc sic sese haberent, dux nepotem ab præsulatu pulsum dolebat. Suadebat itaque ut officio pontificali

---

* urbem, ensem im, nat *abscisa*.

(a) Ottoni *corr*. ei. *Talia omisi*.

sitions que réclamaient les circonstances, et célébrèrent à Aix la fête de Pâques, se témoignant l'un à l'autre les plus grands égards; Otton, surtout, traita Louis avec honneur, et lui fit de riches présents.

LXII. — *Le duc assiége la ville de Reims.*

Pendant ce temps-là, le duc, qui songeait à tirer vengeance de l'injure qu'il avait reçue, représentait aux siens l'absence du roi comme une occasion favorable de s'emparer de la ville de Reims, qui, pour lors sans évêque et sans troupes, ne pouvait compter sur Louis, retenu ailleurs par d'autres soins. Aussi prétendait-il qu'il serait facile d'emporter la place et se montrait-il impatient de le tenter. Séduits par ses paroles, les vassaux du duc sont d'avis de diriger sur Reims des cohortes, et celles-ci, réunies, se mettent en marche avec le duc. Arrivé devant la ville, on la cerne de tous côtés; on se répand aussi dans les environs, et on enlève le blé nécessaire à l'approvisionnement de l'armée. Le camp est environné de fossés, et les fossés sont couronnés d'une palissade. Cela fait, on attaque les remparts une ou deux fois par jour; mais les bourgeois se défendent bravement. Il y avait déjà neuf jours qu'ils résistaient, quand les coureurs du duc vinrent lui annoncer que le roi arrivait avec l'indignation dans le cœur. Aussitôt il fait lever le siége, et le douzième jour il s'éloigne de la ville (1).

LXIII. — [*Le roi invite Otton à une conférence.*]

Le roi ne tarda pas à y entrer, et bientôt les grands, réunis autour de sa personne, s'occupèrent avec lui de ses intérêts et de ceux de l'État. Mais, comme les circonstances exigeaient qu'Otton assistât aux délibérations, on lui envoya des ambassadeurs, qui lui en représentèrent la nécessité et arrêtèrent pour la fin d'Août une entrevue des deux rois, sur le Chier.

LXIV. — [*L'évêque Hugues, pour ne pas paraître déchu de l'épiscopat, fait des prêtres et des évêques.*]

Cependant le duc, désolé de la déposition de son neveu, lui conseillait de persister dans l'exercice de ses fonctions épiscopales, et,

---

(1) « La résistance des gens du roi et de l'archevêque fut telle, dit Flodoard, que le *huitième jour* les assaillants se retirèrent confus. »

amplius insisteret, et ne privatus penitus dignitate videretur, aliquas ad gradus promoveret personas. Tetbaldum ergo Suessonicæ æcclesiæ diaconum accersit, presbiterumque ordinat, ac post duce agente æcclesiæ Ambianensium episcopum sacrat. In qua re favere visus est Wido tantum Suessorum episcopus. Quem quia post penituit, sequentia demonstrabunt. Sed tempus colloquendi regibus advenit, ac secus fluvium Karam sibi occurrunt. Nec defuit dux, qui et ipse apud Duodeciacum vicum castra fixit, ut pro nepote causam apud episcopos ageret.

LXV. — Dux * enititur ut * causa * pro suo nepote * apud episcopos * agatur.

Regibus itaque rerum negotia agentibus, dux causam nepotis episcopis disponebat, penes quos etiam plurimam habebat indignationem, injuste et nullis evidentibus culpis nepotem præcipitatum memorans. Quod cum indicatum regibus esset, Ottone agente decretum est, ut ibi ab episcopis causa Artoldi atque Hugonis discuteretur, ita tamen ut et dux tempore congruo regi satisfaceret. Episcopis itaque rationem excipientibus, cum inter plurima quæ ibi explicata sunt illud constantissime refutarent, quod Hugo sacerdotio privatus, contra fas Ambianensium episcopum ordinasset, regum sententia in aliam sinodum hujusmodi rationem transferendam constituit. Videbatur etenim, quod non ad æquitatem satis commode hæc altercatio determinari valeret, cum nec sinodus ad hoc convocata fuisset. Et decreto regio 15 Kalend. Decemb. habenda denuntiatur. Interim vero sedes Remensis Artoldo conceditur, Hugoni vero in castro Mosomensi commorari permittitur. Pax quoque sequestra Ottonis interventu regi ac duci ab alterutro datur, et usque ad tempus habendæ sinodi sacramento firmatur.

* Du, ut, c, nep, episcopo *abscisa*.

pour ne point paraître privé de tout pouvoir, de faire quelque ordination. L'évêque déchu mande donc le diacre Thibaud, de l'église de Soissons, l'ordonne prêtre, puis poussé par le duc, le consacre évêque de l'église d'Amiens. Gui, évêque de Soissons, semble seul en cela lui avoir prêté son concours, et la suite montrera qu'il en conçut plus tard du repentir. Mais l'époque de la conférence était arrivée ; on se réunit sur le Chier. Le duc y vint aussi, pour plaider auprès des évêques la cause de son neveu, et fit dresser son camp près de Douzy (1).

LXV. — *Le duc s'agite pour obtenir que la cause de son neveu soit examinée par les évêques.*

Tandis que les rois réglaient leurs intérêts, le duc exposait aux évêques la cause de son neveu, leur témoignant toute son indignation qu'on l'eût dépossédé injustement et sans qu'il y eût faute évidente de sa part. Les rois en ayant été avertis, Otton fit décréter que l'affaire d'Artauld et de Hugues serait déférée à l'examen des évêques présents, à la condition toutefois que le duc donnerait satisfaction au roi dans un juste délai. Les évêques accueillirent donc la cause ; mais, comme aux explications qui leur furent fournies, ils objectaient constamment que Hugues, dépossédé qu'il était de la dignité pontificale, avait, contre tout droit, sacré l'évêque d'Amiens, les rois arrêtèrent que l'affaire serait réservée pour un autre synode ; car il ne semblait pas qu'un tel procès pût être jugé régulièrement par une assemblée qui n'avait pas été convoquée pour cet objet. Un décret fixa l'ouverture du concile au 15 des calendes de Décembre (2). En attendant, on accordait à Artauld le siège de Reims, et on permettait à Hugues de demeurer au château de Mouzon. Otton amena aussi le roi et le duc à conclure une trêve, qu'ils jurèrent d'observer jusqu'à la réunion du prochain concile.

(1) Douzy, sur le Chier, près du confluent de cette rivière et de la Meuse.

(2) Le 16 Novembre.

LXVI. — Sinodus * Virduni * habita.

Tempus advenit, sinodusque episcoporum Virduni collecta est atque habita præsidente Rotberto metropolitano Treverico, cum Artoldo Remensi, considentibus quoque Adalberone Mettensi, Gauslino Tullensi, Hildeboldo Mimegardvurdensi, Israhele Brittigena, assistentibus etiam Brunone, viro reverendo et abbate, cum aliis abbatibus et monachis venerandis Agenoldo et Odilone. Ad hanc sinodum Hugo vocatus, missis ad eum deducendum Adalberone et Gauslino episcopis, venire noluit. Unde et episcoporum sententia (*a*) Artoldo tenere concedit episcopium. Sicque nullis rerum determinatis rationibus, sinodus soluta est.

LXVII. — Sinodus Mosomi ** habita.

Indicitur vero habenda Idibus Januar. Et evoluto tempore, in basilica Sancti Petri (*b*) apud Mosomense castrum secunda sinodus habita est, præsidente quoque prædicto metropolitano Rotberto Treverico, cum fere omnibus suæ dioceseos episcopis, ac aliquibus Remensis; consedente etiam Artoldo, cujus causa discutienda erat. Ne (*c*) abfuit Hugo; at sinodum ingredi noluit. Epistolam vero, nomine Agapiti papæ signatam, per suos (*d*) sinodo legendam porrexit. Quæ cum soluta et lecta esset, nihil canonicæ auctoritatis habere videbatur, nihil etiam pro ejus causa significare, nisi ut episcopium ei redderetur. Qua perlecta, cum episcopi consulto sese contulissent, cassandam censuerunt, eo quod, absque ratione, rem quæ in lite erat abdicato reddi jubebat. Et quia paulo ante ab ipso papa Agapito delegata erat epistola per Fredericum Maguntinum episcopum, atque data Rotberto, metropolitano Treverico,

---

* nod, ni h *abscisa.*
** Mo *abscisum.*
(*a*) sensentia *c.*
(*b*) Petetri *c.*
(*c*) *ita c.*
(*d*) per quendam clericum suum 1.

LXVI. — *Synode de Verdun.*

Le temps arrivé, le synode s'assemble à Verdun, sous la présidence de Robert, archevêque de Trèves, assisté d'Artauld de Reims; là se trouvaient Adalbéron de Metz, Gauslin de Toul, Hildebold de Munster, Israël de Bretagne, avec le révérend abbé Brunon (1), et les vénérables abbés et moines, Agenold et Odilon (2). Hugues y fut aussi appelé, et les évêques Adalbéron et Gauslin furent délégués vers lui pour l'amener ; mais il refusa de s'y rendre. Aussi, par sentence des évêques, Artauld fut-il laissé en possession de l'évêché ; après quoi le synode se sépara, sans avoir examiné l'affaire au fond.

LXVII. — *Synode de Mouzon* (948).

Un autre synode fut indiqué pour les ides de Janvier et se tint au temps fixé dans la basilique de Saint-Pierre, à Mouzon, sous la présidence de Robert de Trèves. Presque tous les évêques de ce diocèse s'y trouvaient, avec quelques-uns de celui de Reims, et Artauld, dont la cause devait être entendue. Hugues lui-même s'y rendit, mais sans vouloir entrer au synode. Il fit remettre à l'assemblée une lettre signée du pape Agapit (3). On l'ouvrit, on la lut, et il sembla tout d'abord qu'elle n'avait aucun des caractères d'une sentence canonique, qu'elle prescrivait purement et simplement de rendre à Hugues l'évêché. On la relut, et, après en avoir conféré, les évêques furent d'avis de la considérer comme nulle, attendu qu'elle ordonnait, avant tout examen (4), de remettre au dépossédé la chose même qui était en litige. Et comme, peu de temps auparavant, le même pape Agapit avait chargé Frédéric, évêque de Mayence, d'un mandement apostolique, que celui-ci avait remis à Robert, archevêque de Trèves, devant les rois et les

---

(1) Brunon, frère du roi Otton, était abbé d'un monastère du diocèse de Worms.

(2) Agenold était abbé de Gorze (Moselle), et Odilon, abbé de Stavelo (Ardennes).

(3) Agapit ou Agapet II (946-955).

(4) Littéralement: *sans* [énoncer de] *motif*. Rapprochée de l'adverbe *rationabiliter*, qui se trouve quelques lignes plus bas, l'expression *absque ratione* pourrait encore signifier *contre toute règle*, et presque, *illégalement*.

coram regibus ac Galliæ et Germaniæ episcopis, quæ erat continens auctoritatem apostolicæ jussionis, partemque præceptorum ejus jam exsecuti fuerant, communi mox consensu decretum est, ut quod regulariter cœptum erat, rationabiliter atque canonice pertractaretur. Simulque et mox a metropolitano jussum est, ut recitaretur caput 19 concilii Cartaginensis, quod constat de accusato et accusatore. Et recitato, secundum ipsius capituli sententiam constituere ut, Remensi parrœchia Artoldo restituta, qui nullius sinodi rationes audire refugit, Hugo, qui ad duas jam sinodos accersitus venire contempserat, a Remensis episcopii regimine abstineret, donec in tertiam sinodum (*a*) purgandus de objectis adveniret. Capitulum vero supra dictum, litteris cartæ mandatum est, et ab episcopis cautum, ac eidem Hugoni directum. In quo, cum episcoporum cautionem subscriptam Hugo vidisset, motus in iram, Rotberto qui sinodo præerat contumeliose remisit, episcoporum judicio nihil sese facturum asserens. Et sic causa penitus indiscussa, sinodus soluta est. Indicitur vero tercia sinodus Kal. Aug. habenda.

LXVIII.

His ita gestis, Artoldus epistolam ad sedem Romanam dirigit, commodissime continentem, et suarum injuriarum seriem, et regis incommodorum tenorem. Domnus itaque Agapitus papa, ad multam benivolentiam animum intendens, mox accersit venerabilem Ostiensem episcopum Marinum, magnæ æquitatis et prudentiæ virum, vim epistolæ ei explicans, et ad rerum correctionem illum vehementissime hortans. Mittitur ergo venerabilis Marinus, domni papæ vicarius, ad Ottonem regem, ob evocandam atque congregandam universalem sinodum. Diriguntur et epistolæ specialiter aliquot episcopis tam Germaniæ quam Galliæ, ad rerum æquitatem suasoriæ.

(*a*) s. quæ kalendis Aug. habenda indicebatur *del*.

prélats de la Gaule et de la Germanie, et qu'une partie de ce mandement avait déjà reçu son exécution, on décréta aussitôt que ce qui avait été régulièrement commencé serait régulièrement et canoniquement poursuivi. En même temps, le métropolitain fit lire le chapitre 19 du concile de Carthage, *De l'accusé et de l'accusateur*. Après cette lecture, on décida que, conformément aux dispositions de ce chapitre, l'église de Reims serait rendue à Artauld, qui n'avait refusé d'assister aux délibérations d'aucun concile, et que Hugues, qui, invité à deux conciles déjà, avait dédaigné d'y comparaître, devait s'abstenir de l'administration du diocèse de Reims, jusqu'à ce qu'il fût venu se justifier devant un troisième synode (1). Le chapitre précité fut transcrit, confirmé par les signatures des évêques et envoyé à Hugues. Ce qu'ayant vu, celui-ci, transporté de colère, renvoya injurieusement l'écrit à Robert, le président du concile, en déclarant qu'il ne se soumettrait jamais au jugement des prélats. Ainsi le synode se sépara, sans être entré dans la discussion du procès. Mais un troisième synode fut indiqué pour les calendes d'Août.

LXVIII. — *Le pape envoie à Otton un légat, chargé de convoquer un concile général.*

Après cela, Artauld envoya au Siége de Rome une lettre, qui exposait fort nettement toutes les violences qu'il avait endurées, et les griefs des rois. C'est pourquoi le seigneur pape, Agapit, animé des sentiments les plus bienveillants, fit venir aussitôt le vénérable évêque d'Ostie, Marin, que distinguaient une grande prudence et une grande équité ; il lui donna connaissance de la lettre, l'exhorta vivement à régler cette affaire et l'envoya au roi Otton avec le titre de vicaire du pape, pour la convocation et la tenue d'un concile général. Des lettres particulières furent aussi envoyées à quelques-uns des évêques de la Germanie et de la Gaule, pour les engager à se montrer juges équitables.

---

(1) « Devant un concile général » (*Flod.*), c'est-à-dire national.

LXIX. — Item sinodus * apud Angleheim * habita *.

Interea statuto tempore, sinodus universalis collecta est ex præcepto Agapiti papæ, sub Marino ejus vicario, in palatio Angleheim, quod interpretatur angelorum domus, secus fluvium Rhenum, in basilica beati Remigii Francorum apostoli. Domno itaque Marino præsidente, episcopi quoque qui ex diversis confluxerant, jure æcclesiastico consederunt, Rotbertus videlicet Trevericus metropolitanus, Artoldus Remensis metropolitanus, Fredericus Maguntinus metropolitanus, Wicfridus Coloniensis metropolitanus, Adaldacchus Hammaburgensis episcopus, Hildeboldus Mimegardvurdensis episcopus, Gauslinus Tullensis episcopus, Adalbero Mettensis episcopus, Berengarius Virdunensis episcopus, Fulbertus Cameracensis episcopus, Rodulfus Laudunensis episcopus, Richoo Warmacensis episcopus, Reimboldus Spirensis episcopus, Boppo Wirzburgensis episcopus, Chounradus Constantiensis episcopus, Odelricus Augustensis episcopus, Thethardus Hildinesheimensis episcopus, Bernardus Alfureestedensis episcopus, Dudo Poderbrunnensis episcopus, Lioptacus Ribunensis episcopus, Michahel Radisponensis episcopus, Farabertus Tungrensis episcopus, Doddo Osnebruggensis episcopus, Evherus (*a*) Mindensis episcopus, Baldricus Trejectensis episcopus, Heiroldus Salzburgensis episcopus, Adalbertus Pazsoensis episcopus, Starchandus Eistetiensis episcopus, Horath Sleoswicensis episcopus, Wichardus Basiliensis episcopus, Liefdach Ripuensis episcopus.

LXX. — De dispositione ** gerendorum **, et habenda ** juditii prælatura **.

Horum omnium cuique cum liceret ex canonibus vel decretis proferre quæcumque negotio commoda viderentur, disponendi (*b*) tamen facultas et rationum interpretatio,

* odus, gle, bita *abscisa*.
** tio, dor, da, tu *abscisa*.

LXIX. — *Synode d'Ingelheim.*

Au temps fixé (1), le concile général se tint, suivant le décret du pape Agapit, sous la présidence de Marin, son vicaire, au palais d'Ingelheim (ce qui veut dire maison des Anges), sur le Rhin, dans la basilique du bienheureux Remy, apôtre des Francs. Là donc, sous la présidence de Marin, se réunirent de différentes contrées et siégèrent, suivant leur rang, les archevêques Robert de Trèves, Artauld de Reims, Frédéric de Mayence, Wicfrid de Cologne, les évêques Adaldach de Hambourg, Hildebold de Munster, Gauslin de Toul, Adalbéron de Metz, Bérenger de Verdun, Fulbert de Cambray, Rodolf de Laon, Richoo de Worms, Reimbold de Spire, Boppo de Wurtzbourg, Conrad de Constance, Odelric d'Augsbourg, Thethard de Hildesheim, Bernard d'Halberstad, Dudon de Paderborn, Lioptach de Riben, Michael de Ratisbonne, Farabert de Tongres, Doddon d'Osnabruck, Evherus de Minden, Baldric d'Utrech, Heirold de Saltzbourg, Adalbert de Passau, Starchand d'Eichstædt, Horath de Sleswic, Wichard de Bâle, Liefdach de Ripen (2).

LXX. — *De la direction des débats, et de la présidence.*

Bien que les canons et les décrets autorisassent chacun de ces prélats à ouvrir l'avis qui paraîtrait le plus avantageux dans la circonstance, cependant on chargea le seigneur Robert de Trèves du soin d'exposer l'affaire et de présenter les moyens des parties,

---

(a) Euherus c.
(b) ordinandi *corr.* disponendi.

---

(1) Ceci n'est pas exact; on avait fixé les calendes d'Août pour la tenue du concile, et il s'ouvrit le 7 des ides de Juin (7 Juin).

(2) A la place de *Liefdach de Ripen*, qui est le même que *Lioptach de Riben*, la préface du concile nomme *Rembrand d'Aruhsen*. — M. G. traduit : Liefdach, *évêque des Ripuaires*.

domno Rotberto Treverico commissa est, eo quod divinarum et humanarum rerum scientia et eloquentiæ efficatia insignissimus haberetur. Judicii vero censura penes domnum Marinum domni papæ vicarium mansit. Et considentibus cunctis, post præmissas secundum ordinem celebrandi concilii preces, postque recitata decretorum sacra capitula, serenissimi reges Ludovicus et Otto, in sacram sinodum admissi sunt. Quibus etiam considentibus, domnus ac venerandus Rotbertus sic orsus cepit :

LXXI. — Prælocutio * Rotberti * Treverici * metropolitani in sinodo.

« Multa, inquiens, sunt, patres reverendi, quibus hic
» apud serenissimos reges, in unum coacti residemus ;
» plurima etiam quæ vestra probitate ordinanda videntur (a). Totius pene Galliæ rem publicam pravorum
» temeritate turbatam, magnisque subjacere periculis
» constat. Unde et leges divinæ atque humanæ indiscrete
» a malivolis contempnuntur, cum is cui regnorum (b)
» jura debentur, et imperandi potestas transfusione
» paterna credita est, suorum insectatione captus, ergastuloque immaniter trusus sit, suorum adhuc gladiis
» infestetur (c), Remorum quoque metropolim absque
» pastore fures atrocissime insectentur, cultus divinus
» vilescat, religio canonica pro nihilo sit. His ergo, patres,
» vehementissime insistendum arbitror, multaque nobis
» diligentia enitendum, qui gratia sancti Spiritus hic in
» unum confluximus (d), quatinus res ante dissolutæ sic in
» fœdus redeant, ut et domno ac serenissimo regi libera
» regnandi reddatur potestas, et per eum ecclesiæ Remensi
» debitus suus restituatur honor.

* Pr, R, ri, li *abscisa*.
(a) cognoscimus *superscripto* videntur.
(b) Galliarum *superscripto* regnorum.

attendu qu'il était regardé comme le plus éloquent et le plus versé dans la connaissance des choses divines et humaines. Quant au droit de prononcer dans la cause, il fut réservé au seigneur Marin, vicaire du seigneur pape. Lorsque tout le monde eut pris place, après les prières prescrites pour la célébration d'un concile et la lecture des saints canons, les sérénissimes rois Louis et Otton furent introduits au sacré synode, et s'assirent. Alors le vénérable seigneur Robert ouvrit la séance par ces paroles (1) :

LXXI. — *Discours d'ouverture de Robert, archevêque de Trèves, dans le synode.*

« Révérends pères, plus d'un motif nous réunit ici en présence
» des sérénissimes rois ; plus d'un intérêt semble devoir être réglé
» par votre sagesse. Tout le monde sait que la Gaule entière a été
» troublée par les menées ambitieuses des méchants, et se trouve
» exposée à de grands périls. Les lois divines et humaines sont
» également foulées aux pieds ; car celui à qui appartient la cou-
» ronne, à qui son père a transmis le droit de régner, après avoir été
» poursuivi par ses sujets, pris et cruellement jeté dans un cachot,
» se voit encore menacé de leurs glaives. En outre, la métropole
» de Reims, privée de pasteur, est indignement ravagée par des
» brigands ; le culte divin est avili, les préceptes de la religion sont
» méprisés. Voilà, je crois, révérends pères, des désordres auxquels
» nous devrons donner la plus sérieuse attention, nous qui sommes
» ici réunis par la grâce du Saint Esprit ; nous aurons à faire les
» plus grands efforts pour rapprocher ce qui, jusqu'à présent, a été
» divisé, pour rendre à notre seigneur et sérénissime roi le libre
» pouvoir de régner, et, par lui, à l'église de Reims l'honneur qui
» lui appartient. »

(c) appetitur 1.
(d) c. multo intuitu, multo caritatis affectu [considerandum *corr.*] insistendum arbitror ut sic *res* etc. *deleta.*

---

(1) Selon Flodoard, que je croirais plus volontiers, ce fut le légat qui prit le premier la parole.

LXXII. — Responsio * Marini * Romanæ * sedis * legati *.

Ad hæc domnus Marinus sanctæ Romanæ sedis vicarius :
« Optime, inquit, atque utiliter frater ac coepiscopus
» Rotbertus, rerum seriem tenuit. Etenim cum divinas
» leges humanis præponendas ipse pernoscat, conside-
» rata tamen rerum fortuna, regiæ dominationis imperium
» ante dixit restaurandum, ut ejus vigore firmato, ejusque
» potentia utiliter restituta, ejus post liberalitate, eccle-
» siarum Dei honor consequenter recrescat, ejus patrocinio
» agente, virtus bonis quibusque redeat. Quod ut, Deo
» annuente, fieri queat, in primis audienda atque strenuis-
» sime disponenda videtur causa domni ac serenissimi
» regis, si id quoque vestri judicii paciatur censura. »
Sinodus dixit : « Audiatur. »

LXXIII. — Conquestio ** Ludovici ** regis ** apud Ottonem regem **
et sinodum ** regni **.

Tunc rex Ludovicus ab Ottonis regis latere surgens,
stando conqueri modestissime petebat. At rogatus ab
sinodo, hujusmodi residens effudit querelam : « Quanto,
» inquiens, Hugonis instinctu, quantoque ejus impulsu
» conqueri cogor, testis est ille, cujus gratia vos hic
» congregatos paulo ante relatum est. Pater ejus, ut a
» principio exordiar, patri meo regnum invidens, dum ei
» domi militiæque servitium deberet, regno illum imma-
» niter privavit et usque ad vitæ ejus suprema (a)
» ergastulo (a) inclusum esse rogavit (a). Me vero parvum
» in fasciculo farraginis a meis dissimulatum, in partes

* ponsio, ni, Ro, sedis, ti *abscisa*.
** estio, ci, regis, gem et, m, i *abscisa*.
(a) ma, o inclu, ogavit *absc*.

---

(1) C'est de la même façon que le gouverneur de Richard, s'il fallait en croire les chroniqueurs normands, aurait enlevé ce jeune prince de la cour de Laon.

LXXII. — *Réponse de Marin, légat du Saint-Siége.*

Le seigneur Marin, légat du Saint-Siége romain, prenant ensuite la parole : « Notre frère et coévêque Robert, dit-il, a parfaitement
» exposé l'ordre de vos délibérations; car, tout en sachant très-bien
» que les lois divines passent avant les lois humaines, il a pensé
» qu'eu égard à l'état des choses le pouvoir royal devait être avant
» tout restauré, afin qu'une fois relevé et affermi, il travaillât
» généreusement à rendre aux églises de Dieu leur éclat, aux
» gens de bien le courage. Pour atteindre ce but avec le secours
» de Dieu, je crois donc que vous aurez à entendre tout d'abord,
» si votre prudence le juge bon, la cause du seigneur et sérénis-
» sime roi, et à régler avec tout le zèle possible les intérêts de la
» couronne. » Le synode dit : « Que la cause soit entendue. »

LXXIII. — *Plaintes du roi Louis au roi Otton et au synode.*

Alors le roi Louis, qui était assis à côté du roi Otton, se leva, et debout il demandait avec une extrême modestie à plaider sa cause ; mais, sur la prière du concile, il se rassit et exposa ainsi sa plainte : « Si je me plains aujourd'hui, il sait à quel point le mau-
» vais vouloir et les persécutions de Hugues m'y ont contraint,
» celui par la grâce de qui on disait tout-à-l'heure que vous êtes ici
» réunis. *Son* père, pour reprendre les choses dès le principe, son
» père, enviant au mien le sceptre, au lieu de lui rendre en paix et
» en guerre le service qu'il lui devait, l'a inhumainement privé du
» trône, en demandant qu'il fût tenu le reste de ses jours enfermé
» dans un cachot. Pour moi, jeune enfant, les miens me cachèrent
» dans une botte de foin (1), et *il* (2) me contraignit à fuir au

---

(2) Richer oublie de nommer Hugues, le fils de Robert, et semble rapporter à ce dernier tous les sujets de plainte qu'énumère ici Louis. Il eût pu tout au contraire se dispenser de parler du père de Hugues ; car ce qu'il en dit est loin d'être conforme à la vérité. Robert n'a pas détrôné Charles, il n'a fait que le tenter ; il n'a pu par conséquent demander que Charles fût retenu prisonnier le reste de ses jours : ce double reproche tombe sur Hugues, son fils, allié du comte Héribert. Comment ensuite Robert, tué à la bataille de Soissons, aurait-il pu contraindre Louis de fuir en Angleterre quelques mois après cette journée ? Louis a dû tenir un langage plus net et plus exact.

» transmarinas et prope in Rifeos fugere compulit. Patre
» autem extincto (*a*) et me in exilium deportato, iste
» cum reminisceretur sui patris, ob insolentiam interfecti,
» regni curam suscipere formidabat. Nobis itaque invidens,
» Rodulfum (*b*) promovit. Sed Divinitas res illius sicut et
» cetera determinans, ei quando voluit finem regnandi
» dedit. Dum item regnum vacaret, consilio bonorum me
» a partibus peregrinis exulantem revocavit, ac omnium
» conibentia in regnum promovit, nihil mihi præter
» Laudunum relinquens. Promotusque cum ea quæ regii
» juris videbantur, repetere niterer, id invidissime ferebat.
» Factus ergo latenter adversarius, amicos si quos habe-
» bam, pecuniis subvertebat, inimicos in odium amplius
» incitabat. Tandem, urgente invidia, apud piratas egit,
» ut ab eis dolo caperer; regnum in se posse refundi
» arbitrans, si id fieri contigisset. Nec defuit insidiis
» effectus. Captus fui, carcerique (*c*) mancipatus. Ille vero
» me eripere simulans, filios meos jure obsidum dandos
» petebat. At iis qui mihi fide adjuncti erant omnes dari
» reclamantibus, dimisso uno, a piratis me recepit. Jam
» libertatem sperans, quo animus impelleret ire volebam.
» Verum aliter provenisse manifestum est. Nam captum
» mox in vincula conjecit, ac annuali carceri mancipavit.
» Unde cum a cognatis et amicis meis indignantibus sese
» impetendum adverteret, libertatem (*d*) spopondit si
» Laudunum acciperet. Hoc tantum claudebar, hoc solo
» cum uxore et natis recipiebar. Quid facerem? Castro
» vitam præposui; pro castro libertatem merui. Et en
» omnibus privatus, omnium opem deposco! His si dux
» contraire audeat, nobis tantum singulariter congre-
» diendum sit. »

(*a*) capto 1.
(*b*) alium 1.
(*c*) c. per annum *del*.
(*d*) reditum 1.

» delà des mers, et, pour ainsi dire, jusqu'aux monts Riphées (1).
» Après la mort de mon père et pendant mon exil, se souvenant de
» son propre père, tombé victime de son ambition, *il* craignit de
» prendre en mains les rênes de l'Etat, et, par haine pour nous, éleva
» Raoul sur le trône. Mais la divinité, qui réglait la destinée de celui-
» ci comme toutes les autres, mit un terme à son règne quand il
» lui plut, et le trône devint de nouveau vacant. Cédant alors aux
» conseils des gens de bien, il m'a rappelé des contrées étrangères,
» où je vivais exilé, et, du consentement de tous, m'a élevé sur le
» trône, ne me laissant que la ville de Laon. Depuis, je n'ai pu
» essayer de recouvrer les droits qui me semblaient appartenir à la
» couronne, qu'il ne le vît d'un œil jaloux. Devenu pour moi un
» ennemi secret, il séduisait par des présents ceux qui m'étaient
» attachés, et animait la haine de mes ennemis. Enfin, poussé par
» le démon de l'envie, il excita les pirates à me prendre par trahi-
» son, pensant pouvoir, en cas de succès, faire passer la couronne
» sur sa tête. Le complot réussit ; je fus pris et jeté en prison,
» tandis que lui, sous le prétexte de me délivrer, faisait de-
» mander mes fils pour servir d'ôtages. Mais ceux qui m'étaient
» restés fidèles s'opposèrent à ce qu'on les livrât tous (2), et n'en
» laissèrent aller qu'un seul, en échange duquel il me reçut des
» mains des pirates. Je comptais dès-lors être libre et pouvoir
» aller où il me plairait ; mais on sait qu'il en arriva bien autre-
» ment ; car il me retint, me jeta dans un cachot et m'y garda
» pendant un an. Puis, lorsqu'il vit que mes parents et mes amis,
» indignés, allaient l'attaquer, il me promit ma liberté si je lui
» donnais Laon. Laon était le seul rempart, l'unique asile qui me
» restât, ainsi qu'à ma femme et à mes enfants ; mais que faire ? Je
» préférais la vie à un château ; je sacrifiai le château à ma liberté.
» Et voilà qu'aujourd'hui, dépouillé de tout, j'implore le secours
» de tous. Si le duc osait me contredire, je suis prêt à le com-
» battre seul à seul. »

(1) Ceci est une expression hyperbolique, *prope in Rifæos*, qui, loin de renverser ce que Richer nous a dit, au l. I, c. I, de la position de ces monts, confirme l'opinion vulgaire qu'ils appartenaient à des climats lointains.

(2) Cf. ci-dessus, l. *ibid.*, c. 48 et *note* 1.

LXXIV — Oratio * Rotberti * pro Ludovico.

Quibus palam promulgatis, Rotbertus metropolitanus subinfert : « Quoniam, inquiens, domni atque serenissimi
» regis satis breviter ac dilucide digestam, optime, ut
» arbitror, conquestionem percepimus, consequens videtur,
» ut ejus causam in quantum fas est determinemus. Dux
» ergo quia omnia pene regni jura, in sese transfudit,
» eique viribus reniti non valemus, mitius hoc attemptan-
» dum arbitror, ut qui Deum non metuit, et hominem
» non reveretur, multa ratione multaque rerum considera-
» tione, ad normam, Deo juvante, reducatur. Igitur, juxta
» patrum decreta et canonum regulam, inprimis ad
» satisfactionem fraterne monendus est, verbisque suasoriis
» ad id modestissime revocandus. Quod si post blandam
» revocationis ammonitionem resipiscere noluerit (a),
» omnium anathemate feriatur, hoc habentes præsidio,
» quod jam a domno papa correctus sit, jussusque a
» domini sui insectatione quiescere. »

LXXV. Responsio ** Marini ** legati pro ** eodem.

Atque his domnus Marinus subjunxit : « Reminiscor,
» inquiens, domnum papam ante hunc annum anathema
» in reos misisse qui hunc dominum et regem Francorum
» insectabantur; epistolam quoque suasoriam ut ab eo
» non deficiant, bonis quibuslibet delegatam, atque
» conquestionem de eadem re litteris expressam, iis quibus
» sanior mens erat delegatam fuisse. Unde et opinor
» justissime dictum, cum ante a papa vocatus atque
» correctus sit, nunc quoque caritatis gratia revocandus
» est, et diligentissima suasione ut a malis quiescat
» commonendus, et post omnium anathemate dampnandus ;

* Or, berti *abscisa*.
** Res, Ma, pro eo *abscisa*.
(a) n. tertia hujus sinodi die *del*.

LXXIV. — *Discours de Robert en faveur de Louis.*

Après cet exposé, l'archevêque Robert dit : « Nous avons par-
» faitement saisi, je crois, la plainte que le seigneur et sérénissime
» roi vient de présenter avec autant de clarté que de brièveté ; il
» semble donc que nous devons maintenant travailler à régler cette
» affaire aussi bien que possible. Ainsi, comme le duc s'est arrogé
» presque tous les droits de la couronne, et qu'il nous est impos-
» sible de le combattre par la force, je suis d'avis que nous essayions,
» avec l'aide de Dieu, de ramener doucement au devoir par la per-
» suasion et le raisonnement celui qui, ne craignant pas Dieu, ne
» respecte point l'homme. Il faut donc, conformément aux décrets
» des Pères et aux canons de l'Eglise, l'exhorter fraternellement,
» avant tout, à donner satisfaction, et l'y amener par des paroles
» pleines de modération et de douceur. Que si, après un avertisse-
» ment charitable, il ne veut revenir à de meilleurs sentiments, qu'il
» soit frappé d'un anathème général : nous aurons, pour nous y
» autoriser, les censures que le seigneur pape a déjà prononcées
» contre lui, et l'injonction qu'il lui a faite de cesser de persécuter
» son seigneur. »

LXXV. — *Réponse confirmative du légat Marin.*

» Je me souviens, dit alors le seigneur Marin, que le seigneur
» pape a, l'année dernière, lancé l'anathème sur ceux qui persé-
» cutaient le seigneur et roi des Franks, ici présent ; qu'il a écrit à
» tous les gens de bien, pour les engager à lui demeurer fidèles, et
» qu'il a dans le même but adressé à ceux qui montraient le plus
» de sagesse, une lettre où il gémissait du malheur de ce prince.
» Aussi est-ce avec raison, suivant moi, qu'on a dit qu'après avoir
» été cité et censuré par le pape, *il* (1) devait maintenant être
» ramené par la voie de la douceur ; qu'il fallait, par de sages
» conseils, le déterminer à renoncer au mal, et seulement en-
» suite, le frapper d'un anathème général, lui et tous ceux qui ont

---

(1) *Hugues*. Le latin ne le nomme pas ; c'est une négligence de Richer.

» et non solum ille, verum omnes qui ei in malis favere
» faventque. Sed hanc solum a nobis accipiet opem.
» Numquid vero ab alio quicquam opis accipiet? Ejus
» conquestio in sua clausula, opem omnium postulat. Sed
» si a nobis ei succurritur, a domno Ottone rege quid
» accipiet? Et decretalia sancta acclamant, postquam
» tirannis anathema dampnationis ab episcopis injectum
» est, a bonis quoque potentibus vim inferendam, ut si
» æcclesiasticis correctionibus ad normam redire nolunt,
» saltem potentium vehementi violentia ad bonum redire
» cogantur, ut vel invitis bona præstentur. »

LXXVI. — Oratio * Ottonis * regis pro eodem.

Ad hæc rex Otto : « Multa, inquit, sunt, patres, beneficia,
» quæ a vobis domno ac serenissimo regi Ludovico utiliter
» accommodari valebunt. Etenim si ejus insectatores armis
» divinis adoriamini, consequenter aut facili tumultu
» devicti labascent, aut si quid impetendum relinquetur,
» facilius nostris armis infirmabitur. Vos ergo, jubente
» domni papæ legato, vestri ordinis instrumenta exerite,
» ac tanti regis adversarios anathematis gladio transver-
» berate. Contra quæ si cervicem postea erigere audeant,
» et dominicis interdictis resistere non formidant, nostrum
» exinde erit, quibus commissum est in hac mundi parte
» sanctam Dei æcclesiam tueri, ut in tales arma sumamus,
» hujusmodi debellemus. Et si necessitas adurgeat,
» strictis gladiis usque ad immanissimam cædem perdi-
» tissimorum hominum deseviamus, habita in illos jus-
» tissimæ indignationis causa, quod illicita aggrediantur,
» et pro illicitis ammoniti, non corrigantur. Vos itaque
» tantum vestris insistite ; et post modestiam vestram virtus
» nostra sequetur. »

* Or, nis *abscisa*.

» favorisé ou qui favorisent ses intrigues. Mais c'est là le seul secours
» qu'*il* (1) doit attendre de nous. Ne lui en viendra-t-il pas quelque
» autre d'ailleurs ? Il terminait tout-à-l'heure sa plainte en implo-
» rant celui de tous. Si nous lui venons en aide, que doit-il espé-
» rer du seigneur roi Otton ? Les saintes décrétales proclament
» que, lorsque les évêques ont lancé l'anathème contre les
» tyrans, les hommes de bien qui ont la puissance en main
» doivent armer leur bras contre eux, afin que, si les cen-
» sures ecclésiastiques ne peuvent les faire rentrer dans le
» devoir, ils y soient du moins contraints par les terribles
» rigueurs des grands, et qu'il leur soit fait du bien, même
» malgré eux. »

LXXVI. — *Discours du roi Otton en faveur de Louis.*

A ces paroles, le roi Otton répondit : « Vous pourrez, vénérables
» pères, assurer bien des avantages au seigneur et sérénissime roi
» Louis. Car, si vous employez contre ses persécuteurs les armes
» divines, ou vous les ferez tomber aisément sous vos coups, ou,
» s'il reste encore quelque résistance à dompter, elle sera plus
» facilement vaincue par nos armes. Tirez donc du fourreau celles
» qui vous appartiennent, puisqu'ainsi le veut le légat du seigneur
» pape, et transpercez du glaive de l'anathème les ennemis d'un
» si grand roi. S'ils osent après cela relever la tête et braver
» l'interdit, ce sera pour lors à nous, qui, dans cette partie du
» monde, avons mission de défendre la sainte Église de Dieu, à
» prendre les armes contre les rebelles et à les combattre de
» la façon qui nous est propre. Oui, s'il le faut, nous ferons
» un horrible carnage de ces hommes pervers, qui auront
» justement allumé contre eux notre indignation, par leurs
» iniquités et par leur obstination dans le mal, malgré les
» avertissements. Ainsi, vénérables prélats, usez seulement de
» vos moyens ; après votre modération viendra la force. »

(1) *Louis.* Nouvelle négligence de Richer; le roi n'est ni nommé, ni désigné d'une façon quelconque.

LXXVII. — Epistola a sinodo * ad Hugonem * delegata.

Quibus dictis, mox sinodi decreto epistola descripta est palamque recitata, hanc verborum seriem tenens : « Sancta
» sinodus in palatio Angleheim sub domnis atque ortho-
» doxis regibus Ludovico et Ottone utiliter habita, Hugoni
» duci. Quantis malis, quantaque persecutione vexaveris
» illam venerabilem Remorum metropolim, quanta quoque
» crudelitate debacchatus sis in dominum tuum regem,
» ora omnium locuntur; apud omnes agitatur. Quod
» quam sceleratum, et quam pernitiosum sit, divinæ
» atque humanæ leges copiosissime produnt. Unde et tibi
» compatientes, ab talibus te quiescere monemus. Et ad
» dominum tuum, multa mansuetudinis humilitate quant-
» otius reverti hortamur. Quod si contempseris, priusquam
» in diversa referamur, anathemate sine dubio te perstrin-
» gemus, donec aut satisfacias, aut Romam apud domnum
» papam ratiocinaturus petas. Cujus litteris jam bis monitus
» es, et a tanto facinore prohibitus; unde et nos post illum,
» tercio jam te ad correctionem revocamus (a). » Quæ totius sinodi auctoritate roborata, duci per legatos mox directa est.

LXXVIII. — Causa Artoldi.

Post hæc surgens Artoldus archiepiscopus, rerum ordinem, sed et ipsius litis initium quæ agitabatur inter sese et Hugonem sibi subrogatum episcopum, luculentissime disseruit. Quin et epistolam profert, nuperrime a domno papa sibi directam, per quam episcopatum sibi retinendum significabat. Post cujus interpretationem,

* a, si, ad Hugonem, ata *abscisa*
(a) ammonemus 1.

(1) Flodoard ne dit rien de cette lettre, et, malgré l'assertion de M. Pertz, je n'en trouve ailleurs aucune trace; mais fût-il avéré qu'il en a été écrit une par le synode, je ne croirais pas davantage que ce soit celle que nous donne Richer; car je n'y vois que sa prose prétentieuse, déclamatoire et vide : « ... *utiliter habita... Quantis malis, quantaque,* etc. *Quod quam sceleratum,* etc. *Unde et tibi compatientes... Unde et nos post illum...* etc.

LXXVII.— *Lettre envoyée à Hugues par le synode.*

Ce discours terminé, la lettre suivante fut, par décret du concile, rédigée et lue à haute voix : « Le saint synode légalement assem-
» blé au palais d'Ingelheim, sous les seigneurs et rois orthodoxes
» Louis et Otton, au duc Hugues. Toutes les bouches redisent les
» maux affreux dont tu as accablé la vénérable métropole de
» Reims, les persécutions que tu as dirigées contre elle, la cruauté
» à laquelle tu t'es laissé emporter contre ton seigneur roi ; tout
» le monde s'en entretient. Ce qu'une telle conduite a de criminel
» et de pernicieux, les lois divines et humaines le montrent claire-
» ment. Aussi, touché de compassion pour toi, nous t'exhortons
» à y renoncer, et à revenir au plus tôt à ton maître avec des senti-
» ments de douceur et d'humilité. Que si tu méprises nos avis,
» avant de nous séparer, nous te frapperons certainement d'ana-
» thème, jusqu'à ce que tu donnes satisfaction ou que tu ailles te
» justifier à Rome, auprès du seigneur pape. Deux fois déjà il t'a
» averti par lettres de changer de conduite ; à notre tour, nous
» t'y invitons pour la troisième fois (1). » Cette lettre fut approu-
vée par le concile, et aussitôt envoyée au duc par des députés.

LXXVIII. — *Affaire d'Artauld.*

Alors l'archevêque Artauld, se levant, exposa, avec la plus grande clarté, l'origine et les circonstances du différend qui existait entre lui et Hugues, son compétiteur au siège de Reims, et produisit une lettre du seigneur pape, qu'il venait de recevoir et qui lui enjoignait de garder l'évêché. A peine en avait-il donné la traduction (2), qu'un certain clerc de Hugues, nommé Sigebold, présenta au

(2) Flodoard, quoi que dise M. Guadet, ne parle pas non plus de cette nouvelle lettre ; et il semble en vérité que Richer ne l'ait pas compris. C'est le mémoire d'Artauld qui fut traduit en langue tudesque ou théotisque, *à cause des deux rois*. Quant au pape, il avait répondu, comme il convenait, à la requête que lui avait adressée Artauld (c. 68) ; et, tandis qu'il ordonnait la réunion d'un concile général, il ne pouvait pas prévenir, par une sentence privée, le résultat des travaux de ce concile. Ce qui a pu tromper Richer et M. Guadet, c'est le commencement même du mémoire d'Artauld, où ce prélat annonce que « le seigneur
» Agapet lui a adressé, ainsi qu'aux évêques de la province, des lettres par
» lesquelles il leur était enjoint de se rendre au concile, munis de toutes
» les pièces nécesssaires pour faire éclater aux yeux de tous la vérité. »

Sigeboldus quidam prædicti Hugonis clericus, aliam mox epistolam sinodo porrexit, signo domni papæ munitam, et ab Urbe a sese delatam. Quæ etiam in conspectu episcoporum recitata atque diligentissime discussa est. In cujus textu id solum dicebatur, quod Rodulfus, Laudunensis episcopus, Wido etiam Suessonicus, necnon et Hildegarius Belvacensis, ceterique Remensis dioceseos episcopi, ad sedem apostolicam pro restitutione Hugonis, et abdicatione Artoldi, epistolam miserint: unde, et domnum papam ad eorum vota, eorumque petitionem, omnia fieri velle. Post cujus recitationem, prædicti mox consurgentes episcopi, epistolæ sententiam penitus confutarunt ac calumniarum injectorem hominem perditissimum adclamarunt. Quibus cum contraire non posset, quibusdam maledictis eos adortus, publice de perfidia criminabatur (a).

LXXIX. — Calumniatoris * episcoporum reprobatio *.

Tunc a domno Marino decernitur, ut recitentur capitula de calumniatoribus prolata. Quibus mox lectis, cum calumniator reniti non posset, episcoporum juditio diaconatus quo fungebatur officio privatur, et a conspectu sinodi contumeliose reprobatus, exire compellitur. Artoldo vero pontificatus dignitatem secundum canonum instituta, patrumque decreta, sinodus habendam decernit, atque coroborat, eo quod nullius concilii rationibus interesse refugerit. Atque hæc prima consessionis die constituta sunt.

LXXX.

Secunda vero die, post recitatas sacræ auctoritatis lectiones, et domni Rotberti allocutionem, a venerabili Marino constituitur, ut quoniam juxta sacræ legis sententiam, pontificalis dignitas Artoldo restituta est, in ipsius pervasorem sinodalis proferatur censura. Recitantur itaque

---

* Cal, tor, repro *abscisa*.

(a) *Hucusque atramentum fuscum; reliqua codicis nigriori scripta sunt.*

synode une autre lettre du seigneur pape, munie du sceau pontifical et qu'il avait apportée de Rome. Elle fut lue en présence des évêques et examinée par eux avec le plus grand soin. Elle portait seulement que Rodolf, évêque de Laon, Gui de Soissons, Hildegair de Beauvais et les autres évêques du diocèse de Reims, avaient écrit au Siége Apostolique, pour obtenir le rétablissement de Hugues et la déposition d'Artauld ; que la volonté du seigneur pape était donc que tout se fît conformément à leurs vœux et à leur requête. La lecture faite, aussitôt les évêques désignés se lèvent, protestent vivement contre le contenu de la lettre, et déclarent calomniateur le misérable qui l'a produite. Celui-ci, faute de preuves, leur oppose des injures, et les accuse ouvertement de perfidie.

LXXIX. — *Condamnation du calomniateur des évêques.*

Le seigneur Marin ordonne alors qu'on lise les capitulaires portés contre les calomniateurs. La lecture faite, comme l'imposteur ne pouvait se justifier, il est, par sentence des évêques, dégradé du diaconat, dont il était revêtu, et chassé ignominieusement de la présence du concile. Quant à Artauld, le synode, conformément aux canons et aux décrets des Pères, décida qu'il serait maintenu en possession de l'évêché, attendu qu'il s'était présenté à toutes les réunions. Telles furent les dispositions prises le premier jour de la session.

LXXX. — [*Le synode excommunie l'évêque Hugues.*]

Le lendemain, après la lecture de l'Ecriture sainte (1) et une allocution du seigneur Robert (2), le vénérable seigneur Marin arrête que puisque, suivant les saints canons, on a rendu à Artauld la dignité pontificale, il sera prononcé un jugement contre l'usurpateur de cette dignité. On lit donc les réglements canoniques, les

(1) M. G.: « ... *après la lecture des décisions prises par le synode.* » — (Cf. ci-dessous, c. 72.)

(2) « ...... et une allocution du vicaire apostolique, sur la demande » expresse de Robert de Trèves. » Remarquons, en passant, que Flodoard ne donne la parole à Robert qu'en cette circonstance.

decreta canonum, et sanctorum instituta patrum, Innocentii, Alexandri, Simmachi, Sixti, Celestini, Zosimi, Leonis, Bonefacii, aliorumque sanctæ Dei æcclesiæ doctorum illustrium. Quorum decretis, unanimiter anathematizant, atque ab totius æcclesiæ communione sequestrant, Hugonem Remensis æcclesiæ pervasorem, donec resipiscentem peniteat, ac pro facinore offensis satisfaciat.

LXXXI.

Reliquis autem diebus decretum est de incestis et illicitis presbiterorum conjugiis, de presbiteris quoque Eukaristiam indigne tractantibus, de æcclesiis etiam a laicis indebite usurpatis; aliaque nonnulla ibi prolata (a) fuere, quæ diligentissime investigata, atque utiliter diffinita sunt; sicque sinodus soluta est. Indicitur vero post dies 30 iterum habenda Lauduni in basilica sancti Vincentii martiris, ut ibi exeratur anathema in Hugonem tirannum.

LXXXII. — Anathema * episcoporum * in ducem ejusque * fautores.

Quibus diligenter ac canonice peractis, Ludovicus rex ab Ottone rege militum copias duce Chonrado, contra Hugonem tirannum accipit. Quæ dum per dies 40 colligerentur, episcopi supradicti tricesima die post peractam sinodum in basilica sancti Vincentii martiris apud Laudunum sub rege Ludovico collecti sunt. Et iterum præsidente

---

* A, episco, ei *abscisa*.
(a) prolatata *codex*.

---

(1) Il n'est question dans Flodoard ni des mariages illicites des prêtres, ni des profanations de l'Eucharistie par des ecclésiastiques.

(2) Conrad, duc de Lorraine.

(3) Le concile de Laon n'était pas encore réuni que déjà les prélats lorrains avaient pris Mouzon; Louis et Conrad, Montaigu (V. ci-dessous, c. 83 et 84). Il se tint pendant le siége de Laon même par les Lorrains.

décrets des saints pontifes Innocent, Alexandre, Symmaque, Sixte, Célestin, Zosime, Léon, Boniface, et des autres docteurs illustres de la sainte Eglise de Dieu ; après quoi on anathématise d'une commune voix et on excommunie, on repousse du sein de l'Église, Hugues, l'usurpateur de l'évêché de Reims, jusqu'à ce que, revenu à de meilleurs sentiments, il ait fait pénitence et donné satisfaction à ceux que son crime a lésés.

LXXXI. — [*Il examine ensuite d'autres questions et s'ajourne à trente jours.*]

Les autres jours, on s'occupa des incestes et des mariages illicites des prêtres, puis des ecclésiastiques profanateurs de l'Eucharistie (1), des usurpations d'églises par des laïques. Plusieurs autres points furent aussi examinés avec soin et décidés avec profit pour l'Eglise ; après quoi le synode se sépara, non sans avoir arrêté que dans trente jours il se réunirait de nouveau à Laon, dans la basilique de saint Vincent, martyr, pour y publier l'anathème décrété contre Hugues, le tyran.

LXXXII. — *Anathème des évêques contre le duc et ses complices.*

Ces travaux sagement et régulièrement terminés, le roi Louis obtient d'Otton, contre le tyran Hugues, une armée que doit commander Conrad (2). Dans l'intervalle des quarante jours qu'elle met à se former (3), le trentième jour après la dissolution du concile, les mêmes prélats se réunissent à Laon, sous le roi Louis, dans la basilique de saint Vincent, martyr (4). Là, sous la nouvelle prési-

---

(4) Richer, par une incroyable distraction, passe entièrement sous silence les actes du concile de Laon et les premiers de celui de Trèves. A Laon, « les évêques excommunièrent Thibaud ; des lettres furent en-
» voyées au prince Hugues de la part du légat et des évêques, pour le citer
» à venir donner satisfaction de ce qu'il avait fait contre le roi et les
» prélats. Gui, évêque de Soissons, vint se soumettre au roi, se réconcilia
» avec Artauld et lui donna satisfaction, *pro ordinatione Hugonis,* » c'est-à-dire pour avoir sacré Hugues (V. ci-dessus, II, 24). — Les premiers actes du concile de Trèves (V. *Flod.*) sont relatifs à l'excommunication du duc Hugues et attestent la longanimité de l'Eglise en cette affaire. Ils montrent d'ailleurs, ainsi que la *Chronique* de Flodoard, qu'il se tint après les événements rapportés par Richer au chapitre 85.

prædicto Marino, post sacræ scripturæ paginas, quæ ibi recitatæ et multa consideratione discussæ sunt, Hugonem tirannum anathemate damnant, et a sancta æcclesia pellunt, nisi resipiscens domino suo satisfaciat, aut Romam pro sui absolutione apud domnum papam ratiocinaturus petat. In qua etiam sinodo, agitur de episcopis qui cum duce evocati fuere, et distulerunt venire, de iis etiam qui consecrationi Hugonis episcopi jam abdicati illicite interfuerunt, vel qui ab ipso pulso, vel post abdicato, contra fas videbantur promoti. Damnantur itaque duo pseudoepiscopi ab Hugone (a) ordinati, Tetbaldus scilicet et Ivo, quorum prior a pulso sacratus est Ambianensium episcopus, alter vero ab abdicato Silletensium. Damnatus et Adelelmus Laudunensis æcclesiæ diaconus, a Rodulfo suo episcopo (b) insimulatus, eo quod Tetbaldum excommunicatum in æcclesiam temerarius introduxerit. Hi enim in anteriore sinodo cum duce jam evocati, satisfacere contempnebant. Vocatur vero Hildegarius, Belvacensium episcopus, domni Marini et episcoporum legatione, ut aut ad eos veniat, aut sedem apostolicam pro suo facinore ratiocinaturus petat, eo quod interfuerit ordinationi supra jam dictorum pseudoepiscoporum. Vocatur et Heribertus, Heriberti tiranni filius, ob mala quæ æcclesiis vel episcopis immaniter inferebat. Wido vero, Suessionicus episcopus, cum a plurimis laceraretur, eo quod ipse Hugonem episcopum sacrasset, in sinodo reum sese confitens, et multa penitentia reatum deplorans, intercedentibus apud sinodum Artoldo atque Rotberto archiepiscopis, absolvi ab eis obtinuit. Wicfridus quoque Morinensis episcopus, qui criminabatur interfuisse, immunis a crimine reperitur. Affuit vero Transmari Noviomensis

(a) H. pulso vel abdicato *del.*
(b) e. apud sinodum *del.*

———

(1) « Sur les instances de Liudolf, député et chapelain du roi Otton, *qui* » *le voulait ainsi (Flod.).* »

dence de Marin, après lecture faite de quelques pages de la sainte Ecriture, qui furent longuement commentées, on frappa Hugues d'anathème (1), et on le déclara excommunié de la sainte Eglise, jusqu'à ce que, revenu à résipiscence, il eût donné satisfaction à son seigneur, ou qu'il fût allé à Rome solliciter du seigneur pape son absolution. On s'occupa ensuite des évêques qui, cités à comparaître avec le duc, avaient refusé de venir, et de ceux qui avaient illicitement prêté leur concours à la consécration donnée par Hugues (2) depuis sa déposition de l'épiscopat, ou qui avaient été illégalement promus par lui, depuis son expulsion ou sa déposition. On condamna les deux faux évêques, Thibaud et Ivon, que Hugues avait sacrés, le premier, évêque d'Amiens, depuis son expulsion; le second, de Senlis, après sa déposition. On condamna également Adelelme, diacre de l'église de Laon, accusé par son évêque Rodolf d'avoir témérairement introduit dans l'église l'excommunié Thibaud. Car, cités à comparaître avec le duc devant le concile précédent (3), ils avaient refusé de le faire. Le seigneur Marin et les évêques firent ensuite citer Hildegaire, évêque de Beauvais, à rendre compte, par devant eux ou par devant le Siége Apostolique, de la part criminelle qu'il avait prise à l'ordination des faux évêques désignés plus haut. Ils citèrent également Héribert, fils du tyran Héribert, pour les violences qu'il exerçait contre les églises et les évêques. Quant à Gui de Soissons, à qui l'on reprochait amèrement d'avoir sacré l'évêque Hugues, il fit devant le concile l'aveu de sa faute, et, par son profond repentir aussi bien que par l'intercession des archevêques Artauld et Robert, il obtint son pardon. Wicfrid de Thérouanne fut reconnu innocent. Le prêtre Sylvestre, envoyé de la

---

(2) Tractatur... de episcopis qui *ordinationi Hugonis* participes extiterant, dit Flodoard. Je crois que sans scrupule on peut entendre absolument les mots *ordinationi Hugonis* de la *consécration donnée par Hugues* à Ivon et à Thibaud, tout aussi bien que du *sacre de Hugues*. Quoiqu'il en soit, ce n'est pas la suite du texte de Flodoard : *Et Wido... Suessionicus se culpabilem... confitetur*, qui nous ramènerait au sens exprimé par Richer. M. Guadet semble croire que la seule faute de Gui est « d'avoir assisté à l'ordination de Thibaud par Hugues, » et à son sacre comme évêque d'Amiens. Voir ci-dessus, chap. 64. » Faut-il donc rappeler le chap. 24, et ce sacre de Hugues par Gui, qui a été la source de toutes les dissentions, de tous les troubles ?

(3) Cette citation, ainsi que l'excommunication de Thibaud, était l'œuvre du concile de Laon, dont Richer a passé les actes sous silence.

episcopi legatus, Silvester presbiter, episcopum suum tanta vi febrium detentum asserens, ut ad sinodum venire nequiverit, quod etiam in conspectu sinodi testibus approbavit. Post hæc episcopi in sua referuntur. Domnus vero Marinus, ab Ottone rege per legatos rogatus, in partes Germaniæ secedit, ibique æcclesiam Vuldensis monasterii dedicat, et hieme exacta, Romam redit. His expletis, Rodulfus Laudunensis episcopus, ultimo corporis dolore confectus, hac vita decedit. Succedit ei vero frater regis ex concubina Rorico, omni rerum scientia inclitus.

LXXXIII. — Rex cohortes Mosomum mittit et capit.

Interea exercitu ex omni Belgica duce Conrado apud regem collecto, tres cohortes, rege jubente, Mosomum mittuntur. Compererat etenim Hugonem abdicatum ibidem reclusum, multaque rei militaris inopia eum haberi. Cohortes ergo oppidum in ipso crepusculo aggressæ, repentina oppugnatione circumquaque infestant. Instant quoque magnanimiter capere. Et quia revera milites paucissimos, armaque vix aliqua sciebant, indesinenter vires exerunt, armisque adurgent. At aliis fatigatis, alii intacti succedunt; sicque sine intermissione paucissimos, numerosi atterunt. Oppidani vero assidua expugnatione attriti, die altera jam sole occiduo omnes cum domino ad deditionem coguntur. In quo tumultu, quo genere fugæ nescitur, Hugo abdicatus evadit. De militibus vero qui potiores videbantur, capiuntur, ac oppido aliis deputatis, regi deducuntur.

LXXXIV. — Rex Montem-Acutum capit.

Rex vero castrum quod dicitur Mons-Acutus, quod etiam est Lauduno contiguum, cum exercitu oppugnabat. Et quia non satis adhuc murorum firmamento claudebatur, nec multitudo militum sufficiens commode ibi cohabitare poterat, urgenti obsidioni diutius resistere oppidani non patiuntur. Victi ergo cedunt, ac resistere quiescunt.

part de Transmar, évêque de Noyon, assura que ce prélat avait été empêché par une fièvre violente de se rendre au concile, et le prouva par témoins devant le concile. Après cela, les évêques retournèrent chez eux. Pour le seigneur Marin, il se rendit dans la Germanie, où le roi Otton l'avait invité à venir; il y consacra l'église du monastère de Fulde, et, à la fin de l'hiver, il retourna à Rome. — Rodolf, évêque de Laon, mourut bientôt, succombant à de cruelles douleurs physiques. Il eut pour successeur Roricon, frère naturel du roi, que distinguait un savoir universel (949). —

LXXXIII. — *Le roi attaque et prend Mouzon.*

Cependant (1) Conrad ayant amené au roi l'armée qu'il avait levée dans toute la Belgique, Louis fit marcher trois cohortes contre Mouzon. Car il avait appris que Hugues, qui s'y tenait renfermé depuis sa déposition, manquait complètement de forces militaires. Les cohortes arrivent le soir même devant le château, en entreprennent aussitôt le siége, et le pressent avec une généreuse ardeur. Elles savaient que la garnison était faible, qu'à peine y comptait-on quelques armes; aussi combattent-elles sans relâche avec une grande vigueur. Ceux qui sont fatigués, sont remplacés par des hommes frais; et de la sorte la foule des assaillants ne laissant aucun repos au petit nombre des assiégés, ceux-ci, accablés par les efforts continus de l'ennemi, sont, dès le lendemain au coucher du soleil, contraints de se rendre tous avec leur maître. Mais Hugues, le déposé, parvint, on ne sait comment, à s'échapper au milieu du tumulte. Quant aux hommes d'armes, on prit et on conduisit au roi les plus considérables; le reste fut chassé de la place.

LXXXIV. — *Le roi prend Montaigu.*

Le roi de son côté assiégeait avec l'armée (2) la forteresse de Montaigu, située près de Laon. Comme elle n'était pas encore solidement enclose de murailles, et qu'elle ne pouvait commodément recevoir une garnison nombreuse, les gens qui s'y trouvaient ne tinrent pas longtemps contre les efforts de l'ennemi, et déposant les armes, cessèrent toute résistance. Le château pris, le roi y

(1) Voyez ci-dessus, p 216, *n.* 3.
(2) C'est-à-dire avec Conrad (*Flod.*). V. ci-dessus, p. 216, *n.* 3.

Oppido itaque capto, rex suos deputat, et sic exercitum Lauduno inducit; obsidionem per loca commoda disponit, viresque admodum confert (*a*). Sæpissime eminus decertatum est. Comminus etiam dimicatum novies. Nullo vero prosperioris fortunæ successu, regius impetus eo tempore enituit. Imminebat etenim hiemis intemperies, unde et bellicæ machinæ in articulo temporis fabricari non poterant, sine quibus tanti montis eminentia expugnari non potest. Regis itaque jussu exercitus redit, hieme transacta rediturus. Rex vero Remis sese privatum recepit.

LXXXV.

Hugo autem dux, episcoporum anathema vilipendens, ac regi subdi contempnens, cum multis Nortmannorum copiis regiam urbem Suessonicam aggreditur, multaque obsidione premit. Alios itaque adortus gladio enecat, alios vero nube sagittarum ac balistarum lœtaliter sauciat; injectisque jaculo ignibus, domum matris æcclesiæ succendit, claustrumque canonicorum ac partem civitatis majorem, ignibus solo tenus combussit. Quam cum capere non posset, in pagum Remensem ubi rex tunc privatus morabatur, iter truculentus reflectit. Cujus adventum ii qui ruri degebant audientes, in æcclesias sanctorum cum suis rebus confugiunt. At tirannus pauperum turbis inmisericors, eorum plus quam 560 intra æcclesias succendisse traditur. Et sic ad sua refertur.

LXXXVI.

Rex vero Ludovicus Gerbergam reginam ad Ottonem fratrem suum dirigit, ut sibi copias acceleret (*b*). Proficiscitur itaque imminente solempnitate Pascali, et Aquis-

---

(*a*) conferret *corr.* conferrt.

(*b*) copias mittat, licet ipse exercitum collectum remiserit, et [non usque post hiemem *corr.* et] usque post ver non reversurum constituerit. *deleta.*

laissa des troupes, et conduisit ensuite l'armée contre Laon. Il en entreprend le siége sur les points abordables, et y déploie une grande vigueur. On combattit de loin très-souvent ; corps à corps jusqu'à neuf fois. Mais aucun succès ne vint alors couronner la valeur impétueuse du roi. L'hiver approchait avec ses rigueurs ; on ne pouvait plus songer à fabriquer les machines de guerre indispensables à l'attaque d'une colline si élevée ; sur l'ordre du roi, l'armée se dispersa pour revenir à la fin de l'hiver ; le roi lui-même se retira à Reims, en simple particulier.

LXXXV. — [*Le duc Hugues attaque inutilement Soissons, et ravage les environs de Reims.*]

Le duc Hugues, méprisant l'anathème des évêques (1), loin de faire sa soumission au roi, vient alors avec de nombreux Normands assiéger la ville royale de Soissons. Il la presse vigoureusement, fait tomber les uns sous le tranchant du fer, les autres sous une grêle de flèches et de pierres lancées par des balistes, tandis que des traits enflammés vont porter l'incendie dans la cathédrale et brûler jusqu'au sol avec le cloître des chanoines, la plus grande partie de la ville. Mais Hugues ne peut s'emparer de celle-ci ; furieux, il vient au pays de Reims, où le roi demeurait alors en simple particulier. Les habitants des campagnes, en apprenant son arrivée, se réfugient avec ce qu'ils possèdent dans les sanctuaires des saints. Mais le tyran, sans pitié pour la foule des pauvres, en brûle, dit-on, plus de cinq cent soixante dans les églises (2), et retourne ensuite chez lui.

LXXXVI. —[*Le roi envoie la reine Gerberge demander du secours à Otton, qui en promet*] (949).

Le roi Louis envoie la reine Gerberge à son frère Otton, pour en obtenir un prompt secours. La reine part à l'approche de la solennité de Pâques, et célèbre cette fête avec son frère Otton,

---

(1) V. ci-dessus, c. 82, *n.* 4. — Le duc attendit pour agir que les Lorrains fussent retournés chez eux. Alors « sans perdre de temps, » il réunit à ses vassaux une troupe de Normands et vint attaquer » Soissons (*Flod.*).

(2) Flodoard dit que, « dans le seul village de Cormicy, ils tuèrent » près de quarante personnes (un manuscrit porte 400) au dedans et » autour de l'église. »

grani palatio sanctum Pascha cum fratre Ottone celebrat. Conveniunt ex Germania principes nonnulli. Adsunt ex Belgica universi. Nec desunt legati Grecorum, Italorum, Anglorum, atque aliorum plurimæ legationes populorum. Regina ergo cum fratre consilio habito, et accepta ab eo auxilii pollicitatione, secura ad regem Ludovicum redit.

LXXXVII.

Ludovicus vero in tirannum iratus, nimio animi fervore Ottonis auxilium prævenire meditabatur. Arbitrabatur etenim, quoniam in longa exercitus exspectatione, injuria inulta videretur. Confert itaque cum patre meo (*a*) consilium, eo quod ejus esset miles, consiliis commodus, facundia simul et audatia plurimus. Unde et rex admodum ei consuescebat, et apud eum sepissime consultabat. Dictabat ergo pater meus (*b*) apud regem et paucos qui intererant, ordinem capiendi Laudunum ita. Primum sese observaturum oportunitatem aiebat, et an loci habitudo id ferret, an etiam cives in observatione urbis cautissimi haberentur, diligentissime exploraturum sese memorabat. Deinde dicebat efficaciter se adeo ordinaturum omnia, et sic ad effectum utiliter reducturum, ut nulli post sese quicquam negotio imperfecto supplendum relinqueretur.

LXXXVIII.

Rege ergo per dies aliquot Remis demorante, Rodulfus (*c*) — sic enim pater meus (*d*) dicebatur — commoditatem patrandi negotii per suos explorabat. Missisque exploratoribus, comperit agasones civium per dies singulas exire ab urbe tempore vespertino quinquagenos aut sexagenos, et farraginis fasciculos equis in urbem deferre, capitibus ob solis ardorem obvolutis : idque cotidie, et tempore eodem. Quod cum ad observatoribus patri meo (*e*)

(*a b*) *jam* p. m.

dans le palais d'Aix-la-Chapelle. Là se rendent quelques seigneurs de la Germanie et tous ceux de la Belgique. On y voit aussi des ambassadeurs de la Grèce, de l'Italie, de l'Angleterre et de plusieurs autres pays. La reine a une conférence avec son frère, en reçoit la promesse d'un secours, et, rassurée, revient trouver le roi Louis.

LXXXVII. — [*Le père de Richer propose à Louis, en attendant le secours d'Otton, de s'emparer de Laon.*]

Cependant celui-ci, emporté par son ressentiment contre le duc, songeait à prévenir l'arrivée des secours d'Otton. Il lui semblait que son injure serait impunie, s'il passait un long temps à les attendre. « Il délibère donc avec mon père, qui était un de ses
» hommes d'armes, et que lui recommandaient une grande pru-
» dence, une parole éloquente et une singulière intrépidité ; aussi
» le roi aimait-il à s'entretenir avec lui et le consultait-il très-
» souvent. Mon père exposait donc au roi, devant un petit nombre
» de personnes, le moyen de s'emparer de Laon. Il commencerait,
» disait-il, par épier le moment favorable, et par examiner avec
» le plus grand soin si l'état de la place permettait de la prendre,
» et si les bourgeois y faisaient bonne garde. Il disposerait
» ensuite toutes choses avec tant de précision et conduirait si
» bien l'entreprise qu'il ne laisserait plus rien à faire après
» lui. »

LXXXVIII. — [*Rodolf fait explorer la place.*]

« Le roi demeurant donc quelques jours à Reims, Rodolf, ainsi
» se nommait mon père, fait examiner par ses gens les circon-
» stances favorables à l'exécution de son projet. Les éclaireurs qu'il
» envoie découvrent que tous les soirs, à la même heure, des
» palefreniers de la ville en sortent au nombre de cinquante
» à soixante, qu'ils y rapportent sur leurs chevaux des bottes de
» fourrage, et qu'ils ont la tête couverte à cause de l'ardeur du

(c) *jam* ro:l.
(d e) *jam* p. m.

relatum fuisset, simili eos exercitio posse falli advertit. Refert (*a*) ergo sese ad regem, et sic apud eum præsentibus paucissimis concepta effundit :

LXXXIX.

« Magnum quidem, inquiens, o rex, videretur, si hoc
» negotium solummodo armis viribusque esset attemptan-
» dum. Sed quia per astutiam ejus principium utilitas
» aggredi suadet, prout mihi videtur, cohortes aliquot
» secus montem in abditis ponendæ sunt. Exspectandum
» etiam qua tempestate equos educant agasones herbatum
» potatumque. Qui cum in suo tempore egressi fuerint,
» et ab observatoribus eorum egressus et numerus nobis
» referetur, mox ad eorum numerum lectissimi juvenes
» eodem scemate, eodemque numero capitibus ut ipsi
» pilleatis (*b*) farraginem in equis ad portam deferant,
» unde paulo ante agasones exierant, acsi ipsi agasones
» redeant. Qui cum altitudine fasciculorum aspectum
» protegere possint, facili ingressu urbem penetrabunt.
» Et ne quid impossibile a me dictum suspiceris, eorum
» ducem me in hoc certamine offero. Animo tantum sint
» constanti. Successus vero Deo volente prosperabitur. Si
» ergo tempestivius cives insidias advertant, bellumque
» nobis paucioribus inferant, fixum nobis animo sit, aut
» portæ ingressum tantum tueri, donec tubæ clangore
» excitatæ cohortes nobis subveniant, aut multa constan-
» tia in loco quem quisque possidebit, magnanimiter
» emori. »

XC.

Hujusmodi rerum dispositio omnibus apta videtur. Observatores itaque directi agasonum consuetudinem, eorumque habitum, tempus quoque et numerum promtissime referunt. Ad eorum quoque relatum cohortes in

(*a*) Contulit 1.
(*b*) obvolutis 1.

» soleil. A cette nouvelle, mon père juge qu'il est facile de sur-
» prendre les Laonnois par une semblable manœuvre, et allant
» aussitôt trouver le roi, il lui expose son plan devant quelques-
» uns de ses conseillers.

LXXXIX. — [Il expose son projet au roi.]

« L'entreprise que nous méditons, ô roi, pourrait sembler une
» grande affaire, si nous ne devions être soutenus que par les
» armes et notre valeur. Mais comme il est, je crois, de notre
» intérêt de commencer par recourir à la ruse, cachons près
» de la colline quelques cohortes ; on attendra le moment où les
» palefreniers vont mener leurs chevaux au pâturage et à l'abreu-
» voir. Quand ils auront alors franchi les portes de la ville, et que
» nos éclaireurs nous auront fait connaître leur sortie et leur
» nombre, on choisira autant de jeunes gens de même apparence
» et coiffés comme eux, lesquels se rendront, avec du fourrage
» sur leurs chevaux, à la porte par où les palefreniers étaient
» sortis, comme si c'étaient ceux-ci qui rentrassent. Protégés
» contre les regards par la hauteur des bottes de fourrage, il leur
» sera facile de pénétrer dans la ville. Et pour que vous n'alliez
» pas croire impossible l'exécution de ce projet, je m'offre à diri-
» ger moi-même toute l'entreprise. Je ne demande que des cou-
» rages intrépides pour me soutenir ; le succès, avec l'aide de
» Dieu, viendra couronner nos efforts. Si donc les Laonnois ve-
» naient à remarquer trop tôt le stratagème, et à attaquer notre
» poignée d'hommes, prenons la ferme résolution ou de défendre
» la porte de la ville jusqu'à ce que le bruit de nos trompettes
» ait appelé les cohortes à notre secours, ou de mourir en héros
» à la place que nous occuperons. »

XC. — [Il surprend la ville.]

Tout le monde approuve le projet. On envoie donc à la découverte des éclaireurs, qui ne tardent pas à faire connaître la tenue
habituelle des palefreniers, leur nombre et l'heure de leur sortie.
Sur ce rapport on cache des cohortes près de la montagne ; et,
en nombre égal à celui des valets, des soldats qui ont fait ser-

abditis secus montem dispositæ sunt. Pro numero etiam agasonum milites cum patre meo jurati ad peragendum rei negotium diriguntur. Agasones itaque numero sexaginta sumptis armis more solito per montis devexa capitibus pilleatis, ad farraginem descendunt. Et circa carices colligendos (a) occupati, moram regrediendi aliquantisper faciunt. At pater meus et ii qui jurati cum eo erant, vehementi animo succedunt; factoque agmine pilleatis capitibus more agasonum cum fasciculis farraginis tempestivius reditum accelerant, magnitudine fasciculorum vultus penitus abdentes. Quibus advenientibus porta patefacta est; et indivisi urbem penetrant. Fasciculos itaque abjiciunt, et gladios educunt. Tubis personant, magnisque clamoribus urbem conturbant. Urbani ergo insidias comperientes, cum armis in hostes feruntur. Instant omnes, et validissime plurimi paucos adurgent. At regii milites, a leva quidem turri, a dextra vero domibus, a tergo autem muro urbis protegebantur, omnem vim belli ante habentes; unde et tutius congrediebantur. Nec ulterius in hostes audebant progredi, ne adversarii a tergo portam pervasam repeterent, et ne sic facti hostium medii, interirent. Instat itaque quisque in loco quem possidet. Et jam nimium omnes sauciati pene deficiebant, cum regiæ cohortes tubis excitatæ, ab abditis erumpunt, multoque impetu jam prope victis subveniunt, portamque defensam ingrediuntur, atque urbanos immani cæde adoriuntur. Qui mox a cohortibus victi ac comprehensi sunt, præter paucos qui in turris præsidium sese receperunt.

(a) *loco verborum :* Et c. c. colligendos *in margine scriptum :* Unde etiam.

(1) Suivant Flodoard, les soldats de Louis auraient escaladé la nuit les murs de Laon, brisé les serrures des portes, et permis au roi d'entrer. Mais ici il ne semble pas douteux que Richer doive être préféré à Flodoard ; car il devait tenir de son père tous les détails de ce coup de main. Toutefois, quand je considère que la façon dont Flodoard raconte que fut pris Laon, est exactement ce que Richer rapporte de la prise de

ment d'exécuter l'entreprise avec mon père, se mettent en marche. Les valets, au nombre de soixante, munis de leurs armes et la tête couverte, descendent la colline, suivant leur habitude, pour se rendre au fourrage. Occupés à ramasser des glaïeuls, ils tardent un peu à rentrer. Mon père et ses compagnons d'armes, se couvrant alors la tête à la façon de ces domestiques, prennent les devants avec intrépidité, et, le visage entièrement caché par leurs énormes bottes de fourrage, arrivent en toute hâte à la ville. On leur en ouvre la porte, et ils pénètrent en masse dans la place. Jetant alors leurs bottes de fourrage, ils tirent leurs épées, font retentir la trompette et épouvantent de leurs cris les habitants. Comprenant le stratagème, ceux-ci s'arment, se portent en grand nombre contre leurs faibles ennemis, et les pressent vigoureusement. Toutefois les soldats du roi, protégés à gauche par la tour, à droite par les maisons, et sur leurs derrières par le mur d'enceinte de la ville, se battaient avec d'autant plus d'assurance qu'ils n'avaient d'adversaires qu'en front. N'osant pas faire un pas en avant, de peur de leur livrer la porte qu'ils avaient surprise, et de succomber enveloppés d'ennemis, ils demeuraient fermes chacun à la place qu'il occupait. Déjà ils étaient tous couverts de blessures et commençaient à fléchir, quand les cohortes royales, que le son des trompettes avait fait sortir de leur retraite, arrivent vivement au secours de ces malheureux à demi-vaincus, entrent par la porte qu'ils défendaient, et font un horrible carnage des Laonnois, bientôt défaits et pris, à l'exception d'un petit nombre qui se retirent dans la tour (1).

Mons par son père, sept ans plus tard (V. III, 9); que le premier de ces chroniqueurs, qui assista au concile d'Ingelheim, revint précisément en France avec les Lorrains qui s'emparèrent de Mouzon, de Montaigu, et cernèrent un instant la ville de Laon ; que cette ville fut surprise l'année suivante, et, pour ainsi dire, sous ses yeux ; qu'en effet la proximité des lieux, l'intérêt avec lequel il suivait les événements ne permettent pas de penser qu'il ait ignoré les circonstances de ce fait d'armes ; enfin qu'il écrivait sa Chronique peu de temps après l'événement, tandis que Richer ne commença pas son Histoire avant les cinq ou huit dernières années du siècle, et commit plus d'une erreur dans la transcription ou l'interprétation du récit de son devancier, qu'il avait tout le loisir d'étudier, j'avoue que je ne vois pas trop comment on pourrait combattre victorieusement la relation ci-dessus de Flodoard, et démontrer qu'il n'y a pas eu confusion dans les souvenirs de Richer.

XCI.

Ludovicus ergo rex urbe potitus, cum nulla expugnatione turrim evincere posset, ab urbe eam secludit, obducto intrinsecus muro. Quod factum dux comperiens, cum exercitu accelerat. At nihil virium exerere valens, non sine merore ad sua redit. Illud tantum fecisse fertur, quod arci copias demiserit.

XCII.

Aderat tempus quo rex copias ab Ottone rege præstolabatur. Adest ergo Chonradus dux cum exercitu ex tota Belgica, ab Ottone rege missus. Ludovicus vero rex cum exercitu de Belgica ducis terram ingreditur. Primum vero urbem Silletum adit. Ibi autem primum certamen habere volens, impedimenta quæque ab urbe amovet. Succendit itaque suburbium, circumquaque, ac quicquid extrinsecus exstare videbatur, in planiciem redigit. Obsidionem deputat, urbemque circumdat. Gravi congressu utrimque dimicatum est ; utrimque quam plurimi sauciantur. Belgæ vero quia ab urbanis nimium arcobalistis impetebantur, resistere quiescunt. Nihil enim contra nisi tantum scutorum testudine utebantur. Unde et regio jussu, ab ea urbe discedunt, non solum ob arcobalistarum impetum, verum etiam ob turrium plurimarum firmamentum.

XCIII.

Aliorsum itaque iter retorquent, et usque ad fluvium Sequanam, quicquid ducis visum est per quadraginta milia-

(1) Remarquons cette mention, assurément la plus ancienne, d'une arme qui était encore, sinon complètement *inconnue*, comme le dit Guillaume le Breton, du moins très-peu répandue du temps de Philippe-Auguste.

(2) Flodoard expose les faits tout autrement. Conrad ne guerroie pas ; mais, « après avoir conféré avec Louis, il ménage entre ce prince et » Hugues une trêve pour jusqu'au mois d'Août. Pendant cet intervalle le » roi devait avoir une entrevue avec Otton. Après ladite entrevue, le roi

XCI. — [*La citadelle, qui avait résisté, reçoit des renforts du duc Hugues.*]

Maître de la ville, Louis, après avoir tenté, mais en vain, de s'emparer de la tour, la sépara de la ville en l'enfermant d'un mur. A cette nouvelle, le duc accourut avec une armée; mais, ne pouvant rien contre la place, il se retira tristement, après avoir toutefois, dit-on, jeté des troupes dans la citadelle.

XCII. — [*Le roi, avec le duc Conrad, vient assiéger Senlis, d'où il est repoussé.*]

Cependant l'époque était venue où le roi devait recevoir le secours du roi Otton. Envoyé par ce prince, le duc Conrad arrive donc avec une armée levée en Belgique; Louis la conduit sur les terres du duc, et marche tout d'abord sur Senlis. Là, pour assurer l'attaque de la place, il détruit tous les obstacles qu'il trouve aux abords, brûle les faubourgs et rase complètement tout ce qui se trouve en dehors des remparts. Après quoi il dispose ses troupes autour de la ville et ouvre le siége. Des deux côtés on se bat avec acharnement; des deux côtés on compte de nombreux blessés. Mais les Belges, que les arbalètes (1) des habitants incommodaient gravement, cessent toute résistance, car ils n'avaient à opposer que leurs boucliers formés en tortue; et sur l'ordre du roi, on s'éloigne de la ville, tant à cause des arbalètes que de la solidité des nombreuses tours qui la défendaient (2).

XCIII. — [*Il ravage les terres du duc jusqu'à la Seine et s'en retourne.*]

L'armée se dirige sur un autre point, ravageant horriblement toutes les terres du duc sur une étendue de près de quarante

---

» revient à Reims... Là Hugues lui envoie des députés comme pour lui
» demander la paix, et dans le même temps essaie de s'emparer de Laon,
» mais échoue. Le roi, appelant alors à lui Arnoulf et quelques Lorrains,
» le poursuit jusque dans le pays de Senlis. Arnoulf met le feu au
» faubourg de la ville, et on revient sur ses pas. Hugues, accompagné
» d'une nombreuse armée de Normands et de ses vassaux, envahit à son
» tour le pays de Soissons. » Mais les évêques Gui et Ansegise pour le
duc, et Raynold pour le roi, arrêtèrent une trêve entre les deux parties.

ria immanissime insectati sunt. Sed cum fluvius equitatum regium ulterius prohiberet, rex gratias exercitui reddit, et secum usque quo a se dividerentur reducit. Dux autem e vestigio exercitum collectum in pagum Suessonicum deducit.

XCIV.

Ubi cum in regem conaretur, intervenientibus episcopis Widone Autisidorense, et Ansegiso Trecasino, jurejurando utrimque accepto sub pace sequestra usque in Pascha ratio eorum dilata est. Quæ omnia Julio mense (*a*) gesta sunt.

XCV.

Quo etiam tempore, sinodus Romæ habita est in basilica sancti Petri apostoli, præsidente domno Agapito papa. In qua etiam ipse domnus papa, concilium anteriore anno apud Angleheim habitum, coram episcopis Italiæ roboravit, et ab eis roborari constituit. Hugonem quoque Galliarum ducem, in supradicta sinodo dampnatum, ipse etiam condempnat, donec regi suo satisfaciat, aut Romam veniat inde ratiocinaturus. Moxque anathema descriptum et a sinodo roboratum, episcopis Galliarum destinatur.

XCVI.

Episcopi itaque Galliarum anathemate moti, apud ducem colliguntur, et inde gravissime conqueruntur. Ex decretis patrum sacrisque canonibus duci demonstrantes, neminem stare pertinaciter adversus dominum suum debere, nec temere in eum quicquam moliri. Illud etiam promptissime monstrant, secundum apostolum, regem honorificandum, et non solum regem, verum omnem potestatem majorem subjectis dominari debere asserunt. Preter hæc quoque perniciosissimum esse, apostolicum anathema pertinaciter vilipendere, cum id sit gladius qui penetrat corpus usque

(*a*) Augusti tempore 1.

milles, jusqu'à la Seine. Là les gens d'armes du roi se trouvant arrêtés, Louis remercie l'armée, et la ramène avec lui jusqu'au point où l'on devait se séparer. Le duc, avec un gros corps de troupes, s'avance sur ses pas jusque dans le pays de Soissons.

XCIV. — [*Des évêques ménagent une trêve entre le roi et le duc.*]

Comme il y tentait, contre le roi, toute sorte d'efforts, les évêques Gui d'Auxerre et Ansegise de Troyes intervinrent et leur firent accepter, sous serment, une trêve, qui suspendit leur différend jusqu'à Pâques. Tout cela se passait au mois de Juillet.

XCV. — [*Concile de Rome, où sont confirmés les actes de celui d'Ingelheim.*]

En ce temps-là, un concile se tint à Rome, dans la basilique de l'apôtre saint Pierre, sous la présidence du seigneur pape Agapit. Dans ce concile, le pape souscrivit lui-même, en présence des évêques d'Italie, et fit souscrire par ces prélats les actes du concile tenu l'année précédente à Ingelheim. Il condamna lui-même aussi le duc des Gaules, Hugues, que ledit synode avait condamné, jusqu'à ce qu'il eût donné au roi satisfaction ou qu'il fût venu à Rome se justifier. Puis l'anathème écrit et signé par le synode fut envoyé aux évêques des Gaules.

XCVI. — [*Les évêques des Gaules adressent au duc de sévères remontrances* (950).]

Ceux-ci, déterminés par l'anathème, se réunissent auprès du duc, et lui adressent de graves remontrances. Ils lui représentent, par les décrets des Pères et les sacrés canons, que personne ne doit s'élever contre son seigneur, ni former contre lui aucun complot ; ils lui prouvent aisément que, suivant l'Apôtre, le roi doit être honoré, et lui disent que non-seulement le roi, mais tout pouvoir supérieur doit dominer sur ceux qui lui sont subordonnés. Ils ajoutent qu'il est on ne peut plus dangereux de faire mépris de l'anathème apostolique, parce que c'est un glaive qui pénètre le corps jusqu'à l'âme, et qui repousse ceux qu'il frappe du royaume

ad animam, et sic mortificatos a regno beatorum spirituum repellat. Sibi etiam periculo esse memorant, si id quod animabus periculum ingerit, neglegentes non innotescant.

XCVII.

Talibus dux persuasus, regi humiliter reconciliari deposcit, eique satisfacturum sese pollicetur. Hujus concordiæ et pacis ordinatores fuere Chonradus dux, et Hugo cognomento Niger, Adalbero quoque atque Fulbertus episcopi. Et die constituta rex et dux conveniunt. At secus fluvium Matronam conlocuti, principibus prædictis internuntiis, in summam concordiam benignissime redierunt. Et quanto vehementius ante in sese grassati fuere, tanto amplius exinde amicitia se coluere. Hugo itaque dux per manus et sacramentum regis efficitur, ac turrim Laudunicam suis evacuatam, regi reddit; multam abinde fidem se servaturum pollicens.

XCVIII.

Jussus ergo ab rege, in Aquitaniam exercitum regi parat. Quo in brevi collecto, causis rerum exigentibus ad interiores Burgundiæ partes rex secum exercitum dirigit. Cum ergo in agro Matisconensium castra figeret, occurrit ei Karolus Constantinus, Viennæ civitatis princeps, ejusque efficitur, fidem jurejurando pactus. Hic ex regio quidem

---

(1) Les choses ne se passèrent pas tout à fait ainsi. Ce fut Louis qui fit les premières démarches; « il se rendit auprès du roi Otton... et lui » demanda conseil et protection pour rétablir la paix entre lui et Hugues. » Otton envoya Conrad, qui vint avec des évêques et des comtes et eut » avec Hugues des conférences au sujet de la paix *(Flod.)*. »

(2) Adalbéron, évêque de Metz. — Fulbert, évêque de Cambrai.

(3) « Ils se placèrent les uns en deçà, les autres au delà de la rivière, » et s'envoyèrent des parlementaires *(Flod.)*. »

(4) « Hugues se réconcilie en même temps avec les comtes Arnoulf et » Raynold, et avec l'archevêque Artauld *(Flod.)*. » Cette paix ne fut pas d'ailleurs aussi solide que le prétend Richer. Quand les gens du comte

des bienheureux. Ils s'exposeraient eux-mêmes à un grand péril, s'ils négligeaient de lui faire connaître celui que courent ainsi les âmes.

XCVII. — [*Hugues se réconcilie avec le roi, et lui rend la citadelle de Laon.*]

Gagné par ces paroles, le duc demande humblement à se réconcilier avec le roi, et promet de lui donner satisfaction (1). Les médiateurs de la paix furent le duc Conrad, Hugues, surnommé le Noir, et les évêques Adalbéron et Fulbert (2). Au jour fixé, le roi et le duc se rendent sur la Marne, et là, après une conférence où les mêmes seigneurs leur servent d'intermédiaires (3), ils se réconcilient étroitement, si bien qu'autant ils avaient montré jusque là d'animosité l'un contre l'autre, autant ils se témoignèrent dès-lors d'amitié. Aussi le duc Hugues se reconnaît l'homme du roi, par les mains et le serment, lui promet de lui garder désormais sa foi, et lui rend la citadelle de Laon après l'avoir fait évacuer (4).

XCVIII. — [*Le roi va en Bourgogne* (951).]

Sur l'ordre de Louis, il fait les préparatifs d'une expédition dans l'Aquitaine (5). Bientôt rassemblée, l'armée fut, pour des raisons d'État impérieuses, conduite par le roi dans la Bourgogne. Louis était donc campé sur le territoire de Mâcon, quand vint au devant de lui Constantin, seigneur de la ville de Vienne, qui se reconnut son homme et lui jura fidélité (6). C'était un prince du sang royal,

---

Raynold s'emparent de Braine par surprise, sur les réclamations de Hugues, Louis fait rendre le fort à ses premiers gardiens. Mais, si la garnison de Coucy, abandonnant l'archevêque Artauld, reçoit le comte Thibaud dans la place, Louis a beau demander que celle-ci lui soit remise ; il ne peut l'obtenir, « parce que Thibaud s'y oppose de tout son » pouvoir ; aussi revient-il à Laon fort mécontent, sans avoir prévenu » Hugues (*Flod.*). »

(5) Flodoard ne parle pas du duc.

(6) Le comté de Vienne, créé vers 928 au profit de Charles Constantin, fils du roi de Provence, Louis-l'Aveugle, fut en effet indépendant du royaume d'Arles. — « *Avant que Louis ne fût dans l'Aquitaine*, Charles » Constantin, etc. Pendant qu'il différait son entrée dans cette province, » il fut atteint d'une maladie grave (*Flod.*). »

genere natus erat, sed concubinali stemmate usque ad tritavum sordebat, vir grandevus, et multis bellorum casibus sæpissime attritus, et qui in superioribus piratarum tumultibus felici congressu insignis multoties enituit. Affuit etiam Stephanus Arvernorum præsul, ac regi sese commisit. Necnon et a Wilelmo Aquitanorum principe, legati industrii affuere, pro suo principe ex fide habenda sacramenta daturi. Quibus postquam jussa regalia data sunt, rex in urbem Vesontium quæ est metropolis Genaunorum, cui etiam in Alpibus sitæ Aldis Dubis præterfluit, cum duce exercitum deducit. Atque ibi Letoldus ejusdem urbis princeps, ad ejus militiam sacramento transit.

XCIX.

Quibus feliciter atque utiliter habitis, cum autumno maturante, elementorum immutatio fieret, rex colerico vexatus, in acutam febrem decidit. Cum ergo ægritudine pressus, militaria curare non posset, dux ab eo jussus exercitum reducit. Letoldus vero princeps, in ipsa regis ægritudine fidelissime atque humanissime regi famulatur. At die cretica post febris initium, impariter veniente, firmiter et inrecidive convaluit. Transactisque diebus triginta (a) post corporis reparationem, cum Letoldo principe in Franciam redit.

(a) XX corr. XXX.

(1) M. G.: « *Mais sa généalogie, depuis le trisaïeul de son grand-père, n'offrait que des concubines.* »

(2) C'est le même dont il est fait mention plus haut au chap. 28.

(3) Cf. le chap. 2 du livre 1er. — Sur le mot *Genaunorum*, v. ci-dessus, c. 53, *n.* 1. Comment Richer a-t-il pu dire de Besançon que cette ville était la métropole des Genévois? Evidemment les *Gevanni* sont pour Richer les *Bourguignons* tant du *royaume* que du *comté*. Les circonstances font la distinction.

(4) *Aldis Dubis* ou *Alduasdubis* ne se retrouve guères que dans Strabon.

(5) Létold était à la fois comte de Macon et *comte de Bourgogne* (*Flod.*). Au premier titre il relevait du roi de France ; au second, du roi de Provence ; il ne put donc, pour le comté de Bourgogne, faire hommage à Louis sans renoncer à la foi qu'il devait à Conrad, et c'est là sans doute ce que veut dire le mot *transit* dont se sert notre chroniqueur. Combien

mais d'une branche bâtarde qui remontait au sixième degré (1); il était fort âgé, avait souvent essuyé les fatigues de la guerre, et s'était maintes fois signalé par ses succès dans les combats avec les pirates. Etienne, évêque de Clermont, vint aussi faire hommage au roi, ainsi que des envoyés de Guillaume, prince d'Aquitaine (2), pour leur maître. Après leur avoir donné ses ordres, Louis se rend avec le duc à Besançon, la métropole des Séquaniens, qui, située dans les Alpes (3), est arrosée par le Doubs (4). Létold, prince de cette cité, passe à son service (5) en se liant à lui par serment.

XCIX. — [*Il tombe malade à Besançon ; le duc ramène l'armée.*]

Tout allait bien pour le roi, quand, vers la fin de l'automne, sous l'influence du changement de saison, tourmenté qu'il était par la bile, il fut pris d'une fièvre aiguë. L'état de sa santé ne lui permettant pas de s'occuper d'affaires militaires, il donna l'ordre au duc de ramener l'armée. Soigné dans sa maladie avec autant de dévoûment que de bonté par le prince Létold, quand fut passé le jour critique, il entra en convalescence et se rétablit complètement sans aucune rechute. Trente jours après sa guérison, il reprit le chemin de la France (6), accompagné du prince Létold (7).

de temps cette défection dura-t-elle ? Le silence absolu de l'histoire ne nous permet point de le dire ; mais ce silence même nous autorise à penser que Conrad n'eut pas lieu de s'en émouvoir beaucoup, et par conséquent que Létold ne tarda point à revenir à ce prince. Il est bon d'ailleurs de remarquer que Richer se tait sur l'hommage que le comte dut faire à Louis pour son comté de Mâcon, et que Flodoard ne parle pas du séjour du roi de France à Besançon.

(6) La *France* était d'abord le pays conquis et primitivement occupé par les Francs, au nord de la Loire et des Vosges ; aussi la distinguait-on de l'ancien royaume des Bourguignons (*Bourgogne*) et de celui des Visigoths (*Aquitaine*). Puis l'usage, à la suite du partage des états de Lothaire, en détacha la *Lorraine*, et restreignit le nom de France à la France échue à Charles-le-Chauve (V. *Flodoard*, ann. 957. — Cf. **Dom Bouq.**, t. VIII, page 285, et t. IX, p. 40 et 150).

(7) Sur ces entrefaites, « Hugues se rendait auprès du roi Otton, qui » l'avait invité ; il s'était fait précéder d'un présent de deux lions, qu'il » suivit de près ; il fut honorablement accueilli, et dignement traité » pendant les fêtes de Pâques, qu'il passa joyeusement à Aix avec Otton. » Il revint chargé de présents magnifiques, accompagné du duc » Conrad, qui le conduisit jusqu'à la Marne (*Flod.*). » Nous voilà bien loin de 948 et du concile de Trèves (V. ci-dessus, c. 82, n. 4 et 5).

C.

Et cum jam Burgundiæ extrema attingeret, viatorum relatu comperit, quosdam qui latrociniis et discursionibus provinciam infestabant, Angelbertum scilicet et Gozbertum, munitionem quæ dicebatur Briona exstruxisse, quo etiam post flagitiosa exercitia sese recipiebant. Hanc igitur rex aggressus, obsidione circumdat; pugnaque continua ac fame atterit; et tandem capit, solotenusque diruit. Latronculos vero, petente Letoldo, sub sacramento abire permittit.

CI.

Inter hæc cum rex in partibus Burgundiæ adhuc detineretur, Aethgiva mater ejus regina, eo ignorante, Heriberto comiti nupsit, et relicta urbe Lauduno ab eo deducta est. Quod rex vehementer indignans (a), redire maturat, et cum Gerberga regina uxore Laudunum ingreditur. Et a matre auferens prædia et ædes regias, uxori (b) delegat.

CII.

Interea Gerberga regina Lauduni geminos enixa est, quorum alter Karolus, alter Heinricus vocatus est. At Heinricus mox post sacri baptismatis perceptionem, in albis decedit. Karolus autem cum naturali virium robore educatur.

(a) i. cum Gerberga *deleta*.
(b) u. omnia *deletum*.

---

(1) Brienne-le-Château, sur l'Aube (Aube).
(2) V. ci-dessus, c. 25.
(3) « Il reprit l'abbaye de Notre-Dame, qu'elle possédait à Laon, et » la donna à Gerberge; il réunit aussi à son domaine la terre d'*Atoniacum* » (*Atiniacum?* Attigny) (*Flod.*). » Flodoard nous apprend d'ailleurs, à l'année 938, que le roi Charles avait donné à Ethgive *Tusciacum*, sur la Meuse, avec plusieurs villages qui en dépendaient.— Sur l'abbaye de Notre-Dame, qui fut construite par sainte Salaberge et qui reçut le nom de Saint-Jean-Baptiste quand elle devint, au xii⁰ siècle, abbaye d'hommes, d'abbaye de femmes qu'elle était d'abord, voy. *Dom Bouq.* sur Flodoard.

C. — [*Comment le roi prend la forteresse de Brienne, occupée par des brigands.*]

Il touchait aux frontières de la Bourgogne, quand il apprit par des voyageurs (1) que des brigands, nommés Angelbert et Gozbert, qui couraient la province et l'infestaient de leurs violences, venaient de construire une forteresse appelée Brienne (2), où ils se retiraient après leurs criminels exploits. Le roi vint l'assiéger, la fatigua par de continuels assauts, l'affama, et, finissant par la prendre, la rasa complètement. Quant aux brigands, sur la prière de Létold, il leur permit de se retirer sous serment.

CI. — [*Ethgive, mère du roi, épouse, à son insu, le comte Héribert; colère de Louis.*]

Tandis qu'il était encore retenu de la sorte, en Bourgogne, la reine Ethgive, sa mère, épousa à son insu le comte Héribert, et quitta la ville de Laon pour suivre son mari. Le roi, vivement courroucé, s'empresse de revenir, entre à Laon avec la reine Gerberge, et, confisquant les terres et les maisons royales de sa mère, les donne à sa propre femme (3).

CII. — [*La reine Gerberge accouche de deux fils jumeaux* (953).]

Sur ces entrefaites (4) la reine Gerberge accoucha à Laon de deux jumeaux, dont l'un reçut le nom de Charles, et l'autre celui de Henri. Mais ce dernier, peu de temps après avoir reçu le baptême, mourut dans la robe blanche de l'innocence. Pour Charles, il se développa et se fortifia avec les années (5).

(4) Richer passe entièrement sous silence les événements de l'année 952, comme il avait omis les relations amicales de Hugues et d'Otton en 951. Il lui en eût trop coûté de nous montrer Conrad et ses Lorrains venant attaquer avec Hugues un fort que le comte Raynold, gendre de Louis, avait construit sur la Marne, à Mareuil, dresser contre ce fort de nombreuses machines, le battre avec vigueur et finir par l'incendier. Flodoard ajoute que, « dès que les alliés furent rentrés dans leurs terres, » Louis et l'archevêque Artauld se rendirent sur la Marne avec le comte » Raynold, rétablirent le fort incendié et y mirent une nombreuse » garnison. »

(5) Au commencement de l'année, Hugues avait fait prier la reine de vouloir bien se rendre à une entrevue, et la paix ayant été confirmée entre lui et le roi, Gerberge était revenue à Reims comblée de présents. Parmi les autres événements de l'année 953, nous remarquons la révolte du duc Conrad contre le roi Otton (V. l. III, c. 1, *note*).

CIII.

Ludovicus vero rex Remos rediens, cum fluvio Axonæ propinquaret, per campestria lupum præire conspicit. Quem equo emisso insecutus, per devia exagitat. Ad omnes feræ declinationes equum impatiens obvertebat; nec quiescere paciebatur, donec equestri certamine fugientem evinceret. Equus ergo per invia coactus, cespite offendit atque prolabitur. Rex vero gravissime attritus casu, et a suis exceptus, cum multo omnium merore (a), Remos deportatur. Infestis itaque doloribus toto corpore vexabatur. Et post diutinam valetudinem corruptis interius visceribus ob humorum superfluitatem, elefanciasi peste, toto miserabiliter corpore perfunditur. Qua diutius confectus, anno regni sui 18, a natu autem 36, diem vitæ clausit extremum, sepultusque est in cœnobio monachorum Sancti Remigii, quod distat fere miliario uno ab urbe, cum multis omnium lamentis.

(a) luctu *corr.* merore.

CIII. — [*Mort de Louis.*]

Le roi Louis, revenant à Reims, approchait de l'Aisne, quand il aperçut un loup devant lui dans la plaine. Aussitôt il lance son cheval, et poursuit à travers champs la bête sauvage dans tous les détours de sa fuite. Emporté par son ardeur, il ne veut point s'arrêter qu'il ne l'ait vaincue à la course (1). Mais dans cet assaut le cheval trébuche et tombe. Grièvement blessé dans la chute, le roi est relevé par les siens et transporté à Reims, au milieu de l'affliction universelle. Il ressent dans tout son corps de vives douleurs, et, après avoir langui, les intestins s'étant altérés par l'abondance des humeurs, il est frappé d'une horrible éléphantiasis, qui le consume lentement. Enfin il succombe (2) dans la dix-huitième année de son règne et la trente-sixième de son âge (3). Vivement regretté de tous, il fut enseveli au monastère de Saint-Remi, lequel est éloigné d'un mille environ de la ville de Reims.

(1) M. G.: « *Dans ce combat équestre, il ne laissa de repos à l'animal fugitif qu'après l'avoir perdu de vue.* »

(2) Le 9 Septembre.

(3) Richer se trompe en donnant à Louis trente-six ans; car il n'en avait que quinze, lorsqu'il monta sur le trône. Richer lui-même ne l'a-t-il pas dit au chap. 4 du présent livre?... *Regnandi jura* QUINDENNIS *accipiens...*

LIBER TERTIUS.

I.

Peractis autem exequiis, Gerberga regina legatos dirigit fratribus suis, Ottoni regi, ac Brunoni ex præsule duci; necnon et Hugoni Galliarum duci, petens per eos, Lotharium filium suum in regnum patri defuncto succedere. Adveniunt itaque ab Ottone rege omnes ex Belgica duce Brunone principes, sed et ex Germania aliqui. Adest etiam Hugo Galliarum dux. Conveniunt quoque Burgundiæ et Aquitaniæ simulque et Gothiæ principes. Episcopi etiam e diversis regionum urbibus conveniunt. Atque hi omnes in urbem Remorum apud Gerbergam reginam pari voto collecti sunt. Omnium fit consensus; omnibus animo inest, Lotharium patri defuncto succedere.

II.

Universorum itaque consensu, a domno Artoldo, Remorum metropolitano, favente Brunone ejus avunculo, principibusque diversarum gentium laudantibus, Lotharius duodennis, rex creatur in basilica Sancti Remigii, ubi pater suus tumulatus cum aliis regibus sepultis quiescebat. Creatusque rex, a matre Gerberga simulque et principibus Laudunum (*a*), ubi ex antiquo regia esse sedes dinoscitur,

---

(*a*) Laudum *c*.

---

(1) Il fut successivement abbé d'un monastère du diocèse de Worms (II, 66), archevêque de Cologne (dès l'année 953, *Flod.*) et duc de Lorraine.

Conrad, duc de Lorraine depuis l'an 944, ayant appuyé dans sa révolte contre son père le fils d'Otton, Liudulphe ou Ludolf (953), l'empereur lui avait substitué, dans l'administration du *royaume de Lorraine* (*Flod.*),

LIVRE TROISIÈME.

I. — [*Gerberge réunit à Reims les grands du royaume, et leur fait reconnaître pour roi son fils Lothaire.*]

Les funérailles achevées, la reine Gerberge envoie des députés à ses frères, le roi Otton et Brunon, qui d'évêque était devenu duc (1) ; elle en envoie également à Hugues, duc des Gaules. Ils étaient chargés de demander que son fils Lothaire fût mis en possession du trône paternel. Gagnés par Otton, tous les princes de Belgique arrivent, sous la conduite de Brunon, avec quelques grands de la Germanie. Hugues, de son côté, se rend à l'appel, ainsi que les princes de Bourgogne, d'Aquitaine, de Gothie, et des évêques de différentes contrées. Tous se réunissent à Reims auprès de la reine Gerberge ; un même sentiment les anime, et ils expriment unanimement le vœu que Lothaire succède à son père défunt.

II. — [*Lothaire se fait sacrer à Reims ; Hugues se lie étroitement à lui.*]

Du consentement de tous, avec l'appui de Brunon, son oncle, et aux applaudissements des princes des différentes nations, Lothaire, qui avait douze ans, est donc sacré roi par Artauld, archevêque de Reims, dans la basilique de Saint-Remi, où son père reposait dans la tombe avec d'autres rois. Après quoi, impatient de gouverner, le nouveau monarque est conduit par sa mère et par les princes dans la ville de Laon, qui était depuis longtemps, on le sait, la résidence royale. Le duc s'attache à ses

---

son propre frère *Brunon*. Brunon gouvernait cette province depuis six ans, quand le bruit de quelques réformes qu'il méditait souleva contre lui les Lorrains. Sentant alors la nécessité d'alléger le fardeau qui pesait sur lui, il se décida à partager le duché de Lorraine en deux, savoir la *Haute-Lorraine* ou Lorraine proprement dite qu'il donna à Frédéric, comte de Bar, son neveu (959-984), et la *Basse-Lorraine* ou *duché de Brabant*, dont il se réserva le gouvernement (959-963).

magna rerum ambitione inclitus deducitur. Dux continue ei individuus assidet; et ad multam regis benivolentiam animum intendens, postquam principes in sua discessere, privatis cum rege colloquiis coutebatur. Et ut suæ fidelitatis virtutem penitus demonstraret, regem ejusque matrem suas urbes et oppida in tota Neustria visere petit, obtinetque.

III.

Deducitur ergo a duce rex cum matre regina per Neustriam, ac ab eo decentissime excipitur Parisii, Aurelianis, Carnoti, Turonis, Bleso, aliisque quam plurimis Neustriæ urbibus oppidisque. Inde quoque cum exercitu in Aquitaniam feruntur. Et præmissis legatis, cum Wilelmus princeps occurrere nollet, Pictavim adoriuntur, principem ibi esse rati. Cum ergo exercitus vehementissime urbem attereret, et diutissime pugnam urbanis inferret, a quibusdam regiis castrum Sanctæ Radegundis urbi contiguum, clandestina irreptione captum atque succensum est. Comperto vero principem non adesse, tandem post duorum mensium dies, victus indigentia exercitu fatigato, ab obsidione disceditur.

IV.

Wilelmus vero Arverniæ fines perlustrans quæ est Aquitaniæ pars, ab oppidis milites educebat, ad pugnam exercitum colligens. Collectoque in regem fertur. Quo rex comperto, duce favente exercitum in hostem reducit. Signisque infestis congreditur. Acerrime dimicatum est, nonnullis utrimque fusis. Sed regio equitatu (a) prævalente, Aquitanos fuga exagitat. Regiæ vero acies promtissime insecuntur. In qua fuga nonnulli

---

(a) exercitu *corr.* equitatu.

---

(1) Le roi, pour reconnaitre ses services, lui avait *donné*, dit Flodoard, l'Aquitaine et la Bourgogne, c'est-à-dire qu'il lui confirma la possession

côtés (1) ; désireux de gagner son cœur, dès que les princes sont partis, il entretient avec lui les relations les plus étroites, et, pour lui prouver toute sa fidélité, il sollicite le roi et sa mère de visiter les villes et les places fortes qu'il possède dans toute la Neustrie, ce qui lui est accordé.

III. — [*Les deux princes vont en Neustrie et de là dans l'Aquitaine, où ils assiégent Poitiers* (955).]

Le duc conduit donc par la Neustrie le roi avec sa mère, et Lothaire est reçu par lui avec toute sorte d'honneurs à Paris, à Orléans, Chartres, Tours, Blois, ainsi que dans beaucoup d'autres villes et places de la province. De là ils se portent avec une armée vers l'Aquitaine, après avoir envoyé devant eux des députés, et, comme le prince Guillaume refusait d'aller à leur rencontre, ils attaquent Poitiers, pensant qu'il s'y était renfermé. L'armée presse donc vivement la ville, multiplie les assauts ; quelques gens du roi surprennent et brûlent le fort de Sainte-Radegonde, qui tenait à la ville (2) ; mais on découvre que le prince est absent, et après deux mois de fatigue, l'armée, que désolait la disette des vivres, lève le siége.

IV. — [*Guillaume marche contre le roi, mais il est défait.*]

Guillaume, pendant ce temps-là, parcourait l'Auvergne, qui est une partie de l'Aquitaine, et des soldats qu'il tirait de ses places formait une armée avec laquelle il se porta contre le roi. A cette nouvelle, Lothaire, secondé par le duc, ramène la sienne contre l'ennemi, et lui livre bataille. La lutte fut vive, et quelques hommes tombèrent des deux côtés. Mais enfin la cavalerie du roi met les Aquitains en déroute ; l'armée royale les poursuit vigoureusement ; quelques-uns périssent dans la fuite, bon nombre

---

de celle-ci, et lui conféra le gouvernement de l'autre. La constante fidélité de Guillaume à Louis eût demandé plus de ménagement. Justement irrité, le comte opposa les armes aux nouveaux droits du duc, et fut battu ; mais Hugues mourut aussitôt après, et l'Aquitaine garda ses princes et son indépendance.

(2) Il fut pris par le comte Raynold.

Aquitanorum interfecti, plurimi autem capti fuerunt. Wilelmus vero devia secutus, cum duobus vix per abrupta profugit.

V.

Rex ergo prospero belli successu insignis, acies (*a*) iterum Pictavis inferri jubet (*b*). Arbitrabatur etenim urbem tunc facillime capi posse, cum exercitus recentis belli animositate adhuc ferveat, et urbani multo detineantur metu, ob principis sui fugam, ejusque militum infelicem eventum. Dux itaque regis magnanimitatem multo favore excipiens, exercitum licet fatigatum, et tamen sua benignitate captum, urbi reducit. Urbani vero belli casu exanimes, vitam deposcunt, et pro urbis illesione (*c*) supplicant. Cum autem exercitus urbem vi vellet irrumpere, et spolia asportare, dux habita apud eos dissuasione, intactam rege jubente reliquit. Rex autem ab urbanis obsides quot vult capit. Sicque duce interveniente, urbs ab exercitu (*d*) liberata est; et sub pace sequestra obsidio solvitur. Prosperaque rerum fortuna, rex cum duce et exercitu Laudunum repetit. Dux vero Parisii receptus, in egritudinem decidit, qua nimium affectus, vitæ finem accepit. Sepultusque est in basilica sancti Dionisii martiris.

VI.

Interea Ottone rege Bulizlao, Sarmatarum regi, bellum inferente, Ragenerus quidam quem Otto rex ob custodiam in Belgica dimiserat, multa quæ illicita erant præsumebat. Inter quæ ædes regias et prædia regalia Gerbergæ reginæ

(*a*) exercitum *corr.* acies.
(*b*) infert *corr.* inferri jubet.
(*c*) salute *corr.* illesione.
(*d*) prædonibus *corr.* ab exercitu.

sont faits prisonniers. Pour Guillaume, à peine suivi de deux des siens (1), il se jette dans des sentiers détournés et s'enfonce dans la montagne.

V. — [*Le roi revient sur Poitiers, qui tombe aux mains de son armée. — Mort du duc Hugues* (956).]

Le roi, que ce succès enhardit, fait marcher de nouveau son armée contre Poitiers. La ville pouvait maintenant, pensait-il, être prise aisément ; car le soldat était encore animé de l'ardeur d'un combat récent, tandis que l'échec des troupes de Guillaume et la fuite du prince tenaient les habitants consternés. Le duc, accueillant avec empressement le noble dessein du roi, entraîne donc à Poitiers l'armée, malgré ses fatigues que lui fait oublier la bonté de son chef. Les habitants, qui n'entrevoient pas sans épouvante l'issue de la guerre, demandent la vie et supplient qu'on épargne leur cité. Les troupes voulaient la prendre d'assaut et la piller ; mais le duc parvient à les en détourner, et suivant l'ordre du roi, fait respecter la ville. Lothaire en tire autant d'ôtages qu'il lui plaît, et ainsi, par l'entremise du duc et la conclusion de la paix, Poitiers voit enfin ses remparts libres (2). Après ce succès, le roi retourne à Laon avec le duc et l'armée. Mais le duc, rentré à Paris, y tomba dans une grave maladie dont il mourut (3). On l'ensevelit dans la basilique de saint Denys, martyr.

VI. — [*Le comte Rainier envahit les biens que la reine Gerberge possédait en Belgique.*]

Sur ces entrefaites, et pendant que le roi Otton faisait la guerre à Bulizlas (4), roi des Sarmates, un certain Rainier auquel il avait confié la garde de la Belgique, osait y commettre de nombreuses iniquités. Il poussa l'audace jusqu'à envahir les maisons et

---

(1) *Cum paucis*, dit simplement Flodoard, *avec peu de monde*.

(2) Flodoard ne dit rien de ce second siège, ni de la soumission de la ville au roi de France.

(3) Le 16 Juin.

(4) Flodoard l'appelle *Burislas*.

quæ in Belgica erant, tirannica temeritate (a) pervadit. Regina vero apud suos de repetendis prædiis et ædibus regiis privatim consultare non distulit.

VII.

Inter quos cum pater meus hujus rei dispositioni videretur idoneus, ab eo id summopere ordinandum petebatur. Quod etiam ipse disponendum suscipiens : « Sinite, inquit, per dies aliquot me istud explorare. Et
» si quidem nostris viribus id par fuerit, procul dubio
» per hoc temporis intervallum contemplabimur. Ad alia
» interim vos ipsos conferte : illud tantum a vobis (b)
» expediatur, ut, si a Deo nobis rei gerendæ oportunitas
» conferatur, apud vos nulla mora attemptandi opus
» habeatur. » Sic quoque a sese soluti sunt.

VIII.

Pater meus itaque ad oppidum prædicti Rageneri quod dicitur Mons (c)-castrati-loci, ubi etiam uxor ejus cum duobus filiis parvis morabatur, quosdam suorum quos ipse in militaribus instruxerat dirigit, qui loci habitudinem militumque numerum, rerum etiam fortunam ac famulorum exitum, vigilumque diligentiam, cautissime considerent. Procedunt itaque duo tantum in habitu paupertino, ac usque ad oppidi portam deveniunt. Exstruebantur tunc muri per loca potioribus ædificiis. Unde et lapidum cæmentique portitores, sæpe per portam egrediebantur,

(a) crudelitate *corr.* temeritate.
(b) apud vos *corr.* a vobis.
(c) monsl, *errore auctoris qui* castrati *primo omiserat.*

---

(1) Elle les tenait à titre de douaire du duc Gislebert, son premier mari. V. la *Chron.* de Flodoard. — Rainier, surnommé Cou-Long, était frère puiné de Gislebert et comte de Hainaut (V. 1, 34).

(2) Flodoard dit positivement que cette place avait été enlevée par Rainier à Ursion, vassal de l'église de Reims, et qu'elle était située sur le

les domaines royaux que la reine Gerberge y possédait (1). Mais la reine, sans perdre de temps, se mit à délibérer avec les siens sur les moyens de recouvrer ses terres et ses châteaux.

VII. — [*Rodolf, père de Richer, est chargé de les recouvrer.*]

Mon père parut propre à conduire cette affaire et on le pria instamment de s'en charger. Il n'en refusa pas la direction. « Mais, » dit-il, laissez-moi quelques jours pour y réfléchir. Si l'entreprise » n'est pas au-dessus de nos forces, ce temps nous suffira sans doute » pour la bien mûrir. Pour vous, en attendant, occupez-vous du reste, » c'est tout que je vous demande, afin que, si Dieu nous permet » de tenter l'exécution de notre dessein, celle-ci, par votre faute, » n'éprouve aucun retard. » Là-dessus on se sépara.

VIII. — [*Il fait examiner la place de Mons.*]

Dans la place de Mons résidait alors la femme de Rainier avec ses deux jeunes fils (2). Mon père y envoie des hommes dévoués qu'il avait lui-même formés au métier des armes, avec la mission d'examiner prudemment l'état des lieux et de la garnison, la vigilance des gardes, les sorties des serviteurs, et tout ce qui s'offrira à leurs regards. Deux d'entre eux seulement, sous les haillons de la misère, s'avancent jusqu'à l'entrée de la place ; on en réparait alors les murailles (3), et les ouvriers chargés de porter les pierres et le ciment, sortaient et rentraient souvent par la porte, sous les

---

Chier ; ce ne serait donc pas Mons, chef-lieu du Hainaut, mais quelque autre château, *munitionem quamdam* (*Flod.*), dont Rainier, suivant l'usage du temps, aurait confié à sa femme la réparation et la garde. D'ailleurs Mons en Hainaut, après être tombé au pouvoir du roi, eût été remis à Rainier, désarmé et repentant ; et Richer ne parle pas de cette restitution. Le père de Richer n'avait donc fait que recouvrer un bien usurpé par le comte, et ce succès avait amené la restitution de ceux de la reine Gerberge (*Flod., ibid.*).

(3) M. G. traduit : « *On construisait alors à Mons de beaux édifices.* » Mais en rapprochant de la phrase latine la dernière du ch. 19 du l. IV, on peut aisément se convaincre qu'il ne s'agit point ici de pareilles constructions. *Per loca* me paraît être une expression analogue à *per partes*, et avoir le sens de *par places*, par parties, çà et là.

regrediebanturque præsente eorum qui operi præsidebat (a). Adsunt exploratores, et ad comportandum lapides offerunt sese. Deputantur operi, daturque eis clitellaria sporta. Comportant itaque cæmentum ac lapides, ac nummos (b) singulos singuli in dies accipiunt. Ante dominam etiam cum latomis et cæmentariis bis cibati sunt, curiose omnia contemplantes. Dominæ etiam cubiculum, ejusque natorum diverticulum, sed et famulorum egressum et regressum, actionumque tempestatem, ubi etiam oppidum insidiis magis pateat, multa consideratione pernotant. Et diebus quatuor consumtis, dies imminebat (c) dominica. Sicque accepta laboris mercede (d), ab opere soluti sunt. Redeunt igitur omnibus exploratis, ac patri meo talia referunt.

IX.

Ille in multa spe omnia ponens, regina conscia, cum duabus cohortibus oppidum adit, ac ducentibus iis quos præmiserat, per locum competentem nocturnus ingreditur. Portas et exitus omnes pervadit, ac custodes, ne quis effugiat, deputat. Ipse ad cubiculum dominæ ferventissimus tendit, eumque ingressus, matrem cum duobus natis comprehendit. Alii vero ornamentis asportandis insistebant. Comprehendit et milites, oppidumque succendit. Quo combusto, cum domina et natis, militibusque comprehensis, ad reginam Gerbergam reversus est.

X.

Quod Ragenerus comperiens, tanta necessitate ductus, Brunonem fratrem reginæ postulat, ut mature colloquium quo jubeat regina constituatur, ubi ipse uxorem et natos recipiat, et regina ædes et prædia resumat. Quod etiam statuto tempore factum est. Nam habitis utrimque ratio-

---

(a) custode *corr.* qui operi præsidebat.
(b) *primum* d *scriptum erat* (denarios).

yeux du directeur des travaux. Nos éclaireurs se présentent et s'offrent à porter des pierres. On accepte leurs services et on leur donne des hottes. Les voilà donc qui portent pierres et ciment, et qui reçoivent chacun un salaire quotidien. Deux fois il leur arriva de manger avec les tailleurs de pierres et les maçons, en présence de la comtesse, et rien n'échappait à leur attention. Chambre à coucher de la dame, cabinet des enfants, entrées et sorties des serviteurs, heures de services, endroits faibles de la place, ils notent tout avec soin. Quatre jours se passent ainsi ; après quoi, le dimanche étant venu, ils reçoivent leur salaire, quittent le travail, et reviennent communiquer à mon père tout ce qu'ils ont observé.

IX. — [*Il la surprend et fait prisonnière la famille de Rainier.*]

Mon père en conçoit de grandes espérances, et, avec l'approbation de la reine, il marche sur Mons à la tête de deux cohortes que guident ses envoyés. Il pénètre la nuit dans la place, s'empare des portes et de toutes les issues, et y met des gardes pour que personne ne puisse s'échapper. Lui-même court à la chambre à coucher de la dame ; il s'y précipite, et s'assure de la mère et de ses deux enfants, tandis que d'autres s'occupent d'emporter les meubles. Il s'assure également de la garnison, et, après avoir mis le feu à la place, il retourne avec tous ses prisonniers auprès de la reine Gerberge.

X. — [*Rainier restitue les domaines de Gerberge, et reprend sa famille.*]

A cette nouvelle Rainier, que presse la nécessité, fait prier Brunon, frère de Gerberge, de lui ménager sans retard, au lieu qu'elle fixera elle-même, une entrevue où il puisse, en recouvrant sa femme et ses enfants, restituer à la reine ses maisons et ses domaines. La conférence a lieu dans le temps convenu, des engagements sont pris de part et d'autre, et la reine rentre en possession

(c) aderat *corr.* imminebat.
(d) operis precio 1.

nibus, regina a tiranno prædia recepit, et ipse uxorem et natos, militesque reduxit (a).

XI.

His ita gestis, Rotbertus Trecarum princeps, Heriberti tiranni filius, Hugonis vero abdicati frater, Lothario regi injuriam hac arte molitus est. Castrum regium quod Divion dicitur, secus Oscaram torrentem conditum, multa cupiditate sitiebat, eo quod per eum si id habere posset, optimam Burgundiæ partem ad suum jus transire posse arbitrabatur. Illum itaque qui castro præesse videbatur, de transfugio ad sese per legatos alloquitur, plurima spondens, et majora sub jurejurando pollicens. Apud regem quoque multam rerum inopiam asserens, apud sese vero sufficientes opes, oppida nonnulla, aliaque desiderabilium insignia vehementissime protestans. Tunc juvenis rerum cupidine captus, pro transfugio mercedem quærit. At illi mercedis nomen edicunt. Ille vero ex promissis jusjurandum postulat, capitque. Et tempore congruo, tirannum cum multa militum manu, intra oppidum excipit, ac sese ei committens, fidem pro militia accommodat. Pervaso autem oppido, regii milites contumeliose pelluntur. Deputantur vero ibi milites tiranni.

XII.

Perlata sunt hæc ad regem. Rex vero Brunoni avunculo legatos dirigit, copias ab eo postulans. Nec moratur Bruno, et cum duobus milibus armatorum ex Belgica, terram tiranni occupat, urbemque Trecasinam obsidione circumdat. Rex vero cum matre, erepto castro exercitum inducit. Cum ergo duplici exercitu tirannus urgeretur, cedit, et ab rege indulgentiam petit. Coactusque obsides et sacramenta dat; et insuper oppidi proditorem victus tradit. Qui mox prolata ab rege sententia, ante oppidi portam, coram patre decollatur.

(a) *hic, signo indicante, aliqua deesse videntur.*

de ses biens, tandis que le tyran ramène avec lui sa femme, ses enfants et ses soldats (1).

XI. — [*Le comte Robert, grâce à la trahison du commandant, enlève au roi la ville de Dijon* (959).]

Cela fait, le prince de Troyes (2), Robert, fils du tyran Héribert et frère de Hugues, l'évêque déposé, chercha à faire tort au roi Lothaire. Voici comment. Il convoitait avec une grande ardeur le château royal de Dijon, bâti sur le torrent de l'Ousche, imaginant que la possession de cette forteresse le rendrait facilement maître de la meilleure partie de la Bourgogne. Il fait donc tenter par des émissaires la fidélité de celui qui en avait le commandement, lui assurant plusieurs avantages, lui en promettant de plus grands encore sous la foi du serment. Que pouvait-il attendre d'un roi sans ressource? Robert, au contraire, possédait de grandes richesses, plusieurs places et tout ce qui peut flatter l'ambition. Le jeune officier, dominé par la cupidité, convient avec les envoyés du prix de sa trahison, et reçoit leur serment en garantie de leurs promesses. Au temps convenu, il introduit le tyran dans la place avec de nombreux soldats, et met son épée à son service. La place envahie, les troupes du roi sont chassées honteusement et remplacées par celles du tyran.

XII. — [*Le roi reprend la place et fait décapiter le traître* (960).]

Dès qu'il apprend cette nouvelle, le roi fait demander des troupes à son oncle Brunon. Brunon ne perd pas de temps; avec deux mille hommes d'armes Belges, il s'empare des terres du tyran et vient assiéger la ville de Troyes, tandis que Lothaire, accompagné de sa mère, menait une armée contre le château qu'il avait perdu. Ainsi pressé par une double armée, le tyran cède et implore la clémence du roi. Il est contraint de donner des ôtages, de prêter le serment de fidélité, et de livrer le traître, qui bientôt, par sentence du roi, est décapité devant la porte de la place, sous les yeux même de son père (3).

(1) Il ne demeura pas longtemps en repos, et Brunon l'envoya en exil au-delà du Rhin (*Flod. ann.* 957). Ce fait, les événements de 958, la révolte des Lorrains contre Brunon en 959, révolte à la suite de laquelle ce prince partagea la *Lorraine* en *haute* et *basse*, sont entièrement omis par Richer.

(2) M. Guadet substitue Trèves à Troyes.

(3) Flodoard nomme celui-ci le comte Odalric, et fait remettre les ôtages aux mains de Brunon, qui les livre ensuite à Lothaire.

XIII.

Rex vero oppido potitus, cum matre Laudunum redit. Huc ex diversis regionibus ad regem principes confluunt. Adsunt quoque ducis defuncti filii duo, Hugo et Otto, qui etiam regi fidelem militiam per jusjurandum coram omnibus spondent. Quorum benignitati rex non imparem liberalitatem demonstrans, Hugonem pro patre ducem facit, et insuper terram Pictavorum ejus principatui adjicit; Ottonem vero Burgundia donat.

XIV.

In qua rerum distributione cum domnus ac reverendus Artoldus metropolitanus admodum in die laborasset, et præ solis (*a*) fervore toto corpore sudasset, cum vestem abjiceret, per poros calore apertos frigus autumnale (*b*) irrepsit. Natoque ex interno frigdore epatis morbo, nimiis doloribus confectus, pridie Kalend. Octob. a suo præsulatu annis (*c*) 20 diem vitæ clausit extremum.

XV.

Cujus peractis exsequiis, Hugo nuperrime dux Francorum ab rege factus, regem suppliciter adit, petitque pontificalem dignitatem ei restitui, eo quod ipse ante Artoldum ipsam adeptus fuerit, et non suo facinore sed Rodulfi regis invidia, Artoldum ei superductum memorat. Persistebat itaque ut redderetur. Et statim decreto (*d*) regio, sinodus episcoporum post dies 40 habenda indicitur.

(*a*) æstatis *corr.* solis.
(*b*) frigoris *corr.* frigus autumnale.
(*c*) ann̄.
(*d*) jussu *corr.* decreto.

---

(1) *Quelques grands de France et de Bourgogne*, dit Flodoard.

(2) Et non *les deux fils*, parce qu'il y en avait un troisième du nom de Eudes ou Henri, et qu'on peut supposer que Richer ne l'ignorait pas.

XIII. — [*Lothaire reçoit à Laon le serment des fils de Hugues-le-Grand.*]

Maître de Dijon, Lothaire retourne avec sa mère à Laon. — Les grands [961] viennent l'y trouver de différentes provinces (1). — On y voit deux fils (2) du feu duc, Hugues et Otton, qui, devant tout le monde, font au roi le serment de le servir avec fidélité. Le roi, non moins généreux qu'ils se montrent dévoués, investit Hugues du duché paternel, et y ajoute la terre de Poitiers (3) ; à Otton il donne la Bourgogne (4).

XIV. — [*Mort d'Artauld, archevêque de Reims* (961).]

Dans ces circonstances, le seigneur et vénérable métropolitain Artauld, que la fatigue d'un jour entier d'exercice, par un soleil ardent, avait couvert de sueur, eut l'imprudence d'ôter ses vêtements ; le froid d'automne pénétra par les pores que la chaleur avait dilatés. Une maladie de foie s'ensuivit, à la violence de laquelle il succomba la veille des calendes d'Octobre (5), en la vingtième année de son épiscopat.

XV. — [*Le duc Hugues réclame l'archevêché de Reims* (962).]

Après ses funérailles, Hugues, le nouveau duc des Français, vint supplier le roi de lui rendre la dignité épiscopale (6). Il en avait été revêtu avant Artauld, et ce n'était point sa conduite, disait-il, mais la haine du roi Raoul, qui lui avait fait préférer ce prélat. Comme il insistait, Lothaire aussitôt ordonna qu'il serait tenu un synode d'évêques dans quarante jours.

N'était-il pas en effet plus naturel, au cas contraire, qu'il dit simplement : *filii*, les fils ?

(3) Ce fut inutilement ; car Hugues ne put se mettre en possession de ce comté. Bien plus, Guillaume II refusera plus tard de reconnaître Hugues-Capet, et Guillaume III recueillera les deux fils de Charles de Lorraine.

(4) Flodoard place ceci pendant le siège du château de Dijon, ann. 960.

(5) Le dernier jour de Septembre. Richer passe sous silence les autres événements de cette année.

(6) Richer se trompe ici ; il veut parler de Hugues, fils d'Héribert (V. c. 17 et Cf., c. 11).

XVI.

Colligitur ergo consummatis diebus in pago Meldensi secus fluvium Matronam, in vico qui vocatur. . . . , ex Remensi ac Senonensi provinciis, sinodus 13 episcoporum, præside Senonense pontifice. Inter quos etiam fautores aliqui pro parte Hugonis videbantur, et maxime illi qui duci consuescebant, utpote Aurelianensis, et Parisiacus, Silletensis quoque. Atque hi publice consultabant. Renitentibus autem Roricone Laudunensi, et Gubuino (a) Catalaunico episcopis, et vehementissime asserentibus, quod a multitudine episcoporum excommunicatus, a minore eorum numero absolvi non posset, relinquitur ratio differenda, usque ad interrogationem papæ Romani.

XVII.

Nec multo post, et legatio dirigitur in Gallias a domno Johanne papa, qui jam succedebat Octoviano (b), domni Agapiti successori; asserens prædictum Hugonem abdicatum, tam sinodo Romana, quam Papiæ nuperrime habita, ab episcopis Italiæ anathematizatum, nisi ab iis quæ illicite repetebat quiesceret. Qua legatione omnibus intimata, quærimoniæ ratio pessumdata est. Hugo itaque a fratre suo Rotberto receptus, nimia anxietate intra dies paucissimos Meldi defunctus est.

XVIII.

Bruno itaque metropolitanus et dux, cuidam ex collegio canonicorum Mettensium nomine Odelrico apud regem præsulatum quærebat. Quod cum obtinuisset, coram adesse facit. Qui vir memorabilis, cum esset divitiis et nobilitate, litterarumque scientia adeo clarus, an rege largiente episcopatum suscipere audeat sciscitatur. Etenim tunc

(a) *sic.*
(b) *sic.*

XVI. — [*Le synode de Meaux ne décide rien.*]

Ce temps écoulé, le synode s'assemble donc dans le canton de Meaux, près de la Marne, en un lieu qui s'appelle... Il était composé de treize évêques des provinces de Sens et de Reims, et présidé par l'évêque de Sens. Quelques-uns d'eux semblaient favorables à Hugues, et surtout les familiers du duc, comme les évêques d'Orléans, de Paris et de Senlis (1), qui proclamaient hautement leur opinion. Mais, comme Roricon, évêque de Laon, et Gibuin, évêque de Châlons, soutenaient avec beaucoup de force qu'après avoir été excommunié par un grand nombre de prélats, il ne saurait être absous par un moindre nombre, leur opposition fit suspendre l'affaire, jusqu'à ce qu'on eût pris l'avis du pape de Rome.

XVII. — [*Hugues meurt de chagrin.*]

Peu de temps après, une ambassade vint en Gaule, envoyée par le seigneur pape Jean (2), qui avait succédé à Octavien, successeur du seigneur Agapet. Elle annonça que, dans un double synode tout récemment tenu à Rome et à Pavie, le susdit Hugues avait été déclaré excommunié par les évêques d'Italie, s'il ne renonçait à ses injustes prétentions. Cette sentence, signifiée à tous, mit fin à toutes les plaintes, et Hugues dut se retirer auprès de son frère Robert; quelques jours après, il mourait à Meaux, consumé de chagrin.

XVIII. — [*Odelric est fait archevêque de Reims.*]

L'archevêque et duc Brunon sollicita donc du roi la dignité épiscopale, pour un certain Odelric (3) du chapitre de Metz. L'ayant obtenu, il le présente, et on demande à ce chanoine, également distingué par sa science, par ses richesses et par la noblesse de sa naissance, si, dans le cas où le roi l'appellerait à l'épiscopat, il oserait accepter cette faveur; car elle était recherchée par un

---

(1) C'est sans doute par distraction que M. Guadet a traduit *Silletensis* par *de Sens*, après que Richer vient de nommer successivement la province et l'évêque de Sens du nom bien connu de *Senonensis* (*Senonensi*, *Senonense*).

(2) Jean XIII. Il régna de 956 (Octobre) à 972 (Septembre).

(3) Flodoard le nomme *Odalric*, et lui donne pour père un certain comte Hugues.

expetebatur a quodam illustri, cui a duce auxilium ferebatur. At ille utpote vir magnanimus, si rex largiatur, sese contra omnes et suscepturum et defensurum respondit. Quod etiam multam sibi ducis invidiam comparavit.

XIX.

Ordinatur itaque in basilica Sancti Remigii ab episcopis Remensis metropolis diocesaneis, Widone scilicet Suessonico, Roricone Laudunensi, Gibuino Catalaunico, Hadulfo Noviomensi (*a*), atque Wicfrido Virdunensi. Factusque præsul, mox tirannos qui suæ æcclesiæ res pervaserant, ut ad satisfaciendum redeant, jure æcclesiastico advocat. Atque inde per tres dierum quadragenas concessit esse consulendum.

XX.

Evoluto vero tempore, Tetbaldum Turonicum cum aliis rerum æcclesiasticarum pervasoribus anathemate damnat. Post non multos autem dies penitentia ducti, ad præsulem satisfacturi redeunt, atque res pervasas legaliter reddunt. Recipit itaque domnus præsul ab Heriberto quidem Sparnacum vicum populosum ac opulentum, ab Tetbaldo vero castrum Codiciacum, eosque a vinculo anathematis absolvit. Et Tetbaldi quidem filio, qui sese sibi commiserat militaturum, castrum sub conditione servandæ fidelitatis concedit.

XXI.

Quo etiam tempore Arnulfus, Morinorum princeps, hac vita decessit. Cujus terram Lotharius rex ingressus, filio defuncti liberaliter reddit, eumque cum militibus jure sacramentorum sibi annectit (*b*).

(*a*) N. aliisque nonnullis *deleta*.

(*b*) *Hæc inde a paginæ initio vocibus scilicet :* Et Tetbaldi quidem filio *in loco raso ab auctore scripta sunt, aliis quatuor lineis erasis jamque vacuis. Tum prosequitur.*

---

(1) « C'est entre les mains de cet évêque, dit Flodoard, que, ployant sous le poids de mes soixante-dix ans et brisé par les infirmités, je résignai mon abbaye; il me déchargea de ce fardeau et le donna à mon neveu

personnage illustre, que le duc appuyait de son crédit. Odelric, en homme de cœur, répondit que, si le roi l'élevait à ce poste, il saurait l'occuper et le défendre contre tous. Aussi le duc en conçut contre lui une grande haine.

XIX. — [*Une fois sacré, il poursuit les usurpateurs des biens de son église* (963).]

Odelric est ordonné, dans la basilique de Saint-Remi, par les évêques suffragants de la métropole de Reims, à savoir Gui de Soissons, Roricon de Laon, Gibuin de Châlons, Hadulf de Noyon et Wicfrid de Verdun. [963] Une fois évêque, il invite, armé du droit ecclésiastique, les tyrans qui avaient usurpé les biens de son église, à lui donner satisfaction, et il leur accorde trois fois quarante jours pour se déterminer (1).

XX. — [*Frappés d'anathème, ils se soumettent* (964).]

Ce temps passé, il frappe d'anathème Thibaud de Tours avec les autres usurpateurs des biens ecclésiastiques. Mais, peu de temps après, saisis de repentir, ils viennent offrir au prélat la satisfaction qui lui était due, et lui rendre les terres qu'ils avaient envahies. [965] Le seigneur évêque reçoit donc d'Héribert le bourg riche et populeux d'Epernay, de Thibaud, le château de Coucy, et il délie ces princes de l'anathème (2). Le fils de Thibaud, s'étant fait son homme d'armes, en obtient même le château, à condition de lui garder sa foi.

XXI. — [*Mort d'Arnoulf, prince des Morins* (965).]

En ce temps-là mourut Arnoulf, prince des Morins. Le roi Lothaire, ayant pris possession de sa terre, la remit généreusement au fils du défunt, et s'attacha ce seigneur et ses vassaux par les liens du serment (3).

Flodoard, en le faisant élire par les frères. » — Flodoard mourut abbé de Saint-Remi, selon quelques-uns, d'Hautvillers, suivant d'autres.

(2) Suivant Flodoard, Thibaud seul fut excommunié ; l'erreur de Richer vient sans doute de ce que, dans la Chronique de son devancier, il a pris *quemque* pour l'accusatif de *quisque*, chacun, tandis qu'il équivaut à *et quem* (Tetbaldum).

(3) Flodoard dit que, Louis étant entré sur les terres d'Arnoulf, les vassaux du comte, entraînés par Roricon, évêque de Laon, se soumirent au roi. — Richer ne nous apprend rien des événements de l'année 966, après laquelle s'arrête la *Chronique* de Flodoard. Il se tait également sur les années 967, 968, et commence à la mort d'Odelric son histoire originale.

XXII.

Huic quoque regalis nobilitatis vir Adalbero, ex Mettensium similiter collegio, strenue ac feliciter successit. Qui quanto suis profuerit, et quanta ab æmulis plus justo passus sit, opere sequenti declarabitur. Hic in initio post sui promotionem, structuris æcclesiæ suæ plurimum studuit. Fornices enim qui ab æcclesiæ introitu per quartam pene totius basilicæ (*a*) partem, eminenti structura distendebantur (*b*), penitus diruit. Unde et ampliore receptaculo, et digniore scemate, tota æcclesia decorata est. Corpus quoque sancti Kalisti, papæ et martiris, debito honore in ipso æcclesiæ ingressu, loco scilicet editiore (*c*) collocavit; ibique altare dedicans, oratorium fundendis Deo precibus commodissimum aptavit. Altare præcipuum crucibus aureis insigniens, cancellis utrimque radiantibus obvelavit.

XXIII.

Preter hæc etiam altare gestatorium non viliori (*d*) opere effinxit. Super quod sacerdote apud Deum agente, aderant quatuor Evangelistarum expressæ auro et argento imagines, singulæ in singulis angulis stantes. Quarum uniuscujusque alæ extensæ, duo latera altaris usque ad medium obvelabant. Facies vero agno immaculato conversas intendebant. In quo etiam ferculum Salomonis imitari videbatur. Fecit quoque candelabrum septifidum; in quo cum septem ab uno surgerent, illud significare videbatur, quod ab uno Spiritu septem gratiarum dona dividantur.

(*a*) oratorii *corr.* basilicæ.
(*b*) distendebatur c.
(*c*) eminentiore *corr.* editiore.
(*d*) minori *corr.* viliori.

(†) A Odelric.

(2) Le continuateur inconnu de la *Chronique* de Flodoard n'est pas de cet avis : « *Adalbéron*, dit-il, *était archevêque de nom plutôt que de*

XXII. — [*Adalbéron succède à Odelric dans l'archevêché de Reims; il fait restaurer et décorer son église* (969).]

A celui-ci (1) succéda heureusement l'infatigable Adalbéron, qui était aussi d'une naissance illustre et du chapitre de Metz. Ce qu'il fit de bien aux siens, ce qu'il eut à souffrir injustement (2) de ses rivaux, la suite de cet ouvrage le montrera. Aussitôt après sa promotion, il s'occupa des bâtiments de son église. Des arcades élevées s'avançaient depuis l'entrée jusqu'au quart environ de la basilique entière (3) : il les fit abattre, et, en agrandissant ainsi l'enceinte de ce monument, il en releva le caractère. Il plaça avec les honneurs qui lui étaient dus le corps de saint Calixte, pape et martyr, à l'entrée même de l'église, c'est-à-dire dans un lieu plus apparent, et il y dédia un autel avec un oratoire fort commode pour la piété des fidèles (4). Il enrichit de croix d'or le maître-autel et il l'environna d'une balustrade resplendissante.

XXIII. — [*Il continue de la décorer.*]

Il fit construire un autel portatif d'un riche travail. Aux quatre angles s'élevaient, assistant à la célébration des mystères divins, les images d'or et d'argent des quatre Evangélistes. Ils avaient les ailes étendues, de manière à voiler chacun la moitié de deux côtés de l'autel, et tournaient la face vers l'agneau immaculé. Il semblait qu'en cela l'évêque eût voulu imiter l'œuvre de Salomon. Adalbéron fit également faire un chandelier à sept branches, lesquelles, sortant toutes d'un même pied, semblaient marquer les sept dons émanés du même Esprit. Il fit aussi avec magnificence décorer une châsse, et il y renferma la verge et la

mérite. » Sans nul doute ce continuateur n'était pas un partisan de Hugues-Capet.

(3) Le même continuateur nous apprend qu'elles supportaient l'autel du Saint-Sauveur et des fonts d'un admirable travail (V. *Flod. Chron.*, ann. 976).

(4) Evrard, duc de Frioul, qui avait épousé Gisla, fille de Louis-le-Débonnaire, obtint ce corps de la générosité du pape Sergius II, ou de Nolingus, évêque de Brescia, et bâtit en son honneur le monastère de Césoin au diocèse de Tournay (855). Rodolf, son fils, institua en mourant l'église de Reims son héritière, et les reliques de Saint Calixte ne tardèrent pas à être transférées dans la basilique de Notre-Dame (V. *Flod. Hist.*IV, 1 et 2. et *dom Marlot*, t. 2, l. VII, c. 32).

Nec minus et arcam opere eleganti (a) decoravit; in qua virgam et manna, id est sanctorum reliquias, operuit. Coronas quoque non minima inpensa fabrefactas in æcclesiæ decus suspendit. Quam fenestris diversas continentibus historias dilucidatam, campanis mugientibus acsi tonantem dedit.

XXIV.

Canonicos etiam qui in propriis hospiciis degentes, tantum sua curabant, jure communitatis vivere instruxit. Unde et claustrum monasterio addidit, in quo die morantes cohabitarent, necnon et dormitorium, ubi noctu in silentio quiescerent, refectorium quoque, ubi de communi considentes reficerentur. Legesque ascripsit, ut orationis tempore in ecclesia nihil nisi signo peterent, præter quod necessitatis afferret inpulsio; cibum una taciturni caperent; post prandium, in gratiarum actione laudes Deo decantarent; completorio vero expleto, silentium usque laudes matutinas nullatenus violarent; jam horoscopo pulsante excitati, ad laudes persolvendas sese prævenire contenderent. Ante horam diei primam, libertas egrediendi a claustro nemini concessa erat, præter hos qui curis eorum insistebant. Et ne quis per ignorantiam quicquam faciendum relinqueret, sancti Augustini instituta, patrumque decreta cotidie eis recitanda indixit.

XXV.

Monachorum quoque mores, quanta dilectione et industria correxit, atque a seculi habitu distinxit, sat dicere non est. Non solum enim religionis dignitate eos insignes apparere studuit, verum etiam bonis exterioribus

---

(a) e. argento auroque *deleta*.

(1) Il est clair qu'il s'agit ici d'un reliquaire, et que Richer n'entend point parler, comme le suppose M G., du *tabernacle* de l'autel, les tabernacles n'ayant jamais servi à renfermer les reliques des saints (V. Ducange au mot *Arca*). D'ailleurs, au temps de Richer, les tabernacles étaient chose inconnue dans les églises.

manne, c'est-à-dire les reliques des saints (1). Des couronnes furent fabriquées à grands frais, pour servir à l'ornementation de l'église, où il les suspendit ; enfin, grâce à sa libéralité, celle-ci fut éclairée par des vitraux représentant diverses histoires, et reçut des cloches à la voix mugissante (2).

XXIV. — [*Il réforme le chapitre.*]

Jusque-là les chanoines vivaient chacun chez eux et pour eux ; Adalbéron les réunit en communauté, et fit ajouter au monastère un cloître où ils passeraient ensemble la journée, un dortoir où ils reposeraient la nuit en silence, et un réfectoire où ils prendraient en commun leur repas. Il leur donna en même temps une règle, d'après laquelle, au temps de la prière, on ne devait rien demander dans l'église que par signe, hors le cas de nécessité. Les repas devaient être pris en silence ; après le dîner on chantait en action de grâces les louanges du Seigneur ; après complies, le silence ne devait pas être rompu jusqu'à matines. Dès que le veilleur en avait donné le signal, il fallait s'empresser de se lever et de se rendre à la prière. Avant la première heure du jour, il n'était permis de sortir du cloître qu'à ceux qui étaient préposés au service. Et pour que personne, dans l'accomplissement de ses devoirs, ne prétextât d'ignorance, les instituts de saint Augustin devaient être lus chaque jour avec les décrets des Pères.

XXV. — [*Il réforme également la discipline monastique, et va à Rome* (971).]

On ne saurait trop dire le soin qu'il mit à réformer la discipline monastique, et à donner aux religieux des goûts différents de ceux du monde (3). Non seulement il voulut qu'ils se distinguassent par leur piété, mais il veilla encore à ce que leurs richesses s'accrussent

---

(2) M. G. traduit : « *Il la dota de cloches mugissantes à l'égal du tonnerre.* »

(3) M. G. traduit : « *Il tint à les distinguer des gens du monde par leur costume.* » — Sans parler de la construction de la phrase latine, il suffit, pour se convaincre que Richer n'a pas entendu donner un tel sens à *habitu,* de rapprocher ce passage de celui du ch. 37 : « Sunt...... » quibus curæ est.., pro abjectæ *vestis habitu,* vestes lautissimas induere. » (Cf. c. 34).

augmentatos nullo modo minui prudens adegit. Quos cum multo coleret amore, præcipua tamen beati Remigii, Francorum patroni, monachos caritate extollebat ; unde et eorum res stabiliri in posterum cupiens, Romam concessit. Et utpote vir nobilis et strenuus, et fama cœlibis vitæ omnibus clarus, a beatæ memoriæ Johanne papa, cum multa reverentia exceptus est. A quo etiam post mutua colloquia jussus, in die natalitia Domini duodecim præcedentibus episcopis missarum sollempnia celebravit. In tanta ejus gratia habitus, ut ab eo rogaretur petere, si quid optaret.

XXVI. — Quod metropolitanus * Adalbero de * rebus * sancti Remigii a papa * Johanne privilegium * fieri petiit *.

Tunc vir memorabilis sic exorsus : « Quoniam, inquit,
» pater sanctissime, multa caritate filium complexus ad te
» amplius attraxisti, quod tibi onerosum sit petendum non
» arbitror. Novi enim quod diligens pater interdum filio
» gravari gaudeat. Sed illud petere me proposui, quod et
» tanto patri onerosum non fiat, et petenti satis commodi
» comparet. Est mihi in Galliis monachorum cœnobium,
» non longe ab urbe Remorum situm. Ubi etiam beati
» Remigii, Francorum patroni, corpus sanctissimum decen-
» tissime quiescit, cui etiam honor exhibetur (a) debitus.
» Cujus res in posterum stabiliri firmiter quærens, vestræ
» auctoritatis privilegio confirmari inpræsentiarum deposco
» terras videlicet cultas atque incultas, silvas et pascua,
» vineas ac pemeria (b), torrentes et stagna ; castri
» quoque illorum munitatem, villarumque liberalem intra
» et extra potestatem, tandem etiam res omnes mobiles
» atque inmobiles vestri apostolatus dignitas solidet atque
» confirmet. Abbatiam quoque sancti Timothei martiris,
» quæ nostri juris esse videtur, sub vestri præsentia,
» horumque episcoporum testimonio eis concedo, ut inde
» pauperibus administretur, et memoria nostri servis Dei

* opolitanus, de rebus, pa, egium, tiit, *abscisa*.

et ne souffrissent aucune atteinte. S'il avait pour eux une grande affection, il plaçait néanmoins au premier rang dans son cœur les moines de Saint-Remi, patron des Français. Aussi le désir d'assurer pour l'avenir leurs propriétés lui fit-il entreprendre le voyage de Rome. Noble, habile et renommé pour sa vertu, il fut reçu avec toute sorte d'égards par le pape Jean, d'heureuse mémoire, et après quelques conférences, sur l'invitation de ce pontife, il célébra la messe le jour de Noël, assisté de douze évêques. Jean le tenait en si grande estime qu'il le pria de lui demander tout ce qu'il pouvait désirer.

XXVI. — *Il demande au pape Jean un privilége pour les biens de Saint-Remi.*

Alors l'illustre prélat prenant la parole : « Très-saint père, » dit-il, puisque vous accueillez votre fils avec tant de bienveil- » lance, je n'aurai garde de vous adresser une demande indis- » crète. Je sais bien qu'un père tendre aime à être quelquefois » importuné par son fils. Mais la grâce que je me propose de » vous demander, n'aura rien d'onéreux pour un père si puis- » sant, et sera fort avantageuse à celui qui la sollicite. J'ai en » Gaule, non loin de la cité de Reims, un monastère où repose » avec honneur, au milieu des respects qui lui sont dus, le très- » saint corps du bienheureux Remi, patron des Français. Désirant » en assurer solidement dans l'avenir les propriétés, je vous prie » de garantir, de confirmer aux religieux, par un privilége spécial » de votre autorité, l'inviolabilité de leur enceinte, ainsi que les » terres cultivées ou incultes, les bois et les pacages, les vignes et » les vergers, les torrents, les étangs, les métairies et tous les » biens, meubles et immeubles en leur possession, afin qu'ils en » aient la libre jouissance au dedans et au dehors. J'y joins, » devant vous et les évêques ici présents, l'abbaye de saint » Timothée, martyr, qui nous appartient en propre, afin que ce » don serve au soulagement des pauvres, et que notre mémoire

(*a*) servatur *corr.* exibetur.
(*b*) *sic.*

» in cœnobio habeatur. Hæc igitur superioribus addita in
» jus prædicti sancti transeat, atque illius propria, vestra
» similiter auctoritate confirmetur. »

XXVII.

Ad hæc domnus papa : « Res, inquit, domni ac patroni
» nostri (*a*) Remigii, nostri apostolatus sententia stabiliri
» tutasque in perpetuum fieri, quin etiam de tuo quicquid
» placet addi, libentissime concedo. Scripto etiam id
» roborari non solum mea, sed et horum qui adsunt
» episcoporum auctoritate constituo. » Moxque scriptum
iri jussit, coramque scriptum legi præcepit.

XXVIII.

Cujus textus hujusmodi est : « Johannes, servus servo-
» rum Dei (*b*). . . . . »

XXIX.

Quod in auribus omnium qui aderant perlectum, sigilli
sui nota insignivit, atque episcopis roborandum porrexit.
Quibus gestis, metropolitanus domni papæ atque episcoporum licentia digressus, Galliis sese recepit, directoque
itinere sancti prædicti sepulchrum devotus petiit, eique
in collegio monachorum privilegium scriptum legavit.
Monachi datum excipientes, archivo servandum mandant,
gratiasque pro tanta liberalitate decenter impertiunt.

XXX. — Quod Adalbero privilegium * in sinodo * ab episcopis *
confirmari * fecit *.

His ita habitis, post sex mensium tempus ad Montem
Sanctæ Mariæ, qui locus est Remorum diocesaneus, ab

* ivi, sino, scopis, confir, cit *abscisa.*
(*a*) *sic.*
(*b*) *membrana, cui charta inscripta erat, jam excidit; apographum
extare scribit Guil. Marlot in Historia metropolis Remensis II.* 2, *sed
ob annum pontificatus, qui scribitur octavus, suspectum.*

» vive dans le monastère, parmi les serviteurs de Dieu. Qu'ajoutée
» aux biens précédents, elle passe au pouvoir de Saint-Remy, et
» que votre autorité veuille également la confirmer. »

XXVII. — [*Le pape l'accorde.*]

Le seigneur pape répondit : « Que les biens de notre seigneur et
» patron Remi lui soient, par sentence de notre apostolat, assu-
» rés et garantis à perpétuité, comme aussi ce qu'il te plaît d'y
» ajouter du tien, j'y consens très-volontiers. J'entends même que
» l'acte en soit confirmé, non seulement par mon autorité propre,
» mais encore par celle des évêques ici présents (1). » Et aussitôt il
donna l'ordre qu'il fût dressé et qu'on lui en fît la lecture, séance
tenante.

XXVIII. — [*Texte dudit privilége.*]

En voici le texte : Jean, serviteur des serviteurs de Dieu... (2). »

XXIX. — [*Le privilége est remis aux moines de Saint-Remi, qui le déposent aux archives du monastère.*]

Quand tous les assistants en eurent entendu la lecture, Jean y
apposa son sceau, et le présenta ensuite à la signature des évêques.
Après quoi le métropolitain, ayant pris congé du pape et des prélats,
revint en Gaule, et aussitôt se rendit dévotement au tombeau de
saint Remi. Là, en présence des moines assemblés, il lit et remet le
privilége. Les religieux ordonnent qu'il sera déposé aux archives
du monastère, et rendent de convenables actions de grâces à Adalbéron, pour un si grand bienfait.

XXX. — *Adalbéron le fait confirmer par les évêques dans un synode* (972).

Six mois après, au Mont-Notre-Dame (3), qui est un lieu du
diocèse de Reims, le même métropolitain convoqua un synode

---

(1) M. Guadet rapporte ces dernières paroles à l'ordre lui-même : « *Nous
ordonnons*, non-seulement de notre autorité, mais *de l'autorité des
évêques ici présents*, que la chose soit confirmée par écrit. » Mais, outre
que cela semble peu raisonnable, on peut voir par le chap. 29 que c'est
tout-à-fait contraire au sens.

(2) Cette charte manque dans le manuscrit de Richer, et nous n'en
avons d'ailleurs aucune copie authentique.

(3) *Mont-Notre-Dame*, près Bazoches (Aisne).

eodem metropolitano sinodus episcoporum habita est. Quibus considentibus, post quædam sinodo utilia, atque sanctæ æcclesiæ commoda, metropolitanus coram sic concionatus ait: « Quoniam, patres reverendi, gratia Sancti
» Spiritus hic collecti sumus, et quæ de statu sanctæ
» æcclesiæ visa sunt utilia ordinavimus, restat adhuc res
» mihi adeo placens, et nonnullis nostræ æcclesiæ filiis
» nunc et in posterum profutura ; quam etiam vestræ
» dignitati indicandam arbitror, atque roborandam. Ante
» septem mensium dies, ut vobis quoque notissimum est,
» in Italiam concessi, Romamque deveni, ac domni et
» apostolici viri Johannis colloquio simulque et benivo-
» lentia familiarissime usus, ab eo petere si quid optarem
» monitus sum. Ratusque petendum ut res (a) domni ac
» patroni nostri Remigii, suæ auctoritatis privilegio contra
» quoslibet tirannos stabiliret, et abbatiam sancti Timothei
» martiris, a me datam illis uniret, id absque refragatione
» obtinui. Scripsit ergo, ac coram episcopis numero
» duodecim recitari jussit, eisque roborandum porrexit.
» Quod et domni papæ sigilli nota insignitum, vobis
» quoque roborandum attuli, ut plurimorum auctoritate
» subnixum, nullorum machinatione quandoque valeat
» dissolvi. Unde et a vobis idem roborari volo. » Sinodus dixit: « Roboretur. » Prolatum igitur a metropolitano, in concilio recitatum est eisque porrectum, et ab eorum singulis manu imposita roboratum. Quod etiam a monachis qui ibi aderant exceptum, archivo monasterii relatum est.

XXXI. — Conquestio * metropolitani * de monachorum * religione * rituumque * correctione *.

Inter hec quoque et alia utilia quæ ibi constituta sunt, de monachorum religione a metropolitano motu gravissimo conquestio habita est, eo quod ritus a majoribus constituti, a quibusdam depravati et immutati viderentur. Unde et sub episcoporum præsentia ab eodem decretum est, ut

* estio, polita, ona, eligi, ritu, ctione *abcisa*.

d'évêques. Après qu'ils eurent réglé différents points qui intéressaient le synode lui-même et la sainte Eglise, Adalbéron dit : « Vénérables
» pères ici assemblés par la grâce du Saint Esprit, maintenant
» que nous avons donné à la sainte Eglise le soin que son état nous
» a paru réclamer, il me reste à vous exposer et à soumettre à
» votre sanction une chose que j'ai fort à cœur, et qui doit, pour le
» présent et dans l'avenir, profiter à quelques-uns des enfants de
» notre église. Il y a plus de sept mois, vous le savez, je suis allé en
» Italie, à Rome, et le seigneur pape Jean, après des conférences
» où il me témoigna la plus grande amitié, m'invita à exposer libre-
» ment mes vœux. Je crus devoir lui demander d'assurer, par un
» privilége de son autorité, contre les usurpations des tyrans les
» biens du seigneur Remi, notre patron, avec l'abbaye de saint
» Timothée, martyr, que j'y ajoutai, et j'obtins sans difficulté cette
» faveur. Il en dressa l'acte et le fit lire en présence de douze
» évêques, qui le signèrent. Le voici muni du sceau du seigneur
» pape lui-même ; je vous l'ai apporté pour qu'il reçût votre
» sanction, et qu'ainsi appuyé sur l'autorité d'un grand nombre,
» il ne pût être détruit par les machinations de personne.
» Veuillez donc confirmer ce privilége. » — « Qu'il soit
» confirmé, » dit le synode. On en fit alors la lecture dans le concile, et chacun des évêques y apposa sa signature. Après quoi les moines présents le prirent et le reportèrent aux archives du monastère.

XXXI. — *Le métropolitain se plaint du relâchement de la discipline monastique.*

Cette affaire réglée, ainsi que d'autres points importants, le métropolitain se plaignit vivement que quelques-uns des moines parussent altérer et changer l'antique constitution de l'ordre. Il décréta donc en présence des évêques que les abbés des divers

(a) ut omnes r. mobiles videlicet atque inmobiles *deleta*.

diversorum locorum abbates convenirent, et inde utiliter consulerent. Hujusque habendæ rationis tempus et locus mox constituta sunt, et sic sinodus soluta est.

XXXII. — Quod abbas Rodulfus abbatum primas fuerit.

Interea tempus advenit. Abbates quoque ex diverso in unum collecti sunt. Quorum præcipuus et primas constitutus est, vir divæ memoriæ Rodulfus, ex cœnobio sancti Remigii abbas. Quo præsidente et prælaturæ dignitatem tenente, alii circum dispositi sunt. Metropolitanus vero ex adverso in cliotedro resedit. Qui primatis aliorumque patrum hortatu concionatus, sic prælocutus est :

XXXIII. — Prælocutio * metropolitani * in sinodo * abbatum *.

« Magnum est, patres sanctissimi, bonos quosque conve-
» nire, si fructum virtutis quærere elaborent. Inde enim
» et bonorum utilitas, et rerum honestas comparatur.
» Sicut econtra pernitiosum si pravi confluant, ut illicita
» quærant et expleant. Unde et vos quos in Dei nomine
» collectos arbitror, optima quærere hortor, atque ex
» malivolentia nihil moliri moneo. Amor secularis et
» odium, apud vos locum nullum habeant, quibus ener-
» vatur justitia, æquitas suffocatur. Vestri ordinis antiqua
» religio ab antiquitatis honestate, ut fama est, supra
» modum aberravit. Dissidetis enim inter vos in ipsa
» regularis ordinis consuetudine, cum aliter alter, alter
» aliter velit ac sentiat. Quapropter et sanctitati vestræ
» hactenus multum derogatum est. Unde et utile duxi, ut
» vobis hic gratia Dei in unum collectis, suadeam idem
» velle, idem sentire, idem cooperari, ut eadem voluntate,
» eodem sensu, eadem cooperatione, et virtus neglecta
» repetatur, et pravitatis dedecus vehementissime pro-
» pulsetur. »

XXXIV. — Responsio ** primatis ** et in pravos ** indignatio **.

Ad hæc abbatum primas : « Quod hic, inquit, a te
» promulgatum est, pater sanctissime, alta memoria

monastères se réuniraient pour délibérer en commun sur cet objet. L'époque et le lieu de la conférence furent ensuite arrêtés et le synode se sépara.

XXXII — *L'abbé Rodolf préside le synode des abbés.*

Les abbés s'étant réunis au temps fixé choisirent, pour les présider, le plus considérable d'entre eux, Rodolf, de sainte mémoire, abbé du monastère de Saint-Remi, et se rangèrent de chaque côté de leur président. En face de celui-ci, le métropolitain prit place sur un fauteuil. Invité par le président et les autres pères à prendre la parole, il leur adressa cette allocution :

XXXIII. — *Discours d'ouverture du métropolitain dans le synode des abbés.*

« Il est bon, très-saints pères, que les hommes vertueux s'as-
» semblent pour travailler à faire fructifier la vertu : les gens de
» bien et les mœurs ne peuvent qu'y gagner, comme il n'est rien
» de plus dangereux, au contraire, que ces réunions d'hommes
» pervers, où l'on ne songe qu'à faire le mal. C'est pourquoi vous,
» que je crois réunis au nom de Dieu, je vous exhorte à vous pro-
» poser en tout la perfection et à ne vous laisser aller à aucune
» pensée mauvaise. Que l'amour terrestre et la haine, qui énervent
» la justice et étouffent l'équité, ne trouvent en vous aucune place.
» Votre ordre s'est écarté, dit-on, outre mesure, de l'antique
» simplicité ; vous êtes en désaccord entre vous dans l'application
» de la règle ; les uns veulent et pensent une chose, les autres une
» autre. Aussi votre sainteté a-t-elle eu beaucoup à souffrir jus-
» qu'à présent de cette conduite. J'ai donc cru qu'il était utile,
» puisque vous êtes ici assemblés par la grâce de Dieu, de vous
» recommander l'unité de vues, de sentiments et d'action ; par là,
» vous arriverez à faire refleurir la vertu et à repousser vigoureu-
» sement une honteuse dépravation. »

XXXIV. — *Réponse du président ; il s'indigne contre les méchants.*

Le président répondit : « Ce que vous nous recommandez ici, très-
» saint père, demeurera profondément gravé dans notre mémoire,

---

* pons, atis, vos, atio *abscisa*.
** cutio, opolitani, odo, um *abscisa*.

» condendum est, eo quod et corporum dignitatem, et
» animarum salutem affectes. Constat enim ad habitum
» virtutis neminem pervenisse, nisi quem talis animus
» munivit, quo et appetenda peteret, et vitanda refelleret.
» Unde et patet nos aliquid dedecoris contraxisse, quod
» ab appetendis aliquanto aberravimus. Quod etiam multa
» objurgatione reprehendendum est, cum nec ignavia nos
» præcipitaverit, nec inopia ad id impulerit. »

XXXV. — Item * indignatio * primatis * in monachos *.

« Quæ enim vis impulit, ut monachus intra claustra
» monasterii dominicis servitiis mancipandus, compatrem
» habeat, et compater dicatur? Et o quantum nostro
» ordini dissentiat considerate. Si, inquam, compater est,
» ut a verisimili probabile efferam, cum eo qui pater est
» ipse est et pater. Si vero pater est, filium vel filiam
» habere dubium non est. Unde et scortator potius quam
» monachus dicendus est. Sed quid de commatre? Quid
» in hoc nomine a secularibus perpenditur, nisi turpitu-
» dinis consentanea? Hoc licet verisimile dicens, secularibus
» non præjudico, sed nostro ordini illicita reprehendo.
» Quod quia ineptum videtur, vestra interminatione
» inhibendum est. » His venerandus metropolitanus
subjungens : « Si, inquit, placet sinodo, interdicetur. »
Sinodus dixit : « Interdicatur. » Metropolitani itaque auctoritate, omnium consensu inhibitum est.

XXXVI. — Secunda ** primatis objectio **.

Rursusque primas exorsus : « Adhuc, inquit, nostro
» ordini inimica proferam. In quo quidam dinoscuntur,
» quibus mos inolevit, ut soli a monasteriis egrediantur (a),
» soli foris nullo sui operis teste maneant, et, quod
» pessimum est, absque fratrum benedictione et exeant,

* I, ind, prima. monach *abscisa*.
** secunda, obj *abscisa*.
(a) exeant *corr.* egrediantur.

» parce que vous avez en vue la dignité des corps aussi bien que
» le salut des âmes. Il est certain que nul n'est parvenu à la vertu
» sans s'être armé de courage, pour rechercher le bien et repous-
» ser le mal ; et, s'il n'est que trop vrai que nous sommes tombés
» dans un certain désordre, c'est qu'il nous est parfois arrivé de
» détourner nos regards des vrais biens. Nous devons en être
» d'autant plus fortement repris que nous n'y avons été entraînés
» ni par l'inaction, ni par la misère.

XXXV. — *Il s'indigne également contre les moines.*

» Qu'est-ce, en effet, qui a pu porter le moine, lequel doit se con-
» sacrer, dans l'intérieur du monastère, au service du Seigneur (1),
» à se donner un compère et à se dire compère lui-même? Y a-t-il,
» je vous prie, quelque chose de plus contraire à notre ordre?
» Car enfin, s'il est compère, il faut bien, pour aller du réel au
» probable (2), qu'il soit père avec celui qui est père ; et s'il est
» père, il n'est pas douteux qu'il ait un fils ou une fille. C'est donc
» un débauché plutôt qu'un moine. Mais que dirai-je des com-
» mères ? Que désigne-t-on par là dans le monde, si ce n'est une
» femme perdue de mœurs ? En énonçant un fait réel, je n'en-
» tends pas juger les séculiers, je signale ce qui est interdit à
» notre ordre, et, comme c'est une chose qui paraît insensée, il
» est nécessaire que vous la réformiez. » Alors le vénérable métropolitain prenant la parole : « S'il plaît au synode, qu'elle soit
» interdite. » Le synode dit : « Qu'elle soit interdite. » Ainsi fut-
elle abolie, par l'autorité du métropolitain et le consentement de
tous les abbés.

XXXVI. — *Second reproche qu'il leur fait.*

Le président reprenant : « J'ai encore d'autres choses à faire
» connaître, qui sont contraires à notre ordre. On sait que plu-
» sieurs d'entre nous ont pris l'habitude de sortir seuls des mo-
» nastères, de rester seuls dehors, sans aucun témoin de leur
» conduite, et, ce qui est bien pis, de sortir et de rentrer sans

---

(1) M. G. : « ... *le moine chargé des services domestiques dans l'inté-*
» *rieur du cloître...* »

(2) M. G. dit le contraire, tout en traduisant plus bas *verisimile*
par *réel.*

» et sine ea redeant. Unde non dubium est, eos facilius
» posse falli, quos fratrum orantium benedictio non
» munit. Inde est quod turpitudo vitæ, morum pravitas,
» proprietatis peculium, nobis a calumniantibus inten-
» duntur. Unde etiam necesse est ut his calumniis
» subdamur, cum repulsioni testes habere non possimus.
» Hoc quoque vestra censura prohibeat. » Sinodus dixit :
« Prohibeatur. » Et memorabilis metropolitanus : « Hoc
» quoque, inquit, nostra auctoritate prohibemus. »

XXXVII. — Tertia * primatis indignatio.

His quoque primas alia adjungens : « Quoniam, inquit,
» de vitiis nostri ordinis dicere cœpi, nihil relinquendum
» putavi, ut, his amotis, religio nostra acsi enubilata
» reluceat. Sunt enim, inquam, nostri ordinis quidam,
» quibus curæ est pillea aurita capiti manifeste imponere,
» pellesque peregrinas pilleo regulari præponere, pro
» abjectæ vestis habitu, vestes lautissimas induere (a).
» Nam tunicas magni emptas plurimum cupiunt, quas
» sic ab utroque latere stringunt, manicisque et giris
» diffluentibus diffundunt, ut artatis clunibus et protensis
» natibus potius meretriculis quam monachis a tergo
» assimilentur.

XXXVIII. — De ** superfluo ** vestium ** colore.

» Quid vero de colore vestium? Unde tantum decepti
» sunt, ut dignitatis merita coloribus comparent. Nam
» nisi tunica nigro colore deceat, ea indui nullo modo
» placet. Quod si etiam nigro albus laneficii opere inter-
» mixtus sit, hic quoque talis vestem abjectam facit.
» Fulvus quoque abjicitur. Nec minus niger nativus non

* te *abscisum.*
** De, s, vest *abscisa.*

(a) *Post* induere *hæc primitus scripta erant* : cum boni quique capitis
quocumque tegmine contenti sint. Hi ergo a religiosis dissidentes non

» demander la bénédiction de leurs frères. Or il n'est pas douteux
» qu'ils soient plus exposés à faillir, ceux que ne protége point la
» bénédiction fraternelle. De là vient que la calomnie nous reproche
» une vie déréglée, des mœurs dépravées et l'amour du gain,
» sans que nous puissions opposer des témoins à la calomnie.
» Frappez donc aussi cet abus de votre censure. » Le synode dit :
« Qu'il soit aboli. » Et l'illustre métropolitain ajouta : « Nous
» l'abolissons également de notre autorité propre. »

XXXVII. — *Troisième inculpation du président.*

Le président continuant : « Puisque j'ai commencé à parler des
» vices de notre ordre, je crois qu'il n'en faut rien omettre, afin
» que, le mal une fois détruit, notre règle reprenne son éclat,
» maintenant obscurci. Il y en a donc dans notre ordre qui
» aiment à porter des coiffures à oreilles (1) ou à couvrir de pelle-
» teries étrangères la coiffure prescrite par la règle, et à se parer
» avec luxe au lieu d'être simples dans leurs vêtements. Car ils
» recherchent les tuniques de grand prix, à larges manches et à
» plis flottants (2), et ils les serrent si bien de chaque côté qu'à
» leur taille fine et à leurs fesses proéminentes, on les pren-
» drait par derrière pour des courtisanes plutôt que pour des
» moines.

XXXVIII. — *De la couleur des vêtements.*

» Que dirai-je de la couleur de leurs vêtements ? Ils se sont abu-
» sés au point de prétendre rehausser leur dignité par les cou-
» leurs. Car, si la tunique n'est pas du noir qui leur convient (3), ils
» la refusent. Il ne faut pas que le tissu de la laine présente du
» blanc mêlé au noir ; cela suffit pour que le vêtement soit con-
» damné. Ils ne veulent pas davantage de la couleur fauve, et ils

sunt ? Cum enim vestium dignitate delectantur vilium, procul dubio
abjectionem unde ex parte religio recognoscitur penitus abhorrent.

---

(1) M. G. : « *à larges bords.* »
(2) M. G. : « *Si la tunique de couleur noire ne leur sied pas.* »
(3) M. G. : « *... d'où ils laissent pendre des manches et des bordures.* »

» sufficit, nisi etiam corticum inficiatur sucis. Atque hæc
» de vestibus.

XXXIX. — De * calciamentorum * superfluitate *.

» De calciamentorum vero superfluitate quid referam ?
» Tantum enim in his insaniunt, ut commoditatem sibi
» plurimam per ea auferant. Ea enim sic arta induunt,
» ut cippati pene impediantur. In quibus etiam rostra
» componunt; aures hinc inde erigunt; et ne folleant
» magno opere elaborant. Ut luceant quoque, famulis
» consciis indicunt.

XL. — De ** linteis et operibus ** superfluis.

» An lintea operosa atque pellicea operimenta sileam ?
» Cum, inquam, a majoribus clementiæ gratia pro lenis (a)
» indui pellibus mediocribus concessum sit, vitium super-
» fluitatis irrepsit. Unde et nunc peregrinis operimentis
» limbos bipalmos circumducunt, atque pannis Noricis ea
» desuper duplicant. Linteis vero pro stragulis minime
» uti concessum est; sed a quibusdam minus religiosis,
» cæteris superfluis id additum est. Quorum numerus cum
» ex locis diversis plurimus esset, a pluralitate malorum,
» bonorum paucitati id persuasum est.

XLI. — De *** femoralibus *** iniquis ***.

» Sed quid femoralia iniqua referam ? Horum etenim
» tibiales quater sesquipede patent, atque ex staminis
» subtilitate etiam pudenda intuentibus non protegunt; in
» quorum compositione id uni non sufficit, quo duo

---

* De ca, torum, tate *abscisa*.
** De l, bu *abscisa*.
*** De, f, in *abscisa*.
(a) prolenis c.

---

(1) M. G.: « *Ils y enfoncent aussi leurs talons.* »

» n'estiment le noir naturel qu'autant qu'il a reçu une teinture
» de sucs d'écorces. Voilà pour les vêtements.

XXXIX. — *Du luxe de la chaussure.*

» Quant au luxe des chaussures, ils sont si insensés qu'ils y sacri-
» fient la commodité même. Car ils les portent si étroites qu'ils y
» sont emprisonnés et ne marchent qu'avec peine. Ils les ter-
» minent en pointe recourbée (1), les munissent d'une double
» oreille, et prennent bien garde qu'elles ne bâillent. Des serviteurs
» adroits sont chargés de les tenir brillantes.

XL. — *Du linge et des objets de luxe.*

» Tairai-je les toiles fines et les mantes en pelleteries? L'in-
» dulgence de nos prédécesseurs avait permis qu'on se couvrît en
» hiver de peaux communes (2), le fléau du luxe s'est glissé par
» là. Maintenant on porte des manteaux de drap de Norique, dou-
» blés de pelleteries étrangères, qui forment tout autour une bor-
» dure de deux palmes. Quant à la toile, il est défendu de s'en
» servir au lieu du *stragulum* (3); mais plusieurs des moins
» religieux ont ajouté cette superfluité à toutes les autres, et
» comme ils étaient partout les plus nombreux, le grand nombre
» des mauvais a entraîné le petit nombre des bons.

XLI. — *Des hauts de chausses.*

» Mais que dirai-je de leurs ridicules hauts de chausses, dont
» les jambes sont quatre fois trop larges (4), et dont la finesse du
» tissu ne protége pas contre les regards leurs parties honteuses.
» Deux hommes s'accommoderaient aisément de ce qui suffit à

(2) Littéralement : que, pour manteau d'hiver, on prit des peaux communes. En effet, *prolenis* doit être écrit en deux mots : *pro lenis*, ou plutôt *lœnis*; or *lœna* désigne un manteau d'hiver, et n'a jamais signifié *laine*, comme l'entend M. G., qui traduit : qu'on se couvrit de peaux communes *au lieu de laine.*

(3) Vêtement de nuit à l'usage des religieux (V. le *Dict. latin* de Trévoux). On pourrait également traduire : Il est défendu d'en user pour draps de lit.

(4) Mot-à-mot : *ont quatre fois un pied et demi de largeur*, expression hyperbolique qui rappelle le *sesquipedalia verba* d'Horace.

» contenti ad plenum esse valerent. Hæc coram hic relata,
» an prohiberi velitis, indicate. Cætera vero nostris
» conciliis in privato corrigenda sunt. » Sinodus dixit :
« Et prohibeantur. »

XLII. — Responsio metropolitani ad primatem *.

Ad hæc quoque metropolitanus subjunxit : « Gravitatis
» quidem vestræ fuit pauca dicendo pluribus parcere;
» sed, quoniam hæc quæ reprehensimus in vestro
» ordine subjacent, alia nobis, alia vero privatis conciliis
» corrigenda judicatis, idem sentio, idem laudo.
» Unde etiam quæ hic inhiberi vestra gravitas petit,
» nostra auctoritas interdicit. Quæ vobis silendo reser-
» vastis, vestris relinquimus inmutanda juditiis. » His
quoque dictis, sinodus soluta est. Quo tempore, monachorum religio admodum floruit, cum eorum religionis peritissimus metropolitanus, hujus rei hortator esset et suasor. Et ut nobilitati suæ in omnibus responderet, æcclesiæ suæ filios studiis (a) liberalibus instruere utiliter quærebat.

XLIII.— Adventus Gerberti in Galliam **.

Cui etiam cum apud sese super hoc aliqua deliberaret, ab ipsa Divinitate directus est Gerbertus (b), magni ingenii ac miri eloquii vir, quo postmodum tota Gallia acsi lucerna ardente, vibrabunda refulsit. Qui Aquitanus genere, in cœnobio sancti confessoris Geroldi a puero altus, et grammatica edoctus est. In quo utpote adolescens cum adhuc intentus moraretur, Borrellum Citerioris Hispaniæ ducem orandi gratia ad idem cœnobium contigit devenisse. Qui a loci abbate humanissime exceptus, post sermones quotlibet (c), an in artibus perfecti in Hispaniis habeantur, sciscitatur. Quod cum promptissime assereret, ei mox ab abbate persuasum est, ut suorum aliquem

* rim *abscisum.*
** Galliam *abscis.*

» peine à un seul. Voyez si vous voulez interdire aussi tous ces
» abus. Le reste sera réformé dans nos conférences particulières. »
Le synode dit : « Qu'ils soient également interdits. »

XLII. — *Réponse du métropolitain au président.*

Le métropolitain ajouta : « Vous avez fait sagement de réserver
» plus de choses que vous n'en avez dit ; les faits qui ont provoqué
» nos censures sont de la compétence de votre ordre, et, dès que
» vous jugez bon, après nous avoir soumis les uns, de réserver les
» autres pour vos conférences privées, je vous approuve entière-
» ment. Ainsi, ceux dont vous demandez ici la répression, notre
» autorité les interdit. Pour le reste, nous laissons à votre sagesse
» le soin de le réformer. » Sur ces paroles, le synode se sépara.
De ce moment et grâce aux exhortations du métropolitain, qui la
connaissait parfaitement, la règle fut en grand honneur parmi les
moines. Pour que tout répondît à ses nobles sentiments, Adalbéron s'occupa sérieusement de l'instruction littéraire des enfants de
son église.

XLIII. — *Arrivée de Gerbert en Gaule.*

Comme il méditait sur ce sujet, le ciel lui envoya Gerbert,
homme d'un grand génie et d'une merveilleuse éloquence, qui,
semblable à un flambeau ardent, éclaira bientôt de ses lumières
toute la Gaule. Gerbert était né dans l'Aquitaine, et, dès son
enfance, avait été élevé au monastère du saint confesseur Gérold (1),
où il apprit la grammaire. Il y était parvenu à l'adolescence,
quand il arriva que le duc de l'Espagne Citérieure, Borel, vint en
pélerinage dans ce monastère. L'abbé le reçut avec honneur, lui
demanda, entre autres choses, si l'Espagne n'avait point des
savants, et, sur sa réponse affirmative, lui persuada de
prendre avec lui quelqu'un des siens pour le faire instruire

(*a*) studuis *corr.* studiis.
(*b*) gus. *codex.*
(*c*) mutuos *corr.* q̄ulibet.

(1) Né en Auvergne, il fut élevé au monastère d'Aurillac.

susciperet, secumque in artibus docendum duceret. Dux itaque non abnuens, petenti liberaliter favit, ac fratrum consensu Gerbertum assumptum duxit, atque Hattoni episcopo instruendum commisit. Apud quem etiam in mathesi plurimum et efficaciter studuit. Sed cum Divinitas Galliam jam caligantem magno lumine relucere voluit, prædictis duci et episcopo mentem dedit, ut Romam oraturi peterent. Paratisque necessariis, iter carpunt, ac adolescentem commissum secum deducunt. Inde Urbem ingressi, post præces ante sanctos apostolos effusas, beatæ recordationis papam . . . . . adeunt, ac sese ei indicant, quodque visum est de suo jocundissime impertiunt.

XLIV. — Quod Atto * Romæ moratus * decessit *.

Nec latuit papam adolescentis industria, simulque et discendi voluntas. Et quia musica et astronomia in Italia tunc penitus ignorabantur, mox papa Ottoni, regi Germaniæ et Italiæ, per legatum indicavit, illuc hujusmodi advenisse juvenem, qui mathesim optime nosset, suosque strenue docere valeret. Mox etiam ab rege papæ suggestum est, ut juvenem retineret, nullumque regrediendi aditum ei ullo modo præberet. Sed et duci atque episcopo qui ab Hispaniis convenerant, a papa modestissime indicitur, regem velle sibi juvenem ad tempus retinere, ac non multo post eum sese cum honore remissurum; insuper etiam gratias inde recompensaturum. Itaque duci ac episcopo id persuasum est ut, hoc pacto juvene dimisso, ipsi in Hispanias iter retorquerent. Juvenis igitur apud papam relictus, ab eo regi oblatus est. Qui de arte sua (a) interrogatus, in mathesi se satis posse, logicæ vero scientiam se addiscere velle respondit. Ad quam quia pervenire moliebatur, non adeo in docendo ibi moratus est.

* tto, mora, s *abscisa*.
(a) *vox absc.*

dans les sciences. Le duc accueillit favorablement la demande, et, du consentement des frères, emmena Gerbert, dont il confia l'instruction à l'évêque Hatton (1). Sous la direction de ce prélat, Gerbert étudia les mathématiques et y fit de grands progrès ; mais la Providence, qui voulait éclairer la Gaule, déjà plongée dans les ténèbres, inspira à l'évêque et au duc la pensée de se rendre en pélerinage à Rome. Les préparatifs terminés, ils se mettent en route, et emmènent avec eux le jeune homme qui leur a été confié. Arrivés à Rome, après avoir adressé leurs prières aux saints Apôtres, ils vont trouver le pape..... (2), d'heureuse mémoire, s'annoncent à lui et s'empressent de lui offrir leurs présents (3).

XLIV. — *Hatton revient, après un court séjour à Rome.*

La science du jeune clerc et sa passion pour l'étude n'échappèrent point au pape ; et comme la musique et l'astronomie étaient alors entièrement inconnues en Italie, il fit bientôt savoir à Otton, roi de Germanie et d'Italie, qu'il était arrivé à Rome un jeune homme, qui, profondément versé dans les mathématiques, pourrait les enseigner avec talent à ses sujets. Le roi aussitôt engagea le pape à le retenir et à ne lui laisser aucun moyen de s'en retourner. Mais le pape déclara doucement au duc et à l'évêque venus d'Espagne, que le roi désirait garder quelque temps leur jeune compagnon, assurant qu'il le leur renverrait bientôt, non-seulement avec honneur, mais encore avec des marques de sa munificence. Le duc et l'évêque, confiants en la parole du pape, lui laissèrent donc Gerbert, et s'en retournèrent seuls en Espagne. Le pape offrit Gerbert au roi, et celui-ci l'interrogea sur ses connaissances ; mais Gerbert lui répondit qu'étant assez fort en mathématiques, tout son désir était d'apprendre la logique ; et comme il n'était occupé que des moyens d'y parvenir, il passa là peu de temps à enseigner.

(1) Il était évêque de Vich, en Catalogne.
(2) Jean XIII. (V. ci-dessus c. 17).
(3) M. G. : « *Et lui donnent toutes les nouvelles qu'ils pensent lui* » *être agréables.* »

XLV. — Quod ab * Ottone rege logico commissus * sit.

Quo tempore G. Remensium archidiaconus in logica clarissimus habebatur. Qui etiam a Lothario Francorum rege eadem tempestate Ottoni regi Italiæ legatus directus est. Cujus adventu juvenis exhilaratus, regem adiit, atque ut G.....o committeretur optinuit. E G.....o per aliquot tempora hæsit, Remosque ab eo deductus est. A quo etiam logicæ scientiam accipiens, in brevi admodum profecit; G.....s vero cum mathesi operam daret, artis difficultate victus, a musica rejectus est. Gerbertus interea studiorum nobilitate prædicto metropolitano commendatus, ejus gratiam præ omnibus promeruit. Unde et ab eo rogatus, discipulorum turmas artibus instruendas ei adhibuit.

XLVI. — Quem ordinem ** librorum ** in docendo ** servaverit **.

Dialecticam ergo ordine librorum percurrens, dilucidis sententiarum verbis enodavit. Inprimis enim Porphirii ysagogas, id est introductiones secundum Victorini rhethoris translationem, inde etiam easdem secundum Manlium explanavit; cathegoriarum, id est prædicamentorum librum Aristotelis (a) consequenter enucleans. Periermenias vero, id est de interpretatione librum, cujus laboris sit, aptissime monstravit. Inde etiam topica, id est argumentorum sedes, a Tullio de Greco in Latinum translata, et a Manlio consule sex commentariorum libris dilucidata, suis auditoribus intimavit.

XLVII. — Quid provehendis *** rhethoricis *** providerit ***.

Necnon et quatuor de topicis differentiis libros, de sillogismis cathegoricis duos, de ypotheticis tres, diffinitionumque librum unum, divisionum æque unum, utiliter

* ab, mis *absc.*
** or, libr, do, ser, it *absc.*
*** ve, icis, it *absc.*
(a) Aristelis *cod.*

XLV. — *Le roi Otton confie Gerbert à un logicien.*

Il y avait alors un archidiacre de Reims, nommé G... (1), qui passait pour un fameux logicien. Lothaire, roi des Français, l'ayant envoyé sur ces entrefaites en ambassade auprès d'Otton, roi d'Italie, le jeune savant, réjoui de son arrivée, alla trouver le roi et en obtint la faveur d'être confié à G.... Il demeura donc attaché quelque temps à celui-ci, et fut amené par lui à Reims. Il en reçut des leçons de logique, et fit bientôt de grands progrès dans cette science ; G..., de son côté, étudiait les mathématiques, mais les difficultés qu'il y rencontra le rebutèrent, et il renonça à la musique (2). Cependant Gerbert, que ses connaissances distinguées recommandaient au métropolitain Adalbéron, entra plus avant qu'aucun autre dans ses bonnes grâces ; à la prière du prélat, il réunit autour de lui une foule de disciples auxquels il distribua l'instruction.

XLVI. — *Dans quel ordre il enseignait les traités.*

Il expliqua avec clarté la dialectique, en suivant l'ordre des livres ; exposant d'abord les Isagogues, ou introductions de Porphyre, selon la traduction du rhéteur Victorin et d'après Manlius (3), puis le livre des Catégories ou prédicaments d'Aristote ; celui de l'Herménie (4), ou de l'interprétation, dont il fit très-habilement sentir les difficultés, et il initia ses auditeurs aux Topiques ou lieux communs, traduits du grec en latin par Cicéron, et commentés en six livres par le consul Manlius.

XLVII. — *Comment il prépara ses élèves à l'étude de la rhétorique.*

Il lut aussi et expliqua avec fruit quatre livres sur les diverses espèces de raisonnements, deux sur les syllogismes catégoriques,

---

(1) *Géranne*, très-probablement ; car des six archidiacres de Reims, qui assistaient au concile du Mont-Notre-Dame (V. ci-dessus, c. 30), celui-ci est le seul dont le nom commence par la lettre G.

(2) Telle qu'on la comprenait alors, la musique était étroitement liée aux mathématiques, dont elle formait une branche (Cf. *ci-dessous*, c. 49).

(3) Ce Manlius ou Mallius, le même dont il est parlé quelques lignes plus bas, fut consul avec Eutrope en 399. Claudien a chanté son consulat, et un allemand, du nom d'Heusinger, a publié en 1755 son ouvrage sur les mètres.

(4) περὶ ἑρμηνείας.

legit et expressit. Post quorum laborem, cum ad rhethoricam suos provehere vellet, id sibi suspectum erat, quod sine locutionum modis, qui in poetis discendi sunt, ad oratoriam artem ante perveniri non queat. Poetas igitur adhibuit, quibus assuescendos arbitrabatur. Legit itaque ac docuit Maronem et Statium Terentiumque poetas, Juvenalem quoque ac Persium Horatiumque satiricos, Lucanum etiam historiographum. Quibus assuefactos, locutionumque modis compositos, ad rhethoricam transduxit.

XLVIII. — Cur eis * sophistam * adhibuerit *.

Qua instructis sophistam adhibuit; apud quem in controversiis exercerentur, ac sic ex arte agerent, ut præter artem agere viderentur, quod oratoris maximum videtur.

XLIX. — Qui labor ** ei in mathematicis ** impensus sit **.

Sed hæc de logica. In mathesi vero quantus sudor expensus sit, non incongruum dicere videtur. Arithmeticam enim quæ est matheseos prima, inprimis dispositis accommodavit. Inde etiam musicam, multo ante Galliis ignotam, notissimam effecit. Cujus genera in monocordo disponens, eorum consonantias sive simphonias in tonis ac semitoniis, ditonis quoque ac diesibus distinguens, tonosque in sonis rationabiliter distribuens, in plenissimam notitiam redegit.

L. — Speræ *** solidæ *** compositio ***.

Ratio vero astronomiæ quanto sudore collecta sit, dicere inutile non est, ut et tanti viri sagacitas advertatur, et artis efficacia lector commodissime capiatur. Quæ cum

---

* is, am, erit *absc.*
** hor, emati, it *absc.*
*** s, so, comp *absc.*

trois sur les hypothétiques, un sur les définitions, et un sur les divisions. Après quoi il voulait faire passer ses élèves à la rhétorique ; mais il craignit que, sans la connaissance des formes de style particulières à la poésie, ils ne pussent atteindre à l'art oratoire. Il prit donc les poètes avec lesquels il jugeait bon de les familiariser, lut, commenta Virgile, Stace et Térence, les satyriques Juvénal, Perse et Horace, l'historiographe Lucain ; et, quand ses disciples furent faits à ces auteurs et à leur style, il les initia à la rhétorique.

XLVIII. — *Pourquoi il leur donna un sophiste.*

La rhétorique terminée, il les confia à un sophiste, pour qu'il les exerçât à la controverse, et qu'ils apprissent à manier le raisonnement avec un art qui ôtât tout soupçon de l'art, ce qui semble être pour l'orateur le plus haut degré de perfection.

XLIX. — *Quelle peine il prit pour enseigner les mathématiques.*

Voilà pour la logique. Quant aux mathématiques, il n'est pas inutile de dire ce qu'elles lui ont coûté de peines. Il commença par enseigner l'arithmétique, qui est la première partie de cette science, puis il travailla à répandre la connaissance de la musique, longtemps ignorée des Gaules. Il y arriva en disposant les différents genres sur le monocorde, en distinguant les consonances ou symphonies en tons et demi-tons, en ditons et en dièses, et en distribuant méthodiquement les sons en divers modes (1).

L. — *Composition d'une sphère pleine.*

Il ne sera pas non plus hors de propos de dire toute la peine qu'il prit à expliquer l'astronomie ; en admirant la sagacité d'un si grand homme, le lecteur sera à même d'apprécier les ressources de

---

(1) Quelques courtes observations sont ici nécessaires. 1° La musique comprenait alors trois genres, le *diatonique* procédant par tons et demi-tons, le *chromatique* par demi-tons et l'*enharmonique* par quarts de tons ; 2° le *monocorde* est un instrument composé d'une corde de métal ou de boyau tendu sur une règle, au moyen duquel on mesurait, comme on le fait encore aujourd'hui, la variété et la proportion des sons musicaux ; 3° le *diton* répondait à la tierce majeure.

pene intellectibilis sit, tamen non sine admiratione quibusdam instrumentis ad cognitionem adduxit. Inprimis enim mundi speram ex solido ac rotundo ligno argumentatus, minoris similitudine, majorem expressit. Quam cum duobus polis in orizonte obliquaret, signa septemtrionalia polo erectiori dedit, australia vero dejectiori adhibuit. Cujus positionem eo circulo rexit, qui a Græcis orizon, a Latinis limitans sive determinans appellatur, eo quod in eo signa quæ videntur ab his quæ non videntur distinguat ac limitet. Qua in orizonte sic collocata, ut et ortum et occasum signorum utiliter ac probabiliter demonstraret, rerum naturas dispositis insinuavit, instituitque in signorum comprehensione. Nam tempore nocturno ardentibus stellis operam dabat; agebatque ut eas in mundi regionibus diversis obliquatas, tam in ortu quam in occasu notarent.

LI. — Intellectilium * circulorum comprehensio *.

Circuli quoque qui a Græcis paralleli, a Latinis æquistantes dicuntur, quos etiam incorporales esse dubium non est, hac ab eo arte comprehensi noscuntur. Effecit semicirculum recta diametro divisum. Sed hanc diametrum fistulam constituit, in cujus cacuminibus duos polos boreum et austronothum notandos esse instituit. Semicirculum vero a polo ad polum triginta partibus divisit. Quarum sex a polo distinctis, fistulam adhibuit, per quam circularis linea arctici signaretur. Post quas etiam quinque diductis, fistulam quoque adjecit, quæ æstivalem circulationem indicaret. Abinde quoque quatuor divisis, fistulam identidem addidit, unde æquinoctialis rotunditas commendaretur. Reliquum vero spatium usque ad notium polum, eisdem dimensionibus distinxit. Cujus instrumenti ratio in tantum valuit, ut ad polum sua diametro directa, ac semicirculi productione superius versa, circulos visibus inexpertos scientiæ daret, atque alta memoria reconderet (a).

son génie. Car, à l'étonnement général, il sut, au moyen de certains instruments, donner la connaissance d'une science qui est à peine intelligible. Il figura d'abord le monde par une sphère en bois plein, qui, dans ses petites proportions, offrait l'image exacte de la nôtre. Il plaça la ligne des pôles dans une direction oblique par rapport à l'horizon, et près du pôle supérieur représenta les constellations du nord, près de l'inférieur celles du midi. Il détermina cette position au moyen du cercle, que les Grecs appellent *horizon*, les Latins *limitans* ou *determinans*, parce qu'il sépare ou limite les astres qu'on voit de ceux qui sont invisibles. Sa sphère ainsi placée sur l'horizon, de façon qu'il pût démontrer d'une manière pratique et convaincante le lever et le coucher des astres, il initia ses disciples au plan de l'Univers et leur apprit à connaître les constellations (1). Car il s'appliquait dans les belles nuits à étudier les étoiles et les faisait remarquer, tant à leur lever qu'à leur coucher, obliquant sur les diverses parties de la terre.

LI. — *Connaissance des cercles fictifs.*

Quant aux cercles purement fictifs, que les Grecs appellent *parallèles* et les Latins *équidistants*, voici par quel moyen il en donna l'intelligence. Il imagina un demi-cercle coupé en ligne droite par le diamètre, et représenta ce diamètre par une tige aux extrémités de laquelle il marqua les deux pôles, l'austral et le boréal. Il divisa le demi-cercle d'un pôle à l'autre en trente parties ; à la sixième division, à partir du pôle [nord], il figura par une baguette le cercle polaire arctique ; à la onzième, il représenta par une autre baguette le tropique du cancer, et à la quinzième, une troisième baguette servit à désigner le cercle équinoxial. Il partageait de même le reste de l'espace jusqu'au pôle sud. Par cet ingénieux appareil, où le diamètre de la circonférence était dirigé vers le pôle, et la convexité du demi-cercle tournée vers le haut (2), il donna une connaissance parfaite des cercles que la vue ne peut saisir.

* In, li, compre *abscisa*.

(a) r. Sed hoc ad circulos intellectibiles. Quanto etiam studio errantiumque siderum circulos aperuerit dicere non pigebit. Qui *jam delata*.

(1) M. G. : « ... il traça régulièrement les phénomènes naturels et les fit
» servir à la connaissance de ces mêmes astres. »

(2) M. G. : ... *et le demi-cercle tournait à l'entour.* »

LII. — Speræ compositio planetis cognoscendis * aptissima *.

Errantiumque siderum circuli cum intra mundum ferantur, et contra contendant, quo tamen artificio viderentur scrutanti non defuit. Inprimis enim speram circularem effecit, hoc est ex solis circulis constantem. In qua circulos duos qui a Græcis coluri, a Latinis incidentes dicuntur, eo quod in sese incidant, complicavit; in quorum extremitatibus polos fixit. Alios vero quinque circulos, qui paralleli (a) dicuntur, coluris transposuit, ita ut a polo ad polum triginta partes, speræ medietatem dividerent; idque non vulgo neque confuse. Nam de triginta dimidiæ speræ partibus a polo ad primum circulum, sex constituit; a primo ad secundum quinque; a secundo ad tertium, quatuor; a tertio ad quartum, itidem quatuor; a quarto ad quintum, quinque; a quinto usque ad polum, sex. Per hos quoque circulos eum circulum obliquavit, qui a Græcis loxos, vel zoe, a Latinis obliquus vel vitalis dicitur, eo quod animalium figuras in stellis contineat. Intra hunc obliquum, errantium circulos miro artificio suspendit. Quorum absidas, et altitudines, a sese etiam distantias, efficacissime suis demonstravit. Quod quemadmodum fuerit, ob prolixitatem hic ponere commodum non est, ne nimis a proposito discedere videamur.

LIII. — Aliæ ** speræ compositio ** signis cognoscendis ** idonea **.

Fecit præter hæc speram alteram circularem, intra quam circulos quidem non collocavit, sed desuper ferreis atque æreis filis signorum figuras complicavit. Axisque loco, fistulam trajecit, per quam polus cœlestis notaretur, ut, eo perspecto, machina cœlo aptaretur. Unde et factum est, ut singulorum signorum stellæ, singulis hujus speræ signis clauderentur. Illud quoque in hac divinum fuit,

* no, tis *abscisa*.
** Alia, comp, cogn, ido *abscisa*.
(a) qui a græcis paralleli a latinis æquistantes dicuntur *del*.

LII. — *Composition d'une sphère propre à faire connaître les planètes.*

Il trouva également le moyen de représenter la marche des planètes, bien qu'elles se meuvent en dedans de la sphère céleste, et que leurs orbites se croisent. Car il fit une sphère armillaire, composée de cercles seulement. Il y introduisit les deux cercles que les Grecs nomment *colures*, les Latins *incidents*, parce qu'ils se coupent, et il fixa les pôles aux extrémités (1). Il fit ensuite passer par les colures cinq autres cercles, dits parallèles, de sorte que, d'un pôle à l'autre, la moitié de la sphère se trouvait partagée en trente parties, et cela avec une rare précision ; car, sur les trente parties de l'hémisphère, il en comprit six du pôle au premier cercle, cinq du premier au second, quatre du deuxième au troisième, quatre également du troisième au quatrième, cinq du quatrième au cinquième, et six du cinquième au pôle. Sur les parallèles, il plaça obliquement le cercle que les Grecs nomment *loxos* ou *zoe*, les Latins *obliquus* ou *vitalis*, parce que les constellations y sont représentées sous la forme d'animaux ; et en dedans de ce cercle oblique, suspendant les planètes avec un art merveilleux, il en démontrait habilement à ses disciples le cours et les hauteurs, ainsi que les distances respectives. Comment il procédait, c'est ce qu'il serait trop long d'exposer ici ; cela nous écarterait trop de notre sujet.

LIII. — *Composition d'une autre sphère propre à faire connaître les constellations.*

Il imagina encore une autre sphère armillaire, dépourvue de cercles à l'intérieur, mais sur laquelle il représenta les constellations avec des fils de fer et de cuivre. Elle avait pour axe une tige, servant à indiquer le pôle céleste, de sorte qu'en voyant celui-ci, on avait de l'état du ciel une figure exacte, et qu'on trouvait les étoiles de chaque constellation fidèlement reproduites sur la sphère. Cet appareil avait cela de divin que, fût-on étranger à la science, il suffisait de vous y montrer une seule des constellations, pour

(1) C'est-à-dire aux points de section de ces cercles.

quod cum aliquis artem ignoraret, si unum ei signum demonstratum foret, absque magistro cetera per speram cognosceret. Inde etiam suos liberaliter instruxit. Atque hæc actenus de astronomia.

LIV. — Confectio * abaci *.

In geometria vero (*a*) non minor in docendo labor expensus est. Cujus introductioni, abacum id est tabulam dimensionibus aptam opere scutarii effecit. Cujus longitudini, in 27 partibus diductæ, novem numero notas omnem numerum significantes disposuit. Ad quarum etiam similitudinem, mille corneos effecit caracteres, qui per 27 abaci partes mutuati, cujusque numeri multiplicationem sive divisionem designarent; tanto compendio numerorum multitudinem dividentes vel multiplicantes, ut præ nimia numerositate potius intelligi quam verbis valerent ostendi. Quorum scientiam qui ad plenum scire desiderat, legat ejus librum quem scribit ad C. grammaticum; ibi enim hæc satis habundanterque tractata inveniet.

LV. — Fama Gerberti per Gallias et Italiam diffusa.

Fervebat studiis, numerusque discipulorum in dies accrescebat. Nomen etiam tanti doctoris ferebatur non solum per Gallias, sed etiam per Germaniæ populos dilatabatur. Transiitque per Alpes, ac diffunditur in Italiam, usque Thirrenum et Adriaticum. Quo tempore, Otricus in Saxonia insignis habebatur. Hic cum philosophi famam audisset, adverteretque quod, in omni disputatione, rata rerum divisione uteretur, agebat apud suos ut aliquæ rerum divisarum figuræ, ab scolis philosophi sibi deferrentur, et maxime philosophiæ, eo quod in rata ejus

---

* Confe, ci *abscisa*.

(*a*) vero cui nihil ante Galliæ scriptum habebant, quantus labor expensus sit, sermo impar dicere non sufficit *deleta*.

qu'on apprit, sans maître, à reconnaître toutes les autres. Aussi les disciples de Gerbert y puisèrent-ils une large instruction. Mais en voilà assez sur l'astronomie.

LIV. — *Confection d'un abaque.*

Gerbert ne donna pas moins de soin à l'enseignement de la géométrie. Pour préparer les voies à l'étude de cette science, il fit construire par un armurier (1) un abaque, c'est-à-dire une tablette, disposée pour le calcul; cette tablette était divisée en vingt-sept colonnes longitudinales, où il plaça les neuf chiffres qui lui servaient à exprimer tous les nombres. En même temps il fit exécuter en corne mille caractères semblables, qui, disposés dans les vingt-sept compartiments de l'abaque, donnaient la multiplication et la division de toute sorte de nombres, et cela avec une telle rapidité que, eu égard à l'extrême étendue de ces nombres, il était plus facile de s'en faire une idée que de les exprimer. Celui qui voudra connaître à fond ce système de calcul (2), n'a qu'à lire l'ouvrage que Gerbert adresse au grammairien C.... (3) ; il y trouvera la matière amplement et convenablement traitée.

LV. — *La renommée de Gerbert se répand dans les Gaules et en Italie.*

Gerbert était plein de zèle, et le nombre de ses disciples croissait tous les jours. Aussi le nom de l'illustre docteur se propageait-il, non-seulement dans les Gaules, mais encore parmi les peuples de la Germanie ; il passa les Alpes et se répandit en Italie. En ce temps-là florissait Otric dans la Saxe. Otric entendit parler de Gerbert ; il remarqua que, dans toutes ses discussions, il procédait avec méthode, et il en conçut un vif désir de se procurer quelques-unes des divisions adoptées par le philosophe, et surtout celle qu'il donnait de la philosophie, afin de juger plus aisément

---

(1) Le texte dit : un fabricant d'écus ou boucliers.

(2) C'est le procédé enseigné par Boèce dans sa *Géométrie*. Consultez là-dessus les *Mémoires* de M. Chasles aux Comptes-rendus de l'Académie des sciences, année 1843. Nous verrons plus bas (§ 60) que Gerbert a également suivi Boèce dans l'étude de la philosophie. Il n'a pas tant emprunté aux Arabes qu'on l'a cru.

(3) A. Constantin.

divisione, perpendere ipse facilius posset, an recte is saperet, qui philosophari videbatur, utpote in eo quod divinarum et humanarum scientiam profitetur. Directus itaque est Remos, Saxo quidam, qui ad hæc videbatur idoneus. Is cum scolis interesset, et caute generum divisiones a Gerberto dispositas colligeret, in ea tamen maxime divisione, quæ philosophiam ad plenum dividit, plurimum ordine abusus est.

LVI. — Figura Gerberti philosophica per malivolos depravata, ab Otrico reprehenditur.

Etenim cum mathematicæ phisica, par atque coæva, a Gerberto posita fuisset, ab hoc mathematicæ eadem phisica ut generi species subdita est; incertumque utrum industria an errore id factum sit. Sicque cum multiplici diversarum rerum distributione, Otrico figura delata est. Quam ipse diligentissime revolvens, Gerbertum male divisisse apud suos calumniabatur, eo quod duarum æqualium specierum, alteri alteram substitutam ut generi speciem figura mentiebatur; ac per hoc nihil eum philosophiæ percepisse audacter astruebat. Illudque eum penitus ignorare dicebat, in quo divina et humana consistunt, sine quibus etiam nulli sit philosophandum. Tulit itaque ad palatium figuram eandem, et coram Ottone augusto iis qui sapientiores videbantur eam explicavit. Augustus vero cum et ipse talium studiosissimus haberetur, an Gerbertus erraverit admirabatur. Viderat etenim illum, et non semel disputantem audierat. Unde et ab eo prædictæ figure solutionem fieri nimium optabat. Nec defuit rei occasio.

LVII.

Nam venerandus Remorum metropolitanus, Adalbero, post eundem annum Romam cum Gerberto petebat, ac Ticini augustum cum Otrico repperit. A quo etiam magnifice exceptus est, ductusque per Padum classe Ravennam. Et tempore oportuno, imperatoris jussu,

par là s'il était véritablement aussi profond qu'il semblait l'être, pour enseigner la science des choses divines et humaines. Il envoya donc à Reims un Saxon, qui lui parut propre à remplir ses vues, et celui-ci, en assistant aux leçons de Gerbert, recueillit avec adresse les divisions des genres données par le maître ; mais il arriva que précisément dans la division générale de la philosophie, il commit une grave erreur.

LVI. — *La division de la science philosophique qu'avait donnée Gerbert est altérée par la malveillance et critiquée par Otric.*

Car, tandis que Gerbert avait placé la physique sur la même ligne que les mathématiques, comme étant de même ordre qu'elles, le Saxon, à dessein ou par erreur, on ne sait, l'y subordonna comme l'espèce au genre, et porta cette division à Otric avec beaucoup d'autres. Otric l'examina avec soin et ne manqua pas, dans son école, d'accuser Gerbert d'erreur, attendu que, de deux espèces égales, il subordonnait faussement l'une à l'autre, comme l'espèce au genre. Il en concluait hardiment que Gerbert n'entendait rien à la philosophie et qu'il ignorait complètement en quoi consistent les choses divines et humaines, sans la connaissance desquelles il n'est pas possible de philosopher. Il porta la division de Gerbert au palais et en donna l'explication, devant l'empereur Otton, aux savants qui se trouvaient là. L'empereur, qui passait lui-même pour aimer fort ces matières, s'étonna que Gerbert se fût trompé, car il le connaissait et l'avait souvent entendu discuter. Aussi désirait-il vivement qu'il pût s'expliquer sur sa division. L'occasion s'en présenta bientôt (1).

LVII. — *Gerbert, venu à Ravenne, y est invité par le roi Otton à disputer contre Otric* (980).

Car le vénérable archevêque de Reims, Adalbéron, en se rendant à Rome, l'année suivante, avec Gerbert, rencontra à Pavie l'empereur avec Otric. Otton le reçut magnifiquement, le conduisit par le Pô jusqu'à Ravenne, puis, en temps convenable, sur son ordre, tous les savants qui étaient accourus dans cette ville, furent

---

(1) Toutefois pas avant 980. Car le célèbre professeur de Magdebourg, Otric, ne vint à la cour que sous Otton II, qu'il accompagna dans sa descente en Italie, et deux diplômes datés, l'un de Pavie, le 5 décembre 980, et l'autre de Ravenne, le 25 décembre de la même année, placent entre ces deux dates le voyage de l'empereur dans cette dernière ville.

omnes sapientes qui convenerant, intra palatium collecti sunt. Affuit praedictus reverendus metropolitanus; affuit et Adso abbas Dervensis, qui cum ipso metropolitano advenerat; sed et Otricus praesens erat, qui anno superiore Gerberti reprehensorem sese monstraverat. Numerus quoque scolasticorum non parvus confluxerat, qui (*a*) imminentem disputationis litem summopere praestolabantur. Haerebant etenim, an Otrico (*b*) quispiam resistere auderet. Necnon et augustus hujusmodi certamen habendum callide pertractabat. Nitebatur autem Gerbertum incautum Otrico opponere, ut si incautus appeteretur, majorem controversandi animum in contrarium moveret. Otricum vero, multa proponere, nihilve solvere hortabatur. Atque his omnibus ex ordine (*c*) considentibus, Augustus, eorum medius, sic e sublimi coepit:

LVIII. — Allocutio augusti Ottonis in conventu sapientium pro emendatione figurae.

« Humanam, inquiens, ut arbitror scientiam, crebra
» meditatio vel exercitatio reddit meliorem, quotiens
» rerum materia competenter ordinata, sermonibus
» exquisitis, per quoslibet sapientes effertur. Nam cum
» per otium sepissime torpemus, si aliquorum pulsemur
» questionibus, ad utillimam mox meditationem incitamur.
» Hinc scientia rerum a doctissimis elicita est. Hinc est
» quod ab eis prolata, libris tradita sunt, nobisque ad
» boni exercicii gloriam, derelicta. Afficiamur igitur et
» nos aliquibus objectis, quibus et animus excellentior,
» ad intelligentiae certiora ducatur. Et eia, inquam, jam
» nunc revolvamus figuram illam de philosophiae parti-
» bus, quae nobis anno superiore monstrata est. Omnes
» diligentissime eam advertant; dicantque singuli, quid
» in ea, aut contra eam sentiant. Si nullius extrinsecus
» indiget, vestra omnium roboretur approbatione. Si vero
» corrigenda videbitur, sapientium sententiis, aut impro-
» betur, aut ad normam redigatur. Coramque deferatur

réunis au palais. Là se trouvèrent le vénérable métropolitain que je viens de nommer, l'abbé de Montier-en-Der, Adson, qui était venu avec lui, Otric qui, l'année précédente, avait attaqué Gerbert, et une foule d'écolâtres qui attendaient avec impatience le tournoi philosophique qui allait s'ouvrir ; car ils doutaient que personne osât tenir tête à Otric. De son côté, l'empereur préparait avec habileté la lutte. Il voulait que Gerbert fût mis à l'improviste aux prises avec Otric, afin que, surpris par l'attaque, il déployât dans la controverse une plus grande chaleur contre son adversaire, et il engageait Otric à multiplier les difficultés sans en résoudre aucune. Quand tous les assistants eurent pris place, suivant leur rang, l'empereur, au milieu d'eux et du haut de son siége, ouvrit la séance en ces termes :

LVIII. — *Allocution d'Otton dans l'assemblée des savants, touchant la rectification du tableau des divisions de la philosophie.*

« La science humaine, je le crois, se perfectionne par la médi-
» tation et l'étude, chaque fois qu'une question bien posée devient
» l'objet des savantes discussions d'hommes éclairés. Car, si notre
» esprit s'engourdit souvent dans le loisir, quelqu'un vient-il à le
» réveiller par des questions, il se détermine bientôt à des médi-
» tations fort utiles. C'est ainsi que le génie a enfanté la science ;
» c'est ainsi que ses découvertes, confiées aux livres, servent à
» notre instruction. Accueillons donc, nous aussi, quelque sujet de
» discussion de nature à élever notre esprit et à le conduire plus
» sûrement à la vérité. Ainsi revoyons aujourd'hui même ce tableau
» des parties de la philosophie qu'on nous a montré l'année der-
» nière. Que tout le monde l'examine avec attention, et que chacun
» dise ce qu'il pense pour ou contre. S'il n'y manque rien, qu'il
» reçoive votre approbation unanime, mais, s'il vous semble défec-
» tueux, qu'on le condamne ou qu'on le rectifie. Qu'on le place à

(*a*) qui id negotium perpenderant, et ob hoc *deleta*.
(*b*) eorum doctissimo *corr.* Otrico.
(*c*) jussi *corr.* ex ordine.

» jam nunc videnda. » Tunc Otricus eam in aperto proferens, a Gerberto sic ordinatam, et a suis auditoribus exceptam scriptamque respondit ; et sic domno augusto legendam porrexit. Quæ perlecta, ad Gerbertum delata est. Qui diligenter eam percurrens, in parte approbat, et in parte vituperat, simulque non sic eam sese ordinasse asseruit.

LIX. — Divisio theoreticæ * philosophiæ in species.

Rogatus autem ab Augusto corrigere, ait : « Quoniam,
» o magne Cæsar auguste, te his omnibus potiorem video,
» tuis, ut par est, jussis parebo. Nec movebit me malivo-
» lorum livor, quorum instinctu id factum est, ut rectissima
» philosophiæ divisio, probabiliter dilucideque a me nuper
» ordinata, unius speciei suppositione vitiata sit (a). Dico
» itaque mathematicam, phisicam, et theologicam,
» æquævas, eidem generi subesse. Earum autem genus,
» eis æqualiter participare ; nec fieri posse unam eandem-
» que speciem, una eademque ratione, eidem speciei et
» parem esse, et ut inferiorem acsi generi speciem subja-
» cere. Et ego quidem de his ita sentio. Cæterum si quis
» contra hæc contendat, rationem inde affectet, faciatque
» nos intelligere quod fortassis naturæ ipsius ratio nemini
» adhuc contulisse videtur. »

LX. — Philosophiæ divisio.

Ad hæc Otricus, innuente Augusto, sic ait : « Quoniam
» philosophiæ partes aliquot breviter attigisti, ad plenum
» oportet ut et dividas, et divisionem enodes. Sicque fieri
» poterit ut ex probabili divisione, vitiosæ figuræ suspicio
» a te removeatur. » Tunc quoque Gerbertus : « Cum
» hoc, inquit, magni constet, utpote divinarum et huma-

* æ *abscisa.*

(a) sit. Non enim ignoro quemcumque bonum calumniis malivolorum assidue insectari *deleta.*

» l'instant sous nos yeux. » Alors Otric produisit la division de Gerbert, en disant qu'elle était telle que celui-ci l'avait exposée et que ses auditeurs l'avaient recueillie par écrit. L'empereur la reçut de ses mains, la lut et la fit porter à Gerbert, qui, la parcourant avec soin, l'approuva en partie, en partie la blâma, et déclara qu'il ne l'avait pas ainsi donnée.

LIX. — *Division de la philosophie théorique en espèces.*

Invité par l'empereur à la corriger, il dit : « Illustre César, la
» supériorité que tu as ici sur tous, me fait un devoir d'obéir à tes
» ordres. Je veux d'ailleurs me montrer insensible à la malignité
» de ces envieux, à l'instigation desquels on a vicié, en y introdui-
» sant à dessein une espèce (1), la division irréprochable de la philo-
» sophie que j'ai récemment exposée avec la plus grande clarté. Je
» dis donc que les mathématiques, la physique et la théologique (2),
» sciences du même ordre, sont soumises au même genre, que
» ce genre participe également de chacune d'elles, et qu'il est im-
» possible qu'une seule et même espèce, sous un seul et même
» rapport, soit égale à une autre espèce en même temps qu'elle
» lui serait inférieure, comme l'espèce l'est à son genre. Tel est
» mon sentiment là-dessus. S'il se trouve quelqu'un qui ne le par-
» tage point, qu'il expose ses raisons, et qu'il nous fasse com-
» prendre ce que le bon sens lui-même paraît ne pas avoir encore
» fait saisir. »

LX. — *Division de la philosophie.*

Alors Otric, sur un signe de l'empereur, répondit : « Puisque
» tu as touché brièvement quelques parties de la philosophie, il
» importe que tu complètes ta division et que tu nous l'expliques.
» Tu échapperas peut-être ainsi au reproche d'avoir tracé un plan
» défectueux. » — « Ce n'est point petite affaire, répliqua Gerbert,
» d'embrasser la vérité des choses divines et humaines ; cependant,

(1) M. G. : « *En supposant que je n'admettais qu'une espèce.* »
(2) On nous pardonnera sans doute cette manière de traduire *theologicam*, si l'on considère que cette expression latine étant synonyme de *theologia intellectibilis* (c. 60) et désignant la théologie naturelle ou la théorie de l'être divin d'après les seules lumières de la raison (Théodicée), eût été mal rendue par le mot *théologie* dont le sens est à la fois tout autre et plus étendu.

» narum rerum comprehensio veritatis, tamen ut nec nos
» ignaviæ arguamur, et auditorum aliqui proficere possint,
» secundum Vitruvii atque Boetii divisionem dicere non
» pigebit. Est enim philosophia genus ; cujus species
» sunt, practice et theoretice ; practices vero species
» dico, dispensativam, distributivam, civilem. Sub
» theoretice vero non incongrue intelliguntur phisica
» naturalis, mathematica intelligibilis, ac theologia intel-
» lectibilis. Rursusque mathematicam sub phisica non
» præter rationem collocamus. »

LXI. — Reprehensio divisionis ab Otrico inutilis,
ac Gerberti responsio.

Nisusque quod reliquum erat prosequi, Otricus subintulit : « Miror, inquiens, vehementissime, quod phisicæ
» mathematicam sic de propinquo subdidisti, cum inter
» utramque subalternum genus intelligi possit phisio-
» logia. Vitiosum etenim valde videtur, si nimis longe
» petita pars ad generis conferatur divisionem. » Ad
hæc Gerbertus : « Inde, inquit, vehementius mirandum
» videtur, quod mathematicam phisicæ, suæ videlicet

---

(1) Nous avons déjà dit à propos de la *théologique* (c. 59) ce qu'il faut entendre par *theologia intellectibilis*. — *Mathematica intelligibilis* désigne les mathématiques proprement dites, la *science* des purs *intelligibles*, et *physica naturalis* la science du contingent, de la nature créée, du monde et de l'homme considéré dans son corps et dans son âme. — Quant à la division elle-même de la philosophie, d'après Vitruve et Boèce, elle n'est autre que celle d'Aristote dont Boèce eut la gloire de répandre les œuvres par des traductions latines. Ainsi Aristote divise sa philosophie en deux parties, la partie spéculative et la partie pratique. La partie pratique, qu'il appelle *éthique*, est une véritable théorie du droit ; de là, la division de cette éthique en générale (dispensative), en économique (distributive) et en politique (civile), la générale posant les fondements et les conditions du droit que la nature accorde à tous les hommes ; l'économique réglant les droits et les devoirs de chacun en particulier, relativement à ses semblables considérés comme membres de la famille ou de la société, et la politique fixant les devoirs du citoyen envers l'Etat, et *vice versa*. La division de la partie spéculative ne diffère de celle de Gerbert que dans la troisième partie, qu'Aristote appelle *logique*, comprenant sous ce titre,

» pour qu'on ne m'accuse pas de battre en retraite, et dans l'in-
» térêt de quelques-uns de mes auditeurs, je n'hésite pas à répondre,
» en me conformant à la division de Vitruve [Victorin?] et de
» Boëce. La philosophie est donc le genre, dont les espèces sont la
» pratique et la théorie. La pratique, à son tour, a pour espèces
» la dispensative, la distributive et la civile, et sous la théorie se
» rangent très-bien la physique naturelle, les mathématiques in-
» telligibles et la théologie intellectible (1). Je répète, d'ailleurs,
» que nous ne rangeons pas, contrairement à la raison, les mathé-
» matiques sous la physique (2). »

LXI. — *Otric reprend à tort la division de Gerbert;
réponse de celui-ci.*

« Je m'étonne prodigieusement, » reprit Otric, s'efforçant de poursuivre la discussion, « que tu aies ainsi subordonné immédia-
» tement à la physique les mathématiques, quand on peut conce-
» voir entre elles un sous-genre qui est la physiologie. Car il semble
» tout-à-fait vicieux de rapporter à la division du genre une classe
» si inférieure (3). » — « S'il en était ainsi, répondit Gerbert, il fau-
» drait, ce semble, bien plus s'étonner que j'eusse à la physique
» subordonné comme espèce les mathématiques, qui sont du même

avec la métaphysique ou théodicée, la théorie des idées ou logique proprement dite. Telle était pour le philosophe de Stagyre, telle fut pour le moyen-âge et pour les temps modernes jusqu'au XVIIe siècle, la compréhension du mot *philosophie*; il désignait, comme on le voit, toute la science acquise par les lumières naturelles de la raison.

(2) Il y a ici dans le latin une amphibologie que nous avons essayé de rendre en français, la phrase de Gerbert pouvant signifier également : ce n'est pas contrairement à la raison, que nous plaçons, etc., et : nous ne faisons pas, comme étant contraire à la raison, la faute de placer, etc. Cette amphibologie doit servir à nous expliquer l'étrange imbroglio qui va suivre; mais les antécédents (c. 59-60) et les conséquents (c. 61) auraient pu avertir M. G. du contre-sens dans lequel il est tombé, en traduisant : « Ce n'est donc pas sans raison que nous plaçons les mathématiques sous
» la physique. »

(3) Otric répond tout d'abord comme s'il n'avait pas compris le *non præter rationem* de Gerbert; mais il n'insiste pas sur ce point, et emporté sans doute par le désir de multiplier les difficultés, il passe à une autre objection, dont la faiblesse et l'inutilité, facilement démontrées par Gerbert, feront regretter à l'assemblée la suite de la division générale de la philosophie.

» coævæ, ut speciem subdiderim. Cum enim coevæ sub
» eodem genere habeantur, majore, inquam, admiratione
» dignum videtur, si alteri altera subdatur. Sed dico
» phisiologiam phisicæ genus non esse, quemadmodum
» proponis, nullamque earum differentiam aliam assero,
» nisi eam quam inter philosophiam et philologiam
» cognosco. Alioquin philologia philosophiæ genus conce-
» ditur. » Ad hæc scolasticorum multitudo philosophiæ
divisionem interruptam indignabatur, eamque repeti apud
Augustum petebat. Otricus vero post paululum idem repetendum dicebat, prius tamen habita ratione de causa
ipsius philosophiæ; intendensque in Gerbertum, quæ esset
causa philosophiæ sciscitabatur.

LXII. — Quæ sit causa conditi mundi.

Qui cum a Gerberto, ut apertius quid vellet ediceret,
rogaretur, utrum videlicet causam qua inventa est, an
causam cui inventa debetur, ille mox : « Ipsam, inquit,
» causam dico, propter quam inventa videtur. » Tunc vero
Gerbertus : « Quoniam, inquit, nunc patet quid proponas,
» ideo, inquam, inventa est, ut ex ea cognoscamus divina
» et humana. » Et Otricus : « Cur, inquit, unius rei
» causam tot dictionibus nominasti, cum ex una fortassis
» nominari potuit, et philosophorum sit brevitati
» studere? »

LXIII. — Quod non omnia nomina causarum singulis dictionibus
efferuntur.

Gerbertus quoque : « Non omnes, inquit, causæ, uno
» valent nomine proferri. Etenim cum a Platone causa
» creati mundi non una sed tribus dictionibus, bona

(1) Otric, qui avait supposé que Gerbert subordonnait les mathématiques
à la physique, en plaçant entre elles la physiologie comme sous-genre,
faisait par conséquent de celle-ci le *genre*, non de la physique (dont elle
devait être *l'espèce*), mais des mathématiques. Gerbert ne répond donc pas

» ordre ; le moyen en effet qu'étant à ce titre rangées toutes
» deux sous le même genre, l'une se trouvât cependant subordon-
» née à l'autre ! Mais je dis que la physiologie n'est pas le genre de
» la physique comme tu l'avances (1), et je prétends qu'il n'y a
» entre elles d'autre différence que celle que je connais entre la
» philosophie et la philologie ; sinon il faudrait admettre que la
» philologie est le genre de la philosophie. » Alors la foule des savants, mécontente qu'on eût interrompu la division de la philosophie, pria l'empereur d'ordonner qu'elle fût reprise. Mais Otric, en assurant qu'il allait bientôt y revenir, dit qu'il avait besoin, auparavant, d'être fixé sur la cause de la philosophie, et, s'adressant à Gerbert, il lui demanda quelle était la cause de la philosophie.

LXII. — *Quelle est la cause de la création du monde* (2).

Gerbert l'ayant prié d'énoncer plus clairement sa pensée, et de dire s'il entendaitp arler de la cause qui l'a produite, ou de celle à laquelle elle doit d'avoir été produite : « Je veux parler, dit-il
» aussitôt, de la cause pour laquelle elle semble avoir été produite. »
« — Alors, répondit Gerbert, maintenant que je saisis clairement
» ta question, je dirai qu'elle a été produite afin que nous con-
» naissions par elle les choses divines et humaines. » — « Pourquoi,
» reprit Otric, désigner par tant de mots la cause d'une seule
» chose ? Un seul n'aurait-il pu suffire, et les philosophes ne
» doivent-ils pas s'appliquer à être brefs ? »

LXIII. — *Que tous les noms des causes ne peuvent se composer tous d'un seul mot.*

« Toutes les causes, dit Gerbert, ne sont pas de nature à être
« exposées en un seul mot. Ainsi Platon, pour exprimer la cause
» de la création du monde, emploie trois mots au lieu d'un seul :

---

exactement à la question ; peut-être l'erreur doit-elle être imputée à Richer que la science de son maître semble avoir en ceci beaucoup plus ébloui qu'instruit.

(2) Le titre ne répond pas ici à l'objet du paragraphe, où il s'agit de la cause de la *philosophie*. Ce n'est qu'au chapitre 63° qu'il doit être question de celle de la création du monde.

» Dei voluntas declarata sit, constat hanc creati mundi
» causam non aliter potuisse proferri. Nam si dixisset
» voluntatem causam esse mundi, non id esset consequens;
» quælibet enim voluntas id esse videretur, quod non
» procedit. » Atque hic Otricus : « Si, inquit, Dei
» voluntatem causam conditi mundi dixisset, brevius
» quidem et sufficienter dictum foret, cum numquam
» nisi bona fuerit Dei voluntas. Non enim est qui abnuat
» bonam esse Dei voluntatem. » Et Gerbertus : « In hoc,
» inquit, penitus non contradico. Sed vide; quia constat
» Deum substantia solummodo bonum, quamlibet vero
» creaturam participatione bonam, ad ejus naturæ quali-
» tatem exprimendam, bona additum est, quod id ejus
» proprium sit, non etiam cujuslibet creaturæ. Tandem
» quicquid illud sit, id sine dubio constat, non omnia
» causarum nomina una dictione proferri posse. Quæ
» enim tibi umbræ causa videtur? an hæc una dictione
» indicari valet?

LXIV. — Quæ * sit * causa * umbra *.

» Sed dico umbræ causam esse, corpus luci objectum.
» Atque hæc brevius nullo modo dici valet. Si enim
» corpus umbræ causam dixeris, nimis commune pro-
» tulisti. Quod si corpus objectum volueris, id quoque
» tantum non procedit, quantum ab hac parte relinquitur.
» Sunt enim corpora nonnulla, atque etiam diversis
» objecta, quæ umbræ causa esse non possunt. Nec
» abnuo multarum rerum causas, singulis dictionibus
» efferri, veluti sunt genera quæ specierum causas nemo
» ignorat, velut est substantia, quantitas, qualitas. Alia
» vero non simpliciter proferuntur, ut rationale ad
» mortale. »

* uæ, sit, a, umbr *abscisa*.

» la bonne volonté de Dieu, et il est clair que cette cause de la
» création ne pouvait être autrement exposée. Car, si le philosophe
» eût dit simplement que c'était la volonté, sa proposition eût
» manqué de justesse, attendu qu'elle paraîtrait s'appliquer à toute
» espèce de volonté, ce qui est faux. » — « Mais, objecta Otric, s'il
» avait dit que la cause de la création du monde est la volonté de
» Dieu, il eût été plus concis, sans cesser d'être clair, puisque la
» volonté de Dieu ne peut être que bonne ; personne ne le contes-
» tera. » — « Je ne repousse pas entièrement cela, dit Gerbert; mais
» vois un peu : comme il est certain que Dieu seul est bon de sa
» nature et que la créature n'est bonne qu'en participation avec
» lui, on a ajouté *bonne* pour exprimer la qualité de la nature
» divine, parce que cette qualité lui appartient exclusivement en
» propre. Quoi qu'il en soit, il demeure hors de doute que toutes
» les causes ne sauraient être rendues par un seul mot. Quelle te
» paraît être, en effet, la cause de l'ombre? Peut-elle être désignée
» par un seul mot ? »

LXIV — *Quelle est la cause de l'ombre ?*

« Pour moi, je dis que la cause de l'ombre est un corps qui
» intercepte la lumière. Et cela ne saurait être exprimé plus briè-
» vement ; car, si vous dites que la cause de l'ombre est un corps,
» votre définition est trop générale; que si vous prétendez que
» c'est un corps interceptant, cette nouvelle définition ne va
» pas encore aussi loin qu'il le faudrait pour couvrir le défaut
» de la première. Il existe en effet de certains corps qui, bien
» que placés devant d'autres corps, ne peuvent produire de
» l'ombre. Je ne conteste pas qu'il suffit d'un seul mot pour
» désigner bien des causes, comme les genres, que tout le monde
» sait être les causes des espèces, comme la substance, la quantité,
» la qualité. Mais il y en a d'autres, depuis le raisonnable jusqu'au
» mortel (1), dont la définition n'est pas aussi simple. »

---

(1) Cette forme de langage équivaut évidemment à *ut rationale ac mortale*, comme le raisonnable et le mortel ; mais elle impliquait, dans la pensée de Gerbert, la subordination du mortel au raisonnable, et c'est contre cette opinion que va s'élever Otric. M. G. traduit : ... *comme le passage du rationel au mortel.*

LXV. — Quid continentius * sit, rationale an * mortale *.

Tunc vehementius Otricus admirans ait : « An mortale » rationali supponis? Quis nesciat quod rationale Deum » et angelum hominemque concludat, mortale vero, utpote » majus et continentius, omnia mortalia et per hoc infinita » colligat? » Ad hæc Gerbertus : « Si, inquit, secundum » Porphirium atque Boetium, substantiæ divisionem » usque ad individua idonea partitione perpenderes, » rationale continentius quam mortale sine dubio haberes; » idque congruis rationibus enucleari in promptu est. » Etenim cum constet substantiam genus generalissi- » mum, per subalterna posse dividi usque ad individua, » videndum est an omnia subalterna singulis dictionibus » proferantur. Sed liquido patet, alia de singulis, alia de » pluribus nomen factum habere : de singulis, ut corpus, » de pluribus, ut animatum sensibile. Eadem quoque » ratione subalternum quod est animal rationale, prædi- » catur de subjecto quod est animal rationale mortale. » Nec dico quod rationale simplex prædicetur de simplici » mortali; id enim non procedit; sed rationale, inquam, » animali conjunctum, prædicatur de mortali, conjuncto » animali rationali. » Cumque verbis et sententiis nimium flueret, et adhuc alia (*a*) dicere pararet (*b*), augusti nutu disputationi finis injectus est, eo quod et diem pene in his totum consumserant, et audientes prolixa atque

* conti, tius, atio, an, tale *absc.*
(*a*) nova *corr.* alia.
(*b*) omnes exspectarent *corr.* dicere pararet.

---

(1) Mot-à-mot : car cela n'est pas une conséquence.
(2) Voilà, il faut en convenir, une discussion bien vide, et bien sèchement analysée. Telle qu'elle est cependant, elle ne manque pas d'intérêt pour l'historien. Je ne dirai pas que le germain Otric est la figure de l'Allemagne moderne, qui soulève plus d'objections qu'elle n'en résout, qui remue plus d'idées qu'elle n'en éclaircit, et que Gerbert semble être la personnification de l'esprit français, si sévère, si méthodique, si éminemment philosophique. Mais je me plais à voir ici un symptôme de

LXV. — *Quel est le plus complexe du raisonnable ou du mortel ?*

« Comment, dit vivement Otric étonné, est-ce que tu subordonnes
» le mortel au raisonnable? Qui est-ce qui ne sait que le raison-
» nable comprend Dieu, l'ange et l'homme, tandis que le mortel,
» plus grand et plus complexe, embrasse tout ce qui est mortel,
» c'est-à-dire un nombre infini de choses? » A quoi Gerbert répondit : « Si, conformément à Porphire et à Boèce, tu faisais de la
» substance une exacte division, en descendant de classes en
» classes jusqu'à l'individu, tu trouverais assurément le raison-
» nable plus étendu que le mortel ; et c'est facile à démontrer par
» des raisonnements concluants. En effet, puisqu'il est certain que
» la substance, qui est le genre le plus général, peut se diviser en
» genres subordonnés jusqu'à l'individu, il s'agit de voir si chacun
» de ces genres se désigne par un seul mot. Or, il est positif que
» les uns ont un nom d'un seul mot, les autres, de plusieurs, d'un
» seul, comme *corps*, de plusieurs, comme *être animé sensible*. C'est
» ainsi encore que de chaque individu renfermé dans l'espèce ani-
» mal raisonnable, on dit que c'est un animal raisonnable mortel.
» Non que la propriété d'être raisonnable emporte nécessairement
» celle d'être mortel; car il n'existe entre ces deux propriétés
» aucun rapport essentiel (1) ; mais ce que je soutiens, c'est qu'une
» fois la propriété d'être raisonnable jointe au mot animal, il faut
» nécessairement y ajouter celle d'être mortel. » Ainsi parlait Gerbert avec une merveilleuse abondance de pensées et d'expressions ;
il s'apprêtait à poursuivre, quand l'empereur fit un signe qui mit
fin à la discussion; elle avait duré un jour presque entier sans discontinuer, et l'attention des auditeurs commençait à se fatiguer (2).

ce caractère sagement raisonneur, de cet esprit d'analyse qui doit porter si haut en France la philosophie, de cette méthode rigoureuse que les années perfectionneront, que le moyen-âge nous léguera sous le nom de Scolastique. On a beaucoup attaqué la Scolastique, on se l'est trop représentée minutieuse, pointilleuse, hérissée de distinctions et de définitions ; frappé du défaut, on n'a pas songé qu'il était celui d'une précieuse qualité, et on s'est pris à douter, on a même nié qu'elle eût jamais exercé sur la science, sur le développement des lumières, une influence favorable. Mais le préjugé commence à céder à un examen plus approfondi de la philosophie du moyen-âge, et l'on est aujourd'hui moins éloigné de penser que l'esprit français doit en partie son exquise lucidité à l'avantage qu'il a eu d'être formé, dressé, assoupli par la méthode scolastique.

continua disputatio jam fatigabat. Ab Augusto itaque Gerbertus egregie donatus, cum suo metropolitano in Gallias clarus remeavit.

LXVI. — Sinodus apud Sanctam Magram habita.

Eodem tempore Emma (*a*) regina et Adalbero, Laudunensis episcopus, infames stupri criminabantur; id tamen latenter intendebatur, nullius manifesto intentionis teste. Sed quia suppresse dictum ad omnium aures devenerat, episcopis visum est id esse discutiendum, ne frater et coepiscopus eorum infamiæ tantæ subderetur. A supradicto ergo metropolitano collecta est episcoporum sinodus apud Sanctam Magram, locum Remorum diocesaneum. Considentesque et quæque utilia pertractantes, postquam metropolitanus (*b*). . . . .

LXVII. — Ottonis promotio in regem * per * Germanos * et Belgas *.

Post obitum domni Ottonis Germanorum regis, ejus filius Otto, a Germanis Belgisque rex creatus (*c*), rem publicam strenue atque utiliter amministravit; vir magni ingenii, totiusque virtutis, liberalium litterarum scientia clarus, adeo ut in disputando ex arte et proponeret, et probabiliter concluderet. Penes quem regnum Germaniæ cum Galliarum aliqua parte, usque ad diem vitæ ejus supremum, mansit, sed aliquando dubio statu. Nam inter ipsum et Lotharium Gallorum regem, quandoque (*d*) et odium immane, et anceps victoria fuit. Etenim cum ab Ottone Belgica teneretur, et a Lothario impeteretur, contra se dolos aut vires moliebantur, eo quod uterque et suum patrem eam tenuisse contenderet, et exercituum multitudine uterque eam se defensurum non diffideret. Nam et

* in regem, per, os, as *absc.*
(*a*) E. R. et Ad. L. *codex.*
(*b*) *Hic pene una et aliæ plures fortasse lineæ excisæ sunt.*

Comblé de présents par l'empereur, et couvert de gloire, Gerbert revint en Gaule avec son archevêque.

LXVI. — *Synode tenu à Sainte-Macre.*

Dans ce même temps, l'évêque de Laon, Adalbéron, fut accusé d'avoir avec la reine Emma un commerce criminel ; cela se disait à voix basse, les faits n'ayant pas de témoin avoué ; mais, comme le bruit en était devenu général, les évêques jugèrent bon d'examiner la chose, afin de ne pas laisser planer plus longtemps sur un de leurs frères le soupçon d'une telle infamie. L'archevêque de Reims convoqua donc un synode à Sainte-Macre (1), lieu de son diocèse. Le synode assemblé, après qu'on eut expédié les affaires urgentes, le métropolitain..... (2).

LXVII. — *Otton, élu roi par les Germains et les Belges (973).*

Après la mort d'Otton, roi des Germains, son fils Otton, proclamé roi par les Germains et les Belges, administra l'Etat avec autant de vigueur que de succès. Prince d'une grande capacité et d'un mérite accompli, il se distinguait par ses connaissances scientifiques au point que, dans les discussions, il argumentait avec habileté. Il régna jusqu'à sa mort sur la Germanie et une partie des Gaules, mais non sans difficulté. Car entre lui et Lothaire, roi des Gaules, une terrible haine s'alluma parfois, et parfois la victoire demeura incertaine. Possédée par Otton, disputée par Lothaire, la Belgique tenait ces princes armés et en défiance l'un contre l'autre, chacun d'eux prétendant qu'elle avait appartenu à son père, et se flattant d'être assez fort pour faire valoir ses droits les armes à la main. Il est vrai qu'elle avait appartenu à Louis,

---

(c) elevatus *corr.* creatus.
(d) plerumque *corr.* quandoque.

---

(1) C'est-à-dire, dans l'église de Sainte-Macre, à Fismes.
(2) Ici, dit M. Pertz, une ligne presque entière et peut-être aussi plusieurs autres sont effacées dans le manuscrit de Richer. On ne peut que regretter une suppression qui, en paraissant vouloir ménager la mémoire des illustres accusés, la livre encore plus compromise au jugement de l'historien (Cf. IV, 16).

Ludovici, patris Lotharii, fuit, et ejus post dono, hujus Ottonis pater, Otto obtinuit. Horum ergo discordiæ incentivum principium Belgica fuit.

LXVIII. — Indignatio * Lotharii in Ottonem.

Igitur in Aquensi palatio Ottone commorante cum conjuge Teuphanu gravida, Lotharius illum propius accessisse acerrime motus indignabatur. Ergo Francorum ducem Hugonem reliquosque regni primates consilium petiturus Lauduni collegit. Dux itaque processit. Reliqui etiam quibus quoque consulendum erat, ante regem consequenter admissi sunt. Quibus residentibus rex duplicem injuriam sibi illatam esse commemorat, cum regni sui pars ab hoste usurpata fuerit, et ipse hostis ad fines suos temerarius accesserit; nec majori injuriæ esse quod tenuerit, quam quia tenens ad fines suos accedere non formidaverit; se etiam id multa aviditate ulcisci velle, si consilio suo velint cedere. Nec posse se ab hoc animo temperari, si ad id agendum copia militum non defecerit. Gratias etiam sese quandoque redditurum, si id quod cupit æquo animo adoriantur.

LXIX. — Impetus ** Gallorum spontaneus ** in Ottonem **.

Mox dux et alii primates sine deliberandi consultatione sententiam regiam attollunt. Sese sponte ituros cum rege, et Ottonem aut comprehensuros, aut interfecturos, aut

---

* io, n *absc.*

** ontaneus, Ottonem *abscisa.*

---

(1) En général, dans ces temps reculés, les traités n'obligeaient que les parties contractantes; c'est pourquoi l'hommage par exemple se renouvelait à chaque succession. Charles-le-Simple avait donc pu céder la Lorraine à Henri (I, 47, *note*), sans enchaîner par là la liberté d'action de ses successeurs. Aussi Robert ne manqua pas de disputer à Henri la province en litige, et celui-ci ne dut qu'à sa fortune de la conserver. Après Robert, le fils même de Charles, Louis-d'Outremer revendiqua la Lorraine les armes à la main, et ne renonça ou parut ne renoncer à ses prétentions

père de Lothaire, et qu'un don de Louis l'avait fait passer aux mains du père d'Otton (1). Ainsi la Belgique fut la cause de la discorde entre les deux souverains.

LXVIII. — *Indignation de Lothaire contre Otton* (978).

Or, tandis qu'Otton habitait le palais d'Aix avec son épouse Théophanie, alors enceinte, Lothaire, vivement indigné qu'il fût venu s'établir si près de ses états, convoqua, dans la ville de Laon, Hugues, duc des Français, et les autres grands du royaume, pour délibérer avec eux. Le duc y vint, et avec lui furent admis devant le roi les autres seigneurs. Alors Lothaire leur représente la double injure que lui a faite Otton, en usurpant une partie de son royaume et en poussant l'audace jusqu'à s'approcher des frontières. Il estimait l'affront égal des deux parts, et n'aspirait qu'à en tirer vengeance, pour peu qu'on voulût favoriser son dessein. Rien ne saurait ébranler sa résolution, tant qu'il aurait des troupes pour l'accomplir; et sa reconnaissance ne manquerait pas à ceux qui le seconderaient avec ardeur (2).

LXIX. — *Les Gaulois attaquent spontanément Otton.*

Sans délibérer, le duc et les autres grands applaudissent au dessein du roi; ils jurent de le suivre contre Otton et d'avoir ce prince mort ou vif, ou de le mettre en fuite. Ce projet fut tenu

---

qu'après avoir obtenu le secours d'Otton contre Hugues. Il semble en effet qu'il ait payé ce secours par l'abandon de ses droits à la possession du duché. On pourrait à la rigueur l'induire d'un passage de la *Chronique de Dudon* (*Dom Bouq.*, t. x, p. 141); mais nous ne le voyons nulle part formellement exprimé. Si Richer l'affirme ici, on peut regretter que ce ne soit sous sa plume qu'une assertion que rien n'appuie en son lieu, soit en 942, soit en 947. Quoiqu'il en soit, il se trompe véritablement quand il assure que Louis possédait auparavant la Lorraine; on peut voir là-dessus le livre II.

(2) Le moment semblait favorable pour une attaque. *Brunon* était mort en 963; les deux fils de ce Rainier-Cou-Long, comte de Hainaut, qu'il avait exilé en 957, venaient de reconquérir les états de leur père avec l'aide de leurs beaux-frères, Hugues-Capet et Charles, frère de Lothaire (976), et l'année suivante, Otton II, pensant arrêter l'ambition du roi de France, avait donné la (Basse) Lorraine à *Charles*.

fugaturos pollicentur. Hujus consilium negotii (a) dissimulatum ad paucorum tunc notitiam pervenire potuit, adeo ut euntes, quorsum nescirent. Tandem collectus exercitus sic densus incedebat, ut erecta hastilia lucum potius quam arma portenderent. Ibat ergo per cuneos simbolo distinctos. Cum vero vada Mosæ transmisissent, centuriones constituti et dispositi per centurias, Ottonem non sufficientem habere exercitum diligenter contemplati sunt (b). Itaque accedebant, multamque inopiam rei militaris apud hostem prædicabant.

LXX.

Quæ dum ad aures Ottonis referuntur, ille utpote erat audaci animo, Lotharium numquam hæc aggressum respondit. Nec vero in suas partes adventare potuisse, cum nec ei copia militum sufficeret, nec de suis satis spei haberet. At cum alii atque alii Lotharium jam adesse dicerent, et in eo perseverarent, Otto dixisse fertur, se ad his credendum nullo modo posse allici, nisi ipse quoque videndo per sese addisceret. Equis ergo inclamatis et adductis, Otto ad videndum (c) processit. Lotharium cum viginti milibus (d) instare advertit. Cogitabat itaque nunc reniti, nunc quoque ad tempus recedere, et post cum exercitu copioso reverti meditabatur. Tandem quia Lotharius urgebat, stare non potuit. Abscessit ergo non sine lacrimis, cum uxore Teuphanu regnique principibus relicto palatio atque regio apparatu.

LXXI.

Lotharius cum exercitu affuit, Ottonem se capturum ratus. Et certe cœpisset, si in itinere sese exercitus angariis non impedisset. Nam si ante ejus discessum pridie advenisset, eum aut capere aut neci dare potuisset.

(a) n. tractant atque ordinant Galli Celtæ. Quod *deleta*.
(b) s. Centuriati i. *deleta*.

d'ailleurs assez secret pour n'être connu que de quelques personnes, en sorte qu'on allait à la guerre, sans savoir quel était le but de l'expédition. Enfin l'armée réunie se mit en marche, les rangs tellement pressés que les piques ressemblaient moins à des armes qu'à une forêt. Elle marchait par coins que distinguaient leurs enseignes. Quand on eut traversé la Meuse, les centurions (1) s'assurèrent avec soin qu'Otton n'avait pas de forces suffisantes pour résister, et continuèrent d'avancer en donnant la certitude que le pays était sans défense (2).

LXX. — [*Comment Otton dut fuir précipitamment.*]

Quand on vint apporter cette nouvelle à Otton, il répondit fièrement qu'il n'était pas possible que Lothaire eût fait une pareille entreprise, et se fût avancé sur les terres de son empire, car il manquait de troupes et ne pouvait compter sur les siens. Cependant les courriers se succédaient pour lui confirmer la nouvelle de l'approche de Lothaire ; mais on rapporte qu'il refusa d'y croire, tant qu'il ne l'aurait pas vu de ses propres yeux. Il demanda donc des chevaux, et, allant en reconnaissance, il ne tarda pas à découvrir Lothaire, qui s'avançait à la tête de vingt mille hommes. Il voulait alors tantôt le combattre, tantôt se retirer pour un temps et revenir avec des forces nombreuses. Mais la marche pressée de Lothaire ne lui permit pas de songer plus longtemps à la résistance. Il partit donc les larmes aux yeux avec sa femme Théophanie et les seigneurs de sa cour, abandonnant à l'ennemi son palais et tous les ornements royaux.

LXXI. — [*Comment le palais d'Otton fut pillé. Lothaire revient en France sans avoir rien obtenu.*]

Lothaire, en arrivant, croyait qu'il allait prendre Otton ; et il y eût certainement réussi, sans l'embarras des bagages que l'armée traînait avec elle ; car un jour plus tôt il le prenait ou le tuait. L'ennemi occupe donc le palais ; les tables royales sont renversées,

(c) v. cum principibus *deleta*.
(d) $\overline{XX}$ *cod.*

(1) V. l. 1er, c. 28, note. 3.
(2) M. G. : « ... que l'ennemi manquait tout-à-fait de ressources. »

Palatium igitur ab hostibus occupatur. Regiæ mensæ evertuntur. Ciborum apparatus per calones diripitur. Regia quoque insignia a penetralibus erepta, asportantur. Æream aquilam quæ in vertice palatii a Karolo magno acsi volans fixa erat, in vulturnum converterunt. Nam Germani eam in favonium (*a*) converterant, subtiliter significantes Gallos suo equitatu quandoque posse devinci. Lotharius frustra impetu facto, sine obside vel pace sequestra exercitum reduxit, postea se rediturum confidens.

LXXII.

Otto cui totum calamitatis pondus illatum fuerat, donis multiplicibus multisque favoribus suos sibi assciscebat. Et utpote vincendi cupidus, si quos leserat, revocabat aut reddito quod sustulerat, aut dato quod spoponderat. Pacatis autem omnibus atque sibi revocatis si qui forte (*b*) abscesserant, regnorum principibus in unum collectis, coram sic locutus est :

LXXIII. — Oratio * Ottonis ad * suos.

« Non ab re, viri clari, huc vos convenisse volui.
» Virtus vestra suggessit a vobis consilium expetere, quos
» et ingenium decorat, et animi virtus informat. Nec
» dubitavi me suscepturum a vobis optimi consilii ratio-
» nem, cum ab animo non excesserit, quanto animo,
» quanta virtute in fide hactenus perstitistis. Ante hac, viri
» clarissimi, ingenti virtute pro egregiæ laudis honore
» et gloria sategistis, cum et consilio clari, et bello
» invicti enituistis. Nunc quoque eadem virtute nitendum
» est, ne laudi egregiæ turpis infamia succedat. Enitimini
» ergo pro viribus, et si quid dedecoris contraxistis, a
» tanta claritudine amoveatis. Non vos latet, fugæ igno-
» miniam a Lothario nuper nos pertulisse. Quam non
» solum bello, sed etiam morte repellere, et vestram

* O, ad *abscisa*.

les vivres pillés par les valets de l'arméa, les insignes royaux emportés des appartements, où ils reposaient ; l'aigle d'airain aux ailes déployées, dont Charlemagne avait jadis décoré le fronton du palais, est tourné du côté du sud-est, parce que les Germains l'avaient eux-mêmes dirigé vers l'ouest, pour faire entendre que leur cavalerie pourrait un jour mettre les Gaulois en déroute. Enfin Lothaire ramena son armée de cette campagne infructueuse, sans avoir obtenu ni trêve, ni ôtage, mais se promettant bien de revenir plus tard.

LXXII. — [*Otton travaille à s'attacher les siens.*]

Cependant Otton, sur qui était tombé tout le poids de ce désastre, multipliait les dons et les faveurs, pour s'attacher les siens. Désireux de s'assurer la victoire, s'il en avait blessé quelques-uns, il les ramenait en leur remettant ce dont il les avait dépouillés ou ce qu'il leur avait promis. Quand il eut ainsi calmé tous les ressentiments, et ramené ceux des grands qui avaient pu s'éloigner, il les convoqua tous et leur parla ainsi :

LXXIII. — *Discours qu'il leur adresse.*

« Ce n'est pas sans raison, illustres seigneurs, que je vous ai ici
» réunis. J'ai voulu, inspiré par la considération de votre propre
» mérite, vous demander un conseil, à vous en qui brillent les lu-
» mières autant que le courage. Et je ne doute pas que vous me
» donniez le meilleur, car je n'ai point perdu le souvenir du dévoû-
» ment et de la fidélité avec lesquels vous m'avez constamment
» servi jusqu'à ce jour. Jusqu'ici, en effet, illustres seigneurs, vous
» ne vous êtes pas épargnés pour l'honneur et la gloire, et vous
» vous êtes montrés aussi habiles dans le conseil qu'invincibles
» dans les combats. Aujourd'hui encore, déployez le même cou-
» rage, pour que l'éclat de votre honneur ne soit terni par aucune
» tache, et, s'il a reçu quelque atteinte, pour le venger glorieuse-
» ment. Vous n'ignorez pas que nous avons dû fuir honteusement
» devant Lothaire. Effaçons cet affront, non-seulement par la
» guerre, mais aussi par la mort : votre honneur le demande, les

(*a*) in Gallos *deleta.*
(*b*) f. animo *deleta.*

» claritudinem decet, et tempus exposcit, facultas etiam
» persuadet. Si igitur magis imperare quam servire
» parati estis, dum ætas viget, animusque valet, hoc
» facinus ne parvipendatis. Ingenti virtute efficite ut sitis
» formidini, quibus ignobiles et vulgus fuistis. » Hac
sententia, id fieri omnibus persuasum est.

LXXIV. — Equitatus * in Galliam.

Interea Otto cum triginta milibus (*a*) equitum in Gallias ire parabat. Nec moratus præmissis centurionibus ibat. Galliam Celticam exercitu implevit. Quam partim combussit, partim depopulatus est. Sic etiam versa vice Lotharium adurgens, eo quod militum copiam non haberet, fluvium Sequanam transire compulit, et gemebundum ad ducem ire coegit. Turbati ergo repentino hostium adventu, rex Stampas adiit, dux vero ad colligendum exercitum Parisii resedit. Dum hæc aguntur, Otto cum exercitu properat, fiscumque regium Atiniacum diripit atque comburit; et per fines urbis Remorum transiens, sancto Remigio multum honorem exhibuit. Urbem quoque Suessorum prætergressus, et sanctum Medardum venerans, palatium Compendiense pene diripuit. Nec minus centuriones prævii, eo ignorante, Sanctæ Baltildis monasterium, apud Chelas penitus subruerunt atque combusserunt. Quod non mediocriter dolens, multa in ejus restaurationem delegavit. Tandem ad fluvium Sequanam accessit, ibique exercitus tentoria fixit, Parisium in prospectu habens, totamque pene regionem per triduum depopulatus est.

LXXV.

Ibant ergo equites cum lixis palantibus ad victum deferendum, stadiis 160 circumquaque. Et quia Sequana interfluebat, neuter exercitus ad se accedebat. Dux enim

---

* E *absc.*

(*a*) $\overline{XXX}$.

» circonstances le permettent, et le succès est facile. Si donc vous
» aimez mieux commander que servir, vous qui êtes pleins de vi-
» gueur et de courage, ressentez vivement l'injure de Lothaire, et
» faites si bien que vous deveniez redoutables à ceux qui vous
» ont pris pour des hommes sans cœur. » Ces paroles persuadèrent
l'assemblée.

LXXIV. — *Cavalerie envoyée en Gaule.*

Otton se prépara donc à entrer en Gaule avec trente mille cavaliers, et bientôt se mit en marche, après avoir fait prendre les devants à ses centurions (1). La Gaule Celtique fut inondée de ses soldats, et en partie brûlée, en partie ravagée. Ainsi pressé à son tour, et manquant de troupes, Lothaire dut passer la Seine et aller implorer tristement le secours du duc. Celui-ci ne fut pas moins surpris que le roi de la soudaine irruption des ennemis, et, tandis que Lothaire se rendait à Étampes, Hugues vint à Paris, pour lever une armée. Pendant ce temps-là, Otton presse sa marche et pille, brûle le domaine royal d'Attigny. En traversant le territoire de la ville de Reims, il rendit à saint Remi de grands honneurs; il honora également saint Médard, en passant par Soissons, et il pilla le palais de Compiègne. De leur côté, les centurions de l'avant-garde incendièrent à son insu et ruinèrent de fond en comble le monastère de Sainte-Batilde à Chelles. Otton en fut vivement affligé, et donna de grandes sommes d'argent pour le restaurer. Enfin il arriva sur les bords de la Seine ; son armée y dressa ses tentes, en vue de Paris, et, pendant trois jours, ravagea presque toute la contrée.

LXXV. — [*Le duc rassemble une armée de l'autre côté de la Seine.*]

Les cavaliers se répandaient avec les valets dans les campagnes, jusqu'à cent soixante stades de distance, pour chercher des vivres ; et comme la Seine séparait les deux armées, il n'y avait entre elles

---

(1) V. l. 1ʳ, c. 28, n. 3.

in altera fluvii parte milites colligebat; at hoc triduum non sufficiebat ad colligendorum sufficientiam militum, nec fieri potuit copia unde congrederetur (a).

LXXVI. — Monomachia duorum.

Cum ergo uterque exercitus dubio esset statu, et de victoria altrinsecus tota mente quæreretur, Germanus quidam animo simul et viribus fidens, singularis ad dimicandum cum armis processit, seseque ad pontem ubi portæ erant repagulis et clavis ferreis munitæ, congressurum solum cum solo obtulit. Hostem ut veniret singularis sæpenumero inclamavit. Et cum jam in Gallorum contemptum quædam maledicta effunderet, nec aliquis ei responderet, per custodes duci aliisque principibus qui jam pauci advenerant, relatum est, ad portas pontis hujusmodi esse hominem, qui sese ad dimicandum singulariter solum cum solo proponeret, illumque probris et contumeliis verborum principes lacessire, nec illum inde recessurum esse, nisi aut singulariter congrediatur, aut portis incisis totus exercitus intromittatur. Dux cum principibus hanc contumeliam non ferens, tirones (b) hortatur ut furentem (c) repellant, et a tanta ignominia purgati (d) nominis gloriam sibi affectent. Mox quam plures animo ardentes, ad resistendum sese obtulerunt. Ergo de pluribus unus electus, Ivo (e), congressurus procedit. Premium viri fortis propositum est; et ablatis repagulis, portæ patefactæ sunt. Procedit sibi obviam hostis uterque. Qui objectis clipeis, telisque obnitentes, mente furiata pauca admodum probra sibi objecerunt. Germanus tandem telum jaculatus, Galli clipeum gravi ictu pertundit. Gladioque educto cum urgere instaret, a Gallo mox telo obliquato

---

(a) c. Nec prætermittendus videtur congressus duorum, quorum alter Germanus, alter vero Gallus fuit. Cum uterque *deleta*.

(b) milites *et supra* vel tirones *cod.*

aucune rencontre. Le duc, qui rassemblait des forces de l'autre côté du fleuve, ne pouvait d'ailleurs, en trois jours, en réunir assez pour entrer en lutte.

LXXVI. — *Combat singulier entre un Germain et un Gaulois.*

Or, tandis que les deux armées s'observaient, et que, de part et d'autre, on travaillait à s'assurer la victoire, il arriva qu'un Germain, plein de confiance dans ses forces et dans son courage, s'avança, tout armé, jusqu'à la porte du pont, qui était munie de barres de fer, s'offrit à combattre seul à seul et demanda à grands cris quelqu'un, pour se mesurer avec lui. Comme personne ne lui répondait, et qu'il vomissait déjà contre les Gaulois d'injurieuses imprécations, les gardes firent dire au duc et au petit nombre de princes, qui déjà étaient arrivés au camp, qu'il y avait à la porte du pont un homme qui proposait de combattre seul à seul, se répandant en paroles outrageantes contre les chefs, et jurant de ne pas se retirer qu'il n'eût trouvé un adversaire, ou brisé la porte pour y faire passer toute l'armée. Le duc, sensible à l'outrage, ainsi que les chefs, exhorte les jeunes gens à repousser ce furieux, et à acquérir de la gloire, en vengeant l'honneur du nom Gaulois. Aussitôt il s'en présente une foule, tout bouillants d'ardeur. On choisit dans le nombre Ives, dont une récompense attend la bravoure, et, les traverses enlevées, on ouvre la porte. Les deux champions s'avancent l'un contre l'autre, le bouclier en avant, le trait prêt à frapper (1), la fureur dans le cœur, l'injure à la bouche. Enfin le Germain lance vigoureusement son trait, qui pénètre dans le bouclier du Gaulois; puis, tirant son épée, il presse vivement celui-ci ; mais le Gaulois, de son javelot lancé obliquement, le perce et le

(*c*) ut canem latrantem *corr.* furentem.

(*d*) i. non solum sese, sed et totam gentem suam emundent, ac per infinita tempora *deleta*.

(*e*) *Vox littera majuscula scripta, linea subducta deleri videtur.*

---

(1) M. G. traduit : *s'attaquent de leurs traits.* Comment concilier cette traduction avec ce qui suit : Germanus *tandem* telum jaculatus, etc. Cf. IV, 85 ; là comme ici, *telis obnitentes,* signifie évidemment *en brandissant leurs traits.*

confixus, atque vita (a) privatus est. Gallus victoria potitus, ab hoste rapta arma asportavit, atque duci obtulit. Vir fortis præmium petiit et accepit.

LXXVII. — Ottonis a Gallia * digressio * suorumque * fuga *.

Otto Gallorum exercitum sensim colligi non ignorans, suum etiam tam longo itinere quam hostium incursu posse minui sciens, redire disponit; et datis signis castra amoverunt. Angarias quoque accelerare moliti sunt; amotisque omnibus, ibant non segniter, nec sine metu. Axonæ fluvii vada festinantes alii transmiserant, alii vero ingrediebantur, cum exercitus a rege missus a tergo festinantibus affuit. Qui reperti fuere, mox gladiis hostium fusi sunt, plures quidem, at nullo nomine clari. Otto interea cum exercitu digressus, Belgicam petiit, ibique procinctum solvit; tanto favore et benivolentia apud suos usus, ut sicut imminenti periculo, ita quoque et omnibus capita sese objecturos pollicerentur.

LXXVIII.

Lotharius considerans Ottonem neque dolis falli, neque viribus posse devinci, sepe et multum apud se quærebat, utrum potius foret stare contra hostem an reconciliari hosti. Si staret contra, cogitabat possibile esse, ducem opibus corrumpi, et in amiciciam Ottonis relabi. Si reconciliaretur hosti, id esse accelerandum, ne dux præsentiret, et ne ipse quoque vellet reconciliari. Talibus in dies afficiebatur. Et exinde his duobus ducem suspectum habuit. A consultantibus tandem decretum (b) est, Ottonem in amiciciam regis revocandum, eo quod ipse vir virtutis esset, et per illum non solum dux mansuesci posset, sed et aliarum gentium tiranni subjugari utiliter valerent.

* llia, o, su, ga *abscisa*.
(a) armis *corr.* vita.
(b) deliberatum vel decretum *cod*.

prive de la vie. Ainsi victorieux de son adversaire, il le dépouilla de ses armes et les offrit au duc, qui lui remit la récompense promise à son courage (1).

LXXVII. — *Otton quitte la Gaule ; fuite des siens.*

Otton, qui n'ignorait pas que l'armée Gauloise grossissait insensiblement, tandis que la longueur de la route et les attaques de l'ennemi pouvaient diminuer la sienne, se dispose à retourner dans ses états, et donne le signal du départ. Aussitôt on lève le camp, on presse le transport des bagages, et l'on s'éloigne en toute hâte, poussé par la crainte. Déjà les uns avaient franchi la rivière de l'Aisne et les autres y entraient, quand l'armée du roi tomba sur les derrières de l'ennemi. Tous ceux qu'elle put joindre, et le nombre en fut grand, furent taillés en pièces, mais personne de marque. Otton, cependant, parvint à gagner la Belgique ; là il licencia ses hommes, après les avoir comblés de tant de faveurs, traités avec tant de bienveillance, qu'ils lui promirent d'exposer pour lui leurs jours dans toute occasion périlleuse et contre qui que ce fût.

LXXVIII. — [*Lothaire se décide à faire sa paix avec Otton* (980).]

Lothaire, considérant qu'il n'était pas moins impossible de vaincre Otton que de le surprendre, commença à se demander sérieusement et souvent lequel vaudrait le mieux d'avoir Otton pour ennemi ou pour ami. S'il continuait les hostilités, il était possible que le duc, se laissant gagner par des présents, rentrât en amitié avec Otton ; s'il se réconciliait avec ce prince, il fallait se hâter, de peur que le duc, averti, ne voulût faire de même. Ces pensées, qui le poursuivaient de jour en jour, finirent par lui rendre le duc suspect, et, de l'avis de son conseil, il résolut de se rapprocher d'Otton, d'autant que le roi Germain était homme de courage, et pourrait l'aider, non-seulement à calmer le duc, mais aussi à soumettre utilement les tyrans d'autres provinces. Il envoya donc à

(1) La *Chronique* de Guillaume de Nangis se contente de dire qu'un neveu d'Otton, qui s'était vanté d'enfoncer sa lance dans la porte de Paris, fut tué avec plusieurs autres dans une sortie des assiégés.

Legati igitur a Lothario directi, ab Ottone liberalissime suscepti, de habenda utriusque amicicia duce ignorante elaborant :

LXXIX.— Oratio * Gallorum ad * Ottonem.

« Hactenus, inquiunt, discordiæ, invidiæ, cædis ama-
» tores floruerunt, cum inter nobilissimos reges tantum
» locum habuerunt, quibus pro deliciis erat discordia,
» quia apud reges discordes se multa adquirere posse
» arbitrabantur. Enimvero de communi labe cogitabant,
» ut majoris gloriæ et honoris locum, apud conturbatos
» vindicarent. Sed proderit plurimum rei publicæ, si
» malignitas pravorum jam dudum reprimatur, et virtus
» bonorum luce purius enitescat. Redeat ergo virtus et
» floreat inter gloriosissimos reges, ut et vestra virtute
» tantorum malorum auctores abinde conquiescant, et
» res publica vestra virtute potius gubernetur, quam cupi-
» dorum invidia dilabatur. Securius enim ambo regnabitis,
» cum in amicicia conjuncti duos exercitus pro uno
» habebitis. Quod si ex vobis alter in ultimas suorum
» regnorum gentes ire disposuerit, alterum acsi fratrem,
» fidumque suarum rerum tutorem habebit. Placeat ergo
» serenissimis regibus pax et amicicia, quos conjunxit
» etiam sanguinis affinitas. Vinciantur amicicia, quorum
» dissidentia rei publicæ labem infert, et concordia utili-
» tatem accommodat viresque ministrat.

LXXX: — Responsio ** Ottonis ad Gallos **.

Ad hæc Otto : « Novi, inquit, quantam labem rei
» publicæ discordia sepenumero intulit, cum regnorum
» principes contra se aliquando moliti sunt. Nec illud
» etiam ignoro, quanta salus per amiciciæ virtutem rei
» publicæ comparata sit. Fateor hactenus me plurimum
» coluisse pacem, et concordiam ; invidias atque discor-
» dias malignantium odio semper habuisse. Componantur
» ergo per vos animi dissidentium, nam huic rei vos

Otton des députés qui, reçus avec bienveillance, travaillèrent, à l'insu du duc, à établir entre les deux princes des relations amicales.

LXXIX. — *Discours des Gaulois à Otton.*

« Jusqu'ici, dirent-ils, les fauteurs de discorde, de haine et de
» guerre ont triomphé; ils ont occupé entre deux nobles monarques
» une place trop éminente, ceux qui, pensant gagner beaucoup à
» leur désaccord, faisaient de la discorde leurs plus chères délices.
» Ils travaillaient à la ruine commune, afin d'obtenir, à la faveur
» des troubles, plus de gloire et d'honneurs. Ce serait donc un
» grand bien pour la chose publique, que la malice des méchants
» fût réprimée, que la vertu des bons fût mise dans un plus grand
» jour, et que la concorde refleurît entre deux rois très-glorieux.
» Qu'elle revienne, et que, les auteurs de tant de maux rentrant
» dans le silence, l'Etat soit plutôt gouverné par elle que ruiné par
» l'ambition des envieux. Vous régnerez ainsi plus sûrement,
» votre union vous permettant d'avoir deux armées pour une. Que
» si l'un de vous doit marcher contre les nations voisines des ex-
» trêmes frontières de son royaume, il trouvera dans l'autre
» comme un frère, comme un fidèle gardien de ses états. Accueil-
» lez donc avec plaisir la paix et l'amitié, très-glorieux princes,
» qu'unissent déjà les liens du sang. Qu'ils soient liés par l'amitié
» ceux dont les haines ruinent la chose publique, comme leur
» union la sert et la fortifie. »

LXXX. — *Réponse d'Otton aux Gaulois.*

« Je sais, répondit Otton, combien fatales ont souvent été à la
» chose publique la discorde et les querelles des rois ; je n'ignore
» pas non plus quels avantages elle a recueillis de l'amitié. Pour
» moi, je l'avoue, j'ai toujours aimé la paix et la concorde,
» toujours détesté les haines et les rivalités des méchants. Mettez
» donc fin, vous m'y paraissez tout-à-fait propres, à des différents

---

* o, d *abscisa.*
** nsio, os *absc.*

» video aptissimos, qui ante hac mutua lesione rei publicæ
» plurimum derogavimus. Consilii vestri rationem approbo.
» Dictis tandem facta consentiant. » Legati persuasione
habita redeunt, ambosque reges alterutrius benivolentiam
ad alterutrum referentes, in amicicia componunt. Constituitur tempus colloquendi. Locus utrique commodus deputatur. Et quia circa fluvium Mosam regna amborum conlimitabant, in locum qui Margolius dicitur, eis sibi occurrere placuit.

LXXXI. — Lotharii et * Ottonis regum conciliatio *.

Convenerunt ergo. Datisque dextris, osculum sibi sine aliqua disceptatione benignissime dederunt; amiciciam altrinsecus sacramento stabilierunt. Belgicæ pars quæ in lite fuerat, in jus Ottonis transiit. Otto regni sui pace facta, Italiam petiit, Romamque devenit, suos revisurus atque de regni statu quæsiturus; compressurus etiam si qui forte essent tumultus, et tumultuantes in pacem revocaturus si qui principum forte dissiderent. Lotharius vero Laudunum veniens, apud suos quæque congrua sibi pertractabat. Nec jam quicquam spei ex duce habebat, cum propter pacem dolo quæsitam, non mediocriter eum suspectum haberet. Cum jam hæc omnia vulgo prædicarentur, nonnulli quoque inde indignati pro duce fremerent, dux constanti animo tristitiam dissimulans omnia ferebat; et sicut moris ei erat consulto omnia deliberare, primatibus advocatis declamaturus resedit.

* et, ia *absc.*

---

(1) Entre la Meuse et le Chier sans aucun doute, si ce n'est sur le Chier même; mais à quel nom moderne répond celui de *Margolius*, c'est ce que je ne saurais dire exactement.

» qui n'ont que trop compromis, jusqu'à ce jour, la sûreté de nos
» états. J'approuve votre sagesse ; et que l'effet réponde bientôt aux
» paroles. » Les députés se retirent satisfaits, et en assurant chacun des deux princes de la bienveillance de l'autre, ils parviennent à les rapprocher. On prend jour pour une entrevue ; l'on choisit un lieu à une distance convenable, et comme les deux royaumes confinaient vers la Meuse, on convient que les parties se réuniront dans l'endroit appelé *Margolius* (1).

LXXXI. — *Réconciliation des rois Lothaire et Otton.*

Otton et Lothaire se réunirent donc ; ils se donnèrent la main, s'embrassèrent affectueusement, et, sans la moindre discussion, cimentèrent leur amitié par des serments. La partie de la Belgique en litige fut assurée à Otton (2). Celui-ci, après avoir mis l'ordre dans son royaume, partit pour l'Italie et vint à Rome, pour revoir ses sujets, s'enquérir de l'état du pays, et, s'il y avait lieu, réprimer toute agitation, réconcilier les grands mal unis. Pour Lothaire, étant venu à Laon, il s'occupa de régler avec les siens tous ses intérêts, n'osant plus compter sur le duc, que lui rendait plus que jamais suspect l'adresse qu'il avait mise à conclure la paix. Car déjà il n'était question que de cet évènement, et quelques-uns des amis du duc en frémissaient d'indignation. [984] Pour le duc lui-même, dissimulant son chagrin, il se montrait fort résigné ; mais, suivant son usage de prendre conseil sur toute chose, il assembla les grands, pour leur exposer ses griefs.

(2) S'il faut prendre à la lettre l'expression de Richer, *la partie de la Belgique en litige* serait la Haute-Lorraine qu'administrait toujours Frédéric. Quant au traité conclu, consacra-t-il un abandon absolu de la Lorraine, comme le dit Sigebert : *Lotharius Lotharingiam abjurat*, ou une concession de ce duché, à titre de fief de la couronne de France, comme on le voit dans la *Chronique* de Nangis : *dedit Otoni in beneficium Lotharingiæ ducatum ?* C'est ce qu'il serait difficile de décider. Tout ce qui est certain, c'est que Lothaire se repentit de l'accommodement qu'il fit, et profita des troubles de la minorité d'Otton III pour tenter la conquête de la Lorraine. Mais la ville de Verdun, dont il s'empara, fut rendue par son fils à l'Empire (986), et à partir de ce moment les empereurs d'Allemagne demeurèrent paisibles possesseurs de ce duché.

LXXXII. — Oratio * ducis * apud suos.

Quibus coram sic orsus cepit : « Non præter fructum
» utilis et honesti consilium a doctis expetitur. Quibus
» solis et decenter acceditur, et ab eis fluctuanti rei
» consilii ratio aperitur. Vos in consulendo arbitror
» idoneos (a), cum ab animo non discedat, quanta
» virtute et ingenio vestri, sæpenumero adversariis præ-
» nituerim. Cumque vos mihi manibus et sacramento
» addictos, fidem quoque inviolabilem servaturos non
» dubitem, indubitanter a fidelibus consilium peto. Quod
» si mihi conceditur, vos etiam participabitis. Si non
» suggeritur, forte non aberit dispendium cui indecores
» succumbatis. Ergo quia pro vita agitur, consilium utile
» liberaliter expromite. Non enim vos latet quanta subti-
» litate doli, Lotharius rex incautum me fefellerit, cum
» absque me Ottoni reconciliari voluerit feceritque. Cui a
» mente penitus excessit, quam liberali animo quantum
» periculum aggressus sim, cum per me hostem nuper
» fugaverit, Belgicam quoque insignibus sublatis hostilibus
» subarraverit. Quid ergo spei ulterius expectem, cum
» dolo fidem abruperit? »

LXXXIII. — Declamatio ** qua ** usi sunt apud ducem ** sui.

Ad hæc primates : « Non solum novimus, inquiunt,
» quantis periculis nobiscum pro Lothario rege caput
» objeceris, verum quoque quanto discrimine claritudo
» tua adhuc patens sit, si, ut fama est, duo reges contra
» te conspiraverint. Nam si contra alterum exercitum pro
» defensione moliaris, ambos contra te mox stare invenies.
» Si contra ambos nisus fueris, plurima incommoda
» incurrere necesse est, equitatum intolerabilem, insidias
» multiplices, incendia, atque rapinas, et quod pessimum
» est nefarios infidi vulgi rumores, qui non contra

* O, d *absc.*
** De, qu, d *absc.*

LXXXII — *Discours du duc aux siens* (981).

« Ce n'est pas sans fruit, leur dit-il, qu'on demande aux sages
» un conseil utile et honnête. Eux seuls, dans une circonstance dif-
» ficile, savent ouvrir un avis salutaire. Je vous crois d'autant plus
» propres à conseiller, que je n'ai point oublié combien votre
» valeur et vos lumières m'ont souvent aidé à triompher de mes
» adversaires; et comme je ne doute pas qu'unis à moi par les
» mains et par le serment, vous ne me gardiez une inviolable
» fidélité, je viens avec confiance demander à votre loyauté un
» conseil. Si vous me l'accordez, vous en recueillerez avec moi les
» avantages; sinon, peut-être ne tarderez-vous pas à succomber
» honteusement. Puis donc qu'il y va de la vie, donnez-moi
» loyalement un conseil utile. Vous n'ignorez pas avec quelle
» adresse, trompant ma confiance, le roi Lothaire est parvenu à
» se réconcilier sans moi avec Otton. Il a complètement perdu le
» souvenir de l'ardeur généreuse avec laquelle j'affrontai les plus
» grands périls, quand dernièrement, grâce à moi, il mit son en-
» nemi en fuite, et, après lui avoir enlevé les insignes de sa puis-
» sance, bouleversa la Belgique. Que puis-je donc encore espérer
» d'un prince qui a si indignement violé sa foi? »

LXXXIII — *Réponse de ceux-ci au duc*.

Les grands répondirent : « Non-seulement nous savons quels
» périls vous avez courus avec nous pour le roi Lothaire, mais aussi
» à quel danger votre grandeur est encore exposée, si, comme on
» le dit, les deux rois ont conspiré contre vous. Car, si pour votre
» défense vous armez contre l'un d'entre eux, vous les verrez bientôt
» tous deux se lever contre vous ; et si vous les combattez tous les
» deux, vous serez certainement en butte à bien des maux, aux atta-
» ques d'une cavalerie indomptable, à des embûches multipliées,
» aux incendies, aux rapines, et, ce qui est pis encore, aux perfides
» clameurs d'un peuple infidèle, qui ne dira pas que nous nous

---

(a) 1. quos et ingenium cogitandi et ratio dicendi reddidit clariores.
Quos non dubito de pernitie bonorum dolere, quibus ingenti virtute
propositum sit improbis displicere. Et *delcta*.

» adversarios nos exercere defensionem loquetur, at in
» rebellione contra regem temerarios atque perjuros stare
» calumniabitur. Sic etiam ad quoscumque accedere posse
» mencietur, ut sine delicto, sine perjurii sacrilegio a
» dominis recedant, et contra illos arroganter cervices
» attollant. Hujus periculi extremum et utile consilium
» nobis videtur, ut cum duo contra nos conjuncti sint,
» alteri alterum subtrahamus. Quod si alteri alter
» subtrahi nequit, saltem in amiciciam nobis eorum
» alterum devinciamus, ut alter nobis addictus,
» alteri vires non præbeat animumque ministret. Hoc
» quoque fieri possibile est, si Romæ nunc positum
» Ottonem legatis præmissis cautus et circumspectus
» adieris. Non enim sic parvi est ingenii Otto, ut te
» potiorem Lothario armis et opibus ignoret, cum sepe
» et id audierit et per sese expertus sit. Unde et facilius
» ejus amiciciam adipisceris ; proderit etiam sanguinis
» vestri propinquitas, cum æque ut Lotharius ei in hoc
« conjungaris. »

LXXXIV.

Quæ sententia prolata favoraliter (*a*) duci habita est. Legatis igitur directis dux animum hujusmodi Ottoni Rome indicavit. Otto mira benivolentia legatos excepit; de amicicia quoque inter illos habenda, se paratissimum non negavit. Quod si ipse dux ad se veniret, ut amplius uterque amiciciæ vim experiretur, eum cum suis se decenter et cum honore excepturum. Legati reversi, duci mandata retulerunt. Dux igitur quosdam magnæ prudentiæ et astutiæ assumens, Arnulfum videlicet Aurelianensium episcopum, atque Burchardum necnon (*b*)...... reliquos quoque admodum necessarios viros, Romam progreditur. Sanctos apostolos honorat, atque sic regem petit.

(*a*) *ita c.*
(*b*) *locus vacat in c.*

» défendons contre des ennemis, mais qui nous accusera fausse-
» ment de secouer en sujets félons et parjures le joug de l'auto-
» rité royale ; on s'appuiera même de notre exemple pour pré-
» tendre que chacun peut, sans crime, sans parjure, abandonner
» son seigneur et lever contre lui un front arrogant. Dans ce pé-
» ril, le parti le plus sage est de tâcher de rompre l'alliance qui
» s'est formée contre nous, et, si cela ne se peut, de nous attacher
» du moins l'un des deux rois par les liens de l'amitié, pour l'em-
» pêcher de prêter à l'autre l'appui de ses forces. Vous pourrez y
» parvenir, si, pendant qu'Otton est à Rome, et après lui avoir
» envoyé des députés, vous allez vous-même le trouver avec toutes
» les précautions que commande la prudence. Car Otton n'est pas
» un esprit borné ; il sait bien que vos armes et vos ressources sont
» supérieures à celles de Lothaire; ne l'a-t-il pas souvent ouï
» dire et éprouvé par lui-même ? Vous obtiendrez ainsi facilement
» son amitié, d'autant plus que vous lui êtes uni par les liens
» du sang, tout aussi bien que Lothaire (1). »

LXXXIV. — [*Le duc va trouver Otton en Italie.*]

Le duc goûta cet avis, et fit partir pour Rome des députés chargés d'instruire Otton de ses dispositions. Otton accueillit les envoyés avec une merveilleuse bonté, et ne dissimula pas qu'il était très-sensible à leur proposition d'alliance. Le duc n'avait qu'à venir le trouver lui-même, pour qu'ils jugeassent mieux l'un et l'autre de leurs sentiments : il le recevrait honorablement lui et les siens (2). Les envoyés, de retour, rapportèrent au duc les paroles d'Otton. Le duc prenant donc avec lui quelques seigneurs recommandables par leur prudence et leur habileté, savoir Arnoulf, évêque d'Orléans, et Burchard avec..., et ceux dont le service lui était indispensable, se rendit à Rome. Il y honora les saints Apôtres et alla trouver le roi.

(1) *Æque* pourrait également signifier *au même degré.* Car Hugues et Lothaire étaient tous deux cousins-germains d'Otton II (V. II, 19, *n.* 2). Lothaire avait d'ailleurs, on le sait, épousé la belle-fille d'Otton Ier, Emma, fille d'Adélaïde et de Lothaire, roi d'Italie, tandis que Hugues-Capet avait pris pour femme Adélaïde de Poitiers. M.G. est donc dans l'erreur, quand il prétend que ces princes avaient épousé les deux sœurs. Cela ne peut se dire que de Louis-d'Outre-Mer et de Hugues-le-Grand, leurs pères.

(2) M.G. : « Que si le duc lui-même se rendait près de lui, il le recevrait
» honorablement, lui et les siens, *afin de resserrer plus encore les liens de*
» *cette amitié.* »

LXXXV. — Ottonis cum * Hugone sessio *.

Otto gloriam sibi parare cupiens, ex industria egit, ut omnibus a cubiculo regio emissis, ejus gladius super sellam plectilem deponeretur, dux etiam solus cum solo episcopo introduceretur, ut rege latiariter loquente, episcopus latinitatis interpres, duci quicquid diceretur indicaret. Introgressi igitur, a rege ingenti favore excepti sunt. Rex injuriam querelam deponit; et osculum dans, gratiam sui favoraliter amico impertit. Post multa colloquia de amicicia habenda, cum rex exiret, gladiumque respiciens peteret, dux paululum a se discedens se inclinavit ut gladium tolleret, ac post regem ferret ; hac enim causa super sellam relictus fuit, ut dum dux cunctis (*a*) videntibus (*a*) gladium (*a*) ferret, in posterum (*a*) etiam se portaturum (*a*) indicaret (*a*). Episcopus vero duci consulens, gladium ab ejus manu rapuit, et ipse deferens post regem incessit. Cujus prudentiam simul et astutiam rex admiratus, apud suos postea non sine laude sepius frequentavit. Ducem quoque in plurima amicicia susceptum, cum honore et pace pene usque ad Alpes deduci fecit.

LXXXVI. — Epistola Lotharii ad Chonradum.

Lotharius rex, necnon et Emma regina insidias ubique parabant ; et ut in itinere redeuntem caperent, dolos prætendebant. Igitur Conrado, Alemannorum regi, epistolam legavit hunc modum habentem : « Lotharius, Francorum
» gratia Dei rex, Conrado (*b*), Alemannorum regi, quicquid
» sibi. Amiciciam inter nos a multo tempore constitu-

* is cum, essio *absc.*
(*a*) cunc, bus, gla, in post, e por, icaret *ex conject.*
(*b*) Conrado *codex.*

(1) Porter l'épée de quelqu'un, c'était en effet une manière de lui rendre hommage et de se reconnaitre son inférieur.

LXXXV. — *Entrevue d'Otton et de Hugues.*

Otton, jaloux de s'assurer un hommage, fit sortir tout le monde de sa chambre, placer son épée sur un pliant, et donna l'ordre de ne laisser entrer que le duc avec l'évêque qui lui servait d'interprète; car le roi parlant latin, il était nécessaire de traduire à Hugues ce qu'il dirait. Hugues et l'évêque furent donc introduits, et reçus avec une grande bonté par le roi, qui, épargnant au duc les récriminations, l'embrassa et le traita en ami. Après un long entretien sur la question d'alliance, le roi sortait, quand, se retournant, il demanda son épée; le duc alors s'éloigna un peu, se baissa pour la prendre, et il se disposait à la porter derrière le roi; c'était pour cela qu'Otton l'avait laissée sur le siége; il voulait qu'en la portant aux yeux de tous, le duc laissât croire qu'il la porterait désormais ainsi. Mais l'évêque, dans l'intérêt du duc, la lui prit des mains et la porta lui-même derrière le roi (1). Celui-ci ne vit pas, sans admiration, la prudence et l'habileté du prélat, et plus d'une fois, dans la suite, il lui arriva de faire devant les siens l'éloge de sa conduite. Il témoigna également au duc une grande amitié, et le fit reconduire avec honneur jusqu'au pied des Alpes.

LXXXVI. — *Lettre de Lothaire à Conrad.*

Cependant le roi Lothaire, avec la reine Emma, dressait de tous côtés des embûches pour s'emparer du duc à son retour. Il envoya donc à Conrad, roi des Allemands, une lettre ainsi conçue : « Lo» thaire, par la grâce de Dieu, roi des Français, à Conrad, roi » des Allemands, toute sorte de prospérités (2). Il m'a toujours » été doux de garder inviolablement l'amitié qui nous lie depuis

---

(2) C'est à peu près le sens de la formule *quidquid sibi*, avec laquelle on sous-entend *optat*, comme on fait *dicit* avec *salutem* : Lothaire ... à Conrad souhaite tout ce qu'il se souhaite à lui-même [c'est-à-dire toute sorte de prospérités]. Comment M. G. a-t-il pu la traduire par ces mots : *son plus cher appui* ? On trouve, au reste, dans un manuscrit de la *Chronique* de Flodoard une lettre où se voit développée une formule de ce genre : Duci Aquitanorum G. Raynaldus, comes Portinencis, *quidquid quilibet bonus æstimat primum.*

» tam, inviolabiliter conservare semper mihi gratum fuit.
» Cujus fructus cum a me multiplex exire valeat, utile
» duxi quiddam vobis indicare, et ad votum mihi fieri id
» petere. Hugonem ducem sciatis me hactenus pro amico
» habuisse. Comperto vero quod latenter hostis mihi
» esset, ab ejus familiaritate me remotiorem feci. Unde
» nunc Romam iens, Ottonem adiit, in mei contumeliam,
» regnique labem ei plurimum persuasurus. Quapropter
» summa ope, summo ingenio nitimini ne evadat,
» Vale (a). » Exploratores itaque circumquaque dispositi,
per prærupta montium et scopulorum, per viarum exitus,
ejus adventum opperiebantur.

LXXXVII. — Item Epistola Emmæ * reginæ ad matrem *.

Nec minus Emma regina, matri suæ in hunc modum
epistolam direxit : « Adelaidi matri, imperatrici semper
» augustæ, Emma, Francorum regina, salutem. Licet multo
» terrarum interstitio semota, tamen a matre auxilii
» rationem filia peto. Hugo dux insidiis non solum regni
» nostri principes a nostra fidelitate amovit, sed et fratrem
» meum Ottonem a nobis conatur avertere ; unde et Romam
» illum adiit. Ne ergo penitus sui voti compos glorietur,
» peto supplex filia matrem, ut in revertendo tantus hostis
» impediatur. Et si fieri potest, aut captus teneatur, aut
» impunis non redeat. Sed ne vos suis dolis tergiversator
» evadat, totius formæ illius inseparabilia accidentia vobis
» indicari curavi. » Tunc prosecuta oculorum, aurium,
labiorum, dentium quoque et nasi, necnon et reliquarum
corporis partium accidentia, verborum quoque tenorem,
sic ignotum declaravit, ut his signis detegeret atque ignorantibus indicaret.

* mmæ, trem *abscisa*.
(a) VAL.

» longtemps ; à ce titre, et pouvant d'ailleurs, au besoin, vous
» payer amplement de retour, j'ai cru bon de vous transmettre
» certains renseignements, en vous priant de les mettre à profit
» pour moi. Sachez donc que j'avais traité, jusqu'à présent, le
» duc Hugues comme un ami ; mais ayant découvert qu'il m'était
» secrètement hostile, je m'en suis éloigné ; et lui, partant alors
» pour Rome, est allé trouver Otton, afin de me noircir à ses
» yeux et de l'engager à ruiner mon royaume. Employez donc tout
» votre pouvoir, mettez en œuvre toute votre habileté, pour l'em-
» pêcher de s'échapper. Adieu. » En conséquence, on plaça de tous
côtés des éclaireurs, dans les anfractuosités des montagnes, à
l'issue des chemins ; et on les chargea d'épier l'arrivée du
duc.

LXXXVII. — *Autre lettre de la reine Emma à sa mère.*

De son côté, la reine Emma écrivit à sa mère en ces termes :
« A sa mère Adélaïde, impératrice toujours auguste, Emma, reine
» des Français, salut. Bien qu'éloignée de sa mère par une vaste
» étendue de terres, une fille infortunée vient lui demander du
» secours. Non seulement le duc Hugues a détaché les grands de
» notre royaume de la fidélité qu'ils nous doivent, mais, s'efforçant
» encore de nous aliéner mon frère Otton, il est allé, dans ce
» but, le trouver à Rome. Afin donc qu'il n'ait point la satis-
» faction de voir l'entier accomplissement de ses vœux, votre fille
» vous supplie de faire arrêter, à son retour, un si redoutable
» ennemi, et, s'il se peut, de le retenir captif ou de ne le point
» renvoyer impuni. Pour que le perfide ne puisse vous échapper
» par la ruse, j'ai pris soin de vous faire connaître le signalement
» de toute sa personne. » Et elle donnait de ses yeux, de ses
oreilles, de ses lèvres, de ses dents, de son nez et de toutes les
parties de son corps une description si détaillée, n'omettant pas
même le son de sa voix, que ceux qui ne l'avaient jamais vu devaient ainsi le reconnaître.

LXXXVIII. — Hugo inmutato * habitu * insidias evadit.

Dux horum non nescius, reditum accelerat. Dolisque præmetuens, vestem mutat, seseque unum de clientibus simulat. Equos onera ferentes, ipse regit atque exagitat. Onera imponit et deponit, omnibus se serviturum accommodat. Tantaque industria in abjecta veste et inculto habitu se ducem dissimulavit, ut et per insidiarum loca transiret quæ nec vitare poterat, et insidiantes efficaciter falleret. Uno tantum (a) hospitio pene deprehensus fuit. Nam dum eundum esset cubitum, ei lectus cum diligenti apparatu compositus est; eique circumfusi se omnes ad serviendum obtulerunt. Alii enim genu flexo (b) caligas extrahebant, extractasque alii excipiebant; alii vero nudatos pedes sedentis, subsidendo confricabant, et giris vestium emundabant. Hæc hospes per ostii rimas contemplatus est. Deprehensusque explorasse, mox ne rem detegeret vocatus est et intromissus. Strictisque mucronibus postquam ei necem minati sunt si vocem emitteret, comprehensum ligatis manibus et pedibus in ergastulum detruserunt. Qui voce suppressa, ibi usque crepusculum convexus (c) jacuit. Post nocte abscendente, in ipso crepusculo surrexerunt. Hospitem assumptum et equo invectum, tandiu asportaverunt, donec loca suspecta transmitterent. Quibus transmissis, depositum dimiserunt, reliquumque itineris celeres confecerunt. Nec minus Conradi regis dolos sepe simulando et dissimulando evasit, cum in dolis componendis insidiatores studio et hic niterentur. Tandem tantorum malorum securus, Gallia receptus est.

LXXXIX.

Cognitis autem utrorumque dolis ab utroque, tanta crudelitate in se non armis sed insidiis latentibus debacchati sunt, ut aliquot annis res publica principibus

* mu, u *absc.*
(a) *sic. c*

LXXXVIII. — *Hugues, à la faveur d'un déguisement, évite les pièges qui lui sont tendus.*

Le duc, qui n'ignorait pas tout cela, presse son retour, et, pour échapper aux piéges qui lui sont tendus, change de vêtement et se fait passer pour une des personnes de sa suite. C'est lui qui conduit les chevaux chargés des bagages ; il les charge et les décharge, se fait le serviteur de tous, et dissimule si bien son rang sous ce vêtement et cet extérieur grossiers, qu'en franchissant les embuscades qu'il ne pouvait éviter, il met en défaut la sagacité de ceux qui l'épient. Une fois seulement, dans une hôtellerie, il faillit être pris. Il allait se coucher, on lui préparait un lit avec le plus grand soin, et tous ses gens s'empressaient autour de lui pour le servir. Ceux-ci, le genou en terre, lui ôtaient ses bottines et les passaient à d'autres ; ceux-là, assis au-dessous de lui, frictionnaient ses pieds nus et les essuyaient avec le bord de leurs vêtements (1). Les fentes de la porte permirent à l'hôte de voir ce spectacle ; mais on le surprit à guetter, et, pour qu'il n'allât rien divulguer, on l'appela. Il entre ; aussitôt les épées brillent, on le menace de mort, s'il pousse un cri ; on lui garrotte les pieds et les mains, et on le jette dans un étroit réduit, où, sans ouvrir la bouche, il reste jusqu'au matin, courbé sur lui-même. Au point du jour, tout le monde se lève ; on place l'hôte sur un cheval et on l'emmène jusqu'à ce qu'on ait franchi les lieux suspects. Alors on le met à terre, on le renvoie et on achève la route en toute hâte. Hugues, à force de feinte et de déguisement, échappa également aux piéges du roi Conrad, malgré le zèle et l'habileté de ses espions, et finit par arriver en Gaule sain et sauf.

LXXXIX. — [*Les divisions du roi et du duc jettent le désordre dans le pays.*]

Avertis de leurs dispositions réciproques, Lothaire et le duc mirent un acharnement si cruel à se poursuivre, non les armes à la main, mais par toutes sortes de machinations, que, pendant

(b) flexu *corr.* flexo.
(c) conquexus *c.*

(1) M. G. : « *Et nettoyaient la bordure de ses habits.* »

dissidentibus multum lederetur. Tunc etiam multarum rerum usurpationes, miserorum quoque oppressiones, et circa minus potentes, calamitates nefariæ a quibusdam pravis exercitæ sunt. Cum utriusque sapientiores in unum consulturi convenientes, principes dissidere plurima commiseratione conquesti sunt.

XC. — Lotharii et Hugonis reconciliatio.

Statueruntque ut alterius fautores, ad alterum suasuri de reconciliatione transirent, ut alteruter benivolentia alterutrius captus, facilius sibi condescenderet, eumque pro lesa amicicia utilius peniteret. Quod (*a*) consultum, non multo post effectum habuit. Nam et eis efficacissime persuasum est, ac plurima dilectione sibi annexi sunt. Sic etiam in utrisque vis amiciciæ firmata visa est.

XCI. — Promotio Ludovici in regnum Francorum.

Etenim cum rex filium suum Ludovicum in regno sibi succedere vellet, ipsum quoque a duce ordinandum quæreret, dux hanc ordinationem mox liberali animo se administraturum respondit. Et legatis directis, regnorum principes Compendii collegit; ibique a duce reliquisque principibus Ludovicus rex adclamatus per metropolitanum episcopum Remorum, dignæ videlicet memoriæ Adalberonem, sancta die Pentecostes in regnum Francorum promotus est. Duobus ergo regnantibus dux multa affabilitate ac famulatu multiplici, per dies plures sese commendabat; adeo regiam dignitatem per omnia extollens, et sese (*b*) eis supplicem (*c*) monstrans, se etiam facturum pollicens, ut ambo gentibus jam domitis potenter imperarent, indomitas quoque efficaciter (*d*) mansuescerent. Id etiam meditabatur, ut in diversis regnis

---

(*a*) Q. senatus *delet*.
(*b*) s. per omnia *deleta*.

quelques années, l'Etat souffrit grandement des dissentions des princes. Les propriétés étaient usurpées, les malheureux et les faibles persécutés par les méchants. Les plus sages des deux partis s'étant réunis pour délibérer en commun, déplorèrent amèrement la dissidence des princes.

XC. — *Réconciliation de Lothaire et de Hugues.*

Ils arrêtèrent que les amis de l'un iraient porter à l'autre des paroles de paix, afin que chacun d'eux, charmé de la bienveillance de l'autre, accueillît celle-ci plus aisément, et conçût un plus salutaire regret d'avoir brisé les liens de l'amitié. Ce plan ne tarda pas à recevoir son effet. Hugues et Lothaire se laissèrent persuader, et s'unirent d'une vive affection, dont on vit bien en eux toute la sincérité.

XCI. — *Louis est proclamé roi des Francs* (8 Juin 979).

Car Lothaire, désireux d'assurer la couronne à son fils Louis, ayant prié le duc de le reconnaître roi, celui-ci répondit qu'il le ferait de grand cœur. On envoya donc inviter les seigneurs du royaume à se rendre à Compiègne, et là, Louis, proclamé roi par le duc et les autres grands, fut couronné le saint jour de la Pentecôte, par l'évêque métropolitain de Reims, Adalbéron, de digne mémoire (1). Pendant plusieurs jours, les deux rois n'eurent qu'à se féliciter de l'extrême affabilité du duc et de son dévouement empressé ; il ne négligeait rien de ce qui pouvait relever la dignité royale, se montrait plein de respect pour les princes, et promettait de contribuer à affermir leur domination sur les nations déjà soumises, à l'étendre sur celles qui étaient encore libres. Il aurait voulu qu'ils eussent chacun leurs états sé-

(c) suppliciem *cod.*
(d) efficatiter *cod.*

(1) Richer semble avoir interverti l'ordre des événements, à moins qu'on ne veuille dire qu'après avoir été créé roi en 979, Louis fut confirmé dans ce titre en 981. Ce qui est certain, c'est qu'il existe deux chartes de Lothaire datées du 9 Juillet 981, qui portent la formule : *Datum..., filio vero ejus domino Ludovico adolescente egregio regnante anno tercio* (P.).

positi, regiam dominationem exercerent, ne unius regni angustia, duorum regum majestati nimium derogaret.

XCII. — Item promotio Ludovici in regnum Aquitaniæ, ejusque uxoratio.

Dum hæc multo conatu disponeret, alii quidam nimis callidi hoc comperto, cum hujusmodi gloriam in sese transfundere vellent, Emmam reginam adeuntes super maxima re se consulturos dixerunt. Qui suscepti a regina, id sibi videri optimum dixerunt, Ludovico regi assciscendam conjugem Adelaidem, Ragemundi nuper defuncti ducis Gothorum olim uxorem. Et non magis potentiam regnandi ex hoc posse augeri, quam sibi nonnulla commoda adquiri. Enimvero possibile fieri, totam Aquitaniam simulque et Gothiam suo imperio asstringi posse, postquam ex jure ductæ uxoris oppida munitissima ad suum jus retorqueret. Magnum etiam quiddam in hac re, et utile comparari, si patre hinc posito, et illinc filio, dux ceterique hostes in medio conclusi, perpetuo urgeantur.

XCIII.

Hujus rationis consilium postquam regi suggestum est, apud Gozfredum comitem qui aderat ordinatum valuit. Hæc duce ignorante parabantur. Quæ cum post animadvertisset, ne regibus fieri videretur injurius, contumeliam dissimulans, nihil penitus refragratus est. Interea collectis regni principibus, equitatus regius disponitur, insignia regia invehuntur; cibi multiplices apparati, vehiculis imponuntur. Quibus actis, reges utrique cum multo equitatu in Aquitaniam profecti sunt, castrumque Briddam quod vetus dicitur, devenerunt.

---

(1) Richer se montre ici bien innocent.

(2) Tous les historiens appellent *Blanche* la femme de Louis V, et aucun d'eux ne nomme son premier mari. Mais, relativement au premier

parés, pour que la majesté des deux rois n'eût pas trop à souffrir des étroites limites d'un seul royaume (1).

XCII. — *Il est nommé roi d'Aquitaine et se marie.*

Il travaillait avec ardeur à réaliser ce plan, quand de trop habiles courtisans, instruits de sa pensée, et jaloux de s'en attribuer le mérite, vinrent trouver la reine Emma, en lui faisant annoncer qu'ils désiraient l'entretenir d'une affaire importante. Reçus par la princesse, ils lui disent qu'il leur semblait utile d'unir le roi Louis à Adélaïde, veuve de Raymond, duc des Goths (2). Le pouvoir royal ne pouvait que gagner à cette alliance, et Louis, en particulier, devait en retirer quelques avantages (3). Car, d'une part, il était possible que toute l'Aquitaine et la Gothie se soumissent à l'autorité d'un prince qui, du chef de sa femme, en tiendrait les places fortes; de l'autre, on arriverait, au grand profit de l'Etat, à enfermer entre le père et le fils, et à tenir continuellement en échec le duc et les autres ennemis de la royauté.

XCIII. — [*Il part pour l'Aquitaine.*]

Le roi goûta le projet, et l'affaire fut arrêtée avec le comte Godefroi, qui était présent. Le duc, à l'insu duquel cet arrangement s'était fait, ne tarda pas à le connaître; mais, pour ne point paraître hostile aux rois, il se garda bien de manifester la moindre opposition, et dévora tranquillement l'affront qu'on lui faisait. Cependant les grands du royaume étaient réunis, et la cavalerie du roi prête; on prend les insignes royaux, et l'on charge sur les chars de nombreuses provisions de vivres. Cela fait, les deux rois, à la tête d'une imposante cavalerie, partent pour l'Aquitaine, et arrivent au château de Vieille-Brioude.

point, rien n'empêche de supposer qu'Adélaïde fut surnommée Blanche comme la mère de la reine Constance (V. *Dom Bouq.*, t. x); et sur le second, il faut bien admettre le témoignage unique de Richer. On est moins assuré de la maison dont était sortie Blanche ou Adélaïde. Car, si une *Chronique Angevine* (*Dom Bouq.*, p. 271) donne pour père à cette princesse Foulques-le-Bon, comte d'Anjou, la même chronique fait naître d'elle Constance, et nous représente la fille de Louis V *apportant le royaume en dot au roi Robert...*: « Fuit data cum regno Rotberto regi. » Quelle confiance peut-on dès-lors accorder à un pareil document!

(3) M. G.: « *Et en même temps elle-même y trouverait de grands* » *avantages.* »

XCIV. — Adelaidis * a Ludovico * reginœ in * Aquitania promotio *, corumque divortium *.

Quo a præfata Adelaide multo apparatu excepti sunt. Et die constituta rationibus decentissime habitis, et ex jure datis dotalibus, Ludovicus rex eam sibi uxorem copulavit, atque secum coronatam per episcopos in regnum promovit. Non tamen regium nomen sic in eis valuit, ut ullatenus regnandi dominationem in principibus exercere valerent. Amor quoque conjugalis, eis pene nullus fuit. Nam cum ille adhuc pubesceret, illa vero anus foret, contrariis moribus dissentiebant. Cubiculum commune sibi non patiebantur. Requieturi quoque diversis hospitiis potiebantur. Si quando colloquendum erat, locum sub divo habebant. Pro sermonibus producendis, paucissima dicere sat erat. Et hoc apud eos fere erat per biennium. Quorum mores usque adeo discordes fuere, ut non multo post sequeretur et divortium.

XCV.

Ludovicus vero, quia morum informatorem non habebat, utpote adolescens levium rerum vanitatibus insistebat. Habitum (a) patriæ gentis, pro peregrinis penitus deposuerat. Itaque in miserandam fortunam, res penitus dilapsa est, ut et moribus degener, et regnandi impotentia inglorius esset; et qui paulo ante rex genere, fama, atque copiis potens, nunc erumnosus et inops, rei familiaris simul et militaris calamitate squaleret. His Lotharius rex per multos cognitis, filium inde revocare cogitabat; non ignorans in pejus eum lapsurum, cum illic nullum dignitatis regiæ haberet honorem. Equitatum itaque parat filium repetiturus. Aquitaniam ingressus Briddam petiit. Filium repetit et reducit. Regina sese viduatam dolens, et verita majoris incommodi injuriam, Wilelmum Arelatensem adiit, eique nupsit. Et sic ex divortio, adulterium publicum operatum est.

XCIV. — *Louis fait reconnaître Adélaïde pour reine d'Aquitaine. Leur divorce.*

Là, Adélaïde les reçut avec une grande pompe. Au jour fixé, on dressa régulièrement le contrat ; le douaire fut assuré selon la loi, et Louis, épousant Adélaïde, la fit couronner par les évêques et la plaça avec lui sur le trône. Mais leur autorité n'alla point jusqu'à s'imposer aux grands. Ils ne connurent presque pas non plus l'amour conjugal ; car, Louis entrant à peine dans la puberté, tandis qu'Adélaïde était déjà vieille, il y avait entre eux incompatibilité d'humeur et désaccord. Point de chambre commune, ils n'en pouvaient souffrir ; s'arrêtaient-ils quelque part, ils prenaient chacun une hôtellerie séparée ; devaient-ils avoir un entretien, c'était en plein air ; pas de longues conversations d'ailleurs, quelques mots leur suffisaient. Ils vécurent ainsi pendant deux ans, tellement opposés de caractère, qu'il s'ensuivit un divorce.

XCV. — [*La conduite et l'abandon de Louis obligent son père à l'aller chercher.*]

Louis, qui n'avait point de gouverneur, se livrait en jeune homme à toute sorte de frivolités. Il avait complètement renoncé au costume national pour prendre un vêtement étranger. Déréglé dans ses mœurs, incapable de régner, il tomba dans un état déplorable, et ce roi, qui tout-à-l'heure était si puissant par sa famille, sa réputation et ses troupes, maintenant pauvre et délaissé, sans bien, sans armée, n'excitait plus que la pitié. Bien des personnes en avertirent le roi Lothaire, et celui-ci songea à tirer son fils de l'Aquitaine ; car il n'ignorait pas qu'il tomberait dans un état pire encore, privé qu'il était de tous les honneurs de la dignité royale. Il se met donc à la tête de sa cavalerie, pour aller chercher Louis, et, entrant dans l'Aquitaine, il gagne Brioude, reprend et ramène son fils. La reine, affligée de se trouver veuve, et craignant de plus grands malheurs encore, se rendit auprès de Guillaume d'Arles et l'épousa. C'est ainsi que le divorce produisit un adultère public.

---

   * Ad, do, in, ti, vo *abscisa*.

   (*a*). Vestes. corr. habitum *cod*.

XCVI. — Obitus Ottonis.

Hac tempestate Otto cum Barbaris congressus, miserabili fortunæ succubuit. Nam et exercitum fusum amisit, et ipse captus ab hostibus, divina vero gratia reversus fuit. Post cum ex indigestione Romæ laboraret, et intestini squibalas ex melancolico humore pateretur, aloen ad pondus dragmarum quatuor sanitatis avidus sumpsit. Conturbatisque visceribus, diarria jugis prosecuta est, cujus continuus fluxus emorroides tumentes procreavit. Quæ etiam sanguinem immoderatum effundentes, mortem post dies non plures operatæ sunt.

XCVII.

Cui defuncto filius quinquennis Otto superstes erat. Quem patri succedere in regnum cum aliquot primates voluissent, id ab aliquibus contradictum est. Ingenti tamen virtute variaque fortuna ei regnum postea paraverunt. Nam Hezilo, regis paulo ante defuncti patruelis, qui adhuc in carcere vinctus ab eo tenebatur, eo quod adversus eum regnum appeteret, pravorum dolis in pernitiem rei publicæ elapsus, et quorumdam munitionibus receptus est. Vir æque ut Otto nobilis, corpore eleganti ac valido, honoris cupidus ac factiosus; animo vasto, sed fallaci. Hic regnandi avidus, omnes sacrilegos, aut juditiis convictos, sive etiam pro factis juditium timentes, postremo omnes flagitiosos quos conscius animus exagitabat, sibi proximos ac familiares fecit. Talium dolis, regis defuncti superstitem filium Ottonem parvum rapuit, ejus loco sese regnaturum ratus. Regnum ergo sic in suum jus refundi arbitrans, sceptrum et coronam sibi paravit. Quod dum a Lothario expetendum cogitaret, eumque concessa Belgica sibi sotium et amicum facere moliretur, legatos præmisit, apud quos, sacramento commune negocium firmaretur. Quo etiam sacramento,

XCVI. — *Mort d'Otton* — (982-983.)

Dans ce temps-là, Otton en étant venu aux mains avec des barbares, éprouva un triste sort ; car il perdit toute son armée, et, fait prisonnier lui-même, il ne rentra dans son royaume que par la grâce divine. — (983) Puis, comme il était malade à Rome d'une indigestion, et que, travaillé par la bile, il souffrait des intestins, impatient de recouvrer la santé, il prit jusqu'à quatre dragmes d'aloës. Les voies digestives en furent troublées, et une diarrhée opiniâtre se déclara ; cette diarrhée amena de fortes hémorroïdes et un flux de sang tel qu'au bout de quelques jours, le roi mourut (1).

XCVII. — [*Hezilon dispute la couronne à Otton III, qu'il enlève.*]

Il laissait un fils de cinq ans, qui se nommait Otton. Quelques-uns des grands auraient bien voulu le donner pour successeur à son père ; mais d'autres s'y opposèrent. Toutefois la valeur des premiers finit par lui assurer la couronne, après quelques vicissitudes de fortune. Car Hezilon (2), cousin-germain paternel du roi défunt, que celui-ci avait fait jeter dans une prison, pour avoir élevé des prétentions au trône, trouva sur ces entrefaites des traîtres qui, pour le malheur de l'État, favorisèrent son évasion, et lui donnèrent asile dans leurs forteresses Hezilon, non moins noble qu'Otton, était robuste et bien fait de corps, ambitieux et remuant, d'un esprit vaste, mais dangereux. Jaloux de régner, tout ce qu'il trouva de sacrilèges, d'hommes flétris par la justice ou craignant d'en être frappés, de criminels enfin poursuivis par le remords, il se les attacha et s'en fit des amis. Grâce à eux, il parvint à enlever le jeune Otton, pensant ainsi régner à sa place ; et, pour s'assurer des droits au pouvoir, il mit la main sur le sceptre et la couronne. Puis, réfléchissant que Lothaire pourrait bien les lui disputer, il chercha, par l'abandon de la Belgique, à s'en faire un ami dévoué et lui envoya d'abord des députés, pour arrêter avec lui, sous la garantie

(1) Le 7 décembre 983.
(2) Il s'agit de Henri-le-Querelleur, duc de Bavière.

utrique reges sibi pollicerentur, sese super Rhenum loco constituto sibi occursuros.

XCVIII.

Quibus per legatos juratis, Lotharius tempore statuto cum exercitu per Belgicam transiens, ne teneretur sacramenti obnoxius, ad locum Rheni condictum devenit. Hezilo sese metuens in suspitionem principum venire si Lothario occurreret, acsi eum in regnum recipere vellet, perjurii reus, occurrere distulit. Lotharius se illusum advertens rediit, non tamen sine difficilis laboris incommodo. Nam Belgæ per quorum medium cum equitatu transierat, indignati transisse, vias transpositis arboribus impediunt, aut fossis inmersis revertentes prohibent; non ut aperto campo comminus dimicent, sed ut his impedimentis cunctantes a tergo urgeant, aut montium jugis securi, per inferiora transeuntes missilibus figant. Et quia aperta fronte stare animo non fuit, sagittarii cum arcubus et balistis per montana dispositi sunt. Dum ergo exercitus subiret, illi a superioribus alios sagittis figebant, alios diversis missilibus sauciabant. At tirones sicubi ascensui pervium locum videbant, in hujusmodi hostes vertebantur; armisque efferati, quosdam vulnerabant, quosdam vero morte afficiebant. Tantum in eis ter debacchati, ut cæsorum cadaveribus aggerata moles collibus assimilaretur. Alii vero descendentes aut vibratis gladiis frondium oppositarum densitatem metebant, aut trudibus adactis transpositam arborum molem amovebant, sibique (*a*) iter aperiebant. Tandem multo conatu, de medio hostium educti sunt.

XCIX.

Hac tempestate Germania (*b*) nullo regis imperio tenebatur, quippe cum et Ottonem infantem ætatis infir-

---

(*a*) et venienti exercitui *corr.* sibique.
(*b*) Belgica atque G. *deleta.*

du serment, la négociation. Par ce même serment, les deux rois devaient s'engager à se voir sur le Rhin en un endroit déterminé (984).

XCVIII. — [*Lothaire tente inutilement de prendre possession de la Lorraine (984).*]

Les serments échangés, Lothaire, pour ne pas manquer au sien, se mit en marche avec son armée dans le temps convenu, traversa la Belgique et arriva sur le Rhin au lieu désigné. Quant à Hezilon, craignant de se rendre suspect aux grands, en venant au devant de Lothaire, comme pour le recevoir dans le royaume, il se parjura et ne se présenta pas au rendez-vous. Lothaire, se voyant trompé, revint, mais non sans de grandes difficultés. Car les Belges, dont il avait traversé le territoire avec sa cavalerie, furieux, lui barrèrent le passage en embarrassant d'arbres la route, ou en la coupant de fossés remplis d'eau. Ce n'était pas qu'ils voulussent combattre l'ennemi en plaine et corps à corps ; mais, en embarrassant et retardant sa marche, ils pourraient facilement tomber sur ses derrières, ou, du haut des montagnes, le frapper en toute sécurité, lorsqu'il passerait au pied. Et comme ils n'avaient pas le courage de l'attendre de pied ferme, ils disposèrent sur les hauteurs des archers pourvus d'arcs et de balistes, qui, dominant l'armée de Lothaire, perçaient les uns de leurs flèches, blessaient les autres à l'aide de divers projectiles. Mais les varlets, dès qu'ils trouvaient les moyens d'escalader les hauteurs, couraient sur ces lâches ennemis et les blessaient ou les tuaient avec rage. Trois fois ils revinrent ainsi à la charge avec une telle furie, que les monceaux formés des cadavres ressemblaient à des collines. Les autres, pendant ce temps, abattaient à grands coups d'épée la forêt de branches qui s'élevait devant eux, ou écartaient avec des crocs la masse des arbres, et s'ouvraient ainsi un passage. Enfin, après beaucoup d'efforts, on sortit du milieu des ennemis.

XCIX. — [*Il songe à faire une nouvelle tentative.*]

La Germanie n'avait alors aucun roi, parce qu'Otton était trop jeune pour régner, et que l'ambition d'Hezilon, avide de

mitas regnare prohiberet, et Heziloni, regnandi cupido, a potioribus regnum contradiceretur. Unde Lotharius occasionem nactus, de Belgicæ pervasione iterum cogitabat, ut videlicet ad suæ dominationis jus eam retorqueret, cum Otto (a) non esset, principes dissiderent, regnique dignitas nullo regis administraretur imperio.

C.

Itaque Odonem atque Herbertum viros illustres et potentia claros advocans, eis sui voti secretum aperit. Et quia paulo ante eorum patrui, absque liberis defuncti, terra optima cum oppidis munitissimis illos liberaliter donaverat, ipsi mox domi militiæque sese paratissimos responderunt. Quibus faventibus cum rex sibi in animo esse diceret ut Belgicam repeteret, eamque militaribus copiis expugnaret, ipsi hujus rei initium Virduni faciendum dicunt, eo quod ipsa propinquior civitas esset, et sese multa obsidione eam aggressuros, nec umquam ab ea nisi capta recessuros; qua capta, et sacramento atque obside regi annexa, ulterius processuros; tandiu etiam moraturos in Belgica, donec aut armis expugnetur, aut victi Belgæ in deditionem omnes transeant. Quorum sponsione suscepta, rex cum ipsis exercitum mox Virdunum admovit.

CI. — Virduni expugnatio *.

Quæ civitas eo situ posita est, ut a fronte, planitie pervia meantibus accessum præbeat; a tergo (b) inaccessibilis sit. Ibi enim a summo in posteriora, profundo hiatu circumquaque distenditur. Ab inferioribus vero ad summum, rupibus præruptis artatur. Quæ non solum scatens fontibus, puteisque, incolis accommoda, sed et fluvio Mosa eam a prærupta parte abluente, nemorosa. Ubi ergo a fronte planitiem præfert, pugnaturi machinas bellicas generis diversi aptavere. Nec minus qui in urbe

* V, e *abscisa*.

saisir la couronne, était combattue par les grands. C'est pourquoi Lothaire, profitant de l'occasion, songeait à envahir de nouveau la Belgique, pour la replacer sous sa domination ; car il n'y avait rien à craindre d'Otton, les grands étaient divisés, et l'Etat demeurait sans roi pour le gouverner.

C. — [*Il consulte Eudes et Herbert, qui lui conseillent d'assiéger Verdun.*]

Il fait donc venir Odon et Herbert, hommes illustres et puissants, et leur dit qu'il a un secret à leur communiquer. Comme il leur avait, peu de temps auparavant, donné avec générosité l'excellente terre et les places fortes de leur oncle paternel, mort sans postérité, ceux-ci lui répondent qu'ils sont tout prêts à le servir envers et contre tous ; et comme le roi, les voyant si bien disposés, leur déclarait qu'il avait le dessein de reprendre la Belgique à main armée, ils lui disent qu'il faut commencer cette expédition par l'attaque de Verdun, parce que c'est la ville la plus proche ; qu'ils l'assiégeront avec vigueur, et ne se retireront pas qu'ils ne l'aient prise. Verdun pris et attaché au roi par les serments et les ôtages, ils pousseront plus loin ; enfin ils resteront dans la Belgique, jusqu'à ce qu'ils l'aient domptée par les armes, ou que les Belges, vaincus, aient tous reconnu la domination de Lothaire. Le roi reçut leur parole et marcha avec eux contre Verdun.

CI. — *Siége de Verdun.*

Cette ville est située de telle sorte qu'elle n'est accessible que du côté de la plaine ; car, du côté opposé, elle s'étend sur un abîme profond et se trouve flanquée de rochers taillés à pic. Elle est d'ailleurs agréable à habiter, possède beaucoup de fontaines, de nombreux puits ; la Meuse en baigne la partie escarpée, et des bois ombragent les rives du fleuve. Ce fut donc du côté de la plaine que l'armée de Lothaire disposa ses diverses machines de guerre pour attaquer la place. Celle-ci, de son côté, s'apprêta à

(a) O. hostis *delet.*
(b) I. et latere utroque *deleta.*

erant, ad resistendum sese expediebant. Pugnatum est tandem octo ferme continuis diebus. At cives cum viderent nulla a suis extrinsecus suffragia mitti, nec jugis prælii pondus se tolerare posse (a), consilio inito indempnes et intacti hostibus cessere. Urbem aperuerunt, et sese Lothario victi obtulerunt.

CII.

Quibus peractis, rex ad urbem tuendam, reginam Emmam in ea reliquit. Ipse cum exercitu Laudunum rediit, suos etiam ad sua redire permisit. Tantæ benivolentiæ favore apud eos usus, ut repetito itinere se ulterius ituros si juberet pollicerentur; et neglectis pro tempore domibus et natis, cum hoste comminus dimicaturos. Lotharius interea apud suos deliberabat, utrum potius foret sese ulterius ire, armisque et viribus totam Belgicam sibi subjugare, an residendo Virduni, per legatos habitis suasionibus, mores hostium ad suum animum informare. Si enim eos ferro vinceret, cum id sine multo sanguine fieri non posset, cogitabat in posterum minus eis credendum, eo quod amicorum labem eis intulerit. Si vero per benivolentiam reversuros expectaret, cavendum putabat ne in tanto otio, hostes insolentiores redderentur.

CIII. — Virduni * invasio * a Belgis.

Dum hæc multa consultatione ventilaret, Belgicæ dux Teodericus, necnon et vir nobilis ac strenuus Godefridus, Sigefridus quoque vir illustris, Bardo etiam et Gozilo fratres clarissimi et nominatissimi, aliique principes nonnulli, latenter pertemptant Virdunum irrumpere, eamque a Gallis (b) evacuare. Factisque insidiis, negotiatorum claustrum, muro instar oppidi exstructum, ab urbe quidem Mosa interfluente sejunctum, sed pontibus duobus interstratis ei annexum, cum electis militum copiis

---

* V, in *abscisa*.

(a) p. paucosque multitudini cedere *deleta*.

(b) ab hostibus *corr*. a Gallis.

résister. Enfin l'on combattit pendant huit jours presque entiers. Alors les habitants, voyant qu'il ne leur venait du dehors aucun secours des leurs, et qu'il leur était impossible de supporter les fatigues d'un combat continuel, tinrent conseil, et, sans avoir fait de grandes pertes, résolurent de se rendre à l'ennemi. Ils ouvrirent donc leur ville et se remirent au pouvoir de Lothaire.

CII. — [*Le roi laisse la garde de Verdun à la reine Emma et retourne à Laon.*]

Cela fait, le roi, laissant à Verdun la reine Emma, pour veiller sur la place, revint à Laon avec son armée, et là, permit à chacun de retourner chez soi. Ils étaient tous si charmés de la bienveillance qu'il leur avait montrée, qu'ils lui promirent de revenir, d'aller plus loin encore, s'il l'ordonnait, et, laissant là pour un temps leurs maisons et leurs enfants, de presser vivement l'ennemi. Cependant Lothaire examinait avec les siens s'il valait mieux pousser en avant et soumettre de vive force la Belgique entière, que de s'établir à Verdun, et d'envoyer aux Belges des députés pour les gagner et les amener doucement à ce qu'il voulait. S'il employait le fer pour les dompter, comme on ne pouvait y arriver sans une grande effusion de sang, il songeait qu'il ne pourrait guères se fier à eux dans la suite, après leur avoir fait essuyer des pertes cruelles. D'autre part, s'il attendait que sa bonté les ramenât à lui, il était à craindre, pensait-il, que tant de ménagements ne les rendissent encore plus insolents.

CIII. — *Les Belges reprennent Verdun* (985?)

Tandis qu'il délibérait mûrement sur cette question, Théoderic, duc de Belgique, Godefroi, vaillant seigneur, Sigefroi, personnage illustre, Bardou et Gozilon, deux frères très-fameux et très-renommés, ainsi que plusieurs autres princes, entreprennent de surprendre Verdun et d'en chasser les Gaulois. Ils dressent une embuscade, et, avec des troupes choisies, pénètrent dans le quartier des négociants, qu'une muraille environnait de toutes parts, comme une forteresse, et qui, séparée de la ville par la Meuse, y était rattachée par deux ponts jetés sur la rivière. Ils y font porter tout

ingressi sunt. Annonam omnem circumquaque milites palantes advectare fecerunt. Negotiatorum quoque victus in usum bellicum acceperunt. Lignorum trabes ex Argonna aggregari jusserunt, ut si ab hostibus extra machinæ muris applicarentur, ipsi quoque interius obtinentibus machinis obstare molirentur. Crates quoque viminibus et arborum frondibus validas intexuerunt, machinis erectis, si res exposceret, supersternendos (*a*). Sudes ferro acuminatos, et igne subustos, ad hostes transfodiendos quamplures aptaverunt. Missilia varii generis per fabros expediere. Funium millena volumina ad usus diversos convexerunt. Clipeos quoque habendæ testudini ordinandos instituerunt. Preterea centena mortis tormenta non defuere.

CIV. — Repetito * Virduno * a Lothario.

Nuntiantur hæc Lothario. Qui tantum facinus accidisse acerrime indignatus, exercitum dimissum revocavit; et sic cum decem milibus pugnatorum Virdunum petiit, atque adversarios repentinus aggressus est. Primo impetu, sagittarii (*b*) contra hostes ordinati sunt. Missæque sagittæ et arcobalistæ cum aliis missilibus tam densæ in aere discurrebant, ut a nubibus dilabi, terraque exsurgere viderentur. Horum contra impetum, testudinem ante se et super capita hostes muro aptavere; in quam relisa missilia, ictu frustrato decidebant. Hoc impetu facto Galli circumquaque obsidionem disposuere; fossisque præruptis, obfirmaverunt castra, ne, si ad incautos adversarii prosilirent, accessum facilem invenirent.

CV. — Compositio ** cujusdam machinæ ** bellicæ.

Quercus proceras radicitus succisas, ad machinam bellicam extruendam advexerunt. Ex quibus quatuor trabes tricenorum pedum straverunt solo, ita ut duæ in longum projectæ, et decem pedum intervallo distinctæ duabus aliis per transversum eodem intervallo superjacen-

le blé qui se trouve dans les environs, et ils s'emparent, pour les besoins de l'armée, des provisions des marchands. En même temps ils font venir de l'Argonne quantité de bois de construction, afin que, si l'ennemi appliquait des machines à la muraille, ils pussent à l'intérieur y opposer d'autres machines. Ils font aussi construire avec des branches d'arbres flexibles de fortes claies, pour en couvrir au besoin les machines, quand elles seraient dressées, disposer des pieux durcis au feu, et munis d'une pointe de fer pour en percer les ennemis, fabriquer par des forgerons des projectiles de toute espèce, amener d'énormes quantités de cordes pour divers usages, préparer des boucliers pour former la tortue ; enfin il n'était instrument de mort qu'ils ne réunissent.

CIV. — *Lothaire attaque de nouveau la place.*

Lothaire l'apprend. Vivement indigné d'une telle audace, il rappelle l'armée qu'il a licenciée, et marchant sur Verdun avec dix mille hommes, il tombe à l'improviste sur l'ennemi. Ce furent les archers qui ouvrirent l'attaque, et flèches, traits d'arbalètes et autres projectiles, volaient si drus dans les airs, qu'on eût dit qu'ils tombaient des nues pour se relever de terre. A cette attaque l'ennemi, appuyé à la muraille, opposa la tortue ; les projectiles venaient s'y briser et retombaient sans effet. Alors les Gaulois disposèrent le siége de tous côtés, et par des tranchées, fortifièrent leur camp, pour arrêter au besoin l'ennemi et n'en être point surpris.

CV. — *Composition d'une machine de guerre.*

Ils transportèrent de grands chênes coupés à la racine, pour en construire une machine de guerre. Ils étendirent à terre quatre poutres de trente pieds, et les assemblèrent de telle sorte qu'il y en eut deux placées en long, à dix pieds de distance ; les deux

---

* R, Virduno *abscisa*.
** Com, m *abscisa*.
(*a*) supersternendas 1.
(*b*) sagitarii 1.

tibus cohérerent. Longitudinis et latitudinis spatium, quod intra commissuras earum tenebatur, decem pedum erat. Quicquid etiam a commissuris extra projectum erat, simili modo decem pedibus distendebatur. In harum trabium commissuris, quatuor sublicas quadragenorum pedum, quadrato quidem scemate, sed procero, æquo spatio a se distantes, adhibitis trocleis erexerunt. Transposueruntque bis per quatuor latera, festucas decem pedum, in medio scilicet et in summo, quæ traductæ, sublicas sibi fortiter annecterent. A capitibus vero trabium, quibus sublicæ nitebantur, quatuor trabes eductæ, et pene usque ad festucas superiores obliquatæ, sublicis jungebantur, ut sic ex eis machina extrinsecus firmata non titubaret. Super festucas quoque quæ in medio et in summo machinam conectebant, tigna straverunt. Quæ etiam cratibus contexerunt, super quas dimicaturi stantes, et eminentiores facti, adversarios deorsum jaculis et lapidibus obruerent. Hanc molem extructam, ad stationem hostium deducere cogitabant. Sed quia sagittarios suspectos habebant, rationem querebant, qua hostibus sine suorum lesione appropinquaret. Tandem ratione subtilius perscrutante, repertum est eam ad hostes optima arte detrudi posse.

CVI. — Deductio ad * hostes superioris * machinæ *.

Dictabant enim quatuor stipites multæ grossitudinis, terræ solidæ mandandos, decem pedibus in terra defossis, octo vero a terra ejectis. Qui etiam transpositis per quatuor latera repagulis vehementissimis solidarentur. Repagulis quoque transmissis, funes inserendos. Sed funium capita ab hostibus abducta, superiora quidem machinæ, interiora vero bobus annecterentur. At interiora, longius superioribus protenderentur. Superiora vero, breviore ductu machinam implicitam haberent, ita ut inter hostes et boves machina staret. Unde et fieret, ut quanto boves ab hostibus trahendo discederent, tanto

autres en travers à pareil intervalle, et que l'espace en long et en large, compris entre leur assemblage, était de dix pieds, ainsi que tout ce qui le dépassait. Sur les joints mêmes de ces poutres et au moyen de poulies, ils dressèrent en carré et à égale distance les unes des autres, quatre pièces de bois longues de quarante pieds et les lièrent toutes quatre fortement entre elles, au milieu et au sommet, par des traverses de dix pieds. Puis, de l'extrémité des poutres qui supportaient ces pièces de bois, ils inclinèrent, presque jusqu'aux traverses supérieures, quatre autres poutres, qu'ils fixèrent aux bois debout, de façon à consolider extérieurement la machine et à l'empêcher de vaciller. Enfin, sur les traverses du milieu et du sommet, ils étendirent des solives, et ils couvrirent ces solives de claies, sur lesquelles devaient se tenir les combattants, de manière à dominer l'ennemi et à l'accabler de traits et de pierres. Cette masse construite, on songea à l'approcher de la muraille, et comme on craignait les archers ennemis, on chercha un moyen de la faire avancer, sans s'exposer à leurs coups. A force de chercher, on finit par en trouver un fort ingénieux.

CVI. — *On approche la machine de l'ennemi.*

On imagina de planter en terre quatre énormes pieux enfoncés de dix pieds et saillants de huit, qu'on assujettirait entre eux par de solides traverses, et, par ces traverses, de faire glisser des cordes, dont on retirerait les extrémités du côté opposé à l'ennemi, de manière que le bout supérieur fût attaché à la machine et l'inférieur (1) aux bœufs. La partie inférieure des cordages devait d'ailleurs s'étendre plus loin que la supérieure, et la partie supérieure, plus courte, s'enlacer à la machine, de sorte que celle-ci se trouverait entre l'ennemi et les bœufs, et que, par cette disposition, plus les bœufs en tirant s'éloigneraient de l'ennemi, plus la machine

* ad, ioris, æ *abscisa*.

(1) Le texte porte *interiora*, mais c'est absolument le même sens.

machina hostibus attracta propinquaret. Quo commento, chilindris suppositis, quibus facilius motum acciperet, machina hostibus nullo læso appulsa est.

CVII. — Victoria * Lotharii *.

Adversarii quoque similem quidem machinam extruunt, sed altitudine et robore inferiorem. Utraque ergo exstructa (*a*), a parte utraque ascensum est. Conflictumque ab utrisque promtissime, nec tamen ullo modo cedunt. Rex cum propior muris adesset, fundæ jaculo in labro superiore sauciatus est. Cujus injuria sui accensi, vehementius bello incubuere. Et quia hostes machina et armis fortes, nullatenus cedebant, rex uncinos ferreos adhiberi præcepit. Qui funibus alligati cum hostium machinæ injecti essent, lignisque transversis admorsi, funes alii demittebant, alii demissos excipiebant; quibus adversariorum machina inclinata atque pene demersa est. Unde alii delabentes per lignorum commissuras descendebant; alii vero saltu sese ad terram demittebant; nonnulli quoque turpi formidine tacti, latibulis vitam sibi defendebant. Hostes mortis periculum urgere videntes, adversariis cedunt, vitamque supplices petunt. Jussi quoque, arma deponunt et reddunt. Statimque a rege decretum exivit, hostes sine aliqua ultionis injuria comprehendendos, ac illesos sibi adducendos. Comprehensi itaque, inermes ac indempnes præter ictus quos in militari tumultu acceperant, ante regem admissi sunt. Qui regis pedibus advoluti, vitam petebant. Nam regiæ majestatis rei atque convicti, de vita diffidebant.

CVIII.

Rex victoria potitus, Belgicæ principes captos, suis custodiendos, sed et congruo tempore reddendos mandavit. Reliquam manum redire permisit. Ipse Laudunum cum exercitu rediit, ibique procinctum solvit. Urbem Virdunum usque in diem vitæ ejus supremum, absque ulla refra-

s'en approcherait. Grâce à cette invention, en plaçant des cylindres sous la machine, pour qu'elle se mût plus aisément, elle arriva au but sans que personne fût blessé.

CVII. — *Victoire de Lothaire.*

Les assiégés, de leur côté, construisirent une machine semblable, mais inférieure en force et en élévation. Les deux machines achevées, on y monta, et le combat engagé se soutint des deux parts avec une égale ardeur. Personne ne voulait céder. Le roi, qui se tenait près de la muraille, fut alors blessé d'un coup de fronde à la lèvre supérieure, et les siens, furieux, se battirent avec un nouvel acharnement. Mais comme les ennemis, confiants dans leur machine et dans leurs armes, restaient inébranlables, le roi commanda d'employer les crochets de fer. Attachés à des cordes, on les lançait sur la machine ennemie, où ils s'accrochaient aux traverses, et l'on jetait ensuite les cordes aux hommes d'en bas, qui les recevaient et les tiraient à eux. Par cette manœuvre, la machine fut inclinée et presque renversée. Alors ceux qui la montaient, de se laisser glisser le long des pièces de bois ou de sauter à terre ; quelques-uns même, poussés par une lâche frayeur, coururent se cacher. Les assiégés, voyant qu'il y avait pour eux un pressant danger de mort, cèdent enfin, demandent humblement la vie, et, sur l'ordre qu'ils en reçoivent, remettent leurs armes. Aussitôt le roi commande que, sans exercer sur eux aucun acte de vengeance, on saisisse les ennemis et qu'on les lui amène. Ils viennent donc désarmés et sans autres blessures que les coups qu'ils ont reçus dans la lutte ; ils se jettent aux pieds du roi et demandent la vie ; car ils se sentaient trop coupables envers la majesté royale, pour ne pas trembler pour leurs jours.

CVIII. — [*Le roi, vainqueur, retourne à Laon, et Verdun ne lui est plus disputé.*]

Lothaire, victorieux, remit à la garde des siens les principaux captifs Belges, avec ordre de les lui représenter en temps convenable, et renvoya les autres libres. Il revint ensuite à Laon avec son armée et la licencia. Il garda, sans aucune opposition, la ville de

---

* ria, rii *abscisa.*
(*a*) educta *superscripto* exstructa.

gatione obtinuit. Disponebat præterea, quomodo ulterius procedendo regnum suum dilataret, cum res suæ successum optimum haberent, regnique fortuna per captos primates id persuaderet. Sed Divinitas res mundanas determinans, et Belgis requiem, et huic regnandi finem dedit.

CIX. — Obitus Lotharii.

Nam cum vernalis clementia eodem anno rebus bruma afflictis rediret, pro rerum natura inmutato aere, Lauduni egrotare cœpit. Unde vexatus ea passione quæ colica a phisicis dicitur, in lectum decidit. Cui dolor intolerabilis in parte dextra super verenda erat; ab umbilico quoque usque ad splenem, et inde usque ad inguen sinistrum, et sic ad anum, infestis doloribus pulsabatur. Ilium quoque ac renium injuria nonnulla erat; thenasmus assiduus; egestio sanguinea. Vox aliquoties intercludebatur; interdum frigore febrium rigebat. Rugitus intestinorum (a), fastidium juge, ructus conationes sine effectu, ventris extensio, stomachi ardor, non deerant. Ingenti itaque luctu tota personat (b) domus. Fit sonitus diversus, clamor varius. Nemini enim eorum qui aderant, inlacrimabilis erat ea calamitas. Decem igitur annis Ottoni superstes, tricesimo et septimo anno, ex quo patre defuncto regno potitus est, quadragesimo vero et octavo quo a patre regnante coronam et sceptrum regnaturus accepit, a natu autem sexagesimo octavo, deficiens naturæ concessit.

CX.

Interea magnifice funus regium multo divitiarum regalium ambitu accuratur. Fit ei lectus regalibus insignibus adornatus, corpus bissina (c) veste induitur, ac desuper

---

(a) intestinorum c.
(b) concrepitat *superposito* personat c.
(c) purpurea *corr.* bissina.

Verdun, jusqu'à sa mort. Il songeait à pousser plus loin, et à reculer les limites de son royaume ; la prospérité de ses armes, la captivité des princes belges, l'heureux état du royaume, l'y engageaient ; mais la Divinité, qui règle les choses de ce monde, assura le repos de la Belgique, en mettant fin à son règne.

CIX. — *Mort de Lothaire* (986).

Car, lorsque le doux printemps venait, cette même année, réveiller la nature engourdie par le froid, sous l'influence du changement de température, Lothaire tomba malade à Laon, et, tourmenté de ce mal, que les médecins appellent colique, il se mit au lit. Il ressentait du côté droit, au-dessus des parties naturelles, une douleur intolérable ; il en éprouvait aussi de cruelles depuis le nombril jusqu'à la rate, et de là jusqu'à l'aine gauche, et de même à l'anus. Avec cela, fatigue des reins et des intestins ; ténesme continuel, évacuation sanguine ; parfois des suffocations et les membres glacés par le froid de la fièvre ; borborygmes ; dégoût continuel ; efforts inutiles pour vomir, et le ventre tendu, l'estomac brûlant. L'affliction était grande dans le palais, et toute la maison retentissait de cris et de gémissements ; car il n'était aucune des personnes présentes à qui ce malheur n'arrachât des larmes. Ainsi, dix ans après la mort d'Otton (1), trente-sept ans après avoir hérité du trône à la mort de son père, quarante-huit ans après avoir reçu de son père régnant le sceptre et la couronne, et dans la soixante-huitième année de son âge, Lothaire paya le tribut à la nature (2).

CX. — [*Ses funérailles.*]

On célébra ses funérailles avec une pompe et une magnificence vraiment royales. On le plaça sur un lit orné des insignes de la royauté ; son corps était vêtu d'une robe blanche, recouverte

---

(1) Treize ans après (V. ci-dessus, c. 67).

(2) Le 2 Mars. — Comme il était né en 941 et monté sur le trône en 954, il est donc mort dans la trente-troisième année de son règne et la quarante-cinquième de son âge. L'erreur de Richer vient de ce qu'il a calculé les années à partir de la naissance de Louis IV.

palla purpurea gemmis ornata auroque intexta operitur. Lectum regnorum primates deferebant. Preibant episcopi et clerus, cum evangeliis et crucibus ; penes quos etiam, qui ejus coronam ferebat multo auro gemmisque pretiosis nitentem, cum aliis multis insignibus, ejulando incedebat. Funebre melos, lacrimis impedientibus, vix proferebatur. Milites etiam mesto vultu, suo ordine prosequebantur. Reliqua quoque manus cum lamentis succedebat. Sepultus est Remis in cœnobio monachorum Sancti Remigii, cum patre et matre, sicut ante jusserat suis; quod etiam abest 240 stadiis ab eo loco, in quo finem vitæ accepit ; multo obsequio universorum parique affectu per tantum spatii deductus.

d'un manteau de pourpre, tissu d'or et orné de pierreries. Le lit fut porté par les grands du royaume, précédés des évêques et du clergé avec les évangiles et les croix. Dans leurs rangs marchait, en poussant des gémissements, celui qui portait la couronne, éclatante d'or et de pierres précieuses, avec plusieurs autres insignes ; c'était à peine si les chants funèbres se faisaient entendre, interrompus qu'ils étaient par les pleurs. Les soldats, l'air triste et abattu, suivaient en ordre, et la foule venait après eux en gémissant. Lothaire, ainsi qu'il l'avait ordonné, fut enseveli à Reims, à côté de son père et de sa mère, au monastère de Saint-Remi, lequel est éloigné de 240 stades du lieu où il était mort, et dans un si long trajet, il fut accompagné des marques d'un respect et d'une affection aussi profonds qu'universels (1).

(1) Ne semble-t-il pas, à voir tant de pompe et de tristesse, que les funérailles de Lothaire soient celles de la dynastie carolingienne elle-même ?

LIBER QUARTUS.

I.

Sepulto Lothario Ludovicus filius a duce aliisque principibus in regnum subrogatur. Circumvallatur ergo ambitu universorum. Promittunt benivolentiam; spondent fidem; stipatores etiam vario cultu (*a*) facienda dictabant (*a*). Alii enim in palatiis (*b*) ei residendum censebant, ut principes ad se confluentes ejus imperio deservirent, ne regia dignitas vilesceret, si alias utpote inops, alieni suffragii peteret opes. In omni etiam dignitate id esse cavendum ne in primordio suscepti honoris, segnities et ignavia virtutem habendam superent. Nam si id fit (*c*), totam etiam rem in contemptum et vilitatem pernitiosissime deventuram. Alii quoque cum duce ei commorandum asserebant, eo quod adolescens tanti principis prudentia simul et virtute informari indigeret. Sibi quoque utillimum fieri, si potentis dispositioni ad tempus cederet, cum sine eo nec regnandi potentiam habere ex integro posset, et per eum strenue atque utiliter omnia administrari valerent. Rex, partibus auditis, sententiam distulit. Collato vero cum duce consilio, ei abinde tota mente addictus favit.

II. — Oratio * Ludovici * apud ducem, ceterosque primates, in * Adalberonem metropolitanum *.

Apud quem aliosque quam paucos, præteritorum non inmemor sic conquestus est: « Pater meus in egritudinem » qua et periit decidens, mihi præcepit, ut vestro

* Or, vi, cet, in, m *ex conj*.
(*a*) cul, dic *ex conject*.

LIVRE QUATRIÈME.

I. — [*Louis, fils de Lothaire, succède à son père. — Il donne au duc toute sa confiance* (986).]

Lothaire enseveli, le duc et les autres seigneurs reconnaissent son fils Louis pour son successeur. Tous s'empressent donc autour de lui, l'assurent de leur attachement, lui jurent fidélité (1). En même temps, les courtisans lui donnent différents conseils, suivant les sentiments dont ils sont animés. Les uns sont d'avis qu'il réside dans ses palais, afin que les grands, par leur concours auprès de sa personne, relèvent l'éclat de son pouvoir, et que la dignité royale ne soit pas exposée à s'avilir, en allant mendier les services d'autrui. Car, en toute dignité, il faut prendre garde qu'au début de nos fonctions, la mollesse et l'apathie ne prennent la place des qualités qu'on attend de nous; sans quoi, toute notre autorité tombe dans un mépris fatal. Les autres prétendent qu'il doit s'attacher au duc, attendu que sa jeunesse a besoin de se former sur un si grand prince à la prudence et à la valeur. Quel avantage ne trouverait-il pas d'ailleurs à suivre, pour un temps, la direction de ce puissant seigneur, puisque sans lui il ne pouvait régner librement, tandis qu'avec lui le pouvoir montrerait, dans toutes les affaires, autant d'habileté que de vigueur. Le roi écouta toutes les raisons sans se prononcer ; mais il eut avec le duc une entrevue, à la suite de laquelle il lui témoigna la plus entière déférence.

II. — *Discours de Louis au duc et aux autres grands du royaume contre l'archevêque Adalbéron.*

Louis, qui n'avait pas oublié le passé, réunit avec Hugues un petit nombre d'autres seigneurs et leur exposa ainsi ses doléances : « Mon père, pendant la maladie dont il est mort, m'a recommandé

(*b*) p. suarum urbium *deleta*.
(*c*) *ita c.*
(1) Louis V fut couronné à Compiègne.

» consilio, vestra dispositione, regni procurationem
» haberem ; vos etiam loco affinium, loco amicorum (*a*)
» ducerem, nihilque præcipui præter vestram scientiam
» adorirer. Si vestra fide potirer, sine dubio divitias,
» exercitus, munimenta regni, asserebat me habiturum.
» Quæ mens in me maxime valet (*b*). Placeat itaque
» consilium profuturum dare, cum a vobis proposui me
» non discessurum (*c*). In vobis enim meum consilium,
» animum, fortunas, sitos esse volui. Adalbero Remorum
» metropolitanus episcopus, homo omnium quos terra
» sustinet sceleratissimus, contempto patris mei imperio,
» Ottoni Francorum hosti in omnibus favit. Eo cooperante
» Otto exercitum nobis induxit. Ejus subtilitate Gallias
depopulatus est. Eo itineris duces præstante, indempnis
cum exercitu rediit. Qui ut pœnas pro tanto commisso
solvat, æquum et utile videtur (*d*), quatinus pestilente
compresso, metus adoriendi talia, quibusque pravis inferatur.

III.

Cujus oratio vim suadendi non habuit, eo quod suggestionibus malorum in summum pontificem efferatus, præter justum aliqua indigna dixisse videretur. Pro parte tamen ei fautum est, pro parte vero suppressum ; ita tamen, ut et regi injuria non fieret, et operi nefario dux non consentiens pareret. Rex tanto animo præceps, in metropolitanum assumpto duce cum exercitu fertur. Ipsam urbem appetit, atque irrumpere contendit. Primatum tamen consilio usus, legatos præmisit, per quos quæreret, an episcopus resisteret regi, an ex objectis purgari statuto tempore paratus esset. Si contra staret, sese mox obsidionem urbi adhibiturum dicerent, captamque urbem cum

---

(*a*) cognatorum *corr.* amicorum.
(*b*) v. semperque dum in vita fuero potissimum vigebit *deleta*.
(*c*) d. foro *deletum*.

» de suivre vos conseils et les leçons de votre expérience dans l'ad-
» ministration du royaume ; de vous considérer comme des pa-
» rents, comme des amis, et de ne rien entreprendre d'important
» sans votre avis. Si votre dévoûment m'était acquis, me disait-il,
» j'obtiendrais aisément des richesses et des armées, qui sont les
» soutiens d'un état. Je suis tout-à-fait dans ces sentiments. Soyez
» donc assez bons pour me donner un utile conseil, vous dont
» j'ai résolu de ne point me séparer, vous à qui j'ai voulu
» confier mes desseins, ma pensée, ma fortune. L'archevêque
» de Reims, Adalbéron, cet homme le plus scélérat de tous ceux
» que nourrit la terre, méprisant l'autorité de mon père, a secondé
» toutes les entreprises d'Otton, l'ennemi des Français. Ce sont
» ses intrigues qui nous ont attiré l'armée de ce prince, c'est sa
» perfidie qui a provoqué le ravage des Gaules, ce sont les guides
» qu'il a fournis aux Germains qui leur ont permis de retourner
» chez eux sains et saufs avec leur roi. Ne semble-t-il pas juste et
» utile de le punir d'un tel crime, afin que son châtiment porte la
» terreur dans l'âme des méchants qui seraient tentés d'imiter sa
» conduite? »

III. — [*Il marche contre Reims et menace de l'attaquer, si l'archevêque ne se montre prêt à leur donner satisfaction.*]

Ces paroles n'eurent pas la vertu de persuader, parce qu'il sembla que Louis, animé contre le prélat par de perfides insinuations, l'avait injustement maltraité. On lui donna cependant raison sur certains points, comme on se tut sur d'autres, de manière que le roi ne put être blessé, et que le duc, sans en être complice, prit part à une injuste agression. Louis, emporté par la passion, lève en effet une armée et se porte avec Hugues contre l'archevêque. Il arrive devant la ville et brûle de l'attaquer. Toutefois, cédant au conseil des grands, il commence par envoyer des députés à Adalbéron, pour lui demander s'il entendait résister au roi, ou s'il était disposé à venir, dans un temps marqué, rendre compte de sa conduite ; lui déclarant que, s'il voulait faire résistance, Louis assiégerait à l'instant la ville, et, après l'avoir prise, la châtierait rigoureusement avec son évêque ; que si, au contraire, il se

---

(d) v. Æquum namque ut pravus justo supplitio dampnetur, utile vero ut *deleta*.

ipso hoste compressurum. Si vero objectis respondere non dubitaret, obsides ab eo sese accepturum ducturumque.

IV.

Ad hæc metropolitanus : « Cum constet, inquit, bonos
» quosque pravorum calumniis assidue dilacerari, non
» miror huic injuriæ locum accidisse. Multo amplius vero
» miror egregios principes tam facile posse illici, ut
» certissime esse credant, quod nec sub judice sit discus-
» sum, et si in discutiendo conferatur, nullis rationibus
» probabile fiat. Quod si credita discutere placuit, cur
» armis et exercitu id exigitur? Nonne ergo alia pro aliis
» nos cogitare faciunt? Si de præteritis agitur, regum
» salutem hactenus optavi. Eorum genus colui. Principum
» quoque commoda, pro ratione amavi. Si de præsentibus,
» regis jussa exequi non moror; obsides quos vult, trado;
» rationem contra objecta intendere non differo. » Factis
ergo utrimque rationibus, obsides dedit, Ragenerum
virum militarem, nobilitate et divitiis clarum, pluresque
alios dum regi sufficeret.

V. — Obitus Ludovici.

Rex itaque exercitum amovit, Silvanectimque devenit. Ubi dum æstivam venationem exerceret, pedestri lapsu decidens, multo epatis dolore vexatus est. Nam quia in epate sanguinis sedem phisici perhibent, ea sede concussa, sanguis in emathoicam redundavit. Cui sanguis copiosus per nares et gulam diffluebat. Mamillæ doloribus assiduis pulsabantur. Fervor totius corporis intolerabilis non deerat. Unde uno tantum anno patri superstes, 11 Kal. Junii defitiens, naturæ debitum solvit. Cujus discessus eo tempore accidit, quo et metropolitani purgatio de objectis habenda erat. Aderat igitur purgandus, et regiæ

montrait prêt à répondre aux accusations portées contre lui, il eût à livrer au roi des ôtages.

IV. — [*Adalbéron donne des ôtages et promet de fournir des explications satisfaisantes.*]

L'archevêque répondit : « Je sais que de tout temps les gens de
» bien ont été déchirés par la calomnie ; aussi, je ne m'étonne pas
» des rigueurs dont je suis maintenant l'objet. Ce qui me surprend
» bien davantage, c'est que de nobles princes aient pu se lais-
» ser entraîner si facilement à admettre comme certain ce qui n'a
» point été juridiquement examiné, et ce qui ne supporterait
» point la discussion devant un tribunal. Que si l'on veut seule-
» ment discuter ces préventions, pourquoi recourir à la force
» des armes? Ne nous donne-t-on pas lieu de penser une chose
» pour une autre ? S'il s'agit du passé, j'ai toujours désiré jusqu'à
» présent le salut des rois, et j'ai honoré leur race. Les intérêts
» des grands m'ont également été chers autant qu'ils devaient
» l'être. S'il est question du présent, je suis tout disposé à suivre
» les ordres du roi, à lui donner les ôtages qu'il voudra, et à
» me justifier de tout reproche. » On entre donc en pourparlers ; Adalbéron donne comme ôtages le valeureux Rainier, distingué par sa noblesse et son opulence, et tous les autres qu'exige le roi.

V. — *Mort de Louis* (987).

Louis s'éloigna donc avec son armée et se retira à Senlis. Il y chassait à pied, un jour d'été, quand, venant à tomber, il fut pris d'une vive douleur au foie ; et comme c'est dans le foie, suivant les médecins, que le sang a son siége, la secousse éprouvée par cet organe fut telle que le sang s'extravasa et sortit en grande abondance par le nez et la bouche. Le sein palpitait de douleurs continues, et le corps tout entier était en proie à une chaleur insupportable. Aussi, un an après son père, le 11 des calendes de Juin (1), Louis paya-t-il sa dette à la nature. C'était le temps même où l'archevêque devait répondre aux charges élevées contre lui. Adalbéron était donc là tout prêt à se justifier et à donner

---

(1) C'est-à-dire le 22 Mai. Louis ne fut donc pas empoisonné par sa femme Blanche. Cette princesse ne l'avait-elle pas quitté d'ailleurs en 981, peu de temps après son mariage ?

majestati satisfacturus. Sed regii funeris calamitate, hac lite suppressa, nec controversia partes habuit, nec ex ea juditium promulgatum fuit. Plurima vero commiseratione ipse episcopus de morte regis conquestus est. Postquam autem regium funus curassent, principum decreto, Compendii tumulatus est, cum ipse vivens secus patrem tumulari petierit. Id autem consulto factum est, ne, dum itineris longitudinem eorum quamplures vitarent, et a se divisi discederent, rei publicæ utillimum differretur consultum. Placuit itaque ante discessum convenire, et ex regni commodis consulere.

VI. — Purgatio Adalberonis de objectis a Ludovico.

Quibus dispositis, dux sic orsus cœpit : « Huc ex locis
» diversis regio jussu vocati, ad discutiendum ea quæ
» summo pontifici Adalberoni objecta sunt, multa fide, ut
» puto, convenistis. Sed divæ memoriæ (a) rex qui inten-
» debat, quoniam hac vita privatus est, controversiæ
» statum nobis discutiendum reliquit. Si ergo præter eum
» est qui intendere audeat, eoque animo valet, ut exse-
» quendæ litis partem arripiat, adsit coram, quid sentiat
» edicat, nihil metuens criminato intendat. Si vera pro-
» ferat, ejus verborum approbatores nos sine dubio
» habebit. Quod si calumniator falsa confinxit, vocem
» supprimat, ne tanti facinoris argutus, pœnas solvat. »
Ter acclamatum est, ut delator procederet; ter ab omnibus negatum est.

VII.

Dux itaque iterum locutus ait : « Si lis jam decidit,
» quia qui intendat non est, metropolitano utpote viro
» nobili et multa sapientia inclito cedendum est. Ab hac
» ergo suspitione penitus discedite, summumque præsulem
» multo honore excolite. Reveremini hunc talem virum,
» et quantæ virtutis, sapientiæ, nobilitatis sit, hactenus

(a) D. M. *codex.*

satisfaction à la majesté royale. Mais la triste fin du roi mit un terme à cette affaire, et comme il n'y avait plus de discussion possible, il n'y eut point de jugement rendu. Le prélat témoigna, d'ailleurs, la plus vive douleur de la mort de Louis. La cérémonie funèbre terminée, les grands firent enterrer ce prince à Compiègne, bien qu'il eût demandé qu'on le déposât auprès de son père (1) ; ils prirent ce parti, de peur qu'effrayés de la longueur du chemin, la plupart d'entre eux ne se retirassent et que leur retraite ne vînt ajourner les délibérations que réclamait l'état des affaires. On résolut donc de se réunir avant de se séparer et de s'occuper des intérêts du royaume.

VI. — *Adalbéron est absous des accusations portées contre lui par le roi.*

Cela fait, le duc prit la parole en ces termes : « Appelés de » divers points par un ordre du roi, pour juger la conduite de l'ar- » chevêque Adalbéron, vous êtes venus, je pense, avec des senti- » ments d'équité et d'impartialité. Or la mort du roi, de pieuse » mémoire, qui poursuivait cette affaire, nous a laissé le soin d'en » diriger la discussion. Si donc, après lui, quelqu'un ose reprendre » et soutenir l'accusation, qu'il se présente, et qu'il expose sans » crainte son sentiment sur l'accusé. S'il avance des vérités, il » peut compter que nous l'appuierons ; mais si ce sont des calom- » nies qu'il a méditées, qu'il se taise, de peur qu'un tel crime ne » lui attire un sévère châtiment. » Trois fois on cria qu'un accusateur s'avançât ; trois fois un silence général accueillit cet appel.

VII. — [*Sur la proposition du duc, il est admis à délibérer sur les affaires publiques.*]

Le duc reprenant donc la parole : « Si le procès est fini, faute » d'accusateur, il faut convenir que le métropolitain est un homme » aussi noble que sage. Bannissez donc de vos esprits tout soupçon, » et rendant honneur à l'illustre prélat, révérez-le et proclamez

---

(1) M. G. : « *Comme le roi avait demandé à être enterré près de son » père...., les grands firent enterrer le corps à Compiègne.* »

» prædicate. Quid enim prodest suspitionem habere, cui
» in juditio non fuere vires quicquam dicere? » Ergo (*a*)
summo pontifici, dux reliquorum primatum consensu,
exsequendæ rationis honorem de utilitate regni attribuit,
eo quod ipse divinarum et humanarum rerum scientia
excelleret, atque facundiæ efficacitate plurimum valeret.

VIII.

Factus itaque cum duce omnium medius, ait : « Rege
» nostro piissimo inter intellectibilia translato, magni
» ducis ceterorumque principum benivolentia ab objectis
» purgatus, rei publicæ consulturus consedi. Nec sedet
» animo, ut quicquam nisi ad profectum rei publicæ
» edicam. Commune consilium quæro, quia omnibus
» prodesse cupio. Cum videam non omnes principes
» adesse, quorum quoque prudentia et diligentia res
» regni administrari valeant, ratio quærendi regis, ut mihi
» videtur, ad tempus differenda est, ut statuto tempore et
» omnes in unum confluant, et uniuscujusque ratio
» elimata et in medium prolata, suam utilitatem accom-
» modet. Unde et vobis qui hic consulturi adestis placeat,
» vos mecum magno duci sacramento alligari, et coram
» spondere de principe statuendo vos nihil quesituros,
» nihil molituros, donec in unum redeamus, et sic de
» habendo principe agitemus. Plurimum enim valet, deli-
» berationi dari spatium temporis; in quo quamcumque
» rem quisque discutiat, et discussam multa diligentia
» poliat. » Hæc sententia ab omnibus suscepta laudatur.
Sacramento itaque duci alligantur. Tempus redeundi et
conveniendi constituitur. Sic quoque a se soluti sunt.

IX.— Conquestio Karoli apud Metropolitanum de regno.

Interea Karolus qui fuerat Lotharii frater, Ludovici
patruus, Remis metropolitanum adiit, atque sic de regno

(*a*) Purgato c. *deletum.*

» bien haut sa vertu, sa noblesse et sa sagesse. Car comment soup-
» çonner celui que personne n'a osé attaquer en jugement? » Alors
le duc, du consentement des autres seigneurs, accorde à l'archevêque l'honneur d'exposer sa pensée sur les intérêts du royaume,
attendu qu'il excellait dans la science des choses divines et humaines, et qu'il brillait par son éloquence.

VIII. — [*Adalbéron propose d'ajourner l'élection
d'un roi. La proposition est adoptée.*]

Adalbéron ayant donc pris place avec le duc au milieu de l'assemblée, parla ainsi : « Puisque notre pieux roi se trouve transporté
» dans les régions des purs esprits, et que la bienveillance de l'il-
» lustre duc et des autres seigneurs m'a justifié des accusations
» qui pesaient sur moi, je viens délibérer avec vous sur les affaires
» publiques. Je ne veux rien proposer qui ne soit profi-
» table à l'Etat. Désireux de servir tout le monde, c'est la pensée
» de tout le monde que je cherche, et comme je ne vois pas ici pré-
» sents tous les seigneurs dont l'expérience et le zèle pourraient
» contribuer à l'administration du royaume, il me semble que le
» choix d'un roi doit être ajourné, afin que, dans un temps con-
» venu, tous se réunissent et que chacun puisse utilement pro-
» duire l'opinion à laquelle il se sera arrêté. Qu'il vous plaise donc
» à vous, qui êtes ici assemblés pour délibérer, de vous lier avec
» moi à l'illustre duc par un serment, et de jurer de ne vous point
» occuper de l'élection d'un prince, de n'y point travailler, jusqu'à
» ce que nous soyons revenus agiter en commun cette question.
» Car il est de la plus haute importance de consacrer un certain
» temps à la réflexion ; chacun emploiera ce temps à examiner la
» question sous toutes ses faces et à l'étudier avec le plus grand
» soin. » Cet avis est accueilli de tous les assistants ; tous se lient
au duc par serment. On fixe l'époque de la prochaine assemblée,
et l'on se sépare ensuite.

IX. — *Charles entretient l'archevêque de ses droits
à la couronne.*

Cependant Charles, qui était frère de Lothaire et oncle paternel
de Louis, vint trouver à Reims l'archevêque et lui parla ainsi de

eum convenit : « Omnibus notum est, Pater Venerande,
» jure hereditario debere fratri et nepoti me succedere.
» Licet enim a fratre de regno pulsus sim, tamen natura
» nihil humanitatis mihi derogavit; cum omnibus membris
» natus sum, sine quibus quivis ad dignitatem quamlibet
» promoveri non potuit. His etiam non careo, quæ in
» regnaturis quibuslibet, plurimum queri solent, genere,
» et ut audeam virtute. Cur ergo a finibus ejectus sum,
» quos a majoribus meis possessos nemo dubitat, cum
» frater non sit, neposque obierit, prolemque nullam
» reliquerint? Pater nos duos fratres superstites reliquit.
» Frater regnorum dominium totum possedit, nihilque
» mihi concessit. Ego fratri subditus, fideliter non minus
» aliis militavi. A quo tempore fateor, nihil mihi carius
» fuisse salute fratris. Abjectus ergo et infelix quo me
» potius vertam, cum etiam omnia generis mei præsidia
» extincta sint? Quos præter vos omnium honestarum
» rerum egens appellem? Per quos nisi per vos paternis
» honoribus restituar? Utinam mihi fortunisque meis
» exitus accidisset. Quid enim abjectus spectantibus nisi
» spectaculum esse potero? Tangat vos aliqua humanitatis
» miseratio. Compatimini tantis injuriis fatigato.

X.

Postquam Karolus finem querimoniæ fecit, metropolitanus animo immobili (*a*) persistens, pauca admodum ei respondit : « Cum, inquiens, perjuris et sacrilegis,
» aliisque nefariis hominibus ipse semper deditus fueris,
» nec ab eis adhuc discedere velis, quomodo per tales et
» cum talibus ad principatum venire moliris? » Ad hæc Karolo respondente non oportere sese suos deserere, sed potius alios adquirere, episcopus intra se recogitabat : « Cum, inquiens, omnium dignitatum nunc egens, pravis

---

(*a*) obstinato *supra posito* vel immobili *codex*.

ses droits à la couronne : « Tout le monde sait, vénérable Père,
» que par droit d'hérédité, je dois succéder à mon frère et à mon
» neveu. Car, bien que mon frère m'ait dépossédé du trône, la
» nature cependant ne m'a rien refusé de ce qui fait l'homme ;
» je suis né avec tous les membres indispensables à quiconque
» aspire à une dignité ; je ne suis pas dépourvu des avantages
» qu'on recherche le plus dans ceux qui doivent régner, à savoir
» la noblesse et le courage. Pourquoi donc, puisque mon frère
» et mon neveu ne sont plus et qu'ils n'ont point laissé d'enfant,
» suis-je aujourd'hui repoussé du pays que tout le monde sait
» avoir été possédé par mes ancêtres? Mon père, en mourant, laissa
» deux fils. Mon frère a réuni sous son autorité tout le royaume et
» ne m'a rien accordé (1). Moi, soumis à mon frère, je l'ai servi
» avec autant de fidélité que tout autre. Oui, je le déclare, je
» n'eus rien alors de plus cher que le bonheur de mon frère. Et
» maintenant qu'ont disparu tous les appuis de ma race, de quel
» côté me tourner, dans le triste abandon où je suis? Privé de
» toutes les choses dues à mon rang, à qui m'adresser si ce n'est
» à vous? Par quel autre que par vous puis-je espérer recouvrer
» la couronne de mon père? Ah ! que n'ai-je trouvé avec ma for-
» tune une fin honorable ! Car, délaissé de tous, que puis-je faire
» que de servir au monde de spectacle? Laissez-vous donc toucher
» par quelque sentiment d'humanité, et prenez pitié d'un prince si
» cruellement poursuivi par l'adversité.

X. — [*Adalbéron refuse de les appuyer auprès des grands.*]

Quand Charles eut cessé de se plaindre, l'archevêque, dont la pensée était inébranlable, se contenta de lui répondre : « Vous avez
» toujours vécu au milieu de parjures, de sacriléges, de criminels
» de toute espèce, et, maintenant encore, vous refusez de vous en
» séparer ; comment pouvez-vous, par de tels hommes et avec de
» tels hommes songer à parvenir à la royauté? » Charles répliqua qu'il ne fallait pas abandonner ses amis, mais plutôt chercher à en acquérir d'autres. Sur quoi l'archevêque se dit à lui-même : « Aujourd'hui qu'il ne jouit d'aucune dignité, il ne veut

---

(1) *Suppl.*: contrairement à l'antique usage qui partageait entre les enfants d'un roi les états de leur père. — Aussi Charles se regarde-t-il comme ayant été frustré par son frère de la part de royauté qui lui revenait.

» quibusque annexus est quorum sotietate nullo modo
» carere vult, in quantam pernitiem bonorum esset, si
» electus procederet in fasces. » Tandem sine principum
consensu se super hoc nihil facturum respondens, ab eo
dimotus est.

XI. — Oratio * metropolitani * pro duce.

Karolus spe regni decidens, animo turbato, in Belgicam iter dimovit. Preterea tempore constituto, Galliarum principes jurati, Silvanecti collecti sunt. Quibus in curia residentibus, duce annuente metropolitanus sic locutus est : « Divæ memoriæ (a), Ludovico sine liberis orbi (b)
» subtracto, querendum multa deliberatione fuit, qui ejus
» vices in regno suppleret, ne res publica absque guber-
» natore neglecta, labefactaretur. Unde et hujusmodi
» negotium nuper diferri utile duximus, ut unusquisque
» quod singularis a Deo datum haberet, hic coram consu-
» lens post effunderet ; ut collectis singulorum sententiis,
» summa totius consilii, ex multitudinis massa deforma-
» retur. Reductis ergo jam nunc nobis in unum, multa
» prudentia, multa fide, videndum est, ne aut odium
» rationem dissipet, aut amor veritatem enervet. Non
» ignoramus Karolum fautores suos habere, qui eum
» dignum regno ex parentum collatione contendant. Sed
» si de hoc agitur, nec regnum jure hereditario adquiritur,
» nec in regnum promovendus est, nisi quem non solum
» corporis nobilitas, sed et animi sapientia illustrat, fides

* Or, po *abscisa*.
(a) D. M.
(b) ab hac vita *corr.* orbi.

---

(1) V. ci-dessous, c. 12, *note*.

(2) Toutes les circonstances relatives à l'élection de Hugues montrent d'une façon évidente que le duc et Adalbéron agissaient de concert. Personne ne fut dupe de cette petite comédie ; mais on sacrifia la postérité

» point se priver de la société des méchants; quel mal ne ferait-il
» donc pas aux bons, si l'élection lui décernait le pouvoir su-
» prême? » Enfin Adalbéron lui déclara qu'il ne pouvait rien faire
sans le consentement des grands, et il le congédia.

XI. — *Discours de l'archevêque, en faveur du duc.*

N'ayant plus d'espoir de régner, Charles, le cœur ulcéré, retourna en Belgique. Cependant, à l'époque fixée, les grands de la Gaule, qui s'étaient liés par serment, se réunissent à Senlis (1). Quand ils sont tous assemblés, sur l'invitation du duc (2), l'archevêque leur parle ainsi : « Après la mort de Louis de pieuse mémoire, décédé
» sans enfants, on a dû s'occuper sérieusement de la question de
» savoir qui le remplacerait sur le trône, afin de ne point exposer
» l'Etat à sa ruine, en le laissant sans guide ; et pour cela même,
» nous avons cru qu'il serait utile d'ajourner l'examen de cette
» affaire, afin que chacun pût venir ici exposer le sentiment que le
« ciel lui aurait inspiré, et que de ces opinions particulières, on
» pût tirer la pensée générale. Maintenant donc que nous voici
» de nouveau réunis, il importe d'avoir assez de prudence et de
» droiture, pour ne point permettre à la haine d'étouffer la rai-
» son, à l'affection d'affaiblir la vérité. Nous n'ignorons pas que
» Charles a des partisans, qui prétendent que le trône lui appar-
» tient par droit de naissance. Mais le trône ne s'acquiert pas par
» droit d'hérédité, et on ne doit y élever que celui que distinguent
» non-seulement les avantages de la naissance, mais encore la
» sagesse de l'esprit, celui que recommandent sa loyauté et sa

de Charlemagne, parce qu'on pensait gagner au changement de dynastie plus d'influence au dehors et surtout plus d'indépendance au dedans. C'est ce que témoigne clairement Raoul Glaber, quand il nous dit que la plupart de ceux qui avaient d'abord appuyé les prétentions du duc se tournèrent *bientôt* contre lui (Glabr. Rod. *Hist.*, l. II, c. 1). C'est ce qu'indique encore la réponse du comte de Périgueux à Hugues, quand ce prince lui demandant qui l'avait fait comte, Aldebert répliqua : Qui vous a fait roi ? (*Ademar. Caban.* ap. *Dom Bouq*, p. 146.) De tout temps les services ont réclamé leur récompense; mais il faut reconnaître que la barbarie du moyen-âge fut à peu près étrangère au désintéressement : Donnez-moi Dreux, disait O. à Hugues, et j'aurai bientôt pris Laon (V. ci-dessous, c. 40).

» munit, magnanimitas firmat. Legimus in annalibus
» clarissimi generis imperatoribus ignavia ab dignitate
» præcipitatis, alios modo pares, modo impares succes-
» sisse. Sed quid dignum Karolo conferri potest, quem
» fides non regit, torpor enervat, postremo qui tanta
» capitis imminutione hebuit, ut externo regi servire non
» horruerit, et uxorem de militari ordine sibi imparem
» duxerit? Quomodo ergo magnus dux patietur de suis
» militibus feminam sumptam reginam fieri, sibique
» dominari? Quomodo capiti suo præponet, cujus pares
» et etiam majores sibi genua flectunt, pedibusque manus
» supponunt? Considerate rem diligenter, et Karolum sua
» magis culpa præcipitatum quam aliena videte. Rei
» publicæ beatitudinem magis quam calamitatem optate.
» Si eam infelicem fieri vultis, Karolum promovete; si
» fortunatam, egregium ducem Hugonem in regnum
» coronate. Ne ergo Karoli amor quemque illiciat, nec
» odium ducis ab utilitate communi quemlibet amoveat.
» Nam si bonum vituperetis, quomodo malum laudabitis?
» Si malum laudetis, quomodo bonum contempnetis? Sed
» talibus quid interminatur ipsa Divinitas? ,,Væ, inquit,
» qui dicitis malum bonum, bonum malum, ponentes
» lucem tenebras, et tenebras lucem." Promovete igitur
» vobis ducem, actu, nobilitate, copiis clarissimum,
» quem non solum rei publicæ, sed et privatarum rerum
» tutorem invenietis. Ipsa ejus benivolentia favente, eum
» pro patre habebitis. Quis enim ad eum confugit, et
» patrocinium non invenit? Quis suorum auxiliis destitutus,
» per eum suis non restitutus fuit? »

(1) La faiblesse de certains princes, jointe au malheur des temps, avait pu, depuis un siècle, autoriser une telle maxime; mais, si Hugues était prêt à en recueillir les avantages, il n'était pas homme à en perpétuer les abus, et celui pour qui l'on invoquait le principe de l'éligibilité, devait contribuer à le ruiner. Ces inconséquences sont aussi vieilles que l'ambition couronnée.

(2) Il s'agit ici d'Agnès, fille d'Héribert II, comte de Troyes, et seconde femme de Charles. La première se nommait Bonne. — Sur l'expression *militaris ordo*, v. ci-dessus 1, 5, *note* 2.

» grandeur d'âme (1). Nous lisons dans l'histoire qu'à des empe-
» reurs d'illustre origine, que leur lâcheté précipita du trône, en
» ont succédé d'autres tantôt semblables, tantôt différents. Mais
» que peut-on attendre de convenable d'un prince que l'honneur
» ne guide point, qu'énerve la mollesse, et qui a poussé la folie
» jusqu'à n'avoir pas honte de servir un roi étranger, et de se
» mésallier en prenant une femme dans les rangs des vassaux (2)?
» Comment le puissant duc souffrirait-il qu'une femme tirée de la
» classe des vassaux devînt reine et dominât sur lui? Comment
» céderait-il le pas à celle dont les égaux et même les supérieurs
» fléchissent le genou devant lui et placent leurs mains sous ses
» pieds (3)? Examinez attentivement la question, considérez
» que Charles est tombé par sa faute plutôt que par celle d'au-
» trui (4), et puis, faites un choix qui assure le bonheur de l'Etat,
» au lieu de causer sa ruine. Voulez-vous que votre patrie soit
» malheureuse, nommez Charles; la voulez-vous prospère, couron-
» nez le glorieux duc Hugues. Ne vous laissez ni entraîner par vos
» sympathies pour Charles, ni détourner de l'intérêt commun par
» un sentiment de haine pour le duc. Car si vous censurez l'homme
» de bien, comment louerez-vous le méchant? Et si vous louez
» le méchant, comment mépriserez-vous l'homme de bien? N'en-
» tendez-vous pas la menace de la divinité même : malheur à vous,
» qui appelez mal le bien et le bien mal, faisant de la lumière les
» ténèbres et des ténèbres la lumière (5)? Elisez donc le duc, que
» vous recommandent ses actes, sa noblesse, sa puissance, et en
» qui vous trouverez un défenseur, non-seulement de l'Etat, mais
» encore de vos intérêts privés ; grâce à sa bienveillance, vous au-
» rez en lui un père. Qui est-ce en effet qui a eu recours à lui et
» qui n'en a pas obtenu aide et protection? Qui est-ce qui, privé
» de l'assistance des siens, ne leur a pas été rendu par lui?

(3) C'était une des formalités symboliques qui accompagnaient la prestation du serment de fidélité.

(4) Il semble avoir été peu soigneux de ses intérêts : Cognominabatur *infatuatus*, nous dit un chroniqueur qui vivait un peu plus de cent ans après lui (p. 236) ; il accueillit avec trop de réserve l'offre que lui firent certains seigneurs de soutenir ses droits à la couronne, et par ses lenteurs lassa leurs bonnes dispositions (Sigeb., Gembl. *Chron.*, p. 216); les autres s'effrayèrent pour leur indépendance des violences que lui reprochaient les Lorrains, et de l'appui qu'il pouvait trouver dans Otton, ou ne purent lui pardonner de s'être fait l'homme des ennemis de la France.

(5) Isaïe, v. 20.

XII. — Promotio Hugonis in regnum.

Hac sententia promulgata et ab omnibus laudata, dux omnium consensu in regnum promovetur, et per metropolitanum aliosque episcopos Noviomi coronatus, Gallis, Brittannis, Dahis, Aquitanis, Gothis, Hispanis, Wasconibus, rex (*a*) Kalendis Jun. prærogatur. Stipatus itaque regnorum principibus, more regio decreta fecit, legesque condidit, felici successu omnia ordinans, atque distribuens. Et ut beatitudini suæ responderet, multo successu rerum secundarum levatus, ad multam pietatem intendit. Utque post sui discessum a vita, heredem certum in regno relinqueret, sese consultum cum principibus contulit. Et collato cum eis consilio, Remorum metropolitanum Aurelianis de promotione filii sui Rotberti in regnum prius per legatos, post per sese convenit. Cui cum metropolitanus non recte posse creari (*b*) duos reges in eodem anno responderet, ille mox epistolam a duce Citerioris Hispaniæ Borrello missam protulit, quæ ducem petentem suffragia contra barbaros indicabat. Jam etiam Hispaniæ partem hostibus pene expugnatam asserebat, et nisi intra menses decem copias a Gallis accipiat, barbaris totam in deditionem transituram. Petebat itaque alterum regem creari, ut si bellico tumultu (*c*) duorum alter decideret, de principe non diffideret exercitus. Fieri quoque asserebat posse, rege interempto, et patria desolata, primatum discordiam, pravorum contra bonos tirannidem, et inde totius gentis captivitatem.

XIII. — Promotio Rotberti in regnum.

Metropolitanus sic posse fieri intelligens, dictis regiis cessit. Et quia tunc in Nativitate Domini regnorum prin-

---

(*a*) r. ab omnibus *delet.*
(*b*) ordinari *corr.* creari.
(*c*) si in bello hispanico *deleta.*

XII. — *Hugues est nommé roi* (1ᵉʳ Juin).

Cet avis est favorablement accueilli de tous, et, d'un consentement général, le duc est élevé au trône. Le métropolitain et les autres évêques le couronnent à Noyon (1), aux calendes de Juin, et le proclament roi des Gaulois, des Bretons, des Normands (2), des Aquitains, des Goths, des Espagnols (3) et des Gascons. Entouré des grands du royaume, il fait acte d'autorité royale en publiant des décrets, en donnant des lois. Il règle, il administre les affaires avec le plus grand succès, et reconnaît, par une profonde piété, le bonheur qui partout l'accompagne. Désirant mettre après soi hors de contestation l'héritage de la couronne, il s'entendit avec les grands, et après en avoir conféré avec eux, il envoya d'Orléans des députés à l'archevêque de Reims et vint ensuite le trouver lui-même, pour en obtenir que son fils Robert fût associé au trône. L'archevêque lui ayant répondu qu'on ne pouvait raisonnablement faire deux rois la même année, Hugues lui mit aussitôt sous les yeux une lettre de Borel, duc de l'Espagne Citérieure (4), qui lui demandait des secours contre les barbares, disant qu'une partie de l'Espagne était déjà soumise à ces ennemis, et que si les Gaulois ne lui envoyaient des troupes avant dix mois, elle passerait tout entière sous leur domination. Hugues demandait donc la création d'un nouveau roi, afin que, si l'un des deux venait à succomber dans la guerre, l'armée pût compter sur un chef. Il pouvait d'ailleurs arriver, ajoutait-il, que la mort du roi et le délaissement de la patrie amenassent la discorde parmi les grands, la tyrannie des méchants contre les bons, et par suite la captivité de toute la nation.

XIII. — *Robert est également reconnu roi* (988).

L'archevêque, persuadé par ces raisons, céda au désir de Hugues; et, comme tous les grands étaient réunis aux fêtes de la

---

(1) Richer est ici en contradiction avec tous les chroniqueurs, lesquels s'accordent à mettre l'élection de Hugues à Noyon, et son sacre à Reims.
(2) *Dahis* est évidemment ici, comme le suppose M. Pertz, pour *Danis*, synonyme de *Nortmannis*.
(3) Des Espagnols de l'Espagne Citérieure dont il est question quelques lignes plus bas. — Les seigneurs de la marche d'Espagne reconnurent aussitôt Hugues; mais il n'en fut pas de même de ceux de l'Aquitaine et du Languedoc (V. *Dom Bouq.*, p. 543 et sq).
(4) Cf. ci-dessus, l. III, c. 43.

cipes convenerant ad celebrandum regiæ coronationis honorem, in basilica Sanctæ Crucis ejus filium Rotbertum Francis laudantibus accepta purpura sollempniter coronavit, et a Mosa fluvio usque Oceanum occidentalibus regem præfecit et ordinavit. Tanta industria atque sollertia clarum, ut et in rebus militaribus præcelleret, et divinis ac canonicis institutis clarissimus haberetur; liberalibus studiis incomberet (a), episcoporum etiam sinodis interesset, et cum eis causas æcclesiasticas discuteret ac determinaret.

XIV.— Conquestio Karoli apud amicos de regno.

Interea Karolus apud amicos et cognatos motu gravissimo movebat querelam, atque in sui suffragium querimoniis excitabat. Qui lacrimis suffusus : « Video, inquit,
» ætatem meam procedere, et me ipsum in dies patri-
» monii rebus exui. Unde nec sine lacrimis parvulos
» meos aspicere valeo, infelicis germina patris. Quibus
» potius auctor sum futuri doloris, quam honoris. Satis
» infelix pater fui, qui natis adesse vix aliquando potui.
» Sed saltem vos, amici, consulite dolenti patri, subvenite
» destituto parenti. Adestote natis in ætate tenerrima
» erumnas jam scientibus. Providete abjectis in casus,
» an inrevocabiles nescio, exituris. Suadeat vobis saltem
» sanguinis communis affinitas (b). Suadeat et nobilitas
» non neglegenda. Suadeat et recompensatio, quæ sit non
» sine multiplici fructu reditura. »

XV.

Mox omnes commoti (c), auxilium spondent, et sese ad auxiliandum promptissime parant. Quorum consilio usus,

(a) *sic.*
(b) a. aliquam misericordiam ostendere *deleta*.
(c) Qua o. c. conquestione *deleta*.

Nativité de Notre Seigneur pour célébrer le couronnement du roi, il prit la pourpre, couronna solennellement Robert, fils de Hugues, dans la basilique de Sainte-Croix (1), aux applaudissements des Français, et le proclama roi de la Gaule occidentale, comprise entre la Meuse et l'Océan. Robert était un prince fameux par l'activité et la pénétration de son esprit; il excellait à la fois dans l'art militaire et dans la connaissance des lois divines et canoniques, s'appliquait à l'étude des belles-lettres, assistait volontiers aux synodes des évêques, et se plaisait à discuter et à régler avec eux les intérêts de l'Eglise.

XIV. — *Charles se plaint à ses amis d'avoir été repoussé du trône.*

Cependant Charles se plaignait avec une vive émotion à ses amis, à ses parents, et par ses plaintes s'efforçait de les intéresser à sa cause: « Je vois mon âge s'avancer, leur disait-il en fondant en
» larmes, et chaque jour confirmer la spoliation de mon patri-
» moine. Aussi, comment considérer sans larmes mes jeunes en-
» fants, rejetons d'un père infortuné? Je leur ai procuré plus de
» chagrin que d'honneur; à peine ai-je jamais pu leur venir en
» aide; oui, je suis un père bien malheureux. Mais du moins vous,
» mes amis, prenez pitié de ma douleur, soutenez un parent dans
» l'abandon. Tendez une main secourable à mes enfants, dont l'âge
» si tendre connaît déjà le malheur (2). Aidez-les à sortir de la
» triste position, où, peut-être pour toujours, ils sont tombés. Lais-
» sez-vous toucher par la voix du sang; laissez-vous toucher par le
» sentiment de votre noblesse, qu'il ne faut pas négliger; laissez-
» vous toucher par la perspective des nombreuses récompenses qui
» doivent vous revenir. »

XV. — [*Ils lui promettent du secours et établissent des intelligences avec les bourgeois de Laon.*]

Tous se laissent attendrir, promettent du secours et se mettent aussitôt en mesure de le fournir. Sur leur conseil, Charles com-

---

(1) A Orléans. Une glose fort ancienne de la *Chronique* de Fleury appuie en ceci notre auteur (*Dom Bouq.*, p. 177). — M. G.: « *Hugues prit la pourpre et il couronna solennellement, dans la basilique de Sainte-Croix, Robert son fils...* »

(2) V. ci-dessous, c. 49, *note.*

exploratores Karolus mittere cepit, qui sagaciter perpenderent, si qua oportunitas pateret, qua Laudunum ingredi valeret. Directi investigaverunt deprehenderuntque nullum aditum patere. Cum quibusdam tamen civibus secretum contulere, qui (*a*) effectum negotio quererent. Quo tempore Adalbero ejusdem urbis episcopus, suis civibus plus justo injurias de lege agraria irrogabat. Unde quidam ab eo latenter animo discedentes, benivolentiamque simulantes, exploratoribus Karolum sese in urbem recepturos promittunt.

XVI. — Qualiter Karolus Laudunum ingressus sit.

Mox etiam urbis proditionem si Karolus veniat pollicentur, et si eis (*b*) sua dimittat, et insuper augeat. Exploratores pacto sacramentis firmato, hæc Karolo reportant. Ille mox suis quos superiore conquestione excitaverat, hoc mandatum aperuit. Qui unanimes oportuno tempore collecti, ei sese obtulere. Ille copiis assumptis, Laudunum dum sol occideret tempestivus advenit, misitque exploratores ad transfugas, ut quid esset agendum referrent. Latebant itaque inter vinearum dumeta et sepes; parati urbem ingredi si fortuna admitteret, et armis obniti, si eventus id afferret. Qui missi fuerant ad insidias, per loca constituta et nota, proditoribus occurrunt, et Karolum cum multo equitatu advenisse nuntiant. Proditores gavisi, exploratores remittunt, et Karolo cito adesse mandant. Quibus cognitis, Karolus cum suis per montis devexa urbis portam aggressus est. Sed vigiles cum ex fremitu

(*a*) q. et celare possent et *deleta*.
(*b*) e. bona s *deletum*.

---

(1) Le latin dit qu'il appliquait avec rigueur *la loi agraire*. Mais qu'est-ce que la loi agraire au x° siècle?

(2) Toute cette histoire est assez habilement conduite, mais il s'en faut qu'elle soit exacte. C'est avec le clerc Arnoulf, son neveu, que Charles machina la prise de Laon, et c'est Arnoulf qui lui livra cette ville et son

mence par envoyer des éclaireurs examiner avec soin s'il n'y avait pas quelque moyen de pénétrer dans la ville de Laon. Ceux-ci se convainquent par leurs recherches qu'il n'en existe aucun. Mais ils s'abouchent secrètement avec quelques habitants capables de préparer le succès de l'entreprise. Car Adalbéron, évêque de Laon, exigeait avec une extrême rigueur le paiement des dîmes (1); aussi quelques bourgeois, qui, sous les dehors de l'attachement, lui étaient secrètement hostiles, promirent-ils aux éclaireurs de Charles de recevoir ce prince dans leurs murs (2).

XVI. — *Comment Charles entra dans la ville de Laon.*

Ils s'engagent même aussitôt à lui livrer la ville dès qu'il se présentera, s'il consent à leur rendre leurs biens et à augmenter leurs richesses. Le traité est scellé par des serments, et les éclaireurs vont rendre compte à Charles du résultat de leur mission. Charles aussitôt en fait part à ceux des siens que ses plaintes avaient touchés, et tous viennent, en temps convenable, se mettre à sa disposition. Il arrive devant Laon avec ses troupes au moment juste où le soleil se couchait, et envoie ses éclaireurs aux transfuges, pour apprendre d'eux ce qu'il fallait faire : on se tient caché, pendant ce temps, derrière les haies des vignes, tout prêt à entrer dans la ville, si la fortune le permet ; à combattre, si les circonstances l'exigent. Les émissaires trouvent les traîtres à l'endroit convenu, et leur annoncent que Charles est là avec une nombreuse cavalerie. Ceux-ci, charmés, les renvoient pour avertir Charles de venir aussitôt. A cette nouvelle, le prince avec les siens se dirige par la montagne vers la porte de la ville. Mais au hennissement des

évêque Adalbéron. Les *Actes du Concile de Reims* en font foi : « J'ai eu tort, dit l'évêque de Brunon, de solliciter l'épiscopat pour ce malheureux, *cum scirem hunc Laudunensis urbis pervasorem, totiusque tyrannicæ factionis fuisse principem* (V. ci-dessous, c. 56). » — « Frappez ce traître, écrivent au pape les évêques du concile, frappez ce Judas, *qui filius quondam ecclesiæ Laudunensis, cum episcopum suum dolo et fraude ceperit, ecclesiam ejus pervaserit... Remensem sibi creditam... captivavit* (Dom Bouq., p. 225). » Nous voyons d'ailleurs, par une lettre de Gerbert (*ibid.*, ep. 86) qu'*une assemblée des évêques de toute la Gaule* condamna le clerc Arnoulf, et qu'après la mort d'Adalbéron de Reims, ce fut, chose étrange, Adalbéron de Laon qui, seul, le réconcilia avec l'Eglise.

equorum, et aliqua collisione armorum aliquos adesse persentirent, et quinam essent a muro inclamarent, lapidibusque jactis urgerent, proditores mox aliquos esse de civibus responderunt. Quo commento corruptis vigilibus, introrsum portam aperuerunt, atque exercitum ipso crepusculo exceperunt. Mox exercitus urbem implevit. Portæ etiam ne quis aufugeret, custodibus adhibitis pervasæ sunt. Alii itaque personabant bucinis, alii vocibus fremebant, alii armorum sonitu tumultuabantur. Unde cives territi, utpote qui ignorabant quid esset, et de domibus ebullientes, profugio se eripere conabantur. Quorum alii æcclesiarum secretis se occultabant, alii diversis latibulis se claudebant; alii vero saltu se de muris præcipitabant. Quorum unus episcopus, cum per declivia montis jam elapsus, et in vineis ab observatoribus repertus esset, Karolo deductus est, et ab eo carcere detrusus. Emmam quoque reginam, cujus instinctu sese repulsum a fratre arbitrabatur, ibi comprehendit, eique custodes adhibuit. Reliquam etiam urbis nobilitatem pene totam pervasit.

XVII.

Postquam sedatis tumultibus civitas tranquilla reddita est, Karolus de urbis munitione, et militum victu, deliberare atque ordinare cœpit. Deputavit ergo vigiles quingentenos, qui noctibus singulis armati excubias per urbem et mœnia exercerent. Annonam etiam ex toto pago Veromandensi advehi jussit. Et sic urbem ad resistendum munivit. Nam turrim quæ adhuc muris humilibus perstabat, pinnis eminentibus exstruxit, fossisque patentibus circumquaque vallavit. Machinas etiam hostibus effecit. Necnon et ligna (*a*) advectantur, machinis educendis idonea. Valli quoque exacuuntur, cratesque contexuntur. Nec minus fabri accersiuntur, qui missilia fabricent, ac quæque necessaria ferro instaurent. Nec defuere qui tanta subtilitatis arte balistas emittant, ut apothecam in recta

chevaux, au bruit des armes qui s'entrechoquent, les sentinelles s'aperçoivent que du monde approche de la muraille, et font retentir le *qui vive*, tout en lançant de nombreuses pierres. Les traîtres aussitôt de répondre que ce sont des bourgeois. Trompées par ce mensonge, elles ouvrent la porte, et font entrer l'armée : les dernières lueurs du jour s'éteignaient. L'ennemi se répand à l'instant dans la ville, après s'être emparé des portes pour empêcher qu'on ne sortît. Les uns remplissent les rues du bruit de leurs trompettes, les autres de leurs cris, d'autres enfin du fracas de leurs armes. Les habitants, qui ne savent ce que cela signifie, se précipitent tout effrayés hors de leurs demeures, et cherchent où se réfugier. Ceux-ci se cachent au fond des églises, ceux-là partout où ils peuvent ; d'autres s'élancent du haut des murailles. De ce nombre fut l'évêque ; il était parvenu à s'échapper par la montagne, mais on le retrouva dans les vignes, et on le conduisit à Charles, qui le fit mettre en prison. Charles surprit également à Laon la reine Emma, dont il croyait que les conseils l'avaient fait exclure du trône par son frère, et il la mit sous bonne garde. Il s'empara ainsi de presque toute la noblesse de la ville.

XVII. — [*Charles fortifie Laon.*]

Le tumulte apaisé et le calme rétabli dans la ville, Charles s'occupa de la fortifier et d'assurer des vivres à ses soldats. Il commanda que cinq cents hommes armés veillassent chaque nuit dans l'intérieur de la place et sur les remparts ; il fit aussi venir des provisions de tout le Vermandois, et mit Laon en état de défense. La tour en était trop basse, il la fit surmonter de créneaux élevés, et environner de fossés profonds. En même temps, par ses ordres, on amenait à Laon des bois propres à la construction des machines de guerre, et on les mettait en œuvre ; on aiguise aussi des pieux ; on fait des claies ; on met en réquisition les forgerons, pour fabriquer des projectiles et toute sorte d'objets en fer. On avait d'ailleurs des hommes si habiles à manier les balistes, qu'ils traversaient d'un coup sûr deux trous percés diamétralement aux deux extrémités

---

(*a*) millenæ trabes *corr.* ligna.

diametro duplici foramine patentem, certo jactu trajiciant, aves quoque in aere volantes, indubitato ictu impeterent, transfixasque de sublimi præcipitarent.

XVIII. — Impetus * Hugonis in * Karolum.

Quæ dum aguntur regum auribus delata sunt. Qui vehementissime moti, non tamen præcipiti impetu, sed ut in omnibus solebant, super hoc diligentissime consultaverunt; utcumque etiam cordis dolorem dissimulabant. Legatos quaquaversum dirigunt. Gallos quos hinc Matrona, inde abluit Garunna, contra tirannum invitant. Quibus in unum coactis cum exercitum collegissent, deliberabant an urbem aggressi expugnarent antequam ab hostibus amplioribus copiis muniretur, et expugnata tirannum confoderent, eo quod si is solummodo captus aut occisus foret, mox sese regnum quiete habituros, an cum benivolentia susciperent supplicem, si forte is se supplicem conferret, et dono regum se posse tenere res pervasas exposceret. At qui acrioris animi et constantioris fuere, censebant fore obsidioni incombendum; hostes urgendos; regionem etiam quam pervaserant, igne penitus consumendam. Collectis itaque sex milibus equitum, in hostem vadunt. Tempore statuto urbem appetunt; obsidionem disponunt; castrisque loca metati; fossis et aggeribus vallant.

XIX.

Ubi cum diebus multis resederint, nihil virium, nihil damnationis in hostes exerere valuerunt; tanta eminentia et laterum objectione urbs inexpugnabilis erat. Dies etiam autumnales breviore circulo ducti, his exercitiis non sufficiebant. Noctes quoque prolixæ, multo sui tempore vigiles afficiebant. Unde cum primatibus consilio habito, redeunt, post vernali tempore redituri. Quibus abductis, Karolus urbem circumquaque perambulat. Sicubi etiam hostibus facilis locus patet, explorat. Obstruit itaque

d'une maisonnette, ou qu'ils atteignaient infailliblement les oiseaux dans leur vol, et les faisaient tomber transpercés du haut des airs.

XVIII. — *Hugues marche contre Charles.*

Cependant la nouvelle de ce qui se passait arrive aux oreilles des rois. Ils en sont profondément émus; mais ils ne précipitent rien, et fidèles à leurs habitudes, ils délibèrent mûrement sur cette affaire, cachant au fond de leur cœur le chagrin qu'ils en ressentent. Ils envoient de tous côtés des courriers, et appellent aux armes contre le tyran les Gaulois établis entre la Marne et la Garonne. Quand ceux-ci sont réunis et formés en armée, on examine si on attaquera la place avant que la garnison en ait été augmentée, et si, une fois maître de Laon, on se débarrassera du tyran; attendu que, si on le prenait ou le tuait, la tranquillité du royaume était aussitôt assurée; ou si on accueillera avec bonté ses supplications, en supposant qu'il se présente en suppliant et qu'il demande à tenir des rois, à titre de fief, ce qu'il a usurpé. Les plus ardents et les plus déterminés voulaient qu'on assiégeât la place en règle, qu'on pressât fort les ennemis, et qu'on livrât aux flammes le pays qu'ils avaient envahi. On rassemble donc six mille cavaliers et on marche contre Charles. Arrivé devant la place, on en forme aussitôt le blocus, en ayant soin de protéger le camp par des fossés et des palissades.

XIX. — [*Il se retire sans avoir rien pu faire, et Charles continue de fortifier Laon.*]

Il y avait plusieurs jours qu'ils étaient là, sans avoir pu déployer contre l'ennemi leur courage, ni lui faire aucun mal, tant l'élévation et l'escarpement de la montagne rendaient la ville inexpugnable. On était d'ailleurs en automne, et les jours étaient trop courts pour suffire à de telles opérations, tandis que la longueur des nuits fatiguait les sentinelles. Aussi, après avoir tenu conseil avec les grands, les rois s'en retournèrent-ils, pour revenir au printemps. Quand ils furent partis, Charles visita l'extérieur de la place, observant tous les points faibles; il fit boucher des portes, par où l'ennemi eût pu facilement entrer, ainsi que les sorties dérobées, mé-

---

* I, in *abscisa.*

portas, hostium ingressui faciles. Obturat postica post domos latentia. Restaurat muros vetustate lapsos. Turrim quoque potioribus edificiis intra et extra dilatat ac firmat.

XX. — Profugium episcopi.

In quam episcopus detrusus, cum in conclavi teneretur, funibus per fenestram demissus, tempore nocturno equo vectus aufugit. Et ut se Karolo non favisse monstraret, ad reges sese contulit, et a tanta suspitione purgavit. Arbitrabatur enim quasdam conjecturas posse a calumniatoribus confingi, acsi ipse capiendi oportunitatem parasset. Qui susceptus a rege, utpote fidelitatis exsecutor, non minore gratia habitus est.

XXI.

Interea rigore hiemali elapso, cum aere mitiori ver rebus arrideret, et prata atque campos virescere faceret, reges exercitu collecto urbem prædictam cum octo milibus aggressi sunt. Castra inprimis aggere et fossa muniunt. Inde exstruitur aries, muris frangendis obnisurus.

XXII. — Compositio arietis.

Cujus machinam ex quatuor miræ grossitudinis et longitudinis trabibus longilatero scemate erexerunt, in cacumine, et basi, per quatuor latera repagulis transverse annexis; in medio vero solummodo levum latus et dextrum ligna transmissa habuere. At super trabium erectarum superiores commissuras, longurios duos straverunt, inmotosque effecerunt, partem tertiam superioris spatii trabium in medio obtinentes. A quibus longuriis funes implicitos deposuerunt. Funibus quoque trabem cum ferrato capite multæ grossitudinis suspenderunt. Cui etiam trabi in medio et extremo funes alligatos adhibuerunt; qui a multitudine tracti et remissi, ferratæ moli motum darent. Unde et

nagées derrière les maisons; il releva les murailles tombées en ruine, agrandit et fortifia la tour au dedans et au dehors par de solides constructions.

XX. — *L'évêque parvient à s'enfuir.*

L'évêque avait été enfermé dans une chambre de cette tour. Au moyen de cordes, il s'échappa la nuit par la fenêtre, et, monté sur un cheval, se rendit auprès des rois, afin de leur prouver qu'il n'avait point prêté à Charles son appui, et de se laver de tout soupçon. Car il craignait que des calomniateurs ne parvinssent à leur persuader qu'il avait aidé lui-même à la prise de Laon (1). Les rois lui firent un gracieux accueil, comme à un fidèle observateur de son serment.

XXI. — [*Les rois viennent assiéger Laon une seconde fois* (989).]

Cependant les rigueurs de l'hiver étaient passés; le printemps souriait à la nature, et, sous sa tiède haleine, les prés et les champs reverdissaient. Les rois rassemblent l'armée et reviennent, à la tête de huit mille hommes, attaquer la place. On fortifie d'abord le camp par un fossé et des palissades; puis on construit un bélier, pour battre en brèche la muraille.

XXII. — *Construction d'un bélier.*

On forma cette machine de quatre pièces de bois, d'une grandeur et d'une grosseur prodigieuses, qu'on dressa debout, en forme de carré long, et qu'on assujétit entre elles au sommet et à la base par quatre traverses; quant au milieu, il n'y avait de traverses qu'au côté droit et au côté gauche. Sur les jointures supérieures des poutres, on étendit deux longues solives, qu'on fixa à la distance l'une de l'autre du tiers de l'espace qui séparait ces poutres. On y attacha des cordes entrelacées, et à ces cordes on suspendit une pièce de bois armée d'une énorme tête de fer, et munie, au milieu et à l'extrémité, de cordes qui, successivement tirées et lâchées par une multitude de bras, devaient mettre en mouvement

---

(1) Adalbéron de Laon, plus connu dans l'histoire sous le nom d'*Ascelin*, avait sans doute quelque raison pour appréhender une telle calomnie. Car on ne faisait que médire de lui en le nommant *le traître Ascelin* (V. entre autres *Dom Bouq.*, p. 226 et *note*).

hujusmodi machina quia more arietis retro tracta, ante cum impetu ruit, aries appellatur; cujuscumque soliditatis muris frangendis aptissimus. Quam etiam machinam super tres rotas triangulo scemate positam aptaverunt, quo facilius obliquata, quocumque oporteret verti valeret. At quia urbis situs accedere prohibuit, eo quod ipsa urbs in eminenti montis cacumine eminet, aries fabricatus cessit.

XXIII. — Disgressio Hugonis cum exercitu a Lauduno.

Post hæc cum per dies plurimos in obsidione urbis vigiliis et curis, pugnisque frequentibus laboravissent, die quadam custodibus castrorum vino somnoque aggravatis, urbani vino exhilarati cum armis ad castra pedestres venerunt. Equites vero consequenter armati subsecuti sunt, rei eventum præstolantes, ut si pugnæ locus adesset, prosperaque fortuna felicem annueret (a) eventum, cum hoste comminus confligerent. Cum ergo pedites jam castris propinquassent, custodesque consopitos intellexissent, faces castris immisere. Quorum incendii fumo aer densatus, non solum intuentium visibus tetra nigredine obstabat, at gravi vapore narium et faucium meatus intercludebat. Pedites mox vociferari, clangere milites cepere. Rex et qui cum eo erant elementorum confusione multoque virorum clamore et tubarum clangore turbati, ab urbe sedes mutavere. Nam castra cum cibis et rebus omnibus absumpta videbat. Unde exercitum ad tempus reducere disposuit, ut reditum amplioribus copiis post appararet. Quæ omnia Augusti tempore patrata sunt.

(a) sponderet *supra posito* annueret *cod*.

(1) L'expression de Richer (*Cf. c.* 19 *et* 40) n'est pas très-exacte. La ville de Laon n'occupait encore, au xe siècle, que la partie méridionale du plateau qu'elle recouvre aujourd'hui tout entier, et se trouvait abordable de

la masse ferrée. C'est à cette manœuvre que ce genre de machine doit le nom de bélier, parce qu'à la façon du bélier, la poutre suspendue se retire pour se précipiter en avant avec force ; les murs les plus solides ne sauraient résister aux coups d'un tel engin. Celui-ci fut placé sur trois roues, disposées en triangle pour pouvoir être plus aisément dirigées en tous sens. Mais, comme la position de la ville au sommet d'une montagne (1) ne permit pas de s'en approcher, le bélier fabriqué fut inutile.

XXIII. — *Hugues abandonne le siége de Laon et se retire avec son armée* (Août).

Le siége durait depuis plusieurs jours, et l'armée était fatiguée des veilles et des nombreux combats qu'elle avait à soutenir, quand, une nuit que les gardes du camp étaient plongés dans le sommeil et le vin, les gens de la ville, échauffés par quelques libations, descendirent en armes vers le camp, suivis de cavaliers armés, qui étaient tout prêts, s'il y avait bataille et que l'affaire prît bonne tournure, à se jeter sur l'ennemi. Les fantassins s'approchant donc du camp, et trouvant les gardes endormis, mirent le feu aux tentes. Bientôt la fumée de l'incendie remplit le ciel ; de noirs tourbillons interceptaient la vue ; une épaisse vapeur obstruait les narines et la gorge. En même temps les fantassins criaient, les cavaliers faisaient retentir leurs clairons. Effrayé de la confusion des éléments, des cris des guerriers, du bruit des trompettes, le roi s'éloigna de la ville avec ceux qui l'accompagnaient, et voyant que le camp était consumé avec toutes les provisions et le matériel qu'il renfermait, il résolut de ramener son armée pour faire les préparatifs d'une expédition plus considérable. Tout cela se passait au mois d'Août.

---

ce côté. Toutefois le sol s'exhaussant brusquement à l'entrée de la cité, les murs étaient terrassés sur ce point comme sur tous les autres, et pouvaient aisément défier les efforts du bélier. Il est d'ailleurs incontestable qu'en des temps antérieurs on avait eu fréquemment recours à cette machine contre les murailles de la ville de Laon (V. entre autres, dans les *Actes SS. ord. Bened.*, viie siècle, la Vie de sainte Salaberge, p. 427).

XXIV. — Obitus Adalberonis * metropolitani *.

His ita gestis non multo post metropolitanus in egritudinem decidens, quæ a Grecis causon, a Latinis incendium dicitur, per legatos regi tunc Parisii commoranti indicavit, sese in gravem valitudinem decidisse; unde et ei maturandum, ne Karolus qui cetera Remos etiam pervaderet. Rex accitis qui aderant, mox ire disposuit. Quo in itinere aliquantisper tardante, cum metropolitanus insomnietate simulque et mentis alienatione nimium vexaretur, nullaque crisi omnes dies creticos huic egritudini commodos præteriret, dissolutis elementis debitum humanitatis 10 Kal. Febr. exsolvit. Qua die rex tempestivus adventans, urbe receptus est. In exsequiis etiam pontificis, plurima commiseratione condoluit. Nec vero sine lacrimis aliquot de eo querimonias habuit; corpus quoque multo honore sepulturæ dedit. Cives domino destitutos, mira benivolentia solatus est. Qui de fidelitate regi servanda et urbe tuenda interrogati, fidem jurant, urbis tuitionem pollicentur. Quibus sacramento astrictis, eisque libertate eligendi domini quem vellent ab rege concessa, rex ab eis dimotus Parisium devenit.

XXV. — Quomodo Arnulfus ** archiepiscopatum ** petiit.

Ubi cum de liberalitate et fide civium Remensium lætus moraretur, Arnulfus Lotharii filius per quosdam (a) regis stipatores ab rege episcopatum expetebat, Karolum quoque patruum sese deserturum mandat, fidem spondet; regisque injuriam ulturum; contra hostes etiam regis plurima

* albe, opo *abscisa*.
** Arnulfus, archi, m *abscisa*.
(a) per burch *deletum*.

---

(1) C'est la fièvre chaude.
(2) C'est-à-dire le 23 Janvier.

XXIV. — *Mort de l'archevêque Adalbéron* (990).

Peu de temps après, l'archevêque ayant été pris de la maladie que les Grecs nomment *causon* et les Latins *incendium* (1), envoya prévenir le roi, qui résidait alors à Paris, qu'il était gravement malade, et l'avertit de venir en toute hâte, s'il voulait empêcher Charles de s'emparer de Reims comme du reste. Le roi prit donc avec lui tous ceux qui se trouvaient là, et donna aussitôt l'ordre du départ. Mais, comme il ne pressait pas beaucoup la marche, Adalbéron, que fatiguait extrêmement un continuel délire, et qui avait traversé sans crise tous les jours critiques favorables à cette maladie, paya sa dette à la nature, le 10 des calendes de Février (2). Ce jour-là même Hugues arriva et fit son entrée dans la ville. Il témoigna la plus vive douleur aux obsèques du prélat, et ce ne fut pas sans verser de larmes qu'il exprima ses regrets; il fit enterrer le corps avec de grands honneurs. Il consola ensuite avec bonté les habitants de Reims de la perte qu'ils venaient de faire, et comme il leur demandait s'ils étaient prêts à lui garder leur foi et leur cité, ils lui jurèrent fidélité et lui promirent de défendre leur ville. Après se les être ainsi attachés par les liens du serment, et leur avoir laissé la liberté d'élire pour seigneur qui ils voudraient (3), le roi les quitta et retourna à Paris.

XXV. — *Arnoulf sollicite l'archevêché.*

Tandis qu'il y séjournait heureux de l'affabilité et de la fidélité des bourgeois de Reims, Arnoulf, fils de Lothaire (4), pria quelques-uns de ses officiers de solliciter pour lui l'épiscopat, les assurant qu'il était prêt à prêter serment à Hugues et à abandonner la cause de son oncle Charles; il vengerait l'injure du roi, disait-il, en com-

---

(3) Adalbéron avait, de son vivant et à l'article de la mort, désigné Gerbert pour son successeur (V. ci-dessous, c. 102); tout le clergé, tous les évêques et quelques vassaux avaient applaudi à ce choix, dit en outre Gerbert (Ep. 46, *Dom Bouq.*, p. 400). Mais les amis d'Arnoulf étaient nombreux et puissants, et il n'était pas de tourments dont ils ne cherchassent à effrayer son rival : « *Taceo de me, cui mille mortes intendebantur* (*id. ibid.*). »

(4) Lothaire avait eu quatre fils, dont deux seulement lui survécurent, Louis V, et cet Arnoulf, qui était un fils naturel.

nisurum : urbem Laudunum ab hostibus pervasam , in brevi redditurum. Regii stipatores lætati , episcopatum petenti quam cito dari suadent, regi nil perditurum asserentes, si sibi militaturo et fidem servaturo quod petit largiatur. Multo etiam sibi profuturum, si id faciat, quod cum factum sit, omnium salutem affectet. Rex eorum suasionibus adquiescens, Remos devenit, civibus hanc petitionem ostensurus, ne malefidæ sponsionis teneretur obnoxius.

XXVI. — Oratio regis * ad cives Remenses.

Et omnibus accersitis, sic locutus ait : « Quoniam fidei
» exsecutores vos probavi, nec me a fide alienum expe-
» riemini. Cum enim sit fides, cum quod dicitur fit, quia
» vos id fecisse perspitio, et me penitus observasse idem
» fateor. Arnulfus divæ memoriæ (a) Lotharii ex concubina
» filius, hujus sedis dignitatem per aliquos qui mihi
» assistunt expetiit; quicquid nobis nuper derogatum est
» se restituturum pollicitus; necnon et contra hostes multa
» moliturum. Cujus promissiones et fidem, ad vestrum
» contuli examinanda juditium, ut aut vestro approbetur
» examine, aut improbetur. Ille petitionibus instat. Potes-
» tatis vestræ sit, utrum quod petit accipiat. Nec vero in
» quoquam ei a me fautum est. Nihil etiam deliberatum.
» Quicquid id foret, utile duxi ad vestram deferri debere
» censuram, ut si honestum fiat, vobis utilitatem et mihi
» gloriam comparet. Si autem pernitiosum, ego quidem
» nullius perfidiæ, nullius doli, nullius fallatiæ penitus
» arguar. Vos vero aut suffecti doli falsam opinionem cum
» doloso subibitis, aut si non, in desertorem manus assidue
» exseretis. »

XXVII. — Responsio ** civium ad regem **.

Ad hæc cives : « Cum, inquiunt, vestræ majestatis
» dono, eligendi domini optio nobis data sit, multa fide,

battant ses ennemis, et il lui rendrait bientôt la ville de Laon qu'ils occupaient. Charmés de ces dispositions, les officiers royaux conseillèrent à Hugues de lui donner promptement l'évêché, disant qu'il ne perdrait rien à s'attacher, par cette faveur, un prince qui le servirait fidèlement ; qu'au contraire, il trouverait son profit à se montrer généreux, puisque cela devait assurer le salut de l'Etat. Le roi se rendit à ces raisons et vint à Reims, pour exposer aux habitants les vœux d'Arnoulf, ne voulant pas qu'ils le crussent capable de manquer à sa parole.

XXVI. — *Harangue du roi aux bourgeois de Reims.*

Quand il les eut tous convoqués, il leur parla ainsi : « Je vous ai
» trouvés fidèles à votre serment, ainsi me trouverez-vous fidèle
» à ma parole. Car si la fidélité consiste à faire ce qu'on dit, je ne
» veux pas être moins sévère observateur de ma promesse, que
» vous l'avez été de la vôtre. Arnoulf, que Lothaire, de pieuse mé-
» moire, a eu d'une concubine, nous a fait demander par quelques-
» uns de nos conseillers l'évêché de Reims, promettant de nous
» faire rendre tout ce qu'on nous a récemment enlevé, et de com-
» battre vigoureusement nos ennemis. Je viens vous remettre
» l'examen des garanties qu'il offre, et le soin de juger si elles
» doivent être acceptées ou repoussées. Il sollicite avec instance.
» C'est à vous à décider s'il obtiendra ce qu'il demande. Je ne lui
» ai donné aucune espérance, je n'ai pris aucune résolution. J'ai
» pensé que, quoi qu'il arrivât, il ne pouvait qu'être avantageux
» de déférer l'affaire à votre jugement ; car, si elle tourne bien,
» vous en aurez le profit, et moi la gloire. Sinon, je serai à l'abri
» de tout soupçon de déloyauté et de fourberie, et vous, ou vous
» subirez injustement le reproche de perfidie en demeurant sou-
» mis au traître, ou vous aurez les mains constamment levées
» contre lui. »

XXVII. — *Réponse des bourgeois au roi.*

Les citoyens répondirent : « Puisque votre majesté veut bien
» nous abandonner le choix de notre seigneur, nous mettrons

---

* regis *abscisum*.
** io, cm *abscisa*.
(a) D. M

» multo ingenio enitendum est (a), ut et regiæ dignitatis
» derogatio nulla fiat, et nos falsæ criminationis notam,
» casumque futuri incommodi vitemus. Arnulfus quem
» paulo ante memoratum audivimus, a nobis nuper idem
» expoposcit; plurima fide si hoc fiat regis commoda
» sese exsecuturum pollicens; erga cives non modicam
» benivolentiam habiturum. Sed quia ejus utpote ado-
» lescentis mores affectusque incertos habemus, nostras
» solummodo rationes non sufficere ad hæc arbitramur.
» Adsint ergo qui vobis id suadent. Conferamus utrimque
» rationes. Dicat quid quisque potius cogitet; quid potis-
» simum, ne abscondat; ut et ex honesto gloria sit
» communis, et ex pernitie incommodum æque patia-
» mur. »

XXVIII. — Promotio Arnulfi *.

Rex civium sententiam approbat, ut coram deliberent jubet. Rationes coram dispositæ sunt. Arnulfum itaque si quod spondet faciat, dignum summo sacerdotio asserunt. Itaque vocatus, et ante regem admissus est. Qui de fide habenda erga regem sciscitatus, ad omnium vota modestissime respondit. Ad cœnobium ergo monachorum Sancti Remigii, quod ab urbe uno miliario situm est, ubi ordinatio episcoporum ex antiquo habenda est, a rege et primatibus deductus est. Ubi rex cum suorum medius resideret, post consilia apud suos secessim habita, liberali eloquio sic affatus est : « Divæ memoriæ (b) Ludovico, Lotharii
» filio, orbi subtracto, si proles superfuisset, eam sibi
» successisse dignum foret. Quia vero regiæ generationi
» successio nulla est, idque omnibus ita fore patet, vestri
» cæterorumque principum, eorum etiam qui in militari
» ordine potiores erant optione assumptus, præmineo.
» Nunc vero quoniam ex linea regali hic unde sermo est

* Ar *abscisum.*
(a) videtur *supra posito* est.
(b) D. M.

» notre dévouement et notre habileté à protéger les intérêts de la
» couronne et à nous préserver de tout malheur et de tout injuste
» reproche. Arnoulf, dont vous venez de nous parler, nous a der-
» nièrement adressé la même demande qu'à vous, nous promet-
» tant, s'il réussissait, de servir très-fidèlement le roi, et d'avoir
» pour les Rémois la plus grande affection. Mais comme il est trop
» jeune, pour que son âge puisse nous garantir son caractère et
» ses sentiments, nous pensons que nos seules lumières ne sau-
» raient suffire à éclairer la question. Adjoignez-nous donc ceux
» qui vous recommandent Arnoulf; nous tiendrons des confé-
» rences, chacun dira son avis librement et sans arrière-pensée ;
» de cette manière, le mérite d'un heureux choix nous sera com-
» mun, et les inconvénients d'un mauvais pèseront également sur
» nous. »

XXVIII. — *Arnoulf est promu aux fonctions épiscopales.*

Le roi approuve le sentiment des bourgeois et ordonne que la délibération sera publique. Les raisons exposées de part et d'autre, on convient qu'Arnoulf est digne de l'épiscopat, si toutefois il tient sa parole. On le fait donc venir et on le présente au roi. Celui-ci lui ayant demandé s'il entendait garder fidélité au roi, il répond avec une convenance qui satisfaisait tout le monde. Le roi et les grands le conduisent alors au monastère de Saint-Remi, qui est situé à un mille de la ville, et où se fait depuis longtemps l'ordination des évêques. Là le roi, entouré des siens, qu'il avait consultés séparément, prononça ces nobles paroles : « Si le fils de Lothaire, Louis, de
» pieuse mémoire, avait laissé un fils, il eût été juste qu'il lui suc-
» cédât (1). Mais comme ce prince, chacun le sait, n'avait ni ne
» pouvait avoir (2) d'héritier de son sang, vous, les autres grands
» et les principaux vassaux, vous m'avez, par votre libre choix,
» élevé au premier rang. Maintenant, attendu que de la ligne
» royale celui dont il est ici question, est le seul qui reste, vous

---

(1) Il est permis de douter que Hugues fût sincère, quand il tenait ce langage.

(2) Puisqu'il était depuis longtemps séparé de sa femme.

» solus superfuit, ne tanti patris nomen adhuc oblivione
» fuscetur, hunc superstitem alicujus dignitatis honore
» expoposcistis donari. Si ergo fidei servandæ jus polli-
» ceatur, urbis tuitionem spondeat, hostibus etiam in
» nullo sese communicaturum, immo illos impetiturum
» promittat, vestri juditii censura concedere ei episcopa-
» tum non pigebit ; ita tamen ut secundum prudentium
» ordinationem, sacramenti auctoritate mihi conexus sit.

XXIX. — Cirographi * scriptum.

» Et ut penitus mentis conceptum aperiam, post jura-
» tionis sacramentum, cirographum ab eo scribendum
» puto. In quo maledictionis anathema habeatur hujus-
» modi, quod ei impræcetur pro felicibus contumeliosa,
» pro salutaribus pernitiosa, pro honestis turpia, pro
» diuturnitate punctum, pro honore contemptum, et ut
» totum concludatur, pro omnibus bonis omnia mala.
» Quod etiam bipertitum fieri placet. Alterum mihi, sibi
» alterum concedatur. Quandoque etiam hoc illi calumnias
» ingeret, si turpiter a fide declinet. » Hac promulgata
sententia, id ita faciendum ab omnibus laudatum est. Procedit itaque Arnulfus coram Si id inventum laudet,
consulitur. An sic suscipiat quod petit, sciscitatur. Ille
honoris cupidus, inventum laudat. Sese sic posse suscipere
asseverat. Jussus itaque cirographum bipertitum notavit.
Regi alterum, alterum sibi servavit.

XXX. — Eukaristia ** causa perditionis data.

Quod cum regi penitus sufficeret, episcopis tamen, ut
fertur, non satis id visum est, nisi illud etiam adderetur,
ut in missarum celebratione eukaristiam a sacerdote

* Cir *abscis.*
** E *abscis.*

---

(1) La trahison antérieure d'Arnoulf (V. ci-dessus, c. 15, n.) était
bien faite pour inspirer des craintes à Hugues : les conditions qu'il lui

» demandez que je l'honore de quelque dignité, pour que le
» nom de son illustre père ne se perde pas dans l'oubli. Si
» donc il jure de me demeurer fidèle et de veiller à la défense de
» la ville, de n'avoir aucune communication avec nos ennemis, et,
» tout au contraire, de les attaquer, je lui accorderai volontiers,
» sur votre recommandation, le siége épiscopal ; mais qu'il soit
» bien entendu que, selon l'avis des sages, il s'attachera à moi par
» les liens du serment.

XXIX. — *Déclaration écrite par Arnoulf.*

» Je suis même d'avis, pour dire ici toute ma pensée, qu'après
» avoir prêté le serment, il signe de sa propre main une décla-
» ration, portant un anathème de malédiction qui lui souhaite à la
» place du bonheur la confusion, de la prospérité la ruine, des di-
» gnités l'humiliation, de la durée un instant, de la considération
» le mépris; en un mot, tous les maux à la place de tous les
» biens. Je veux aussi que cette déclaration soit faite en double,
» l'une pour moi et l'autre pour lui. Ce sera pour lui un jour un
» monument accusateur, s'il viole honteusement sa foi. » Tous approuvent la proposition. On fait donc venir Arnoulf, et on lui demande s'il veut y souscrire, s'il consent à obtenir sa demande à
cette condition (1). Lui, avide d'honneurs, répond qu'il s'y soumet,
et sur l'invitation qu'il en reçoit, signe en double la déclaration,
dont il remet au roi une copie et garde l'autre.

XXX. — *Il reçoit l'Eucharistie pour sa damnation.*

Bien que cette garantie parût suffisante au roi, les évêques,
dit-on, ne la jugeant pas telle, demandèrent qu'Arnoulf reçût encore à la messe l'Eucharistie des mains du prêtre officiant, et

---

impose, s'expliquent maintenant assez et se justifient. Aussi peut-on
croire qu'il ne consentit qu'à regret à l'élection de ce jeune prince, et qu'il
ne fallut rien de moins pour la lui arracher que la haute position, le nombre et les vives instances des amis d'Arnoulf. La situation précaire du
nouveau roi exigeait de lui ces ménagements : *Spe obtinendæ pacis*, me-
tropoli Remorum donatus est Arnulfus, écrit Gerbert (ep. 86, p. 414).—
Cui rex... archiepiscopum contulit, *ut sibi Carolum conciliaret*, dit la
Chron. de Verdun (*Dom Bouq.*, p. 205).

sumeret, eamque perditionis causam sibi inprecando coram optaret, si fidem violando umquam desertor fieret. Quod et factum fuit. Nam sacerdos inter celebrandum, eukaristiam optulit, et ille consequenter sumpsit, atque ad juditium sibi fieri optavit, si ullo modo fidei violator existeret. Quod tandem regi et primatibus fidem fecit.

XXXI. — Reprehensio * de eodem.

Nonnullis tamen quorum mens purgatior erat, nefarium et contra fidei jus id creditum est. Ejusmodi enim naturæ hominem esse aiebant, ut facile per sese corrumpatur in se, amplius vero inpulsionibus ad flagitium extrinsecus posse pertrahi. Asserebant quoque ex decretis patrum, et (a) canonum scriptis, neque invitum ad eucaristiam impellendum, neque eucaristiam perditionis causa cuiquam offerendam, cum redemptionis gratia et petentibus offerendam, et invitis negandam credendum sit. Indignum etiam videri, panem angelorum et hominum, temere indignis dari, cum ipsa Divinitas et inmundos abhorreat, et puros mira parcitate foveat, juxta quod scriptum est : « Spiritus Sanctus disciplinæ effugiet fictum, et auferet se » a cogitationibus quæ sunt sine intellectu, et corripietur » a superveniente iniquitate. » Ab episcopis ergo Remorum dioceseos ordinatus Arnulfus et sacerdotalibus infulis decenter insignitus est. Nec multo post, a papa Romano missum apostolicæ auctoritatis pallium sumpsit.

XXXII. — Quod amplius justo Karolum Arnulfus dilexerit.

Qui cum ex tanta dignitate procederet insignis, illud tamen infortunii genus arbitrabatur, quod ipse superstes de patrio genere nullum præter Karolum habebat. Miserrimum quoque sibi videri, si is honore frustraretur, in

* R *abscis*.
(a) et et *cod*.

qu'il proclamât à haute voix qu'il consentait qu'elle devînt pour lui une cause de perdition, si jamais il violait son serment et devenait traître à son roi. Cette cérémonie se fit ; le prêtre célébrant offrit à Arnoulf l'Eucharistie, et celui-ci, en la recevant, déclara qu'il entendait recevoir sa condamnation, s'il violait jamais sa parole. Ceci acheva de rassurer le roi et les grands.

XXXI. — *Cet acte est critiqué.*

Quelques-uns cependant, plus sensés, trouvèrent cette façon d'agir criminelle et attentatoire aux droits de la conscience. Car, disaient-ils, l'homme est d'une telle nature que de lui-même il se corrompt aisément ; à plus forte raison des influences extérieures peuvent-elles le déterminer au mal. D'ailleurs, les décrets des Pères et les canons ne veulent pas que personne soit contraint de recevoir malgré soi l'Eucharistie, ni qu'on l'offre à qui que ce soit pour sa condamnation, attendu que nous devons croire que c'est pour leur rédemption qu'on la présente à ceux qui la demandent, et qu'on la refuse à ceux qui n'en sentent pas le besoin. Ne semble-t-il pas que ce soit une indignité de donner légèrement à ceux qui ne le méritent point le pain des anges et des hommes, quand la divinité même abhorre les immondes et se montre si bienveillante pour ceux qui ont le cœur pur, suivant ce qui est écrit ; « L'esprit Saint » fuira la fausse science, il s'éloignera des esprits qui sont sans in- » telligence et il se retirera devant l'iniquité (1)? » Arnoulf fut donc ordonné par les évêques du diocèse de Reims, et revêtu avec pompe des ornements sacerdotaux. Bientôt après, il reçut du pape de Rome le *pallium* apostolique.

XXXII. — *Arnoulf montre à Charles beaucoup trop d'attachement.*

Cependant, bien qu'élevé à une si éminente dignité, Arnoulf regardait comme une sorte de malheur de n'avoir d'autre membre de sa famille que Charles, et gémissait de voir sans honneur celui qui pouvait seul la relever. Il s'apitoyait donc sur son oncle, il y

---

(1) *Sapient.* 1, 5.

quo solo spes restituendi genus paternum sita foret. Patruo itaque miserescebat; illum cogitabat, illum colebat, illum pro parentibus carissimum habebat. Apud quem collato consilio, querebat quonam modo in culmen honoris illum provehere posset, sic tamen ut ipse regis desertor non appareret.

XXXIII. — Remorum captio.

Cujus rei rationem sic fieri arbitrabatur, ut statueretur (*a*) tempus, quo primates quot posset, in urbe acsi aliquid magnum ordinaturus ipse colligeret. Tunc etiam Karolus per noctis silentia cum exercitu ad portas urbis adveniret. Nec tunc deesset qui exercitui irruenti portas panderet, juratus secreti fidem (*b*). Exercitus intromissus urbem invaderet, atque sese cum primatibus collectis comprehenderet, vim inferret, ac ergastulo (*c*) detruderet. Itaque factum foret, ut et regia potestas infirmaretur, et patruo virtus dominandi augesceret, nec ipse desertor videretur. Quod et effectum habuit.

XXXIV.

G. et V. comites, atque alios viros consulares (*d*) invitat. Quiddam magnum sese ordinaturum mandat; unde et multum eis maturandum. Illi sine dilatione advenerunt, in obsequio domini, paratissimos se demonstrantes. Arnulfus alia pro aliis dans, quod vere molitur penitus dissimulat. Ad quid potius intendat, omnes ignorant. Uni tantum de cujus taciturnitate et fide non diffidebat, id totum credulus commisit. Qua nocte Karolus (*e*) intromitendus (*f*) esset aperuit; et ut tunc portarum claves a

---

(*a*) statuertur *codex*.
(*b*) secretum hoc numquam proditurum *del.*
(*c*) custodie *supra posito* ergastulo *codex*.
(*d*) .$\overline{vc}$.
(*e*) exercitus *supra posito* K. *codex*.
(*f*) ita *cod*.

pensait, il l'honorait, il l'aimait comme un père ; il délibérait avec lui sur les moyens à prendre pour l'élever au faîte des dignités, sans paraître lui-même traître au roi (1).

XXXIII. — *Prise de Reims.*

Il pourrait y arriver, pensait-il, en réunissant à Reims, un certain jour, le plus grand nombre de seigneurs possible, sous le prétexte de régler quelque affaire importante. Charles, profitant alors du silence de la nuit, se présenterait avec une armée aux portes de la ville. Là se trouverait, pour les lui ouvrir, un homme dévoué, auquel on aurait fait jurer de garder le secret. Une fois dans la ville, l'armée s'y répandrait, le saisirait, lui et tous les grands réunis, et les jetterait en prison. De cette façon, la puissance du roi serait affaiblie, et le domaine de Charles augmenté sans qu'il parût lui-même avoir manqué à sa parole. Il mit son projet à exécution.

XXXIV. — [*Comment il l'introduisit dans la place.*]

Il convoque les comtes G... et V... (2), ainsi que d'autres personnages consulaires, leur mandant qu'il avait une affaire importante à régler avec eux et qu'ils eussent à se hâter. Ils accoururent sans délai à la voix de leur seigneur, montrant le plus grand empressement à le servir. Arnoulf les entretient d'objets divers, cachant soigneusement la pensée qui l'occupe. Ce qu'il médite, aucun d'eux ne le sait. Il n'a confié son dessein qu'à un seul homme, dont la discrétion et le dévouement lui étaient connus (3). Il lui a dit quelle nuit il fallait introduire Charles et comment il devait venir prendre alors sous son chevet les clefs des

---

(1) Voyez dans les *Actes du Concile de Saint-Basles* la déposition de Rainier, confident d'Arnoulf (*Dom Bouq.*, p. 528).

(2) Peut-être les comtes Gislebert et Gui (Wido ou Vido. Cf, l. Ier, c. 49 : Varnerus et Warnerus), le premier frère unique et le deuxième cousin germain de l'évêque Brunon, qui reproche à Arnoulf d'avoir laissé emprisonner ces deux personnages (V. *Dom Bouq.*, p. 515).

(3) Ceci n'est pas exact. Un vassal d'Arnoulf, nommé *Dudon*, servit d'abord d'intermédiaire entre cet homme et l'archevêque (V. ci-dessous, c. 62.) ; et nous voyons de plus dans les actes du Concile de Basles qu'Arnoulf avait confié son plan à un certain *Rainier*, en se promenant avec lui sur les bords de l'Aisne (*Dom Bouq.*, p. 528.).

suo cervicali tolleret, urbemque armatis aperiret, jussit. Nec multo post, nox cui hoc debebatur flagitium, affuit. Karolus cum exercitu tempore deputato ad portas urbis nocturnus affuit. Algerus presbiter — sic enim vocabatur — introrsum cum clavibus se præsentem habuit. A quo mox portæ patefactæ sunt, exercitusque intromissus. Urbs quoque a prædonibus direpta et spoliata.

XXXV. — Arnulfi * suorumque captio *.

Unde cum clamor per urbem fieret, tumultusque discurrentium cives incautos excitaret, Arnulfus æque turbatum clamore sese simulat. Et fingens metum, turrim petiit atque conscendit. Quem comites (a) secuti, post se ostia obseravere. Karolus Arnulfum perquirens nec reperiens, ubinam lateret scrutabatur. Cui cum proderetur in turris cacumine latere, ostio mox custodes adhibuit. Et quoniam nec cibum nec arma ante congesserant, Karolo cedunt, atque a turri egressi sunt.

XXXVI.

Comprehensique et Laudunum ducti, custodibus deputati sunt. Karolo redeunte et fidem ab eis querente, unanimiter refragantur. Odium ergo utrimque simulant; pium affectum nullo modo produnt. Ab utroque querimonia nonnulla simulabatur, eo quod alter desertor, alter invasor alterius ab utroque enuntiaretur (b). Tandem Arnulfus (c) sacramento fidem faciens, libertate potitus est et ad sua reversus. Karolo exinde in omnibus favit. Jus quoque fidei, regi servandum, penitus abrupit. G. et V. per dies aliquot carcere detrusi, non multo post sacramento astricti,

---

* i, p. *abscisa*.
(a) commites *cod*.
(b) prædicaretur *supra posito* enuntiaretur *cod*.
(c) episcopus *supra posito* Ar. *cod*.

portes et ouvrir celles-ci à l'armée de son oncle. Bientôt arrive la nuit où devait se consommer le crime. Charles est déjà là aux portes de la ville avec son armée. Le prêtre Adalger (1), ainsi se nommait-il, se tenait en dedans avec les clefs. Il ouvre aussitôt les portes et introduit l'armée dans Reims, qu'elle se met à piller et à saccager.

XXXV. — *Arnoulf et les siens sont faits prisonniers.*

Les clameurs dont la ville retentit, l'agitation qu'y causent les soldats en s'y répandant de tous côtés, réveillent les bourgeois surpris ; Arnoulf lui-même feint le trouble et la frayeur, court à la tour et y monte. Les comtes l'y suivent et ferment la porte derrière eux. Cependant Charles, qui ne trouvait point Arnoulf, faisait rechercher le lieu de sa retraite. Il découvre enfin qu'il est enfermé au haut de la tour, et aussitôt il en fait garder l'entrée. Comme on n'y avait porté auparavant ni vivres, ni armes, les prisonniers se rendent à Charles et sortent de la tour.

XXXVI. —[*Conduits à Laon, ils retournent bientôt chez eux, après avoir fait à Charles leur soumission.*]

On les conduit à Laon et on les y retient sous bonne garde. Charles, de retour, leur demande le serment de fidélité, mais ils le refusent unanimement. Bien loin de se témoigner la moindre affection, l'oncle et le neveu feignent de se haïr. Ils s'adressent de mutuels reproches et se traitent réciproquement de déserteur et d'usurpateur (2). Arnoulf, cependant, finit par prêter le serment de fidélité, et, rendu à la liberté, retourna chez lui. Dès lors, il se montra favorable à Charles en toute chose et brisa complètement les liens qui l'attachaient au roi. G... et V..., après avoir passé plusieurs jours en prison, firent également leur soumission et

---

(1) V. pour l'orthographe de ce nom les chap. 61 et 62.

(2) *Arnoulf frappe les pillards de l'anathème, et commande aux évêques des Gaules de l'imiter* (*Gerbert.* ep. 86 et 14, p. 414). Ceux de la province rémoise s'assemblent à Senlis, excommunient les auteurs des dévastations et des profanations qui ont affligé Reims et Laon (V. les *Actes du concile de Saint-Basle* dans *Dom Bouq.*, p. 518), et envoient des copies de leur sentence à leurs frères et évêques (*Gerb.* ep. 83, 412).

redire permissi sunt. Karolus ergo felici successu insignis, Remorum metropolim cum Lauduno, ac Suesionis, earumque oppidis optinuit.

XXXVII. — Impetus * Hugonis *.

Nec defuit qui id ad regis (a) aures perferrent. Qua rex contumelia perstrictus, quid inde agendum foret sciscitabatur. Comperitque non precibus, non donis, sed viribus et armis invocata Divinitate hoc esse labefactandum. Sex milia itaque militum collegit, in tirannum ire disponens; obsidionem ei adhibere cupiens, si copiæ sibi sufficiant; et si ei felix adsit fortuna, tandiu id committere volens, donec aut armis aut inedia hostem præcipitet. Proficiscitur ergo magnanimis. Et per terram unde annonam hostes asportabant, exercitum duxit. Quam etiam penitus depopulatus combussit; sic efferatus, ut nec tugurium saltem deliranti anui relinqueret. Post animo præcipiti exercitum in hostem retorquens, obsidionem adhibere nitebatur. Karolus cum ante sibi copias parasset, venienti resistere viriliter conabatur. Quatuor milia etenim pugnatorum Lauduni collegerat, animoque firmaverat, ut si non impeteretur, quiesceret; et resisteret, si urgeretur.

XXXVIII. — Exercitus ** tripertito ** ordinatur **.

Rex interea exercitum inducens, Karoli legionem ordinatam pugnatum videt. Exercitum ergo tripertito dividit, ne multus exercitus mole sui gravatus, propriis viribus frustraretur. Tres itaque acies constituit, primam belli

---

    * tus, nis *abscisa.*
    ** tus, o, tur *abscisa.*
    (a) regum *supra posito* is *codex.*

---

(1) Richer se trompe sans doute ici; il ne nous a montré nulle part auparavant la soumission de cette ville, et je n'en trouve aucune mention dans les chroniqueurs. Je vois bien dans une chronique attribuée à Guil-

purent retourner chez eux. Ainsi Charles, par ses brillants succès, acquit la métropole de Reims avec Laon et Soissons (1) et les châteaux qui en dépendent.

XXXVII. — *Hugues marche contre Laon.*

Il ne manqua pas de gens pour avertir le roi de cet évènement. Hugues, ému de cette trahison, délibère sur le parti qu'il doit prendre, et reconnaît que ce n'est ni par des prières, ni par des présents, mais par la vigueur de ses armes, qu'après avoir invoqué le ciel, il doit faire triompher sa cause. Il rassemble six mille hommes et se dispose à marcher contre le tyran (2), bien résolu de l'assiéger, s'il a assez de troupes, et, si la fortune le seconde, de ne point quitter la place qu'il n'ait réduit son compétiteur par les armes ou la famine. Il part donc, plein d'ardeur, et conduit son armée par les terres d'où l'ennemi tirait ses approvisionnements. Elle brûla tout, saccagea tout, ne laissant pas même, dans sa fureur, un misérable abri à une pauvre vieille folle. On se porte ensuite avec acharnement contre l'ennemi, et on se met en mesure de l'assiéger. Mais Charles aussi avait rassemblé des troupes et songeait à repousser courageusement l'attaque. Il avait réuni à Laon quatre mille hommes d'armes (3), et il était bien décidé à demeurer tranquille, si on ne l'attaquait point, mais, dans le cas contraire, à soutenir intrépidement la lutte.

XXXVIII. — *Il partage son armée en trois corps.*

Cependant le roi, en approchant, voit la légion de Charles rangée en bataille. Il partage donc son armée en trois corps, de peur qu'en masse elle ne soit gênée dans ses mouvements, et paralysée dans son action. De ces trois corps, l'un doit engager la bataille,

---

laume de Nangis (*Dom Bouq.*, p. 300), que Charles s'empara du château de Montaigu, et s'avança jusqu'à Soissons en brûlant tout sur son passage; mais le prince n'entra pas dans la place.

(2) Les rôles changent ici; l'élection et le sacre ont fait des anciens compétiteurs des Carolingiens des *rois légitimes*, et le descendant de Charlemagne, aujourd'hui compétiteur de Hugues Capet, est devenu un *tyran*. Richer dit cependant assez clairement au chapitre 39 que le nouveau roi était un usurpateur.

(3) M. G.: « *Il avait amené quatre mille hommes de Laon.* »

primos impetus (*a*) inituram ; secundam quæ labenti succurreret, viresque referret ; tertiam vero spoliis eripiendis ordinavit. Quibus sic divisis et ordinatis, prima acies signis erectis congressura cum rege incedebat ; reliquæ duæ locis constitutis paratæ succurrere opperiebantur.

XXXIX.

Karolus cum quatuor milibus obvius procedit, summam Divinitatem invocans ut ab innumeris paucos protegat.; multitudini non fidendum, et paucitati non diffidendum demonstret. Quem incedentem Arnulfus comitabatur suos adhortans, ut animo forti starent. Ordinati et indivisi procederent. De victoria a Deo nullo modo diffiderent. Si viriliter invocato Deo starent, cum multa gloria et fama victoriam in brevi adepturos. Processit exercitus uterque, donec alter alterum in prospectu haberet ; et sic uterque fixus herebat. Utrimque non mediocriter dubitatum est, cum Karolus rei militaris inopiam haberet, regem vero animus sui facinoris conscius contra jus agere (*b*) argueret, cum Karolum paterno honore spoliaverit, atque regni jura in sese transfuderit. His uterque herens persistebat. Tandem ratione congrua a primatibus regi suggestum est aliquantisper cum exercitu standum. Si hostis adventaret, comminus congrediendum ; si nullus lacessiret, cum exercitu redeundum. Nec minus a Karolo idem deliberatum fuit. Unde quia uterque constitit, uterque sibi cessit. Rex exercitum reduxit ; Karolus vero Lauduni sese recepit.

XL.

O. interea Drocarum cupidus, de Lauduni captione sese plurimum diffidere apud regem simulate querebatur, cum

---

(*a*) tumultus *corr*. impetus.

(*b*) fecisse *supra posito* agere *codex*.

---

(1) Le principe de l'hérédité avait encore, en effet, assez de force pour

l'autre soutenir le premier, s'il vient à plier, et le troisième enlever les dépouilles. Ces dispositions prises, le premier corps, enseignes déployées, marche au combat avec le roi, tandis que les deux autres, aux places qui leur avaient été assignées, attendaient que le moment vînt pour eux de s'ébranler.

XXXIX. — [*On hésite des deux côtés à engager le combat, et chacun se retire chez soi.*]

Charles, de son côté, se porte en avant avec ses quatre mille hommes, en priant le Très-Haut de protéger sa faible troupe contre des ennemis innombrables, et de prouver qu'il ne faut pas plus compter sur la multitude que se défier du petit nombre. Arnoulf l'accompagnait, exhortant ses hommes à montrer du courage, à s'avancer en masse et en bon ordre, et à ne pas désespérer que Dieu leur donnât la victoire. Si, après l'avoir invoqué, ils combattaient intrépidement, ils se couvriraient de gloire et s'assureraient facilement l'avantage de la journée. Les deux armées s'avancèrent jusqu'à ce qu'elles fussent en présence, puis elles s'arrêtèrent, hésitant grandement l'une et l'autre ; car, si Charles avait peu de troupes, le roi, de son côté, sentait sa conscience lui reprocher d'avoir commis une action injuste et criminelle en dépouillant son adversaire du trône de ses pères, pour s'en emparer lui-même (1). Ces raisons tenaient les deux princes immobiles. Enfin les grands prirent sagement le parti de conseiller au roi d'attendre quelque temps au repos avec son armée ; et, si l'ennemi s'avançait, d'accepter la bataille, sinon de se retirer. De son côté, Charles prenait la même résolution ; de sorte qu'après avoir fait halte, ils reculèrent l'un devant l'autre. Le roi ramena son armée et Charles rentra dans la ville de Laon.

XL. — [*O.... obtient Dreux de Hugues, à la condition de s'emparer de Laon (991).*]

O.... (2), qui convoitait Dreux, feignait, en présence du roi, de voir avec peine les difficultés presque insurmontables qu'offrait la

intimider le représentant du principe de l'éligibilité, et la retraite à laquelle Hugues se décida, fut une véritable défaite morale.

(2) Probablement Odon ou Eudes Ier, comte de Chartres et de Troyes, dont il est question plus bas aux chapitres 74 et sq.

aries cesserit, militesque viribus diffiderent, immo etiam urbs ipsa inaccessibili situ obnitentes contempnat. Rex merore confectus, ab O. subsidia petit; sese vicem recompensaturum, si copias suppeditet, et ad integrum urbem expugnet. Quod si inpræsentiarum aliquid quod largiendum sit petat, sine dubio sese liberaliter exhibiturum. O. Lauduni inpugnationem simulque et captionem in proximo pollicetur, si tantum a rege Drocas accipiat. Rex vincendi gloriam cupiens, petenti castrum accommodat. Palam omnibus cedit, promissionum de Lauduno credulus. O. quoque urbem amissam in brevi sese redditurum palam omnibus spondet. Castrum ergo a rege concessum absque mora petit, castrenses sibi sacramenti jure annectens, eisque alios aliquot quorum fidei vigorem sciebat assotians. Regia negotia exinde utiliter satagens. Cujus tamen voluntatis effectus nullus fuit, eo quod tempestiva (a) urbis proditio vetaret, et casus repentini aliter fieri arguerent.

XLI. — Subtilis * machinatio * in Karolum et Arnulfum.

Ab hoc tempore Adalbero, Laudunensium episcopus, qui ante a Karolo captus aufugerat, omni ingenio oportunitatem quærebat, qua versa vice et Laudunum caperet, et Karolum comprehenderet. Legatos itaque hujusmodi negotii officiosissimos, Arnulfo dirigens, amicitiam, fidem, suppetiarum subsidia mandat. Ei quoque utpote suo metropolitano sese velle reconciliari. Sibi etiam injuriæ esse quod transfuga et desertor diceretur, eo quod Karolo post fidem factam non obsecutus sit. Et si vacuum sibi esset, a se id dedecoris velle abjicere. Ad ejus celsitudinem redire velle, et Karoli amicitiam utpote domini sese optare. Unde et sibi quocumque libitum foret occurrendum mandaret. Arnulfus simulatam fidem nesciens, legatos fallentes

* Sub, ma *abscisa*.
(a) intempestiva *corr.* tempestiva.

prise de Laon ; car le bélier n'y pouvait rien, les soldats étaient découragés, et la ville, de la hauteur inaccessible où elle était assise, se jouait des efforts dirigés contre elle. Le roi, tout contristé, demande du secours à O..., lui promettant une récompense, s'il le lui fournit et s'il s'empare de la place. Qu'O.... lui requière même à l'instant un don qu'il puisse lui faire, et sans faute il le lui accordera généreusement. O.... promet alors d'attaquer et de prendre avant peu la ville de Laon, si le roi consent à lui donner Dreux. Le roi, qui brûle de vaincre, lui accorde le château ; il lui en fait publiquement l'abandon, sur la confiance que lui inspirent ses promesses ; et O.., de son côté, s'engage publiquement à lui remettre bientôt la ville qu'il a perdue. Aussitôt celui-ci court au château qu'il a reçu, s'en attache les habitants par les liens du serment, et leur associe quelques guerriers, dont il connaissait le devoûment à sa personne. Ensuite il s'occupe avec zèle des affaires du roi ; mais ses soins, sa bonne volonté furent inutiles, parce que, sur ces entrefaites, la ville vint à passer tout-à-coup aux mains de Hugues d'une autre façon (1).

XLI. — *Machination tramée contre Charles et Arnoulf.*

Dès ce temps-là, Adalbéron, évêque de Laon, qui, après avoir été fait prisonnier par Charles, s'était enfui, cherchait, par tous les moyens possibles, une occasion de reprendre Laon, et de s'emparer de Charles à son tour. Il envoie donc à Arnoulf des députés habiles en ces sortes de missions, pour l'assurer de son amitié, de son devoûment, de son appui, et lui déclarer qu'il voulait se réconcilier avec lui, son métropolitain, qu'il lui pesait de s'entendre appeler transfuge et déserteur, pour ne s'être pas montré fidèle observateur du serment qu'il avait prêté à Charles (2) ; qu'il lui tardait de trouver le moyen de se laver d'une telle tache, de rentrer en grâce avec sa Grandeur, et d'obtenir l'amitié de Charles, son seigneur. Qu'Arnoulf lui indique donc un lieu quelconque où il puisse avoir avec lui une entrevue. Arnoulf, qui ne soupçonne point la perfidie, accueille les envoyés

---

(1) M. G. : « ... *parce que la ville fut avertie à propos...* »

(2) De quel serment s'agit-il ici ? Richer, préoccupé d'enfler sa période, oublie la façon dont il a exposé les faits plus haut.

excipit ; et utpote boni alicujus nuntios humanissime honorat. Per hos itaque locum quo occursuri et sibi collocuturi forent, letabundus designat. Illi se decepisse letati, hæc domino referunt. Qui fallatiæ seminarium utiliter positum considerans, alcioris machinamenti dolos prodire posse advertit. Post hæc in locum statutum sibi occurrunt; amplexibus pluribus atque osculis sibi congratulantes ; tantos ibi demonstrantes affectus animi, ut nulla simulatio, nullus dolus videretur.

XLII. — Adalberonis * dolosa machinatio *.

At postquam satis amplexationum, osculorum satis factum est, Adalbero penes quem simulationis color, et doli onus erat, incautum sic prior alloquitur : « Idem
» casus, eademque fortuna, ambos nos male perstringit;
» unde et idem consilium eademque ratio nobis captanda
» videtur. Nuper enim ambo lapsi, vos ab gratia regis,
» ego a Karoli amicitia decidi. Unde et nunc vos Karolo,
» ego regi faveo. Ille vobis, iste mihi promptissime cre-
» dit. Si itaque per vos Karoli amor mihi restituatur,
» regis gratia vobis non aberit. Quod et facto difficile non
» erit. Karolum igitur convenite, et pro me si forte
» concesserit orate. De fide erga eum habenda, multa
» dicere non inutile erit. De quibus si quid ei dubium
» visum fuerit, post dicite probandum sacramentis. Si
» his episcopatus reddiderit sedem, adsint sanctorum
» reliquiæ, paratus sum fidem facere. Si hoc satis erit et
» reddiderit, de regis gratia plurimum confidite. In hac
» lingua et manu, pax sita est et dissidentia. Regem
» adibo. Commodum quoddam spondebo, quod non solum
» sibi, sed et posteris sit profuturum. Dolos Karoli profe-
» ram. Incauto nimis metropolitano, præjuditium factum
» asseram ; et quod penitus hoc metropolitanum peniteat,
» nonnullis amplificationibus asseverabo. Rex suapte mihi
» credulus, hoc gratissimum accipiet. Et quia hæc ratio
» utrimque agitabitur, duo commoda gignentur. Ex quibus

d'Adalbéron, les traite honorablement, comme ceux d'un homme de bien, et se fait un plaisir de leur désigner un lieu de rendez-vous et de conférence. Contents de l'avoir dupé, ceux-ci vont rendre compte de leur mission à leur maître, qui, en apprenant le succès de ce début, vit qu'il pouvait pousser plus loin la ruse. En attendant, on se trouve à l'endroit convenu, on s'embrasse, on se prodigue les baisers, on se félicite, on se donne de si grandes marques d'amitié, qu'il n'était pas possible d'y voir la moindre dissimulation, l'ombre d'un artifice.

XLII. — *Machination tramée par Adalbéron.*

Quand on s'est bien embrassé, Adalbéron qui, sous de fausses apparences, cachait une insigne fourberie, prend le premier la parole et s'adresse en ces termes au trop confiant Arnoulf : « Nous avons eu tous deux le même malheur, tous deux nous
» éprouvons le même sort ; il semble donc que nous devions
» adopter le même plan de conduite. Nous venons de perdre
» en effet, vous la faveur du roi, moi l'amitié de Charles; vous
» soutenez le parti de votre oncle, comme je soutiens celui du
» roi, et si l'un vous donne toute sa confiance, l'autre m'accorde
» la sienne. Si donc je puis par vous recouvrer l'affection de
» Charles, la faveur du roi ne vous fera pas défaut. Ce ne sera
» pas chose difficile à obtenir. Voyez Charles, et intercédez pour
» moi auprès de lui. Il ne sera pas inutile d'insister sur la fidélité
» avec laquelle je veux le servir. Pour peu qu'il paraisse douter de
» mes dispositions, dites-lui qu'il peut les soumettre à l'épreuve des
» serments. S'il veut me rendre à cette condition mon siége épisco-
» pal, je suis prêt à lui jurer fidélité sur les reliques des saints. Si
» cette garantie lui suffit et qu'il me rétablisse sur mon siége, com-
» ptez sur la faveur du roi. Cette langue et cette main disposent de
» la paix et de la guerre. J'irai trouver le roi ; je l'assurerai que la
» réconciliation ne peut qu'être utile à lui et à sa postérité ; je
» lui parlerai des artifices de Charles, et, en lui disant que vous avez
» été surpris, je m'étendrai sur le profond regret que vous en
» éprouvez. Le roi qui croit volontiers à ma parole, accueillera fa-
» vorablement la proposition. Et comme nous suivrons tous deux
» ce plan de conduite, il en résultera deux avantages qui en pro-

---

* Adalberonis, machin *abscisa*.

» duobus tertium elucebit. Nam cum et vobis gratia
» regum, et mihi Karoli reddetur, per nos consequenter
» aliorum utilitas comparabitur. Sed hic jam verborum
» finis; jam nunc dicta factis probentur. » Datisque
strictim osculis, promissa polliciti ab se digressi sunt (a).

XLIII. — Arnulfus * per ignorantiam * Karolum patruum * seducit.

Arnulfus Karolum petens, Adalberonem magnificat
deceptorem nesciens, valde etiam profuturum asserit,
fidemque servaturum testatur. Tandem in eo nil dubitandum seductus persuadet. Karolus nepoti favens, sese
id facturum spondet, episcopatum sic redditurum non
abnuit. Dum hæc apud Karolum fideliter ordinabantur,
Adalbero apud regem de Karolo et Arnulfo urbisque
captione quærebat. Et cum tecnas (b) superiores effunderet (c), gratulatio inde spesque urbis repetendæ non modica
erat. Nec multo post Arnulfus Adalberoni legatos dirigit,
Karoli gratiam sibi indultam liberaliter indicat, atque
cum multa ambitione excipiendum in urbem. Honorem
quoque absque mora recepturum. Unde nec moras faceret, sed quantotius adveniret, largitatem pollicitam
experturus.

XLIV. — Adalbero ** Karolum et Arnulfum sacramento ** decipit **.

Adalbero sine dilatione in loco constituto Karolo et
Arnulfo accitus occurrit. A quibus benigniter exceptus,
non mediocrem letitiam repperit. Si quid discordiæ
præcessit, levi et raro sermone tactum præteriere. Jus
amicitiæ inter sese exinde amplius colendum, diversis
rationibus extulere. Quanta etiam commoditas sit profutura si amicitia bene usi sint, sepenumero retulere.

* Arnulfus, ran, pa *abscisa*.
** A, sa, d, *abscisa*.
(a) abscesserunt *supra posito* ab se digressi sunt *codex*.

» duiront un troisième. Car en recouvrant, vous, la faveur du roi, et
» moi, celle de Charles, nous servirons les intérêts d'autrui.
» Mais c'est assez parler sur ce sujet; il est temps de justifier les
» paroles par des faits. » Sur quoi ils s'embrassent avec effusion
et se retirent en renouvelant leurs engagements.

XLIII. — *Arnoulf, qui ne soupçonne pas la ruse, dispose son oncle Charles en faveur d'Adalbéron.*

Arnoulf va trouver Charles, lui fait l'éloge d'Adalbéron dont il ignore la fourberie, l'assure qu'il lui sera fort utile, et lui garantit sa fidélité. Enfin, on peut compter sur lui; il en est convaincu, et il le persuade à son oncle, qui, par amitié pour lui, lui promet de rendre à Adalbéron son évêché. Tandis que cette affaire se réglait loyalement avec Charles, Adalbéron cherchait avec le roi le moyen d'enlever la ville à Charles et à Arnoulf. Le récit qu'il faisait à Hugues de ses stratagèmes, en donnant à ce prince l'espoir de reprendre Laon, ne lui causait pas peu de joie (1). Bientôt après Arnoulf envoie des députés à Adalbéron pour lui faire savoir que Charles lui a généreusement accordé son amitié, qu'on le recevra dans la ville avec de grands honneurs (2), et qu'il sera aussitôt réinstallé sur son siége. Il n'avait donc qu'à se presser d'accourir, pour éprouver au plus tôt l'effet de ses magnifiques promesses.

XLIV. — *Adalbéron trompe Charles et Arnoulf par les serments qu'il leur fait.*

Adalbéron aussitôt se rend au lieu désigné par Charles et Arnoulf. Ils le reçoivent avec bonté, et lui témoignent une grande joie. Des divisions passées on parle peu et fort légèrement. On s'étend au contraire avec complaisance sur la nécessité de vivre désormais unis. On se redit les grands avantages que peut procurer

(b) τέχνας, *artes.*
(c) aperiret *supra posito* effunderet *codex.*

(1) M. G.: « *Il y employait toutes les ressources de son esprit, et se
» livrait tout entier à la pensée flatteuse et à l'espoir de reprendre
» Laon.* »
(2) M. G.: « *... qu'il désire ardemment le recevoir à Laon.* »

Quanta quoque gloria, quantus honor, quantum præsidium. Necnon et illud libatum est, in brevi fieri posse, et suæ partis provectionem, et hostium præcipitationem. Nihilque his (*a*) obstare posse, si sola Divinitas non impediat. Si vota sua effectus consequatur, quandoque futurum, ut per sese res publica multo honore, multa gloria, cumuletur et floreat. His dictis sacramento sibi annexi sunt, atque a se digressi. Adalbero regi se contulit, quæ egerat explicans. Quibus rex auditis, negotium approbat, Arnulfum sese recepturum si veniat pollicetur, ejus purgationem de objectis, se sponte auditurum. Et si recte purgetur, non minori gratia quam ante habendum. Adalbero hæc Arnulfo refert. Regem benivolum, clementem, sibi asserit. Eum etiam ejus purgationem sponte audire velle, suique gratiam sine mora reddere ; unde et ei esse maturandum, et quantotius id petendum. Otius ergo regem adeundum, ne aliquorum dolus consilium abrumpat. Ad regem itaque ambo profecti sunt.

XLV. — Arnulfus ad regem * se contulit *, gratiam ab * eo * accepturus *.

Arnulfus admissus regi, ab eo osculum accepit. Et cum de objectis aliquam purgationi operam dare vellet, rex sibi sufficere dixit, ut a præteritis quiesceret, et exinde sibi fidem inviolabiliter servaret. Sese penitus non ignorare Karolum ei vim intulisse, et summa id necessitudine factum, ut ad tempus a se discederet, et Karolo etiam nolens faveret. Sed quia id factum erat, quod labefactari non poterat, multa ratione ei esse videndum, ut amissæ urbis dampnum aliquo modo suppleret. Si urbem habere ut ante non posset, saltem Karolum ad se transire faceret, ut se consentiente, quod pervaserat teneret. Hæc et ampliora Arnulfus sese facturum pollicetur, tantum ut regis gratia sibi reddatur, et ipse apud eum ut metropolitanus honoretur. Rex

une amitié solide, la gloire, l'honneur et la force qui peuvent en résulter. On entrevoit même dans un prochain avenir la possibilité d'avancer son parti et de ruiner ses ennemis. Qui pourrait s'y opposer, si ce n'est la Divinité seule ? Si ces vœux s'accomplissaient, un jour l'Etat leur devrait honneur, gloire et prospérité. Sur ces paroles, on se lie par des serments et on se sépare. Adalbéron se rend auprès du roi et lui rend compte de ce qu'il a fait. Le roi y donne son approbation, promet de recevoir Arnoulf, s'il se présente, d'écouter sa justification, et s'il prouve son innocence, de lui rendre ses bonnes grâces. Adalbéron rapporte ces paroles à Arnoulf, lui dit que le prince est bon et clément, qu'il est tout disposé à recevoir sa justification et à lui rendre sans délai ses bonnes grâces ; qu'il s'empresse donc d'aller se réconcilier avec le roi, de peur que quelque cabale ne vienne changer ses dispositions. Ils vont aussitôt trouver le roi.

XLV. — *Réconciliation d'Arnoulf avec le roi.*

Arnoulf est admis auprès de Hugues, qui l'embrasse ; et comme il voulait présenter sa justification, le roi lui dit qu'il lui suffisait qu'il rompît avec le passé et que désormais il lui gardât une fidélité inviolable. Il savait très-bien que Charles avait violenté son neveu, et que celui-ci n'avait abandonné le roi pour un temps et servi la cause de Charles, que parce qu'il y avait été contraint. Mais, comme on ne pouvait revenir sur le passé, il devait travailler activement à dédommager son seigneur de la perte de la ville. S'il ne pouvait pas recouvrer la ville, qu'il lui assurât du moins la soumission de Charles, de manière que celui-ci tînt, à titre de fief, ce qu'il avait usurpé. Arnoulf promet à Hugues de faire plus encore, pourvu seulement qu'il recouvre la faveur du prince et qu'il jouisse à la cour des prérogatives de sa dignité. Le roi lui rend ses bonnes

---

* regem, it, b eo, turus *abscisa*.
(a) eis *supra posito* his *codex*.

gratiam indulsit, et ut plurimum coram se honorem haberet concessit. Unde et factum est, ut in prandio die eadem regi dexter, Adalbero reginæ levus resideret. His ita sese habentibus Arnulfus ab rege dimotus est. Miram regis benivolentiam Karolo indicavit. Quanto quoque honore apud eum habitus sit explicans, de ejus gratia plurimum gloriabatur. A quo tempore regis et Karoli reconciliationem atque favorem quærebat.

XLVI. — Exceptio * Adalberonis a Karolo *.

Quæ dum sic sese haberent, Adalbero a rege digressus est, Karolumque petens, Lauduni multa ambitione exceptus est. Ad se sui redeunt, qui ante ab urbe exulaverant. Rem familiarem ut ante disponunt, in nullo dubitantes, et pacem postmodum sperantes. Clerum quem amiserat, revisit, eique compatitur, benivolentiam spondet, ut a se non deficiant hortatur. Postquam satis colloquii cum suis habuit, de securitate fidei et urbis, a Karolo convenitur. Qui sic orsus cæpit: « Quo- » niam Divinitas in omnibus misericors, etiam dum » punit, misericorditer operatur, justo ejus juditio me » et abjectum et receptum cognosco. Ejus æquitate hac » urbe me exceptum arbitror, ejus benignitate, quod » superest præstolor. Ipsum etiam, vos et hanc urbem » mihi reddidisse opinor. A Deo itaque redditum, mihi » adjungi quæro. Adsunt sancta, superponite dexteram, » fidem contra omnes spondete. Exceptio nulla erit, si » vultis mihi comes fieri. » Ille sui voti avidus, quicquid expetitur spondet. Super sancta dextram extendit, non veritus jurare quodcumque propositum fuit. Unde et cunctis credulus, nulli suspectus fuit. In nullo negotio a quoque vitatur. De urbe munienda, ipse querit et deliberat. Omnium causam sciscitatur. Pro omnibus consultat. Quare ignotus cunctos latuit.

* ptio, Karolo *abscisa*.

grâces et consent qu'il tienne le premier rang devant lui. Aussi le même jour était-il, au dîner, placé à la droite du roi, Adalbéron à la gauche de la reine. Les choses étant en cet état, Arnoulf quitta le roi pour faire connaître à Charles son extrême bienveillance. Il lui dit avec quel honneur il en avait été traité, vanta sa générosité, et, depuis ce moment, chercha à réconcilier les deux princes, et à se ménager leurs sympathies.

XLVI. — *Charles accueille Adalbéron dans sa ville de Laon.*

Pendant ce temps-là, Adalbéron quittait le roi et se rendait auprès de Charles, qui le reçut à Laon avec une grande pompe. Ses serviteurs, qui avaient été exilés de la ville, revinrent près de lui et reprirent la direction de sa maison, pleins de confiance dans le présent et d'espoir dans le maintien de la paix. Le prélat retrouve le clergé qu'il avait perdu, lui témoigne un vif intérêt, l'assure de sa bienveillance et l'exhorte à ne pas l'abandonner. Quand il s'est bien entretenu avec les siens, Charles lui fait demander un gage de sécurité pour lui et la ville : « Comme la Divinité, dit le prince, » est miséricordieuse jusque dans ses châtiments, je reconnais que » c'est par un juste jugement du ciel que j'ai été repoussé et accueilli ; je crois que c'est à son équité que je dois la possession » de cette place, et j'attends le reste de sa bonté. C'est encore lui, » je pense, qui m'a rendu et vous et la ville. Vous tenant donc de » lui, je désire par lui vous attacher à moi. Voici des reliques de » saints, étendez sur elles votre main et jurez-moi de m'être fidèle » envers et contre tous. Vous ne ferez aucune réserve, si vous » voulez m'être dévoué. » Adalbéron, qui brûle d'arriver à son but, consent à tout ce qu'on lui demande, et, la main étendue sur les reliques, ne craint pas de jurer tout ce qu'on veut. Il inspire ainsi de la confiance à tous, et personne ne le soupçonne, personne ne songe à le tenir éloigné des affaires. Il s'occupe lui-même activement des fortifications de la place. Il s'enquiert des intérêts de chacun, veille au bien de tous. Aussi demeure-t-il impénétrable.

XLVII. — Comprehensio * Karoli ab Adalberone.

Interea cum Karoli suorumque habitum penitus pervidisset, sese etiam nulli esse suspectum, dolos multifariam prætendebat, ut et urbem sibi redderet, et Karolum regi captum traderet. Karoli itaque colloquio utitur sæpius, benivolentiam profert amplius. Sese quoque si oportet sacramentis magis stringendum offert; tanta cautela calliditatis usus, ut omnino dolum simulationis colore obvelaret. Unde cum nocte quadam inter cenandum hilaris resideret, Karolus craterem aureum in quo panem infregerat vinoque temperaverat tenens, post multum cogitatum ei obtulit : « Quoniam, inquiens, ex » Patrum decretis palmas et frondes hodie sanctificastis, » atque plebem (a) sacris benedictionibus consecrastis, » nobisque eukaristiam porrexistis, aliquorum susurro- » num calumnias qui vobis fidendum negant vilipendens, » cum instet dies Passionis Domini et Salvatoris nostri » Jesu Christi, hoc vasculum vestræ dignitati aptum, » cum vino et pane infracto vobis porrigo. Hoc poculum » in signo habendæ et servandæ fidei ebibite. Si vero » fidem servare animo non stat, poculo parcite, ne » horrendam Judæ proditoris speciem referatis. » Quo respondente : « Craterem recipiam, et potum libere » ebibam ! » Karolus mox prosecutus, addendum dixit : « et fidem faciam. » Ille ebibens prosecutus est : « Et » fidem faciam ; alioquin cum Juda interream ! » Et multa his similia anathematis verba cenantibus dedit. Nox futuri luctus et proditionis conscia instabat. Quietum ire constitutum est, dormitumque in mane. Adalbero sui doli conscius, dormientibus Karolo et Arnulfo, gladios et arma capitibus eorum amovit, latibulisque mandavit. Hostiarium hujus doli ignarum accersiens, cursum accelerare, et quendam suorum accersire jubet; ostium sese servaturum interim pollicens. Quo digresso,

XLVII. — *Adalbéron fait arrêter Charles et Arnoulf* (30 Mars).

Quand il eut bien étudié le caractère de Charles et des siens, et qu'il vit que personne ne le soupçonnait, il se mit à dresser toutes sortes de piéges pour recouvrer Laon, s'emparer de Charles et le livrer au roi. Il eut avec Charles des relations plus assidues, il lui témoigna plus d'attachement, lui offrit de se lier plus étroitement à lui, s'il le fallait, par des serments, déploya tant d'habileté qu'il parvint à couvrir d'un voile épais sa fourberie. Aussi, une nuit, au milieu d'un souper où il montrait beaucoup de gaîté, Charles, qui tenait une coupe d'or, où il avait fait tremper des morceaux de pain, la lui présenta après y avoir bien réfléchi, et lui dit :
« Puisque vous avez, conformément aux décrets des Pères, sanctifié
» aujourd'hui les palmes et les rameaux, consacré le peuple par vos
» saintes bénédictions et présenté à nous-même l'Eucharistie, mé-
» prisant les appréhensions outrageuses de quelques personnes qui
» prétendent qu'il faut se défier de vous, je vous présente, à l'ap-
» proche du jour de la Passion de Notre Seigneur et Sauveur Jésus-
» Christ, cette coupe qui convient à votre dignité, avec le vin et avec
» le pain que j'y ai rompu. Buvez-la en signe d'inviolable fidélité à
» ma personne. Mais, pour peu que vous hésitiez à me garder votre
» foi, laissez-là ce breuvage, de peur de ressembler à l'abominable
» traître Judas. » — « Je prendrai la coupe, répondit Adalbéron,
» et je boirai volontiers ce qu'elle contient. » — « Ajoutez, reprit
» Charles aussitôt : et je garderai ma foi. » — « Et je garderai ma
» foi, dit Adalbéron en buvant, qu'autrement je périsse avec
» Judas ! » Il ajouta encore devant les convives plusieurs autres imprécations semblables. Cependant était venue la nuit qui devait être témoin de la trahison et de la désolation. On avait pris le parti d'aller se coucher, pour dormir jusqu'au matin. Le perfide Adalbéron, profitant du sommeil de Charles et d'Arnoulf, prend sous leur chevet leurs épées et leurs armes, les cache, et envoie le portier, qui était étranger au complot, chercher quelqu'un des siens ; il lui recommande de se presser et lui promet de garder la porte pendant son absence. Le serviteur

---

* hensio *abscisum*.

(a) populum *superposito* plebem.

Adalbero in ipso ostio sese medium fixit, gladium sub veste tenens. Cui mox sui assistentes, utpote hujus facinoris conscii, ab Adalberone omnes intromissi sunt. Karolus et Arnulfus matutino somno opressi, quiescebant. Coram quibus cum hostes facto agmine adessent, et illi expergefacti adversarios advertissent, a lectis prosilientes, et arma capessere nitentes, nec reperientes, querunt quidnam matutinus eorum afferat eventus. Adalbero vero : « Quoniam, inquit, arcem hanc mihi » nuper surripuistis, et ab ea exulem abire coegistis, » et vos hinc dissimili tamen fortuna pellemini. Ego » enim proprii juris remansi. Vos alieno subibitis. » Ad hec Karolus : « An, inquit, o episcope, hesternæ » cenæ memor sis nimium miror. Non ergo ipsa Di- » vinitatis reverentia inhibebit? Nihilne jus sacramenti? » Nihil hesternæ cenæ imprecatio? » Et hec dicens, præceps in hostem fertur. Quem furentem, armati circumdant, atque in lectum repulsum comprimunt. Nec minus Arnulfum pervadunt. Quos comprehensos, in eadem turri includunt. Turrim quoque clavibus et seris repagulisque custodibus adhibitis muniunt. Unde cum clamor feminarum, puerorumque simul et famulorum ululatus in cœlum ferretur ; cives per urbem turbati et expergefacti sunt. Quicumque Karoli partibus favebant, mox profugio sese liberaverunt. Quod etiam vix factum fuit. Nam cum pene adhuc fugerent, statim tota civitas obfirmari ab Adalberone jussa est, ut omnes quos sibi adversos putabat comprehenderet. Quæsiti fuere, nec reperti. Subductus est et Karoli filius biennis, patris vocabulum habens, et a captivitate liberatus. Adalbero regi Silvanectim legatos otius mittit; quondam amissam urbem jam receptam, Karolum cum uxore et natis captum, atque Arnulfum inter hostes inventum et comprehensum mandat. Unde et sine mora cum quotcumque possit veniat. Exercitui colligendo moram nullam intendat. Vicinis quibuscumque confidit, ut post se veniant, legatos mittat, moxque etsi cum paucis veniat.

parti, Adalbéron se place sur le seuil même de la porte, tenant son épée sous ses vêtements. Bientôt arrivent ses complices ; il les introduit tous dans l'appartement où Charles et Arnoulf reposaient, ensevelis dans le sommeil du matin. Quand, à leur réveil, ceux-ci voient leurs ennemis rangés autour d'eux, ils se précipitent de leurs lits ; ils cherchent leurs armes, et, ne les trouvant pas, ils se demandent ce que signifie leur présence si matinale. Alors Adalbéron leur dit : « Vous m'avez naguères dérobé cette place, en me
» contraignant de m'exiler de ses murs ; à votre tour, vous allez
» en être bannis, mais votre sort sera bien différent ; car moi, je
» suis demeuré libre, et vous, vous passerez aux mains d'autrui. »
— « O évêque, s'écrie Charles, il n'est pas possible que tu te
» rappelles le banquet d'hier. Quoi ! tu demeurerais insensible à la
» crainte de Dieu ? Le serment que tu m'as prêté, les imprécations
» que tu proférais hier ne t'arrêteraient point ? » En disant ces mots, il se précipite avec fureur sur son ennemi ; mais des hommes armés l'entourent, le rejettent sur son lit, et, s'emparant de sa personne, ainsi que d'Arnoulf, les enferment tous deux dans la même tour, dont ils barricadent et ferment à clefs les portes (1), en même temps qu'ils y mettent des gardes. Les gémissements des femmes, les cris perçants des enfants et des serviteurs, en remplissant les airs, réveillent alors et troublent les habitants de la ville. Aussitôt s'enfuient tous les partisans de Charles ; à peine en eurent-ils le temps ; ils étaient tout au plus sortis qu'Adalbéron fit fermer les portes de la ville, afin de se saisir de ceux qu'il regardait comme ses ennemis. On les chercha, mais inutilement. Un fils de Charles, âgé de deux ans et qui avait même nom que lui, fut dérobé à cette poursuite et soustrait à la captivité. Adalbéron envoie aussitôt à Senlis des messagers au roi, pour lui porter la nouvelle que la ville qu'il avait autrefois perdue est recouvrée, que Charles est pris avec sa femme et ses enfants et qu'on a trouvé et arrêté Arnoulf parmi les ennemis du roi. Il l'invite à venir sans délai avec tous ceux qu'il pourra trouver, à rassembler au plus vite une armée, à prier tous ses vassaux du voisinage en qui il se fie à venir derrière lui, et à accourir lui-même, fût-ce avec une poignée d'hommes.

(1) M. G. : « ... dans la même tour, qu'ils ferment avec des clous. »

XLVIII. — Rex * captis Karolo * et * Arnulfo Laudunum * ingreditur *.

Rex quotcumque potest assumit, et sine dilatione Laudunum petit. Nactusque urbem, et regia dignitate exceptus, de salute fidelium, urbisque ereptione et hostium comprehensione quesivit, et addidicit. Die altera civibus accitis, de fide sibi habenda pertractat. Illi acsi qui capti erant, et qui jam in jus alterius cesserant, fidem faciunt et regi sacramento asciscuntur. Urbisque securitate facta, rex Silvanectim post cum captis hostibus rediit. Suos deinde sciscitans, deliberandi rationem querebat.

XLIX. — Deliberatio ** quorumdam ** apud regem super ** Karolo **.

Qua de re aliorum sententia erat, a Karolo viro claro (a), et regio genere inclito, ejus natos omnes cum natabus obsides accipiendos; petendum etiam ab eo sacramentum, quo regi fidem faciat, regnum Franciæ numquam sese repetiturum, contra natos quoque testamentum inde facturum. Quo facto Karolum dimittendum censebant. Aliorum vero sententia hujusmodi erat : tam clarum et antiqui generis virum, non mox reddendum, sed apud regem tam diu habendum, donec qui ejus captionem indignaturi sint (b) appareant. Si eo numero et nomine atque duce præmineant, ut indigni non sint qui hostes regis Francorum dicantur, sive inferiores sint, attendendum. Si ergo pauci et inferiores indignentur, tenendum censebant; si vero majores et quam plures, reddendum superiori ratione suadebant. Karolum ergo cum uxore Adelaide et filio Ludovico, et filiabus duabus, quarum altera Gerberga, altera Adelaidis dicebatur, necnon et Arnulfo nepote carceri dedit.

* Re, Karolo et, num i *absc.*
** Deli, quo, apu, super *absc.*
(a) cloro *cod.*
(b) s̄t.

XLVIII. — *Après la capture de Charles et d'Arnoulf,
Hugues fait son entrée à Laon.*

Le roi prend donc avec lui tous ceux qu'il trouve sous sa main, et part aussitôt pour Laon. Arrivé dans la ville, où on lui fait une réception royale, il s'enquiert du sort de ses fidèles, de la prise de la ville, de l'arrestation de ses ennemis et écoute le rapport de l'affaire. Le lendemain, il convoque les bourgeois et les sonde sur la fidélité qu'il en attendait. Eux, attendu que la prise de leur ville les avait fait passer sous une autorité étrangère, prêtent à Hugues le serment et se lient à lui. Après avoir assuré la tranquillité de Laon, le roi revient à Senlis avec les prisonniers, et là il tient conseil avec les siens sur le parti qu'il doit prendre à leur égard.

XLIX. — *Il délibère avec ses conseillers sur ce qu'il doit
faire de Charles.*

Les uns étaient d'avis que, Charles étant un personnage illustre et issu de sang royal, il fallait en recevoir comme ôtages ses fils et ses filles, exiger qu'il prêtât serment de fidélité au roi, qu'il renonçât à la couronne de France pour lui et pour ses enfants, et lui rendre ensuite sa liberté. Les autres disaient que son rang et l'éclat de la race antique dont il descendait, devaient au contraire le faire retenir par Hugues jusqu'à ce qu'on pût voir quels étaient ceux qu'indignerait sa captivité. On examinerait alors si, par leur nombre, leurs titres et leur chef, ils méritaient d'être pris pour des adversaires du roi de France, ou si ce n'étaient que des gens de moyenne qualité. S'ils étaient faibles et peu à craindre, il fallait garder Charles ; mais s'ils étaient importants et nombreux, on ferait bien de céder à cette démonstration et de le relâcher. En conséquence, Hugues fit enfermer Charles (1) avec sa femme Adélaïde, son fils Louis (2) et ses deux filles, dont l'une se nommait Gerberge, l'autre Adélaïde, et son neveu Arnoulf.

(1) Le duc ne paraît pas avoir survécu longtemps à la perte de sa liberté ; car, suivant *l'Art de vérifier les dates*, il serait mort le 21 mai 992, c'est-à-dire moins de dix mois après son arrestation.

(2) Tous les chroniqueurs font naître Charles (V. ci-dessus, c. 47) et Louis dans la prison d'Orléans ; mais Richer semble si bien instruit des circonstances de l'arrestation de cette famille, qu'il serait difficile d'opposer rien de sérieux à son témoignage.

L. — De difficultate * sui itineris * ab * urbe * Remorum Carnotum *.

Ante horum captionem, diebus ferme quatuordecim, cum aviditate discendi logicam Yppocratis (a) Choi, de studiis liberalibus sæpe et multum cogitarem, quadam die equitem Carnotinum in urbe Remorum positus offendi. Qui a me interrogatus, quis et cujus esset, cur et unde venisset, Heribrandi clerici Carnotensis legatum sese, et Richero Sancti Remigii monacho se velle loqui respondit. Ego mox amici nomen et legationis causam advertens, me quem querebat (b) indicavi, datoque (b) osculo semotim (b) secessimus (b). Ille mox epistolam protulit, hortatoriam ad aphorismorum lectionem. Unde et ego admodum lætatus, assumpto quodam puero cum Carnotino equite, iter Carnotum arripere disposui. Digressus autem, ab abbate (c) meo unius tantum parvaredi solatium accepi. Nummis etiam, mutatoriis, ceterisque (d) necessariis vacuus, Orbatium perveni, locum multa caritate inclitum. Ibique domni abbatis D. colloquio recreatus, simulque et munificentia sustentatus, in crastino iter usque Meldim peragendum arripui. Ingressus vero cum duobus comitibus lucorum anfractus, non defuere infortunii casus. Nam fallentibus biviis, sex leugarum superfluitate exorbitavimus. Transmisso vero Teodorici castello, parvaredus ante visus bucephalus, fieri cœpit asello tardiusculus. Jam sol

* ultate, is, ab ur, notum *absc.*
(a) yppacratis *cod.*
(b) rebat, datoque, motim, us *abscisa.*
(c) $\overline{a}$. $\overline{m}$. *cod.*
(d) ceteriisque *c.*

(1) Par conséquent le 17 Mars, qui était un mardi (*Cf. ci-dessus,* c. 47, et *ci-dessous,* p. 425, n. 1).

(2) Isidore appelle *logici* les médecins théoriciens ; *logica* ne peut donc avoir ici d'autre sens que celui que je lui donne. M. G. traduit : « *la » logique d'Hippocrate.* »

(3) Le disciple ne pouvait pas ne pas suivre l'exemple du maitre. Car

L. — *Richer va de Reims à Chartres; difficultés de son voyage.*

Quatorze jours environ avant leur capture (1), comme mon vif désir d'étudier la théorie médicale (2) d'Hippocrate de Cos (3) me faisait souvent et longuement songer aux arts libéraux, il arriva que je rencontrai dans les rues de Reims un cavalier de Chartres. Je lui demande qui il est, à qui il appartient, d'où il vient et pourquoi; il me répond qu'il est envoyé par Heribrand, clerc de Chartres, et qu'il voudrait parler à Richer, moine de Saint-Remi. Moi, en entendant le nom de mon ami et le motif du message, je me fais connaître pour celui qu'il cherche, et après nous être embrassés, nous nous retirons à l'écart. Il me remet alors une lettre, qui m'engageait à venir lire les aphorismes. Transporté de joie, je m'assure d'un domestique, pour me suivre avec le cavalier de Chartres, et je me dispose à me rendre en cette ville. Mon abbé (4) ne m'avait donné qu'un palefroi pour tout secours de voyage. Sans argent, sans vêtements de rechange, sans aucun des autres objets indispensables, j'arrivai à Orbais (5), lieu fameux pour sa généreuse hospitalité. Là je fus ranimé par l'accueil charmant de l'abbé D..... (6), dont la libéralité me vint en aide, et le lendemain je partis pour Meaux. Mais une fois engagé avec mes deux compagnons dans les sinuosités des bois, les accidents ne nous manquèrent pas. Car les embranchements des chemins nous égarèrent, et nous fîmes six lieues de trop ; puis, quand nous eûmes dépassé Château-Thierry, notre palefroi, qui nous semblait d'abord un bucéphale, commença à

Gerbert était très-versé dans la science médicale (V. ep. 63, et *n*. p. 405). D'autre part, le directeur des écoles de Chartres, Fulbert, passait pour un habile médecin, et nous voyons par ses lettres que ses prescriptions étaient fort recherchées (Cf. ep. 4 et 10). La médecine, au reste, était très-cultivée dans les monastères, en Italie surtout (*Dom Bouq.*, p. 173 et 180), et une lettre d'Ademar de Chabanois parle d'un moine de Ravenne, qui lui dit : « *Je parcours le monde plus que qui que ce soit dans l'intérêt de la science, etc.*» (*Varior.* epist. 26). Cet intérêt ne conduisit Richer que dans la ville de Chartres; mais quels ennuis, quelles fatigues, quel péril ! Et dans quel triste état les rivalités seigneuriales avaient mis la France, dans quel abandon elles la laissaient !

(4) Il se nommait Arbod.
(5) Orbais, au sud-ouest d'Epernay, entre la route de Châlons à Meaux et celle de Bar-le-duc à Paris.
(6) Il est inconnu.

a mesembrino discesserat, totoque aere in pluvias dissoluto, in occasum vergebat, cum fortis ille bucefalus supremo labore victus, inter femora insidentis pueri deficiens corruit, et velut fulgure trajectus, sexto (*a*) miliario ab urbe exspiravit. Quanta tunc fuit perturbatio, quanta anxietas, illi perpendere valent, qui casus similes aliquando perpessi sunt, et ex similibus similia colligant. Puer inexpertus tanti itineris difficultatem, fessus toto corpore equo amisso jacebat. Impedimenta sine vectore aderant. Imbres nimia infusione ruebant. Cœlum nubila prætendebat. Sol jam in occasu, minabatur tenebras. Inter hæc omnia, dubitanti consilium a Deo non defuit. Puerum namque cum impedimentis ibi reliqui ; dictatoque ei quid interrogatus a transeuntibus responderet, et ut somno imminenti resisteret, solo equite Carnotino comitatus, Meldim perveni. Pontem quoque vix de luce videns, ingredior. Et dum diligentius contemplarer, novis iterum infortuniis angebar. Tantis enim et tot hiatibus patebat, ut vix civium necessarii die eadem per eum transierint. Carnotinus inpiger, et in peragendo itinere satis providus, naviculam circumquaque inquirens et nullam inveniens, ad pontis pericula rediit, et ut equi incolumes transmitterentur e cœlo emeruit. Nam in locis hiantibus equorum pedibus aliquando clipeum subdens, aliquando tabulas abjectas adjungens, modo incurvatus, modo erectus, modo accedens, modo recurrens, efficaciter cum equis me comitante pertransiit. Nox inhorruerat, mundumque tetra caligine obduxerat, cum basilicam Sancti Pharonis introii, fratribus adhuc parantibus potum caritatis. Qua die sollempniter pranserant, recitato capitulo (*b*) de cellarario monasterii, quod fuit causa tam seræ potationis. A quibus ut frater exceptus, dulcibus alloquiis, cibisque sufficientibus recreatus sum. Carnotinum equitem cum equis vitata pontis pericula iterum attemptaturum, puero relicto remisi. Arte

(*a*) tertio *corr.* VI^{to}.
(*b*) cap̄.

devenir plus paresseux qu'un âne. Déjà le soleil, après avoir parcouru la moitié de sa course, descendait vers son couchant, et le ciel fondait en pluie, quand ce fameux bucéphale, épuisé de fatigue, s'affaissa entre les jambes du domestique qui le montait, et, comme frappé de la foudre, expira à six milles de la ville. Quels ne furent pas alors notre inquiétude et notre trouble! Ceux qui se sont trouvés en pareil cas peuvent s'en faire une idée et juger de notre position par la leur. Le domestique, qui n'avait jamais fait route si longue, ni si difficile, gisait abattu, anéanti, à côté du cadavre de son cheval. Plus de porteur pour nos bagages, un ciel qui se chargeait de sombres nuées; une pluie qui tombait par torrents, le soleil sur son déclin, l'obscurité prête à nous envelopper. Dans ce cruel embarras, le ciel m'inspira une pensée. Je laissai là le domestique avec les bagages, et, après lui avoir indiqué ce qu'il devait répondre aux passants qui l'interrogeraient, ce qu'il devait faire pour repousser les assauts du sommeil, je partis pour Meaux avec le cavalier chartrain. Arrivé au pont, que le jour me permettait à peine d'apercevoir, en y regardant de près, je vis avec effroi que nous n'avions pas atteint le terme de nos peines; car il présentait tant et de si grandes ouvertures, qu'il n'y avait guères que les gens qui s'y trouvaient contraints, qui l'eussent franchi ce jour-là. Le Chartrain, qui était plein de diligence et vraiment homme de ressources dans un voyage, se mit à la recherche d'une barque, et, n'en trouvant pas, revint affronter les périls du pont. Grâce au ciel, les chevaux passèrent sains et saufs. Car aux endroits où le pont était entr'ouvert, il mit parfois son bouclier sous leurs pieds; parfois il rapprocha les planches disjointes; et tantôt courbé, tantôt debout, tantôt avançant, tantôt reculant, il parvint à me passer avec les chevaux. La nuit était sombre et d'épaisses ténèbres avaient enveloppé le monde, quand j'arrivai à la basilique de Saint-Pharon. Les frères s'y préparaient encore à une collation de charité; ils avaient fait ce jour là un dîner somptueux (1); on avait lu le chapitre concernant le cellerier du monastère; et tout cela avait fort retardé la collation. Ils me reçurent comme un frère, avec les paroles les plus gracieuses, et me donnèrent un bon repas. Je renvoyai le cavalier Chartrain avec les

(1) Ce dîner somptueux dans un temps de jeûne pourrait nous surprendre, si nous n'admettions que Richer était arrivé à Meaux le jeudi de la mi-carême, et qu'il avait par conséquent quitté Reims le 18 Mars.

præmissa pertransiit; et ad puerum secunda noctis vigilia errabundus pervenit. Vixque eum sæpius inclamatum repperit. Quo assumpto cum ad urbem devenisset, suspectus pontis pericula, quæ pernitiosa experimento didicerat, cum puero et equis in cujusdam tugurium declinavit; ibique per totam diem incibati, nocte illa ad quiescendum non ad cenandum collecti sunt. Quam noctem ut insomnem duxerim, et quanto in ea cruciatu tortus (*a*) sim, perpendere possunt, qui cura carorum aliquando vigilasse coacti sunt. Post vero optata luce reddita, nimia esurie confecti, maturius affuerunt. Eis etiam cibi illati; annona quoque cum paleis, equis anteposita est. Dimittensque abbati Augustino (*b*) puerum peditem, solo Carnotino comitatus Carnotum raptim deveni. Unde mox equis remissis, ab urbe Meldensi puerum revocavi. Quo reducto et omni sollicitudine amota, in aphorismis (*c*) Yppocratis vigilanter studui (*c*), apud domnum Herbrandum, magnæ liberalitatis atque scientiæ virum. In quibus cum tantum prognostica morborum accepissem, et simplex egritudinum cognitio cupienti non sufficeret, petii etiam ab eo lectionem ejus libri, qui inscribitur *De concordia Yppocratis, Galieni* (*d*) *et Surani*. Quod et obtinui; cum eum in arte peritissimum, dinamidia farmaceutica, butanica, atque cirurgica non laterent.

LI. — Quod ex querela * reprehendentium * captionem * Arnulfi, regio * jussu * sinodus * habita * est *.

Sed ut jam superioris negotii seriem repetamus, cum de episcopi captione aliqui amicorum (*e*) indignarentur, nonnulli etiam scolasticorum in ejus defensionem alia scriberent, alia scripta de canonibus proferrent, idque

---

* uere, enden, tionem, gio, jus, us, ha, t *ex conj.*

(*a*) vexatus *superposito* tortus *cod.*

(*b*) aug̃ *c. uti et in necrologio S. Faronis Meldensis occurrere videtur;* v. *Galliam Christianam.*

(*c*) mis, dui *abscisa.*

chevaux, pour affronter une deuxième fois les périls du pont, auxquels nous avions heureusement échappé, et chercher le domestique laissé à la garde des bagages. Il passa le pont par les mêmes moyens, et, à force d'errer, il rejoignit notre homme à la seconde veille de de la nuit (1). Il avait dû l'appeler longtemps à haute voix, et ce ne fut pas sans peine qu'il le retrouva. Il le prit, mais, arrivé près de la ville, redoutant le passage du pont, dont il connaissait le danger par expérience, il se retira avec son compagnon dans une cabane, où ils trouvèrent le moyen de se reposer, mais non de rompre le jeûne auquel ils avaient été condamnés pendant tout le jour. Ce que dans cette nuit j'ai enduré de tourments et d'angoisses, je le laisse à penser à ceux que l'inquiétude a tenus éveillés sur le sort des personnes qui leur étaient chères. Enfin reparut la lumière du jour, que j'attendais avec impatience ; ils arrivèrent de bonne heure, épuisés par la faim. On leur servit à manger ; on donna également aux chevaux du grain et de la paille fraîche. Après quoi, laissant à l'abbé Augustin mon domestique, qui ne pouvait nous suivre à pied, j'arrivai bien vite à Chartres avec le cavalier, qui revint alors le chercher à Meaux avec les chevaux. Quand il m'eût été rendu, affranchi dès lors de toute inquiétude, je me livrai avec ardeur à l'étude des aphorismes d'Hippocrate, auprès du seigneur Heribrand, dont la science égale l'extrême bonté. Cette étude me servit seulement à connaître les symptômes des maladies, et comme cette connaissance ne suffisait pas à ma curiosité, je lui demandai à lire encore le livre qui a pour titre : *L'Accord d'Hippocrate, de Galien et de Suran*. Il me le prêta d'autant plus volontiers qu'il était très-versé dans son art, et qu'il possédait parfaitement la pharmaceutique médicale, la botanique et la chirurgie.

LI. — *Les plaintes des amis d'Arnoulf engagent le roi à réunir un synode à Saint-Basle* (17 Juin 991).

Mais il est temps que je reprenne la suite de mon récit. Comme plusieurs des amis d'Arnoulf se montraient indignés de l'arrestation de ce prélat, que des écolâtres écrivaient pour sa défense et produisaient des textes de canons, les rois en ayant été avertis,

(d) *ita c.*
(e) *scolasticorum corr. amicorum.*

---

(1) C'est-à-dire entre neuf heures et minuit.

ad aures regum relatum esset, edicto (a) regio decretum est, ut episcopi Galliæ omnes qui valent et maxime qui comprovinciales sunt, in unum conveniant. Qui autem adesse non possent, suam absentiam per legatos idoneos a suspitione purgarent. Ibique certis ac firmis decretorum rationibus aut convictum dampnarent, aut pristinæ sedis dignitati purgatum restituerent. Collecti sunt ergo in cœnobio monachorum sancti Basoli confessoris, Remorum diocesanei, Remensis quidem metropolitani comprovinciales, Guido Suesorum episcopus, Adalbero Laudunensis episcopus, Herivevus Belvacensis episcopus, Godesmannus Ambianensis episcopus, Ratbodus Noviomensis episcopus, Odo Silvanectensis episcopus; Daibertus Bituricensium metropolitanus; Lugdunensis metropolitani comprovinciales, Gualterus Augustudunensis episcopus, Bruno Lingonensis episcopus, Milo Matisconensis episcopus; Siguinus Senonensium metropolitanus, cum suis Arnulfo Aurelianensi episcopo, Herberto Autisiodorensi episcopo. Qui in unum considentes, diversorum locorum abbates qui aderant, post solitariam sui disputationem, secum consedere jusserunt.

LII. — Deliberatio * de dignitate * habendi * juditii et prælaturæ *.

De habenda igitur sinodo, ratione facta, ordinandum putabant, cui potestas judicandi de singulis conferretur; quem etiam habendarum rationum custodem atque interpretem accommodarent. Judicandi itaque dignitas, Siguino Senonensium metropolitano commissa est, eo quod ætatis reverentia, et vitæ merito plurimum commendaretur. Ordinandi vero facultas ac magisterium interpretandi, Arnulfo Aurelianensi episcopo credita est, eo quod ipse inter Galliarum episcopos, eloquii virtute et efficatia dicendi florebat. His ergo sic habitis, post cleri ingressum, sententiis ad negotium facientibus recitatis, Arnulfus sic præfatus ait:

* ra, digni, ndi, præla *abscisa*.

ordonnèrent que tous les évêques de la Gaule qui n'en seraient point empêchés et particulièrement ceux de la province rémoise, se réunissent en concile ; que ceux qui ne pourraient venir y envoyassent des fondés de pouvoir, pour présenter leurs excuses et les disculper, et que, prenant pour règle les canons de l'Eglise, on frappât de condamnation l'évêque, convaincu, ou que, reconnu innocent, on le rétablît sur son siége. Se réunirent donc au monastère du confesseur saint Basle, de la province rémoise, Gui, évêque de Soissons, Adalbéron de Laon, Hérivée de Beauvais, Godesmann d'Amiens, Radbod de Noyon et Eudes de Senlis ; l'archevêque de Bourges, Daibert ; de la province de Lyon, Gaultier, évêque d'Autun, Brunon de Langres, Milon de Mâcon ; de celle de Sens, Siguin, archevêque de Sens, Arnoulf, évêque d'Orléans, Herbert d'Auxerre. Quand ils eurent pris place, après en avoir délibéré en comité secret, ils invitèrent divers abbés, qui étaient venus, à siéger avec eux.

LII. — *On s'occupe d'élire le président et le promoteur du concile.*

On pensa ensuite qu'il convenait de régler à qui serait conféré le droit de prononcer dans la cause, à qui seraient confiées les fonctions de secrétaire et de promoteur. On octroya donc la dignité de président à Siguin, archevêque de Sens, que recommandaient son âge et ses mérites ; et on chargea d'engager et d'exposer la cause Arnoulf, évêque d'Orléans, qui se distinguait parmi les prélats des Gaules par sa parole éloquente. Après ces préliminaires, on introduisit le clergé, et, lecture ayant été faite des canons qui convenaient à l'affaire, Arnoulf prit la parole en ces termes (1) :

(a) decreto *corr.* edicto.

(1) Fidèle à son système, Richer, dans l'*Exposé des Actes du Concile,* abrégera ce qui est développé, développera ce qui lui paraîtra trop concis, parera la pensée de quelque épithète, etc. Il n'a fait du reste en cela que suivre encore l'exemple de son maître Gerbert, qui s'est montré moins jaloux de se borner au rôle d'historien impartial, que de rendre, comme il la concevait, la pensée d'autrui, *abdita investigans et in lucem ipsos affectus proferens* (*Préface de l'Histoire du Concile de Reims ou de Saint-Basle*). On peut dire aussi que Richer assistait à cette assemblée, et expliquer certaines différences dans les deux relations par les impressions ou les notes qu'il avait rapportées des débats.

LIII. — Elocutio * Arnulfi * in * sinodo.

« Quoniam, patres reverendi, serenissimorum regum
» jussu, necnon et sacræ religionis causa huc convenimus,
» multa fide, multo etiam studio cavendum videtur, ne
» nos qui gratia Sancti Spiritus hic collecti sumus, aut
» odium alicujus, aut amor, a rectitudinis norma exorbi-
» tare faciat. Et quia hic in nomine Domini collecti sumus,
» ante conspectum summæ Divinitatis veridicis sententiis
» debemus omnia agitare ; nulli loquendi locum surri-
» pere ; veritati operam dare ; pro veritate vivaciter stare ;
» contra objecta, simplicibus ac puris sententiis et inten-
» dere et respondere. Unicuique debitus honor servetur ;
» dicendi potestas omnibus sit. Intendendi etiam et refel-
» lendi libertas, omnibus concessa sit. Nunc deinde
» quoniam me ante omnes fari voluistis, causam hujus
» sinodi (a) coram edicendam arbitror, quatinus bene
» digesta, omnibus ut est videatur. Clarissima illa Remo-
» rum metropolis, proditione nuper pervasa ab hostibus
» fuit. Sancta sanctorum hostium impetu contaminata
» sunt ; sanctuarium Dei, nefariis quibusque violatum ;
» cives quoque a prædonibus direpti. Quorum malorum
» ille auctor esse criminatur, qui ab hostibus tutari debuit,
» Arnulfus ejusdem urbis episcopus. Hoc ei intenditur.
» Ad hoc discutiendum, regalis dignitas hic nos collegit.
» Elaborate igitur, patres reverendi, ne unius perfidia,
» dignitas sacerdotalis vilescat. »

LIV.

Contra hæc cum quidam residentium responderent,
hujusmodi hominem quantotius convincendum, et sic
justo juditio puniendum, Siguinus episcopus non id sese
permissurum respondit, ut is qui majestatis reus accusatur, sub discutiendi censura ponatur, nisi ante ex jureju-

---

* El, Arnulfi in *absc.*
(a) sinoni c.

LIII. — *Discours d'Arnoulf, évêque d'Orléans.*

« Vénérables Pères, puisque l'ordre des rois sérénissimes
» et l'intérêt de la sainte religion nous a réunis ici, il importe, je
» crois, que nous ayons assez de zèle et de sincérité pour ne point
» permettre à la haine ou à l'amour de nous détourner de la voie
» droite, nous qui sommes ici assemblés par la grâce du Saint-
» Esprit. Et puisque c'est au nom du Seigneur que nous sommes
» assemblés, nous devons, en présence du Très-Haut, agir en tout
» avec la plus grande loyauté, n'enlever la parole à personne,
» rechercher avec soin la vérité, la défendre avec chaleur, et com-
» battre les objections avec autant de simplicité que de droiture
» d'intention. Ayons pour chacun les égards qui lui sont dus ; lais-
» sons tout le monde prendre la parole ; que tous aient la liberté
» d'accuser et de défendre. Maintenant, puisque vous avez voulu
» que je parlasse avant vous tous (1), je crois devoir vous exposer
» l'objet de ce concile, afin que vous puissiez en prendre une juste
» idée. L'illustre métropole de Reims est tombée dernièrement,
» par trahison, au pouvoir des ennemis; le Saint des Saints (2) a été
» envahi et souillé par eux ; le sanctuaire de Dieu a été violé par
» toute sorte de crimes, les citoyens enfin ont été pillés par les bri-
» gands. Celui qu'on accuse d'être l'auteur de ces maux, c'est Ar-
» noulf, l'évêque même de la ville, qui aurait dû l'en préserver.
» Voilà ce qu'on lui reproche ; et c'est pour examiner sa conduite
» que le pouvoir royal nous a ici assemblés. Veillez donc, vénérables
» Pères, à ce que la perfidie d'un seul n'avilisse point la dignité
» sacerdotale. »

LIV. — [*L'évêque Siguin ne consent à la mise en accusation
d'Arnoulf, qu'à la condition que les rois et les évêques
jureront d'user d'indulgence.*]

Comme quelques-uns des prélats répondaient à ce discours
qu'il fallait condamner au plus tôt un tel homme et le frapper
d'un juste châtiment, l'évêque Siguin protesta qu'il ne souffrirait
pas qu'on vînt à juger la cause d'une personne accusée de lèze-

---

(1) M. G. : « *devant vous tous.* »
(2) M. G. : « *les reliques des Saints.* »

rando promissionem indulgentiæ, ab regibus et episcopis accipiat. Idque faciendum asserebat ex concilii Toletani capite 31. Quod quia brevitati studemus, omisimus ponere.

LIV [*bis*]. — Sermocinatio * Daiberti * pro * juditio ferendo *.

Daibertus, Bituricensium archiepiscopus, dixit : « Cum
» constet factum, et de nomine facti dubitatio nulla sit,
» quantum quoque facinus perpendatur, quomodo ex
» necessitate reo sit indulgendum, penitus non adverto.
» Hic enim incurrere necessitas videtur, cum juditium
» promulgandum non sit, nisi prius supplicii indulgentia
» convincendo concessa fuerit. At si ad secularia jura
» respiciatur, quodcumque scelus quisque commiserit,
» secundum sceleris modum, pœnitentiæ severitati sub-
» jacebit. »

LV.

Herivevus, Belvacensis episcopus, dixit : « Cavendum
» summopere est, ne leges divinas forensibus comparemus.
» Plurimum enim a se different, cum divinarum sit de
» æcclesiasticis negotiis tractare et secularium secularibus
» adhiberi. Quarum primæ tanto secundas superant,
» quanto secundæ primis inferiores sunt. Unde et divinis
» per omnia suus honor servandus est. Si ergo frater et
» coepiscopus noster Arnulfus majestatis reus convictus
» fuerit, pro sacerdotali reverentia, et sanguinis affinitate,
» a serenissimis regibus indulgendum aliquatenus non
» abnuo. Juditii tamen sententiam omnino non effugiet,
» si sua confessione indignus sacerdotali dignitate ma-
» nifestabitur. »

LVI. — Indignatio ** Brunonis ** in Arnulfum **.

Bruno, Lingonensis episcopus, dixit : « Hunc unde hic
» sermo habetur, in has miserias præcipitasse videor,
» cum contra multorum bonorum vota, ad honoris culmen

* Sermo, berti, pro, fere *absc.*

majesté, si au préalable les rois et les évêques ne lui promettaient sous serment le pardon de sa faute. Il disait que cette conduite était commandée par le 31ᵉ chapitre du concile de Tolède, que nous ne citons pas ici, pour être bref.

LIV [bis]. — *Daibert, archevêque de Bourges, combat les dispositions de Siguin.*

Daibert, archevêque de Bourges, dit alors : « Si le fait est
» constant, et qu'il n'y ait aucun doute sur la qualification, ni sur
» l'énormité du crime, je ne vois vraiment pas comment il pour-
» rait y avoir nécessité de pardonner au coupable. Il semble bien
» qu'il y ait ici nécessité, puisque le jugement ne doit pas
» être prononcé qu'on n'ait fait auparavant à l'accusé la remise
» du supplice, en cas de condamnation. Mais si vous considérez le
» droit séculier, vous verrez que tout crime est, selon sa nature,
» soumis à la rigueur de la peine. »

LV. — [*Hérivée incline pour l'indulgence.*]

Hérivée de Beauvais dit : « Gardons-nous bien de comparer les
» lois divines aux lois humaines. Car il y a entre elles une grande
» différence, attendu que les premières règlent les affaires de l'E-
» glise, et les secondes, celles des séculiers. Celles-ci sont, d'ailleurs,
» autant au-dessous des autres, que les autres leur sont supé-
» rieures. Il faut donc en tout conserver aux lois divines leur
» suprématie ; et si notre frère et co-évêque Arnoulf vient à être
» convaincu de lèze-majesté, je suis d'avis que les rois sérénis-
» simes, par égard pour le caractère sacerdotal et pour des
» liens de parenté, lui témoignent quelque indulgence. Toutefois
» il n'échappera pas entièrement à l'arrêt de la justice, si, par son
» propre aveu, il est reconnu indigne du sacerdoce. »

LVI. — *Brunon se montre indigné de la conduite d'Arnoulf, son parent, et déclare qu'il sera impartial.*

Brunon de Langres dit : « Je parais avoir contribué au malheur
» de celui qui nous occupe ici, en le faisant élever au faîte des
» honneurs, contre le sentiment d'un grand nombre de gens de

** Ind, Bru, Arnulfum *absc.*

» provexi. Et hoc non solum propter carnis affinitatem
» effeci, sed etiam ut ad melioris vitæ statum illum
» attraherem, cum non ignorarem ipsum Laudunensis
» urbis pervasorem, atque nefariæ factionis temerarium
» principem ; sub jure cirographi, regibus fidem spopon-
» disse, pro nullo præterito aut futuro sacramento, fidem
» promissam sese umquam violaturum ; regum hostes
» pro ingenio et viribus impetiturum ; illisque in nullo
» communicaturum. Sed quia Karolus avunculus meus,
» regum adversarius patet, cum ei is de quo loquimur
» communicavit, fidemque sacramento dedit, jus fidei
» promissæ, penitus abrupit. An Manasse (a) et Rotgerus
» regum adversarii dicendi non sunt, qui cum Karolo
» urbis Remorum pervasores fuere, et sanctæ Dei geni-
» tricis Mariæ basilicam cum armata manu ingressi sunt,
» sanctuariumque nefario ingressu violaverunt? Hos etiam
» iste sui consilii custodes, et amicorum præcipuos habe-
» bat. Quod quia evidentissimum est, dicat nunc ipse,
» cujus impulsione aut suasione istud aggressus sit. Aut
» certe alii intendet, aut convictus testimoniis labascet.
» Nullus consanguinitatis amor, nulla habitæ familiari-
» tatis gratia, a recti judicii forma me aliquo modo
» seducent. »

LVII. — Laus * Godesmanni * de magnanimitate * Brunonis et * ut *
ab * eo juditium constituatur * postulatio.

Godesmannus, Ambianensis episcopus, dixit : « Novimus
» venerabilis Brunonis magnanimitatem, quem nullus
» affinitatis amor, nulla familiaritas a veritate sequestrat,
» at rigor animi, et morum probitas veridicum et cui
» credendum sit promptissime indicant. Ergo quia de
» examinatione reatus fratris et coepiscopi nostri Arnulfi
» mentio superius facta est, ab eo quærendum videtur,
» quale ex hac re habendum sit juditium, eo quod ipsum

* Laus, man. nani, et ut a, constitu *abscisa*.
(a) Manās *cod*.

» bien. En agissant ainsi, je ne consultai pas seulement les liens
» du sang (1), je songeais encore à ramener Arnoulf à son devoir,
» n'ignorant pas que, s'il avait surpris Laon et s'il était le chef té-
» méraire d'une faction criminelle, il avait, par écrit, promis aux
» rois fidélité, qu'il s'était engagé à ne jamais violer son serment
» pour aucun serment précédent ou futur, à déployer toutes ses
» forces et toutes ses ressources contre les ennemis des rois et à
» n'avoir avec eux aucune communication. Mais, puisque mon
» oncle Charles est l'adversaire déclaré des rois, en communiquant
» avec lui, en lui prêtant serment de fidélité, Arnoulf a violé la
» foi qu'il avait donnée. Manassés et Roger n'étaient-ils pas les
» ennemis des rois, eux qui ont envahi avec Charles la ville de
» Reims, qui sont entrés à main armée dans la basilique de Sainte-
» Marie, mère de Dieu, et qui ont été assez criminels pour en violer
» le sanctuaire? Il en avait fait aussi ses confidents et ses plus in-
» times amis. Maintenant, que tout cela est de la dernière évidence,
» qu'il nous dise qui l'a poussé dans une telle voie. Ou il accusera
» une autre personne, ou il succombera sous le poids des témoi-
» gnages. Pour moi, ni la voix du sang, ni le souvenir de notre
» liaison ne parviendront à me faire dévier de l'impartialité du
» juge. »

LVII. — *Godesmann rend justice au noble caractère de Brunon, et demande qu'il porte lui-même le jugement.*

Godesmann, évêque d'Amiens, dit : « Nous connaissons le noble
» caractère du vénérable Brunon, en qui le sang ni l'amitié ne
» sauraient altérer l'amour de la vérité, et dont la gravité et la
» vertu sont bien faites pour inspirer une entière confiance en
» sa parole. Aussi, puisqu'on a parlé tout-à-l'heure d'examiner la
» culpabilité de notre frère et co-évêque Arnoulf, il me semble
» qu'on devrait lui demander quel jugement il convient de rendre,
» puisque sa position entre le roi, à qui il est tenu d'être fidèle,
» et Arnoulf, que les liens du sang l'obligent d'aimer, doit

(1) L'évêque Brunon était en effet neveu de Lothaire et de Charles, et par conséquent cousin-germain naturel d'Arnoulf.

» oporteat juditii temperare censuram, cum ipse sic
» inter utrumque sit constitutus, ut et regi fidem, et
» Arnulfo ex consanguinitate dilectionem debeat. Unde et
» nullius doli suspitione tenendus erit, quem fidelitas
» domini ad juditium incitabit, et caritas proximi a mali-
» volentia prohibebit.

LVIII. — Responsio Brunonis.

Ad hec Bruno episcopus : « Mentem, inquit, vestram
» satis plane intelligo. Hic qui reus majestatis accusatur,
» carnis affinitate mihi conjungitur, utpote avunculi mei
» Lotharii regis filius. Unde et vestra benignitas mihi fieri
» injuriam metuit (a), si dignum de eo a vobis proferatur
» juditium. Sed absit, ut amorem consanguinitatis, Christi
» amore præciosiorem habeam. Rem unde agitur, sancti-
» tas vestra subtili indagine mecum discutiat. De condem-
» natione convicto inferenda nihil metuentes, cum æque
» justum sit, et reum majestatis damnari, et innocentem
» laxari. »

LIX. — Demonstratio Ratbodi * quod libellum * infidelitatis episcopi * Lothariensium * perperam * calumnientur.

Ratbodus, Noviomensis episcopus, dixit : « Si placet,
» patres reverendi, libellum fidelitatis, ab Arnulfo quon-
» dam regibus de habenda fide porrectum, a vobis nunc
» discutiendum puto. Videtur enim, quod solus in ejus
» dampnatione sufficiat, eo quod fidem jurejurando pro-
» missam, et manus scripto roboratam sacrilegio perjurii
» penitus violaverit. Sed est quiddam quod remordet,
» quod scilicet a Lothariensium episcopis, ut fertur, contra
» illum disputatur. Calumniantur enim contra leges divi-
» nas scriptum, lectum, reconditum. Unde et, si placet,
» jam a vobis discutiendus in medium proferatur. » Sinodus dixit : « Proferatur. »

» nécessairement le tenir dans un juste tempérament. Certes,
» on ne soupçonnera pas de mauvaise foi celui que la fidélité
» à son seigneur porte à la sévérité, en même temps que
» ses sympathies pour son parent le disposent à la bienveil-
» lance. »

LVIII. — *Réponse de Brunon.*

« Je comprends parfaitement votre pensée, répondit l'évêque
» Brunon. L'accusé m'étant uni par les liens du sang, comme fils
» de mon oncle, le roi Lothaire, votre bénignité craindrait de
» m'offenser en rendant contre Arnoulf une juste sentence. Mais, à
» Dieu ne plaise que je préfère à l'amour du Christ celui de ma
» famille. Que votre sainteté examine rigoureusement avec moi
» l'affaire en question, et ne conçoive aucune crainte au sujet
» de la condamnation d'un coupable ; car il est également
» juste de frapper le criminel de lèze-majesté et d'absoudre
» l'innocent. »

LIX. — *Radbod dit que les évêques Lorrains repoussent à tort le serment écrit d'Arnoulf.*

Radbod, évêque de Noyon, dit : « Avec votre bon plaisir, véné-
» rables Pères, je pense qu'il conviendrait maintenant d'examiner
» la copie du serment de fidélité qu'Arnoulf avait autrefois présen-
» tée aux rois. Car il semble qu'elle suffirait seule à sa condam-
» nation, s'il a parjuré la foi qu'il leur avait promise sous serment
» et garantie par un écrit de sa main. Mais il y a une chose fâ-
» cheuse, c'est que les évêques Lorrains, dit-on, repoussent cet
» acte, prétendant faussement qu'il a été écrit, lu et enregistré
» contre les lois divines. Qu'il vous plaise donc ordonner qu'il sera
» produit pour être examiné par vous. » Le synode dit : « Qu'il
» soit produit. »

---

* Ratbo, bellum, episcopi L, perperam *abscisa.*

(a) melui *cod.*

LX. — Textus libelli * fidelitatis * Arnulfi.

Prolatus est itaque hanc textus seriem habens : « Ego
» Arnulfus, gratia Dei præveniente, Remorum archiepis-
» copus, promitto regibus Francorum, Hugoni et Rotberto,
» me fidem purissimam servaturum, consilium et auxi-
» lium eis secundum meum scire et posse in omnibus
» negotiis præbiturum ; inimicis (a) eorum nec consilio nec
» auxilio ad eorum infidelitatem scienter adjuturum. Hæc
» in conspectu divinæ majestatis, et beatorum spirituum
» et totius æcclesiæ assistens promitto, pro bene servatis
» laturus præmia æternæ beatitudinis. Si vero, quod nolo
» et quod absit, ab his deviavero, omnis benedictio
» mea, convertatur in maledictionem, et fiant dies mei
» pauci, et episcopatum meum accipiat alter ; recedant
» a me amici mei, sintque perpetuo inimici. Huic ego
» cirographo a me edito, in testimonium benedictionis
» vel maledictionis meæ subscribo, fratresque et filios
» meos ut subscribant rogo. Ego Arnulfus archiepiscopus
» subscripsi. »

LXI. — Arnulfus ** libellum ** ex parte probat **, et ex parte
vituperat **.

Quo recitato, a sinodo investigatur, an alicujus repre-
hensionis aut defensionis vim habere videatur. Tunc
venerabilis episcopus Arnulfus, eo quod officium interpretandi ei commissum erat : « Et pro se, inquit, ex parte
» defensionem continet, et vires ex parte reprehensoribus
» accommodat. Causa namque ut scriberetur, ejus auctor
» Arnulfus fuit. Qui cum detestandæ cupiditatis morbo
» nimium laboraret, egit quod reprehendi potest, cum
» juratus fidem non servavit. Hoc enim reprehensioni
» succumbit. Et quod sapientes et boni id effecerunt,
» quod dolis et astutiæ perditissimi hominis contrairet,

* elli fide *abscisa*.

LX. — *On produit l'acte.*

On produisit donc l'acte, qui était ainsi conçu : « Moi, Arnoulf,
» par la grâce de Dieu archevêque de Reims, je m'engage à gar-
» der aux rois des Français, Hugues et Robert, une entière fidélité;
» à leur apporter en toute chose aide et conseil, selon ma
» science et mon pouvoir ; et à n'accorder sciemment et contre la
» fidélité que je leur dois, ni conseil, ni aide à leurs ennemis. Je
» prends ces engagements en présence de la divine Majesté, des
» esprits célestes et de toute l'Eglise, et j'espère, en y demeurant
» fidèle, obtenir les récompenses de la béatitude éternelle. Mais si,
» ce qu'à Dieu ne plaise et ce qui est loin de ma pensée, je venais
» à m'en écarter, que toute bénédiction se convertisse pour moi en
» malédiction, que mes jours soient abrégés, qu'un autre reçoive
« mon évêché, que mes amis m'abandonnent et me deviennent à
» jamais ennemis. Cet acte fait de ma main, je le souscris, pour
» servir à ma bénédiction ou à ma malédiction, et je prie mes
» frères et mes fils (1) de le souscrire avec moi. Moi, Arnoulf,
» archevêque, j'ai souscrit. »

LXI. — *Arnoulf trouve dans cet écrit matière à justification et à condamnation.*

L'acte lu, le concile examina s'il pouvait être favorable ou non à l'accusé. Alors le vénérable évêque Arnoulf, à qui l'on avait confié les fonctions de promoteur, dit : « S'il justifie d'un côté son auteur,
» de l'autre il fournit des armes à l'accusation. Car Arnoulf, après
» l'avoir écrit, dévoré d'une détestable ambition, a fait une chose
» répréhensible, en ne gardant pas la foi qu'il avait jurée. Sur ce
» point, l'accusation est sans réplique. Mais la condescendance
» qu'il a montrée pour les conseils des sages et des gens de bien,
» en résistant aux perfides suggestions d'un homme perdu, donne

---

** bellum, probat, vitu *abscisa*.
(*a*) *ita codex.*

—

(1) Mes frères et mes fils spirituels.

» contra querulos defensioni firmitatem affectat, viresque
» ministrat. Et quicquid illud sit, testimonio tamen robo-
» randum est. Procedat Adalgerus presbiter. Adest namque
» qui rerum seriem proditionis conscius optime novit. Ille,
» inquam, adsit, et vestræ claritudini inauditum scelus
» edicat, ut et ubi sit vituperatio habenda cognoscatis, et
» ubi laus concedenda videatis. »

LXII. — Admovetur * Adalgerus * accusationi *.

Adalgerus itaque accersitus adest. Super hac re interrogatus et nil moratus respondet : « Utinam, patres
» sancti, in hac vocatione concedatur mihi aliqua remis-
» sionis indulgentia. Sed quia ad id deveni, ut si quid
» quod pro me faciat inveniri possit, id contra me stare
» videatur, verbis brevioribus quod quæritis edicam.
» Dudo, Karoli miles, hortatus est, ut hanc unde hic
» quæritis proditionem aggrederer, sic domino meo pla-
» cere juratus. Unde cum ei non crederem, dominum
» meum per me interrogavi. Sese id fieri velle respondit.
» Ut autem hoc dedecus specie honesti velaretur, Karolo
» manus dedi; ejusque factus, proditionem per sacramen-
» tum spopondi. Et feci quidem, sed non injussus. Quod
» si vobis falsum videatur, paratus sum omnia juditiorum
» genera subire. »

LXIII. — Brevis et ** dilucida ** demonstratio ** criminis **
a Guidone episcopo **.

Guido, Suessionensis episcopus, dixit : « Ut hic ex ratione
» hujus intelligitur, unius reatus forte ambo tenentur.
» Nam cum hic sese effecisse asserat, non est immunis
» ejus dominus, qui facinus perpetrandum suasit, eo
» quod sceleris causam se ipsum præbuerit. Quoniam
» ergo utriusque negotium inditiis evidentibus constat,

* ovetur, rus, ac, ni, io *abscisa*.
** et di, mon, minis, piscopo *abscisa*.

» du poids et de la force à la défense contre l'accusation. Quoi
» qu'il en soit, ceci a besoin d'être confirmé par un témoignage.
» Qu'on fasse venir le prêtre Adalger ; car, en sa qualité de com-
» plice de la trahison, c'est lui qui connaît le mieux tous les dé-
» tails de l'affaire. Qu'il paraisse, dis-je, et qu'il expose à vos
» Grandeurs ce crime inouï, afin que vous sachiez discerner ce qui
» mérite le blâme, ce qui mérite l'éloge. »

LXII. — *On fait venir le prêtre Adalger.*

Adalger se présente donc. Interrogé, il répond aussitôt :
« Puissé-je, ô saints Pères, obtenir, en comparaissant devant vous,
» la faveur de votre indulgence. Hélas ! ma position est telle que
» tout ce qui pourrait m'être favorable, semble tourner contre
» moi ; aussi répondrai-je brièvement à ce que vous me demandez.
» C'est Dudon, vassal de Charles, qui m'a engagé dans cette trahi-
» son, sur laquelle vous informez ici ; il me jurait que je serais
» agréable à mon seigneur en l'opérant. Comme je ne pouvais
» l'en croire, j'ai interrogé moi-même mon seigneur, et il m'a
» répondu que tel était son désir. Alors, pour donner un
» prétexte honnête à ma criminelle conduite, j'ai prêté ser-
» ment à Charles, je me suis fait son homme et me suis
» engagé par serment à la trahison. J'ai donc trahi, je l'avoue,
» mais non sans en avoir reçu l'ordre. Si mon témoignage
» vous semble faux, je suis prêt à subir tous les genres
» d'épreuves (1). »

LXIII. — *L'évêque Gui fait ressortir en quelques mots les charges qui s'élèvent contre Arnoulf.*

Gui, évêque de Soissons, dit (2) : « On voit par la déposition
» de cet homme, qu'il y a ici deux coupables. Son aveu d'avoir
» commis le crime, ne saurait disculper son seigneur de l'y avoir
» poussé et de s'en être fait la cause déterminante. Il est donc bien
» évident qu'ils ont trempé tous deux dans l'affaire, puisque l'un

---

(1) « Le feu, l'eau bouillante, les fers rouges (Ex *Gerbert. Act. concil. Remens*). »

(2) Gui ne parle pas ici dans la relation de Gerbert.

» cum alter facinus suaserit, alter effecerit, juditii
» censura vestram paternitatem non latet. Est etiam quod
» juditio habendo vires præbeat, quod cum ipse episcopus
» proditionis auctor extiterit, ut suum flagitium melioris
» zeli fervore tegeret, multæ excommunicationis et male-
» dictionis anathemate, a corpore et sanguine Domini
» separavit, atque ab ecclesia fidelium suspendit, Remen-
» sium prædonum auctores, factores, cooperatores,
» fautores, et a propriis dominis rerum sub emptionis
» nomine abalienatores. Sed cum tanti mali episcopus
» auctor existat, anathemate involutus manifestissime
» patet. Quod etiam ad ejus condempnationem, non mini-
» mum valet. »

LXIV. — Indignatio Gualteri in Arnulfum.

Gualterus, Augustudunensis episcopus, dixit : « An male
» sanæ mentis hic episcopus non est qui pro se defensiones
» nititur, cum regibus et tot patribus ejus iniquitas
» dilucide pateat, et insuper presbiteri malorum conscii
» testimonio convincatur? An ipse mali inventor pericu-
» lum anathematis evadere potuit, cum ipse mali inventor
» et fautor, inventores et factores, fautoresque maledictio-
» nis telo perfodit? An ipsam Divinitatem hec perpendere
» non animadvertit, cum scriptum sit, quod oculi Domini
» in omni loco contemplantur bonos et malos? Et certe
» arbitror, quia dixit insipiens in corde suo : Non est
» Deus. Animadvertite ergo, patres, quam corrupti sunt
» et abominabiles facti sunt in studiis suis factor et
» fautor. »

LXV. — Odonis episcopi admonitio * de juditio * accelerando *.

Odo, Silvanectensis episcopus, dixit : « Quoniam religio-
» nis causa, et jussu serenissimorum regum, hic collecti
» sumus, non est differendum habendi juditii examen. Id

---

* admo, juditio, ndo *abscisa*.

» a conseillé ce que l'autre a exécuté, et le jugement à rendre se
» révèle à votre paternité. Ce qui doit encore vous encourager à
» le prononcer, c'est que l'évêque, l'auteur lui-même de la trahi-
» son, pour couvrir son forfait de l'apparence d'un zèle pur, a,
» par une sentence d'excommunication et de malédiction, privé de
» la communion du corps et du sang de Notre Seigneur,
» et retranché de l'assemblée des fidèles tous ceux qui ont
» suggéré, commis, aidé à commettre ou favorisé les brigandages
» de Reims, et qui, par des achats simulés, ont usurpé les biens de
» leurs propres maîtres. Or ce même évêque étant l'auteur de
» tout le mal, se trouve évidemment enveloppé dans son propre
» anathème; et ce n'est pas ce qui doit le moins contribuer à sa
» condamnation. »

LXIV. — *Indignation de Gaultier contre Arnoulf.*

Gaultier, évêque d'Autun, dit : « N'est-il pas bien insensé,
» cet évêque qui s'efforce de se défendre, quand son iniquité
» frappe les yeux des rois et de tant de Pères, quand il est encore
» convaincu par le témoignage du prêtre complice de son crime ?
» Comment l'instigateur du mal pourrait-il échapper au coup de
» l'anathème, quand lui-même, instigateur et fauteur du crime, en
» a percé du trait de la malédiction les instigateurs, les auteurs et
» les fauteurs? Ne sait-il pas que la Divinité même a jugé sa con-
» duite, puisqu'il est écrit que les yeux du Seigneur voient en tout
» lieu les bons et les méchants (1)? Je crois en vérité que l'insensé a
» dit dans son cœur : « Il n'y a point de Dieu (2). » Voyez donc,
» vénérables Pères, jusqu'où l'auteur et le fauteur ont poussé la
» corruption, et combien ils se sont rendus abominables par leurs
» œuvres. »

LXV. — *Eudes presse les évêques de procéder au jugement.*

Eudes, évêque de Senlis, dit (3) : « Puisque nous sommes ici
» assemblés dans l'intérêt de la religion et par l'ordre des rois séré-
» nissimes, ne différons pas davantage l'examen du jugement à

---

(1) *Prov.* xv, 3.
(2) *Psalm.* xxi, 5.
(3) Je ne trouve rien d'Eudes en cet endroit du récit de Gerbert.

» enim reges præstolantur; clerus et plebs idem expectant.
» Nec est in diversissimis sententiarum rationibus diutius
» immorandum, cum res sit evidens, et juditii ratio in
» promptu sit. De quibus non solum patrum statuta legitis,
» verum etiam per consequentias rerum equitatis censuram
» proferre non ignoratis. »

LXVI. — Arnulfi persuasio * ad defensores * ut libere * disputent.

Arnulfus, Aurelianensis episcopus, dixit : « Licet, patres
» venerandi, hec certissime se sic habeant, ut de Arnulfo
» prædicantur, plurimisque sententiis patrum, justo
» juditio damnari valeat, tamen ne videamur de fratris
» ruina letantes, et in ejus damnatione absque justo
» ardentes, statuendum communi decreto arbitror, ut
» quicumque in ejus defensione aliquid dicere nititur,
» locum defensandi habeat, revolvat volumina, proferat
» quot vult sententias, atque omnia quæ ad defensionem
» paravit, hic coram nil metuens effundat. Atque hoc
» constituendum reor, ut ultra eis defensandi locus non
» pateat. Hic tantum nunc cogitata edicant. » Tunc Siguinus episcopus Arnulfi statutum approbat, ac decretalibus interdictis (a), violari inhibet. Si quispiam ergo quid dicere habet, ut edicat ammonet.

LXVII. — Defensio ** scolasticorum ** pro Arnulfo.

Et cum plures ibi assisterent, qui in defensione niterentur, maximi tamen defensores fuere abbates Abbo Floriacensis, et Ramnulfus Senonensis, atque Johannes, scolasticus Autisiodorensis. Hi enim scientia simul et eloquentia inter suos insignes habebantur. Et indicto silentio, librorum multa volumina aperta sunt, multa quoque ex patrum decretis prolata, nonnulla etiam ad defensionem objecta.

   * per, defen, ere *abscisa*.
  ** Defensi, ticorum *abscisa*.

» prononcer. Car les rois l'attendent, le clergé et le peuple l'at-
» tendent également. A quoi servirait de prolonger les débats,
» puisque le crime est patent, et que la sentence à intervenir s'offre
» à tous les esprits. Non-seulement vous avez lu là-dessus les
» décrets des Pères, mais vous savez encore, d'après les faits, pro-
» noncer une censure équitable. »

LXVI. — *Arnoulf invite les défenseurs à parler librement.*

Arnoulf, évêque d'Orléans, dit : « Vénérables Pères, bien que les
» choses soient, à n'en pas douter, telles qu'on les a exposées, et
» qu'Arnoulf, conformément à de nombreux décrets des Pères,
» puisse être frappé d'un juste jugement, cependant, pour que nous
» ne paraissions pas nous réjouir de la ruine d'un frère, ni
» montrer une trop grande impatience de le condamner, je suis
» d'avis que vous décidiez, d'un commun accord, que tous ceux
» qui désireront prendre pour lui la parole, pourront le faire en
» toute liberté et consulter sans crainte les ouvrages, invoquer
» les décrets qu'ils voudront, exposer enfin tout ce qu'ils auront
» préparé pour sa défense. Je demande, d'ailleurs, que vous pre-
» niez cette décision, afin qu'il n'y ait plus lieu ensuite de revenir
» sur la défense. C'est ici même et sur l'heure qu'on devra pro-
» duire sa pensée. » L'évêque Siguin approuve la proposition d'Arnoulf, et, par un arrêt, fait défense de la violer. Il invite donc à
parler tous ceux qui ont quelque chose à dire.

LXVII. — *Des écolâtres présentent la défense d'Arnoulf.*

Plusieurs des assistants cherchèrent alors à défendre Arnoulf ;
mais ses plus fameux avocats furent les abbés Ramnulf de Senones,
Abbon de Fleury, et Jean, écolâtre d'Auxerre (1), qui, tous trois,
avaient une grande réputation de savoir et d'éloquence. On avait
commandé le silence ; ils ouvrirent de nombreux ouvrages, invo-
quèrent de nombreux décrets des Pères, et réduisirent la défense à

(*a*) inter interdictis *cod.* (*in duabus lineis*).

(1) Et non Ramnulf, abbé de Sens, et Jean, écolâtre d'Orléans, comme le dit M. Guérard, dans son travail sur l'œuvre de Richer.

Inter quæ quatuor principaliter objiciebant. Aiebant enim inprimis eum suæ sedi restituendum ; deinde legitimam ei vocationem adhibendam ; tum quoque Romano pontifici id innotescendum ; et postremo, pontificis Romani auctoritate, in generali sinodo totum facinus discutiendum. Hoc etiam secundum divinas et humanas leges, approbandum asserebant.

LXVIII. — Infirmatio * defensionis *.

Ab altera vero parte responsum est, eum sedi pristinæ non restituendum, eo quod culpis evidentissimis a probabili accusatore convictus, ad flagicia magis præceps, quam ad religionis honorem et dominorum fidem commodus videretur ; nec jam ultra esse vocandum, cum post proditionis nefas, per sex continuos menses vocatus fuerit, et ad rationem venire contempserit ; romano vero pontifici notificari non posse, eo quod itineris difficultas, atque inimicorum minæ id plurimum prohiberent. Id vero sceleris jam non esse discutiendum, cum totum constaret, accusator crimen intenderet, ac firmamentum multiplex afferret ; reus vero convictus nil contra valeret. His episcoporum sententiis multa ratione prolatis, defensores cedunt.

LXIX.

Quibus a defensione cessantibus, episcopi nihil aliud superesse, nisi Arnulfum in medium statuendum censebant, ut pro se quæ vellet reponderet. Vocatus itaque in ordine episcoporum consedit. Cui postquam ab episcopis multa illata fuere, quibus conclusus cessavit, et ille ut

---

* nfir, defensio *abscisa*.

(1) Tout ceci est tronqué, et ne laisse rien entrevoir du débat de la grave question de compétence soulevée par les défenseurs. Arnoulf, qui a peint avec tant de vigueur les désordres de la cour de Rome, ne brille

quatre propositions principales. Car ils disaient que l'archevêque devait, avant toute chose, être rétabli sur son siége, puis être légalement cité à comparaître ; que sa cause serait alors signifiée à l'évêque de Rome, et qu'enfin un concile général, sous l'autorité de ce pontife, examinerait toute l'affaire. Cette marche, ajoutaient-ils, était tout-à-fait conforme aux lois divines et humaines.

LXVIII. — *La défense est combattue.*

Mais on répondait de l'autre part qu'Arnoulf ne pouvait être rétabli sur son siége, attendu que sa culpabilité était prouvée par un témoignage irrécusable, et qu'il se montrait bien plus porté au crime que disposé à honorer la religion et à demeurer fidèle à ses seigneurs ; qu'il n'y avait pas lieu de l'assigner de nouveau à comparaître, puisqu'après sa trahison, on l'avait fait pendant six mois entiers, sans qu'il daignât venir se justifier ; qu'on ne saurait notifier la cause au pape, à cause de la difficulté des chemins et des menaces des ennemis ; que, pour le crime lui-même, il était inutile de l'examiner davantage, attendu qu'il était patent, et que l'accusateur en fournissait des preuves multipliées auxquelles le coupable n'avait rien à opposer. Devant ces raisons des évêques longuement développées, les défenseurs se retirèrent (1).

LXIX. — [*On fait comparaître Arnoulf, qui tente sans succès de se défendre lui-même.*]

Les avocats abandonnant la défense, les évêques pensèrent qu'il ne leur restait plus qu'à faire venir Arnoulf, afin qu'il se justifiât lui-même comme il l'entendrait. Introduit, il s'assit au milieu des évêques. Ceux-ci lui firent alors plusieurs questions auxquelles il ne put répondre ; mais, après avoir expliqué, comme il put, cer-

---

pas dans la discussion de ce point intéressant. On peut d'ailleurs être à bon droit surpris que les moyens de la défense ne soient pas, dans le compte-rendu de Gerbert, l'objet de plus longs développements, et cette circonstance seule suffirait pour rendre suspecte l'impartialité du secrétaire. Mais ce qui m'étonne bien autrement, c'est que personne n'ait fait valoir en faveur d'Arnoulf sa réconciliation avec le roi Hugues (V. c. 45). Evidemment celui-ci n'y avait apporté aucune bonne foi, et n'avait voulu qu'endormir la vigilance du prélat.

potuit alia intendit, alia reppulit, victus tamen, argumentorum rationibus succubuit, et sese reum ac sacerdotio indignum coram confessus est.

LXX. — Regum * ingressus * in sinodum.

Quod cum regibus suggestum est, ipsi cum primatibus sacro episcoporum conventui sese inferunt; gratias episcopis reddentes, eo quod pro se et salute principum diu deliberassent. Petunt quoque gestorum seriem sibi evolvi, et in quo constiterint rationum fine. Tunc etiam omnium gestorum series, regibus exposita est. Post auditum narrationis ordinem, jam tempus adesse juditii habendi asseverant. Tunc episcopi Arnulfum ut regum genibus provolvatur commonent, reatum quoque suum confiteatur, atque pro sui vita, et membrorum integritate supplicet. Ille mox dominorum pedibus prostratus, crimen confessus est; et sacerdotio se indignum asserens, pro vita et membris suffusus lacrimis postulabat. Unde et universam sinodum in lacrimas coegit. Reges multa pietate flexi, vitam et membrorum integritatem indulgent. Sub custodia sui, absque ferro et vinculis habendum decernunt.

LXXI. — Decretale **.

Et a terra erectus, interrogatur an abdicationem sui canonum auctoritate sollempniter velit celebrari. Quod cum episcoporum ordinationi totum committeret, mox decretum est ut, quia se indignum sacerdotio confitebatur, scelusque non tegebat, sicut gradibus provectus fuit, ita gradibus deponeretur. Suasus ergo, regibus quæ ab eis acceperat reddidit, sacerdotales vero infulas episcopis sine mora laxavit. Interrogatus etiam an abdicationis et repudii libellum faceret, ad votum episcoporum omnia sese factu-

---

* Regum ing *abscisa*.
** Decret *absc*.

taines choses et en avoir nié d'autres, il finit par succomber sous le poids des preuves, et s'avoua publiquement coupable et indigne du sacerdoce.

LXX. — *Les rois viennent au synode.*

Les rois en ayant été avertis (1) se rendirent avec les grands dans le sacré synode des évêques et remercièrent ceux-ci d'avoir si longtemps délibéré dans leur intérêt et pour le salut des princes ; puis ils demandèrent qu'on leur exposât toute la suite des débats, et les conclusions auxquelles on s'était arrêté. On leur fit donc le récit de toute l'affaire, et après l'avoir entendu, ils déclarèrent qu'il était temps de prononcer le jugement. Alors les évêques engagèrent Arnoulf à se jeter aux pieds des rois, à leur confesser sa faute et à les prier humblement de ne lui ôter ni la vie, ni aucun membre. Aussitôt Arnoulf se prosterne devant eux, leur avoue son crime, et, se déclarant indigne du sacerdoce, les conjure, en fondant en larmes, d'épargner sa vie et ses membres. Ce spectacle arracha des pleurs à toute l'assemblée. Touchés de pitié, les rois lui laissèrent la vie et les membres, et promirent de le garder sans chaînes ni liens (2).

LXXI. — *Sentence rendue par les évêques.*

Quand il fut relevé, on lui demanda s'il voulait faire sa renonciation solennellement, selon les canons ; et comme il abandonnait le tout au choix des évêques, il fut aussitôt décidé que, puisqu'il s'avouait indigne du sacerdoce et ne célait pas son crime, après avoir été élevé il serait déposé. Sur l'invitation qu'il en reçoit, il rend donc aussitôt aux rois ce qu'il en avait reçu (3), et remet aux évêques les marques de sa dignité. Interrogé s'il n'écrirait pas son abdication et sa renonciation, il répondit qu'il ferait tout ce que

---

(1) Gerbert dit mieux : « Les rois voyant les prélats prolonger leurs regrets d'une telle affaire... »

(2) M. G. : « *Les rois... ne lui donnèrent d'autre garde que lui-même.* »

(3) C'est-à-dire apparemment, l'anneau avec le bâton pastoral. « Erat
» tunc regiæ potestatis sive juris, dit un moine de Saint-Laurent de
» Liége, episcopum, ad suum electum abitrium, per annulum et baculum
» pastoralem investire, necnon destinare ecclesiis cum sua commenda-
» tione (*Recueil des Hist. de Fr.*, t. x, p. 322.) »

rum respondit. Et libellum mox scriptum et oblatum, coram regibus in concilio legit, atque subscripsit.

LXXII. — Textus libelli repudii * Arnulfi.

Textus autem libelli hujusmodi erat : « Ego Arnulfus,
» gratia Dei Remorum quondam episcopus, recognoscens
» fragilitatem meam, et pondera peccatorum meorum,
» testes confessores meos Siguinum archiepiscopum,
» Daibertum archiepiscopum, Arnulfum episcopum,
» Godesmannum episcopum, Heriveum episcopum, Ratbo-
» dum episcopum, Walterum episcopum, Brunonem
» episcopum, Milonem episcopum, Adalberonem episco-
» pum, Odonem episcopum, Widonem episcopum,
» Heribertum episcopum, constitui mihi judices delicto-
» rum meorum, et puram ipsis confessionem dedi,
» quærens remedium penitendi, et salutem animæ meæ,
» ut recederem ab officio et ministerio pontificali, quo
» me recognosco esse indignum, et alienum me reddens
» pro reatibus meis in quibus peccasse secreto ipsis (a)
» confessus sum, et de quibus publice arguebar, eo scili-
» cet modo ut ipsi sint testes, et potestatem habeant
» substituendi et consecrandi alium in loco meo, qui
» digne præesse et prodesse possit æcclesiæ cui actenus
» indignus præfui. Et ut inde ultra nullam repetitionem
» aut interpellationem, auctoritate canonica facere valeam,
» manu mea propria subscribens firmavi. Quo ita perlecto,
» ita subscripsi. Ego Arnulfus, quondam Remorum archi-
» episcopus, subscripsi. » Necnon et adstantes episcopi ab
eo rogati ut subscriberent, subscripserunt, atque sic ei
responderunt : « Secundum professionem et subscriptionem
» tuam cessa ab officio. » Post hec sacramenti jure hos
qui sui fuerant absolvit, atque libertatem transeundi in jus
alterius victus concessit.

LXXIII. — Depositio ** Adalgeri presbiteri a ** gradibus **.

Dum hec multa consideratione gererentur, Adalgerus presbiter, eo quod communione privatus esset, regum

désireraient les prélats, et aussitôt on rédigea et on lui présenta un acte qu'il lut et signa dans le concile, en présence des rois.

LXXII. — *Texte de l'abdication d'Arnoulf.*

Voici le texte de cet acte : « Moi Arnoulf, par la grâce de Dieu
» jadis évêque de Reims, connaissant ma fragilité et l'énormité de
» mes fautes, j'ai pris pour juges de ma conscience, les arche-
» vêques Siguin et Daibert, les évêques Arnoulf, Godesmann, Héri-
» vée, Radbod, Gaultier, Brunon, Milon, Adalbéron, Eudes, Gui,
» Héribert, et je leur ai fait une confession sincère, cherchant le
» remède de la pénitence et le salut de mon âme. Je renonce en
» conséquence au ministère et aux fonctions épiscopales, dont je me
» reconnais indigne et incapable pour les péchés que je leur ai
» confessés en secret et dont j'étais accusé publiquement, afin que,
» témoins de mon abdication, ils puissent consacrer à ma place un
» autre évêque qui sache gouverner et servir dignement l'Eglise,
» que j'ai mal conduite. Et, afin que désormais je ne puisse faire avec
» l'autorité des canons aucune réclamation pour y rentrer, j'ai
» souscrit ceci de ma propre main. Tel que je l'ai lu, je l'ai sous-
» crit. Moi, Arnoulf, ex-archevêque de Reims, j'ai signé. » Invités
par lui à souscrire cet acte, les évêques présents signèrent à
leur tour et lui dirent ensuite : « Conformément à l'engagement,
» que vous venez de souscrire, cessez vos fonctions. » Alors Arnoulf
déchargea les fidèles du serment qu'ils lui avaient prêté, et les
autorisa à passer sous la conduite d'un autre.

LXXIII. — *Dégradation du prêtre Adalger.*

Pendant que ces choses se faisaient avec solennité, le prêtre Adalger, qui avait été excommunié, s'étant prosterné aux pieds des

---

* repu *absc*.
** Dep, a gra *abscisa*
(*a*) ipsi *c*.

pedibus provolutus, multa conquestione querebatur, communioni petens restitui, parcius sibi inferendam censuram ratus, eo quod jussus domino obtemperavisset. Quem Arnulfus, Aurelianensis episcopus, adorsus : « Num quid-
» nam, inquit, juditii expertem te tua conficta hodie
» facient? Numquid tu es qui Karolo portas aperuisti, et
» hostiliter cum illo sancta sanctorum ingressus es?
» Numquid tu es qui adolescentem cum tui similibus
» perdidisti? Confitere, infandissime! » Quo respondente :
« Negare non possum, » ille mox prosecutus : « An ideo,
» inquit, communioni restituendus es, ut, domino tuo
» lugente, tu, nefandissime, rideas? » Tandem decretum est, duorum incommodorum utrumlibet ab eo eligi, aut a gradibus deponi, aut perpetuo anathemate teneri. Qui apud se plurima pertractans, tandem maluit gradibus privari, quam anathemate perpetuo teneri. Et mox episcoporum jussu, indumentis sacerdotalibus vestitur. Quæ singula absque ulla miseratione detrahentes, ei singuli dicebant : « Cessa ab officio tuo. » Laicorum ergo tantum communionem ei reddentes, illum penitentiæ subdunt, atque sic a sinodo soluti sunt. Si quis autem plenius scire voluerit, quid quisque eorum de canonibus et patrum decretis in concilio protulerit; quid quoque ab eis ibi sanccitum sit, quid etiam a regibus et episcopis Romano pontifici directum, quibus quoque causarum rationibus Arnulfi abdicatio roborata est, legat librum domni et incomparabilis viri Gerberti, hujus Arnulfi in episcopatu successoris, qui omnia hæc digesta continens, mira eloquentiæ suavitate Tulliano eloquio comparatur. Objectionibus namque et responsionibus, conquestionibus atque orationibus, invectivis, conjecturisque et diffinitionibus repletus, luculentissime ac rationabiliter proponit, assumit, atque concludit. Qui non solum sinodalibus causis, sed status rethoricæ cognoscentibus utillimus habetur.

rois, se plaignait amèrement et demandait qu'on le rétablît dans la communion, s'imaginant qu'on devait le frapper moins durement, puisqu'il n'avait fait qu'obéir aux ordres de son seigneur. Mais Arnoulf, l'évêque d'Orléans, s'adressant à lui, lui dit : » Penses-tu donc, par de telles excuses, échapper aujourd'hui à » un jugement? N'est-ce pas toi qui as ouvert à Charles les portes » de la ville, et qui l'as introduit en ennemi dans le Saint des » Saints? N'est-ce pas toi qui, avec tes semblables, as perdu ton » jeune seigneur? Sois franc, misérable. » — « Je ne puis le nier, » répondit-il.» — « Et c'est pour cela qu'on te rétablirait dans la » communion, de façon que tu fusses dans la joie, toi, le plus mi- » sérable des hommes, tandis que ton seigneur serait dans les » larmes! » Enfin il fut résolu qu'on lui donnerait le choix, ou d'être dégradé, ou de souffrir un perpétuel anathème. Après avoir longtemps délibéré, il finit par préférer la dégradation à l'éternel anathème. Aussitôt, sur l'ordre des évêques, on le revêtit des ornements sacerdotaux, et les prélats les lui ôtèrent sans pitié les uns après les autres, en lui disant chacun : « Cesse tes fonctions. » On lui accorda seulement la communion laïque, et on le soumit à la pénitence; après quoi le synode se sépara. — Si l'on veut connaître plus au long ce que, dans le concile, les évêques ont produit chacun de canons et de décrets des Pères, les décisions qu'ils ont prises, les lettres qu'ils ont écrites, eux et les rois (1), au pontife de Rome, et toutes les raisons par lesquelles est motivée l'abdication d'Arnoulf, qu'on lise l'ouvrage du seigneur Gerbert, homme incomparable et successeur d'Arnoulf dans l'épiscopat (2). Il y a réuni tous ces détails en les parant des grâces d'une éloquence qui n'a d'égale que celle de Cicéron. Accusations et réponses, plaintes et discours, invectives, explications et résolutions, tout y est exposé avec une grande netteté et une grande rigueur de raisonnement. Aussi ce livre passe-t-il pour un guide très-utile, non-seulement dans les causes synodales, mais encore comme application des principes de la rhétorique.

---

(1) Ou plutôt Gerbert dont elles portent le cachet.

(2) Chose étrange! Richer, loin de s'étendre avec complaisance sur cette promotion, en a complètement omis le récit.

LXXIV. — Conquestio * Odonis * apud * suos de * Miliduni ereptione *.

Interea Odo rerum suarum augmentum querebat. Unde et apud suos quorum fidem indubitatam sciebat, castrum Meledunum in suum jus transfundi parabat; sibi inquiens miserrimum fore, quod in Sequana fluvio transmittendis exercitibus nullus sibi transitus pateret; unde et id animo sibi incidisse, quatinus Milidunum, quod est circumfluente Sequana tutissimum, et duplici portu pervium, ad suam partem retorqueret, cum etiam in Ligeri plures sibi portus paterent. Nec de perjurii facinore formidandum, cum illud jam ab avo possessum sit, et nunc non regis, sed alterius habeatur. Unde et omnibus qui fidem spondebant, accelerandum suadebat, ut quacumque ratione valerent, ad sui dominium transferrent.

LXXV. — Inductio ** ab ** legato Odonis in ** præsidem Miliduni **.

Tunc suorum unus, castri præsidem petens, firmissimam amicitiam simulat, fidemque multam pollicetur. Quod et utrimque sacramento mox firmatum fuit. Presidemque affatus, cujus ante hac castrum fuerit, quærit. Ille cujus fuerit non abnuit. Iste quoque : « Quo, inquit, ordine
» ad regium jus accessit ? » Ille quoque idem prosequitur. Et iste : « Cur, inquit, Odoni præjuditium fit, cum sepe-
» numero reddi sibi petierit, et se inferior eo nunc
» potiatur ? — Quoniam, inquit, id regi sic visum est. »
Et iste : « Putasne, inquit, ipsam Divinitatem non offendi,
» cum mortuo patre pupillus absque re patrimonio frus-
» tratur ? » Et ille : « Ita, inquit. Et non solum id, sed
» et bonorum desperatio fit. Quis enim inter primates
» Odone potentior ? Quis omni honore dignior ? » Atque ad hæc iste : « Si, inquit, ad Odonem transverti velles,
» numquidnam ampliori potentia tene sublimandum arbi-

---

* Con, Odonis a, de, ere *abscisa.*

** In, ab, in, li *abscisa*.

LXXIV. — *Eudes se plaint à ses amis qu'on lui ait enlevé Melun.*

Pendant ce temps-là, Eudes (1), cherchant à augmenter son domaine, préparait auprès de ceux des siens dont il connaissait l'inviolable fidélité, les moyens de faire passer sous son autorité le château de Melun. Il leur disait qu'il était bien fâcheux pour lui de n'avoir sur la Seine aucun passage par où il pût faire traverser le fleuve à ses armées ; qu'il avait donc songé à s'emparer de Melun, qui possède un double port, et dont les sinuosités de la Seine font une place très-forte. Elle lui conviendrait d'autant mieux qu'il en avait plusieurs sur la Loire ; et il ne devait pas craindre de se parjurer, puisqu'elle avait autrefois été tenue par son aïeul, et qu'elle l'était maintenant par un autre que par le roi. Il engageait donc tous ses fidèles à employer sans délai tous les moyens possibles de la lui assurer.

LXXV. — *Un envoyé d'Eudes séduit le commandant du château.*

Alors un des siens va trouver le commandant du château (2), lui témoigne une vive amitié et lui promet une grande fidélité. Des serments les lient bientôt l'un à l'autre, et, en s'entretenant avec le commandant, l'émissaire lui demande à qui le château appartenait auparavant. Le commandant ne dissimulant pas à qui il avait appartenu : « Comment donc, réplique l'émissaire, est-il passé au » pouvoir du roi ? » L'officier l'explique également. « Mais, conti- » nue l'envoyé, pourquoi ce tort fait à Eudes, quand il a souvent » demandé qu'on lui rendît la forteresse, et qu'elle se trouve main- » tenant aux mains d'un plus petit que lui ? » — « Parce que » tel a été le bon plaisir du roi. » — « Et pensez-vous que la Divi- » nité ne soit pas offensée, quand, à la mort d'un père, le mineur » est dépouillé de son patrimoine ? » — « Je le crois ; mais, il y a » plus, c'est que les gens de bien en sont affligés. Quel est, en effet, » parmi les grands celui qui surpasse Eudes en puissance ? Qui » mérite mieux que lui tout honneur ? » — « Pensez-vous, dit » alors l'émissaire, que, si vous vouliez servir Eudes, il ne vous éle- » vât pas à un plus haut rang ? Si vous vous faisiez son homme,

---

(1) Comte de Chartres.
(2) « *Gautier* avait à nom (nom), » dit une vieille chronique.

» trare? Si ejus esses, ejus sine dubio gratiam, consilium,
» suppetias haberes. Pro uno castro, plurima possideres.
» Unde et tui nominis gloria eo ulterius iret, quo amplius
» honoris culmen adipiscereris. » Ille vero : « Quomodo,
» inquit, absque peccato et dedecore hec fieri posse
» confidis? » Et iste inquit : « Si te cum castro Odoni
» confers, quicquid sceleris nasci putas, meum fiat,
» meum dicatur. Pœnas inde luam, et summæ Divinitati
» rationem reddam. Consule nobilitati tuæ. Fac tuarum
» rerum augmentum. Instat tempus. Oportunitas id suadet,
» cum inpotentia regnandi rex sit inglorius, et Odonem
» prosperior semper sequatur successus. » Ille rerum
promissarum cupidus, sacramentum petit. Iste facit, et
pro agendo negotio obsides querit. Ille multum honorem
sese habiturum arbitrans, obsides dare non distulit.
Quos iste receptos, domum duxit, et Odoni omnia hæc
retulit.

LXXVI. — Pervasio * Miliduni * ab Odone *.

Odoni itaque ut cœptis instet suadet. Interea ab Odone
copiæ clam parantur, ut castrum ingrediatur et optineat.
Paratis autem, tempore statuto aggressus appetit et ingreditur. Proditorem simulato furore invadit, et carceri
mancipat. Qui non multo post carcere emissus, sacramento coram fidem facit, et exinde ad resistendum cum
Odone sese parat. Quæ omnia ad regum aures mox delata
feruntur. Reges de castri amissione commoti, in hostes
milites parant; proponentes ab obsidione non sese discessuros, donec aut expugnatum recipiant, aut, si res
exposcat, cum hoste comminus vires et arma conferant.

LXXVII. — Accessus ** regum ad Milidunum **.

Paratis itaque copiis, expugnatum accedunt. Et quia
castrum circumfluente Sequana ambiebatur, ipsi in litore
primo castra disponunt; in ulteriore, accitas (*a*) pirata-

---

* vasio, ni, *abscisa*.

» vous obtiendriez sans doute de lui faveur, conseil, secours. Au
» lieu d'un château, vous en posséderiez plusieurs, et la gloire de
» votre nom s'étendrait d'autant plus loin que vous grandiriez en
» honneurs. » — « Mais, dit le commandant, comment croyez-vous
» que cela puisse se faire sans faute et sans honte ? » — « Si vous
» vous donnez à Eudes, avec votre château, répond l'envoyé, que
» tout le crime que vous croyez y voir retombe sur moi et me soit
» imputé. Je consens à en porter la peine et à en rendre compte
» à la Divinité suprême. Songez à votre gloire, songez à augmenter
» votre bien. Le temps presse et l'occasion est favorable ; car,
» réduit à l'impuissance, le roi vit sans gloire, tandis que la pros-
» périté accompagne toujours Eudes. » Le commandant, emporté
par la cupidité, demande à l'émissaire le serment ; celui-ci le lui
donne et lui demande en retour des ôtages, comme garants de l'exécution de ses promesses. Comptant sur de grands honneurs, le
commandant s'empresse de les donner. L'envoyé les prend, les
emmène et va rendre compte à Eudes de sa négociation.

LXXVI. — *Eudes s'empare de Melun.*

Il engage Eudes à poursuivre l'entreprise, et celui-ci prépare en
secret des troupes, pour prendre possession du château. Ses préparatifs terminés, il vient au temps convenu, pénètre dans la place,
et, feignant d'être irrité, s'empare du traître, qu'il jette en prison.
Mais, relâché peu de temps après, celui-ci lui jura publiquement
fidélité et disposa tout avec lui pour la résistance. La nouvelle de
cet évènement arriva bientôt aux oreilles des rois. Courroucés de
la perte de leur château, ils rassemblèrent une armée, bien résolus
à ne point quitter le siége de la place qu'ils ne l'eussent emportée,
ou, s'il le fallait, qu'ils n'eussent livré bataille à l'ennemi.

LXXVII. — *Les rois viennent assiéger la place.*

Les troupes prêtes, ils vont assiéger Melun ; et comme le château était entouré de tous côtés par la Seine, après avoir dressé leur
camp sur le bord du fleuve, ils font passer un corps de pirates (1)

** sus, ad Mili *abscisa*.
(a) accitæ corr. accita *codex, quod corrigendum erat.*

(1) C'est-à-dire de Normands.

rum acies ordinant. Et ne quo intercideretur obsidio, classes armatas in fluvio circumquaque adhibent. Itaque factum fuit, ut fluviali superficie vecti, castrum navali pugna acriter urgerent. Castrenses non impares inpugnantibus obnituntur. Pro viribus certant. Adversariis nullo modo cedunt. Cumque diutius resistentes, comminus pugnarent, nec cederent, postico quod inferius latebat viribus cædentium eruto, piratæ admissi sunt. Et a tergo in muro pugnantibus supervenientes, multa cæde in eis debaccati sunt. Sic quoque factum est, ut et reliquus exercitus in (a) litore adhuc persistens, classibus pedester intromitteretur, castrumque repentinus pervaderet.

LXXVIII. — Castrenses * capti libertati * dantur *.

A quibus castrenses capti, et victi, mox regi oblati sunt. Pro quibus coram rege ab amicis oratione habita, facta regi fide dimissi sunt, cum non tantum rei majestatis regiæ, quantum sui domini fideles dicendi essent; ad id etiam non perfidiæ vitio, sed multa virtute adductos asserebant. His ergo obsidum jure dimissis, et castro domino priori reddito, proditor cujus dolo hujusmodi infortunium accessit, mox comprehensus, suspendio secus castri portam defecit. Nec minus ejus uxor, inusitato ludibrii genere pedibus suspensa, exuviis circumquaque defluentibus nudata, atroci fine juxta virum interiit. Cum hæc agebantur, Odo cum exercitu haud procul rei eventum opperiebatur; ratus castrum a suis posse contra hostes defendi; insidias piratarum aliquantisper suspectas habens. Dum ergo herens de eventu nutaret, affuere nuntii, qui castrum captum, suosque comprehensos et inermes factos assererent. Quo audito, exercitum non æquo animo ad sua dimovit. Cui cum a querulis quibusdam intenderetur,

* enses, i libertati, ntur *abscisa*.
(a) in primo *deletum*.

sur la rive opposée, en même temps que, pour menacer de tous côtés la place, ils disposent à l'entour des barques armées, qui la pressent vivement. Cependant les assiégés, rivalisant d'efforts avec l'ennemi, luttent courageusement et tiennent bon. Mais, tandis qu'ils en soutenaient les attaques avec une vigueur et un bonheur constants, les pirates étant parvenus à découvrir et à enfoncer une poterne, s'introduisent au cœur du château, prennent par derrière ceux qui combattaient aux murailles et en font un affreux carnage. Le reste de l'armée, qui était toujours sur le bord de la Seine, la traverse alors sur la flotte, et s'empare aussitôt du château.

LXXVIII. — *Les habitants faits prisonniers sont rendus à la liberté.*

La garnison faite prisonnière est aussitôt présentée au roi, qui, cédant aux prières de quelques amis, la renvoie après lui avoir demandé le serment ; car on pouvait dire qu'elle s'était moins rendue coupable de lèze-majesté que montrée fidèle à son seigneur, et que ce n'était pas la perfidie, mais un sentiment exagéré du devoir qui l'avait entraînée. On la renvoie donc, moyennant ôtages, et Melun une fois rendu à son premier maître, on saisit le traître, dont la fourberie avait causé tout le mal, et on le pend à la porte du château. Sa femme, par une dérision d'un nouveau genre, est en même temps suspendue par les pieds, de sorte que ses vêtements, en retombant autour d'elle, laissaient son corps à nu ; elle mourut près de son mari dans cet atroce supplice (1). Pendant ce temps, Eudes attendait non loin de là, avec une armée, le résultat de la lutte, espérant que ses troupes défendraient le château contre l'ennemi, et ne redoutant guères que les piéges des pirates (2). Tandis donc qu'il était en proie au tourment de l'incertitude, arrivèrent des courriers qui lui apprirent que le château avait été emporté et que ses hommes étaient prisonniers et désarmés. A cette nouvelle, il s'en retourna le cœur triste. Comme on lui exprimait le regret

(1) Dans ces temps, où chacun aspirait à la puissance et à l'indépendance, on ne punissait point de mort la rébellion : c'était un crime trop commun pour qu'on ne sentît pas le besoin de ménager les coupables. Mais on était sans pitié pour les traîtres, qu'on pendait haut et court, la trahison dégradant de la noblesse.

(2) M. G.: « *et comptant sur quelque trahison de la part des pirates.* »

propter eum virum consularem (*a*) suspendio interisse, Odo respondisse fertur, sese amplius lesum suorum comprehensione, quam proditoris suspendio.

LXXIX. — Rixa * Odonis et Fulconis * de Brittannia *.

Nec multo post bella civilia reparata sunt. Etenim Fulco qui regum partibus favebat, exercitum in Odonem parabat, quæsiturus ab eo Brittanniæ partem, quam non multo ante ei abstulerat. Collegit itaque quatuor milia, qui non comminus confligerent, eo quod eorum vires Odonis potentiæ non sufficerent, sed ejus terram incendiis et rapinis afficerent. Et tandiu id faciendum arbitrabatur, donec Odo aut tedio victus redderet, aut pro ea aliam non inparem conferret (*b*). Preceps itaque fertur, terramque prædis, manubiis, combustionibusque affecit (*c*). Et cum apud Blesum (*d*) loca suburbana succenderet, incendiis aura flante circumquaque erumpentibus, in cœnobium monachorum sancti confessoris Laudomari ignis plurimus evolavit. Quod mox combustum dirutum fuit. Cibi quoque consumpti. Unde nec monachorum migratio defuit. His exemptis, in loca alia exercitum retorquet, et vastat. Post cujus digressum, Odo (*e*) in ejus terram versa vice exercitum induxit, sic in ea efferatus, ut nec tugurium vel gallum relinqueret, hostem provocans, et ut dimicaturus veniat invitans. Ille autem copias non sufficere sibi cognoscens, provocanti cessit, atque ad sua rediit. Atque hæc fere per biennium.

LXXX. — Oratio legatorum Odonis apud regem ** de Miliduni pervasione **.

Odo interea castro amisso frustratus, etiam in hoc sese cautissimum habebat. Arbitrabatur etenim duplici calami-

* a, Fulconis, tan *abscisa*.
** regem, one *abscisa*.
(*a*) $\overline{VC}$ *cod*.

qu'un personnage consulaire eût été pendu dans cette affaire, on assure qu'il répondit qu'il était plus fâché de la captivité de ses hommes que du supplice d'un traître.

LXXIX. — *Eudes et Foulques en viennent aux mains au sujet de la Bretagne.*

Bientôt après, les guerres civiles recommencèrent. Car Foulques (1), partisan du roi, rassembla une armée, pour aller reprendre une partie de la Bretagne, que peu de temps auparavant Eudes lui avait enlevée. Il réunit quatre mille hommes, non pour en venir aux mains avec un ennemi dont les forces étaient supérieures, mais pour désoler sa terre par le ravage et l'incendie, et poursuivre ce système de dévastation jusqu'à ce que Eudes, fatigué, lui eût rendu son bien et lui en eût assuré l'équivalent. Il envahit donc la terre de celui-ci, la pilla, la désola, la brûla. Comme il incendiait les faubourgs de Blois, et que le vent emportait au loin les flammes, le feu prit au monastère du saint confesseur Lomer ; en un instant les bâtiments furent consumés avec les provisions qu'ils renfermaient, et les religieux durent s'éloigner. De là, Foulques porte son armée et ses ravages sur d'autres points. Mais, après son départ, Eudes, à son tour, tombe sur la terre de son rival et s'acharne sur sa proie au point de n'y laisser ni une chaumière, ni un coq (2). En vain provoque-t-il Foulques au combat ; celui-ci, sentant l'infériorité de ses forces, se retire devant la provocation et rentre chez lui. Cela dura près de deux ans.

LXXX. — *Harangue des députés d'Eudes au roi à l'occasion de la prise de Melun.*

Cependant Eudes, après avoir vu lui échapper le château de Melun, se montrait fort réservé, dans la crainte de

(*b*) redderet *corr.* conferret.
(*c*) percutit *corr.* affecit.
(*d*) b. castrum *deletum.*
(*e*) O. *c.*

(1) Foulques III, comte d'Anjou.
(2) C'est ainsi que nous disons familièrement : Il n'y resta pas un chat. M. G. traduit : « ... *il n'y laissa ni chaumière, ni clocher.* »

tate se posse torqueri, cum de castri amissione plurimum doleret, et a rege irato non mediocriter valeret urgeri. Unde et regi legatos direxit, per quos sese optime ratiocinari posse de objectis quibuscumque suggereret: sese in nullo regiam majestatem lesisse ostensurum; si de Miliduno agatur, contra regem nil mali molitum, cum non regi, sed suo commilitoni illud abstulisset; regi nihil derogatum fuisse, cum ipse regis æque sit, ut ille cui abstulit, nihilque interesse quantum ad regiam dignitatem, quicumque teneat; sese etiam (a) justis causis id effecisse, cum illud a suis præcessoribus olim possessum, approbari possit; unde etiam videri posse, a se dignius teneri debere, quam ab alio quocumque. Tandem, si quid piaculi factum est, in sese pœnam dedecoris redundasse, tantumque scelus pari ignominia abstersum; unde et facilius sibi indulgendum, atque in tanta injuria amplius parcendum. Rex orationis vim advertens, legatis satisfacit, benivolentiamque petenti mandat. Hæc legati Odoni referunt. Odo itaque regem adiit. Coram quo oratione utiliter usus, ejus gratia potitus est; tanta affabilitate insignis, ut amicitiam pristinam renovarent, et in nullo suspectus regi haberetur.

LXXXI. — Bellum inter Odonem et * Fulconem * de Brittannia.

Hac tempestate itidem civilia bella reparata sunt. Nam Fulco Brittanniæ parte frustratus, insidias adhuc parare contendebat. Collectoque exercitu, in Brittanniam præceps fertur, Namtasque appetit. Cujus custodes alios auro corrupit, alios quibusdam pollicitationibus illexit. Eis quoque usque ad effectum suasit, quo sibi satisfacerent, ut scilicet urbis introitum panderent. Qui suasi, sacramento tempus constituunt. Nec multo post et in urbem admittunt.

* et Fulconem *abscisa*.
(a) etiam id justis c. id e. *codex*.

s'attirer un nouveau malheur ; car, après cette perte qui l'affligeait tant, il pouvait encore essuyer une attaque du roi, qui n'était pas médiocrement indisposé contre lui. Il envoya donc à Hugues des ambassadeurs pour lui faire entendre qu'il ne lui serait pas impossible de se justifier entièrement, et de montrer qu'il n'avait en rien outragé la majesté (1) royale; qu'en ce qui concernait Melun, il n'avait fait aucun tort au prince, puisque c'était à un égal et non au roi qu'il avait enlevé le château ; que le roi n'y avait rien perdu, puisqu'il était l'homme du roi au même titre que celui qu'il avait dépouillé, et qu'il importait peu à la dignité royale que ce fût l'un ou l'autre qui possédât le château. Il n'avait pas agi d'ailleurs sans de bons motifs, attendu qu'il pouvait prouver que le fief avait autrefois été tenu par ses ancêtres, et que dès lors on pouvait voir qu'il était plus juste qu'il le possédât que tout autre. Enfin, s'il avait commis une faute, il en avait été assez cruellement puni par l'affront qui lui avait été fait. Après tant de rigueur, comment ne pas avoir pour lui quelque indulgence, et ne pas lui accorder un généreux pardon ? Frappé de la force de ce langage, le roi charge les députés d'Eudes de l'assurer de sa bienveillance. Ceux-ci rendent compte de leur mission à Eudes, qui va aussitôt trouver le roi, et réussit si bien, par ses paroles et son affabilité, à obtenir ses bonnes grâces et son entière confiance, qu'ils renouent leur ancienne amitié.

LXXXI. — *Deuxième guerre entre Eudes et Foulques au sujet de la Bretagne.*

En ce temps-ci les guerres civiles recommencèrent encore. Car Foulques, que la perte d'une partie de la Bretagne portait toujours à tendre des piéges à Eudes, ayant rassemblé une armée, se jeta tout-à-coup sur la Bretagne, et attaqua Nantes. De ceux qui défendaient la ville, il corrompit les uns par l'or, séduisit les autres par des promesses, et il les amena tous à ses fins, qui étaient d'obtenir qu'ils lui en ouvrissent les portes. Ils prennent jour avec lui et lui engagent leur parole ; bientôt après ils l'intro-

(1) Ce titre commençait à être réservé aux rois (l. IV, c. 27) ; mais il n'était pas rare encore de le voir donner à des évêques et à des abbés : *notre Majesté*, dit de lui-même l'évêque Brunon de Langres (*Gall. Christ.* Nov., tom. IV, p. 550). Voy. aussi les lettres de Gerbert, *passim*.

Ingressusque pervadit, et a civibus jure sacramenti obsides accepit. Arcem solam expugnare non valuit, eo quod milites magnanimos haberet. Unde et cessit, sese recedere deliberans, ut copiis amplioribus congressurus rediret, arcemque expugnaret.

LXXXII.

Conanus in exterioribus Brittanniæ partibus qui locus Bruerech dicitur, de rebus bellicis apud suos pertractabat, cum ad ejus aures hæc delata sunt. Magisque cœpto negotio insistens, exercitum congregat (*a*), bellumque fieri parat. Et quoniam obsidioni instandum tempus suadebat, collectum exercitum urbi inducit, eique ad (*b*) unum latus obsidionem per terram ordinat. Ad alterum vero per Ligerim classes piratarum adhibet (*c*). Undique ergo obsidione disposita, a piratis per fluvium, a Brittannis per terram urbani vehementer urgentur. Nec minus qui in arce remanserant, a superioribus jaculorum diversa genera præcipitabant. Parique inpugnatione superiorum atque inferiorum qui medii erant vexabantur. Nam qui in arce et in obsidione certabant, Conani partes tuebantur. Urbani vero pro Fulconis victoria operam dabant. Nec minus Fulco copias parabat, et exercitum tam de suis quam conducticiis congregabat. Audito (*d*) vero Conanum urbi (*d*) obsidionem adhibuisse (*d*), mox legionem Brittanniæ infert.

LXXXIII. — Dolus * Fulconi * paratus.

Erat campus non valde procul, longitudine sui et latitudine vastus, filicetum in se maximum habens. Hic Conanus locum gerendi belli constituens, insidiarum dolos infodit. Nam fossas quam plures ibi inmergens,

---

* Dol, ni *abscisa*.

(*a*) parat *corr.* congregat.

(*b*) per *supra posito* ad *c*.

duisent dans la place. Foulques en prend possession et reçoit des habitants des ôtages, garants de la foi qu'ils lui jurent. Mais il ne put s'emparer de la citadelle, qui était occupée par de braves soldats. Aussi prit-il la résolution de s'éloigner pour revenir ensuite l'assiéger avec des forces plus considérables.

LXXXII. — [*Conan, aidé des Normands, assiége Nantes (992).*]

Conan était alors sur la frontière de Bretagne, en un lieu nommé Bruerech (1), et y tenait conseil avec les siens sur des mesures militaires à prendre, quand vint à ses oreilles la nouvelle de ce qui se passait. Il presse aussitôt ses dispositions, rassemble une armée et se prépare à la lutte. Le moment lui paraissait propre pour assiéger Nantes; il y conduit ses troupes et les charge d'attaquer par terre, tandis que sur la Loire il dispose une flotte de pirates. La ville ainsi cernée de tous côtés, les pirates, par eau, et les Bretons, par terre, la pressent vivement. En même temps ceux qui étaient restés dans la citadelle, faisaient pleuvoir toute espèce de traits du haut de leurs murailles, en sorte que les bourgeois, placés entre deux corps ennemis, avaient beaucoup à souffrir des attaques de l'un et de l'autre. Car les troupes de la citadelle et du dehors soutenaient la cause de Conan, tandis que les bourgeois défendaient celle de Foulques. Celui-ci, cependant, réunissait ses hommes et soudoyait des mercenaires; en apprenant que Conan avait mis le siège devant la ville, il dirigea aussitôt une légion sur la Bretagne.

LXXXIII. — *Stratagème qu'il emploie contre Foulques.*

Or il y avait assez près de Nantes une plaine (2) d'une longueur et d'une largeur considérables, où croissaient de hautes fougères. Conan, la prenant pour champ de bataille, y fit disposer des piéges. Par ses ordres, on y creusa de nombreuses fosses, et on

(c) adhibuit *corr.* adhibet.
(d) Audito, urb, adh *abscisa*.

(1) Bruc (Ile-et-Vilaine)?
(2) Les landes de Conquereux ou Conquereul, dans la Loire-Inférieure (V. *Raoul Glab.*, l. II, c. 3).

virgis et viminibus stipulisque earum hiatus desuper operuit, intus surculis defixis, qui superiora (a) continerent (a) et soliditatem superficiei simularent. Et ut simulata superficies penitus lateret, filicem collectam desuper respersit, insidiasque dissimulavit.

LXXXIV. — Dolus * Conani * contra hostes *.

Post insidias ipse acies ordinans, sic fraude usus est, ut diceret se ibi mansurum, nec ulterius hostes quæsiturum. Si hostes urgerent, ibi tantum vitam defensurum. Nec ob metum id facturum, at ut hostes si sese querant et impetant, contra jus id faciant. Sic enim eorum ruina facilius provenire possit, cum sua temeritate quietos et innoxios aggrediantur. Ibi itaque acies ordinavit, insidias in prospectu habens. Herebat ergo, hostesque excepturus opperiebatur. Fulco Conanum herentem videns, nec ab eo loco exiturum (b), cum insidias nesciret, suos multo hortatu suadebat, quatinus vehementi conamine impetum facerent, hostesque aggredi non dubitarent. De victoria non diffiderent, cum virium spes optima non desit, si Divinitas aversa non sit. Dato itaque signo irruunt. Arbitrati quoque solidum iter, fossis indubitate propinquant.

LXXXV. — Præcipitatio ** hostium a ** Conano **.

Cumque Brittannos metu herentes arbitrarentur, telis obnitentes ad fossas irruunt; precipitatique cum equis inmerguntur, ac cæca ruina confusi, ad viginti milia (c) inmersi atque compressi sunt. At posterior exercitus, priori precipitato, terga dedit. Unde et Fulco vitæ tantum consulens, profugio eripi conabatur.

* Dol, na, ho *abscisa*.
** Præ, ti, a C *abscisa*.
(a) supe, cont *abscisa*.
(b) e. advertens *delet*.
(c) XX *codex*.

(1) Robert Bruce, à la fameuse journée de Bannockburn (1314), employa

les recouvrit de broussailles et de chaume, soutenus en dedans par des baguettes, de manière à simuler un terrain ferme. En même temps, pour cacher entièrement le piége, on répandit par dessus de la fougère (1).

LXXXIV. — *Suite.* — [*Foulques exhorte ses troupes à bien faire.*]

Cela fait, Conan rangea ses troupes en bataille, en proclamant avec une perfide intention que, loin d'aller chercher l'ennemi, il entendait ne point quitter la place. Que si on le pressait, il se contenterait d'y défendre sa vie ; qu'au reste ce n'était point par crainte qu'il en agirait ainsi, mais afin que ses adversaires ne pussent venir le chercher et l'assaillir, sans mettre contre eux la justice. Car leur ruine serait d'autant plus facile, qu'ils attaqueraient sans motif des hommes tranquilles et inoffensifs. Conan rangea donc ses troupes derrière l'embuscade, et attendit de pied ferme l'arrivée de Foulques. Celui-ci, qui ne soupçonnait pas le piége, voyant Conan immobile et résolu à ne point quitter la place, exhorte vivement ses troupes à attaquer l'ennemi sans hésitation et avec vigueur. Elles devaient compter sur la victoire ; car comment ne pas mettre en notre force une grande confiance, quand nous avons pour nous la Divinité? Il donne donc le signal, et elles s'élancent (2) ; croyant d'ailleurs le terrain solide, elles marchent droit aux fosses.

LXXXV. — *Conan défait les ennemis.*

Mais, tandis que, jugeant les Bretons enchaînés par la crainte, elles brandissaient déjà leurs traits (3), hommes et chevaux s'abîment pêle-mêle dans les fosses et sont écrasés ; vingt mille guerriers y restèrent (4). Le corps d'armée qui les suivait, en voyant leur chute, tourne le dos, et Foulques, ne songeant qu'à sa vie, s'efforce de s'échapper par la fuite.

avec succès le même stratagème. — M. G. remplace les *baguettes* de support par de *longues perches*.

(2) *Indubitate* signifie évidemment ici *sans hésitation, d'un pas ferme.* M. G. traduit: « Ils comptent sur une terre ferme, et ils vont indubitable-
» ment arriver aux fosses. »

(3) M. G.: « ... ils s'efforçaient de les accabler de leurs traits. » Voy. sur le sens de *telis obnitentes* le chap. 76 du l. III.

(4) Richer oublie que Foulques n'a fait entrer en Bretagne qu'une seule légion (V. ci-dessus, c. 82). Comment une légion pouvait-elle perdre vingt mille hommes?

LXXXVI. — Interfectio * Conani *.

Quem cum fuga exagitaret, Conanus interim in dumetum cum tribus sese recepit; armisque depositis, corporis fervorem ad auram mitigabat. Quem quidam adversariorum intuitus, facto impetu illum adorsus, gladio transfixit, Fulconisque victoriam extulit. Fulco, animo resumpto, Namtas repetit atque ingreditur, qui in arce erant acriter vexans. Qui principe destituti pene exanimes, inpugnanti cedunt, fidemque postulati faciunt.

LXXXVII. — Repudium ** reginæ ** Susannæ a ** rege ** Rotberto **.

His ita sese habentibus, Rotbertus rex cum in undevicesimo ætatis anno, juventutis flore vernaret, Susannam uxorem, genere Italicam, eo quod anus esset, facto divortio repudiavit. Quæ repudiata, cum ea quæ ex dote acceperat, repetere vellet, nec ei rex adquiesceret, aliorsum animum transvertit. A qua etiam die, sua quærens, regi insidias moliebatur. Nam Monasteriolum castrum quod in dote acceperat, ad suum jus refundere cupiens, cum id efficere non posset, secus eum aliud nomine (a) .... extruxit, rege interim occupato, circa Odonis et Fulconis facinora. Ex cujus munitione arbitrabatur posse omnem navium convectationem prohiberi, cum sibi advenientes sese prius offerrent, unde et eis transitum ulterius inhibere valeret.

* Re, re, a r, berto *abscisa*.
** In, Co *abscisa*.
(a) *locus vacuus*.

---

(1) Ceci se passait le 27 Juin 992, suivant une chronique bretonne ou angevine de ces temps-là (V. *Recueil des Hist. de Fr.*, t. x, p. 175). Neuf ans auparavant Conan avait été plus heureux que Foulques ; car « l'an 981, dit la *Chronique du Mont-Saint-Michel*, Conan-le-Tort avait

LXXXVI. — *Conan est tué.*

Tandis qu'il fuyait, Conan s'enfonça avec trois des siens dans un taillis, et là, ayant quitté ses armes, il se rafraîchissait à l'air, quand un soldat ennemi, l'apercevant, s'élança sur lui, le perça de son épée et assura la victoire à Foulques (1). Celui-ci, reprenant courage, marche donc sur Nantes, et, y étant entré, harcelle vivement la garnison de la citadelle, qui, privée de son prince et à bout de forces, finit par se rendre.

LXXXVII. — *Répudiation de la reine Susanne par le roi Robert.*

Sur ces entrefaites, le roi Robert, qui était dans sa dix-neuvième année, dans la fleur de la jeunesse, répudia sa femme Susanne, d'origine italienne, parce qu'elle était trop vieille pour lui (2). La princesse réclama ce qu'elle avait reçu en dot, et, comme le roi refusait de faire droit à sa demande, elle recourut à d'autres moyens que la prière, et, pour recouvrer son bien, se mit dès lors à susciter au prince toute sorte d'embarras. Voyant en effet qu'elle ne pouvait réussir à s'emparer du château de Montreuil, qu'elle avait reçu en dot, et en possession duquel elle désirait rentrer, elle en fit élever un autre auprès de celui-là, sous le nom de...., tandis que la querelle d'Eudes et de Foulques occupait le roi. Elle pensait par là pouvoir entraver la navigation ; car les navires, ne pouvant arriver sans passer d'abord sous sa forteresse, celle-ci les empêcherait aisément d'aller plus loin.

» battu à Conquereux les Angevins. » De là ce proverbe encore si répandu deux cents ans après : « *C'est comme à la guerre de Conquereux, le Tort* » *l'a emporté sur le Droit.* »

(2) Un auteur du xi° siècle nous apprend qu'elle était fille de Bérenger [II], roi d'Italie, et veuve d'Arnoulf II, marquis (comte) de Flandre ; qu'elle s'appelait alors *Rozala*, mais qu'en épousant Robert elle prit le nom de *Susanna* (*Vit. S. Bertulfi, abbatis Renticensis*, ap. Dom Bouq., p. 365). Nous lisons ailleurs qu'elle mourut en 1003 (*Chronic. Elmonense S. Amandi* ap. Dom Bouq., p. 280). Robert eut donc trois femmes, puisqu'après *Susanne* il épousa *Berthe* et *Constance*.

LXXXVIII. — Reprehensio * repudii *.

Hujus repudii scelus, a (*a*) nonnullis qui intelligentiæ purioris fuere, satis laceratum eo tempore fuit, clam tamen, nec patenti refragratione culpatum.

LXXXIX. — Sinodus Chelæ habita.

Hujus temporis diebus cum a papa Romano B.... abdicatio Arnulfi et promotio Gerberti plurimis epistolarum scriptis calumniarentur, episcopi quoque rei hujusmodi auctores simulque et alii cooperatores diversis reprehensionibus redarguerentur, placuit episcopis Galliæ in unum convenire, et super hac reprehensione consulere. Quibus Chelæ collectis, sinodus habita est. Cui rex Rotbertus præsedit, considentibus metropolitanis Gerberto Remensi, cui tota sinodalium causarum ratio discutienda commissa fuit, Siguino quoque Senonensi, Erchembaldo Turonico, Daiberto Bituricensi, aliisque horum comprovintialibus nonnullis. In qua postquam ex patrum decretis rationes de statu sanctæ æcclesiæ promulgarunt, inter nonnulla utilia, constitui et roborari placuit, ut ab ea die, idem sentirent, idem vellent, idem cooperarentur, secundum id quod scriptum est : « Erat eis cor unum et anima » una. » Decerni et illud voluere, ut si in qualibet æcclesia, quæcumque tirannis emergeret, quæ telo anathematis ferienda (*b*) videretur, id inprimis ab omnibus consulendum, et sic communi decreto agitandum. Et qui anathemate relaxandi forent, decreto communi similiter relaxandos, juxta quod scriptum est : « Consilium a » sapiente perquire. » Placuit quoque sanciri, si quid a papa Romano contra patrum decreta suggereretur, cassum et irritum fieri, juxta quod apostolus ait : « Hereticum

---

* Re, re *abscisa*.
(*a*) an *codex*.
(*b*) jugulanda *corr*. ferienda.

LXXXVIII. — *On blâme en secret cette répudiation.*

Ce criminel divorce, quelques personnes d'un sens droit l'ont alors assez blâmé, mais toutefois en secret et sans le combattre ouvertement.

LXXXIX. — *Synode tenu à Chelles* [893].

En ce temps-là, comme le pape Romain B.... (1) témoignait, par plusieurs lettres, qu'il désapprouvait la déposition d'Arnoulf et la promotion de Gerbert, et, comme on faisait divers reproches aux évêques qui avaient conduit toute cette affaire, ou qui y avaient coopéré (2), les prélats de la Gaule jugèrent bon de se réunir, pour délibérer là-dessus en commun. Le synode se tint à Chelles et fut présidé par le roi Robert (3) : siégeaient les métropolitains Gerbert de Reims, à qui fut confié le soin de diriger la marche des causes synodales, Siguin de Sens, Erchembaud de Tours, Daibert de Bourges et quelques-uns de leurs suffragants. Après avoir promulgué sur l'état de la sainte Église des règles empruntées aux décrets des Pères, entre autres mesures utiles, ils prirent l'engagement de n'avoir désormais qu'une même pensée, qu'une même volonté, qu'une même action, selon ce qui est écrit : « Ils n'avaient » qu'un cœur et qu'une âme (4). » Ils décidèrent aussi que, s'il s'élevait dans une église une tyrannie quelconque qui leur parût devoir être frappée d'anathème, ils ne devraient pas manquer de l'examiner en commun et de prendre une résolution commune ; qu'ainsi ceux qui devraient être déliés de l'anathème le seraient par un commun décret, selon ces paroles de l'Écriture : « Prends conseil du sage (5). » Il leur plut encore d'arrêter que, si le pape de Rome avançait quelque proposition contraire aux décrets des Pères, il n'en serait tenu aucun compte, selon ce que dit l'Apôtre :

(1) Jean XVI et non Benoît VII, qui était mort en 983 (P.).

(2) M. G. : « ... ainsi qu'aux autres personnes qui y avaient pris part. »

(3) Je n'en connais pas d'autre mention que celle-ci.

(4) *Act.* IV, 32.

(5) *Tob.* IV, 19.

» hominem et ab ecclesia dissentientem, penitus devita. »
Nec minus abdicationem Arnulfi et promotionem Gerberti, prout ab eis ordinatæ et peractæ essent, perpetuo placuit sanciri, juxta quod in canonibus scriptum habetur : « Sinodo provinciali statutum, a nullo temere labefac-
» tandum. »

XC. — Impetus * Odonis et Fulconis * inter se *

Hac tempestate bella civilia reparata sunt. Cum enim tirannorum insidiis Odonis et Fulconis de Brittanniæ principatu rixa resurgeret, illis dissidentibus reliqui etiam regnorum principes moti dissensere. Rex Fulconis partes tutabat, Odo suorum necnon et piratarum qui rege deserto ad se transierant, Aquitanorumque copiis fretus incedebat. Unde Fulco in Odonem præceps, ejus terram depopulatur, et post in ea non procul ab urbe Turonica oppidum (*a*) exstruit atque munit; copias ponit; militibus implet; et quia ad hoc diruendum Odonem adventurum sperabat, regem petiit, auxilia imploraturus. Cui cum rex auxilium polliceretur, obstinatiore animo ferebatur. Itaque copias contra hostem congressurus parat; exercitum colligit, bellumque Odoni indicit. Odo pudore tactus, a Gallis Belgis subsidia petit. Si adsint, gratiam sese recompensaturum spondet. Illi liberaliter annuunt, fidemque faciunt. Nec minus Flandrenses (*b*) accersit, ab eisque tutelam petiit, vicem pollicens, si quod petit non abnuant. Illi quoque animo liberali quesita accommodant. Piratis etiam legatos dirigens, copias sibi non negari deposcit. Tempus et locus omnibus constituitur, quo collecti sese conferant. Odo interim suos placat, colligit et incitat. Ratusque Belgas et piratas tempestivos, cum suorum paucis tanta celeritate in Fulconem fertur, ut in certamine plus quatuor milibus pugnatorum non haberet. Castro tamen obsidionem adhibet, armiferosque disponit. Castrenses multo conatu adurget.

« Fuyez celui qui est hérétique et séparé de l'Eglise (1). » Enfin ils convinrent que la déposition d'Arnoulf et la promotion de Gerbert, telles qu'ils les avaient réglées et accomplies, seraient maintenues à jamais, conformément à ce qu'on lit dans les canons : « Personne ne doit ruiner témérairement ce que le synode provin-
» cial a décrété. »

XC. — *Troisième guerre d'Eudes et de Foulques* [994].

En ce temps-là les guerres civiles recommencèrent. Car la querelle des tyrans Eudes et Foulques, relativement à la possession de la Bretagne, se ralluma, et les autres seigneurs des royaumes prirent parti pour eux. Foulques était soutenu par le roi. Eudes joignait aux siens l'appui des pirates, qui avaient abandonné le roi pour le suivre, et celui des troupes Aquitaines. Foulques envahit donc la terre d'Eudes, la ravagea et y construisit, non loin de la ville de Tours, un fort où il mit une nombreuse garnison ; puis, comme il pensait bien qu'Eudes ne manquerait pas d'accourir pour le détruire, il alla solliciter le secours du roi, qui le lui promit. Aussi, fort de cette promesse, redoublait-il d'ardeur et d'animosité. Résolu d'en venir aux mains avec l'ennemi, il lève une armée et déclare la guerre à Eudes. Celui-ci, sensible à l'honneur, appelle à lui les Belges, leur promettant, s'ils viennent, de reconnaître ce service. Ils répondent généreusement à son appel, et lui engagent leur parole ; il invoque aussi l'appui des Flamands, les assurant de sa gratitude, s'ils le lui accordent, et les Flamands accueillent avec générosité sa demande. Enfin il envoie des ambassadeurs aux pirates, pour les prier de ne point lui refuser des troupes. Il fixe à tous le temps et le lieu où ils devront se réunir, et, en attendant, il gagne les siens, les assemble, les anime. Persuadé que les Belges et les pirates viendront à temps, il se porte vivement contre Foulques avec une poignée d'hommes, car il n'avait pas plus de quatre mille combattants à sa suite, entreprend le siége du château et le presse avec vigueur.

* petus, in, se *abscisa*.
(a) castrum *supra posito* oppidum *codex*.
(b) frandrenses *corr.* flandrenses *cod.*

(1) *Tit.* III, 10.

XCI. — Fulconis supplicatio * Odoni per legatos *.

Fulco regem morantem non auxiliaturum, et Odonis exercitum intolerabilem ratus, remissiori mox animo habitus est. Itaque per legatos Odonis amicitiam expetit; pro Conani interitu centum pondo (*a*) argenti sese impensurum mandat; loco militis interfecti, filium suum pro eo militaturum offert; castrum extructum in ejus honore sese eversurum, atque a suis evacuaturum; sese quoque ei sponte militaturum, si id regi injuriosum non foret. Quod quia absque regis injuria fieri non poterat, ejus filio manus per sacramentum daret, itaque fieret, ut ipse cum nato militaret, cum filium suum Odoni pro Conano daret, et sese Odonis filio militaturos committeret. Daturum se etiam fidem sacramento contra omnium causam, præter regis, et horum quibus speciali consanguinitate carius addictus est, utpote nati, fratris ac nepotum. His Odo perceptis, suorum usus consilio, hæc sese excepturum optime mandat, si Namtas Brittanniæ urbem dolo captam reddat, et a suis evacuet. Injuriosum enim id videri, si ablata prius non repetat, et non redditis, cum hoste pacem faciat.

XCII.— Abjectio ** supplicationis ** ab Fulcone **.

Hæc dum exagitarentur, et Odo exercitum suum paulatim augeri arbitraretur, priusquam copias congrediendi haberet, rex cum duodecim milibus affuit, cum Fulconem sex milia suorum stiparent. Quibus mixtis, exercitus armatorum densatus est. Unde et Fulco insolentior factus, quæ ante supplex obtulerat spernit. Ut bellum fiat, fervidus instat; et ut vada Ligeris qui eis interfluebat pertranseant, hostemque impetant, hortatur atque suadet. Odo suos ut spoponderant non venisse advertens, eo quod exercitibus colligendis hujus temporis brevitas non sufficeret, animo nimis turbato ferebatur. Attamen cum quatuor milibus refragratus, vada Ligeris prohibebat.

XCI. — *Foulques envoie à Eudes des députés pour lui demander grâce.*

Voyant que le roi tardait trop pour pouvoir lui venir en aide, et désespérant de soutenir l'effort de l'armée d'Eudes, Foulques s'adoucit aussitôt, fait demander à Eudes son amitié, l'assurant qu'il est prêt à lui payer cent livres pesant d'argent pour la mort de Conan, à lui donner son fils à la place de ce vassal, à retirer les siens de la forteresse qu'il a élevée sur son domaine, et à la ruiner entièrement. Il se ferait même volontiers son homme, si cela ne devait pas blesser le roi ; mais, comme on ne peut y compter, il prêtera serment au fils d'Eudes, et ainsi les services du père et du fils seront acquis au comte, puisqu'il lui donnera son propre fils à la place de Conan et qu'il s'engage lui-même à servir le fils d'Eudes. Enfin il lui jurera fidélité envers et contre tous, excepté toutefois contre le roi et ceux à qui l'unissent le plus étroitement les liens du sang, à savoir son fils, son père et ses neveux. Eudes, après avoir sur ces propositions consulté les siens, répond qu'il est prêt à les accepter, si Foulques consent à lui rendre Nantes, ville de Bretagne, où il s'est introduit par ruse. Car il y aurait honte pour lui à faire la paix avec un ennemi, sans en avoir auparavant obtenu la restitution de ce qu'on lui avait enlevé.

CII. — *Foulques oublie ses supplications.*

Sur ces entrefaites, et avant qu'Eudes, qui comptait voir son armée grossir peu à peu, eût assez de troupes pour combattre, le roi vint avec douze mille hommes soutenir Foulques, qui avait déjà six mille des siens. Ce puissant renfort enflant son orgueil, celui-ci oublie les offres qu'il venait de faire en suppliant ; il brûle de reprendre les hostilités et anime ses troupes à franchir la Loire, pour attaquer l'ennemi, dont le fleuve les séparait. Eudes, de son côté, voyant que les siens n'arrivaient pas suivant leurs promesses, parce qu'ils n'avaient pas eu le temps de se réunir, se montrait fort troublé. Toutefois, avec ses quatre mille hommes, il défendait le passage du fleuve.

* suppli, egatos *abscisa*.
** ectio, lica, is, Fulcone *abscisa*.
(a) c̄ p̄ *codex*.

XCIII.

Rex vadi incessu prohibitus, ad Ambatiam castrum retorquet exercitum, quod non procul in eodem litore fluminis inter rupes eminebat, ut ibi transiens et post obliquatus, hostibus a tergo inprovisus adsistat, eosque adurgeat. Odo regis exercitum non sustinens, legatos ei dirigit : hostem suum, non regem sese impetiisse mandans ; nec contra regem quicquam moliturum, at contra inimicum. Si rex jubeat, se mox ulterius iturum, et sibi de omnibus satisfacturum. Rex rationis consequentiam advertens, tantum virum absque causa a se læsum, suspectum habebat. Unde et ne penitus a se deficeret, ab eo obsides sub pace sequestra accepit ; de omnibus quæ ei intenderet, post rationem ab eo auditurus. Unde et exercitum reducens, Parisium devenit. Odo quoque nihil amittens, indempnis Meldim cum suis devenit. Inde etiam post dies non multos, castrum quod Dunum dicitur, sua dispositurus petiit.

XCIV. — Obitus * Odonis *.

Unde cum de suis quos sub pace sequestra regi delegaverat, plurima consultatione deliberaret, humorum (a) superfluitate pro temporis immutatione vexatus, in egritudinem quæ a phisicis synantica dicitur decidit. Quæ cum intra gulæ interiora sedem habeat, ex fleumatis reumatismo progressa, tamen aliquando ad maxillas et genas, aliquando ad toracem et pulmones tumorem cum dolore gravi immittit. Quibus tumentibus atque ferventibus excepta initii die, post diatritum, patientem perimit. In hanc igitur Odo lapsus, infestis gulæ doloribus circumquaque pulsabatur ; arteriarum quoque fervor, sermonis intercisionem operabatur. Nec petiit hujusmodi dolor capitis

* Obi, Odo *abscisa*.
(a) homorum *codex*.

XCIII. — *Eudes sollicite et obtient une trêve du roi.*

Ne pouvant le traverser, le roi se porte avec son armée vers le château d'Amboise, qui, près de là, sur la même rive, s'élevait au milieu des rochers. Son intention était de passer la Loire en cet endroit, et, en obliquant ensuite, de tomber à l'improviste sur les derrières de l'ennemi et de l'écraser. Mais Eudes, incapable de lui résister, lui envoie des ambassadeurs pour lui mander que c'était à son ennemi et non au roi qu'il faisait la guerre ; qu'il n'entreprendrait jamais rien contre le roi, mais contre son ennemi personnel; et que si Hugues le voulait, il était prêt à aller plus loin et à lui donner toutes les satisfactions désirables. Prenant ces paroles en considération (1), et craignant de s'aliéner sans motif un homme de ce rang, le roi, pour prévenir son entière défection, consentit à en recevoir des ôtages et à lui accorder une trêve, sauf à lui demander plus tard des explications sur sa conduite. Après quoi il revint à Paris avec son armée. Quant à Eudes, il s'en alla à Meaux avec les siens, sans avoir fait aucune perte, et de là se rendit, au bout de quelques jours, à Château-Dun, pour y régler ses affaires.

XCIV. — *Mort d'Eudes.*

Il s'y occupait avec le plus vif intérêt de ceux des siens qu'il avait remis au roi, comme garants de la trêve, quand, sous l'influence du changement de saison, les humeurs abondèrent tellement chez lui qu'il fut pris d'une maladie que les médecins appellent angine. Cette affection catarrheuse, bien qu'ayant son siége dans la gorge, amène parfois aux mâchoires et aux joues, parfois à la poitrine et aux poumons, une tumeur très-douloureuse, qui, en se développant, enflamme ces régions et emporte le malade au retour de la fièvre, c'est-à-dire au bout de trois jours, sans compter le premier de la maladie. Eudes, atteint de ce mal, ressentait, dans toute la gorge, d'horribles douleurs; son sang était brûlant, sa parole entrecoupée. Ces douleurs ne gagnèrent pas la tête, mais elles attaquèrent la

---

(1) M. G. traduit : « *Le roi, calculant les suites de cette affaire,...* »

superiora, at præcordia pertemptans, pulmonem et epar peracuto dolore stimulabat. Fuit itaque militum luctus, famulorum clamor, feminarum frequens exclamatio, eo quod dominum inconsultum amittebant, et natis dominandi spes nulla relinqueretur, cum reges patri adhuc animo irato perstarent, et Fulco insolentiæ spiritu, pacem multifariam turbaret. Et tamen in brevi victurus, regibus legatos celeres misit, qui pro se supplices suasorie rogarent, et pro injuriis illatis justissimam (*a*) recompensationem sponderent. Rex veteranus malorum correctionem ab legatis excipere volens, a filio indignante inhibitus est. Unde et legatorum allegationem penitus sprevit, atque illos immunes redire coegit. Quibus in itinere moram agentibus, antequam redissent die quarta natæ synanticæ facta, Odo, monachus factus, defecit, atque sic vitæ finem habuit; ad sanctum Martinum delatus, et in loco quod Maiusmonasterium dicitur, cum multo suorum obsequio sepultus.

XCV. — Johannes * papa Leonem * abbatem in * Gallias * mittit * ut * Arnulfi abdicationem * dissolvat.

Per idem tempus cum a Germanorum episcopis domno Johanni papæ per epistolas sæpenumero suggestum foret, ut Gerberti, Remorum metropolitani, promotionem abdicaret, et Arnulfi abdicationem præter jus factam indignaretur, a papa in Germaniam tunc directus est Leo monachus et abbas, qui vicibus papæ potitus, cum episcopis Germaniæ atque Galliarum hujus negotii et indaginem faceret, et juditium diligens inde proferret. Qui humanissime ab episcopis (*b*) exceptus, de habenda sinodo super hoc negotio cum eis tractabat. A quibus Gallorum regibus, Hugoni videlicet ejusque filio Rotberto, legati directi sunt, qui papæ mandatum, necnon et episcoporum voluntatem super hoc aperiant, eisque ut cum suis episcopis conveniant, rationabiliter suadeant; locum etiam tempusque quo et quando conveniendum esset a regibus discerent, eorumque animum ex hoc sibi referrent.

poitrine et déchirèrent le poumon et le foie. Aussi ses vassaux étaient-ils dans la tristesse, les serviteurs jetaient des cris, les femmes poussaient de fréquents gémissements ; car leur seigneur leur était enlevé, sans avoir pu mettre ordre à ses affaires et sans que ses fils eussent le moindre espoir de lui succéder, attendu que les rois étaient toujours fort animés contre lui, et que Foulques, emporté par l'orgueil, s'ingéniait à troubler la paix. Cependant Eudes envoie en toute diligence des ambassadeurs aux rois pour plaider humblement sa cause auprès d'eux et leur assurer une juste réparation de ses torts. Le vieux roi voulait bien recevoir des ambassadeurs cette réparation ; mais son fils, indigné, l'en empêcha. Hugues repoussa donc la satisfaction qu'on lui offrait, et les ambassadeurs durent repartir sans avoir rien obtenu. Retardés en route, ils n'étaient pas encore de retour, quand, le quatrième jour de la maladie, Eudes mourut, après avoir revêtu l'habit de moine. Il fut transporté à Saint-Martin, au milieu d'un nombreux cortége des siens et enseveli à Marmoutiers.

XCV. — *Le pape Jean envoie en Gaule l'abbé Léon, pour casser la déposition d'Arnoulf* (995).

Dans ce même temps, le seigneur pape Jean, à qui les évêques Germains avaient souvent écrit pour lui conseiller de repousser la promotion de Gerbert, comme archevêque de Reims, et de condamner comme illégale la déposition d'Arnoulf, envoya en Germanie Léon, moine et abbé, en qualité de légat, pour examiner cette affaire avec les prélats de la Germanie et des Gaules, et prononcer ensuite avec connaissance de cause. Léon, fort bien accueilli par les évêques, s'entendit avec eux pour la tenue d'un synode, et ils dépêchèrent des ambassadeurs aux rois des Gaulois, c'est-à-dire à Hugues et à son fils Robert, pour leur faire connaître, avec les ordres du pape, leurs propres intentions relativement à l'affaire, et les engager à venir au synode avec leurs évêques. Les rois devaient, d'ailleurs, fixer eux-mêmes le lieu et l'époque de la réunion, et en donner connaissance aux députés chargés de rapporter aux prélats Germains leurs dispositions à cet égard.

* Johannes, Leon, in Gal, tit u, dicati, solva *abscisa*.
(a) æquissimam *supra posito* justissimam *cod*.
(b) e. Germaniæ *deletum*.

XCVI.—Quod * regibus nuntiatum * sit, episcopos Germaniæ * in sinodum * convenire.

Legati igitur directi sunt. Legatio quoque prolata. Quam etiam reges serenissima mente excipientes, papæ et episcoporum mandatis in nullo tunc refragati sunt; sese consilium super hoc quæsituros respondentes, atque æquitatem de omnibus facturos. Legatis itaque abductis, per quosdam regibus indicatum est, Adalberonem, Laudunensem episcopum, hæc dolo ordinasse; omnino etiam apud Odonem illud pridem pertractasse. Eorum utrumque in voto habuisse, ut Ottonem regem Galliis inducerent, et reges ingenio et viribus foras expungerent. Episcopos quoque Germaniæ ideo convenire, ut dolum quæsitum expleant. Reges itaque fraude percepta, episcopis jam ad locum designatum (a) convenientibus per legatos indicavere, sese illuc non ituros, eo quod suorum præcipuos penes se non haberent, sine quorum consilio nihil agendum vel omittendum videbatur. Indignum etiam sibi videri, si correctioni episcoporum Germaniæ suos subdat, cum isti non minus nobiles, non minus potentes, æque etiam aut amplius sapientes sint. Ipsi ergo si indigent, in Gallias properent, unde volunt edicant. Alioquin, redeant et sua ut libet curent. Horum ergo res in contrarium relapsa est. Adalbero enim qui horum ministrum sese præbuerat, cum delationis (b) nescius reges moneret, ut occurrentibus obvenirent (c), rex veteranus fraudium non ignarus, Ludovicum Karoli filium ab eo reposcit, quem in captione Lauduni captum, ei custodiendum commiserat. Repoposcit etiam ejusdem urbis arcem, quam similiter commiserat.

* Quod, nuntiat, Gern, sinodum *abscisa.*
(a) quem reges designaveran*t* 1.
(b) proditionis 1,
(c) obveniret *cod. et Pertz. edit.*

XCVI. — *On annonce aux rois que les évêques de la Germanie se rendent au synode.*

Les ambassadeurs vinrent donc et exposèrent aux rois leur mission. Ceux-ci, les écoutant avec le plus grand calme, ne manifestèrent alors aucune opposition aux volontés du pape et de l'épiscopat ; mais ils répondirent qu'ils prendraient conseil là-dessus et donneraient sur tout une juste satisfaction. Les députés partis, quelques personnes firent connaître aux rois que cette affaire était l'œuvre du perfide Adalbéron, évêque de Laon, qui l'avait d'abord machinée avec Eudes ; que leur intention à tous deux était d'amener le roi Otton dans les Gaules, et, par artifice autant que par force, d'en bannir les rois ; que les prélats de la Germanie ne s'assemblaient que pour aider à l'accomplissement de ce criminel dessein. Les rois, avertis du danger, envoyèrent donc dire aux évêques déjà réunis dans le lieu désigné, qu'ils ne pourraient s'y rendre, attendu qu'ils n'avaient pas auprès d'eux ceux de leurs conseillers, sans l'avis desquels ils ne croyaient rien devoir entreprendre. Il leur semblait d'ailleurs peu digne de soumettre leurs évêques à la censure de ceux de la Germanie, auxquels ils ne le cédaient ni en noblesse, ni en pouvoir, et qu'ils égalaient, s'ils ne les surpassaient, en sagesse. Si donc les prélats Germains le jugeaient nécessaire, ils n'avaient qu'à venir en France et y déclarer ce qu'ils voulaient ; sinon, ils pouvaient s'en retourner chez eux pour y régler leurs affaires comme ils l'entendraient. Ainsi leurs desseins furent déjoués. Quand Adalbéron, qui s'en était fait l'instrument et qui ne savait point qu'il était trahi, engagea les princes à se rendre auprès des évêques (1), le vieux roi, qui connaissait sa perfidie, lui redemanda Louis, fils de Charles, qui était prisonnier à Laon, et dont il lui avait remis la garde ; il lui redemanda aussi la citadelle de cette ville, qu'il lui avait également confiée.

---

(1) Il est évident qu'il faut *obvenirent*, au lieu de *obveniret*. Les reproches adressés plus bas (c. 97) à Adalbéron le prouvent assez : « *Regibus quoque nostris adversario cum paucis occurrere suasisti.* » La Grammaire seule d'ailleurs s'opposerait à la traduction de M. G.: « *Adalbéron... fit dire aux rois qu'il se rendrait au devant d'eux.* »

XCVII. — Adalbero * totius fraudis * causa reprehenditur *.

Quo credita reddere reniso, regii stipatores animo indignante subinferunt : « Cum tu, o episcope, in perniciem
» regum et principum, apud Ottonem regem et Odonem
» tirannum plurima quæsieris, quomodo hic ante dominos
» tuos reges tam magnifica confingere non vereris? Quid
» Ludovicum et arcem reddere metuis, si fidem regibus te
» servasse non dubitas? Quid ergo est credita nolle reddere,
» nisi contra reges infausta moliri? Evidentissime fidem
» abrupisti, cum apud Ottonem de regum interitu tractasti, eorumque honorem subruere temptasti. Unde et
» perjurii reatu detineris. Legationem etiam tamquam ab
» eis missam Ottoni regi pertulisti, ac apud eum dolose
» ordinasti, ut ipse cum paucis (a) adveniret, et militum multitudinem non longe expeditam haberet. Regibus quoque nostris adversario cum paucis occurrere
» suasisti, atque nihil mali ex hoc proventurum spopondisti. Hanc etiam collocutionem, utrimque utillimam
» fieri dicebas, cum hos et illum de communibus et
» privatis familiariter collocuturos simulabas. Verum aliter
» tibi visum erat, cum hoc ideo prætendebas (b), ut ab
» Ottone rege dominos tuos reges comprehendi faceres,
» regnumque Francorum in jus illius transfunderes, ut
» tu videlicet Remorum metropolitanus, Odo vero Francorum dux haberetur. Idque tunc nobis omnino patuit,
» sed ad tempus suppressum fuit. Et o summæ Divinitatis
» miserationem inestimabilem, quantis miseriis erepti,
» quanto ludibrio subtracti sumus. Instat tempus quo
» paratæ insidiæ effectum promittunt. Episcopi etenim
» sub specie religionis acsi de promotione et abdicatione
» Gerberti atque Arnulfi episcoporum quæsituri, præmissis
» legatis adveniunt. Otto quoque rex Metti adest; a quo
» non longe exercitus collectus prædicatur. Si vero (c)

---

* Adalbero, fraudis, repreh *abscisa*.

XCVII. — *La perfidie d'Adalbéron est vivement réprimandée.*

Comme Adalbéron refusait de rendre le dépôt qu'on lui avait confié, les officiers du roi lui dirent avec indignation : « O évêque, com-
» ment, après avoir tramé avec le roi Otton et le tyran Eudes la perte
» des rois et des princes, ne crains-tu pas de prendre ici devant les
» rois tes seigneurs le masque du dévoûment? Pourquoi hésite-
» rais-tu à rendre Louis et la citadelle, si tu as véritablement
» conservé aux rois ta foi ? Qu'est-ce donc que refuser de rendre
» ce qu'on t'a confié, si ce n'est pas nourrir contre les rois de
» funestes desseins ? Evidemment, tu as violé ta foi, quand, avec
» Otton, tu as machiné leur perte et que tu as tenté de renverser
» leur trône. Tu es donc coupable de parjure. De plus, tu as en-
» voyé au roi Otton des députés comme s'ils venaient de leur
» part, et vous avez tous deux perfidement arrêté qu'il se présen-
» terait avec peu de monde, mais qu'il tiendrait prêt, à quelque
» distance, un gros corps de troupes. D'un autre côté, tu as engagé
» nos rois à aller trouver leur adversaire avec une faible escorte,
» les assurant qu'ils n'avaient rien à craindre. Tu allais même
» jusqu'à dire que cette entrevue serait avantageuse pour tous,
» puisqu'on y traiterait amicalement, suivant toi, des inté-
» rêts publics et privés. Mais telles n'étaient point tes vues
» personnelles ; car tu n'agissais ainsi que pour permettre au roi
» Otton de s'emparer de la personne des rois tes seigneurs et de
» faire passer le royaume sous ses lois ; que pour parvenir
» toi-même à la dignité de métropolitain de Reims et assurer
» à Eudes le titre de duc des Francs. Le complot nous avait été
» dès-lors révélé dans tous ses détails, mais nous n'en avons rien
» dit jusqu'à ce jour. O ineffable miséricorde de la suprême divi-
» nité, à quelles tribulations avons-nous été soustraits ! Le moment
» approche où la conspiration devrait éclater. Sous couleur de re-
» ligion et comme pour informer sur la promotion de Gerbert et
» la déposition d'Arnoulf, les évêques, dont on a reçu les députés,
» arrivent. Le roi Otton est à Metz, et on sait qu'une armée le suit
» à distance. Si nous y allons, nous devrons combattre ou nous

(a) p. ad locum quod Mosomum appellatur *deleta*.
(b) prætndebas c.
(c) gero *Pertz. edit.*

» imus, aut pugnabimus, aut capiemur. Si vero non imus,
» perjurii arguemur. Sed ire reges non expedit, eo quod
» militum copia sufficiens eis non sit. Perjurii vero reatus
» in te redundabit, cum tu solus regibus nesciis jura-
» tus sis. »

XCVIII.

Ad hæc episcopus erubescens, obmutuit. Quem cum unus suorum his exterritum vidit, contra hæc responsurus surrexit, et sic oblocutorem adorsus est : « Horum om-
» nium objector mihi loquatur. Adsum qui pro crimi-
» nato rationem reddo. Unus tantum hæc proferat. Caput
» quoque suum meo objiciat. Arma quoque armis compa-
» ret. Necnon et vires viribus conferat. » Hunc pro domino suo insanientem et fervidum, Landricus comes sic alloquitur : « O optime miles, harum, ut video, frau-
» dium penitus es ignarus. Quæ, licet te ignorante, tamen
» ut prædicantur quæsitæ sunt. Unde et tempera animum,
» mitiga fervorem. Belli necessitatem non tibi imponas.
» Non te impellas, unde ingressus redire non poteris.
» Sed nunc meo usus consilio, paululum hinc secede,
» dominumque tuum de his an vera sint, interroga. Si
» te ad pugnam hortatur, congredere. Si dicit cessandum,
» furori parce. » Secessit ergo, dominumque vocatum an sic res habeatur interrogat. Episcopus utpote a conscio convictus, rem ita esse quærenti confessus est. Unde et pugnam inhibuit. Sedato itaque tanto fervore militis, res penitus innotuit. Detentus ergo regum jussu, utpote deser-tor custodibus datur. Cujus milites mox regibus sacramento alligati sunt.

(1) Ce comte Landric, fils de Bodon, comte de Nevers, qu'une mordante satyre accuse de porter dans son cœur *toute une légion de perfidies*, est représenté par les *Gestes des Consuls angevins* (c. 7) comme un *homme rempli de malice et d'iniquité*.

(2) Voilà une histoire qui, bien que racontée de bonne foi, je le suppose, par notre chroniqueur, ressemble beaucoup à un conte imaginé par les partisans de Gerbert. Quel intérêt Adalbéron avait-il à trahir Hugues, dont il avait auparavant servi la cause par la plus noire des

» laisser prendre. En n'y allant pas, nous nous exposons à être ac-
» cusés de parjure. Mais les rois auraient tort de s'y rendre, n'ayant
» pas à leur disposition une armée suffisante ; et quant à l'accu-
» sation de parjure, elle retombera sur ta tête, puisque c'est toi,
» toi seul qui as juré à l'insu des rois. »

XCVIII. — [*Obligé d'avouer sa faute, il est arrêté et mis en prison.*]

A ces mots, l'évêque rougit et garda le silence. Un seul des siens, en le voyant atterré par cette invective, se leva pour répondre, et, s'adressant à celui qui venait de parler : « C'est à moi que l'accu-
» sateur d'Adalbéron doit s'adresser ; c'est moi qui me charge de
» répondre pour lui. Que l'un de vous seulement profère tous ces
» reproches, et puis qu'il vienne se mesurer avec moi et opposer
» ses armes à mes armes, ses forces à mes forces. » — « Généreux
» chevalier, » répond le comte Landric (1) à cet insensé qu'enflammait la cause de son seigneur, « tu ignores entièrement, je le vois,
» les intrigues dont il s'agit. Mais ton ignorance ne saurait en
» détruire la réalité. Calme-toi donc, apaise ton courroux ; ne
» t'impose pas l'obligation de combattre, et ne va pas t'engager
» dans cette affaire, jusqu'à ne pouvoir plus reculer. Mais écoute
» mon conseil : prends ton seigneur à part, demande lui si ce
» qu'on lui reproche est fondé, et s'il te pousse à combattre, com-
» bats ; sinon, ménage ton ardeur. » Le vassal se retire donc avec Adalbéron et lui demande si ce qu'il a entendu est bien la vérité. L'évêque, convaincu par la révélation d'un confident, s'avoue coupable et empêche le combat. Le vassal se calme donc et l'affaire ne laisse plus d'incertitude. Sur l'ordre des rois, Adalbéron est donc emprisonné comme traître ; et ses vassaux ne tardent pas à leur prêter serment (2).

trahisons ? Et puis quelle vraisemblance que les évêques de Germanie se soient associés aux coupables desseins de ce prélat, et n'aient pas craint de les seconder, en compromettant le pape dans la personne de l'abbé Léon ? Ajoutez à cela qu'on ne sait ce que devient Adalbéron après avoir été emprisonné ; que cet emprisonnement n'est l'objet d'aucune information ou réclamation de la part de l'épiscopat français ; que Gerbert se tait entièrement sur un complot dont il avait tout intérêt à publier avec éclat la découverte, et qu'il ne s'en trouve pas la moindre mention dans l'histoire du temps.

XCIX. — Synodus quæ pro Arnulfo Mosomi habita est.

Dum hæc agerentur (a), cum Galliarum episcopi ab regibus prohibiti essent, ut ad sinodum statutam non venissent, episcopi tamen Germaniæ ne doli arguerentur si non accederent, statuto tempore Mosomum conveniunt, domni papæ legatum secum habentes. Collecti ergo in basilica sanctæ Dei genitricis Mariæ ordinatim more ecclesiastico consedere, scilicet Sugerus Mimagardvurdensis, Leodulfus Treverensis, Nocherus Leodicensis, et Haimo Virdunensis. Horum medius abbas Leo resedit, vicesque domni papæ obtinuit. Contra quos etiam Gerbertus, Remorum metropolitanus, qui solus ex Galliarum episcopis regibus etiam interdicentibus advenerat pro se responsurus, ex adverso resedit. Consederunt quoque diversorum locorum abbates, ac clerici nonnulli. Laici etiam Godefridus comes cum duobus filiis suis, atque Ragenerus, Remensium vicedominus.

C. — Prælocutio * Haimonis Virdunensis * episcopi de causa * sinodi *.

Quibus circumquaque silentibus, episcopus Virdunensis, eo quod linguam Gallicam norat, causam sinodi prolaturus surrexit : « Quoniam, inquiens, ad aures domni
» papæ sepissime perlatum est, Remorum metropolim
» pervasam, et præter jus et æquum proprio pastore
» frustratam, non semel et bis litteris suggessit, quatinus
» nobis in unum collectis, tantum facinus justa lance
» utrimque pensaremus, et sua auctoritate per nos cor-
» rectum ad normam reduceremus. Sed quoniam impe-
» diente rerum diversitate id facere distulimus, nunc post
» tot ammonitiones domnum hunc abbatem Leonem et
» monachum mittere voluit, qui vices suas teneat, et

* tio, du, c, di *abscisa*.
(a) age *abscisum*.

XCIX. — *Synode tenu à Mouzon, dans l'intérêt d'Arnoulf* (2 Juin 999).

Cependant, bien que les rois aient empêché les évêques des Gaules de se rendre au synode, les évêques de la Germanie, pour ne pas être taxés de perfidie en n'y venant point, se réunissent à Mouzon, dans le temps convenu, ayant avec eux le légat du seigneur pape. Ils s'assemblent dans la basilique de Sainte-Marie, mère de Dieu, et prennent place selon leur rang, conformément aux usages de l'Église, savoir : Suger de Munster, Léodulf de Trèves, Nocher de Liége et Haimon de Verdun. Au milieu d'eux siégeait l'abbé Léon, le représentant du seigneur pape ; en face était Gerbert, archevêque de Reims, qui, seul des prélats Gaulois, était venu, malgré la défense des rois, pour plaider lui-même sa cause. Siégèrent aussi les abbés de divers monastères et quelques clercs. En fait de laïcs, on voyait le comte Godefroy avec ses deux fils, et Rainier, vidame de Reims.

C. — *L'évêque de Verdun, Haimon, expose l'objet du synode.*

Au milieu du silence de l'assemblée, l'évêque de Verdun, qui connaissait la langue gauloise (1), se leva pour exposer l'objet du synode : « Le seigneur pape ayant souvent entendu dire que la
» métropole de Reims avait été envahie, et, contre toute justice,
» privée de son pasteur légitime, nous a par plus d'une lettre
» exhortés à nous réunir pour examiner avec impartialité un tel
» attentat et rétablir avec son autorité les choses dans l'ordre.
» Mais, comme diverses circonstances nous avaient toujours em-
» pêchés de le faire, il a bien voulu, après tant d'admonitions, nous
» envoyer le seigneur Léon, abbé et moine, ici présent, pour le re-

---

(1) M. G. conclut de ce fait que « les évêques des Gaules ne parlaient
» pas le latin, mais la langue vulgaire, à la fin du xe siècle ; et qu'ils
» n'entendaient même pas, à ce qu'il paraît, la langue parlée par les
» évêques de Germanie. » Mais où étaient donc les évêques des Gaules, puisque les rois les empêchèrent de venir à Mouzon, et que malgré la défense de ceux-ci, Gerbert seul s'y rendit, lequel plaida sa cause en latin, sans qu'on fût obligé de la traduire ? N'est-il pas plus naturel de supposer que l'évêque de Verdun n'exposa en français l'objet du synode, et sans doute aussi la résolution à laquelle on s'arrêta, que par égard pour l'assistance laïque dont il est fait mention au chap. 99 (Cf. III, 85).

» rem memoratam nobis obœdientibus discuciat. Per quem
» etiam scriptum suæ voluntatis allegavit, ut si quid
» oblivio derogaret, scripto commendatum haberetur.
» Quod et inpræsentiarum audire utile est. » Et statim
protulit scriptum, atque in aures considentium recitavit,
quod quia brevitati studemus, et nobis minus fuit accommodum, nostris scriptis inserere vitavimus.

CI. — Oratio Gerberti * pro se in concilio * recitata.

Post cujus recitationem, Gerbertus surrexit, atque orationem pro se scriptam in concilio mox recitavit. Satisque apud illos luculenter peroravit. Sed hanc addere hic placuit, quod plena rationibus plurimam lectori utilitatem comparat. Cujus textus hujusmodi est (a) :

CII. — Exordium.

« Semper quidem, reverentissimi patres, hanc diem
» præ oculis habui, spe ac voto ad eam intendi, ex quo
» a fratribus meis admonitus, onus hoc sacerdotii non
» sine periculo capitis mei subii. Tanti erat apud me
» pereuntis populi salus, tanti vestra auctoritas, qua me
» tutum fore existimabam. Recordabar præteritorum beneficiorum, dulcis atque affabilis benivolentiæ vestræ, qua
» sæpenumero cum multa laude prestantium usus fueram.
» Cum ecce subitus (b) rumor vos offensos insinuat,
» vitioque dare laborat, quod magna paratum virtute inter
» alios constabat. Horrui, fateor; et quos ante formida-
» bam gladios, præ indignatione vestra posthabui. Nunc
» quia propitia Divinitas coram contulit, quibus salutem
» meam semper commisi, pauca super innocentiam meam

* Gerberti, io *abscisa*.
(a) *Folium assutum, cui oratio inscripta erat, periit; at insero eam ex codice Lugdunensi inter codd. Vossianos N. 54, ubi multo emendatior, quam apud Centuriatores legebatur, extat.*
(b) subito contrarius *ed*.

» présenter et procéder avec nous à l'examen de l'affaire susdite.
» Il lui a remis aussi un témoignage écrit de ses volontés, pour
» vous être communiqué et recommander à votre attention ce
» qu'on pourrait omettre par oubli. Il est bon de vous le faire
» connaître immédiatement. » Et aussitôt Haimon produisit et lut
aux assistants cet écrit, que nous n'avons pas inséré dans notre
histoire, parce que nous tenons à être bref et qu'il ne se prêtait
pas à notre plan (1).

CI. — *Gerbert lit son plaidoyer.*

Après la lecture de cet acte, Gerbert se leva et lut aussitôt le discours qu'il avait composé pour sa cause. C'est un morceau fort éloquent et plein de solides raisons, qui ne sauraient qu'être utiles au lecteur ; aussi ai-je cru bon de le rapporter ici textuellement (2).

CII. — *Exorde.*

« Pères vénérables, je n'ai cessé d'avoir devant les yeux, d'es-
» pérer et de désirer ce jour, depuis que, cédant aux exhortations
» de mes frères, j'ai accepté, non sans danger pour ma vie, le far-
» deau de l'épiscopat, soutenu que j'étais, dans ma détermination,
» par le désir de sauver un peuple qui périssait, par l'espoir que
» votre haute autorité me protégerait. Je me rappelais les an-
» ciennes faveurs dont j'avais été l'objet, les preuves nombreuses
» d'affabilité et de bienveillance que vous m'avez données au mi-
» lieu de tant d'éloges. Tout-à-coup, le bruit se répand que vous
» êtes mécontents, et l'on cherche à représenter comme une faute
» ce que d'autres ont regardé comme un acte d'héroïsme. Je fré-
» mis, je l'avoue, et les glaives que je redoutais d'abord m'ef-
» frayèrent moins que votre indignation. Aujourd'hui que la Divi-
» nité propice me met en présence de ceux auxquels j'ai toujours
» confié mon salut, je dirai quelques mots pour établir mon inno-

(1) Richer ne dit pas le vrai motif, qui était son affection pour Gerbert. Nous savons du reste qu'il ne se piquait pas d'une grande impartialité.

(2) Ce discours manque dans le manuscrit de Richer, le feuillet sur lequel il se trouvait écrit ayant été lacéré ou enlevé ; mais M. Pertz en a reproduit le texte d'après un des exemplaires qui nous en ont été conservés. C'est pourquoi j'ai cru pouvoir m'autoriser de l'édition du *Recueil des Historiens de France* pour modifier ce texte en un endroit.

» referam, et quonam consilio urbi Remorum prælatus
» sim edisseram. Ego quippe post obitum divi Otthonis
» augusti, cum statuissem non discedere a clientela patris
» mei beati Adalberonis, ab eodem ignorans ad sacerdo-
» tium præelectus sum; atque in ejus discessu ad Domi-
» num, coram illustribus viris futurus ecclesiæ pastor
» designatus. Sed Simoniaca hæresis, in Petri soliditate
» me stantem inveniens, reppulit, Arnulfum prætulit. Cui
» tamen plus quam oportuerit, fidum obsequium præbui,
» donec eum per multos et per me apostatare palam
» intelligens, dato repudii libello, cum omnibus suis
» apostaticis dereliqui; non spe, nec pactione capessendi
» ejus honoris, ut mei æmuli dicunt, sed monstruosis
» operibus diaboli territus (*a*), in effigie hominis latitantis.
» Non, inquam, ideo illum dereliqui, sed ne illud prophe-
» ticum incurrerem : ,,Impetio præbes auxilium, et iis
» qui oderunt me amicitia jungeris, et idcirco iram quidem
» Domini merebaris". Deinde sanctionibus ecclesiasticis,
» per longa temporum spatia peractis, legeque perhempto-
» ria consummata, cum nihil aliud restaret, nisi ut
» judiciaria principis potestate coherceretur, et tamquam
» seditiosus ac rebellis a principali cathedra removeretur,
» lege Africani concilii, iterum a fratribus meis et regni
» primatibus conventus et commonitus sum, ut excluso
» apostata curam discissi et dilaniati susciperem populi.
» Quod quidem et diu distuli, et postea non satis sponte
» acquievi, quoniam quæ tormentorum genera me comi-
» tarentur, omnimodis intellexi. Hæc est viarum mearum

(*a*) o. diaboli virtutis in *ed.*

(1) Sur le sens de *Sacerdotium*, voy. ci-dessus, l. ıı, c. 36, *n*. 2.

(2) Chargé d'annoncer, au nom de l'Eglise de Reims, *à la sainte et universelle Eglise catholique* l'élection d'Arnoulf, Gerbert avait dit précisément du nouveau pontife qu'il était pur de l'hérésie *simoniaque*, étranger à toute faction tyrannique, plein de respect pour le sanctuaire de Dieu, et qu'aux vertus qui brillaient en lui, il était facile de juger qu'il possédait toutes les autres (V. *Gerbert.*, epist. 51, ap. *Dom Bouq.*).

» cence, et j'exposerai comment j'ai été élevé sur le siége de la ville
» de Reims. Après la mort de l'empereur Otton, j'avais résolu de
» ne point quitter le service de mon père, le bienheureux Adalbé-
» ron ; à mon insu, il me choisit pour l'épiscopat (1), et, en se
» rendant vers le Seigneur, il me désigna, en présence de personnes
» illustres, pour le futur pasteur de son église. Mais l'hérésie simo-
» niaque, me trouvant fermement attaché à Pierre, me repoussa
» et préféra Arnoulf (2). Je ne laissai pas, toutefois, de le servir
» fidèlement (3), plus qu'il n'eût fallu, jusqu'au jour où, apprenant
» et voyant sa révolte, je renonçai par écrit à son amitié et l'aban-
» donnai avec tous ses complices, non que j'eusse l'espérance
» ou la promesse de recueillir sa succession, ainsi que le pré-
» tendent mes ennemis, mais parce que j'étais effrayé des œuvres
» monstrueuses auxquelles se livrait le démon, sous la figure
» d'un homme (4). Non, je ne le quittai point pour les mo-
» tifs qu'on m'impute, mais pour ne pas m'exposer à l'appli-
» cation de ces paroles prophétiques : « Tu prêtes du secours à
» l'impie, tu te lies d'amitié à ceux qui me haïssent; c'est pourquoi
» tu as encouru la colère de Dieu (5). » Après qu'il eut été long-
» temps poursuivi par les lois ecclésiastiques et qu'on eut enfin
» prononcé une sentence définitive, comme il ne restait plus qu'à
» le contraindre par l'autorité judiciaire du prince à quitter, comme
» séditieux et rebelle, le siége pontifical, conformément aux dé-
» crets du concile d'Afrique, mes frères et les grands du royaume
» vinrent me trouver et me pressèrent de me charger du soin d'un
» troupeau que l'exclusion de l'apostat laissait déchiré et dispersé.
» Je différai longtemps et ne cédai qu'avec peine, sachant bien
» tous les maux qui me menaçaient. Voilà devant Dieu et devant

(3) Il est vrai que, tant qu'il demeura attaché comme secrétaire à la personne d'Arnoulf, il proclama que ce prélat était vraiment le fils du roi Lothaire (*id. ibid.*), et qu'il alla jusqu'à demander *de quel droit* son oncle, *le légitime héritier de la couronne, en avait été frustré* (Ep. 54, *ibid.*); mais quand il eut vu son seigneur compromis, il rompit avec lui d'une façon éclatante pour se donner à Hugues, et Charles ne fut plus pour lui qu'un conspirateur.

(4) Je suis ici la leçon donnée par les savants auteurs du *Recueil des Historiens de France*. — Ce n'était pas sous la figure du diable qu'Arnoulf était apparu à Gerbert au moment de son élection (V. ci-dessus, n. 2).

(5) *Paralip.*, l. ii, c. 19, 2.

» simplicitas, hæc innocentiæ puritas, et coram Domino
» et vobis sacerdotibus in his omnibus munda cons-
» cientia.

CIII. — Particio.

» Sed ecce, ex adverso occurrit calumpniator ; vocum
» novitatibus, ut major fiat invidia, delectatus obloqui-
» tur : ,,Dominum tuum tradidisti, carceri mancipasti,
» sponsam ejus rapuisti, sedem pervasisti !‟

CIV. — Confirmatio et reprehensio alternatim digestæ.

» Itane ego dominum, cujus numquam servus fuerim,
» cui etiam nullum sacramenti genus umquam prestite-
» rim? Etsi enim ad tempus famulatus sum, fecit hoc
» imperium patris mei Adalberonis, qui me in Remensi
» ecclesia commorari præcepit, quoadusque pontificis in ea
» sacrati mores actusque dinoscerem. Quod dum operior,
» hostium præda factus sum, et quæ vestra munificentia
» magnorumque ducum largitas clara et præcipua contu-
» lerat, violenta prædonum manus abstulit, meque pene
» nudum gladiis suis ereptum doluit. Denique postquam
» illum apostatam dereliqui, vias et itinera ejus non
» observavi, nec quolibet modo ei communicavi. Quo-
» modo ergo eum tradidi, qui, ubi tunc temporis fuerit,
» nescivi? Sed neque eum carceri mancipavi, qui nunc
» nuper sub præsentia fidelium testium seniorem meum
» conveni, ut propter me nec ad momentum (*a*) ulla
» detineretur custodia. Si enim auctoritas vestra pro me
» staret, in tantum Arnulfus vilesceret, ut mihi minimum
» valeret obesse. Quod si contraria mihi, quod absit,
» sententia vestra decerneret, quid mea interesset, utrum
» Arnulfus, an alius Remorum constitueretur episcopus ?

(*a*) ad monitum *ed*.

(1) C'est-à-dire son *église*.

» vous, vénérables prélats, quelle a été, dans tout ceci, la simplicité
» de ma conduite, quelle est la pureté de mon innocence, la net-
» teté de ma conscience.

CIII. — *Division.*

» Mais j'entends mes adversaires me calomnier, et, pour mieux
» allumer contre moi la haine, se plaire à répéter de grands
» mots : « Tu as livré ton Seigneur, tu l'as jeté dans une prison,
» tu as ravi son épouse (1), tu as envahi son siége. »

CIV. — *Confirmation et réfutation.*

» Etait-il donc mon seigneur, celui dont je n'ai jamais été le ser-
» viteur (2), à qui je n'ai jamais prêté aucun genre de serment ?
» Si je l'ai servi pendant un temps, je l'ai fait par ordre de mon
» père Adalbéron, qui me recommanda de rester dans l'église de
» Reims, jusqu'à ce que je visse la conduite du pontife qui serait
» appelé à la diriger. Tandis que je l'observais, je devins la proie
» de mes ennemis, et tout ce que je tenais de votre haute munifi-
» cence, de votre brillante libéralité et de celle des puissants ducs,
» la violence des brigands me l'a ravi ; encore, après m'avoir dé-
» pouillé, eurent-ils regret de me voir échapper à leurs glaives (3).
» Enfin, depuis que j'ai abandonné ce rebelle, j'ai cessé d'observer
» ses pas et ses démarches, et n'ai aucun commerce avec lui. Com-
» ment donc ai-je pu le livrer, puisque je ne savais pas alors où il
» était. — Je ne l'ai pas davantage confiné dans une prison, puis-
» qu'en présence de témoins dignes de foi, je suis allé moi-même
» tout récemment prier mon Seigneur de vouloir bien à cause de moi
» ne pas l'y garder un instant. En effet, si votre jugement m'était
» favorable, Arnoulf tomberait assez bas pour ne pouvoir me nuire ;
» et si, ce qu'à Dieu ne plaise, il m'était contraire, que m'impor-
» terait qu'Arnoulf ou un autre fût établi évêque de Reims?—Quant

(2) Qui donc Gerbert avait-il pour seigneurs, si ce n'était Arnoulf et Charles, lui qui ne croyait pas d'abord à la légitimité du pouvoir de Hugues et de Robert : « *Ejus* (Caroli) *æmuli, ut opinio multorum est, inter reges creati sunt* (ep. 54), » et qui feint ensuite de déplorer la nécessité où il se trouve de *changer de seigneurs,* « *mutare dominos aut exules fieri cogimur* (ep. 64) ? »

(3) Il perdit ses meubles, il est vrai, au pillage de Reims par les troupes de Charles (ep. 61).

» Jam de sponsa rapta sedeque pervasa quod dicitur,
» ridiculosum est. Dico enim primum, numquam illius
» fuisse sponsam, quam pro legitima donatione spiri-
» tualis dotis collatis ante beneficiis expoliavit, proscidit
» ac dilaniavit. Necdum sacerdotali anulo insignitus erat,
» et jam omnia quæ denominatæ sponsæ fuisse videban-
» tur, satellites Symonis vastaverant. Dico etiam, si
» concederetur quolibet modo illius sponsa fuisse, utique
» esse desiit, postquam eam pollutam et violatam, et,
» ut ita dicam, adulteratam suis predonibus prostravit.
» Num igitur eam, aut quam non habuit, aut quam suo
» scelere perdidit, illius sponsam rapui? Sedem autem
» populorum multitudine refertam, advena et peregrinus,
» nullis fretus opibus, pervadere qui potui? Sed forte
» apostolica sedes nobis opponitur, tamquam ea inconsulta
» summum hoc negocium discussum sit, vel ignorantia,
» vel contumacia. Certe nihil actum vel agendum fuit,
» quod apostolicæ sedi relatum non fuerit, ejusque per
» decem et octo menses expectata sententia. Sed dum ab
» hominibus consilium non capitur, ad filii Dei superemi-
» nens eloquium recurritur : „Si oculus, inquit, tuus
» scandalizat te", et reliqua (*a*). Et fratrem peccantem,
» coram testibus coramque ecclesia commonitum, et non
» obaudientem, decernit habendum tamquam ethnicum (*b*)
» et publicanum. Conventus ergo Arnulfus, et commonitus
» litteris et legatis episcoporum Galliæ, ut a cœpto furore
» desisteret, et, si valeret, quoquo modo se a perditionis
» scelere purgaret, dum monita salubria contemnit,
» habitus est tamquam ethnicus et publicanus. Nec tamen
» idcirco dijudicatus ut ethnicus, ob reverentiam sedis
» apostolicæ sacerdotiique sacri privilegia, sed a se ipso
» in se ipsum damnationis sententia prolata, hoc solum
» eum in omni vita sua preclare egisse dijudicatum est;

(*a*) te erue eum, et projice illum abs te *ed.*
(*b*) hetnicum *c. constanter.*

» à ce qu'on dit du rapt de son épouse et de l'usurpation de son
» siége, rien n'est plus ridicule. Car je dis d'abord qu'on ne saurait
» considérer comme son épouse celle qui, au lieu de recevoir la
» dot spirituelle qui lui était due, s'est vue par lui dépouillée de
» ses biens, déchirée, mise en pièces. Il n'était pas encore honoré
» de l'anneau épiscopal, que déjà les suppôts de Simon (1)
» avaient pillé toutes les richesses de cette épouse. J'ajoute que,
» si l'on voulait qu'elle eût été en quelque façon son épouse, elle a
» cessé de l'être, assurément, du jour où il l'a livrée aux outrages
» de ses complices et pour ainsi dire prostituée à ces brigands.
» Comment donc ai-je pu lui ravir une épouse, ou qu'il n'a pas
» eue, ou qu'il a perdue par sa criminelle conduite ? — Comment
» aussi ai-je pu, moi étranger, sans force et sans appui, me rendre
» maître d'une ville si grande et si peuplée ? — Mais peut-être nous
» objectera-t-on que cette importante affaire a été traitée sans qu'on
» eût informé le siége apostolique, soit par ignorance, soit dans un
» esprit d'indépendance. Certes rien ne s'est fait et n'a dû se faire,
» dont on n'eût instruit le siége apostolique, et, pendant dix-huit
» mois, on a attendu sa décision. Mais à défaut de conseil de la
» part des hommes, il faut recourir à la sublime parole du Fils de
» Dieu : « Si ton œil, dit-il, te scandalise, etc. (2). » Il veut, si
» notre frère pêche, que nous l'avertissions devant témoins, en
» présence de l'Eglise, et, s'il n'obéit point, qu'il soit pour nous
» comme un païen et un publicain. Les évêques de la Gaule ont
» donc envoyé à Arnoulf des lettres et des ambassadeurs, pour l'a-
» vertir de renoncer à ses folles entreprises, et, s'il le pouvait, de
» se laver d'une manière quelconque du crime de perdition ; mais
» il a méprisé leurs salutaires avis, et, dès-lors, ils l'ont regardé
» comme un païen et un publicain. Toutefois, il n'a pas été jugé en
» païen, par respect pour le siége apostolique et les priviléges du
» sacerdoce ; mais il a de sa propre bouche porté sur lui-même
» la sentence de condamnation, et les évêques ont déclaré que c'é-

(1) V. le contraire ci-dessus en sa lettre cinquante-et-unième (page 490, note 2). Il avait déjà dit dans cette même lettre : « Nunc tandem pulsanti-
» bus divina lux apparuit, et quo sequeremur ostendit, depulso anti-
» christo, *simonica hæresi damnata*. » — On sait que c'est Simon le magicien qui a donné son nom à la simonie.

(2) *Saint Matth.* v, 29.

» quia nimirum, si eum se ipso damnante, episcopi
» absolverent, pœnam sceleris ejus incurrerent. ,,Si, inquit
» magnus Leo papa, omnes sacerdotês et mundus assentiat
» damnandis, damnatio consentientes involvit, non præ-
» varicationem consensus absolvit. Hoc enim Deus omnium
» indicavit, qui peccantem mundum generali diluvio
» interemit.'' Et papa Gelasius : ,,Error qui semel est
» cum suo auctore damnatus, in participe quolibet pravæ
» communionis effecto execrationem sui gestat et pœnam.''
» Excluso itaque illo a Remensi ecclesia, mihi reluctanti,
» multumque ea quæ passus sum et adhuc patior formi-
» danti, a fratribus meis Galliarum episcopis hoc honus
» sacerdotii sub divini nominis obtestatione impositum
» est. Quod si forte a sacris legibus quippiam deviatum
» est, non id malicia, sed temporis importavit necessitas.
» Alioquin tempore hostili omne jus, omneque licitum
» cavere, quid est aliud quam patriam perdere, et necem
» inferre? Silent equidem leges inter arma ; quibus ille
» feralis bestia O. (*a*) ita (*b*) abusus est, ut reverendissimos
» sacerdotes Dei, quasi vilia mancipia caperet, nec ab ipsis
» sacrosanctis altaribus temperaret, commeatus publicos
» intercluderet.

CV. — Epilogus.

» Redeo ad me, reverentissimi patres, cui specialiter
» ob salutem pereuntis populi totiusque rei publicæ curam
» mors furibunda cum omnibus suis incubuit copiis. Hinc
» dira egestas, horreas et apothecas armata manu sibi
» vindicat ; illinc foris gladius et intus pavor, dies ac
» noctes reddiderunt insomnes (*c*). Sola vestra auctoritas,
» ut tantorum malorum levamen fieret, expectata est ;
» quæ tantam vim habere creditur, ut non solum Remensi,
» sed etiam omni ecclesiæ Gallorum desolatæ, et pene ad

(*a*) Otto *ed*.
(*b*) ita hoc tempore a. *ed*.
(*c*) illinc f. g. et i. p. d. ac n. r. insomnes *desunt in* c.

» tait la seule bonne action qu'il eût faite dans toute sa vie; car, en
» renvoyant absous celui qui se condamnait lui-même, ils eussent
» encouru le châtiment de son crime. « Si, dit le grand pape Léon,
» tous les prêtres et le monde approuvent ce qui mérite d'être con-
» damné, la condamnation les enveloppera, parce que l'appro-
» bation ne saurait absoudre du crime de prévarication. Dieu l'a
» bien fait voir, en punissant les péchés du monde par le déluge
» universel. » Et le pape Gélase : « Quand une erreur est une fois
» condamnée avec son auteur, quiconque y participe par une cou-
» pable liaison, encourt l'anathème et le châtiment dont elle a été
» frappée. » Ainsi donc, c'est malgré ma résistance, malgré la vive
» appréhension que je ressentais de ce que j'ai souffert et de ce que
» je souffre encore, qu'après avoir repoussé Arnulf de l'église de
» Reims, mes frères les évêques des Gaules, ayant invoqué le nom
» de Dieu, m'ont imposé le fardeau de l'épiscopat. Que si, peut-
» être, l'on s'est écarté en quelque point des lois sacrées, ce n'a
» point été par malice, mais par nécessité et sous l'empire des cir-
» constances ; car vouloir, en temps de guerre, respecter tous les
» droits et tous les priviléges, que serait-ce autre chose que vouloir
» la ruine et l'anéantissement de la patrie? Oui, les lois se taisent
» au milieu des armes, dont cette bête féroce O. (1) a fait abus, au
» point de se saisir des vénérables prêtres de Dieu comme de vils
» esclaves, de n'épargner pas même les saints autels et d'affamer
» les peuples (2).

CV. — *Péroraison.*

» Je reviens à moi, très-vénérables Pères, à moi qui, pour sau-
» ver un peuple qui périssait, et prendre en main la direction de
» ses affaires, ai bravé la mort avec tout son horrible cortége.
» Tantôt c'est la cruelle faim qui pille à main armée les greniers
» et les boutiques ; tantôt c'est le glaive au dehors et la frayeur au
» dedans qui ne me laissent de repos ni le jour ni la nuit. Pour
» calmer tant de maux, on compte sur votre seule autorité, que
» l'on croit assez puissante pour venir en aide, non-seulement à
» l'église de Reims, mais encore à toutes celles de la Gaule, déso-

---

(1) M. Pertz conjecture que *c'est Odon ou Eudes, comte de Meaux et de Troyes, qui est ici désigné.*

(2) M. G. : « *d'intercepter toutes les voies publiques.* »

» nihilum redactæ, subsidio esse valeat; quod Divinitate
» propitia expectamus, et ut fiat, omnes in commune
» oramus. »

CVI.

Quam perlectam, legato papæ mox legendam porrexit. Tunc episcopi omnes cum Godefrido comite qui eis intererat simul surgentes, orsumque seducti, qui agendum inde esset deliberabant. Et post paululum ipsum Gerbertum invitant. Cui cum post aliquot sermones a domno papa corpus et sanguinem Domini, ac sacerdotale officium sub præsentia legati prohibere vellent, ille mox ex canonibus et decretis confidenter astruxit, nulli hoc imponendum, nisi aut ex crimine convicto, aut post vocationem venire ad concilium vel rationem contempnenti. Huic penæ non sese esse obnoxium, cum ipse etiam prohibitus accesserit, et cum nullo adhuc crimine convictus sit. Simulque hoc ex Africano et Toletano conciliis asserebat. Sed ne domno papæ omnino reniti videretur, a missarum celebratione sese cessaturum usque in alteram (b) sinodum spopondit. Et statim his dictis sessum reversi sunt.

CVII.

Quibus considentibus, Virdunensis episcopus iterum surgens eo quod sinodi interpres habebatur, ad alios qui episcoporum consilio non interfuere, sic concionatus ait : « Quoniam, inquiens, hoc unde hic agitur, diffiniri
» nunc non potest, eo quod controversiæ pars altera deficit,
» placet his domnis episcopis ut vobis demonstretur, pre-
» sentis rationis causam, in aliud tempus transferendam
» ut ibi qui intendat, et qui refellat ante judicem consis-
» tant, ut singulorum partibus discussis, recti judicii
» proferatur censura. » Ab omnibus conceditur et lauda-

(a) alterām c.

» lées et presque ruinées. C'est ce que nous attendons de la divine
» miséricorde, et nous la prions en commun de nous accorder
» cette faveur. »

CVI. — [*Les évêques déterminent Gerbert à s'abstenir des fonctions sacerdotales jusqu'à la tenue d'un nouveau synode.*]

Après la lecture de ce discours (1), Gerbert le remit au légat du pape. Alors tous les évêques se levèrent avec le comte Godefroy, qui était au milieu d'eux, et, s'étant retirés, se mirent à délibérer sur ce qu'ils devaient faire. Bientôt ils font venir Gerbert lui-même, et, après une courte discussion, ils voulaient, en présence du légat et de la part du pape, lui interdire le corps et le sang de notre Seigneur et les fonctions épiscopales; mais Gerbert, s'appuyant sur l'autorité des canons et des décrets, leur déclara avec fermeté qu'on ne pouvait ainsi frapper personne, à moins qu'il n'eût été convaincu, ou qu'après citation, il n'eût refusé de se rendre au concile et de se justifier; qu'on ne pouvait rien lui reprocher de semblable, puisqu'il était venu, malgré la défense des rois, et qu'il n'avait été convaincu d'aucune faute. En même temps, il fondait son opinion sur les canons des deux conciles d'Afrique et de Tolède; toutefois, pour ne point paraître faire la moindre résistance aux ordres du seigneur pape, il promit de s'abstenir de célébrer la messe, jusqu'à la tenue d'un autre concile. Cela fait, les évêques revinrent prendre leurs places.

CVII. — [*Ils fixent le temps et le lieu où ce synode se tiendra.*]

Alors l'évêque de Verdun se levant, en sa qualité de promoteur du synode, s'adressa ainsi aux membres de l'assemblée, qui n'avaient point assisté à la délibération des évêques : « Comme l'af-
» faire dont il s'agit ici ne saurait se terminer maintenant, attendu
» que l'une des parties manque aux débats, les évêques du concile
» croient devoir vous faire connaître que la cause est remise à un
» autre temps, pour que l'accusateur et l'accusé puissent compa-
» raître devant le juge, et qu'après avoir entendu les raisons des
» parties, on prononce un jugement équitable. » Tout le monde

(1) Richer ne dit point qu'il ait été traduit en français.

tur. Destinatur ergo locus Remis apud cœnobium monachorum sancti Remigii, tempus quoque die octavo post natale sancti Johannis Baptistæ. Quibus constitutis et dictis, sinodus soluta est.

Historiæ finis in summa pagina 55. In pagina 56 alia manu duæ Silvestri II. epistolæ, pagina 57 demum notitiæ aliquot manu Richeri scriptæ leguntur, quæ pro fundamento operis exigendi habendæ esse videntur. Sunt autem hæ:

Tempore statuto Silvanecti sinodus episcoporum collecta est, ubi etiam inter Gerbertum et Arnulfum præsentaliter ratio discussa est sub præsentia Leonis abbatis et monachi legati aliorumque quam plurium. Berta Odonis (*a*) uxor suarum rerum defensorem atque advocatum Rotbertum regem accepit. Richardus pyratarum dux apoplexia minore periit. Hilduinus quoque vinolentia.

Sinodus quinque episcoporum in monte Sanctæ Mariæ habita est. Heinricus quoque dux obiit (*b*). Alia item sinodus apud Engleheim indicta est sanctæ Agathes festivitate habenda, quæ et suo tempore habita est (*c*).

(*a*) O. *codex.*
(*b*) *iterum deleta.*
(*c*) *vox obtecta.*

---

(1) Ce concile de Senlis, dont on ne trouve ailleurs aucune trace, ne serait-il pas le même que celui de Reims, que Richer ne mentionne pas, et dont les actes nous sont seuls parvenus? On sait que Gerbert y fut déposé, et la mise en liberté d'Arnoulf réclamée; mais Hugues tint bon et garda son prisonnier. Ce ne fut que deux ans après, que Robert, cédant aux instances du pape et surtout à l'espoir de conserver Berthe, en récompense de sa soumission, rendit au malheureux prélat sa liberté et son siége.

(2) Henri, duc de Bavière. Il mourut le 27 Août 995.

(3) Nous sommes dans le temps des synodes; le terrible an 1000 approche, et les seigneurs sentent le besoin de suspendre, au moins pour un temps, leurs rivalités ambitieuses: « *Facti sunt conventus episcoporum » in plerisque locis ob studium reformandæ pacis; aliquantisper vero*

applaudit à cette disposition. On désigna donc le monastère de Saint-Remi à Reims pour le lieu de la réunion, et on la fixa au huitième jour après la fête de saint Jean-Baptiste. Après quoi le synode se sépara.

Ici finit l'Histoire de Richer. Aux pages suivantes, on lit, d'une autre écriture, deux lettres de Sylvestre II, puis quelques notes de la main de Richer, qui semblent destinées à l'achèvement de son travail. Les voici :

Au temps fixé, le synode s'assemble à Senlis. Gerbert et Arnoulf s'y trouvent en personne, et les débats ont lieu en présence du légat Léon, abbé et moine, et d'un grand nombre d'autres personnes (1), — Berthe, femme d'Eudes, reçoit le roi Robert pour protecteur et défenseur de ses intérêts. — Richard, duc des pirates, meurt d'un coup de sang ; Hilduin, d'ivrognerie.

Un synode de cinq évêques se tient au Mont Notre-Dame. — Le duc Henri (2) meurt aussi.

[996, 5 Février] Un autre synode est indiqué comme devant se tenir à Ingelheim, le jour de la fête de sainte Agathe, et il a lieu dans le temps convenu (3).

» *propter statum redintegrandum catholicæ fidei* (Ex vit. S. Hugonis, monachi Æduensis, ap. Mabill.,t.vii, act. Bened., p. 104). » L'Aquitaine, la première entra dans cette voie, et à la suite d'une effroyable peste, qui ravagea le Limousin, le duc et les princes se jurèrent paix et justice : « *Pactum pacis et justitia a Duce et principibus vicissim fœderata est* (ad ann. 995, ex Chron. Ademari Cabann. — Cf., Raoul Glab., l. iv, c. 5). » De là, la *Trève de Dieu* « gagna les provinces d'Arles et de Lyon et toute la » Bourgogne, jusqu'aux extrémités les plus reculées de la France (Raoul Glab., ibid.). » Il semblait que la nation dépouillât le vieil homme pour renaître à la vie morale et religieuse. Tout cela suppose bien des misères, dont Richer ne parle pas plus que les autres chroniqueurs. On sent que la vie publique s'est éteinte au beau pays de France ; que les intérêts privés dominent tous les esprits, comme ils animent tous les courages. C'est un horizon que personne ne songe à franchir ; et Richer, dans tout ce ive livre, qui lui appartient en propre, ne sort guères du pays Rémois et des affaires religieuses qui s'y débattent. Il est vrai que la France, élevée par l'Eglise, n'attendait le salut que de ses lumières et de son pieux dévouement.

Berta Rotberto nubere volens Gerbertum consulit, ac ab eo confutatur.

Gerbertus Romam ratiocinaturus vadit, ac ibi ratione papæ data cum nullus accusaret, alia sinodus indicitur (a).

Hugo rex papulis toto corpore confectus, in oppido Hugonis Judeis extinctus est.

Rotbertus rex patri succedens, suorum consilio Bertam duxit uxorem, ea usus ratione, quod melius sit parvum aggredi malum, ut maximum evitetur.

Rotbertus rex ducta Berta uxore, in Fulconem qui Odonis adversarius fuerat fertur, et ab eo urbem Turonicam et alia quæ pervaserat vi (b) recipit.

Rotbertus rex in Aquitania ob nepotem suum Wilelmum obsidione Hildebertum premit.

Gerbertus iterum Romam adit, ibique cum moram faceret, Arnulfus a Rotberto rege dimittitur.

Gerbertus cum Rotberti regis perfidiam dinosceret, Ottonem regem frequentat, et patefacta sui ingenii peritia, episcopatum Ravennatem ab eo accipit.

Gregorius papa tandiu permittit Arnulfo officium sacerdotale, donec in temporibus racionabiliter aut legibus adquirat aut legibus amittat (c).

(a) *Hucusque atramento fusco quo folia codicis 1—28 exarata sunt; reliqua atramentum nigrum foliorum 28-55 præferunt.*

(b) vim *Pertz. edit.*

(c) *Hic notitiarum finis. Reliqua pagina vacua remansit, excepta probatione pennæ, et hac sententia inferius Richeri manu adjecta:* Libellum quem hoc anno præstitistis, de medicina et de speciebus metallorum, quando in armario simul fuimus, mihi transmittite.

FINIS.

Berthe, voulant épouser Robert, consulte Gerbert, qui l'en détourne.

Gerbert va plaider sa cause à Rome, et comme personne ne l'accusait, le pape, après l'avoir entendu, indique un autre synode.

[23 Octobre] Le roi Hugues, dont le corps était tout couvert de boutons (1), meurt au château d'Hugues, entre les mains des juifs (2).

Le roi Robert succède à son père, et, avec le conseil des siens, épouse Berthe, d'après cette maxime : « Qu'il est bon de donner » dans un faible mal, pour en éviter un très-grand. »

[997] Après avoir épousé Berthe, le roi Robert marche contre Foulques, l'ancien rival d'Eudes, et lui reprend la ville de Tours (3), ainsi que les autres domaines qu'il avait envahis.

Le roi Robert va en Aquitaine à cause de son neveu Guillaume, et assiége Hildebert (4).

Gerbert va de nouveau à Rome, et, comme il y restait trop longtemps, le roi Robert rend Arnoulf à la liberté.

[998] Gerbert, en voyant la perfidie du roi Robert, s'attache au roi Otton, qui, en reconnaissant son grand mérite, lui donne l'évêché de Ravennes.

Le pape Grégoire (5) autorise Arnoulf à remplir les fonctions sacerdotales, jusqu'à ce qu'il en ait acquis ou perdu légalement le droit.

(1) C'est-à-dire, apparemment, qui avait la petite vérole.

(2) « Sans doute des médecins, conformément à ce que l'évêque Hincmar écrit de Charles-le-Chauve. » Il mourut le 23 Octobre 996.

(3) Nous n'avons pas vu cette ville tomber aux mains de Foulques, et si nous savons, par un contemporain de Richer, qu'Aldebert s'en empara pour ce prince, nous apprenons aussi qu'un stratagème la remit aussitôt au pouvoir d'Eudes. Richer semble donc être ici dans l'erreur sur ce point particulier (V. ap. *Dom Bouquet*, t. x, *Chron. Adem. Cabann.*).

(4) Cet Hildebert est le même qu'Aldebert, dont nous avons parlé ci-dessus, c. 11. — Quant à Guillaume, comte de Poitiers, il était fils de Guillaume *Fier-à-Bras*, qui s'était marié à Emma, sœur de ce comte Eudes, dont la veuve Berthe épousa le roi Robert.

(5) Il mourut le 18 Février 999, et, le 2 Avril suivant, Gerbert monta sur le siège épiscopal (P.).

FIN.

ERRATA.

P. 54,   l. 12, *lisez :* admittitur.
　128, c. 15, l. 11,   —   præda relicta.
　298, n. 1, l. 6,   —   Vitruve [Victorin].
　435, n. 1, l. 2,   —   cousin germain d'Arnoulf.

TABLEAUX GÉNÉALOGIQUES

des trois grandes Familles princières

QUI APPARAISSENT DANS L'HISTOIRE DE RICHER

et

LISTE CHRONOLOGIQUE

*des successeurs d'*Hincmar*, d'après cette histoire.*

I. — Famille Carolingienne.

CHARLES LE CHAUVE,
Né le 13 Juin 823, mort le 6 Octobre 877.

Charles, roi d'Aquitaine, † 866.

Carloman, abbé, † 865.

LOUIS II le Bègue, † 879.

Judith épouse :
1° *Ethelwolf*, roi de Wessex ;
2° *Ethelbald* ;
3° *Beaudouin I*, comte de Flandre † 879.

LOUIS III, † 882.

CARLOMAN, † 884.

CHARLES III le Simple, né le 17 Septembre 879, roi de France (893) 896—923 † 929 — Ép. 1° *Frédéronne* † 917 ; 2° (918) *Ethgive*, (fille du roi d'Angleterre Edouard I, et sœur d'Adelstan, d'Ethild, femme de Hugues, et d'Edith, femme d'Otton I), qui épouse *Héribert* en 951.

Beaudouin II † 918 — ép. Elftrud, fille du roi d'Angleterre Alfred, et sœur d'Edouard.

LOUIS IV d'Outre-Mer, né en 921, roi 936-954, — ép. (939) *Gerberge*, fille de Henri I, roi de Germanie, sœur d'Otton I, et veuve de Gislebert, duc de Lorraine. (Elle avait eu du duc Albrada, qui eut de Raynald, comte de Roucy, *Brunon*, év. de Langres).

Roricon, év. de Laon.

Gisèle, en 912, ép. Rollon, duc de Normandie. [D'une autre femme Rollon eut *Guillaume* (925-942), dont le fils *Richard* (943-996) ép. *Emma*, fille de Hugues-le-Grand.]

Arnoulf I † 965 — ép. *Adèle*, fille d'Héribert.

LOTHAIRE, né en 941, roi en 954 † 985 — ép. en 966 *Emma*, fille de Lothaire, roi d'Italie.

Charles, Né en 945, mort entre les mains des Normands en 946.

Louis, né en 948 † 954.

Mathilde ép. Conrad de Bourgogne.

Henri et *Charles* (953) † 953 duc de la Basse-Lorraine en 977 † 991 — ép. *Adélaïde*.

Beaudouin III, 958-962.

LOUIS V, roi 979-987 ép. Adélaïde.

Arnoulf, archev. de Reims † 1009.

Berthe ép.
1° Eudos de Blois.
2° Le roi Robert.

Charles, Louis, Adélaïde, Gerberge.

Arnoulf II, 965-989, ép. *Susanne*, fille du roi Bérenger.

II. — *Famille Capétienne.*

WITICHIN, fille de Louis-le-Débonnaire, et veuve de Conrad, comte de Paris.

Robert, comte de Paris, duc de France, + 866 — ép. Adélaïde,

EUDES,
roi 888-898.

ROBERT,
roi 922-923.

HUGUES le Grand + 956
ép.
1° N., fille de Rethild ;
2° Ethild, fille d'Edouard, roi d'Angleterre ;
3° Hatwige, sœur d'Otton Ier.

Emma,
ép. Rodolf,
roi de Bourgogne,
923-936.

N.
ép. *Héribert* de Vermandois
+ 943.

HUGUES CAPET, roi de 987-996, épouse *Adélaïde* de Poitiers.

Otton, duc de Bourgogne.

Eudes ou *Henri,* abbé.

Béatrix, ép. de Frédéric, duc de la Haute-Lorraine.

Emma, ép. de Richard, duc de Normandie.

Albert de Vermandois, 943-987.

Hugues, archev. de Reims.

Robert, comte de Troyes, + 968.

Héribert, comte de Troyes, ép. (951) Ethgive, veuve de Charles-le-Simple.

Adèle ép. Arnoulf I, comte de Flandres.

Leutgarde, ép. 1° Guillaume de Normandie; 2° Théobald de Blois.

ROBERT,
roi (988-1031),
ép.
1° *Susanne,*
veuve d'Arnoulf
de Flandre ;
2° *Bertha,*
veuve d'Eudes
de Blois ;
3° *Constance.*

Eudes de Blois
ép. *Bertha* de Bourgogne.

III. — Rois et Empereurs Saxons.

LUDOLF, duc de Saxe + 864.

OTTON, *l'Illustre*, duc de Saxe 880 + 912.

HENRI Ier L'OISELEUR,
Né en 876, duc de Saxe 912, roi de Germanie 919 + 2 Juillet 936 — ép. en secondes noces Mathilde, fille de Dietrich, comte Saxon.

OTTON Ier, *le Grand*,
né 912, roi de Germanie 935, d'Italie (951) 961, empereur romain 962 + 7 mai 973 — épouse :
1° *Edith*, fille d'Edouard I. roi d'Angleterre + 946 ;
2°. *Adélaïde*, fille de Rodolf II, roi de Bourgogne, et veuve de Lothaire, roi d'Italie, dont elle avait eu *Emma*, + 999.

Gerberge
ép.
1° Gislebert, duc de Lorraine;
2° Louis d'Outra-Mer (939)
+ vers 967.

Henri,
duc de Lorraine, 940, de Bavière,
945 + 955.

Brunon,
né 928, abbé, archev.de Colog., grand-duc de Lorraine,
954 + 11 Octob. 965.

Hatwige,
ép. Hugues-le-G^d, duc de France.

Ludolf,
né 930,
duc de Souabe,
949-954 + 957.

Luitgarde
ép. Conrad, duc de Lorraine.

OTTON II,
né en 954, couronné roi de Germanie (961), empereur (967) + 8 Déc. 983 — ép. *Théophanie*, fille de l'empereur grec Romain II + 991.

Mathilde
née 955 + 999

Guillaume,
archev.
de Mayence,
954 + 968.

(*Emma*,
belle-fille
d'Otton,
ép. Lothaire, roi
de France).

Henri-le-Querelleur,
né en 951, duc de Bavière, dispute le trône d'Allemagne à Otton II, + 995 —
ép. *Gisèle*, fille de Conrad, roi de Bourgogne.

OTTON III,
né en 980, roi (983), couronné empereur (996) + 24 Janv. 1002. sans postérité.

IV.

ARCHEVÊQUES DE REIMS

DE 882 A 997.

FOULQUES succède à Hincmar en 882, meurt assassiné le 16 Juin 900.

HÉRIVÉE, élu en 900, meurt le 2 Juillet 822.

SEULF, élu en 922, meurt [le 7 Août 925].

HUGUES, enfant de cinq ans, élu en 925, reçoit pour coadjuteur, [après *Abbon*, évêque de Soissons,] l'évêque d'Acqs, *Odelric*, en 928 ; est chassé de Reims par le roi Raoul, en 931, rétabli par son père Héribert en 940, banni de nouveau par le roi Louis en 946, et meurt de chagrin à Meaux, en 962.

ARTAULD, substitué à Hugues par le roi Raoul, en 931, est obligé d'abdiquer en 940, rétabli par les rois Louis et Otton, en 946, maintenu sur son siége par décision du concile d'Ingelheim, en 948, et meurt le 30 Septembre 961.

ODELRIC, ordonné en 962, meurt en 968.

ADALBÉRON, ordonné en 969, meurt le 23 Janvier 990.

ARNOULF, ordonné en 990, est fait prisonnier par le roi Hugues, et déposé au concile de Reims ou de Saint-Basle, en 991 ; rétabli, en 997, par le roi Robert, il meurt en 1009.

GERBERT, substitué par le roi Hugues à l'archevêque Arnoulf, en 991, est un instant suspendu de ses fonctions au concile de Mouzon, en 995, puis continue d'administrer l'église de Reims jusqu'en 997. — Dépossédé par Robert à cette époque, il reçoit d'Otton III l'évêché de Ravenne, en 998.

TABLE CHRONOLOGIQUE

ou

LISTE DES CHAPITRES

dressée suivant l'ordre des temps.

LIVRE PREMIER.

    Division de la terre, c. i.
    Division de la Gaule, c. ii.
    Mœurs des Gaulois, c. iii.
887-888 L'enfance de Charles-le-Simple et les rivalités des princes attirent les Normands en Bretagne et en Gaule, c. iv.
888. Les Grands, réunis, prennent pour roi Eudes, fils de Robert, c. v.
889 Il descend en Aquitaine, *ibid.*
890 Les Normands ravagent la Bretagne, c. vi.
892 Eudes les défait à Montpensier, c. vii, viii et ix. — Baptême et meurtre de Catillus, leur chef, c. x. — Le meurtrier, Ingon, est absous par le roi, c. xi.
893 Charles-le-Simple est élu roi, c. xii. — Eudes revient d'Aquitaine, c. xiii.
898 Mort du roi Eudes, *ibid.* — Caractère de Charles. Il crée Robert, frère d'Eudes, duc de la Celtique — soumet la Saxe et les Sarmates, c. xiv. — Son attachement pour Haganon lui aliène les grands, c. xv.
899 Charles enlève à Beaudouin le château d'Arras et le donne à l'archevêque Foulques, c. xvii.

900	Beaudouin fait tuer Foulques par Winemar, *ibid.* — Mort de Winemar, c. XVIII. — Promotion d'Hérivée à l'épiscopat, c. XIX (1). — Robert charge l'archevêque de Rouen, Witton, d'évangéliser les Normands, c. XXXII. — Consulté par Witton, Hérivée tient un synode à Reims, c. XXXIII.
911-912	Robert marche contre Rollon, qui avait envahi la Neustrie, et le défait, c. XXVIII, XXIX, XXX. — Il fait baptiser ses prisonniers, c. XXXI.
916	Mort de Rainier Cou-Long, duc de Lorraine. Charles reconnaît Gislebert, son fils, pour son successeur, c. XXXIV. — Caractère de Gislebert, c. XXXV. — Il trame la ruine du roi, c. XXXVI. — Charles gagne les Belges, c. XXXVII, — et contraint le duc à se retirer auprès de son beau-père Henri l'Oiseleur, duc de Saxe, c. XXXVIII.
920	Les grands, à l'instigation de Robert, rompent avec le roi dans l'assemblée de Soissons, c. XVI. — Rappelé de l'exil, Gislebert se révolte de nouveau, et travaille à entraîner Henri dans son parti, c. XXXIX.
	Hérivée enlève à Erlebald la place de Mézières que celui-ci avait usurpée, c. XIX.
	Entrevue de Worms entre Charles-le-Simple et Henri l'Oiseleur, roi de Germanie. Les deux princes se séparent pleins de défiance l'un contre l'autre. — Meurtre du comte Erlebald, c. XX.
	Robert et ses partisans, forts de l'appui de Henri, conseillent perfidement à Charles de renvoyer Haganon, et sur son refus le font traîtreusement prisonnier à Soissons, c. XXI. — Charles est délivré par l'archevêque Hérivée, et se retire à Tongres. Par son ordre, Hérivée va trouver Henri (Gislebert) pour tâcher de le ramener, c. XXII. — Discours qu'il lui adresse, c. XXIII. — Réponse de Henri (Gislebert); il se réconcilie avec Charles, c. XXIV. — Charles substitue l'abbé Richer à Hilduin sur le siége épiscopal de Tongres, c. XXV.

(1) *Corrig.* ainsi la date du titre : (900). — 920.

921 Richer, persécuté par son métropolitain, va trouver à Rome le pape Jean X, qui le sacre évêque après avoir excommunié Hilduin. *Ibid.*

Synode de Troli, c. XXVI.

Charles attaque le transfuge Ricuin, qui fait sa soumission, c. XXVI.

922 Richer, évêque de Tongres, revient en Gaule, c. XXV.

Gislebert se révolte une troisième fois, et trouvant Henri inébranlable, se tourne du côté de Robert, c. XL. — Robert réunit à Soissons les grands de toute la Celtique, qui le nomment roi, à l'instigation du duc de Lorraine, c. XLI. — Mort de l'archevêque Hérivée; Robert lui donne Seulf pour successeur, *ibid.*

923 Charles, abandonné de tous les Gaulois sauf un petit nombre de Belges, se plaint de son infortune à ses partisans, c. XLII. — Ils lui offrent de combattre ses adversaires, c. XLIII. — Il marche contre Robert, c. XLIV. — Arrivé près de Soissons, comme il s'apprêtait à combattre, il en est empêché par les Seigneurs, c. XLV. — Bataille entre Robert et Charles. Robert est tué et Charles s'enfuit devant le fils de ce prince que soutenait Héribert, comte de Vermandois, c. XLVI.

Tremblement de terre dans le Cambrésis, *ibid.*

Les Gaulois élisent Raoul(1), et Héribert arrête Charles, qu'il conduit à Péronne, c. XLVII.

924 Les Normands envahissent la Gaule. Raoul ordonne une levée de deniers publics pour en acheter la paix. Il descend ensuite vers l'Aquitaine et détermine le duc Guillaume à se soumettre, c. XLVIII.

925 Le roi, tombé malade à Sens, se fait transporter à Saint-Remi, près de Reims, et obtient sa guérison. Apprenant que les Normands ont envahi la Bourgogne, où on les a battus à Chaumont, il marche contre eux et les défait. Les débris de leur armée se réunissent à Eu, c. XLIX. — La place est prise, et la garnison tuée ou noyée. Raoul s'établit à Beauvais, c. L.

(1) *Substituez ce nom, dans le titre du chapitre, à celui de* Rodolf.

926 Il extermine ensuite d'autres pirates qui désolaient l'Artois, c. LI.

927 Eclipse de lune. On voit à Reims des armées de feu dans le ciel. L'avidité insatiable d'Héribert le brouille avec le roi Raoul, c. LII. — Héribert, pour effrayer celui-ci, tire Charles de prison, et va dans la place d'Eu le présenter au fils de Rollon, qui lui prête serment, c. LIII.

928 Il demande ensuite au pape une sentence contre Raoul, puis, revenant à ce prince, il réintègre Charles dans sa prison, c. LIV. — Raoul lui donne l'évêché de Reims pour son fils encore enfant, c. LV.

929 Charles meurt de chagrin. — Les Normands ravagent l'Aquitaine, c. LVI.

930 Raoul arrive devant Limoges et les extermine. Les Aquitains reconnaissants lui jurent fidélité, c. LVII.

931 Dissensions entre Héribert et Hugues. Le roi prend parti pour celui-ci, et enlève plusieurs places à Héribert qui appelle à lui les Germains (Lorrains), c. LVIII.

Raoul, après avoir vainement tenté d'attirer à lui les Rémois, assiège leur ville, et les oblige à se rendre, c. LIX. — Discours qu'il leur adresse pour les gagner, c. LX — Ils élisent évêque le moine Artauld, c. LXI.

Le roi fait enfermer Bovon, évêque de Châlons, qui l'avait abandonné. — Aidé de Hugues, il enlève à Héribert la ville et le fort de Laon, c. LXII.

932 Mort du comte Adelelme, séduit par un clerc qui convoitait l'évêché de Noyon, c. LXIII.

Les princes d'Aquitaine et de Gascogne viennent sur la Loire offrir leurs services à Raoul, c. LXIV.

934-936 Présages funestes observés à Reims. La mort du roi les suit de près, c. LXV.

LIVRE DEUXIÈME.

936 Les Gaulois se réunissent sous la présidence de Hugues pour délibérer sur le choix d'un roi, c. I. — Sur la proposition de Hugues, on envoie demander à Adelstan, Louis, fils de Charles-le-Simple, c. II. — Adelstan l'accorde; et Hugues vient à Boulogne avec les grands de la Gaule pour le recevoir, c. III. — Ils lui prêtent serment et le conduisent à Laon, où il est sacré, c IV. — Hugues lui fait ensuite visiter la Bourgogne, dont tous les seigneurs le reconnaissent, sauf le frère du roi Raoul, Hugues, qui est dépouillé de sa ville de Langres, c. V.

937 Le roi s'affranchit de la tutelle du duc, qui se ligue avec Héribert, c. VI. — Héribert s'empare de Château-Thierry par la trahison du commandant, qu'il fait ensuite jeter dans les fers, c. VII.
Invasion des Hongrois annoncée par un prodige, *ibid*.

938 Le roi prend Montigny à un certain Serle qui exerçait le brigandage. — Héribert, le château de Causoste à l'église de Reims, c. VIII. — Louis attaque la citadelle de Laon, et s'en empare en minant le mur, c. IX et X.

939 Ruse d'Arnoulf pour enlever Montreuil à Erluin; il prend ce château, c. XI et XII. — Erluin se plaint à Guillaume, duc de Normandie, c. XIII. — Il en reçoit des secours, reprend Montreuil, c. XIV, — et bat les troupes d'Arnoulf, c. XV.

Les Belges offrent leurs services à Louis, c. XVI. Il se les attache et force les partisans d'Otton à fuir au delà du Rhin. — Il chasse de Laon l'évêque Bovon accusé de trahison, c. XVII. — Otton, irrité de la défection des Belges, ravage leur pays, c. XVIII. — Gislebert à son tour envahit la Germanie; il est défait et périt dans le Rhin. Le roi épouse sa veuve, Gisleberge, c. XIX.

940 Le duc Guillaume jure au roi fidélité, c. xx.

L'archevêque Artauld assiège et prend le fort de Causoste, c. xxi. — Héribert et Hugues s'emparent de Reims, en chassent Artauld et le relèguent à Saint-Basle, c. xxiii. — Ils mettent ensuite le siége devant Laon, mais l'arrivée du roi le leur fait lever. Gui, évêque de Soissons, ordonne prêtre le fils d'Héribert, Hugues, c. xxiv.

941 Les suffragants d'Artauld le déposent et élisent Hugues à sa place, c. xxv.

Louis marche contre les tyrans qui assiégeaient Laon ; il est défait, c. xxvi.

942 Le pape Etienne VIII leur enjoint de respecter le roi ; ils résistent, c. xxvii. — L'alliance du roi avec Guillaume de Normandie les décide à conclure une trêve, c. xxviii. — Otton fait un traité d'amitié avec Louis, et rapproche Hugues de ce prince, c. xxix.

Assemblée des princes auprès du roi, et trouble qu'y cause le duc Guillaume, c. xxx. — Otton se plaint à Hugues et à Arnoulf de l'affront qui lui a été fait, c. xxxi.

943 Ces deux princes trament la mort de Guillaume, c. xxxii. — Arnoulf lui demande une entrevue à Picquigni et l'y fait tuer, c xxxiii.

Le roi donne à Richard, fils de Guillaume, la terre de son père, c. xxxiv. — Il vient à Rouen avec une armée et bat le pirate Thurmod, qui menaçait la province, c. xxxv.

Artauld va le trouver à Compiègne, c. xxxvi.

Mort d'Héribert. Louis reçoit ses fils avec bonté, c. xxxvii.

Arnoulf et Erluin se livrent un combat, où celui-ci tue le meurtrier de Guillaume, c. xxxviii.

944 Le roi part pour l'Aquitaine, et reçoit à Nevers la soumission des seigneurs de cette province, c. xxxix.

Il amène Arnoulf et Erluin à se réconcilier, c. xl.

Des prodiges survenus à Paris annoncent la défaite des

Bretons par les Normands, c. xli. — Louis en apprenant celle-ci, envahit et prend la terre des Normands. Affaire d'avant-garde à Arques, c. xlii.

945 A l'instigation de Hugues, Bernard et Thibaud détruisent la forteresse royale de Montigny et pillent Compiègne, c. xliii. — Louis à cette nouvelle vient assiéger Reims, c. xliv. — Mais le duc le détermine à se retirer, c. xlv.

Mort de Théotilon, évêque de Tours, c. xlvi.

Le roi est pris par le normand Hagrold, commandant de Bayeux, c. xlvii. — Relâché par les Normands, moyennant ôtages, il est traîtreusement retenu par le duc Hugues, qui le confie à Thibaud de Tours, c. xlviii. — Hugues va trouver ensuite Otton et lui demande une audience, mais il ne peut l'obtenir, c. l.

946 Les rois Otton et Edmond sollicitent vivement le duc en faveur de Louis, c. xlix. — Il repousse les prétentions d'Edmond, et troublé de celles d'Otton, confère avec les siens, c. l. — Sur leur conseil, il rend à Louis la liberté moyennant la cession de Laon, c. li.

Le roi se plaint à ses amis des persécutions de Hugues, c. lii. — Il demande du secours à Otton, et à Conrad, roi de Bourgogne, qui lui en promettent, c. liii. — Les trois rois réunis vont assiéger Reims, c. liv. — L'évêque Hugues s'enfuit, et la ville se rend, c. lv. — Artauld est rappelé et rétabli sur son siège. Les confédérés attaquent ensuite Senlis, mais inutilement, c. lvi. — Stratagème de quelques jeunes gens pour leur procurer des barques et faire traverser la Seine à leurs armées, c. lvii. — On dévaste tout le pays au sud jusqu'à la Loire, ainsi que la terre des Normands, puis on se retire, c. lviii.

Mort de Dérold, évêque d'Amiens. Comment il avait été autrefois trompé par un médecin de Salerne, qu'il trompa à son tour, c. lix.

947 Hugues, affligé de la dévastation de la Neustrie, marche contre Arnoulf, tandis que le roi assiège Mouzon, c. lx.

Mort de Bovon, évêque de Châlons, *Ibid.*

Louis va conférer à Aix-la-Chapelle avec Otton qui le reçoit magnifiquement, c. LXI. — Pendant ce temps-là Hugues vient assiéger Reims, mais le retour de Louis le décide à se retirer, c. LXII.

Le roi invite Otton à une conférence, c. LXIII.

Sur ces entrefaites, Hugues, l'archevêque déchu, ordonne prêtre et sacre évêque d'Amiens le diacre Thibaud, de l'église de Soissons, c. LXIV.

La conférence se tient sur le Chier, et le duc de France y vient, *Ibid.* — Il obtient que la cause de son neveu soit examinée par les évêques, mais ceux-ci renvoient l'affaire à un synode prochain. En attendant, une trêve est conclue entre le roi et le duc, c. LXV. — Synode de Verdun. L'ex-archevêque Hugues refuse de s'y rendre. Artauld est maintenu en possession de l'évêché, c. LXVI.

948 Synode de Mouzon. Il confirme la décision du précédent, c. LXVII.

Le pape envoie au roi Otton un légat, chargé de convoquer un concile général, c. LXVIII. — Concile d'Ingelheim. Il rend à Artauld la dignité épiscopale, excommunie l'évêque Hugues, et s'ajourne à 30 jours, c. LXIX — LXXXI. — Concile de Laon : [Il excommunie Thibaud] — [Concile de Trèves] : Il excommunie le duc Hugues, c. LXXXII.

Le duc Conrad prend pour le roi Louis le château de Mouzon, où résidait l'évêque Hugues, c. LXXXIII. — Louis de son côté prend Montaigu et vient assiéger Laon ; l'approche de l'hiver le détermine bientôt à se retirer, c. LXXXIV. — Cependant Hugues marche sur Soissons ; il ne peut s'en emparer, et ravage la campagne de Reims, c. LXXXV.

949 Mort de Rodolf, évêque de Laon ; Roricon lui succède, c. LXXXII.

Le roi envoie la reine Gerberge demander du secours à Otton, qui en promet, c. LXXXVI.

En attendant ce secours, le père de Richer propose à

Louis de s'emparer de Laon, c. LXXXVII. — Il fait explorer la place, c. LXXXVIII ; — expose son projet au roi, c. LXXXIX, — et, fort de son approbation, surprend la ville, c. XC. — Mais la citadelle résiste et reçoit des renforts du duc Hugues, c. XCI.

Cependant le secours d'Otton arrive, commandé par le duc Conrad. Louis avec ce prince court assiéger Senlis, mais il en est repoussé, c. XCII. — Il ravage les terres du duc jusqu'à la Seine, et revient ensuite à Soissons, c. XCIII. — Des évêques ménagent une trêve entre le roi et le duc, c. XCIV.

Concile de Rome. Il confirme les actes de celui d'Ingelheim, et frappe lui-même d'excommunication le duc Hugues, c. XCV.

950 Déterminés par cet anathème, les évêques des Gaules adressent au duc de sévères remontrances, c. XCVI. — Il se détermine enfin à se réconcilier avec le roi, et lui jure fidélité, c. XCVII.

951 Sur l'ordre de Louis, Hugues lève une armée que Louis conduit en Bourgogne. Là viennent à Mâcon lui rendre hommage le comte de Vienne et l'évêque de Clermont en Auvergne. Louis se rend ensuite à Besançon, où Létold lui prête aussi serment, c. XCVIII. — Il tombe malade, et renvoie son armée, c. XCIX.

A son retour, il prend et détruit le fort de Brienne, qui servait de repaire à des brigands, c. C.

Pendant ce temps-là, sa mère, Etgive, avait épousé le comte Héribert. Indigné, il lui enlève les terres et les maisons royales qu'elle possédait, et les donne à Gerberge, c. CI.

953 La reine Gerberge accouche de deux jumeaux, Charles et Henri : celui-ci meurt bientôt après, c. CII.

954 (1) Le roi Louis meurt des suites d'une chute de cheval, c. CIII.

(1) Ajoutez cette date au titre.

LIVRE TROISIÈME.

Gerberge réunit à Reims les grands du royaume, et leur fait reconnaître pour roi son fils Lothaire, c. i. — Hugues s'attache à lui, c. ii.

955 Il le conduit en Neustrie, puis dans l'Aquitaine, où ils assiégent Poitiers, mais inutilement, c. iii. — Guillaume marche contre eux ; il est défait, c. iv. — Le roi revient alors sur Poitiers et s'en empare, c. v.

956 Mort du duc Hugues, *ibid.*

Rainier, comte de Hainaut, envahit les biens que la reine Gerberge possédait en Belgique, c. vi. — Rodolf, père de Richer, est chargé de les recouvrer, c. vii. — Il fait examiner la place de Mons, c. viii, — la surprend et fait prisonnière la famille de Rainier, c. ix. — Rainier restitue les domaines de Gerberge, et reprend sa femme et ses enfants, c. x.

959 Le comte Robert, grâce à la trahison du commandant, enlève au roi la ville de Dijon, c. xi.

960 Le roi, aidé de son oncle Brunon, reprend la place et fait décapiter le traître, c. xii.

Les fils de Hugues-le-Grand, Otton et Hugues Capet, viennent faire, sur ces entrefaites, hommage à Lothaire, c. xiii.

961 Le roi tient un plaid à Laon, c. xii.

Mort d'Artauld, archevêque de Reims, c. xiv.

962 Le duc (*Lisez* : Le fils d'Héribert) Hugues réclame l'archevêché de Reims. Le roi renvoie l'examen de sa demande à un concile, c. xv. — Le concile de Meaux ne veut rien décider avant d'avoir pris l'avis du pape, c. xvi. — Bientôt une ambassade du pape Jean XIII annonce que Hugues a été excommunié à Rome, à Pavie, et lui signifie de renoncer à ses prétentions. Il meurt de chagrin, c. xvii.

Odelric est fait archevêque de Reims, c. xviii. — Il est ordonné dans la basilique de Saint-Remi, c. xix.

963 Il poursuit les usurpateurs des biens de son église, *ibid.*

964 Frappés d'anathème, ils se soumettent, c. xx.

965 Mort d'Arnoulf, comte de Flandre, c. xxi.

969 A Odelric succède Adalbéron ; il fait restaurer et décorer son église (vitraux peints, cloches, etc), c. xxii et xxiii. — Il réforme le chapitre, c. xxiv. — la discipline monastique, c. xxv.

970 Commencements de Gerbert. Il est conduit à Rome, c. xliii (1). — Le pape l'offre au roi Otton, c. xliv.

Adalbéron va à Rome, *ibid.*,— et demande au pape Jean un privilége pour les biens de Saint-Remi, c. xxvi. — Le pape l'accorde. Texte dudit privilége [*manque*], c. xxvii, xxviii. — Le privilége est remis aux moines de Saint-Remi, qui le déposent aux archives du monastère, c. xxix.

972 Adalbéron le fait confirmer par les évêques dans un synode tenu au Mont-Notre-Dame, c. xxx. — Sur la plainte qu'il y fait du relâchement de la discipline monastique, un synode d'abbés est décidé, c. xxxi. — Il se tient à Saint-Remi, sous la présidence de l'abbé du monastère, et en présence d'Adalbéron ; il supprime principalement les abus introduits dans le costume religieux, et renvoie l'examen des autres à des conférences particulières, c. xxxii. — xlii.

Gerbert obtient d'Otton la faveur d'être confié à l'archidiacre de Reims, Géranne, qui l'emmène dans cette ville; il y gagne la confiance d'Adalbéron, c. xlv. — Ordre suivant lequel il enseigne les traités, c. xlvi. — Comment il préparait ses élèves à l'étude de la rhétorique, c. xlvii.—Pourquoi, cette étude terminée, il leur donnait un sophiste, c. xlviii. — Quelle peine il prit pour enseigner les mathématiques et la musique, c. xlix. — Composition d'une sphère pleine, c. l. — Moyen qu'il emploie pour donner l'intelligence des

---

(1) Complétez ainsi le titre : *Arrivée de Gerbert [à Rome (970)] en Gaule*.

cercles fictifs, c. LI. — Composition d'une sphère propre à faire connaître les planètes, c. LII, — d'une sphère représentant les constellations, c LIII. — Confection d'un abaque, c. LIV.

973 Otton II succède à son père Otton-le-Grand. La possession de la Belgique divise ce prince et Lothaire, c. LXVII.

978 Lothaire propose aux grands de son royaume de marcher avec lui contre Otton, c LXVIII. — Ils acceptent et se mettent en marche, c. LXIX. — Otton, surpris à Aix, est obligé de fuir avec sa femme, c LXX. — Son palais est pillé. Lothaire revient sans avoir rien obtenu, c. LXXI. — Otton s'attache ses sujets par des présents et des faveurs, c. LXXII. — Il leur persuade de venger son injure, c LXXIII. — Arrivé en Gaule, il brûle Attigny, pille le palais de Compiègne ; il pousse jusqu'à Paris, c. LXXIV. — Hugues et Louis rassemblent une armée, c. LXXV. — Combat singulier entre un soldat Germain et un Gaulois, c. LXXVI. — Otton quitte la Gaule, poursuivi par l'armée du roi, c. LXXVII.

La renommée de Gerbert se répand dans les Gaules et en Italie. Otric envoie un de ses disciples à Reims avec la mission de lui transmettre les leçons de Gerbert, c. LV. — Il en reçoit une copie défectueuse d'une division de la philosophie, et il la critique devant Otton. Celui-ci veut entendre de la bouche même de Gerbert la défense de son système, c. LVI.

Le roi Lothaire associe son fils Louis au trône, c. XCI.

980 Un an après, Gerbert, se rendant à Rome avec Adalbéron, rencontre à Pavie l'empereur Otton, qui l'emmène à Ravenne, et le met aux prises avec Otric, en présence d'une foule de savants, c. LVII. — Discussion entre Otric et Gerbert. Otton, qui l'avait ouverte, la termine en renvoyant en Gaule Gerbert, comblé de présents, c. LVIII - LXV.

Adalbéron tient à Sainte-Macre un synode pour juger

la conduite d'Adalbéron, évêque de Laon, qui était soupçonné d'adultère avec la reine Emma, c. LXVI.

Lothaire se décide à faire sa paix avec Otton, sans en rien dire à Hugues, c. LXXVIII. — Discours de ses envoyés à Otton, et réponse de celui-ci, c. LXXIX et LXXX. — Les deux rois ont une entrevue à Margolius et se réconcilient, la partie de la Belgique en litige étant assurée à Otton, c. LXXXI.

981 Le duc se plaint aux siens de la conduite de Lothaire à son égard. *Ibid.* et LXXXII. — Ils lui conseillent de diviser les deux rois, en se rapprochant de l'un ou de l'autre, et particulièrement d'Otton, c. LXXXIII. — Le duc envoie donc à ce prince des députés, et sur l'invitation qu'ils lui en apportent, va lui-même le trouver à Rome, c. LXXXIV. — Entrevue d'Otton et de Hugues, c. LXXXV. — Cependant Lothaire écrit à Conrad, roi des Allemands, pour le prier de faire arrêter le duc au passage des Alpes, c. LXXXVI. — La reine Emma écrit dans le même but à l'impératrice Adelaïde, sa mère, c. LXXXVII. — Hugues, à la faveur d'un déguisement, évite les pièges qui lui sont tendus, c. LXXXVIII. — Les dissensions de Lothaire et du duc jettent dès lors la division dans le pays, c. LXXXIX. — Leurs amis les réconcilient, c. XC. — Louis, fils de Lothaire, est confirmé dans la dignité royale? c. XCI. — Il est nommé roi d'Aquitaine, et des courtisans persuadent à la reine Emma de l'unir à la princesse Adélaïde, veuve de Raymond, duc des Goths, c. XCII. — Le roi goûte le projet et conduit son fils en Aquitaine, c. XCIII. — Le mariage est célébré, et Adélaïde couronnée reine. Mais, au bout de deux ans, les deux époux divorcent, c. XCIV. — La conduite et l'abandon de Louis obligent son père à l'aller chercher, c. XCV.

982 Otton, en combattant les barbares, perd son armée et est fait prisonnier, c. XCVI.

983 Il meurt à Rome. *Ibid.* — Hézilon, son cousin, dispute la couronne à Otton III, et enlève ce prince, c. XCVII.

984 Il songe à s'attacher Lothaire par l'abandon de la Belgique. *Ibid.* — Mais il ne paraît pas à l'entrevue

convenue. Lothaire, qui, pour s'y rendre, avait traversé la Belgique avec une armée, ne revient pas sans de grandes difficultés, c. xcviii. — Il prépare une nouvelle expédition contre cette province, c. xcix. — Eudes et Herbert, qu'il consulte, le déterminent à attaquer d'abord Verdun, c. c. (1). — La ville assiégée se rend, c. ci. — Le roi en confie la garde à la reine Emma et revient à Laon, c. cii.

985 Les Belges reprennent Verdun et le fortifient, c. ciii. — A cette nouvelle, le roi marche sur la place, c. civ. — Il fait construire une machine de guerre, c. cv. — On l'approche des murailles ennemies, c. cvi. — Les assiégés se rendent, c. cvii. — Le roi, vainqueur, retourne à Laon, et Verdun ne lui est plus disputé. Il songeait à pousser plus loin ses conquêtes, c. cviii.

986 La mort prévient l'accomplissement de ce projet, c. cix. — Magnifiques funérailles de Lothaire, c. cx.

LIVRE QUATRIÈME.

Louis, fils de Lothaire, succède à son père. Il se décide à donner à Hugues toute sa confiance, c. i.

Discours qu'il adresse au duc et aux autres grands du royaume contre l'archevêque Adalbéron, c. ii. — Il est très-peu goûté. Toutefois on suit le roi marchant contre Reims. Louis menace l'archevêque d'attaquer la ville, si celui-ci ne se montre prêt à *lui* (2) donner satisfaction, c. iii. — Adalbéron donne des ôtages et promet de fournir des explications satisfaisantes, c. iv.

987 Louis meurt à Senlis, c. v. — Les grands, assemblés pour délibérer sur l'état des affaires, déchargent Adalbéron des accusations portées contre lui par le roi, c. vi, —

(1) *Substituez* Eudes *à* Odon, *dans la première ligne du chapitre.*
(2) Corrig. ainsi le titre.

et, sur la proposition de Hugues, l'admettent à délibérer avec eux, c. vii. — Il conseille d'ajourner l'élection d'un roi. Le conseil est accueilli, c. viii.

Cependant Charles de Lorraine entretient l'archevêque de ses droits à la couronne, c. ix. — Adalbéron refuse de les appuyer auprès des grands, c. x. — Ceux-ci se réunissent à Senlis, et, sur la proposition de l'archevêque, élisent roi le duc Hugues, c. xi et xii.

988 Hugues associe son fils Robert au trône, c. xiii. — Charles se plaint à ses amis d'avoir été repoussé, c. xiv. — Ils lui promettent du secours, et sur leur conseil, il établit des intelligences avec les bourgeois de Laon, c. xv. — A la faveur de ces intelligences, il s'empare de Laon, et fait prisonnier l'évêque Adalbéron, c. xvi. — Il fortifie cette place, c. xvii. — Hugues, à cette nouvelle, marche contre Charles, c. xviii. — Il est obligé de se retirer sans avoir rien pu faire, et Charles continue de fortifier Laon, c. xix. — L'évêque parvient à s'enfuir et va trouver les rois, c. xx.

989 Ceux-ci viennent assiéger Laon une seconde fois, c. xxi. — Construction d'un belier: l'assiette de la place ne permet pas de s'en servir, c. xxii. — Hugues abandonne le siége et se retire, c. xxiii.

Adalbéron, archevêque de Reims, meurt après avoir fait inviter le roi à venir prendre possession de Reims. Hugues accourt et reçoit le serment des citoyens, c. xxiv.

Arnoulf, fils naturel de Lothaire, sollicite du roi l'évêché de Reims. Hugues se rend à Reims, c. xxv. — Il expose aux habitants les vœux d'Arnoulf, c. xxvi. — Ceux-ci demandent qu'il en soit conféré entre eux et les conseillers de la couronne, c. xxvii. — Après délibération, Arnoulf est promu aux fonctions épiscopales, à condition qu'il jurera d'être fidèle au roi, c. xxviii; — et qu'en outre il signera une déclaration appelant sur lui l'anathème, s'il viole sa parole, c. xxix. — Les évêques demandent même qu'il reçoive pour cette fin l'Eucharistie. Arnoulf le fait, c.

xxx. — Cette conduite des évêques est critiquée, c. xxxi. — Cependant Arnoulf montre à son oncle Charles beaucoup d'attachement, c. xxxii. — Il en vient à chercher les moyens de servir ses intérêts, c. xxxiii, — et lui fait ouvrir secrètement, la nuit, par le prêtre Adalger, les portes de Reims, c. xxxiv. — En même temps, feignant le trouble et la frayeur, il court s'enfermer dans une tour avec les siens; Charles la fait cerner et les oblige à se rendre, c. xxxv. — Conduits à Laon, ils retournent bientôt chez eux, après avoir fait à Charles leur soumission, c. xxxvi. A cette nouvelle, Hugues marche contre Laon, c. xxxvii. — Il partage son armée en trois corps, c. xxxviii. — On hésite des deux côtés à engager le combat, et chacun se retire chez soi, c. xxxix.

990-991 O.... s'engage à prendre Laon, si le roi veut lui donner Dreux. Hugues y consent. Mais l'évêque de Laon ne laisse pas à O.... le temps de prouver sa bonne volonté, c. xl. — Adalbéron feint de vouloir se réconcilier avec Charles, et fait demander à Arnoulf une entrevue, c. xli. — Plan qu'il lui propose, c. xlii. — Arnoulf, qui ne soupçonne pas la ruse, dispose son oncle Charles en faveur d'Adalbéron, c. xliii. — Celui-ci va trouver le duc et le trompe par ses serments. Il déclare en même temps à Arnoulf que le roi est disposé à le recevoir, c. xliv. — L'archevêque est en effet admis auprès de Hugues, qui le traite bien et se réconcilie avec lui, c. xlv. — Touché de la bonté de ce prince, il détermine Charles à recevoir Adalbéron dans sa ville de Laon. Le duc y consent, et l'évêque, accueilli avec honneur, lui prête serment sur les reliques des saints, c. xlvi.

991 Mais bientôt il fait traîtreusement arrêter Charles et Arnoulf, et les livre à Hugues avec la place de Laon c. xlvii. — Le roi y fait une entrée solennelle, et après en avoir assuré la tranquillité, va délibérer à Senlis avec les siens sur le parti qu'il doit prendre à l'égard de ses prisonniers, c. xlviii. — Il se decide à les tenir enfermés, c. xlix.

Richer va de Reims à Chartres, pour y étudier les Aphorismes d'Hippocrate, c. L.

Les réclamations des amis d'Arnoulf engagent le roi à réunir un synode. Il se tient au monastère de Saint-Basle, c. LI. — Arnoulf y est déposé, et le prêtre Adalger dégradé, c. LII-LXXIII.

Eudes s'entend avec les siens sur les moyens de s'emparer de Melun, c. LXXIV. — L'un d'eux va trouver le commandant du château, et le séduit par de belles promesses, c. LXXV. — Eudes entre donc sans résistance dans la place. Les rois, à cette nouvelle, rassemblent une armée, c. LXXVI. — Ils s'emparent de la forteresse, c. LXXVII.—*La garnison faite prisonnière est rendue à la liberté* (1), mais le traître est pendu, ainsi que sa femme, c. LXXVIII.

Bientôt les guerres civiles recommencent. Eudes et Foulques en viennent aux mains au sujet de la Bretagne, et se poursuivent l'un l'autre pendant près de deux ans, c. LXXIX. — Eudes envoie des députés au roi pour se justifier au sujet de la prise de Melun. Le roi accueille favorablement ses raisons et rend à Eudes son amitié, c. LXXX. — Deuxième guerre entre Eudes et Foulques. Celui-ci s'empare de la ville de Nantes, c. LXXXI.

992 Conan, aidé des Normands, assiège Nantes. Foulques entre alors en Bretagne, c. LXXXII.—Stratagème dont Conan use contre lui. Il défait son adversaire, mais il est tué peu après, et Foulques, marchant sur Nantes, ajoute la prise de la citadelle à celle de la ville, c. LXXXIII-LXXXVI.

Le roi Robert répudie la reine Suzanne, qui redemande en vain sa dot, et cherche inutilement à s'emparer de Montreuil, c. LXXXVII. — On blâme en secret cette répudiation, c. LXXXVIII.

993 (2) Cédant aux remontrances du pape, les évêques de la Gaule se réunissent à Chelles, sous la présidence de

---

(1) Corrigez ainsi le titre du chapitre.
(2) *Id.* id. la date qui se trouve au titre du chapitre.

Robert, pour délibérer sur la déposition d'Arnoulf et la promotion de Gerbert ; mais ils confirment l'une et l'autre, c. LXXXIX.

994 Troisième guerre d'Eudes et de Foulques, c. XC.—Celui-ci envoie à Eudes des députés pour lui demander grâce, c. XCI. — Mais l'arrivée des troupes du roi lui fait ensuite oublier ses supplications, c. XCII.— Eudes à son tour sollicite une trêve du roi, qui la lui accorde, c. XCIII.— Mort d'Eudes, c. XCIV.

995 Le pape Jean envoie en Germanie l'abbé Léon, pour réunir en un synode les évêques de ce pays et de la Gaule, et examiner avec eux la cause d'Arnoulf et de Gerbert. Les rois sont invités à assister au synode, c. XCV. — Mais on vient leur annoncer que cette affaire cache une intrigue d'Adalbéron, évêque de Laon, pour amener Otton en Gaule et en bannir Hugues et Robert. Ceux-ci refusent donc de se rendre au synode, empêchent leurs évêques d'y aller, et redemandent à Adalbéron Louis, fils de Charles, et la citadelle de Laon, dont il avait la garde, c XCVI. — Adalbéron refuse de les remettre. Sa perfidie est vivement réprimandée, c. XCVII. — Obligé de l'avouer, il est arrêté et mis en prison, c. XCVIII.

Cependant le synode s'assemble à Mouzon, le 2 Juin (1), c. XCIX. — L'évêque de Verdun en expose l'objet, c. C. — Gerbert présente sa défense, c. CI.-CV. Les évêques déterminent Gerbert à s'abstenir des fonctions sacerdotales jusqu'à la tenue d'un nouveau synode, c. CVI. — L'évêque de Verdun annonce que ce synode se tiendra au monastère de Saint-Remi, près de Reims, c. CVII.

(1) *Effacez, dans le titre,* 999, *mis pour* 995.

NOTES DE RICHER,

pour servir à la continuation de son Histoire.

Le synode se tient à Senlis. — Mort de Richard, duc de Normandie, d'Hilduin et du duc Henri. — Synode au Mont-Notre-Dame.

996 Autre synode à Ingelheim. Gerbert va exposer sa cause au pape, qui indique un nouveau synode. — Mort du roi Hugues. — Le roi Robert épouse Berthe, veuve du comte Eudes.

997 Il marche contre Foulques, et lui reprend Tours, — puis contre Hildebert en Aquitaine. — Gerbert part de nouveau pour Rome, et Robert rétablit Arnoulf sur son siége.

998 Gerbert va trouver Otton, qui lui donne l'évêché de Ravenne. — Le pape autorise Arnoulf à remplir provisoirement les fonctions sacerdotales.

TABLE ALPHABÉTIQUE.

Le chiffre romain indique le livre;
Le chiffre arabe le chapitre;
Les initiales *N. H.*, les *Notes historiques* de Richer (p. 500-504).

A

ABAQUE construit par Gerbert pour préparer à l'enseignement de la *Géométrie*, III, 54. — Il en a fait l'objet d'un ouvrage, adressé à l'écolâtre C., *ibid.*

ABBAYE donnée à un comte en échange d'une autre, I, 17.

ABBÉS réunis en synode par l'archevêque Adalbéron, sous la présidence de l'abbé de Saint-Remi, pour réformer les mœurs des moines, III, 31, 32.

ABBON, abbé de Fleury, prend la défense d'Arnoulf au synode de Saint-Basle, mais sans succès, IV, 67, 68.

ACQS. Odelric, évêque de ce diocèse, est obligé de le quitter pour fuir les pirates qui le désolaient, I, 55.

ADALBÉRON, évêque de Metz, assiste au synode de Verdun; il est chargé d'y faire venir Hugues, II, 66; — assiste au concile d'Ingelheim, 69; — sert de médiateur entre Louis d'Outre-Mer et Hugues, 97.

ADALBÉRON, du chapitre de Metz, succède à Odelric sur le siége de Reims, III, 22; — restaure et embellit son église, 22, 23; — soumet les chanoines à la vie commune, 24; — travaille à réformer les moines, 25; — affectionne particulièrement ceux de Saint-Remi, *ibid.*; — va pour eux à Rome, *ibid.*; — demande au pape Jean XIII un privilège pour les biens de saint Remi, auxquels il ajoute l'abbaye de saint Timothée, martyr, 26; — obtient ce privilège et en fait hommage à saint Remi, 29; — puis convoquant à Mont-Notre-Dame les évêques de la province, il le leur fait signer, 30; — décide avec eux qu'un synode d'abbés se réunira pour travailler à la réforme des moines, 31; —

assiste à ce synode, 32 ; — s'occupe de faire instruire dans les sciences les enfants de son église, 42 ; — traite Gerbert avec distinction, 45; — l'emmène à Rome, *ibid.;* — est reçu magnifiquement à Pavie par l'empereur Otton, qui le conduit à Ravennes, *ibid.;* — y assiste au tournoi philosophique de Gerbert et d'Otric, *ibid.;* — revient en Gaule avec Gerbert, 65 ; — prélat de digne mémoire, 91 ; — sacre Louis, fils de Lothaire, *ibid.;* — est accusé par ce prince d'avoir en tout favorisé Otton, l'ennemi des Français, IV, 2 ; — assiégé par lui dans Reims, l'éloigne en lui offrant de se justifier et en lui donnant des ôtages, 3, 4 ; — est absous, à la mort du roi, des accusations portées contre lui 6 ; — détermine les seigneurs à prêter serment à Hugues, en attendant l'élection d'un roi, 8 ; — sollicité par Charles de Lorraine de soutenir ses droits au trône, refuse de rien faire pour lui sans le consentement des grands, 10 ; — parle dans l'assemblée de Senlis en faveur de Hugues et contre Charles, 11 ; — sacre Hugues, 12 ; — sacre son fils Robert, 13;— meurt après avoir fait avertir le nouveau roi de venir prendre possession de Reims, 24 ; Hugues le fait ensevelir avec pompe, *ibid.*

ADALBÉRON, évêque de Laon, est accusé d'avoir un commerce adultère avec la reine Emma, III, 66 ; — lève avec dureté des redevances sur les citoyens de Laon, IV, 15 ; — est pris avec la reine Emma, et livré à Charles de Lorraine, qui l'emprisonne, 16; — parvient à s'échapper et va trouver les rois Hugues et Robert, 20 ; — Feint de vouloir rentrer dans les bonnes grâces de l'archev. Arnoulf, 41 ; — se fait fort de le réconcilier avec le roi Hugues, si Arnoulf peut lui obtenir de Charles la restitution de son évêché, 42 ; — obtient sa demande, 43 ; — et présente, à son tour, l'archev. Arnoulf au roi Hugues, qui lui accorde sa grâce et l'admet à diner, 45 ; — rentre à Laon et jure fidélité à Charles sur les reliques des saints, 46 ; — renouvelle avec lui la scène de N. S., et le fait arrêter la nuit suivante avec Arnoulf, 47;— s'empare de Laon et en donne aussitôt avis au roi Hugues, *ibid.;* — assiste au synode de Saint-Basle, 51 ; — est accusé d'avoir ourdi un complot avec Eudes et les évêques de Germanie, afin de livrer les rois Hugues et Robert à Otton, 96 ; — est sommé par Hugues de lui remettre Louis, fils de Charles, et la forteresse de Laon, dont il avait la garde, *ibid.;* — refuse ; est vivement réprimandé par les partisans du roi, 97 ; — avoue sa trahison à un de ses vassaux qui voulait prouver son innocence par le combat, 98 ; — est arrêté par ordre des rois, *ibid.*

ADALBERT, évêque de Passau, assiste au concile d'Ingelheim, II, 69.

ADALDACH, évêque de Hambourg, assiste au concile d'Ingelheim, II, 69.

ADALGER (ALGER), prêtre, est chargé par l'archevêque Arnoulf d'ouvrir à Charles les portes de la ville de Reims, IV, 34 ; — est mandé au concile de Saint-Basle, 62 ; — dépose contre l'archev.

Arnoulf, *ibid* ; — est dégradé du sacerdoce, 73.

ADÉLAIDE, impératrice, mère d'Otton II, reçoit de sa fille Emma une lettre qui la presse de faire arrêter Hugues à son retour d'Italie, III, 87.

ADÉLAIDE, veuve de Raimond, duc des Goths, est proposée en mariage à Louis, fils de Lothaire, III, 92 ; — acceptée par Lothaire, 93 ; — reçoit ces princes au château de Vieux-Brioude, *ibid.;* — épouse Louis, qui la fait couronner, 94 ; — était déjà vieille, *ibid.* — Ils ne peuvent s'accorder ni vivre ensemble, et divorcent, *ibid.;* — épouse Guillaume d'Arles, 95.

ADÉLAIDE, femme de Charles de Lorraine, est emprisonnée avec lui, IV, 49.

ADÉLAIDE, fille de Charles de Lorraine, est emprisonnée avec lui, IV, 49.

ADELELME, trésorier de Laon, succède à Rodolf sur le siège de cette ville ; il est sacré à Troli par l'archevêque Hérivée, I, 26.

ADELELME, comte d'Arras, trompé par un clerc ambitieux qui aspirait à l'évêché de Noyon, périt avec ce clerc en essayant de surprendre la ville, I, 62.

ADELELME, diacre de l'église de Laon, est condamné par le concile de Laon, pour avoir introduit dans l'Eglise l'excommunié Thibaud, II, 82.

ADELSTAN, roi d'Angleterre, oncle de Louis d'Outre-Mer, le recueille encore enfant, pour le soustraire aux poursuites de Hugues et d'Héribert, II, 1 ; — était à Eurwirch avec son neveu, quand arrivèrent les députés de Hugues chargés de lui demander Louis, 2 ; — il s'assure de leur loyauté par des serments, et les renvoie comblés de présents, 3. — Il annonce à Hugues sa présence sur la côte par l'incendie de quelques maisons, *ibid.* ; — fait promettre par serment aux Gaulois qu'ils traiteront honorablement Louis, 4 ; — fait embarquer avec pompe son neveu pour la Gaule, *ibid.* ; — reçoit en dépôt la femme et les enfants d'Erluin, que lui livre Arnoulf, 12 ; — envoie une flotte avec des troupes au secours de son neveu, qu'il croyait inquiété par les habitants des côtes maritimes de la Gaule, 16 ; — elle revient en Angleterre, après s'être assurée que personne ne songeait à attaquer Louis, *ibid.*

ADRIATIQUE (Mer). La réputation de Gerbert se répand en Italie jusque-là, III, 55.

ADSON, abbé de Moutier-en-Der, venu en Italie et à Ravenne, avec Adalbéron, assiste à la dispute philosophique d'Otric et de Gerbert, III, 57.

ADULTÈRE PUBLIC commis par Adélaïde, après son divorce avec Louis V, III, 95.

AFRIQUE. Comment séparée de l'Europe et de l'Asie, I, 1.

AGAPET II, pape, confère par lettre à Robert, archevêque de Trèves, la mission de régler l'affaire de Hugues et d'Artauld, II, 67 ; — aussi le synode de Mouzon déclare-t-il de nul effet la lettre par laquelle il ordonnait ensuite de rétablir Hugues sur son siége, *ibid.;*

— envoie Marin, en qualité de légat, au roi Otton, avec mission d'assembler un synode général, 58; — tient à Rome un synode, où il souscrit les actes de celui d'Ingelheim et excommunie lui-même le duc Hugues, 95.

AGENOLD (l'abbé) assiste au synode de Verdun, ii, 66.

AIGLE DE BRONZE, que Charlemagne avait placée au sommet du palais d'Aix-la-Chapelle, est tournée vers l'est par les soldats de Lothaire, iii, 71. — Les Germains l'avaient dirigée vers l'ouest; pourquoi? *ibid.*

AISNE. Charles-le-Simple la traverse, pour aller combattre Robert, i, 45; — Louis d'Outre-Mer, pour aller délivrer Laon, ii, 24. — Ce prince fait dans les environs une chûte de cheval dont il meurt, 103. — L'armée d'Otton la passe à la hâte, fuyant devant les Gaulois, qui lui tuent beaucoup de monde, iii. 77.

AIX - LA - CHAPELLE. Le roi Louis y célèbre la Pâque avec Otton, ii, 61; — la reine Gerberge de même, 86. — Otton y reçoit, avec des princes de Germanie et de Belgique, des envoyés des Grecs, des Italiens, des Anglais et d'autres peuples, *ibid.* — Otton II y résidait avec sa femme Théophanie, quand l'arrivée subite de Lothaire le contraignit de fuir, iii, 68, 70. — Le palais en fut pillé, 71.

ALAIN, duc des Bretons, effrayé de l'alliance de Louis avec Guillaume de Normandie, se hâte de prêter serment au roi ii, 28. — Ses querelles avec Bérenger causent la ruine de la Bretagne, 41.

ALBRADA (Alfrada, Alberada, Alberrad), fille de Gislebert et de Gerberge, épouse Raynald de Roucy, et a pour fils Brunon, évêque de Langres (*Tabl. généal.* 1).

ALDIS DUBIS, ii, 98. V. Doubs.

ALEXANDRE, père de l'Eglise; — son autorité invoquée au concile d'Ingelheim, ii, 80.

ALGER, iv, 34. V. Adalger.

ALLEMANDS. Conrad, roi des — iii, 86.

ALOÈS. Otton II en prend 4 dragmes contre une indigestion et meurt, iii, 96.

ALPES, servent de limite à la Provence, i, 7; — Conrad quitte les Alpes, ii, 54. — Besançon située dans les Alpes, 98. — La réputation de Gerbert passe les Alpes, iii, 55. — Otton ii fait reconduire avec honneur Hugues-Capet jusqu'au pied des Alpes, 85.

— Pennines bornent la Belgique à l'Est, i, 2.

ALTMAR échange l'abbaye de Saint-Médard contre celle de Saint-Waast et le château d'Arras, i, 17.

AMBOISE. Le roi Hugues replie son armée sur le château d' — iv, 93.

AMIÉNOIS (Picardie). Le roi Louis y donne un rendez-vous à Guillaume Ier, duc de Normandie, ii, 20.

AMIENS. Sur le territoire de cette ville et dans une île de la Somme, Arnoulf a une entrevue avec Guillaume de Normandie et le fait assassiner, ii, 33. — Donné à Erluin par le roi Louis, pour l'indemniser de ses pertes, 40. — Le diacre Thibaut en est sacré évêque par Hugues, 64.

ANARCHIE causée par l'enfance de Charles, I, 4.

ANATHÈME, 1, 18, 19, 25, 26; — II, 27; — lancé contre l'archevêque Hugues par le synode général d'Ingelheim, 80; — contre le duc Hugues et ses complices, par le synode de Laon, 82. — Celui que le pape Agapet lance contre le duc Hugues en confirmation du synode d'Ingelheim, est envoyé aux évêques des Gaules, 95. — Ses effets religieux, 96. — Prononcé contre l'ex-archevêque Hugues, par les évêques d'Italie, III, 17; — contre les usurpateurs des biens de l'église de Reims, par l'archevêque Odelric, 20.

ANGELBERT, brigand qui occupait le fort de Brienne, obtient sa grâce du roi Louis par l'intercession de Létold, II, 100.

ANGERS, ville d'Aquitaine. — ses environs sont ravagés par les Normands, I, 6.

ANGLES ou ANGLAIS. Charles-le-Simple se les attache par sa bonté, I, 14. — Adelstan, roi des Anglais, II, 12, 16. — Edmond, id., 49; — envoient des députés à Otton Ier, 86.

ANGLETERRE. Louis, fils de Charles-le-Simple, y fut transporté enfant, II, 1.

ANGOULÊME, ville d'Aquitaine. — Le roi Eudes s'y rend, I, 12.

ANSEGISE, évêque de Troyes, concourt à la défaite des Normands à Chelles, I, 49; — s'interpose entre Louis et Hugues, e leur fait jurer une trêve, II, 94.

APOPLEXIE foudroyante frappe Héribert; ses effets décrits par Richer, II, 37.

AQUITAINE, une des divisions de la Gaule, est comprise entre la Garonne et les Pyrénées I, 2; — caractère de ses habitants, 3; — Eudes s'y retire avec son armée, 5; — Angers en fait partie, 6; — fournit des troupes à Eudes contre les Normands qui ont envahi la Neustrie, 7; — comprend Limoges, Angoulême et Périgueux, 12; — se renferme entre la Loire et *la Gascogne*, l'Océan et la Gothie ou Septimanie, *ibid.* et 2, *note* 5 (1); — a pour prince Guillaume, 48; — les Normands la ravagent, 56, 57; — le roi Louis y va avec la reine Gerberge et le duc Hugues, II, 39, — Nevers en Aquitaine, *ibid.*; — différente de la Gaule, *ibid.*; — Louis se dispose à y descendre avec une armée, 98. — Les princes d'Aquitaine se réunissent à Reims pour élire un roi et nomment Lothaire, III, 1, 2. — Le nouveau roi s'y rend pour forcer Guillaume à la soumission, assiège et prend Poitiers, après avoir battu Guillaume, 3, 4, 5, — y descend pour aller marier son fils Louis à Adélaïde, 93, — y retourne pour le reprendre et le ramener, 95.

AQUITAINS, leur caractère, I, 2, — Ils prennent part à la bataille de Chartres, 28, 29, 30. — Leur légion contribue, près de Limoges, à la victoire de Raoul sur les pi-

---

(1) *Corrig.* ainsi cette *note*, et supprim.: la Novempopulanie.

rales, 57. — Se rangent du côté de Hugues, fils de Robert, à la mort du roi Raoul, II, 1. — Guillaume duc des Aquitains, 28. — Les principaux viennent à Nevers avec Raymond, duc des Goths, présenter leurs hommages au roi Louis, qui les confirme dans leurs gouvernements, 39. — Guillaume, prince des Aquitains, 98, — reçoivent Hugues-Capet pour roi, IV, 12, — appuient Eudes contre Foulques, 90.

ARBALÈTES employées avec succès par les défenseurs de Senlis contre l'armée de Louis et de Conrad, II, 92 ; — par les soldats de Lothaire contre les défenseurs de Verdun, III, 104.

ARCHAMBAULT, archevêque de Tours, siège au synode de Chelles, IV, 89.

ARCHERS employés à l'attaque et à la défense des places, II, 9 ; III, 104, 105, etc.

ARCHEVÊQUE nommé par le roi, avec le consentement des évêques et d'accord avec les habitants, 1, 19 ; IV, 25 et sq.

ARGONE (forêt d') fournit des bois aux princes belges pour la défense de Verdun, III, 103.

ARISTOTE. Ses catégories, son traité de l'interprétation et ses topiques, traduits par Cicéron, sont expliqués par Gerbert, III, 46.

ARITHMÉTIQUE est la première partie des mathématiques, III, 49.

ARLES, ville de Provence ; sa milice marche sous le roi Eudes contre les Normands, I, 7.

ARMÉES, leur force, I, 7, 28, 29, 44, 57, 62 ; — II, 8, 12, 35, 38, 83, — III, 70, 74, 104 ; — IV, 18, 21, 37, 79, 92. — Sur leur composition, leur disposition et leur dissolution après la campagne, cf. *ibid.* et *Cavalerie.*

ARMÉES DE FEU dans le ciel, V. *Présages.*

ARMES offensives et défensives, telles que *arc, bouclier, cuirasse, épée, flèche, javelot, lance, pierre, trait,* passim. — Pour *l'arbalète, la baliste, la flèche, la fronde* et la *tortue.* V. ces mots. — Etaient déposées au chevet de leurs lits par l'archev. Arnoulf et Charles de Lorraine, IV, 47.

ARNOLD chassé de Laon par le roi Louis, comme suspect de trahison, II, 25.

ARNOULF, prince des Morins, aide le roi Louis à construire une forteresse dans le port de Wissant, II, 8 ; — s'empare du château de Montreuil, par la trahison du commandant, 11-12 ; — envoie ses troupes ravager les environs de Montreuil, 13 ; — elles sont battues au retour par Erluin, qui leur reprend tout leur butin, *ibid.* — duc des Morins, assiste à la conférence d'Attigny, placé sur un siège, 30 ; — déjà jaloux de Guillaume de Normandie, il est encore animé contre lui par Otton, 31 ; — complote avec Hugues la mort de Guillaume, 32 ; — sollicite de Guillaume une entrevue dans l'île de Picquigny, et l'y fait assassiner par ses gens, 33 ; — attaque traîtreusement Erluin qui le défait, 38 ; — se réconcilie avec lui par les soins du roi, 40 ; — accompagne le roi contre les Normands, et défait leur avant-garde à Arques, 42 ; — est mandé par lui, pour prendre part au siége de Reims, 44 ; — meurt, III, 21 ; — Lothaire entre dans sa terre, et la donne au fils du défunt, *ibid*.

ARNOULF, fils naturel de Lothaire, IV, 25, 26 ; — fait demander à Hugues l'évêché de Reims, 25 ; — proposé par le roi aux habitants de Reims, 26 ; — est accepté par eux après délibération ; à quelle condition, 27-28 ; — signe une déclaration de fidélité aux rois, avec imprécations contre lui-même s'il viole sa foi, 29, 59 ; — reçoit l'Eucharistie en témoignage de ses intentions, 30 ; — est ordonné par les évêques du diocèse de Reims, et reçoit du pape le *pallium*, 31 ; — cherche le moyen de favoriser son oncle, Charles, sans paraître trahir le roi, 32 ; — charge le prêtre Alger d'ouvrir les portes de Reims à l'armée de Charles, 34 ; — se fait prendre par ce prince, pour ne pas être soupçonné de connivence avec lui; est conduit à Laon, 35 ; — et recouvre la liberté en prêtant à Charles serment de fidélité, 36. — Adalbéron feint de vouloir rentrer dans ses bonnes grâces, 41, — et s'engage à le réconcilier avec le roi Hugues, s'il peut lui obtenir de Charles la restitution de son évêché, 42 ; — Arnoulf l'obtient de son oncle et procure à Adalbéron une entrevue avec Charles, où ils se jurent amitié et fidélité, 43, 44 ; — présenté par Adalbéron au roi Hugues, en est bien accueilli, et dîne à la table royale, 45 ; — travaille à réconcilier Hugues et Charles, *ibid*; — est arrêté avec Charles pendant la nuit par le traître Adalbéron, qui s'empare de Laon et en avertit aussitôt Hugues, 47 ; — est emmené avec son oncle à Senlis, 48; — Hugues convoque à Saint-Basle un concile pour le juger, 51 ; — est accusé d'avoir livré Reims aux ennemis du roi, 53 ; — s'avoue coupable et indigne du sacerdoce, 69 ; — sollicite l'indulgence des rois et l'obtient, 70 ; — écrit et signe son abdication, 72; — blâmée par le pape B..., la déposition est sanctionnée par le synode de Chelles, 89 ; — Le pape Jean XVI envoie un légat en Germanie, pour examiner cette affaire, 95 ; — Le légat tient un synode à Mouzon, 99 ; — puis à Senlis, N. H. — est réinstallé dans son siége par le roi Robert, *ibid* ; — et autorisé par le pape Grégoire à remplir provisoirement les fonctions épiscopales, *ibid*.

ARNOULF, évêque d'Orléans, accompagne Hugues-Capet à Rome, lui sert d'interprète auprès d'Otton II, et le délivre d'un piège que lui tendait le roi, III, 84, 85 ; — Suffragant de l'archevêque de Sens, assiste au synode de St-Basle, IV, 51 ; — est nommé promoteur du synode, 52-53-61 ; — engage les défenseurs de l'archevêque Arnoulf à parler librement, 66 ; — traite durement Adalger, 73.

ARQUES. Arnoulf y défait l'avant-garde des Normands, II, 42.

ARRAS pris par Charles-le-Simple à Beaudouin, comte de Flandre, et donné à l'archevêque Foulques, qui l'échange, avec l'abbaye de St-Waast, contre celle de

St-Médard, i, 17; — enlevé à Héribert par Raoul, aidé de Hugues, 58; — les habitants vaincus prêtent serment de fidélité à Raoul, *ibid.*

ARTAULD, moine du monastère de St-Remi, est élu archevêque de Reims, i, 61; — il sacre l'abbé Walbert évêque de Noyon, 63; — obtient du roi Louis la grâce du brigand Serle, ii, 8; — est dépouillé par Héribert du château de Causoste qu'il avait construit, *ibid.*; — attaque ce château, s'en empare et le détruit, 21; — chassé de Reims par Hugues et Héribert, se rend à l'abbaye de St-Remi, et, sous l'empire de la menace, consent à renoncer à la dignité épiscopale, 22; — se retire à St-Basle, *ibid.*, 36; — vient trouver à Compiègne le roi Louis, qui lui promet de le rétablir sur son siège, 36; — rappelé par les rois Otton, Louis et Conrad, est rétabli sur son siège par les archevêques de Trèves et de Mayence, 56; — sacre Gibuin évêque de Châlons, 60; — sa cause est soumise à l'examen des évêques réunis à la conférence du Chier, lesquels lui accordent l'évêché de Reims, 65; — est confirmé dans la possession de l'évêché par le synode de Verdun, 66; — assistait Robert dans la présidence de ce synode, *ibid.*; — assiste au synode de Mouzon, qui le maintient sur son siège, 67; — envoie au pape Agapet un exposé de son affaire, 68; — présente au concile d'Ingelheim un mémoire où il retrace son différend avec l'évêque Hugues, 78; — Il y joint une lettre du pape en sa faveur, *ibid.*; — le concile lui assure la dignité épiscopale, 79; — intercède auprès du concile de Laon en faveur de Gui, évêque de Soissons, 82; — meurt, iii, 14.

ARTOIS désolé par les Normands, i, 51.

ASIE, comment séparée de l'Europe, i, 1.

ASSASSINAT de l'archevêque Foulques, i, 17, — de Guillaume de Normandie, ii, 32, 33.

ASSOCIATION de Louis V au trône, par son père Lothaire, avec le consentement des seigneurs, iii, 91, — de Robert par son père Hugues, avec l'assentiment des grands, iv, 13.

ASTRONOMIE entièrement ignorée en Italie, iii, 44.

ATTIGNY, résidence royale. Charles y fait son entrée et y fait reposer ses troupes dans son expédition contre l'usurpateur Robert, i, 44; — Raoul la rend à Charles, 55; — Louis-d'Outre-Mer y réunit les gouverneurs de provinces (Hugues, Arnoulf, Guillaume et Héribert), ii, 30; — est pillée, brûlée par Otton II, iii, 74.

AUGSBOURG. Odelric, son évêque, ii, 69.

AUGUSTIN (Instituts de saint) lus chaque jour aux chanoines de Reims, iii, 24.

AUGUSTIN, abbé de St-Faron, iv, 50.

AURORE BORÉALE. V. *flammes.*

AUTEL PORTATIF fait par l'archevêque Adalbéron, iii, 23.

AUTUN. Gaultier, son évêque, iv, 51.

AUVERGNE, partie de l'Aquitaine ; Guillaume Tête-d'Etoupe y lève une armée qui est aussitôt défaite et dispersée par les troupes de Lothaire et de Hugues-le-Grand, III, 4.

AUXERRE. Gui, son évêque, II, 94 ; — Herbert, *id.*, IV, 51.

AVANT-GARDE des Normands dispersée à Arques par les troupes du roi Louis, sous le commandement d'Arnoulf, prince des Morins, II, 42.

AVENAY (abbaye d') donnée à l'archevêque Artauld, chassé de Reims, II, 22.

AVRANCHES, ville épiscopale de la province rouennaise, I, 4.

AYRARD, évêque de Noyon ; sa mort, I, 63.

B

BALDRIC, évêque d'Utrecht, assiste au concile d'Ingelheim, II, 69.

BALISTE, machine à lancer des flèches, des pierres, etc., II, 85 ; III, 98 ; IV, 17, etc.

BANNIÈRES ou enseignes, déployées au combat, I, 30 ; II, 15, 35 ; — distinguaient les bataillons, III, 69 ; — enlevées à l'ennemi, 83.

BAPTÊME de Catillus, chef normand ; cérémonies préparatoires, I, 10 ; — des prisonniers normands faits par Robert, 31 ; — de Henri, fils de Louis d'Outre-Mer, II, 102. — Robe blanche, costume des nouveaux baptisés, *ibid.*

BARBARES battent et font prisonnier Otton II, III, 96. — menacent l'Espagne Citérieure, IV, 12.

BARDON, frère de Gozilon, concourt à reprendre Verdun au roi Lothaire, III, 103.

BARQUES de la Seine enlevées par le duc Hugues pour arrêter l'armée des trois rois, II, 57 ; — dix jeunes guerriers de cette armée s'en emparent par ruse, *ibid.*

BASILIQUE de saint Martial, martyr à Limoges, I, 10 ; — de saint Remi, à Reims (*V. Saint-Remi*) ; — de saint Denys, martyr ; on y enterre Eudes, I, 13 ; Hugues-le-Grand, III, 5 ; — de Sainte-Colombe à Sens ; le roi Raoul y est enterré, I, 65 ; — Des saints martyrs Crépin et Crépinien, à Soissons ; les évêques de la province de Reims y déposent Artauld et élisent à sa place Hugues, fils d'Héribert, II, 25 ; — de saint Julien, martyr à Tours, II, 46 ; — de Saint-Pierre à Mouzon ; il s'y tient un synode, 66 ; — de Saint-Remi à Ingelheim ; il s'y tient un concile, 69 ; — de saint Vincent, martyr à Laon ; il s'y tient un concile, 81, 82 ; — de Saint-Faron, à Meaux ; Richer y est reçu comme un frère par les religieux, IV, 50 ; — de Notre-Dame, à Mouzon ; il s'y tient un concile, 99.

BASLE (abbaye de St.-). Les biens en sont donnés à l'archevêque Artauld, chassé de Reims, ii, 22 ; — il s'y retire, *ibid.* — Le roi Hugues y convoque un synode, pour juger la conduite de l'archevêque Arnoulf, iv, 50 ; — Ce synode a pour président Seguin, archevêque de Sens; pour promoteur Arnoulf, évêque d'Orléans, 52 ; — Arnoulf, archevêque de Reims, y est déposé, 72 ; — et le prêtre Adalger, dégradé, 73.

BATAILLES, i, 8-9, 29-30, 45-46, 49, 50, 51, 57 ; — ii, 35, 38, 41 ; — iii, 4, 98 ; — iv, 84, 85.

BATILDE (Monastère de Ste-) à Chelles, est brûlé par les troupes d'Otton, et réparé par les soins de ce prince, iii, 74.

BAYEUX, ville épiscopale de la province rouennaise, i, 4 ; — promise à Hugues, si, après avoir amené à Louis des troupes, il s'empare de la ville avec le surplus de ses forces, ii, 42 ; — assiégée par le duc, puis abandonnée sur l'ordre du roi, qui y entre, *ibid.*; — Hagrold, commandant de Bayeux, attire Louis dans un piége ; les citoyens, complices d'Hagrold, retiennent Louis, 47 ; — Hugues vient les féliciter du succès de leur conspiration et leur demander la remise de Louis, 48.

BEAUDOUIN, comte de Flandre, abandonne Charles-le-Simple pour s'attacher à Robert, i, 16 ; — le roi lui enlève Arras qu'il donne à Foulques avec l'abbaye de St-Waast, 17 ; — Beaudouin irrité fait tuer l'archevêque Foulques, *ibid.*

BEAUVAIS. Le roi Raoul y fixe sa résidence, après avoir pris le château d'Eu, i, 50.

BELGES (Lorrains) favorisent l'élévation de Charles-le-Simple sur le trône, i, 12 ; — lui demeurent presque tous attachés, 21 ; — se joignent aux Neustriens et aux Aquitains pour combattre Rollon, 28. — Un petit nombre lui restent fidèles, après l'élection de Robert, 42 ; — Héribert les appelle pour se venger de la perte de Doulens et d'Arras, et avec leur aide enlève à Hugues la place de Braine, 58 ; — se déclarent pour Louis, fils de Charles-le-Simple, à la mort de Raoul, ii, 1 ; — viennent le trouver à Laon pour lui offrir leurs services contre ses ennemis, 16 ; — Les partisans d'Otton sont contraints par lui de fuir au-delà du Rhin, 17 ; — Otton prétend gouverner les Belges malgré eux, 18 ; — font une irruption en Germanie, sont battus au retour sur les bords du Rhin, et perdent leur duc Gislebert, 19 ; — créent roi Otton II, iii, 67 ; — se jettent, mais sans succès, sur l'armée de Lothaire à son retour des bords du Rhin, où il devait trouver Hezilon, 98. — La mort de Lothaire assure leur repos, 108 ; — promettent à Eudes de défendre sa cause contre Foulques, iv, 90 ; — mais n'arrivent pas à temps pour le sauver, 92.

BELGIQUE. Une des divisions de la Gaule; ses limites, i, 2 ; — caractère de ses habitants, 3 ; — devrait avoir, suivant Gislebert, un autre maître que Charles-le-Simple, 39 ; — Gislebert vient de Belgique à Soissons pour aider à l'élection de Robert, 41 ; — Charles s'y retire après la bataille de Soissons, 46 ; — Raoul y lève de nombreux guerriers pour aller combattre les pirates dans l'Aquitaine, 57 ; — Belgique maritime (Wissant, dans la), II, 8 ; — le roi Louis parcourt les provinces de la Germanie, 16 ; — ravagée par Otton qui prétend qu'elle lui appartient par son père, 18 ; — Gislebert la parcourt et y lève une armée, 19 ; — le roi Louis s'y rend et épouse la veuve du duc Gislebert, *ibid.* — y va, pour conférer avec Otton, son beau-frère, 29. — Plusieurs évêques de Belgique vont à Compiègne rendre hommage à Louis, après qu'il a recouvré la liberté, 51 ; — Otton la traverse pour aller au secours de Louis, 54 ; — Louis y a une conférence avec Otton, 60 ; — Conrad, duc de Lorraine, y lève une armée pour le roi, 83 ; — les seigneurs viennent à Aix-la-Chapelle présenter leurs hommages à Otton Ier, 86 ; — le duc Conrad y lève une nouvelle armée qu'il amène à Louis de la part d'Otton, 92. — Tous les princes de Belgique, envoyés par Otton, viennent à Reims avec le duc Brunon concourir à l'élection de Lothaire, III, 1 ; — Rainier en a la garde, 6 ; — est la cause des discordes qui éclatèrent entre Lothaire et Otton II, 67 ; — avait appartenu à Louis d'Outre-Mer, qui l'avait ensuite donnée à Otton Ier, *ibid.* — disputée par Lothaire à Otton II, qui la posséda durant tout son règne, *ibid.* — Lothaire abandonne à Otton la partie de la Belgique en litige, 81 ; — la traverse avec une armée pour aller au rendez-vous convenu avec Hezilon, 98 ; — songe à la remettre sous sa domination, 99 ; — Théoderic, duc de Belgique, aide à reprendre Verdun, 103 ; — Charles, frère de Lothaire, y retourne découragé, IV, 11 ; — le pape Jean XVI envoie le légat Léon examiner l'affaire d'Arnoulf avec les évêques de Germanie et des Gaules, 95 et sq.

BÉLIER (V. *Machines de guerre.*)

BÉNÉFICES. N'étaient pas encore tous viagers ou inamovibles sous Charles-le-Simple, I, 37 *note*, 39 ; — sous Lothaire, III, 13, etc.

B. (BENOIST VII), pape, blâme la déposition d'Arnoulf et la promotion de Gerbert, IV, 89.

BÉRENGER, prince des Bretons ; ses querelles avec Alain causent la ruine de la Bretagne, II, 41.

BÉRENGER, évêque de Verdun, assiste au concile d'Ingelheim, II, 69.

BERNARD, mandé par le roi Louis pour prendre part au siége de Reims, II, 44.

BERNARD de Senlis, excité par Hugues, attaque et détruit Montigny, ville du roi ; pille la résidence royale de Compiègne et s'empare des chasseurs, des chiens, des chevaux et des épieux de Louis, II, 43.

BERNARD, évêque d'Halberstad, siége au concile d'Ingelheim, II, 69.

BERTHE (fille de Conrad, roi de Bourgogne), veuve du comte Eudes, prend le roi Robert pour défenseur de ses intérêts, N. H.; — voulant épouser Robert, consulte Gerbert, qui l'en détourne,*ibid.*; — épouse Robert, qui reprend à Foulques tout ce que celui-ci avait enlevé à Eudes, *ibid.*

BESANÇON, métrotropole des [*Genauni*] Séquaniens, située dans les Alpes et arrosée par le Doubs ; Louis d'Outre-Mer y conduit son armée, ıı, 98. — Létold, prince de la ville, *ibid.* ; — il soigne le roi, qui y est tombé malade, et l'accompagne ensuite en France, 99.

BLÉ, son prix sous le roi Eudes, ı, 5 ; — Charles de Lorraine en fait venir du Vermandois pour l'approvisionnement de Laon, ıv, 17.

BLOIS. Le commandement du château est donné à Ingon, ı, 11 ; —ville de Neustrie ; Lothaire y est conduit avec sa mère par Hugues-le-Grand, ııı, 3 ; — Foulques en brûle les faubourgs, ıv, 79.

BOECE. Gerbert établit d'après lui sa division de la philosophie, ııı, 60 ; — invoque contre Otric les travaux de ce philosophe, 65.

BONIFACE, père de l'Eglise ; son autorité invoquée au concile d'Ingelheim, ıı, 80.

BOPPO, évêque de Wurtzbourg, siège au concile d'Ingelheim, ıı, 69.

BOREL, duc de l'Espagne Citérieure, vient au monastère de Saint-Gérold, et sur la demande de l'abbé, emmène avec lui Gerbert, dont il confie l'instruction à l'évêque Hatton, ııı, 43 ; — se rend à Rome avec Hatton et Gerbert, *ibid.* ; — y laisse Gerbert, à la prière du pape Jean XIII, pour enseigner les mathématiques aux sujets d'Otton, et retourne en Espagne, 44 ;— demande au roi Hugues du secours contre les barbares, ıv, 12.

BOTANIQUE, ıı, 59.

BOULOGNE. Les envoyés de Hugues à Louis d'Outre-Mer s'y embarquent, ıı, 2 ;—Hugues et les princes des Gaules y viennent attendre leur nouveau roi, 3.

BOURGES. Daibert, archevêque, ıv, 51.

BOURGOGNE, envahie par les Normands, ı, 49. — Raoul la quitte pour aller attaquer la place d'Eu, 50 ; — Le roi Louis la visite en compagnie du duc Hugues, ıı, 5 ; — s'y rend de nouveau, 21 ; — la quitte pour venir au secours de Laon, assiégé par Hugues et Héribert, et y retourne après l'avoir délivré, 24 ; — y apprend par des voyageurs le sacre de Hugues, fils d'Héribert, et revient à Laon, 25 ; — y va lever une armée, pour pouvoir expulser Héribert de Reims, 26. — Quelques évêques de Bourgogne accompagnent le roi Louis contre les Normands, 42 ; — quelques seigneurs Cisalpins de même, *ibid* ; — Conrad, roi de Bourgogne, 53 ; — Louis d'Outre-Mer y conduit une armée, 98 ; — les princes de Bourgogne se réunissent à Reims pour élire un roi et nomment Lothaire ııı, 1, 2 ; — Lothaire la donne à Otton, frère de Hugues Capet, 13.

BOVON, évêque de Châlons, est arrêté en voyage et emprisonné comme déserteur de la cause du roi, ı, 62 ; — meurt, 60.

BRAINE, sur la Vesle, enlevé par Héribert à Hugues, fils de Robert, ı, 58.

BRETAGNE ou PETITE BRETAGNE, voisine et vassale de la

Gaule; est envahie par les Normands, I, 4, 6; II, 41; — Eudes en enlève une partie à Foulques, comte d'Anjou, qui s'efforce de la reprendre, IV, 79; — envahie par l'armée de Foulques, 81 et sq.

BRETAGNE (Mer de) forme l'île de Bretagne, borne la Celtique et la Gaule au Nord, I, 2.

BRETONS, assaillis par les Normands, ne font aucune résistance, I, 6. — Alain, duc des Bretons, II, 28. — Divisés par les querelles de leurs princes Bérenger et Alain, sont attaqués par les Normands, qui leur prennent Nantes, et les chassent de Bretagne ou les réduisent en servitude, 41; — reçoivent Hugues-Capet pour roi, IV, 12; — commandés par Conan, défont et mettent en fuite Foulques, comte d'Anjou, IV, 82 et sq.

BRIENNE, qui appartenait à deux brigands, Angelbert et Gozbert, est pris et rasé par le roi Louis d'Outre-Mer, II, 100.

BRIGANDAGE exercé par un nommé Serle, et réprimé par le roi Louis, II, 8, — par Angelbert et Gozbert, et réprimé également par ce prince, 100; — les forteresses de ces brigands sont détruites, *ibid.*

BRIOUDE, lieu d'Aquitaine, consacré à saint Julien, martyr; le roi Eudes y fait une offrande au saint, I, 7.

BRUERECH, lieu de la Bretagne, où Conan défait le comte d'Anjou, Foulques, IV, 82.

BRUNON, frère du roi Otton, assiste comme abbé au synode de Verdun, II, 66; — d'évêque devenu duc, vient à Reims avec tous les princes de Belgique, pour concourir à l'élection de Lothaire, III, 1; — son appui favorise cette élection, 2; — obtient à Rainier une entrevue avec la reine Gerberge, 10; — s'empare des terres de Robert et vient mettre le siège devant Troyes, à la prière de Lothaire, 12; — demande au roi et en obtient l'évêché de Reims pour Odelric, chanoine du chapitre de Metz, 18.

BRUNON, évêque de Langres, et suffragant de l'archevêque de Lyon, assiste au synode de St-Basle, IV, 51; — neveu de Charles, parle d'Arnoulf, son parent, en termes sévères, 56, 58.

BULIZLAS, roi des Sarmates, est en guerre avec Otton Ier, III, 6.

BURCHARD accompagne Hugues-Capet à Rome auprès d'Otton II, III, 84.

BUTIN, I, 50; II, 8, 15, 18, 19, etc.

C

CALIXTE, pape et martyr; Adalbéron place son corps à l'entrée de l'église de Reims, III, 22.

CALOMNIATEUR puni par le synode général d'Ingelheim, II, 78, 79.

CAMBRAISIS (Le) affligé par un tremblement de terre, I, 46.

CAMBRAY. Fulbert, son évêque, ii, 69.

CAMPS fortifiés de fossés, ii, 62; — iii, 104; — de fossés et de chaussées, iv, 18, 21.

CARLOMAN donné faussement par Richer comme le père de Charles-le-Simple, i, 4.

CASTRICUM (comté de Rethel) a pour comte Erlebald, i, 19, 26.

CATILLUS, chef des Normands, i, 4; — défait à Montpensier, est présenté à Eudes, 9; — tué à Limoges par Ingon, pendant qu'on le baptisait, 10.

CAUSOSTE, château de l'église de Reims, construit par l'archevêque Artauld, près de la Marne, tombe aux mains d'Héribert, ii, 8; — est repris et détruit par Artauld, 21.

CAUTIONS données par Arnoulf et Erluin, en garantie de leur soumission au jugement du roi, ii; 40.

CAVALERIE jointe à l'infanterie (10,000 cav. — 6,000 fant.) i, 7; — seule (40,000 chev.) i, 28; — 57 (12 cohortes); — ii, 28, 35 (800 chev.) — iii, 74 (30,000 chev.), 83; — iv, 18 (6,000 cav. font le siége de Laon), 23.

CÉLESTIN, père de l'église; son autorité invoquée au concile d'Ingelheim, ii, 80.

CELTES, leurs mœurs, i, 3. — Les Celtes transfuges perdent leur roi (Robert) à la journée de Soissons, 46; — les seigneurs Celtes se rangent du côté de Hugues, fils de Robert, à la mort du roi Raoul, ii, 1.

CELTIQUE, une des divisions de la Gaule; ses limites, i, 2; — caractère de ses habitants, 3; — la province de Rouen en fait partie, 4; — Reims aussi, 12. — Quelques seigneurs de la Celtique favorisent l'élévation de Charles-le-Simple sur le trône, 12; — le plus grand nombre se tourne contre lui, 21. — Robert, frère du roi Eudes, en est fait duc par Charles-le-Simple, 14. — Gislebert prétend qu'elle devrait suffire à Charles, 39. — Il s'y rend pour conférer avec Robert, 40. — Les grands de la province élisent celui-ci à Soissons, 41. — Raoul y lève une armée pour aller combattre les pirates dans l'Aquitaine, 57. — Otton II la ravage, iii, 74.

CENTURIES, CENTURIONS, iii, 69, 74.

CHALONS, ville de la Celtique et de la province ecclésiastique de Reims; son évêque concourt à l'élection du roi Charles-le-Simple, i, 12; — son évêque Bovon, déserteur de la cause du roi Raoul, est emprisonné, 62; — meurt, ii, 60; — a pour successeur Gibuin, *ibid.*

CHAMPAGNE RÉMOISE, ii, 24.

CHANDELIER à sept branches, marque les sept dons du Saint-Esprit, iii, 23.

CHANOINES DE REIMS, réformés par l'archevêque Adalbéron, iii, 24; — règle qu'il leur donne, *ibid.*

CHARLEMAGNE avait placé une aigle de bronze au sommet du palais d'Aix-la-Chapelle, laquelle s'y voyait encore en 978, iii, 71.

CHARLES-le-chauve dit par

Richer le trisaïeul de Charles-le-Simple, 1, 4.

CHARLES - LE - SIMPLE. Richer commence son histoire au règne de ce prince, 1, 3; — et expose mal sa généalogie, 4. — Orphelin de père à deux ans, de mère à six, ibid. — Sa grande jeunesse livre la France au désordre; comme il était dans sa troisième année, les grands prennent le parti de se donner un roi; pourquoi, ibid.; — proclamé roi à quinze ans, 12; — son caractère, 14; — fait duc de la Celtique Robert, frère du feu roi Eudes, et se rend dans la Saxe qu'il occupe sans résistance, ibid. et notes. — Il donne pour duc à ce pays Henri-l'Oiseleur, ibid.; — soumet les Sarmates sans coup férir, ibid.; — attire à lui par sa bonté les Angles et les autres peuples d'Outre-Mer, ibid.; — s'attache à Haganon et refuse de l'éloigner de sa personne, 15. — Les grands indignés se donnent à Robert, 16; — Charles marche contre Beaudouin, comte de Flandre, et lui enlève Arras, dont il fait présent à Foulques, 17. — Il donne Hérivée pour successeur à Foulques, 19; — va voir Henri-l'Oiseleur à Worms, 20; — ils se séparent se croyant trahis l'un par l'autre, ibid.; — persiste dans son attachement pour Haganon, est fait prisonnier à Soissons par les partisans de Robert, délivré par l'archevêque Hérivée, 21; — se retire à Reims, puis à Tongres, dont il fait nommer Hilduin archevêque, 22; — envoie Hérivée à Henri pour le sommer de revenir en Gaule, ibid.; — se réconcilie avec ce prince, 24; — fait déposer Hilduin et nommer à sa place l'abbé Richer, 25; — assemble un synode à Troli et le préside avec Hérivée, 26; — pourvoit Adelelme de l'évêché de Laon, ibid.; — marche contre le comte Ricuin, qui s'était rangé du côté de Robert, le défait et lui pardonne, 27. — Il envoie Robert combattre Rollon, fils de Catillus, qui avait envahi la Neustrie, 28; — assiste aux funérailles de Rainier, duc de Lorraine, 34; — donne à Gislebert, fils de Rainier, le duché de Lorraine, ibid.; — apprend que le nouveau duc conspire contre lui avec les grands de Belgique, et marche contre eux, 37; — assiège et prend Geul, 38; — pardonne à Gislebert, à quelles conditions, 39; — Gislebert excite contre lui son beau-père Henri, ibid.; — puis Robert, qui se fait élire roi à Soissons, 40, 41; — abandonné de toute la Gaule, à l'exception de quelques Belges, 42; — il les réunit et marche contre Robert, 44; — on le prie de ne point prendre part au combat, et il se retire sur la montagne Ste-Geneviève, 45; — La victoire demeure incertaine à Soissons, Robert étant tué, et Charles obligé de battre en retraite, 46. — Il rentre en Belgique, ibid.; — gagne à sa cause les Normands, mais ne peut opérer avec eux sa jonction, ibid. — Héribert l'attire à une entrevue, le fait prisonnier, 47, — et le conduit à Péronne, ibid. — S'en servant contre Raoul comme d'un épouvantail, il l'amène dans le Vermandois, à Eu, où les Normands lui prêtent serment, 53; — puis à Reims, 54. — Réintégré dans sa prison de Péronne, Charles est visité par Raoul, qui lui rend Attigny et Ponthion, 55; — il meurt de consomption, 56. — La souveraine autorité en Saxe lui appartenait, II, 18. — Il admit à sa table deux médecins pour éprouver leur savoir, et constata la supériorité du français Dérold sur le Salernitain, 59.

CHARLES de Lorraine, fils de Louis d'Outre-Mer et de Gerberge, frère jumeau de Henri, naît à Laon, II, 102; — frère de Lothaire et oncle paternel de Louis V, IV, 9; — vient à Reims prier Adalbéron de défendre ses droits au trône, *ibid*; — reçoit un refus de l'archevêque; pourquoi, 10. — Adalbéron parle contre lui dans l'assemblée de Senlis, 11. — Retourne en Belgique, découragé, *ibid*.; — se plaint à ses amis d'avoir été dépouillé de son patrimoine, et, sur leur conseil, se ménage des intelligences dans la ville de Laon, 14, 15. — La trahison lui en ouvre les portes, 16; — il la fortifie, 17, 19; — est introduit dans Reims par son neveu, l'archev. Arnoulf, 34; — le fait prisonnier, pour éloigner de lui tout soupçon de connivence, puis lui rend la liberté, après s'être assuré par un serment de sa fidélité, 35, 36; — possède ainsi Reims, Laon, Soissons et les villes qui en dépendent, 36; — appelé *tyran* par Richer, 37. — Hugues marche contre lui, et arrivé devant Laon, n'ose l'attaquer; pourquoi, 37, 39. — Adalbéron feint de vouloir se réconcilier avec lui, 41. — Sur les instances d'Arnoulf, il voit Adalbéron, lui rend son amitié et l'évêché de Laon, 43, 44; — lui fait jurer fidélité sur les reliques, 46; — renouvelle avec lui la scène de N.-S., et la nuit suivante est arrêté par le traître, ainsi que l'archev. Arnoulf, 47; — est emmené à Senlis avec son neveu, 48; — puis jeté dans une prison avec sa femme Adélaïde, son fils Louis, ses deux filles, Gerberge et Adélaïde, et son neveu Arnoulf, 49. — Un de ses fils, seul, est excepté de la captivité, 47.

CHARLES, fils de Charles de Lorraine, âgé de deux ans, est excepté de la captivité de sa famille, IV, 47.

CHARLES CONSTANTIN, prince de la ville de Vienne, vient faire hommage à Louis d'Outre-Mer, II, 98.

CHARTRES, ville de Neustrie; Lothaire y est conduit avec sa mère par Hugues-le-Grand, III, 3. — Richer y va étudier les aphorismes d'Hippocrate; difficultés du voyage, IV, 50.

CHASSE. Vénerie du roi Louis d'Outre-Mer à Compiègne, II, 43; — il meurt à la chasse en poursuivant un loup, 103. — Louis V de même, des suites d'une chûte, IV, 5. — Chasse d'été, *ibid*.

CHÂSSE richement ornée par Adalbéron, III, 23.

CHASSEURS du roi Louis pris à Compiègne par Bernard de Senlis, II, 43.

CHATEAUDUN. Eudes, comte de Chartres, y meurt, IV, 93, 94.

CHATEAU-THIERRY. L'officier qui le commandait pour le roi Louis, le livre à Héribert, II, 7; — IV, 50.

CHAUMONT. Les comtes Manassé et Garnier, avec les évêques

Jozselme et Ausegise, y battent les Normands, I, 49.

CHAUSSÉES tracées autour des camps, IV, 18, 21.

CHAUSSURES mondaines, proscrites dans les monastères par le synode d'abbés, III, 39.

CHELLES. Le monastère de Sainte-Batilde y est brûlé par les troupes d'Otton, qui s'empresse de le faire réparer, III, 74. — Il s'y tient, sous la présidence du roi Robert, un synode d'évêques, qui sanctionne *irrévocablement* la déposition d'Arnoulf et la promotion de Gerbert, IV, 89.

CHEVAUX du roi Louis pris à Compiègne par Bernard de Senlis, II, 43.

CHÈVREMONT, repris par Gislebert après la mort du bénéficier, I, 39.

CHIENS du roi Louis pris à Compiègne par Bernard de Senlis, II, 43. — Expression injurieuse appliquée par Richer aux partisans d'Heribert et de Hugues, ennemis de l'archev. Artauld, 23.

CHIER. Louis et Otton ont une conférence sur les bords du Chier; Hugues y vient pour plaider la cause de son neveu, II, 63, 64. — Otton fait décider que la cause d'Artauld et de Hugues sera examinée par les évêques, 65; — ceux-ci désapprouvant Hugues d'avoir sacré l'évêque d'Amiens, on arrête que ce point sera déféré à un autre synode, *ibid*. — Une trêve est conclue entre Louis et le duc, *ibid*.

CHIRURGIE, CHIRURGIENS, II, 59.

CICÉRON. Sa traduction des Topiques d'Aristote sert à Gerbert, III, 46.

CISALPINS, II, 42 Voy. *Bourgogne*.

CITOYENS d'Arles, d'Arras, de Bayeux, de Langres, de Laon, de Nîmes, de Noyon, d'Orange, de Reims, de Senlis, de Toulouse (V. *ces noms*).

CLERGÉ concourt à l'élection des évêques, I, 22, — II, 60 etc.

CLERMONT, dans l'Aquitaine, I, 7. — Etienne, son évêque, II, 98.

CLOCHES mugissantes données à l'église de Reims par l'archevêque Adalbéron, III, 23.

CLOVIS, premier roi chrétien des Gaulois, I, 3.

COHORTES, I, 17, 28, 57; — II, 7, 8, 12, 38, 83; — III, 9. — Mot pris dans un sens indéterminé, II, 62, 89, 90.

COIFFURE. Luxe des moines dans leur coiffure, condamné par un synode d'abbés, III, 37.

COLLECTEURS des deniers publics, I, 48.

COLOGNE, en Belgique; l'archevêque concourt avec ses suffragants à l'élection du roi Charles-le-Simple, I, 12.

COLOMBE (basilique de Ste-), à Sens; les serviteurs de Raoul l'y enterrent, I, 65.

COMBAT NAVAL livré par le roi Raoul aux Normands, qui y périssent tous, I, 50.

COMBAT SINGULIER. Le roi

Louis en menace le duc Hugues, en cas de démenti, II, 73; — entre un germain et le gaulois Ives; se termine à l'avantage du gaulois, III, 76; — défi porté dans l'intérêt de l'évêque de Laon; Adalbéron, IV, 98.

COMMÈRES interdites aux religieux par un synode d'abbés, III, 35.

COMPÈRES interdits aux religieux par un synode d'abbés, III, 35.

COMPIÈGNE. Le roi Louis s'y rend, et l'ancien archevêque Artauld vient l'y trouver, II, 35; — pris et pillé par Bernard de Senlis, partisan de Hugues, 43. — Le roi y va, dès qu'il est rendu à la liberté; la reine et plusieurs évêques de Belgique s'y réunissent auprès de lui, 51. — Otton II pille le palais, III, 74. — Hugues Capet et les principaux du royaume convoqués par Lothaire, y proclament roi Louis, fils de ce prince, 91. — Le roi Louis, fils de Lothaire, y est enterré, IV, 5.

CONAN (comte de Rennes), marche contre Foulques et s'efforce de lui reprendre la ville de Nantes, IV, 82; — tend un piége à son adversaire, qui y tombe, 83, 84, 85. — Un des soldats de Foulques le surprend désarmé après la bataille, et le tue, 86; — Foulques s'engage à payer à Eudes, pour le meurtre de Conan, cent livres pesant d'argent, et à substituer son fils à ce prince comme vassal d'Eudes, 91.

CONCESSIONS ou CONFIRMATIONS royales de duchés, comtés, I, 34; II, 39; III. 14, 21; — à titre de bénéfices viagers, des bénéfices temporaires accordés par Gislebert, I, 37.

CONCILE GÉNÉRAL, sous l'autorité du pape, demandé, mais en vain, par les défenseurs d'Arnoulf, IV, 67, 68.

CONDROZ, contrée du pays de Liége, traversée par Charles-le-Simple, dans son expédition contre l'usurpateur Robert, I, 44.

CONRAD, évêque de Constance, siége au concile d'Ingelheim, II, 69.

CONRAD, roi de Bourgogne, promet du secours à Louis contre Hugues, II, 43; — quitte les Alpes et opère sa jonction avec Otton; Louis s'unit à eux, et tous trois, après s'être dirigés sur Laon, se décident à assiéger Reims, 54. — Ils prennent la ville, 55, — et rétablissent Artauld sur son siége, 56; — marchent ensuite contre Hugues et attaquent Senlis, dont ils brûlent les faubourgs, ibid.; — traversent aisément la Seine sur des bateaux, grâces à un stratagème de quelques jeunes gens, 57, 58; — dévastent tout le pays, jusqu'à la Loire, ainsi que la Normandie, et s'en retournent chez eux, 58. — Conrad est appelé par Lothaire roi des Allemands, III, 86; — sur la prière de ce prince, il cherche à s'emparer de la personne de Hugues-Capet, ibid.

CONRAD, duc de Lorraine, commande les troupes qu'Otton envoie à Louis pour agir contre le duc Hugues, II, 82; — lève pour le roi une armée en Belgique, 83; — amène à Louis une nouvelle armée levée en Belgique, 91. — Les deux princes viennent attaquer Senlis, mais sans succès, 92 ; — ravagent alors toutes les terres de Hugues jusqu'à la Seine, puis s'en retournent chez eux, poursuivis par le duc jusque dans le Soissonnais, 93. — Conrad sert de médiateur entre Louis et Hugues, 97.

CONSTANCE. Conrad, son évêque, ii, 69.

C.,.... (CONSTANTIN), écolâtre, à qui Gerbert adresse un traité d'arithmétique, iii, 54.

CONVERSION des Normands faits prisonniers par Robert, i, 31 ; — Synode tenu à cette occasion par l'archevêque de Reims, Hérivée, 32, 33.

CORBIE (Monastère de). L'abbé Walbert est élu évêque de Noyon, i, 63.

COSTUME RELIGIEUX. L'abbé de Saint-Remi en dénonce le luxe au synode des abbés, iii, 57 et sq.

COUCY. Fort appartenant à l'évêché de Reims, iii, 20. — Repris à Thibaut de Tours, il est donné par l'archev. Odelric au fils de ce comte, à condition de fidélité, *ibid*.

COULEUR noire, préférée à tout autre par les moines pour leur tunique : ils estiment peu le gris et rejettent le fauve, iii, 38.

COUTANCES, ville épiscopale de la province rouennaise i, 4.

CRÉPIN et CRÉPINIEN (Basilique des Saints Martyrs). V. *Basiliques*.

CROCHETS de FER employés pour accrocher et renverser les machines de guerre, iii, 107.

CROIX (abbaye de SAINTE-) à Orléans ; Robert, fils de Hugues, y est proclamé roi, iv, 13.

D

D., abbé d'Orbais, iv, 50.

DAHI (DANI), pour Nortmanni, iv, 12.

DAIBERT, archevêque de Bourges, assiste au synode de St-Basle, iv, 51, 54 ; — siège au synode de Chelles, 89.

DALMATE commandait les Aquitains à la journée de Chartres, i, 28.

DAMASE, légat du pape Etienne VIII, est envoyé dans les Gaules pour enjoindre à Hugues et à Héribert de cesser leurs hostilités contre le roi Louis, ii, 27.

DÉGUISEMENT, à la guerre, ii, 57, 88 et sq. ; iii, 8 ; — que prend Hugues pour échapper aux pièges de Lothaire et de la reine Emma, 88.

DÉMONS, sous la forme de cavaliers, détruisent une basilique près de Montmartre, et dévastent les vignes et les moissons de ce mont, ii, 41.

DENIERS PUBLICS levés pour acheter la retraite des Normands, i, 48.

DENYS (Saint-). V. *Basiliques.*

DÉPOUILLES enlevées aux vaincus par les vainqueurs, i, 8, 9, 46 ; ii, 15. V. *Butin.*

DÉROLD, avant d'être élevé à la dignité épiscopale, empoisonné par un médecin de Salerne, jaloux de la préférence que lui accordait le roi Charles, empoisonne à son tour le Salernitain, ii, 59.

DIALECTIQUE enseignée par Gerbert, à l'école de Reims, iii, 46.

DIJON, forteresse royale, sur l'Ousche, est livrée à Robert de Troyes par celui qui la commandait, iii, 11 ; — reprise par le roi Lothaire, qui fait décapiter le traître devant la porte de la place, 12.

DIVORCE de Louis, fils de Lothaire et d'Adélaïde, iii, 94 ; — il produit un adultère public, 95 ; — du roi Robert et de Suzanne, iv, 87. V. *Répudiation.*

DODDON, évêque d'Osnabruck, assiste au concile d'Ingelheim, ii, 69.

DOMESTICI du roi, i, 12 ; — d'un particulier, 18 ; ii, 59.

DOT DES REINES, iii, 94 ; iv, 87.

DOUBS. Arrose Besançon, ii, 98.

DOULENS, place d'Héribert, lui est enlevée par Raoul, aidé de Hugues, i, 58.

DOUZY. Le duc Hugues vient s'y établir à proximité de Louis et d'Otton, pour plaider la cause de son neveu, ii, 64.

DREUX, remis à O... par le roi Hugues, à la condition qu'il prendra Laon, iv, 40.

DROITS levés dans les ports sur les marchandises transportées par navires, ii, 11.

DUC de la Celtique, i, 14, 28 ; — des Saxons, 14 ; — de toutes les Gaules, ii, 39 ; — des Gaules, 95 ; iii, 1. — Dans le sens de gouverneur de province, i, 14 ; — de chef militaire, *passim.*

DUDON, évêque de Paderborn, siège au concile d'Ingelheim, ii, 69.

DUDON, vassal de Charles de Lorraine, sollicite le prêtre Adalger de livrer à ce prince la ville de Laon, iv, 62.

E

ECLAIREURS. ii, 62, 88, 89 ; iii, 8.

ECOLATRES. Un grand nombre assistent à la dispute de Gerbert et d'Otric, iii, 57. — Quelques uns adressent au roi Hugues des mémoires en faveur de l'archevêque Arnoulf, son prisonnier, iv, 51. V. *Jean, écolâtre d'Auxerre.*

EDMOND, roi des Anglais, averti par la reine Gerberge de la captivité de Louis, envoie à Hugues des députés pour lui demander la liberté de ce prince ; il le menace d'hostilités, s'il la lui refuse, II, 49.

EGLISE. Adelelme se réfugie dans celle de Noyon et y est massacré avec les siens, I, 63. — Eglises usurpées par des laïques; le concile d'Ingelheim s'en occupe, II, 81; — brulées par l'armée de Hugues avec les habitants qui s'y étaient réfugiés, 85.

ELECTION du roi Eudes, I, 5; — du roi Charles-le-Simple, 12; — de Robert, 41; — de Raoul, 47; — de Louis d'Outre-Mer, II, 4; — du roi Lothaire, III, 1, 2; — de Louis V, IV, 1; — de Hugues-Capet, 11, 12; — des évêques. V. *Evêques*.

ELEUTHÈRE, martyr, honoré par le roi Eudes, à son passage par Paris, I, 13.

EMBÛCHES, nombreuses à la guerre, III, 85. V. *Stratagèmes*.

EMMA, femme de Lothaire, reine des Français, écrit à sa mère Adélaïde, impératrice, de faire arrêter Hugues au passage des Alpes; elle lui donne le signalement du duc, III, 86, 87; — on lui propose pour son fils Louis l'alliance d'Adélaïde, veuve de Raymond, duc des Goths, 92; — est chargée par Lothaire de la garde de Verdun, 102; — prise à Laon par Charles de Lorraine, IV, 16; — fut accusée de commerce adultère avec Adalbéron, évêque de Laon, III, 66.

ENGELHEIM. V. *Ingelheim*.

ENSEIGNES. V. *Bannières*.

EPERNAY, bourg riche et populeux, pris à l'église de Reims par Thibaud de Tours, lui est restitué, III, 20.

EPIEUX du roi Louis d'Outre-Mer, enlevés par Bernard de Senlis, II, 43.

EPISCOPAT déféré à un enfant, I, 55.

ERLEBALD, comte de Castricum, est excommunié et dépouillé de Mézières par l'archev. Hérivée, I, 19; — se rend à Worms, pour se plaindre à Charles-le-Simple; y est tué, en voulant apaiser un tumulte élevé entre des Germains et des Gaulois, 20. — Le concile de Troly le délie de l'excommunication, 26.

ERLUIN, par la trahison du commandant de Montreuil, perd avec cette forteresse, sa femme et ses enfants, qu'Arnoulf transporte en Angleterre, à la cour d'Adelstan, II, 12. — Lui-même n'échappe aux troupes d'Arnoulf qu'à la faveur d'un déguisement, *ibid.* — Erluin se plaint à Guillaume, prince des Normands, de la trahison dont il est victime, 13; — il en obtient des troupes avec lesquelles il reprend Montreuil, 14. — Somme les troupes d'Arnoulf de rendre le butin qu'elles ont fait sur ses terres, et, sur leur refus, les combat avec succès, 15. — Le roi Louis lui confie la ville de Rouen, 35, 37; — est mandé par Louis dans la ville d'Amiens, 37; — attaqué en route par Arnoulf, le met en fuite, prend le meurtrier de Guillaume de Normandie et lui coupe les mains, 58; — accompagne le roi contre les Normands, 42; — est mandé par lui pour prendre part au siège de Reims,

44 ; — accompagne Louis à Rouen, 47.

ERMINGAUD, prince des Goths (comte de Rodez), vient sur la Loire faire hommage au roi Raoul, I, 64.

ESPAGNE possède des hommes éminents dans les sciences, au rapport du duc Borel, qui y emmène Gerbert, III, 43.

ESPAGNE CITÉRIEURE. Son duc, Borel, III, 43. — Menacée de passer sous la domination des barbares, si le roi Hugues ne la secoure avant dix mois, IV, 12.

ESPAGNOLS (de l'Espagne Citérieure), reçoivent Hugues-Capet pour roi, IV, 12.

ETAMPES. Robert, duc de la Celtique, y attend le résultat d'une démarche faite en son nom auprès de Charles-le-Simple, pour obtenir le renvoi d'Hagañon, I, 21. — Lothaire s'y rend pour échapper à Otton II, III, 64.

ETHGIVE, mère du roi Louis, reçoit la garde de Laon, II, 5 ; — se marie au comte Héribert, et abandonne Laon, 101. — Louis confisque ses terres, ses maisons, et les donne à la reine Gerberge, *ibid.*

ETIENNE VIII (Le pape), par l'entremise d'un légat, puis des députés de l'église de Reims, enjoint à Hugues et Héribert de cesser leurs hostilités contre le roi, II, 27 ; — charge les députés de remettre le *pallium* à l'archev. Hugues, *ibid.*

ETIENNE, évêque de Clermont en Auvergne, vient trouver Louis

IV.

d'Outre-Mer, dans le Mâconnais, et se donne à lui, II, 98.

EU. Les Normands s'y retirent après la défaite que leur a fait essuyer Raoul, I, 49. — Ce prince les y force et s'empare de la place, 50. — Héribert y amène Charles-le-Simple, et Guillaume-Longue-Epée fait hommage au malheureux roi, 53.

EUCHARISTIE profanée par des ecclésiastiques, II, 81 ; — proposée à Arnoulf et reçue comme témoignage de fidélité, IV, 30. — Quelques-uns blâment cette violence faite à la conscience, 31.

EUDES, fils de Robert et petit-fils du Germain Witichin, I, 5. — Il est élu roi ; remporte plusieurs victoires sur les Normands ; se retire avec son armée dans l'Aquitaine, *ibid.* ; — y lève une armée pour combattre les Normands qui assiégeaient Montpensier en Auvergne, 7, — et les défait, 8 et sq. — Il quitte l'Aquitaine en apprenant l'élection de Charles-le-Simple, vient à Paris, entre de là en Belgique et meurt à La Fère ; on l'enterre à Saint-Denys. 13.

EUDES s'associant au dessein de Lothaire, lui conseille de commencer la conquête de la Belgique par celle de Verdun, et l'accompagne dans cette expédition, III, 100.

EUDES (comte de Chartres) (s'engage à prendre Laon, si le roi Hugues lui donne Dreux, et reçoit cette ville, IV, 40?) — convoite Melun, 74 ; — gagne le commandant du château, 75, — et s'empare de la place, 76, —

38

qu'il perd bientôt après, 77, 78 ; — enlève à Foulques une partie de la Bretagne, 79 ; — ravage les terres de son adversaire, qui se retire devant lui, *ibid.;* — s'excuse auprès de Hugues d'avoir pris Melun, et obtient son amitié, 80. — Les divisions se renouvellent entre lui et Foulques, 81 ; — divisent les autres princes du royaume, 90. — Il est appuyé par les Normands et les Aquitains, les Belges et les Flamands, *ibid.;* — se porte vivement sur Foulques, avant l'arrivée de ses alliés, et attaque un château bâti par le comte auprès de Tours, *ibid.;* — accepte les propositions de paix de son adversaire, 91 ; — menacé par les troupes royales, fait à Hugues sa soumission et le détache du parti de Foulques, 92, 93 ; — vient à Meaux, puis à Châteaudun, *ibid.;* — meurt dans cette dernière ville, après s'être fait moine, 94 ; — est enterré à Marmoutiers, *ibid.* — La colère des rois et l'animosité de Foulques ne laissent à ses fils aucun espoir d'hériter de son rang, *ibid.* — On l'accuse d'avoir ourdi un complot avec Adalbéron, évêque de Laon, et les évêques de Germanie, afin de livrer les rois Hugues et Robert à Otton, 96. — Sa veuve épouse le roi Robert, qui reprend à Foulques tout ce que celui-ci avait enlevé à son adversaire, N. H.

EUDES, évêque de Senlis et suffragant de l'archevêque de Reims, assiste au synode de St-Basle, IV, 51-65.

EUROPE, séparée de l'Afrique par la Méditerranée, de l'Asie par le Tanaïs, le lac Méotide et la Méditerranée, I, 1.

EURVICH. Adelstan y reçoit les envoyés de Hugues et des seigneurs de la Gaule, II, 2.

ÉVÊCHÉ donné à un enfant et administré par un évêque sans siége, I, 55.

ÉVÊQUES. Ceux de la Belgique et quelques-uns de ceux de la Celtique élisent roi Charles-le-Simple, dans la basilique de Saint-Remi, I, 12. — Ceux de Belgique sont appelés par le roi pour s'occuper avec lui d'affaires publiques, 17 ; — excommunient l'assassin de l'archev. Foulques, 18 ; — donnent leur consentement à la nomination de leur archevêque, 19 ; — conduisent à l'armée leurs hommes d'armes, 22, 49 ; II, 21 ; III, 12 ; — sont choisis par le clergé d'accord avec le peuple, I, 22 ; — sont nommés par le roi, 25, — et déposés par lui, mais non sans conteste, *ibid.;* — présentés par le roi, 26, 41 ; — élus par l'ordre et sur la présentation du roi, 61. — Ceux de la province de Reims sont convoqués à Troli sur l'ordre du roi par l'archev. Hérivée pour régler différentes affaires, 26 ; — prient instamment Charles-le-Simple de ne pas prendre part en personne à la bataille contre Robert, 45 ; — sacrent Louis d'Outre-Mer, II, 4. — Les suffragants de Reims déclarent l'archev. Artauld déchu, et élisent Hugues à sa place, 25. — Inquiets des suites de l'excommunication dont le pape Etienne VIII menaçait les ennemis du roi Louis, font des représentations à Héribert, 27. — Sont élus par le clergé sur la recommandation du roi, 60 ; — assistent aux conférences entre les rois Louis et Otton, 64 ; — sont invités, sur la proposition d'Otton, à examiner l'affaire de Hugues et d'Artauld, 65 ; — se réunissent en synode à Verdun pour le même motif, 66. — Quelques-uns des suffragants de Reims et presque tous ceux de Trèves assistent au synode de Mouzon, qui a le même objet, 67. — Ceux de la Germanie et de la Gaule se réunissent dans le même but à Ingelheim, sous la présidence d'un légat, 69.; — s'y déclarent pour le roi Louis contre Hugues, 71 et sq. — Les suffragants de Reims y protestent contre une lettre prétendue du pape Agapet, où il était dit qu'ils avaient demandé la réinstallation de Hugues et l'expulsion d'Artauld, 78. — Les évêques de ce même concile se réunissent à Laon, et anathématisent le tyran Hugues avec plusieurs autres personnages. V. *Laon*, 82. — Les évêques des Gaules reçoivent avis de l'anathème lancé sur Hugues par le pape Agapet, et font des remontrances au duc, 95, 96. — Ceux des Gaules se réunissent à Reims avec les seigneurs laïques pour élire roi Lothaire, à la place de son père décédé, III, 1, 2. — Ceux des provinces ecclésiastiques de Reims et de Sens s'assemblent à Meaux pour examiner s'il y a lieu de faire droit aux réclamations du duc Hugues, 16. — Ceux de la province ecclés. de Reims sacrent Odelric archevêque, 19. — Suffragants de Reims réunis en synode au Mont-Notre-Dame, confirment de leurs signatures un privilège accordé par le pape à l'abbaye de Saint-Remi, 30. — Les évêques gardent les clefs de leur ville, IV, 28. — Ceux de la Gaule se réunissent à Saint-Basle pour juger Arnoulf, archev. de Reims, 51 et sq.; — à Chelles dans le même but, 89. — Ceux de Germanie protestent contre la déposition d'Arnoulf et la promotion de Gerbert ; ils invitent les rois Hugues et Robert à se rendre avec eux au synode de Mouzon, 95 ; — se réunissent en synode à Mouzon, 99 ; — puis à Senlis, N. H. — Cinq évêques se réunissent en synode au Mont-Notre-Dame, *ibid.*; — un autre synode a lieu à Ingelheim, *ibid.*

ÉVÊQUES D'ITALIE réunis en synode à Rome souscrivent le synode général d'Ingelheim, II, 95 ; — excommunient le duc Hugues, *ibid.*; — l'excommunient également dans un synode tenu à Pavie, III, 17.

EVÊQUE DE NANTES étouffé dans l'église par la foule des habitants qui y venaient chercher un refuge contre les Normands, II, 41.

EVHER, évêque de Minden, assiste au concile d'Ingelheim, II, 69.

EVREUX, ville épiscopale de la province rouennaise, I, 4. — Le roi Louis y entre sans difficulté et en prend possession, II, 42.

EXCOMMUNICATION. Voyez *Anathème*.

EXÉCUTEUR. II, 8.

F

FAMINE causée par les incursions des pirates Normands; incroyable cherté des vivres, I, 5.

FANTASSINS. V. *Infanterie*.

FARABERT, évêque de Tongres, assiste au concile d'Ingelheim, II, 69.

FARON (Basilique de St-), à Meaux, IV, 50. V. *Basiliques*.

FAUSSAIRE. V. *Calomniateur*.

FEMMES chargées de la garde de places fortes. V. *Places*; — allant à la guerre, III, 12.

FÈRE (La), sur l'Oise, en Belgique; Eudes y meurt, I, 13.

FIDÈLES du roi, II, 7, 47; III, 82, etc.

FIDÉLITÉ (Serment de) prononcé par députés, II, 98.

FIDES, FIDELITAS. Fidem sacramento facere, I, 63; — concedere, 64; — contra omnes polliceri, II, 20; — jurejurando pacisci, 98; — servare, habere, 97, 98; — pro militia accommodare, III, 11; — fidelem indicere se regi, II, 20; — fidelem militiam per jusjurandum spondere, III, 13; — fidelitatem servare, 20.

FISC ROYAL. V. *Attigny*.

FLAMANDS (FLANDRENSES) promettent à Eudes de l'appuyer contre Foulques, IV, 90; — mais n'arrivent pas à temps pour le sauver, 92.

FLAMMES de sang, courant par les airs comme des flèches ou des serpents, I, 65; — s'élançant du Nord pendant la nuit, et mettant le ciel en feu, II, 7.

FLÈCHES, I, 8; II, 9, etc; — nuée de flèches, 85; — semblent tomber des nuages, tant elles volent épaisses, III, 104.

FLODOARD a servi de guide à Richer (*Prologue*); — recommandé par lui pour les détails relatifs aux archevêques Foulques et Hérivée, I, 19; — cité, 46.

FLOTTE anglaise envoyée par Adelstan sur les côtes de France au secours du roi Louis II, 16; — armée sur la Seine par les rois Hugues et Robert, pour assiéger par eau la forteresse de Melun, IV, 77.

FOSSÉS autour des camps, V. *camps*; — des citadelles, IV, 17.

FOULQUES, archevêque de Reims, travaille avec les Belges à faire nommer roi Charles-le-Simple, et le proclame dans la basilique de Saint-Remi, I, 12. — Robert, duc de Celtique, voulant s'en débarrasser, s'entend avec Beaudouin, comte de Flandre, 16, — qui le fait tuer, 17.

FOULQUES (NERRA, comte d'Anjou), du parti des rois Hugues et Robert, songe à reprendre à Eudes une partie de la Bretagne que celui-ci lui avait enlevée, IV, 79; — pille ses terres, brûle les faubourgs de Blois, le monastère de Saint Lomer, puis se retire chez lui, *ibid*; — se jette de nouveau sur la Bretagne, et prend Nantes, à l'exception de la citadelle, 81 ; — marche au secours de la ville assiégée par Conan, 82 ; — est défait par celui-ci, 83, 84, 85 ; — s'empare néanmoins du château de Nantes, 86. — Les divisions de Foulques et d'Eudes divisent les autres princes du royaume, 90. — Appuyé par le roi, ravage les terres d'Eudes et y bâtit, près de Tours, un château, *ibid*. — Vivement pressé par Eudes, lui propose la paix, que celui-ci accepte, 90, 91 ; — et à l'arrivée des troupes du roi, oublie ses engagements, 92 ; — anime les princes contre son adversaire, 94 ; — est dépouillé par le roi Robert de ce qu'il avait enlevé à Eudes, N. H.

FRANÇAIS, I, 7 ; IV, 49.

FRANCE distincte de la Bourgogne, II, 99.

FRÉDÉRIC, archev. de Mayence, concourt à rétablir Artauld sur le siége de Reims, II, 56 ; — reçoit du pape Agapet une lettre pour Robert, archevêque de Trèves, 67 ; — assiste au concile d'Ingelheim, 69.

FROMENT, V. *Blé*.

FRONDE, Lothaire, au deuxième siége de Verdun, est blessé d'un coup de fronde, III, 107.

FULBERT commande à la journée de Soissons une partie de l'armée de Charles-le-Simple ; il est tué par Robert, I, 46.

FULBERT, évêque de Cambray, assiste au concile d'Ingelheim, II, 69 ; — concourt à rétablir la paix entre Louis d'Outre-Mer et Hugues-le-Grand, 97.

FULDE. Le légat Marin bénit l'église du monastère, II, 82.

FUNÉRAILLES d'un évêque, II, 46 ; — d'un roi, III, 110.

G

GALIEN, IV, 50. V. *Richer*.

GARNIER, comte de Sens, est tué en combattant les Normands à Chelles, I, 49.

GARONNE limite la Celtique et l'Aquitaine, I, 2 ; IV, 18.

GASCONS reçoivent Hugues-Capet pour roi, IV, 12.

GAULE. D'où vient ce nom, I, 1 ; — sa division en trois parties ; ses limites, 2 ; — caractère de ses habitants ; est exempte d'hérésie, 3. — Les pirates envahissent les Gaules, 47-54. — Hugues appelé duc des Gaules, II, 2. — Envahie et ravagée par les Hongrois, 7. — Le pape Etienne VIII y envoie un légat pour faire cesser les hostilités de Hugues et d'Héribert contre le roi Louis, 27. — Hugues-le-Grand fait duc de toutes les Gaules par le roi Louis, 39. — Triste état où la représente l'archevêque Robert, au concile général d'Ingelheim, 71. — La réputation de Gerbert s'y étend, III, 55.

GAULE AQUITANIQUE. I, 56. V. *Aquitaine*.

GAULE CELTIQUE. i, 57; — iii, 74. V. *Celtique.*

GAULE CITÉRIEURE. Raoul en réunit la jeunesse sur les bords de la Seine, et la dirige contre les Normands, qu'elle défait, i, 49.

GAULOIS. Leur caractère, i, 3. — Ils sont baptisés par St-Remi. — Clovis, leur premier roi chrétien. — Ils ont été brillamment gouvernés jusqu'à Charles-le-Simple, *ibid.*; — empêchent les Normands de se joindre à Charles-le-Simple après la journée de Soissons, 46; — élisent roi Raoul, fils de Richard de Bourgogne, 47; — se réunissent sous la présidence de Hugues pour donner un successeur à Charles-le-Simple, ii, 1. — Leur armée se forme et décide Otton II à la retraite, iii, 77; — ils atteignent les Germains sur les bords de l'Aisne, et en tuent un grand nombre, *ibid.*; — chassés de Verdun par les princes belges, 103; — reçoivent Hugues-Capet pour roi, iv, 12.

GAUSLIN, évêque de Toul, assiste au synode de Verdun; il est chargé d'y amener Hugues, ii, 66; — assiste au concile d'Ingelheim, 69.

GAUTHIER, évêque d'Autun et suffragant de l'archevêque de Lyon, assiste au synode de St-Basle, iv, 50-64.

GÉFOSSE. Les Normands s'y retirent avec leur butin, i, 4.

GÉLASE, pape, cité par Gerbert dans sa défense, iv, 104.

GENAUNI. Conrad, roi des *Genauni*, ii, 53. — Besançon, leur métropole, 98. V. *Bourgogne* et *Séquaniens.*

GENEVIÈVE (Basilique de Ste-). Charles-le-Simple attend près de cette basilique l'issue de la bataille de Soissons, i, 45.

GÉOMÉTRIE, enseignée avec zèle par Gerbert, iii, 54.

G. (GÉRANNE), archidiacre de Reims, et dialecticien distingué, que Lothaire avait député à Otton, obtient de celui-ci d'emmener à Reims Gerbert, iii, 45; — apprend à Gerbert la logique et en reçoit des leçons de mathématiques et de musique, *ibid.*; — renonce à l'étude de cette dernière, *ibid.*

GERBERGE, fille de Henri de Saxe, femme de Gislebert, duc de Lorraine, i, 35; — sœur d'Otton; épouse le roi Louis, à la mort de Gislebert, ii, 19; — va en Aquitaine avec Louis, 39; — refuse de livrer l'aîné de ses fils aux Normands, et par sa fermeté les force d'accepter le plus jeune seulement en échange de son époux captif, 48; — fait savoir ce qui se passe à son frère Otton et à Edmond, roi des Anglais, 49; — va recevoir à Compiègne son mari, rendu à la liberté, 51; — princesse d'un admirable caractère, *ibid.* — Les trois rois (Otton, Louis et Conrad) lui confient la garde de Reims, 56. — Envoyée par Louis vers Otton pour lui demander des troupes, célèbre avec lui la Pâque à Aix-la-Chapelle, et obtient ce qu'elle désirait, 86; — reçoit de Louis les terres et les maisons d'Ethgive, 101; — accouche à Laon de deux jumeaux, Charles et Henri, 102; — après la mort de Louis, fait prier Otton, Brunon et Hugues de mettre son fils Lothaire sur le trône, iii, 1; — est conduite avec Lothaire dans la Neustrie par le duc Hugues, 3. — Rainier, comte de Hainaut, lui enlève ses maisons et ses domaines royaux, 6 ; — elle s'adresse au père de Richer pour les recouvrer, 7 ; — Celui-ci y parvient en s'emparant par surprise de la femme et des enfants de Rainier, 9, 10. — Elle conduit avec son fils des troupes contre Dijon, 12.

GERBERGE, fille de Charles de Lorraine, est emprisonnée avec lui, iv, 49.

GERBERT, 8e successeur d'Hincmar, engage Richer à écrire l'histoire de son temps (*Prologue*) ; — Richer la lui dédie, *ibid*. ; — son éloge, iii, 43 ; — aquitain d'origine, est élevé au monastère de St-Gérold, *ibid*. ; — emmené dans l'Espagne Citérieure par le duc Borel, qui confie son instruction à l'évêque Hatton, *ibid*. ; — étudie auprès de celui-ci les mathématiques, *ibid*. ; — va à Rome en compagnie de Borel et de Hatton, *ibid*. ; — est retenu en Italie par Otton, afin d'enseigner les mathématiques à ses peuples, 44 ; — préfère étudier la logique, *ibid*., — et obtient d'Otton de suivre à Reims G., archidiacre de cette ville, 45 ; — reçoit de l'archidiacre des leçons de logique et lui donne en retour des leçons de mathématiques et de musique, *ibid*. ; — acquiert les bonnes grâces d'Adalbéron et attire à l'école de Reims une foule d'étudiants, *ibid*. — Distribution de son enseignement, 46, 47. — Il confie ses élèves à un sophiste, au sortir de leur rhétorique, 48 ; — met dans les Gaules la musique en honneur, 49 ; — compose des sphères pour expliquer l'astronomie, 50 et sq. ; — confectionne un abaque pour l'enseignement de la géométrie, 54. — Sa réputation s'étend dans les Gaules, en Germanie et en Italie, 55. — Le saxon Otric surprend sa division de la philosophie, et la critique en présence d'Otton, 55, 56. — Otton veut en entendre la défense de la bouche même de Gerbert, 56, — et met les deux champions en présence dans son palais de Ravennes, 57 et sq. — Gerbert sort vainqueur de la discussion, reçoit des présents de l'empereur et revient en Gaule avec Adalbéron, 65. — Richer renvoie, pour les détails de la procédure d'Arnoulf, au livre de Gerbert, successeur de cet Arnoulf, 73 ; — homme incomparable, dont le livre est d'une éloquence égale à celle de Cicéron, *ibid*. — Blâmée par le pape B., sa promotion au siège de Reims est sanctionnée par le synode de Chelles, 89. — Il remplit l'office de promoteur à ce concile, *ibid*. — Le pape Jean XVI envoie un légat en Germanie pour examiner l'affaire, 95 ; — seul des évêques des Gaules, il se rend au synode de Mouzon, malgré la défense des rois, 99 ; — présente sa défense, 101 et sq. ; — désigné par Adalbéron pour lui succéder comme archevêque de Reims, fut repoussé par l'hérésie simoniaque et n'accepta l'épiscopat, après la déposition d'Arnoulf, que pour satisfaire aux instances des grands, 102 ; — servit l'archevêque Arnoulf, pour obéir aux recommandations d'Adalbéron, et sans lui prêter aucun serment, 104 ; —. combat les évêques qui veulent lui interdire la communion et les fonctions sacerdotales, et consent à s'abstenir de dire la messe jusqu'à la tenue d'un nouveau synode, 106; — cherche à détourner Berthe d'épouser Robert, N. H.; — va deux fois à Rome pour exposer sa cause, *ibid.*; — voyant Robert réinstaller Arnoulf sur le siége de Reims, se donne au roi Otton, qui l'établit archevêque de Ravennes, *ibid.*

GERLON, fils d'Ingon, encore enfant, hérite des biens paternels, et reçoit un tuteur, i, 11.

GERMAINS ont pour empereur Charles-le-Chauve, i, 4; — battent sur les bords du Rhin les Belges qui avaient envahi leur territoire, ii, 19; — nomment Otton II, leur roi, iii, 67; 71, 76.

GERMAINS (Belges ou Lorrains). V. *Belges*.

GERMANIE, séparée de la Belgique par le Rhin, i, 2. — Etymologie de son nom, *ibid.* — Envahie par les Belges, sous le commandement de Gislebert ii, 19. — Des seigneurs de la Germanie viennent à Aix-la-Chapelle faire leur cour à Otton Ier, 86. — Quelques grands envoyés par Otton, viennent à Reims, pour concourir à l'élection de Lothaire, iii, 1. — La réputation de Gerbert s'y répand, 55. — Le pape Jean XVI y envoie un légat, pour examiner l'affaire d'Arnoulf et de Gerbert, iv, 95.

GERMANIE (Belgique ou Lorraine), i, 35, 54; iv, 95, V. *Belgique*.

GÉROLD (Monastère de St-). Gerbert y est élevé dès l'enfance, et le quitte pour suivre Borel dans l'Espagne Citérieure, iii, 43.

GEUL, où Gislebert s'était enfermé, est assiégé et pris par Charles, i, 34.

GIBUIN succède, avec l'approbation du roi Louis, à Bovon, évêque de Châlons, décédé; il est sacré par l'archevêque de Reims, Artauld, ii, 60; — siége au synode de Meaux et appuie Artauld contre Hugues, iii, 16; — concourt au sacre d'Odelric, archevêque de Reims, 19.

GISLEBERT, fils de Rainier, lui succède au duché de Lorraine, avec la permission de Charles-le-Simple, i, 34. — Il avait épousé Gerberge, fille de Henri de Saxe, 35. — Son caractère altier et ambitieux, *ibid.* — Il trame la chute du roi à son profit, 36; — est abandonné des Lorrains que Charles détache de son obéissance, 37; — s'exile à la cour de Henri, son beau-père, puis est rétabli dans son duché par l'intercession de ce prince, 38; — à quelles conditions; il ne les tient pas et cherche à entraîner Henri contre Charles, 39. — N'y réussissant pas, il engage Robert, duc de Celtique, à renverser le roi, 40; — prête serment de fidélité au roi Louis, ii, 17.; — fait une irruption en Germanie pour se venger de celle d'Otton; est défait, au retour, sur les bords du Rhin, et périt dans le fleuve, 19; — est regretté par le roi, qui épouse Gerberge, sa veuve, *ibid.*

G. (GISLEBERT?), comte, attiré à Reims par l'archevêque Arnoulf, y est fait prisonnier par Charles, iv, 34, 35; — finit par prêter à celui-ci serment de fidélité, et recouvre la liberté, 36.

GLOBE LUMINEUX apparait dans les airs à la mort de l'évêque Théotilon, pour éclairer ceux qui, la nuit, transportaient son corps à Tours, ii, 46.

GODEFROI, comte. Lothaire arrête avec lui, à l'insu de Hugues-Capet, le mariage de son fils Louis avec Adélaïde, iii, 93.

GODEFROI (comte de Verdun), concourt à reprendre Verdun au roi Lothaire iii, 103. — Le même comte assiste avec ses deux fils au synode de Mouzon, iv, 99 ; — prend part à la délibération du synode sur le jugement à porter, 106.

GODESMANN, évêque d'Amiens et suffragant de l'archev. de Reims, assiste au concile de Saint-Basle, iv, 51, 57.

GOTHIE (Septimanie), sert de limite à la Provence ; — fournit à Eudes des troupes de Toulouse et de Nimes, i, 7. — Les princes de Gothie viennent à Reims, pour concourir à l'élection de Lothaire, iii, 1, 2.

GOTHS (de la Septimanie). Ragemond ou Raymond (comte de Toulouse), et Ermingaud (comte de Rouergue), leurs princes, viennent sur la Loire rendre hommage à Raoul, i, 64. — Raymond, duc des Goths, vient trouver le roi Louis à Nevers, lui remet et en reçoit son gouvernement, ii, 39. — Adélaïde, veuve de Raymond, duc des Goths, épouse Louis, fils de Lothaire, iii, 92, 94. — Ils reçoivent Hugues-Capet pour roi, iv, 12.

GOUVERNEURS des provinces. V. *Principes* et *Provinces*.

IV.

GOZBERT, brigand qui occupait le fort de Brienne, obtient la grâce de Louis, à la prière de Létold, ii, 100.

GOZILON, frère de Bardon, concourt à reprendre Verdun au roi Lothaire, iii, 103.

GRANDEUR, titre que l'évêque Adalbéron donne à l'archevêque de Reims, iv, 41.

GRANDS. V. *Seigneurs*.

GRECS envoient des députés à Otton Ier, ii, 86.

GRÉGOIRE V permet à Arnoulf de remplir provisoirement les fonctions épiscopales, N. H.

GUERRES PRIVÉES. — i, 19, 63 ; ii, 11 et sq, 38 ; iv, 79, 81, 82, 86, 90-93.

GUI, év. d'Auxerre, fait jurer une trêve à Louis et à Hugues, ii, 94.

GUI, évêque de Soissons, favorable aux adversaires du roi Louis, vient à Reims ordonner prêtre Hugues, fils d'Héribert, ii, 24 ; — donné comme ôtage aux Normands pour obtenir la liberté du roi, 48 ; — seconde Hugues dans l'ordination de Thibault, comme évêque d'Amiens, 64 ; — proteste contre le contenu de la lettre présentée par Sigebold au concile d'Ingelheim, 78 ; — se reconnaît coupable d'avoir sacré l'évêque Hugues, et, sur les instances d'Artauld et de Robert, reçoit son absolution, 82 ; — concourt au sacre d'Odelric, archevêque de Reims, iii, 19 ; — assiste au synode de Saint-Basle, iv, 51, 63.

GUI, comte (Voy. V.).

39

GUILLAUME (LONGUE-ÉPÉE), fils du pirate Rollon, vient à Eu faire hommage à Charles-le-Simple, I, 53; — invoqué par Erluin, 13; — lui prête du secours contre Arnoulf, II, 14; — duc des Normands, 20; — fait assurer de sa fidélité le roi Louis, qui lui donne rendez-vous en Picardie et lui confirme la possession de la Normandie, *ibid.*; — prince des pirates, 28; — attiré dans le parti du roi par l'habileté de Roger, fait venir Louis à Rouen et l'y comble de présents, *ibid.* — Influence de cette alliance sur les Aquitains et les Bretons, Hugues et Héribert, *ibid.* — Invité à la conférence d'Attigny, et tenu en dehors du conclave, pénètre furieux dans la salle et y fait à Otton un sanglant affront, 30. — Hugues et Arnoulf, excités par Otton, complotent sa mort, 31. — Arnoulf lui demande une entrevue dans l'île de Picquigni et le fait assassiner par ses gens, 33. — Ceux de Guillaume prennent son corps et l'emportent, pour lui rendre les derniers devoirs, *ibid.* — Le principal meurtrier du duc est pris par Erluin, qui lui coupe les mains et les envoie à Rouen, 38.

GUILLAUME (TÊTE-D'ÉTOUPE), prince d'Aquitaine, I, 48 et II, 98; — menacé par Raoul, lui prête serment, I, 48; — duc des Aquitains; effrayé de l'alliance de Guillaume de Normandie avec Louis, s'attache au parti du roi, II, 28; — envoie à Louis des députés pour lui jurer fidélité en son nom, 98; — refuse de venir à la rencontre du roi Lothaire, III, 3; — lève en Auvergne une armée, que les troupes de Lothaire et de Hugues-le-Grand défont et dispersent, 4; — perd Poitiers, qui se rend au roi, 5.

GUILLAUME d'Arles épouse Adélaïde, que Louis, fils de Lothaire, avait abandonnée, III, 95.

GUILLAUME de Poitiers (fils de Guillaume-Fier-à-Bras). A cause de lui, le roi Robert assiége Hildebert, N. H.

H

HADULF, évêque de Noyon, concourt au sacre d'Odelric, archevêque de Reims, III, 19.

HAGANON, homme de moyen état, en devenant le favori de Charles-le-Simple, excite le mécontentement de la noblesse, qui se sépare du roi à Soissons à cause de lui, I, 13-16. — Il est de nouveau soutenu par Charles à Soissons, 21.

HAGRALD, personnage consulaire, commande, à la journée de Soissons, une partie de l'armée de Charles-le-Simple, I, 45.

HAGROLD, commandant de Bayeux, attire le roi Louis dans un piège, et fondant sur lui à l'improviste, le met en fuite, II, 47.

HAIMON, évêque de Verdun, siège au synode de Mouzon, IV, 99; — connaissait la langue des Gaules, et pour cette raison est chargé de faire connaître à l'assistance le motif du synode, 100 ; — remplit les fonctions de promoteur, et annonce en cette qualité la tenue d'un nouveau synode, 107.

HAMBOURG. Adaldach, son évêque, II, 69.

HARBURC, où s'était retiré Gislebert, est assiégé et pris par Charles-le-Simple, I, 38.

HASBAIN (L'), (contrée du pays de Liège), est traversée par Charles-le-Simple, marchant contre l'usurpateur Robert, I, 44.

HATTON, évêque (de Vich en Catalogne), instruit Gerbert dans les mathématiques, III, 43 ; — l'emmène à Rome et le confie au pape Jean XIII, ibid., 44.

HAUTS-DE-CHAUSSES. inconvénants, proscrits dans les monastères par le synode d'abbés, III, 41.

HEIROLD, évêque de Saltzbourg, assiste au concile d'Ingelheim, II, 69.

HENRI (L'Oiseleur) fait duc de Saxe par Charles-le-Simple, I, 14 ; — a, sur le territoire de Worms, une entrevue avec ce prince, qui, se défiant de lui, le force à repasser le Rhin, 20 ; — sollicité par Robert de détrôner Charles, assure le duc de son appui, 21 ; — est rappelé de Saxe par le roi, 22. — Réponse qu'il fait à l'archevêque Hérivée, envoyé par Charles, 24. — Il se laisse mener par ce prélat près de Charles, dont il est bien reçu, et il se réconcilie avec lui, ibid. ; — beau-père de Gislebert, 35 ; — le réconcilie avec Charles, 38 ; — entreprend une expédition contre les Sarmates, 39 ; — résiste aux perfides conseils de Gislebert, ibid. ; — a été fait roi de Saxe à cause de la turbulence des Slaves et de l'extrême jeunesse de Charles-le-Simple, II, 18.

HENRI, fils de Louis d'Outre-Mer et de Gerberge, frère jumeau de Charles de Lorraine, naît à Laon, et meurt après avoir reçu le baptême, II, 102.

HENRI, duc [des Bavarois], meurt, N. H.

HERBERT, s'associant au dessein de Lothaire, lui conseille de commencer la conquête de la Belgique par celle de Verdun, et l'accompagne dans cette expédition, III, 100.

HERBERT, évêque d'Auxerre et suffragant de l'archevêque de Sens, assiste au synode de St-Basle, IV, 51.

HÉRIBERT mène au combat Hugues, fils du roi Robert, dont le courage décide le gain de la journée de Soissons, I, 46 ; — feignant de vouloir se réconcilier avec Charles-le-Simple, l'attire à une entrevue et le fait prisonnier, 47 ; — se brouille avec Raoul, parce que celui-ci ne satisfait pas à toutes ses exigences, 52 ; — se servant de Charles comme d'un épouvantail, il l'amène dans le Vermandois, le présente dans la place d'Eu à Guillaume Longue-Epée qui lui prête serment, 53 ; — le conduit ensuite à Reims, 54 ; — demande au pape Jean de le rétablir sur le trône, puis fait alliance avec Hugues, fils de Robert, se réconcilie avec Raoul et ramène Charles à la prison de

Péronne, *ibid.*; — brouillé avec Hugues, se venge de la perte de Doulens et d'Arras en appelant les Germains (Lorrains), et en prenant à Hugues la place de Braine, 58; — attaqué par Hugues et Raoul dans la place de Laon, obtient du roi la permission d'en sortir, et laisse dans la citadelle sa femme, qui est bientôt contrainte de l'abandonner, 62. — Hugues se ligue avec lui contre le roi Louis, II, 6. — Il enlève au roi Château-Thierry par la trahison du commandant, 7; — à l'église de Reims le château de Causoste, construit par l'archevêque Artauld, 8. — Le roi Louis lui prend la citadelle de Laon, qu'il venait de construire, 9-10. — Il unit ses forces à celles de Hugues et vient assiéger Reims, dont ses intelligences avec les habitants lui ouvrent les portes, 22; — chasse de la ville l'archevêque Artauld, *ibid.*; — vient avec Hugues assiéger Laon, que délivre l'arrivée du roi Louis, 24; — fait ordonner prêtre son fils Hugues par Gui, évêque de Soissons, *ibid.*; — de concert avec le duc, assemble à Soissons les évêques de la province rémoise, qui déclarent Artauld déchu, proclament Hugues à sa place, et vont le sacrer à Reims, 25. — Tous deux assiègent Laon, comptant sur des intelligences, et se retirent trompés dans leur attente, 26; — auparavant ils battent Louis dans le Porcien, *ibid.*; — malgré le conseil des évêques de la province rémoise, ne tiennent aucun compte de la double injonction que leur transmet le pape Etienne de cesser toute hostilité contre le roi sous peine d'excommunication, 27; — effrayés de l'alliance de Louis avec les Normands, les Bretons et les Aquitains, concluent avec lui une trêve sur les bords de l'Oise, 28. — Il se réconcilie, après Hugues, avec le roi Louis, 30; — assiste à la conférence d'Attigny, *ibid.*; — meurt frappé d'apoplexie foudroyante, et est enterré à St-Quentin, 37.

HÉRIBERT, fils du tyran Héribert, est cité à comparaître devant le concile de Laon, pour les maux dont il accablait les églises, II, 82; — épouse Ethgive, mère du roi Louis d'Outre-Mer, 101; — usurpateur des biens de l'église de Reims, et excommunié pour ce fait par l'évêque Odelric, lui rend Epernay, III, 20.

HÉRIBRAND, clerc de Chartres, envoie chercher Richer par un cavalier, afin qu'il puisse prendre connaissance des aphorismes d'Hippocrate, IV, 50.

HÉRIMANN, archevêque de Cologne, sur l'ordre de Charles-le-Simple, sacre Hilduin, évêque de Tongres, I, 22; — persécute Richer, substitué à Hilduin par ce même prince, 25.

HÉRIVÉE succède à l'archevêque Foulques; soutient le roi contre ses ennemis; frappe d'anathème Erlebald, comte de Castricum, qui avait enlevé Mézières à l'église de Reims, et s'empare de cette place, I, 19; — délivre le roi, prisonnier à Soissons, et le conduit à Reims, puis à Tongres, 22. — Charles l'envoie au duc de Saxe, Henri l'Oiseleur, qu'il réconcilie avec ce prince, *ibid.* — Consulté par l'archevêque Witton sur la manière de convertir les Normands, il assemble un concile à Reims, 32, — et dresse une instruction en vingt-quatre articles, 33 ; — meurt trois jours après le couronnement de Robert, 41.

HÉRIVÉE, évêque de Beauvais, et suffragant de l'archev. de Reims, assiste au synode de Saint-Basle, iv, 51, 55.

HERLUIN. V. *Erluin.*

HERSTALL, repris par Gislebert, après la mort du bénéficier, i, 39.

HEZILON, cousin germain paternel d'Otton III, cherche à le supplanter, iii, 97. — Son portrait, *ibid.* — Enlève le jeune Otton et cherche à se faire un allié de Lothaire, en lui cédant la Belgique, *ibid.* ; — manque au rendez-vous convenu entre eux, de peur de devenir suspect aux grands, 98. — Ceux-ci lui refusent le sceptre, 99.

HILDEBERT. en Aquitaine, est assiégé par le roi Robert, N. H.

HILDEBOLD, évêque de Munster, assiste au synode de Verdun, ii, 66 ; — au concile d'Ingelheim, 69.

HILDEGAIRE, évêque de Beauvais, proteste contre le contenu de la lettre présentée par Sigebold au concile d'Ingelheim, ii, 78 ; — reçoit du concile de Laon sommation de comparaître ou d'aller s'excuser au pape, pour avoir assisté Hugues dans l'ordination de Thibaud et d'Ive, 82.

HILDEGAUD (Le comte) est tué en combattant les Normands dans l'Artois, i, 51.

HILDESHEIM. Téthard, son évêque, ii, 69.

HILDUIN, fait évêque de Tongres par Charles-le-Simple, se range du côté des Belges ennemis de ce prince, i, 22. — Charles le dépose et le remplace par l'abbé Richer, que le pape Jean X confirme, en même temps qu'il frappe Hilduin d'anathème, 25. — Il va à Rome solliciter son absolution, mais inutilement, *ibid.*

HILDUIN meurt d'ivrognerie, N. H.

HINCMAR, archevêque de Reims, et huitième prédécesseur de Gerbert dans l'épiscopat, a écrit des *Annales*, que Richer veut continuer, *Prologue.*

HIPPOCRATE DE COS. Richer est invité à aller lire à Chartres ses aphorismes, iv, 50. — Il y lit aussi un livre intitulé de l'*Accord* d'Hippocrate, de Galien et de Suranus, *ibid.*

HONGROIS désolent impunément la Gaule, ii, 7.

HORACE lu et commenté par Gerbert à ses disciples, iii, 47.

HORATH, évêque de Sleswic, siège au concile d'Ingelheim, ii, 69.

HUGUES (Le Noir), frère du roi Raoul et gouverneur de Langres, refuse d'y recevoir le roi Louis, et se voit contraint de fuir, ii, 5 ; — appelé prince Cisalpin, 17 ; — a une conférence avec le roi Louis, *ibid.*; — sert de médiateur entre Louis et Hugues, 97.

HUGUES, fils d'Héribert, est ordonné prêtre à Reims par Gui, évêque de Soissons, II, 24 ; — puis élu à Soissons, et sacré à Reims archevêque de cette ville, par les évêques de la province, 25 ;—reçoit du pape Etienne VIII le *pallium*, 27 ; — est reçu par Louis, à la mort d'Héribert; sous quelle condition, 37 ; — refuse au roi Louis l'entrée de Reims, 44 ; — assiégé dans Reims, consulte des chefs de l'armée assaillante sur ce qu'il doit faire et se décide à abandonner la ville, qui se rend, 55 ;—assiégé par Louis, mais inutilement, dans Mouzon, où il s'était retiré, 60 ; — sur le conseil de son oncle, Hugues, ordonne prêtre et sacre ensuite évêque d'Amiens, le diacre Thibaut, 64. — Il est secondé en cela par Gui, évêque de Soissons, *ibid*. — Sa cause est déférée aux évêques réunis près du Chier, lesquels lui reprochent surtout d'avoir sacré Thibaud, 65. — Il est autorisé à demeurer dans la place de Mouzon, *ibid*.;— appelé à comparaître devant le synode de Verdun, refuse de venir, 66 ; — fait de même à Mouzon, et déclare qu'il ne se soumettra en rien au jugement des évêques, 67 ; — fait présenter par Sigebold au concile d'Ingelheim une fausse lettre du pape en sa faveur, 78 ; — est anathématisé jusqu'à ce qu'il ait donné satisfaction, 80 ; — parvient à s'échapper de Mouzon, au moment où les troupes du roi s'en emparent, 83. — Hugues-Capet demande à Lothaire son rétablissement sur le siége de Reims, à la mort d'Artauld, III, 15. — Un concile réuni à Meaux, pour examiner cette demande, montre quelque hésitation, 16. — Le pape décide qu'il n'y a pas lieu de l'agréer, 17. —

Il meurt de chagrin à Meaux, *ibid*.

HUGUES (LE GRAND OU LE BLANC), fils du roi Robert, ranime, par son courage, à la bataille de Soissons, l'ardeur défaillante des soldats de son père, I, 46 ; — fait alliance avec Raoul et réconcilie ce prince avec Héribert, 54; — brouillé avec Héribert, aide Raoul à lui prendre Doulens et Arras, 58 ; — le seconde aussi dans l'attaque de Laon, 62. — Le souvenir de la fin de son père lui fait redouter le trône, II, 1. — Les Gaulois se réunissent sous sa présidence pour donner un successeur à Charles-le-Simple, *ibid*. — Il les engage à rappeler d'outre-mer Louis, fils de Charles, et, avec leur assentiment, envoie des députés à ce prince, pour l'engager à revenir, 2. — Appelé duc des Gaules, *ibid*. — Il envoie des députés à Louis, *ibid*.; — reçoit des remercîments d'Adelstan, *ibid*.; — se rend à Boulogne, pour y attendre Louis, 3 ; — s'engage à lui être fidèle, s'il veut suivre ses conseils, 4 ; — amène à Louis un cheval, et porte devant lui ses armes, *ibid* ; — l'emmène en Bourgogne et l'aide à prendre Langres, 5 ; — se voyant éloigné des affaires, se ligue contre lui avec le comte Héribert, 6. — Cette division des princes, source de grands maux, *ibid*. — Il aide Héribert à prendre Reims, 22 ; — vient avec lui attaquer, en l'absence de Louis, la ville de Laon, que délivre l'arrivée du roi, 24. — Ils convoquent tous deux à Soissons les évêques de la province rémoise, qui déposent Artauld et vont sacrer Hugues à Reims,

25 ; — assiégent Laon, comptant sur des intelligences, et se retirent trompés dans leur espoir, 26 ; — auparavant, ils battent Louis dans le Porcien, *ibid.* ; — malgré le conseil des évêques de la province rémoise, ne tiennent aucun compte de la double injonction que leur transmet le pape Etienne VIII, de cesser toute hostilité contre le roi, sous peine d'excommunication, et de lui faire connaître par députés leurs bonnes dispositions envers lui, 27 ; — effrayés de l'alliance de Louis avec les Normands, les Bretons et les Aquitains, concluent avec lui une trêve sur les bords de l'Oise, 28. — Otton réconcilie Hugues avec le roi, 29. — Le plus puissant des seigneurs, 30. — Sa soumission entraîne celle des autres, *ibid.* — Il est surnommé *le Grand*, *ibid.* ; — assiste à la conférence d'Attigny, placé sur un siége, *ibid.* ; — déjà jaloux de Guillaume de Normandie, il est encore animé contre lui par Otton, 31 ; — complote avec Arnoulf la mort de ce prince, 32 ; — en grande faveur près de Louis, tient sa fille sur les fonts sacrés ; est fait duc de toutes les Gaules, reçoit le commandement d'un corps de cavalerie et accompagne le roi dans l'Aquitaine, 39 ; — n'est pas appelé à Laon, 40. — Le roi soupçonne plusieurs Normands de s'être donnés à lui, et lui promet Bayeux, si, après lui avoir amené des troupes, il peut s'emparer de la ville avec le surplus de ses forces, 42. — Il assiège la ville et se retire ensuite sur l'ordre du roi, *ibid.* ; — anime ses partisans contre Louis, 43 ; — demande à ce prince et obtient, sous certaines conditions, la levée du siège de Reims, 45 ; — complote avec Hagrold l'arrestation du roi Louis, qui a lieu en effet, 47 ; — obtient des Normands que le roi lui soit remis, et le retient captif, 48 ; — menacé par Edmond, roi des Anglais, et par Otton, 49 ; — chasse les envoyés du premier, et pour désarmer le second, lui fait demander une entrevue ; mais Otton la lui refuse, 50 ; — propose à Louis de le relâcher, moyennant la concession de Laon ; la proposition est acceptée, 51. — Otton, Conrad et Louis marchent contre lui ; il se retire dans Orléans, 56, 58. — Désolé du ravage de la Neustrie, il fait contre Arnoulf une expédition qui est infructueuse, 60 ; — profitant du séjour de Louis en Belgique, vient assiéger Reims ; se retire à l'approche du roi, 62 ; — excite son neveu à persister dans l'exercice de ses fonctions épiscopales, 64 ; — vient s'établir à Douzy, pour plaider la cause de ce neveu auprès de Louis et d'Otton, *ibid.* — Ses démarches auprès des évêques présents déterminent les rois à leur soumettre la cause de Hugues et d'Artauld, 65. — Il conclut une trêve avec Louis, *ibid.* ; — reçoit du concile d'Ingelheim une lettre qui lui défend, sous peine d'excommunication, de poursuivre davantage le roi Louis, 77 ; — est excommunié au concile de Laon, jusqu'à ce qu'il ait donné satisfaction à Louis, ou soit allé à Rome mériter son absolution, 82 ; — attaque Soissons avec une armée de Normands, la brûle en grande partie, et se retire, 85 ; — se jette sur le pays de Reims, qu'il ravage affreusement, *ibid.* ; — apprend

avec douleur la prise de la ville de Laon, accourt avec une armée, mais inutilement; jette, dit-on, quelques troupes dans la citadelle, 91; — poursuit le roi Louis jusque dans le Soissonnais, 93. — Des évêques leur font jurer une trêve, 94. — Il est excommunié par le pape Agapet lui-même, 95; — sur les instances des évêques, se réconcilie avec Louis, et se reconnaissant son homme, lui rend la citadelle de Laon, 97; — reçoit du roi l'ordre de lever une armée dans l'Aquitaine, et accompagne Louis en Bourgogne, 98; — est chargé par le roi de ramener l'armée, 99; — sollicité par Gerberge d'aider Lothaire à prendre possession du trône paternel, se rend à son désir, III, 1; — témoigne au nouveau roi le plus grand dévouement, 2; — conduit Lothaire et sa mère dans la Neustrie, où il leur fait rendre toute sorte d'honneurs, 3. — Ils vont de là en Aquitaine avec une armée; attaquent inutilement Poitiers, *ibid.*; — battent le prince Guillaume et reviennent sur Poitiers qu'ils prennent, 5; — meurt à Paris au retour de cette expédition; on l'enterre dans la basilique de St-Denys, *ibid.*

HUGUES (Capet), fils de Hugues-le-Grand, vient à Laon prêter serment de fidélité à Lothaire, qui lui confère le titre de son père et lui donne en outre la terre de Poitiers, III, 14; — duc des Français; confondu par Richer avec l'ancien évêque de Reims, demande à la mort d'Artauld, qu'on lui rende l'évêché de Reims, 15; — conçoit de la haine contre Odelric, en le voyant déterminé à accepter et à défendre l'évêché contre tous, 18. — Lothaire le convoque à Laon avec les autres grands du royaume pour l'engager à marcher contre Otton II, 68. — Sollicité par le roi, il vient à Paris pour y lever une armée, 74; — excite les jeunes guerriers à repousser les provocations d'un germain, leur proposant une récompense, 76. — Lothaire se réconcilie à son insu avec Otton, 78, 81. — Il témoigne à ses amis son mécontentement de cette conduite de Lothaire, 81, 82. — D'après leur conseil, il envoie des députés à Otton, et sur l'invitation de ce prince, se rend à Rome, 83, 84; — n'entend pas le latin; un évêque lui sert d'interprète, 85; — échappe par l'habileté de ce prélat à l'obligation de se reconnaître vassal d'Otton, *ibid.*; — obtient l'amitié de ce roi, *ibid.*; — évite par le déguisement et la fuite les pièges du roi Conrad, et arrive en Gaule, 88; — se réconcilie avec Lothaire, 90; — sur la prière de ce prince, proclame roi son fils Louis à Compiègne, 91; — voulait que les deux rois se partageassent le royaume, *ibid.* — On propose à son insu une alliance au nouveau roi, 92. — Le roi Louis, fils de Lothaire, se donne à lui, IV, 1. — Il accompagne ce prince dans son expédition contre Reims, 3; — fait absoudre l'archevêque Adalbéron des accusations portées contre lui par le roi Louis, 6. — Sur la proposition d'Adalbéron, les seigneurs lui prêtent serment en attendant l'élection d'un roi, 8. — Il est élu à Senlis et couronné à Noyon, 12; — demande que son fils Robert soit associé au trône; pourquoi, *ibid.*; — appelé par Adalbéron, arrive à Reims le jour même de la mort de ce prélat, et s'attache par serment les Rémois, 24 ; — sollicité par les amis d'Arnoulf, fils naturel de Lothaire, de lui conférer l'évêché de Reims, en fait la proposition aux habitants de cette ville, 25, 26 ; — accorde l'archevêché; à quelles conditions, 27, 30 ; — va chercher Charles à Laon et n'ose l'attaquer; pourquoi, 37, 39 ; — accueille parfaitement l'archevêque Arnoulf, que lui présente Adalbéron, lui rend ses bonnes grâces, et, l'invitant à diner, le fait asseoir à sa droite, 45 ; — averti par Adalbéron, de la prise de Laon, se rend dans cette ville, en prend possession, et emmène à Senlis Charles et Arnoulf, 48 ; — après délibération, les confine dans une prison, 49 ; — sur les plaintes de ceux qui désapprouvent la captivité d'Arnoulf, convoque un synode à St-Basle, 51 ; — est invité par les évêques de Germanie à se réunir à eux, avec les évêques des Gaules, pour examiner l'affaire d'Arnoulf, 95 ; — informé qu'un complot a été ourdi par Adalbéron et Eudes pour le livrer avec son fils au roi Otton, refuse d'aller en Germanie, et offre aux évêques de tenir leur synode en Gaule, 96 ; — meurt, N. H.

HUMEURS considérées par Richer comme cause de presque toutes les maladies, I, 11, 13 ; II, 37 ; III, 96 ; IV, 94, etc.

HYDROPISIE, décrite. L'assassin de l'archevêque Foulques, Winemare, en meurt, I, 18.

I

IDOLATRIE. Le roi normand Setrich et son général Thurmod songent à envahir la Normandie, afin d'y faire revivre le culte des gentils, II, 35.

ILE BRITANNIQUE borne la Celtique au Nord, I, 2.

INCENDIES, suites naturelles de la guerre, I, 49, 50, 58 ; II, 15, 18, 19, 58, etc.; — moyen d'attaque et de défense, II, 85, 92 ; IV, 23. — Cabanes et maisons incendiées pour servir de signal, II, 3.

INCESTES. On en traite au synode général d'Ingelheim, II, 81.

INFANTERIE jointe à la cavalerie, mais en nombre inférieur, I, 7 ; — normande, II, 35.

INGELHEIM (ANGLEHEIM, ENGELHEIM), ou Maison des Anges. Un concile général s'y tient sous la présidence de l'évêque Marin, légat du Saint-Siége, pour régler l'affaire de Hugues et d'Artauld, II, 63. — Sur la requête de Robert, appuyée par Marin et par Otton, le concile écrit au duc Hugues pour lui défendre, sous peine d'excommunication, de poursuivre davantage le roi Louis, 77. — On y traduit en langue tudesque le mémoire d'Artauld, 78. — Les évêques assurent à Artauld la dignité épiscopale, 79 ; — anathématisent son compétiteur Hugues; règlent différentes questions religieuses et s'ajournent à trente jours pour publier l'anathème porté contre le duc Hugues, 81. — Les actes du concile sont souscrits, à celui de Rome, par le pape Agapet, 95. — Il s'y tient un synode à la fête de sainte Agathe, N, H.

INGON, écuyer du roi, est fait porte-enseigne à la journée de Montpensier et contribue à la victoire I, 9; — tue Catillus à Limoges pendant qu'on le baptisait, 10; — menacé de mort par Eudes, se défend avec succès et reçoit sa grâce, 11; — meurt des suites de ses blessures, *ibid.*

INNOCENT, père de l'Eglise; son autorité invoquée au concile d'Ingelheim, II, 80.

ISAAC, comte de Cambrai (Belgique), prête serment de fidélité au roi Louis, II, 17.

ISRAEL, évêque breton, assiste au synode de Verdun, II, 66.

ITALIE. Les évêques d'Italie réunis en synode à Rome, II, 95. — La musique et l'astronomie y étaient entièrement ignorées au x° siècle, III, 44. — Otton, roi de Germanie et d'Italie, retient Gerbert dans la Péninsule pour les y enseigner, *ibid.* — La réputation de Gerbert s'y répand, 55. — Otton II s'y rend pour en examiner l'état, 81.

ITALIENS envoient des députés à Otton Ier, II, 86.

IVES répondant à l'appel de Hugues-Capet, combat un germain sur le pont de Paris, le défait et reçoit la récompense promise, III, 76.

IVON, sacré évêque de Senlis par Hugues, depuis la déposition de celui-ci, est condamné par le concile de Laon, II, 82.

J

JAVELOTS enflammés, lancés sur Soissons par l'armée de Hugues, incendient la plus grande partie de la ville, II, 85.

JEAN X, pape, suspend Hilduin, évêque de Tongres, et sacre l'abbé Richer à sa place, I, 25. — Consulté par Hérivée, archevêque de Reims, 33. — Héribert lui envoie des ambassadeurs pour le prier d'ordonner le rétablissement de Charles-le-Simple sur le trône; mais le pape était alors retenu en prison par un gouverneur, 54.

JEAN XIII, pape, successeur d'Octavien, envoie dans les Gaules un légat, qui déclare que Hugues a été excommunié dans deux synodes, à Rome et à Pavie, III, 17; — reçoit avec toute sorte d'égards l'archev. de Reims Adalbéron, et le prie de demander ce qu'il voudra, 25; — accorde à Adalbéron le privilège qu'il désirait en faveur des biens de Saint-Remi, 27; — présente ledit privilège à la signature des évêques présents, *ibid.*; — retient auprès de lui Gerbert à la prière d'Otton, 44.

JEAN XVI, pape, envoie un légat en Germanie pour examiner

l'affaire d'Arnoulf et de Gerbert, IV, 95.

JEAN, écolâtre d'Auxerre, prend la défense d'Arnoulf, au synode de Saint-Basle, mais sans succès, IV, 67, 68.

JÉROME (Saint) cité par Richer, à propos des Gaulois, I, 3.

JEÛNE de trois jours, ordonné par le synode de Reims, pour obtenir les lumières divines sur la manière d'assurer la conversion des Normands, I, 33.

JOZSELME, évêque de Langres, concourt à la défaite des Normands à Chelles, I, 49.

JUIFS tuent le roi Hugues, N. H.

JULIEN (Saint), martyr. Brioude lui est consacré, I, 7.

JULIEN (Basilique de Saint-) construite par l'évêque Théotilon; il y est enterré, II, 46.

JUPILLE repris par Gislebert, après la mort du bénéficier, I, 39.

JUVÉNAL lu et commenté par Gerbert à ses disciples, III, 47.

L

LANCE. Robert tue Foulques d'un coup de lance, et tombe percé lui-même de sept coups de cette arme, I, 46.

LANDRI, chassé de Laon par le roi Louis, comme suspect de trahison, II, 25; — frère d'Arnold, *ibid.*

LANDRI (Le comte) tempère l'ardeur d'un partisan d'Adalbéron, en lui conseillant de demander à cet évêque, avant de combattre pour sa cause, s'il est vrai qu'il s'est rendu coupable de trahison, IV, 98.

LANGRES, ville de Bourgogne; appartenait à Hugues-le-Noir, II, 5; — assiégée par le roi Louis et le duc Hugues, est obligée de se rendre, *ibid.* — Brunon, son évêque, IV, 51.

LANGUE. La différence des langues, cause de rivalité et de lutte entre les Germains et les Gaulois, I, 20; — oblige de traduire en langue tudesque le mémoire de l'archevêque Artauld au concile d'Ingelheim, II, 78; — force Hugues-Capet, qui n'entendait pas le latin, de prendre un interprète pour converser avec Otton II, III, 85. — La langue gauloise était connue de l'évêque de Verdun, IV, 100. — Les laïques n'entendaient plus le latin au 10e siècle, *ibid.*, note.

LAON, dans la Celtique. L'évêque concourt à l'élection du roi Charles-le-Simple, I, 12. — Mort de l'évêque Rodolf; il a pour successeur Adelelme, trésorier de la ville, 26. — Le roi Raoul y vient, après avoir défait les Normands dans l'Artois, 51. — Elle est enlevée par Raoul et Hugues au comte Héribert, 62. — Louis y est créé roi, II, 4; — il en confie la garde à sa mère Ethgive, 6; — assiège et prend la citadelle, qu'Héribert y avait élevée depuis peu, 9-10. — Les seigneurs belges viennent l'y trouver, pour lui offrir leurs services contre ses ennemis, 16. — Louis en chasse, comme suspects de trahison, l'évêque Rodolf et ses partisans, 17 ; — y couronne la reine Gerberge, 19, 20. — Hugues et Héribert l'assiègent pendant sept semaines ; l'arrivée du roi la délivre, 23, 24. — Ville de la Champagne rémoise, *ibid.* — Le roi y vient et en chasse deux frères suspects de trahison, 25. — Pendant qu'il est en Bourgogne, Hugues et Héribert marchent contre la place, comptant sur les intelligences qu'ils y ont, 26 ; — se retirent trompés dans leur attente, *ibid.* — Louis y retourne, après avoir fait alliance avec Otton, 29 ; — y convoque ses principaux amis, excepté le duc Hugues, pour aviser aux moyens de réconcilier Erluin et Arnoulf, 40 ; — cède la ville à Hugues pour obtenir sa liberté, 51. — L'assiette de la place décide Otton, Conrad et Louis à aller assiéger Reims, 54. — Les évêques qui avaient siégé au concile d'Ingelheim, s'y réunissent dans la basilique de St-Vincent, martyr, sous la présidence du légat Marin, anathématisent le duc Hugues, condamnent les faux évêques Thibaut et Ivon, citent à comparaître Hildegaire, évêque de Beauvais, et Héribert, fils du tyran Héribert, absolvent l'évêque Gui, déclarent Wicfrid innocent et reçoivent l'excuse de Transmar, 82 et *notes.* — L'évêque Rodolf meurt et a pour successeur Roricon, frère bâtard du roi Louis, *ibid.* — La forteresse de Montaigu est voisine de Laon, 84. — Siège de Laon par Louis ; l'hiver force le roi de se retirer, 84. — Le roi délibère avec Rodolf sur les moyens de prendre Laon, 87 ; — celui-ci propose à son souverain un plan qui est approuvé, 88, 89 ; — il s'empare de la ville par surprise, 90. — La tour résiste ; Louis la sépare de la ville par un mur, 91. — Hugues-le-Grand en rend la citadelle à Louis d'Outre-Mer, 97. — Ethgive abandonne Laon pour suivre son nouveau mari, 101. — La reine Gerberge y accouche de deux jumeaux, 102. — Gerberge et les seigneurs y conduisent Lothaire après son sacre, III,2.—5.—Le nouveau roi y tient un plaid, où se rendent Hugues et Otton, fils du feu duc Hugues-le-Grand, 13. — Adalbéron, son évêque, est accusé d'adultère avec la reine Emma, 66. — Lothaire y convoque Hugues et les autres grands du royaume, pour les engager à marcher contre Otton II, 68 ; — s'y rend après l'entrevue de Margolius, 81 ; — après la prise de Verdun, 102-108 ; — y meurt, 109. — La trahison en ouvre les portes à Charles de Lorraine, IV, 16. — Charles approvisionne et fortifie la place, 17, 19. — Les rois Hugues et Robert l'assiègent une première fois, 19 ; — puis une deuxième, inutilement, 21, 22, 23. — 36. — Hugues et Charles se trouvent en présence sous les murs de la ville, sans qu'aucun engagement ait lieu ; pourquoi, 38, 39. — O. s'engage à la prendre, si le roi lui donne Dreux, 40. — Adalbéron, réconcilié avec Charles, y rentre, 44, 46 ; — la prend par trahison, 47. — Sur son avis, Hugues vient en prendre possession, 48 ; — il en confie la forteresse à Adalbéron ; la lui redemande et reçoit un refus, 96, 97.

LATIN. V. *Langue.*

LÉGAT, du nom de Damase, envoyé en Gaule par le pape Etienne VIII, pour faire cesser les hostilités de Hugues et d'Héribert contre le roi Louis, II, 27.

LÉGIONS, I, 28, 29, 45, 57 ; IV. 82.

LÉGITIMITÉ. Respect qu'elle inspire, I, 43 ; II, 2, 71 ; III, 1. — Ses droits contestés, IV, 11. — Le sentiment de les avoir méconnus enchaine et retient Hugues Capet, au moment d'attaquer Charles, 39.

LÉODULF, archevêque de Trèves, siége au synode de Mouzon, IV, 99.

LÉON, Père de l'Eglise ; son autorité invoquée au concile d'Ingelheim, II, 80 ; — au concile de Mouzon, par Gerbert, qui le nomme *Léon-le-Grand.*

LÉON, moine et abbé, est envoyé en Germanie par le pape Jean XVI, pour examiner l'affaire d'Arnoulf et de Gerbert, IV, 95. — Il est bien reçu par les évêques germains, *ibid.* ; — préside le concile de Mouzon, 99 ; — reçoit des mains de Gerbert sa défense, 106 ; — préside le concile de Senlis, N. H.

LÉTOLD, prince de Besançon, II, 98. — soigne le roi Louis d'Outre-Mer, tombé malade dans cette ville, et l'accompagne ensuite en France, 99 ; — obtient de ce prince la grâce de deux brigands, 100.

LIEFDACH, évêque de Ripen. V. *Lioptach de Riben* et *note.*

LIÉGE. Nocher, son évêque, II, 69.

LIMOGES, ville d'Aquitaine, I, 10, 12, 57. — Raoul y défait des pirates, 57.

LIOPTACH, évêque de Riben, assiste au concile d'Ingelheim, II, 69.

LISIEUX, ville épiscopale de la province rouennaise, I, 4.

LITTOY, repris par Gislebert après la mort du bénéficier, I, 39.

LOGICA, dénomination appliquée aux *aphorismes* d'Hippocrate, IV, 50.

LOGIQUE. Gerbert, désireux d'acquérir cette science, III, 44 ; — en reçoit des leçons de G., archidiacre de Reims, lequel y était très-versé, 45.

LOIRE. Sur les bords de ce fleuve, Raoul et Guillaume d'Aquitaine se lient par des serments, I, 48. — Raoul reçoit l'hommage de Raymond et d'Ermingaud, princes des Goths, et du gascon Loup Acinaire, 64. — Louis, Otton et Conrad ravagent le pays qui s'étend de la Seine à la Loire, II, 58. — IV, 92.

LOMER (Monastère de Saint-), à Blois, incendié par Foulques, comte d'Anjou, IV. 79.

LORRAINS (ÉVÊQUES), IV, 59. V. *Evêques.*

LOTHAIRE, fils de Gerberge et de Louis d'Outre-Mer, est élu roi par les seigneurs des différentes nations, et sacré dans la basilique de Saint-Remi, III, 1, 2. — Sollicité par Hugues-le-Grand d'aller visiter la Neustrie, s'y rend avec sa mère et y est bien reçu, 3 ; — va ensuite en Aquitaine forcer Guillaume à la soumission, *ibid.;* — assiége inutilement Poitiers, qui se rend après la défaite de l'armée de Guillaume, *ibid.*, 4, 5 ; — vient avec sa mère assiéger Dijon, force Robert de Troyes à se soumettre, et fait décapiter le commandant de Dijon, qui lui avait livré la place, 12 ; — reçoit à Laon Hugues et Otton, fils du feu duc Hugues-le-Grand, donne à Hugues la terre de Poitiers, à Otton la Bourgogne, 13 ; — convoque un synode à Meaux, pour répondre à la demande que faisait Hugues-Capet du siége de Reims, vacant par la mort d'Artauld, 15 ; — accorde à Odelric l'évêché de Reims, 18 ; — entre dans la terre d'Arnoulf, décédé, et la remet ensuite au fils de ce prince, 21 ; — députe à Otton, roi d'Italie, G., archidiacre de Reims, qui ramène Gerbert, 45 ; — eut souvent des démêlés avec Otton II, au sujet de la Belgique, que celui-ci tenait de son père et qu'il garda tout son règne, 67 ; — propose à Hugues et aux autres grands du royaume de marcher contre Otton, 68 ; — conduit à Aix-la-Chapelle une armée, dont l'arrivée imprévue décide Otton à fuir, 69, 70 ; — prend son palais, le livre au pillage et enlève les ornements royaux, 71 ; — surpris à son tour par l'arrivée d'Otton, court implorer l'appui du duc, puis se rend à Etampes, 74 ; — se décide à se réconcilier avec Otton, et lui envoie des députés à l'insu de Hugues, 78 ; — ils sont bien reçus, *ibid.*, 79, 80. — Les deux princes se voient à Margolius, et la paix se fait par l'abandon, de la part de Lothaire, de la province de Belgique, 81. — Il se rend à Laon et s'y occupe des affaires publiques, *ibid.;* — tient Hugues pour suspect, et non sans raison, *ibid.;* — écrit à Conrad, roi des Allemands, de faire arrêter Hugues au passage des Alpes, 86 ; — se réconcilie avec le duc, 90 ; — le prie de proclamer roi son fils Louis, et rassemble à Compiègne, pour la cérémonie, les principaux du royaume, 91 ; — arrête avec le comte Godefroi, à l'insu de Hugues-Capet, le mariage de son fils Louis avec Adélaïde, 93 ; — vient avec Louis au château de Vieille-Brioude, où Adélaïde les reçoit, 94 ; — apprend que son fils, divorcé, se livre au désordre, et il va le reprendre à Brioude, 95. — Hezilon cherche à s'en faire un allié, en lui cédant la Belgique, 97. — Il vient avec une armée sur le Rhin, au lieu convenu entre eux, et n'y trouve pas Hezilon, 98 ; — s'en retourne, non sans difficulté, à travers la Belgique, *ibid.;* — songe à profiter des troubles de l'Empire, en envahissant la Belgique, 99 ; — d'après le conseil d'Eudes et d'Herbert, marche sur Verdun, 100 ; — s'empare de la place, 101 ; — y laisse la reine Emma et s'en retourne à Laon, 102 ; — à la nouvelle de la reprise de Verdun par les Belges, marche contre la ville et l'assiége, 104, 106 ; — est blessé à la lèvre supérieure d'un coup de fronde, 107 ; — s'empare de la place et la garde sans opposition, 108 ; — meurt à Laon d'une inflammation d'entrailles, 109. — Ses funérailles, 110. — On l'enterre à l'abbaye de St-Remi, suivant sa volonté, *ibid.* — Il est universellement regretté, *ibid.*

LOUIS - LE - BÈGUE, père de Charles-le-Simple, donné faussement par Richer comme son aïeul, 1, 4.

LOUIS (D'OUTRE-MER), fils de Charles-le-Simple, quand le roi Raoul vint à mourir, habitait à la cour d'Adelstan, roi d'Angleterre, II, 1. — Il y avait été porté enfant, par crainte de Hugues et d'Héribert, *ibid.* — Les Gaulois autorisent Hugues à lui envoyer, en son nom et au leur, des députés pour l'engager à revenir, 2. — Vient en Gaule, environné d'une grande pompe, 4 ; — se fait prêter serment par tous les seigneurs présents à Boulogne, *ibid.* ; — se fait applaudir par son habileté dans l'art de l'équitation, *ibid.* ; — est proclamé roi à Laon par les seigneurs de la Gaule, et sacré par l'archevêque Artauld, *ibid.* — Il est favorablement accueilli par toutes les villes qu'il traverse, *ibid.*; — visite la Bourgogne avec Hugues, et toutes les villes lui ouvrent leurs portes avec empressement, 6. — Il n'est arrêté que devant Langres, possession de Hugues, frère du roi Raoul ; — il la prend, *ibid.* ; — se rend à Paris avec le duc, *ibid.* ; — cesse de communiquer au duc ses desseins, et confie à sa mère la garde de Laon, 6. — Cette division, source de grands maux, *ibid.* — Elle empêche Louis de s'opposer aux ravages des Hongrois, 7. — Il prend Montigny, occupé par un brigand, nommé Serle, et pardonne à celui-ci, sur l'intercession de l'archevêque Artauld, 8 ; — se rend à Wissan, port de Belgique, et y construit avec Arnoulf, prince du pays, une forteresse, *ibid.* — Louis reçoit à Laon les seigneurs Belges, dont il agrée les offres de service et les serments, 16 ; — parcourt les provinces de la Germanie, *ibid.* ; — a une conférence avec Hugues, prince Cisalpin, 17 ; — force les Belges partisans d'Otton à fuir au delà du Rhin, et s'attache, par des serments, le duc Gislebert et les comtes Théoderic et Isaac, *ibid.* ; — chasse de Laon l'évêque Rodolf, suspect de trahison, et les partisans du prélat, *ibid.* ; — se concilie, par l'entremise du comte Roger, le duc Guillaume de Normandie, 28. — Effet de cette alliance sur les Aquitains et les Bretons, Hugues et Héribert, *ibid.* — Trêve conclue avec les deux tyrans, *ibid.* — Va en Belgique pour conférer de là avec Otton, son beau-frère ; se lie d'amitié avec lui, et Otton lui ramène le duc Hugues, 29 ; — réunit à Attigny les gouverneurs des provinces ; s'y trouve assis au-dessous d'Otton, et Guillaume lui fait donner là place de ce prince, 30 ; — accorde à Richard, fils de Guillaume de Normandie, la province qu'avait possédée son père, et reçoit son serment de fidélité, 34 ; — appelé à Rouen par ses partisans, il y rassemble une armée, pour combattre le roi des pirates, Setrich, le défait et tue leur général, Thurmod, de sa propre main, 35 ; — confie à Erluin la ville de Rouen, *ibid.* ; — reçoit à Compiègne Artauld et lui promet de le rétablir sur son siége, 36 ; — reçoit avec bonté les fils d'Héribert, à la mort de leur père. — L'évêque Hugues est seul admis sous condition, 37. — Se rend à

Amiens et y mande Erluin, *ibid.*; — prend Hugues pour tenir sa fille sur les fonts sacrés, le fait duc de toutes les Gaules, et va avec lui dans l'Aquitaine, 39; — reçoit à Nevers Raymond, duc des Goths, et les principaux seigneurs d'Aquitaine, qu'il confirme dans leurs gouvernements, *ibid.*; — convoque à Laon ses principaux amis, excepté le duc Hugues, 40; — réconcilie Arnoulf et Erluin, *ibid.*; — soupçonne plusieurs Normands de s'être donnés à Hugues, et lui promet Bayeux, si, après lui avoir amené des troupes, il peut s'emparer de la ville avec le surplus de ses forces, 42; — fait lever à Hugues le siége de Bayeux et entre dans la ville, *ibid.*; — prend possession d'Evreux et de toute la Normandie, *ibid.*; — apprend à Rouen le pillage de Montigny et de Compiègne par des partisans de Hugues, et lève une armée de Normands, avec laquelle il ravage le Vermandois et assiége Reims, 44; — se retire à la prière de Hugues; sous quelles conditions, 45; — retourne à Rouen avec ses fidèles; attiré dans un piége par Hagrold, fuit vers Rouen, où les complices du traître le font prisonnier, 47; — relâché par les Normands, moyennant ôtages, est retenu par Hugues et confié à la garde de Thibaud de Tours, 48. — Edmond, roi des Anglais, et Otton demandent avec menaces sa liberté à Hugues, 49. — Il la recouvre, moyennant la remise de Laon à Hugues, et se rend à Compiègne, 51. — Gerberge et plusieurs évêques de Belgique s'y réunissent près de lui, *ibid.* — Se plaint à ses amis des persécutions de Hugues, 52; — demande du secours contre lui à Otton et à Conrad, roi de Bourgogne, qui lui en promettent, 53; — va au devant d'eux, et marche avec eux sur Laon, qu'il laisse ensuite pour aller assiéger Reims, 54; — s'empare de cette dernière ville, 55; — et rétablit Artauld sur son siége, 56. — Les trois rois marchent ensuite contre Hugues et attaquent Senlis, dont ils brûlent les faubourgs, *ibid.*; — traversent aisément la Seine sur des bateaux, grâce au stratagème de quelques jeunes gens, 57, 58; — dévastent tout le pays, jusqu'à la Loire, ainsi que la Normandie, 58. — Il rentre à Reims, *ibid.*; — assiége l'évêque Hugues dans Mouzon, mais sans résultat, 60; — a une entrevue en Belgique avec Otton, et célèbre avec lui la Pâque à Aix-la-Chapelle, 61. — Son retour délivre Reims, assiégé par Hugues, 62. — Il y réunit les princes et fait proposer une conférence à Otton, pour traiter des affaires de l'Etat, 63. — Elle a lieu sur le Chier, 64. — Il fait examiner par les évêques présents la cause d'Artauld et de Hugues, 65; — conclut avec le duc une trève, par l'entremise d'Otton, *ibid.*; — assiste au concile d'Ingelheim et y présente ses plaintes contre le duc Hugues, 73; — reçoit d'Otton la promesse solennelle d'un appui contre le duc, 76; — puis des troupes, commandées par Conrad, 82; — envoie la reine Gerberge à Otton pour lui demander des troupes, 86; — sans les attendre, consulte Rodolf, père de Richer, sur les moyens de prendre Laon, 87; — approuve le plan qu'il propose, 89, 90, — Conrad lui amène de la part

d'Otton une armée de Belges, 91.
— Les deux princes vont attaquer Senlis, mais sans succès, 92 ; — ravagent alors toutes les terres de Hugues jusqu'à la Seine, puis s'en retournent chez eux, poursuivis par le duc jusque dans le Soissonnais, 93. — Des évêques s'interposent entre Louis et Hugues, et leur font jurer une trève, 94. — Grâce aux évêques, il obtient la soumission de Hugues et la reddition de la citadelle de Laon, 97; — tombe malade à Besançon, y est soigné par Létold et retourne en France avec lui, 99. — Blessé grièvement d'une chute de cheval, est porté à Reims où il meurt; est enseveli au monastère de St-Remy, 103.

LOUIS V, fils de Lothaire, est proclamé roi à Compiègne par Hugues et les autres grands du royaume, et sacré par l'archev. Adalbéron, III, 91. — On lui propose pour femme Adélaïde, veuve de Raymond, duc des Goths, 92, — à l'insu de Hugues-Capet, 93. — Il va épouser au château de Vieille-Brioude Adélaïde, qu'il fait couronner, 93, 94 ; — entrait à peine dans l'âge de puberté, 94 ;
— ne peut s'accorder ni vivre avec son épouse, et divorce, *ibid.*; — se livre au désordre, et quitte l'Aquitaine, ramené par son père, 95 ; — succède à son père, IV, 1 ; se donne tout entier à Hugues-Capet, *ibid.* ; — se plaint amèrement au duc et aux autres princes de la conduite de l'archevêque Adalbéron envers son père, 2 ; — marche avec Hugues contre Reims, 3, — et se retire après avoir reçu d'Adalbéron des ôtages, 4 ; — meurt à Senlis des suites d'une chute, 5 ; — est enterré à Compiègne, *ibid.*

LOUIS, fils de Charles de Lorraine, est emprisonné avec lui, IV, 49. — Hugues, qui en avait confié la garde à l'évêque Adalbéron, le lui redemande et reçoit un refus, 96, 97.

LOUP ACINAIRE, comte des Gascons, vient sur la Loire faire hommage au roi Raoul, I, 64. — Il avait, dit-on, un cheval âgé de plus de cent ans.

LUCAIN, historiographe, lu et commenté par Gerbert à ses disciples, III, 47.

LUNE (Éclipse de), I, 52.

M

MACHINE DE GUERRE employée contre la citadelle de Laon par le roi Louis, II, 10 ; — pour sa défense, par Charles de Lorraine, IV, 17 ; — construite inutilement par les rois Hugues et Robert pour l'attaque des murs de la même ville, IV, 22. V. *Bélier* ; — employée contre Verdun par le roi Lothaire; sa description, III, 105, 106. — Les défenseurs de Verdun en construisent une semblable, mais plus petite et plus faible, 107.

MÂCON. Milon, son évêque, IV, 51.

MACONNAIS. Louis d'Outre-Mer y dresse son camp, II, 98.

MACRE (Ste-). Il s'y assemble un synode pour examiner la conduite d'Adalbéron, évêque de Laon, III, 66.

MAESTRICHT repris par Gislebert après la mort du bénéficier, I, 39.

MAGNATES, I, 16, etc. ; — Gallorum, II, 2 ; — Galliarum, 4.

MAINS. Se reconnaître par les mains et le serment, l'homme du roi ou d'un grand, II, 34, 98 ; III, 82. — S'engager entre les mains de quelqu'un à combattre pour lui (se constituer, se faire son vassal), I, 53, 64 ; II, 7. — Se reconnaître l'homme de quelqu'un en plaçant les mains sous ses pieds, IV, 11.

MAJESTÉ. Titre donné aux rois, IV, 27, 58, 80.

MAJORES opposé à *mediocres*, I, 9, 36 ; — à *minores*, 16. — Gislebert attire à lui ceux de Lorraine par des concessions de terres, 36.

MALADIES (Descriptions des) dont meurent Ingon, I, 11, — Eudes, 13, — Winemar, 18, — Héribert, II, 37, — Lothaire, III, 109, — Louis, son fils, IV, 5, — Eudes, comte de Chartres, 94, etc. — Annoncées par des présages, I, 52, 65.

MANASSÉ, comte de Dijon, bat les Normands à Chelles, I, 49.

MANASSÉ envahit avec Charles la ville de Reims, IV, 56.

MANLIUS, consul, sert de guide à Gerbert dans l'interprétation des Isagogues de Porphyre, et des Topiques d'Aristote, III, 46.

MANNE [de l'ancienne loi, déposée dans le tabernacle]. Richer y compare les reliques des saints renfermées dans une châsse, III, 23.

MANTES en pelleteries, portées par les moines, sont proscrites par un synode d'abbés, III, 40.

MARGOLIUS, aux environs de la Meuse ; Lothaire et Otton II y ont une entrevue, où ils scellent leur amitié, III, 81.

MARIAGE illicite des prêtres ; on en traite au synode général d'Ingelheim, II, 81.

MARIN, évêque d'Ostie, est envoyé avec le titre de légat au roi Otton, pour convoquer un synode général, II, 68 ; — préside le concile d'Ingelheim, 69 ; — appuie les conclusions de Robert en ce qui touche les plaintes du roi Louis contre le duc Hugues, 75 ; — fait dégrader du diaconat et expulser du synode le calomniateur Sigebold, 79 ; — préside le nouveau concile de Laon, 82 ; — sur la prière d'Otton, se rend en Germanie, y bénit l'église du monastère de Fulde et retourne à Rome, *ibid.*

MARMOUTIERS (Tours). Eudes, comte de Chartres, y est enterré, IV, 93.

MARNE sépare la Belgique de la Celtique, I, 2. — 13. — II, 8. — Le roi Louis d'Outre-Mer a sur la Marne une conférence avec Hugues-le-Grand, 97. — IV, 18.

MARTIAL (Basilique de St-). V. *Basiliques.*

MARTIN (St-), honoré par Eudes, I, 13; — par Charles-le-Simple, 14.

MARTIN, prêtre et moine, est chargé par Robert, duc de la Celtique, d'instruire les Normands faits prisonniers devant Chartres, I, 31.

MATHÉMATIQUES enseignées par Gerbert, III, 49 et sq.

MAYENCE, en Belgique; son archevêque concourt, avec ses suffragants, à l'élection du roi Charles-le-Simple, I, 12. — Frédéric, archevêque, prend part au rétablissement d'Artauld, II, 56.

MEAUX, sur la Marne. Lothaire y convoque un concile, pour examiner s'il y a lieu de rétablir Hugues sur le siége de Reims, Artauld étant mort, III, 16. — Présidé par l'archevêque de Sens, le concile est partagé d'avis, et décide que le pape sera consulté, *ibid.* — Triste état du pont en 991, IV, 50. — Abbaye et basilique de St-Faron, *ibid.* — Eudes, comte de Chartres, y vient, 93.

MÉDARD (Abbaye de St-). L'archevêque Foulques l'obtient du comte Altmar en échange de celle de St-Waast et du château d'Arras, I, 17. — Otton II y honore St-Médard, III, 74.

MÉDECINS, I, 18. — Un médecin de Salerne, favorisé par la reine, empoisonne Dérold, favori du roi, qui le lui rend; on est obligé de lui couper la jambe, II, 59.

MEDIOCRES opposé à *Majores*, I, 9, 36. — Gislebert attire à lui ceux de Lorraine par des présents en or et en argent, 36. —

Mediocris persona opposé à *Magnates*, 16.

MÉDITERRANÉE (Mer) sépare l'Afrique de l'Europe, limite l'Aquitaine et baigne la Gaule au midi, I, 1; — sert de limite à la Provence, 7.

MELUN, entouré par la Seine, possède un double port, IV, 74. — Est livré à Eudes par le commandant, 76; — repris par les rois, soutenus d'une armée de pirates, 77. — Le commandant est pendu, ainsi que sa femme, 78.

MENSE canoniale, assurée à Odelric, pendant qu'il administrera le diocèse de Reims, I, 55.

MÉOTIDE (Lac) sépare l'Europe de l'Asie, I, 1.

MER INCONNUE. Ainsi est qualifié le Pas-de-Calais, II, 3.

MERCENAIRES. Foulques y recourt pour former une armée, IV, 82.

MERSCHEN, sur la Geule. Rainier, duc de Lorraine, y meurt, I, 34. — Est repris par Gislebert après la mort du bénéficier, 39.

METZ. Son évêque, Adalbéron, II, 66, 69. — De son chapitre sortent les archevêques de Reims, Odelric, III, 18, — et Adalbéron, 22. — Otton III y rassemble, dit-on, une armée, pour surprendre au synode, s'ils y vont, les rois Hugues et Robert, IV, 97.

MEUSE forme la limite des royaumes de Lothaire et d'Otton II, III, 80; — baigne les murs de Verdun, 101, 103. — IV, 13.

MÉZIÈRES, enlevé par Erlebald à l'église de Reims, est assiégé et pris par l'archevêque Hérivée, I, 19.

MICHAEL, évêque de Ratisbonne, assiste au concile d'Ingelheim, II, 69.

MILES, *passim.* — Opposé à *pedites*, IV, 23 ; — appliqué à toute l'armée, 37 ; — vassal, III, 21 ; IV, 11, 62.

MILITARIS ORDO, I, 57 ; IV, 11, 28.

MILITIAM spondere, I, 64 ; — jurare, II, 28 ; — ad regis militiam sacramento transire, 98 ; — militiam fidelem per jusjurandum spondere, III, 13 ; — se militaturum committere, 20, etc.

MILON, évêque de Mâcon et suffragant de l'archev. de Lyon, assiste au synode de Saint-Basle, IV, 51.

MINE, employée au siége de la citadelle de Laon, II, 10.

MINORES (dans le sens de *mediocres*), opposé à *principes*, I, 16.

MOINES, objets des soins et de l'affection d'Adalbéron, III, 25 ; — ceux de St-Remi surtout, *ibid.* V. *Adalbéron.* — Un synode d'abbés travaille à réformer leurs mœurs, 32 et sq.

MONOCORDE, instrument employé par Gerbert pour déterminer la série naturelle des sons, III, 49.

MONS (La place de), qui appartenait à Rainier, est surprise par le père du chroniqueur Richer, III, 8, 9.

MONTAIGU (La forteresse de),

voisine de Laon, est prise par le roi Louis, 84.

MONTIGNY, ville du roi, est pris et détruit par Thibaud et Bernard, partisans de Hugues, II, 43.

MONTIGNY, qui servait de retraite à un brigand, nommé Serle, est pris et détruit par le roi Louis, II, 8.

MONTMARTRE. Une tempête y détruit les vignes et les moissons, II, 41.

MONT-NOTRE-DAME (en Tardenois), lieu du diocèse de Reims. Adalbéron y assemble un synode, et y fait confirmer le privilège du pape Jean, III, 30. — Il s'y tient un synode de cinq évêques, N. H.

MONTPENSIER, près de Clermont en Auvergne, assiégé par les Normands, I, 7 ; — est délivré par Eudes, 8-9.

MONTREUIL, qui appartenait à Erluin, est convoité par Arnoulf, II, 11, — et livré à ce prince par le commandant, 12. — Erluin le reprend avec le secours de Guillaume, prince des Normands, 14. — Susanne, femme de Robert, l'avait reçu en dot ; répudiée, elle le redemande en vain, IV, 87.

MORINS. Beaudouin, prince des Morins, I, 16. — Arnoulf, id., II, 8. — 30.

MOUTIER-EN-DER. Adson, abbé, III, 57.

MOUTONS. Leur prix au temps du roi Eudes, I, 5.,

MOUZON, occupé par l'évêque

Hugues, est assiégé par le roi Louis, mais sans résultat, 11, 60. — Donné à Hugues, comme place de sûreté, par les évêques de la conférence du Chier, 65. — Il s'y tient un synode dans la basilique de St-Pierre, pour examiner l'affaire de Hugues et d'Artauld, 67. — Hugues vient à Mouzon, mais refuse d'entrer au synode; il est renvoyé à un autre synode, et Artauld confirmé dans la possession de l'évêché de Reims, *ibid.* — Le roi le fait assiéger par trois cohortes, qui s'en emparent; mais Hugues parvient à s'échapper, 83. — Il s'y tient un synode des évêques de Germanie, pour examiner l'affaire d'Arnoulf et de Gerbert; il est présidé par le légat Léon; l'évêque de Verdun en est promoteur, iv, 99. — Il obtient de Gerbert qu'il s'abstiendra de célébrer la messe jusqu'à la tenue d'un autre synode, 106, — et s'ajourne à Reims, à l'abbaye de St-Remi, le huitième jour après la fête de Saint-Jean-Baptiste, 107; — mais l'assemblée se tient à Senlis, N. H.

MUNSTER. Son évêque Hildebold, 11, 66, 69. — Son évêque Suger, iv, 99.

MUSIQUE, entièrement ignorée en Italie, iii, 44.

N

NANTES, ville de Bretagne, est prise par les Normands; son évêque meurt étouffé dans l'église par la foule qui s'y était réfugiée, 11, 41; — prise par Foulques, comte d'Anjou, à l'exception de la citadelle, iv, 81; — est attaquée, mais en vain, par Conan, 82, 83, 84, 85. — Foulques s'empare de la citadelle, 86; — s'engage à rendre Nantes à Eudes, et oublie ensuite ses engagements, 91, 92.

NEUSTRIE, partie de la Gaule Celtique, comprise entre la Seine et la Loire, 1, 4. — Les Normands y sont battus sept fois par Eudes en cinq ans, 5. — Forme un duché, confié à Robert par Charles-le-Simple, 14. — Comprend Tours, 16. — Les Normands l'envahissent et y sont battus par Robert, 28 et sq. — Distincte de la Celtique, 40. — Gislebert s'y rend pour conférer avec le duc Robert, *ibid.* — Sur les instances de Hugues-le-Grand, Lothaire la visite avec sa mère; il y est bien reçu, particulièrement à Paris, Orléans, Chartres, Tours et Blois, iii, 3.

NEUSTRIENS. Leur éloignement encourage les partisans de Charles-le-Simple à le proclamer roi, 1, 12; — marchent sous Robert contre les Normands, 28.

NEVERS. Le roi Louis y reçoit Raymond, duc des Goths, et les principaux seigneurs de l'Aquitaine, qu'il confirme dans leurs gouvernements, 11, 39.

NIL sépare l'Afrique de l'Asie, 1, 1.

NIMES, ville de Gothie, envoie des troupes à Eudes, 1, 7.

NOBLES sont tous blessés à la journée de Montpensier, i, 9. — Eudes termine leurs différents, 12. — Ne manquent pas en Gaule, 15. — *Gallorum nobilissimi*, 16.

NOBLESSE royale, ii, 2, 48 ; iii, 22 ; — du sang, ii, 25 ; — d'une ville, iv, 16.

NOCHER, évêque de Liège, siège au synode de Mouzon, iv, 99.

NORIQUE (Draps de), employés par les moines, sont proscrits par un synode d'abbés, iii, 40.

NORMANDIE (le nom n'existe pas dans Richer), octroyée par Charles-le-Simple à Rollon, duc des Normands, et confirmée par Louis d'Outre-Mer à Guillaume I*er*, fils de Rollon, ii, 20.

NORMANDS (NORTMANNS). V. *Pirates*, pour les temps antérieurs à leur conversion. — Désolent les parties maritimes de la Gaule, i, 39 ; — sont empêchés par les Gaulois de se joindre à Charles-le-Simple, après la journée de Soissons, 46 ; — envahissent les Gaules, 48 ; — se jettent sur la Bourgogne ; sont battus successivement à Chelles et sur les bords de la Seine ; les débris de leur armée se retirent à Eu, 49.—Ils y sont forcés et exterminés, 50. — Désolent l'Artois ; Raoul les contraint de se renfermer dans une forêt, où ils succombent enveloppés de toutes parts, 51. — Héribert leur présente Charles à Eu, 53. — Guillaume, duc des Normands, ii, 20. — A sa mort, les uns se donnent à Louis, en se faisant ses hommes ; les autres, indignés, embrassent le parti de Hugues, *ibid.* — Défont les Bretons, leur prennent Nantes et les réduisent en servitude ou les chassent de Bretagne, 41. — Sont battus à Arques par Arnoulf, et se décident à reconnaître l'autorité du roi, 42. — Louis prend successivement possession des villes de leur pays, *ibid.* — Il lève une nombreuse armée de Normands, avec laquelle il ravage le Vermandois et vient assiéger Reims, 44. — Demandent à Hugues, en échange de la personne du roi, tous les fils de celui-ci ; refusent d'abord et acceptent ensuite le plus jeune avec Gui, évêque de Soissons, 48. — Reçoivent Hugues-Capet pour roi, iv, 12. — Promettent à Eudes de défendre sa cause contre Foulques, 90 ; — mais ils n'arrivent pas à temps pour le sauver, 92. — Le duc Richard meurt d'apoplexie, N. H.

NOYON. A la mort de l'évêque Ayrard, Raoul fait élire Walbert, abbé de Corbie, i, 63. — Hugues-Capet y est sacré roi par l'archevêque Adalbéron, iv, 12.

O

OCÉAN, iv, 13.

OCÉAN BRITANNIQUE, i, 2. Voy. *Bretagne* (Mer de).

OCTAVIEN, successeur du pape Agapet, iii, 17.

ODELRIC, que les brigandages

des Normands avaient forcé de quitter le diocèse d'Acqs, est chargé de l'administration du diocèse de Reims, pendant la jeunesse du fils d'Héribert, 55. — A quel prix, *ibid.*

ODELRIC, évêque d'Augsbourg, siège au concile d'Ingelheim, ii, 69.

ODELRIC, chanoine du chapitre de Metz, recommandé à Lothaire par Brunon pour l'évêché de Reims, iii, 18 ; — est sacré dans la basilique de Saint-Remi par les évêques diocésains de la province de Reims, 19 ; — invite les usurpateurs des biens de son église à les restituer, *ibid.* ; — puis, au bout de cent vingt jours, les frappe d'anathème ; ils se rendent, et il les délie de l'excommunication, 20.

ODILON, abbé, assiste au synode de Verdun, ii, 66.

O.... (ODON OU EUDES?) s'engage à prendre Laon, si le roi Hugues lui donne Dreux, iv, 40 ; — reçoit cette ville, *ibid.* V: *Eudes.*

OISE. Louis conclut sur les bords de cette rivière une trêve avec Hugues et Héribert, ii, 28.

OMONT. Battu dans le Porcien, le roi Louis se retire dans ce château, ii, 26.

OPTIMATES, i, 12, 16 et *passim.*

ORANGE envoie des troupes à Eudes, i, 7.

ORBAIS, monastère renommé pour son hospitalité, iv, 50. — Son abbé D.... donne à Richer des marques de sa munificence, *ibid.*

ORDRE ÉQUESTRE, i, 5. V. *Militaris ordo.*

ORLÉANS. Hugues, fuyant devant Otton, Conrad et Louis, s'y retire, ii, 58. — Ville de Neustrie ; Lothaire y est conduit avec sa mère par Hugues-le-Grand, iii, 3. — Son évêque siège au synode de Meaux et se montre favorable à Hugues contre Artauld, 16. — Arnoulf, son évêque, 84. — Hugues y va trouver l'archev. Adalbéron, après lui avoir envoyé des députés, iv, 12. — Robert y est couronné dans la basilique de Sainte-Croix, 43.

OSTIE. Marin, son évêque, ii, 68.

OTAGES, i, 30, 31 ; ii, 5, 45, 48 ; iii, 5 ; iv, 3, etc.

OTRIC, philosophe célèbre [de Magdebourg] en Saxe, envoie à Reims un saxon étudier le système philosophique de Gerbert, iii, 55 ; — trompé par le saxon, déprécie ce système devant l'empereur Otton, ii, 56. — Otton le met, à Ravenne, en présence de Gerbert, 57. — Les deux champions discutent devant Otton, Adalbéron et une foule de savants, 58 et sq. — Il est vaincu, 65.

OTTON, fils de Hugues-le-Grand et frère de Hugues-Capet, vient à Laon prêter serment de fidélité à Lothaire, qui lui donne la Bourgogne, iii, 13.

OTTON I cherche à s'emparer de la Belgique ; ses partisans sont contraints par Louis de fuir au-delà du Rhin, ii, 17 ; — prétendant tenir ce duché de son père, entre dans la Belgique et la ravage, 18. — Louis, frère de Gerberge, se lie d'amitié avec son beau-frère, 29. — Rapproche le duc Hugues du roi Louis, *ibid.*; — assiste à la conférence d'Attigny ; y reçoit un affront de Guillaume de Normandie, 30 ; — s'en plaint vivement à Hugues et à Arnoulf, dont il excite la haine contre Guillaume, 31 ; — averti par la reine Gerberge de la captivité de Louis, demande avec menace sa liberté à Hugues, 49 ; — refuse à Hugues une entrevue, 50 ; — promet du secours à Louis contre le duc, 53; — traverse la Belgique et se joint à Conrad ; Louis va les trouver, et tous trois, après s'être dirigés sur Laon, prennent le parti d'assiéger Reims, 54. — Ils prennent la ville, 55 ; — rétablissent Artauld sur son siège, 56 ; — marchent ensuite contre Hugues, et attaquent Senlis dont ils brûlent les faubourgs, *ibid.* ; — traversent aisément la Seine sur des bateaux, grâce au stratagème de quelques jeunes gens, 57, 58 ; — dévastent tout le pays jusqu'à la Loire, ainsi que la Normandie, et s'en retournent chez eux, 58. — Va trouver Louis en Belgique pour conférer avec lui ; ils célèbrent ensemble la Pâque à Aix-la-Chapelle, 61 ; — est invité par Louis à une conférence, 63. — Elle a lieu sur le Chier, 64. — Fait décider que les évêques présents examineront la cause d'Artauld et de Hugues, 65 ; — ménage une trêve entre Louis et le duc, *ibid.* — Le pape lui envoie l'évêque Marin, chargé d'assembler un concile général, 68. — Il assiste au concile d'Ingelheim, 73 ; — s'engage à appuyer de ses armes les décisions du concile contre les ennemis du roi Louis, 76 ; — envoie à Louis des troupes sous le commandement de Conrad, pour agir contre le duc Hugues, 82 ; — invite le légat Marin à venir en Germanie, *ibid.*; — promet à la reine Gerberge, avec qui il célèbre la Pâque à Aix-la-Chapelle, d'envoyer des secours à Louis, 86 ; — lui envoie le duc Conrad avec une armée levée en Belgique, 91 ; — sollicité par Gerberge de favoriser l'élection de Lothaire, envoie à Reims le duc Brunon avec les seigneurs de Belgique et quelques grands de Germanie, III, 1. — Fait la guerre à Bulizlas, roi des Sarmates, 6. — Roi de Germanie et d'Italie, 44. — Fait retenir Gerbert en Italie par le pape Jean XIII, pour qu'il y enseigne les mathématiques, *ibid.*; — permet à Gerbert de suivre à Reims G., archidiacre de cette ville, 45. — Sa mort, 67.

OTTON II est créé roi des Germains par les Germains et les Belges, III, 67. — Son éloge, *ibid.* — Entendant critiquer par Otric la division de la philosophie de Gerbert, met les deux rivaux en présence, à Ravennes, 56 et sq. — Satisfait des explications de Gerbert, le renvoie en Gaule, chargé de présents, 65. — Est en lutte constante avec Lothaire pour la possession de la Belgique, qu'il garde jusqu'à la fin de son règne, *ibid.* — Pendant qu'il réside à Aix-la-Chapelle, Lothaire arrive subitement avec une armée, dont la présence le décide à fuir, 68, 70. — Sa femme Théophanie, alors enceinte, l'accompagne dans sa fuite, *ibid.* — Le palais d'Aix-la-Chapelle est pillé, les ornements royaux sont emportés, 71. — S'attache les siens, 72 ; — les anime et les décide à agir contre Lothaire, 73 ; — descend dans la Gaule, qu'il ravage, et s'avance jusqu'à Paris, 74 ; — se retire devant l'armée Gauloise et gagne la Belgique, où il licencie ses troupes, 77 ; — accueille avec distinction les députés de Lothaire, qui viennent lui proposer la paix, 78, 80 ; — la fait à Margolius avec ce prince, qui lui abandonne la partie de la Belgique en litige, 81 ; — se rend à Rome, pour reconnaître l'état de la Péninsule, *ibid.* — Est défait par les Barbares et ne s'échappe que miraculeusement de leurs mains, 96. — Meurt à Rome, *ibid.* — Laissait un fils de cinq ans, nommé Otton, 97.

OTTON III, âgé de cinq ans, succède à son père, non sans opposition, III, 97, 99. — Enlevé par Hézilon, son cousin-germain paternel, *ibid.* — S'était entendu, dit-on, avec Adalbéron, évêque de Laon, Eudes et les évêques de Germanie, pour attirer au synode les rois Hugues et Robert, et s'emparer de leurs personnes, IV, 96, 97. — Donne à Gerbert l'évêché de Ravenne. N. H.

P

PADERBORN. Dudon, son évêque, II, 69.

PALISSADES employées pour protéger un camp, II, 62 ; — une ville, IV, 17.

PALLIUM envoyé par le pape Etienne VIII à l'archev. Hugues, II, 27 ; — envoyé par le pape de Rome [Jean XVI] à l'archev. Arnoulf, IV, 31.

PAPES mentionnés par Richer : Jean X, — Etienne VIII, — Agapet II, — Octavien (Jean XII), — Jean XIII, — (Benoist VII, pour) Jean XVI, — Grégoire V. *Voy. ces noms.*

PÂQUES. Ce jour-là même, Bernard de Senlis et Thibaut de Tours, partisans de Hugues, s'emparent de Montigny, II, 43. — Le roi Louis célèbre la Pâque avec Otton à Aix-la-Chapelle, 61. — La reine Gerberge, de même, 86.

PARIS. Une tempête y éclate, II, 41. — Ville de Neustrie ; Lothaire y est conduit avec sa mère par Hugues-le-Grand, III, 3. — Le duc y tombe malade et meurt, 5. — Son évêque siège au synode de Meaux et se montre favorable à Hugues contre Artauld, 16. — Hugues-Capet s'y rend pour lever une armée, destinée à combattre Otton II, 74. — Un combat singulier d'un gaulois et d'un germain se livre sur le pont, 76. — IV, 24, 93.

PATRIE, I, 11.

PATROUILLES veillant à la sûreté des places, IV, 17.

PAVIE. Adalbéron, archevêque de Reims, y rencontre l'empereur Otton II avec Otric, III, 57.

PÉCULE. Soin d'en amasser, reproché aux moines par leurs accusateurs, III, 36.

PELLETERIES étrangères, proscrites dans les monastères par un synode d'abbés, III, 40.

PENDAISON du commandant de Melun, IV, 78. — Sa femme est aussi pendue, mais par les pieds, *ibid.*

PENTECÔTE (Le jour de la), on baptise Catillus, I, 10. — L'archevêque de Reims, Adalbéron, sacre Louis, fils de Lothaire, associé au trône paternel, III, 91.

PÈRES (Saints) ou Pères de l'Eglise, cités, II, 80.

PÉRIGUEUX, dans l'Aquitaine. Eudes y séjourne, I, 12.

PÉRIPNEUMONIE décrite; l'évêque de Tours, Théotilon, en meurt, II, 46.

PÉRONNE. Héribert y enferme dans une prison le roi Charles-le-Simple, I, 47.

PERSE lu et commenté par Gerbert à ses disciples, III, 47.

PEUPLE. L'élection des évêques se faisait d'accord avec lui, I, 19, 22; IV, 26 et sq.

PHARMACEUTIQUE, II, 59.

PHARON (Saint-). V. *Faron.*

PHILOSOPHIE. Le saxon Otric passait pour y être très-versé, III, 55. — Il attaque devant Otton la division de la philosophie attribuée à Gerbert, 56. — Discussion publique entre les deux savants sur cette importante question, 58 et sq.

PICQUIGNI, île de la Somme, où Arnoulf fait assassiner Guillaume de Normandie, II, 33.

PIERRE (Basilique de Saint-) à Mouzon. V. *Basiliques.*

PIEUX armés de fer et durcis au feu, préparés pour la défense de Verdun, III, 103; — pour celle de Laon, IV, 17.

PILLAGE entre seigneurs, I, 58; II, 12, 15; IV, 79 et *passim*; — entre rois et sujets, II, 43, 58; — entre rois, I, 18; III, 71, 74. — Pillage de Poitiers, défendu par le roi Lothaire, 5.

PIRATES (Normands), étaient sortis des îles de l'Océan septentrional longtemps avant la mort de Louis-le-Bègue; possédaient alors la province Rouennaise depuis longtemps; ont pour chef Catillus, I, 4, *notes*. — Sont battus sept fois en Neustrie par le roi Eudes, 5; — envahissent l'Aquitaine, et la ravagent, 6; — se convertissent, après avoir été battus par Robert, duc de la Celtique, et instruits par Martin, 31. — V. *la suite de leur histoire à l'art.* Normands.

PLACES FORTES confiées à des femmes, I, 62; II, 6, 56; III, 102.

PO. Otton conduit Adalbéron de Pavie à Ravenne par le Pô, III, 57.

POÈTES ANCIENS expliqués par Gerbert à ses élèves, III, 47.

POITIERS, ville d'Aquitaine, inutilement assiégée d'abord par Lothaire et Hugues-le-Grand, III, 3, — se rend après la défaite de Guillaume, 5. — Lothaire donne à Hugues-Capet la terre de Poitiers, 13.

POIVRADE, II, 59.

PONTHION, résidence royale

restituée à Charles-le-Simple par Raoul, 1, 55.

PORCIEN (Le). Le roi Louis y accourt de la Bourgogne, II, 26. — Il y est surpris par les armées de Hugues et d'Héribert, et échappe avec peine à leur poursuite avec deux de ses comtes, *ibid.*

PORPHYRE. Ses Isagogues commentés par Gerbert, d'après une traduction III, 46. — Ses travaux philosophiques invoqués par Gerbert contre le saxon Otric, 65.

PORTE-ENSEIGNE du roi, 1, 9.

POULETS. Leur prix sous le roi Eudes, 1, 5.

PRÉSAGES. Tremblement de terre dans le Cambrésis, I, 46. — Eclipse de lune en 927 ; armées de feu dans le ciel, vues à Reims, 52, 65. — Aurore boréale vue de Château-Thierry, II, 7. — Tempête qui éclate à Paris, au sommet de Montmartre, 41.

PRIÈRES. Charles-le-Simple, par ses présents, en obtient, pour tous les jours et à perpétuité, des desservants de la basilique de St-Martin de Tours, 1, 14.

PRIMATES, 1, 4, 10, 15, 16, etc. — Le roi Raoul leur laisse en mourant le gouvernement du royaume, 65. — Lothaire les réunit à Laon, III, 68. — Hugues les convoque pour se plaindre de la conduite de Lothaire, 81.

PRINCEPS Aquitaniæ, 1, 48, — *Aquitanorum*, II, 98. — *Belgicæ*, 18. — *Cisalpinus*, 17. — *Factionis*, IV, 56. — *Morinorum*, 1, 16. — *Normannorum*, II, 13.

— *Regionis*, 8. — *Trecarum*, III, 11. — *Viennæ civitatis*, II, 98. — *Wilelmus*, III, 3. Et *passim.* — Dénomination appliquée à un chef de brigands, II, 8 ; — à un chef de parti, IV, 49.

PRINCIPES Aquitaniæ, III, 1. — *Aquitanorum*, 1, 7. — *Belgicæ*, 1, 12, 21, 22. — *Belgicorum*, II, 16. — *Burgundiæ*, III, 1. — *Celticæ*, I, 12, 21. — *Diversarum gentium*, III, 1. — *Francorum*, 1, 7. — *Galliarum*, 14, 54 ; II, 3. — *Germaniæ*, 1, 54. — *Gothiæ*, III, 1. — *Gothorum*, 1, 64. — *Provinciarum*, II, 27, 30. — *Regnorum*, 1, 4. — *Terræ*, *ibid.* — *Urbium*, II, 5. Et *passim.*

PRINCIPES, synonyme de *majores*, 1, 9 ; — de *primates*, 10, etc.

PRISONNIERS faits à la guerre, 1, 10, 31, 49 ; II, 7, 12, etc.

PRIX de certains objets alimentaires (blé, poulets, moutons, vaches), 1, 5.

PROCERES REGNI, II, 5, etc.

PRODIGE, à la mort de Théotilon, évêque de Tours, II, 46.

PROVENCE. Ses limites ; fournit à Eudes des troupes d'Arles et d'Orange, I, 7.

PROVINCES des Gaules étaient gouvernées au nom et sous l'autorité du roi, 1, 64 ; II, 34, 39, 98, etc. — Etaient transmises par concession du roi, 1, 34 ; III, 13, 21. V. *Bénéfices.*

PRUM (Abbaye de). Richer son abbé, I, 25.

PSEUDO-ÉVÊQUES, sacrés par l'archev. Hugues après son expulsion ou sa déposition, sont condamnés par le synode général d'Ingelheim, ii, 82.

PUY (Le). Eudes y séjourne, i, 6.

PYRÉNÉES (Monts) limitent l'Aquitaine et la Gaule, à l'ouest, i, 2.

Q

QUENTIN (Saint-). Héribert y est enseveli, ii, 36.

R

RADEGONDE (Fort de Sainte), contigu à la ville de Poitiers, est surpris et incendié par les troupes de Lothaire et de Hugues-le-Grand, iii, 3.

RAINIER (Regnier) duc de Lorraine, surnommé *Cou-Long*, meurt au palais de Merschen, i, 34.

RAINIER, comte de Hainaut, envahit les maisons et les domaines royaux que la reine Gerberge possédait en Belgique, iii, 6. — Sa femme et ses enfants sont surpris dans Mons par le père du chroniqueur Richer, et conduits à Gerberge, 9. — Il les recouvre, par l'entremise de Brunon, en restituant à la reine les biens qu'il lui avait pris, 10.

RAINIER, vassal de l'archevêché de Reims, est donné comme otage par l'archevêque Adalbéron au roi Louis, fils de Lothaire, iv, 4. — Vidame de Reims, assiste au synode de Mouzon, 99.

RAMNULF, abbé de Senones, prend la défense d'Arnoulf au synode de St-Basle, mais sans succès, iv, 67, 68.

RAOUL (Rodolf), fils de Richard, duc de Bourgogne, est élu roi, malgré lui, par les Gaulois, i, 47; — rallie à sa cause une partie des Germains (Belges), *ibid.*; — fait faire une levée de deniers publics pour acheter la retraite des pirates (Normands), qui s'étaient jetés sur les Gaules, 48; — se dispose à marcher contre Guillaume, prince d'Aquitaine, qui le prévient et lui prête serment, *ibid.*; — tombe malade à Sens et se fait porter à l'abbaye de St-Remi de Reims, où il guérit, 49; — appelle aux armes la jeunesse de la Gaule Citérieure, et bat les Normands sur les bords de la Seine, *ibid.*; — leur prend le château d'Eu, et vient fixer sa résidence à Beauvais, 50; — est blessé dans une rencontre avec d'autres Normands qui désolaient l'Artois, et s'établit à Laon, 51; — se brouille avec le comte Héribert, qui se montrait trop insatiable, 52, — puis se réconcilie avec lui, 54. — Visite Charles dans sa prison, et lui restitue Attigny et Ponthion, 55. — Donne au fils d'Héribert, encore enfant, l'évêché de Reims, *ibid.* — Marche contre les pirates qui désolaient l'Aquitaine, et les défait à Limoges, 57. — Les Aquitains reconnaissants lui jurent fidélité, *ibid.* — Soutient Hugues dans sa querelle avec Héribert, et avec son aide prend à celui-ci Doulens et Arras, 58. — Somme les Rémois de se choisir un autre évêque que le fils d'Héribert, et, sur leur refus, assiège leur ville, qui se rend, 59 ; — harangue les habitants, 60 ; — fait nommer le moine Artauld, 61. — Marche avec Hugues contre Laon, et prend la ville et le château, 62 ; — épargne la femme d'Héribert, qui avait été laissée dans ce dernier, *ibid.* — Donne l'évêché de Noyon à Walbert, abbé de Corbie, 63. — Reçoit sur la Loire l'hommage des princes des Goths, Raymond et Ermingaud, et du gascon Loup Acinaire, puis s'éloigne de l'Aquitaine, 64. — Meurt ; on l'enterre à Sens dans la basilique de Ste-Colombe, 65.

RATBOD, évêque de Noyon et suffragant de l'archev. de Reims, assiste au synode de Saint-Basle, IV, 51. — 59.

RAVENNE. L'empereur Otton y conduit Adalbéron, et y réunit dans son palais une foule de savants, pour entendre la dispute philosophique d'Otric et de Gerbert, III, 57.

RAYMOND (RAIMOND ou RAGEMOND), prince des Goths, (comte de Toulouse), vient sur la Loire faire hommage au roi Raoul, I, 64 ; — vient trouver à Nevers le roi Louis, qui le confirme dans son gouvernement, II, 39.

RAYNALD (RAYNOLD ou RAINOLD), comte de Reims et de Roucy, épouse Albrada, belle-fille de Louis-d'Outre-Mer. V. *Tableau généal. de la famille Carolingienne.* — Il est autorisé par le roi à conférer avec Hugues, et amène entre eux une suspension d'armes, II, 45.

REIMBOLD, évêque de Spire, siège au synode d'Ingelheim, II, 69.

REIMS, ville de la Celtique ; l'archevêque proclame roi Charles-le-Simple, I. 12. — Ville de la Belgique, 14. — Charles s'y retire d'abord, après avoir été délivré par l'archevêque Hérivée, 22. — Hérivée y assemble un concile pour s'éclairer sur les réponses à faire à l'archev. Witton, 32. — Les grands de la Celtique y amènent le duc Robert, pour le faire couronner dans la basilique de Saint-Remi. 41. — On y voit des armées de feu dans le ciel, 65. — Héribert y amène Charles, 54. — Artauld en est élu archevêque, 61. — Des flammes de sang y apparaissent au ciel, 65. — Héribert et Hugues l'assiègent, s'en emparent avec la connivence des habitants, et chassent l'archev. Artauld, II, 22. — Gui, évêque de Soissons, y ordonne prêtre Hugues, fils d'Héribert, 24. — Les évêques de la province l'y sacrent ensuite archevêque à la place d'Artauld, déposé, 25. — Des députés de l'église de Reims sont chargés par le pape Etienne VIII de remettre le *pallium* à l'archevêque Hugues, et de publier l'ordre du pape aux grands de la Gaule, de cesser toute hostilité contre le roi, 27. — L'archevêque Hugues en refuse l'entrée à Louis;

celui-ci l'assiége, 44 ; — puis se retire à la prière du duc Hugues ; sous quelle condition, 45. — Est assiégée et prise par Louis, Otton et Conrad, qui rétablissent Artauld sur son siége, 54, 55, 56 ; — est laissée par eux à la garde de la reine Gerberge, 56. — 60. — L'évêché est donné à Artauld par les évêques de la conférence du Chier, 65. — Il lui est confirmé par les synodes de Verdun et de Mouzon, 66, 67. — 84. — Hugues ravage horriblement le pays de Reims, 85. — 88. — Le roi Louis y est porté expirant, 103. — Les seigneurs s'y réunissent pour élire Lothaire, III, 1. — G..., archidiacre de Reims, y amène Gerbert, 45. — L'école prospère sous la direction de celui-ci, *ibid.* — Ordre des cours qu'on y suit, 46 et sq. — Otric y envoie un Saxon étudier le système philosophique de Gerbert, 55. — Otton II passe près de la ville, 74. — Lothaire y est enterré dans l'abbaye de St-Remi, 110. — Le roi Louis, fils de Lothaire, l'assiége et se retire, après avoir reçu la soumission de l'archev. Adalbéron, IV, 3, 4. — Charles de Lorraine y vient solliciter Adalbéron en sa faveur, 9. — Hugues, appelé par Adalbéron, y arrive le jour même de la mort de l'archevêque, et s'attache les habitants par serment, 24. — Arnoulf en est fait évêque, 31. — Est livrée à Charles par son neveu Arnoulf, 34, 36. — 50. — Rainier, vidame de Reims, assiste au synode de Mouzon, 99. — Le synode de Mouzon s'y ajourne, 107 ; — mais l'assemblée se tient à Senlis. N. H.

— HABITANTS. V. *Rémois.*

— ARCHEVÊQUES : *Foulques,*

I, 12 ;—*Hérivée,* 19 ;—*Seulf,* 41 ;— *Hugues,* 55; II, 25 ; — *Artauld,* I, 61 ; — *Odelric,* III, 18, 19 ; — *Adalbéron,* 22 ; — *Arnoulf,* IV, 28 ; — *Gerbert,* 73. — Pour les détails, v. ces *différents noms.*

— SUFFRAGANTS des archev., les évêques de *Thérouanne,* I, 12 ; — *Soissons,* III, 19 et IV, 51 ; — *Laon,* ibid. ; — *Châlons,* III, 19 ; — *Noyon,* ibid., et IV, 51 ; — *Verdun,* III, 19 ; — *Beauvais,* IV, 51 ; — *Amiens,* ibid. ; — *Senlis,* ibid.

— ECOLE. Adalbéron en confie la direction à Gerbert, III, 45.— Enseignement de ce religieux, 46 et sq.

RELIGIEUX. V. *Moines.*

RELIQUES déposées par Adalbéron dans une châsse magnifique, III, 23. — Serment fait sur des reliques, IV, 46.

REMI (St-) baptise les Gaulois, I, 3. — Est honoré par Charles-le-Simple, 4. — Patron des Français, III, 25. — L'archevêque Adalbéron se rend à son tombeau, au retour de Rome, III, 29. — Otton II lui rend de grands honneurs, 74.

REMI (Abbaye de St-). On y élit roi Charles-le-Simple, I, 12. — Le duc Robert y est élu par les grands de toute la Celtique, 41. — Le roi Raoul, malade, s'y fait porter et y guérit, 49. — Artauld, moine de l'abbaye, est élu archevêque de Reims, 61. — Hugues, fils d'Héribert, y est sacré archevêque à la place d'Artauld, déposé, II, 25. — Le roi Louis d'Outre-Mer y est enseveli, 103. — Lothaire y est sacré roi par l'archevêque Artauld, III, 2. — Odelric y est sacré évêque de Reims par les évêques suffragants de la métropole, 19. — Les moines de St-Remi sont l'objet de l'affection d'Adalbéron, qui va pour eux à Rome, en 971, 25 (1). — Ils déposent aux archives le privilège qu'Adalbéron leur a obtenu du pape Jean XIII, 29, 30. — Otton II y honore St-Remi, 74. — Lothaire y est enterré, 110. — Arnoulf, fils naturel de Lothaire, y est conduit, IV, 28, — et sacré évêque de Reims, 31. — Le synode de Mouzon s'y ajourne, 107; — mais l'assemblée se tient à Senlis. N. H.

RÉMOIS, sommés de se choisir un autre évêque que le fils d'Hérivée, refusent d'abord; puis, assiégés, ils ouvrent leurs portes à Raoul, I, 59. — Ce prince les harangue, 60. — Elisent le moine Artauld, 61. — Ouvrent les portes de leur ville à Héribert et à Hugues, II, 22. — Le roi Hugues leur propose de donner Arnoulf pour successeur à l'archevêque Adalbéron, IV, 26; — l'acceptent après délibération; à quelle condition, 27, 28.

RÉPUDIATION de la reine Susanne par le roi Robert, IV, 87; — blâmée par tous les esprits sages, 88.

RHÉTORIQUE enseignée par Gerbert, III, 47.

RHIN sépare la Germanie de l'Océan, baigne la Gaule à l'Est, I, 2. — Henri l'Oiseleur le passe pour aller combattre les Sarmates, 39. — Otton I, pour aller ravager la Belgique, II, 18. — Gislebert, pour aller ravager la Germanie; il est défait, au retour, sur les bords du fleuve, et s'y noie, en voulant fuir, 19.

RHÔNE, sert de limite à l'Aquitaine, I, 2; — à la Provence, 7.

RIBEN (RIPEN). Lioptach, son évêque, II, 69. V. *Ripen.*

RICHARD de Bourgogne, père du roi Raoul, I, 47.

RICHARD, fils de Guillaume, duc de Normandie, reçoit de Louis la province qu'avait possédée son père, et se donne au roi, II, 34. — Ses sujets, mécontents, se rangent en partie du côté de Hugues, *ibid.* — Meurt d'apoplexie, N. H.

RICHER (Le chroniqueur), écrit son ouvrage à la demande de Gerbert, archevêque de Reims, à qui il le dédie, *Prologue.* — Se propose de faire l'histoire des Gaulois sous des Charles et des Louis, *ibid.* — A puisé dans Flodoard, prêtre de Reims, *ibid.* — Prend pour point de départ le règne de Charles-le-Simple, I, 3. — A pour père Rodolf, homme d'armes du roi Louis d'Outre-Mer, II, 88. — Moine de St-Remi; fait le voyage de Chartres pour y lire les *Aphorismes* d'Hippocrate; difficultés de ce voyage, IV, 50. — Prend aussi connaissance du livre intitulé de l'*Accord* d'Hippocrate, de Galien et de Suranus, *ibid.* — Renvoie pour les détails de la procédure d'Arnoulf au livre de Gerbert, 73.

RICHER (RICHAIRE ou RICAIRE), abbé de Prum, est substitué par Charles-le-Simple à Hilduin, évê-

(1) *A la page* 525, *ligne* 11, *substituez à* ibid. : c. XXV, *et mettez* 971 *devant* Adalbéron.

que de Tongres. Persécuté par Hérimann, il va, sur l'ordre du roi, se plaindre au pape Jean X qui le confirme, I, 25.

RICHOO, évêque de Worms, siège au synode d'Ingelheim, II, 69.

RICUIN, comte lorrain, est défait par Charles-le-Simple, dont il avait abandonné le parti pour celui de Robert; fait sa soumission, I, 27 ; — amène des troupes au roi pour combattre Rollon, 28.

RICULF, évêque de Soissons, favorise l'entrée de l'archevêque Hérivée dans cette ville, I, 22.

RIPEN. Liefdach, son évêque, II, 69. V. *Riben*.

RIPHÉES (Monts) répondent aux Monts Ourals, I, 1. — Leur nom pris dans un sens figuré, II, 73.

ROBE BLANCHE, vêtement des nouveaux baptisés, II, 102.

ROBERT, chevalier, fils du Germain Witichin et père du roi Eudes, I, 5.

ROBERT, frère du roi Eudes, après la mort de ce prince, se met au service de Charles-le-Simple, I, 14. — Est nommé par lui duc de la Celtique et lui fait visiter la Neustrie, *ibid*. — Demande en vain à Charles le renvoi d'Haganon et se sépare de lui, 16. — Trame la chute de Charles, et s'entend avec Beaudouin, comte de Flandre, pour se débarrasser de l'archev. Foulques, *ibid*. — Fait solliciter le roi de renvoyer Haganon, et, sur son refus, excite Henri l'Oiseleur à renverser Charles, tandis qu'il se met lui-même en devoir de le prendre ; il y réussit, mais l'archevêque Hérivée délivre ce prince, 21. — Défait les Normands, 28, 30. — Charge le moine Martin, et l'archevêque de Rouen, Witton, de les prêcher, 31, 32. — Excité par Gislebert à détrôner Charles-le-Simple, 40, — vient à Soissons, où les seigneurs l'élisent roi, 41. — Donne Seulf pour successeur à Hérivée, *ibid.*; — périt en combattant Charles à Soissons, 46.

ROBERT, commandant de Montreuil, livre cette place d'Erluin au comte Arnoulf, I, 11 et 12.

ROBERT, archevêque de Trèves, concourt à rétablir Artauld sur le siége de Reims, II, 56. — Préside le synode de Verdun, 66. — Préside également le synode de Mouzon ; avait reçu du pape Agapet, par lettres apostoliques, mission d'y régler l'affaire de Hugues et d'Artauld, 67. — Assiste au concile d'Ingelheim, 69, — est chargé d'exposer l'affaire, 70. — Ses conclusions en ce qui touche les plaintes du roi Louis contre le duc Hugues, 74. — Intercède auprès du concile de Laon, en faveur de Gui, évêque de Soissons, 82.

ROBERT, prince de Troyes, fils d'Héribert et frère de l'ancien évêque Hugues, s'empare du château de Dijon par la trahison du commandant, III, 11 ; — est assiégé dans Troyes par le duc Brunon, en même temps que Dijon est pressé par les troupes de Lothaire, 12; — se rend, fait sa soumission et livre le traître, *ibid*. — recueille son frère Hugues, 17.

ROBERT, fils de Hugues-Capet, iv, 12. — Est couronné par l'archevêque Adalbéron, et proclamé roi des peuples occidentaux depuis la Meuse jusqu'à l'Océan, 13. — Son éloge, *ibid*. — Répudie sa femme Susanne, parce qu'elle est vieille; cet acte est blâmé en secret par les sages, 87, 88. — Est occupé de la querelle d'Eudes et de Foulques, 87. — Préside le synode de Chelles, 89. — Est invité par les évêques de Germanie à se réunir à eux avec les évêques des Gaules, pour examiner l'affaire d'Arnoulf, 95. — Informé qu'un complot a été ourdi par Adalbéron et Eudes pour le livrer avec son père au roi Otton, refuse d'aller en Germanie, et offre aux évêques de tenir leur synode en Gaule, 96. — Epouse Berthe, pour quelle raison, N. H. — Reprend à Foulques, tout ce qu'il avait enlevé à Eudes, *ibid*. — Assiège Hildebert en Aquitaine, *ibid*. — Réinstalle Arnoulf sur le siège de Reims, *ibid*. — Gerbert l'abandonne pour cette raison, *ibid*.

RODOLF, évêque de Laon, étant venu à mourir, reçoit pour successeur Adelelme, i, 26. (*Corrigez au chapitre le nom de Rodolf.*)

RODOLF, évêque de Laon, est chassé de la ville par Louis, qui le suspectait de trahison, ii, 17. — Assiste au concile d'Ingelheim, 69; — proteste contre le contenu de la lettre présentée par Sigebold, 78. — Meurt, 82.

RODOLF, abbé de St-Remi, préside un synode d'abbés, réunis pour s'occuper de la réforme des monastères, iii, 32.

RODOLF, père du chroniqueur Richer, est consulté par Louis sur les moyens de prendre Laon, ii, 87; — fait examiner les lieux et soumet au roi un projet qu'il approuve, 88, 89, 90. — S'empare de la place par surprise, 90. — Est prié par la reine Gerberge d'aviser au moyen de recouvrer les biens dont Rainier l'a dépouillée, iii, 7; — envoie en reconnaissance à Mons quelques hommes dévoués, 8; — s'empare de la place par surprise, et y fait prisonniers la femme et les enfants de Rainier, 9.

ROGER, comte de Laon, envoyé à Guillaume de Normandie pour l'attirer dans le parti du roi, meurt à Rouen, après avoir rempli sa mission, ii, 28 et *cf* 26, *note*.

ROGER envahit avec Charles de Lorraine la ville de Reims, iv, 56.

ROIS des Gaules, i, 4, — des Gaulois, iii, 67, — des Français, iv, 49. — Rendaient la justice, i, 5, 12, 14. — Désignaient et présentaient les évêques à l'élection, ou les nommaient du consentement du clergé et d'accord avec le peuple, 19, 22, 25, 26, 41, 61; iii, 18; iv, 25, etc. — Réglaient les affaires publiques avec les seigneurs et les évêques, 1, 7, 12, 26, 49; ii, 37, 39. — Après leur couronnement, prenaient solennellement possession du pouvoir en rendant des édits, i, 12; iv, 12. — Nommaient et confirmaient les gouverneurs des provinces, i, 34, 64; ii, 34, 39. — Disposaient de la main des veuves des bénéficiers, i, 11. — Vivaient en simples particuliers dans leurs châteaux, I, 21 ; II, 84, 85 ; — et résidaient presque toujours en Belgique jusqu'au règne de Hugues-Capet, I, 21, 22, 28, etc.

ROLLON, fils de Catillus, envahit la Neustrie, I, 28. — Est défait par Robert, duc de Celtique, 29-30. — Met des troupes dans la place d'Eu, 50.

ROME, la capitale du monde, autrefois écrasée par les Franks, I, 7. — Héribert y envoie des ambassadeurs, pour obtenir du pape qu'il ordonne le rétablissement de Charles-le-Simple, 54. — Le pape Etienne VIII enjoint aux grands de la Gaule d'y envoyer des députés pour lui certifier leurs bonnes dispositions envers le roi Louis, II, 27. — Le concile d'Ingelheim menace le duc Hugues d'anathème, jusqu'à ce qu'il ait donné satisfaction à Louis ou qu'il soit allé à Rome s'expliquer devant le pape, 77. — Le concile de Laon le déclare retranché de l'église jusqu'à ce qu'il ait rempli ces conditions, 82. — Il cite à comparaître Hildegaire, évêque de Beauvais, à moins qu'il n'aime mieux aller à Rome rendre compte au pape de sa conduite, *ibid*. — Le pape Agapet y tient un concile, où il souscrit les actes de celui d'Ingelheim et excommunie lui-même le duc Hugues, 95. — L'archevêque de Reims, Adalbéron, s'y rend, pour les intérêts de l'abbaye de Saint-Remi, III, 25.—Il y va ensuite avec Gerbert, 57. — Otton II y va, pour en examiner la situation, 81. — Hugues vient l'y trouver, 84 ; — il y honore les Saints Apôtres, *ibid*. — Otton II y meurt, 96. — Gerbert y va deux fois pour exposer sa cause au pape, N. H.

RORICON, frère bâtard du roi Louis, succède à Rodolf sur le siége de Laon, II, 82 ; — assiste au synode de Meaux, et appuie Artauld contre Hugues, III, 16. — Concourt au sacre d'Odelric, archevêque de Reims, 19.

ROUEN, métropole de la province Rouennaise, a six villes dans sa dépendance, I. 4. — Le roi est invité par les Normands de son parti à venir à Rouen; il y est bien accueilli, II, 35. — Il en confie la garde à Erluin, *ibid*. — Erluin y envoie les mains du meurtrier de Guillaume de Normandie, 38. — Le roi Louis vient à Rouen ; il y est bien reçu par ses partisans, les autres s'enfuient, 42. — 44. — Il y vient avec Erluin ; y est fait prisonnier, 47.

ROUENNAISE (Province), fait partie de la Celtique, I, 4. — Est habitée par les pirates (Normands), *ibid*. V. *Normandie*.

ROYAUME partagé entre le père et le fils, III, 92-95 ; IV, 13.

RUSE employée pour parvenir à assassiner Guillaume de Normandie, II, 32, 33 ; — à s'emparer du roi Louis et de ses fils, 47, 48. — Ruse de guerre. V. *Stratagème*.

RUSTIQUE, martyr, honoré par le roi Eudes, à son passage par Paris, I, 13.

S

SAINT AUGUSTIN, SAINT-BASLE, etc. V. *Augustin, Basle,* etc.

SALERNE. Un médecin de cette école, jaloux de la réputation de Dérold, tente, mais en vain, de le faire périr par le poison; empoisonné à son tour par son rival, il invoque le secours de son art, et le proclame grand maitre en fait de médecine, II, 59.

SALOMON. L'archevêque Adalbéron semble avoir voulu imiter son œuvre, III, 23.

SAÔNE sert de limite à l'Aquitaine, I, 2.

SARMATES se soumettent à Charles-le-Simple, I, 14. — Ont pour roi Bulizlas, qui est en guerre avec Otton I, III, 6.

SAXE. Charles-le-Simple s'y rend, l'occupe sans résistance et lui donne pour duc Henri (l'Oiseleur), I, 14. — Henri n'en a été fait roi qu'à cause de la turbulence des Slaves et de l'extrême jeunesse de Charles-le-Simple; la souveraine autorité appartenait à Charles, II, 18. — Otric y a une grande réputation comme philosophe, III, 55.

SCÈNE de Notre Seigneur renouvelée entre Charles de Lorraine et l'évêque Adalbéron, pour enchaîner la fidélité de celui-ci, IV, 47.

SÉEZ, ville épiscopale de la province rouennaise, I, 4.

SEIGNEURS se disputent le pouvoir pendant l'enfance de Charles-le-Simple, I, 4. — Conseillent au roi de donner aux Normands la province de Rouen, *ibid.* — Se rapprochent et se concertent pour élire un roi capable de résister aux pirates, *ibid.*; — proclament Eudes, 5. — S'occupent avec le roi, tant ceux de France que d'Aquitaine, des dispositions militaires à prendre contre les Normands, 7. — Règlent avec lui les affaires publiques, 12. — Ceux de Belgique et quelques-uns de ceux de la Celtique s'attachent à Charles-le-Simple, *ibid.* — Tous ceux des Gaules le reconnaissent après la mort d'Eudes, 14. — Se plaignent à lui qu'il mette Haganon sur le même pied qu'eux, 15. — Se réunissent à Soissons auprès du roi, mais ne pouvant en obtenir le renvoi d'Haganon, quittent le palais avec Robert, 16. — Presque tous ceux de la Celtique jurent à Robert de l'aider à supplanter Charles, 21. — Se rendent à Soissons et s'emparent de la personne du roi, qui ne doit son salut qu'à la subite arrivée de l'archevêque Hérivée, 22. — Des seigneurs de Belgique travaillent à renverser Charles au profit de Robert, *ibid.* — Ceux de toute la Celtique se rendent à Soissons pour concerter avec Gislebert et Robert les moyens de renverser le roi, 41; — élisent Robert, *ibid.* — Abandonnent tous Charles, excepté quelques seigneurs belges, 42. — Traitent des affaires publiques avec les rois, 49. — Administrent les provinces au nom des rois,

64. — Se divisent à la mort du roi Raoul, II, 1. — Consentent à ce que Hugues rappelle d'Angleterre Louis d'Outre-Mer, 2. — Viennent au devant de ce prince jusqu'à Boulogne, 3 ; — l'investissent de l'autorité royale dans la ville de Laon, 4. — Reçoivent du pape Etienne VIII l'ordre de cesser, sous peine d'anathème, toute hostilité contre le roi Louis, et de faire connaître au pape leur soumission à cet ordre, 27. — Se réconcilient avec le roi, à l'exemple du duc Hugues, et ont avec lui une conférence à Attigny, 30. — Les partisans du roi se réunissent près de lui à Amiens, 37. — Les principaux seigneurs de l'Aquitaine viennent à Nevers lui remettre l'administration de leur province, qui leur est confirmée, 39. — Concourent avec le roi à réconcilier Arnoulf et Erluin, 40. — Se réunissent à Reims auprès du roi pour traiter avec lui de ses intérêts et de ceux de l'Etat, 63. — Gouvernent leurs villes et leurs provinces au nom du roi, 98. — Reconnaissent pour roi Lothaire, III, 1, 2. — Accueillent favorablement le projet de ce prince de marcher contre Otton, 68, 69. — Les partisans du duc Hugues lui conseillent de s'attacher à Otton II contre Lothaire, 83. — Sont convoqués à Compiègne pour associer Louis au trône de Lothaire, 90, 91. — Font à Lothaire de pompeuses funérailles, 110. — Se réunissent en assemblée après la mort de Louis V, pour délibérer sur les intérêts du royaume, IV, 5. — Absolvent l'archevêque Adalbéron des reproches que lui avait faits le roi Louis, 6, 7. — Conviennent de s'ajourner pour l'élection d'un roi, 8 ; — se réunissent à Senlis, et sur la proposition d'Adalbéron, proclament roi le duc Hugues, 11, 12. — Sont convoqués à Orléans pour associer Robert au trône paternel, 13. — Conviennent avec les rois d'abandonner pour le moment le siège de Laon, 19. — Conduisent Arnoulf au monastère de St-Remi, pour y être sacré évêque, 28.

SEINE. Raoul réunit sur les bords de la Seine l'armée qu'il destine à combattre les Normands, I, 49. — Le roi Setrich entre dans le fleuve avec une flotte considérable, II, 35. — 42. — Louis, Otton et Conrad la traversent, grâce au stratagème de quelques jeunes gens, et ravagent tout le pays qui s'étend entre cette rivière et la Loire, 58. — Louis et le duc Conrad ravagent les terres de Hugues, de Senlis à la Seine, 93. — Otton II s'avance jusque sur ses bords, III, 74. — Sépare les armées d'Otton II et de Hugues-Capet, 75. — Entoure Melun, 74. — Une flotte armée presse la place par eau, 77.

SENLIS. Son évêque, Ivon, condamné au concile de Laon, II, 82. — Attaqué par Louis et le duc Conrad, se défend si bien qu'ils sont contraints de se retirer, mais non sans en avoir incendié le faubourg, 92. — Le roi Louis, fils de Lothaire, y meurt, IV, 5. — Les grands de la Gaule s'y réunissent pour l'élection d'un roi, 11. — Ils y proclament Hugues-Capet, 12. — 47. — Hugues y emmène Charles et Arnoulf, 48. — Un synode s'y tient, sous la présidence du légat Léon, pour juger l'affaire pendante entre Gerbert et Arnoulf, N. H.

SENONES. Son abbé Ramnulf, prend la défense d'Arnoulf au synode de Saint-Basle, iv, 67.

SENS. Le roi Raoul y tombe malade, i, 49. — On l'y enterre dans la basilique de Sainte-Colombe, 65. — Son archevêque préside le synode de Meaux, et se montre favorable à Hugues contre Artauld, iii, 16. — Séguin, son évêque, siège au synode de St-Basle, iv, 51 et sq.

SENTINELLES à l'armée, i, 8. — Dans les places, iii, 8 ; iv, 16, 19. — Dans les camps, 23.

SEQUANIENS ont pour métropole Besançon, ii, 98. V. *Genauni*.

SERLE, brigand, qui occupait le château de Montigny, le défend vainement contre les troupes de Louis, et n'échappe à la mort que par l'intercession de l'archevêque Artauld, ii, 8 ; — fait serment de ne plus se livrer au brigandage et reçoit sa liberté, *ibid.*

SERMENT, i, 12, 36, 37, 53, 57 ; ii, 3, 4, 7, 11, 28, 48, 98 ; iii, 11, 13, 21, etc. — A généralement une grande autorité, i, 36 ; ii, 3, 4, 7, 11, 48 ; iii, 11, etc. — Quelques-uns s'en jouent, iv, 28-34, 42-48. — Prêté sur des reliques, iv, 42, 46. — Prêté en garantie, soit d'une trahison, soit des récompenses qui y sont attachées, ii, 7, 11, etc.

SETRICH, roi des pirates, qui aspirait à ramener l'idolâtrie dans la Normandie, est défait par le roi Louis et tué dans sa fuite par des maraudeurs, ii, 35.

SEULF, archidiacre de Reims, succède à l'archevêque Hérivée, par décret de Robert, i, 41.

SIÉGES. Voir *Arras, Bayeux, Brienne, Causoste, Doulens, Geul, Langres, Laon, Mézières, Montigny, Montreuil, Mouzon, Poitiers, Reims, Senlis, Soissons, Verdun*.

SIGEBOLD, clerc de Hugues, présente au concile d'Ingelheim une lettre du pape Agapet, qui ordonnait l'exclusion d'Artauld au profit de Hugues, conformément au vœu des évêques suffragants de Reims ; il ne peut en prouver l'authenticité, et le concile le dégradant du diaconat, l'oblige de se retirer, ii, 78, 79.

SIGEFROI, homme illustre, concourt à reprendre Verdun au roi Lothaire, iii, 103.

SIGNALEMENT de Hugues, transmis par la reine Emma à l'impératrice Adélaïde, sa mère, iii, 87.

SIGNAUX. Hugues et Adelstan s'annoncent leur présence sur les rivages opposés de France et d'Angleterre par l'incendie de cabanes, de maisons, ii, 3.

SIGUIN, archevêque de Sens, préside le synode de Saint-Basle, iv, 51 et sq. — Siège au synode de Chelles, 89.

SILLETUM, SILLETENSIS, pour *Silvanectum, Silvanectensis* (Senlis, de Senlis). V. *Senlis*.

SIXTE, père de l'Église. Son autorité invoquée au concile d'Ingelheim, ii, 80.

SLAVES. Ce sont leurs incursions qui ont fait nommer roi de Saxe Henri l'Oiseleur, ıı, 18.

SOISSONNAIS. Hugues poursuit Louis de la Seine au Soissonnais, ıı, 93.

SOISSONS. Charles-le-Simple y tient une assemblée des grands du royaume, où Robert, leur chef, demande en vain le renvoi d'Haganon, 1, 16. — Nouvelle réunion, où les partisans du duc renouvellent inutilement cette demande, tandis que Robert se tenait à Etampes, 21. — Charles y est fait prisonnier par eux, et délivré par l'archev. Hérivée, 21, 22. — Il y est défait par les troupes de Robert, 46. — Les Gaulois y élisent roi Raoul, 47. — Ce prince y tient une assemblée générale, 49 ; — y retourne après avoir été visiter Charles dans sa prison, 55. — Gui, évêque de Soissons, ordonne prêtre Hugues, fils d'Héribert, ıı, 24. — Les évêques de la province s'y rassemblent dans la basilique des saints martyrs Crépin et Crépinien, 25. — Ils y déposent l'archevêque de Reims, Artauld, et élisent à sa place Hugues, fils d'Héribert, *ibid.* — Otton II traverse la ville, ııı, 74. — Charles de Lorraine la posséda, ıv, 36.

SOMME. Arnoulf fait assassiner Guillaume de Normandie dans une île de la Somme, nommée Picquigni, ıı, 33.

SOPHISTE chargé par Gerbert de former ses disciples à la controverse, au sortir de la rhétorique, ııı, 48.

SOU, ıı, 57.

SPHÈRES inventées par Gerbert pour servir à l'explication des phénomènes célestes, ııı, 50, 51, 52, 53.

SPIRE. Reimbold, son évêque, ıı, 69.

STACE lu et commenté par Gerbert à ses disciples, ııı, 47.

STARCHAND, évêque d'Eichstædt, siège au concile d'Ingelheim, ıı, 69.

STRATAGÈME pour s'emparer d'une place, ıı, 7, 11, 89 et sq.; ııı, 6 et sq. — Employé par dix jeunes gens pour fournir aux troupes de Louis, d'Otton et de Conrad le moyen de traverser la Seine, ıı, 57. — Par Conan, pour écraser l'armée de Foulques, comte d'Anjou, ıv, 83, 84, 85.

SUGER, évêque de Munster, siège au synode de Mouzon, ıv, 99.

SULPICE, cité par Richer, 1, 3.

SUPPLICES barbares, infligés à des traîtres, ııı, 12; ıv, 78; — particulièrement à une femme, *ibid.*

SURAN, ıv, 50. V. *Richer* le chroniqueur.

SUSANNE, italienne de nation, est répudiée par son mari, le roi Robert, parce qu'elle est vieille, ıv, 87. — Avait reçu en dot le château de Montreuil, *ibid.*; — le réclame, ainsi que le reste de sa dot, mais inutilement, *ibid.*; — construit un fort près de celui de Montreuil, *ibid.*

SYLVESTRE, prêtre, envoyé de Transmar, évêque de Noyon, l'excuse de n'être pas venu au concile de Laon, ii, 82.

SYMMAQUE, père de l'Eglise. Son autorité invoquée au concile d'Ingelheim, ii, 80.

SYNODE D'ABBÉS réunis pour travailler à la réforme des moines, en présence d'Adalbéron et sous la présidence de Rodolf, abbé de St-Remi, iii, 32 et sq.

SYNODES de St-Basle, Chelles, du Chier, d'Ingelheim, de Laon, Ste-Macre, Meaux, Mont-Notre-Dame, Mouzon, Pavie, Reims, Rome, Senlis, Troli, Verdun, V. *ces noms*.

T

TALENTS d'or et d'argent, i, 14, 36.

TANAIS (Don) coule entre l'Europe et l'Asie, i, 1.

TÉRENCE lu et commenté par Gerbert à ses disciples, iii, 47.

TERRE habitable se divise en trois parties, l'Europe, l'Asie et l'Afrique, i, 1.

THÉODERIC, comte belge, prête serment de fidélité au roi Louis, ii, 17.

THÉODERIC, mandé par le roi Louis pour prendre part au siége de Reims, ii, 44.

THÉODERIC, duc de Belgique [et comte de Bar], concourt à enlever Verdun au roi Lothaire, iii, 103.

THÉOPHANIE, femme d'Otton II, était enceinte, quand Lothaire parut devant Aix-la-Chapelle, et la contraignit de fuir avec son mari, iii, 68, 70.

THÉOTILON, évêque de Tours, qui travaillait à réconcilier les princes, meurt en revenant de Laon; son corps est transporté à Tours et enterré dans la basilique de Saint-Julien, martyr, qu'il avait construite, ii, 46.

THÉRIAQUE prise et donnée par Dérold comme contre-poison, ii, 59.

THÉROUANNE, dans la Celtique. Son évêque, suffragant de Reims, concourt à l'élection du roi Charles-le-Simple, i, 12. — Wicfrid, son évêque, ii, 82.

THÉTHARD, évêque de Hildesheim, siège au concile d'Ingelheim, ii, 69.

THIBAUD de Tours, excité par Hugues, attaque et détruit Montigny, ville du roi, ii, 43. — Est chargé par Hugues de la garde de Louis, 48. — Envahisseur des biens de l'église de Reims, et excommunié, pour ce fait, par l'évêque Odelric, rend à l'église le château de Coucy, iii, 20. — Son fils reçoit ce château d'Odelric, dont il s'était fait l'homme, *ibid*.

THIBAUD, diacre de l'église de Soissons, est ordonné prêtre et sacré évêque d'Amiens par l'évêque Hugues, après l'expulsion de celui-ci, ii, 64, 82. — Déposé pour ce fait par le concile de (Laon) Trèves,

82 et *note*. — Excommunié audit concile, *ibid*.

THURMOD, général de Setrich, roi des pirates, est défait et tué par le roi Louis, qu'il venait de blesser, II, 35.

TIMOTHÉE (Abbaye de St-) est donnée à Odelric, administrateur du diocèse de Reims, pour ses besoins journaliers, I, 55. — Propriété d'Adalbéron, est donnée par lui aux religieux de St-Remi, III, 26, 30.

TOILE pour draps de lit interdite aux moines par un synode d'abbés, III, 40.

TONGRES. Charles-le-Simple quitte Reims pour s'y retirer après sa délivrance par l'archevêque Hérivée, I, 22. — L'évêque Etienne étant mort, l'archev. de Cologne, Hérimann, sur l'ordre du roi, sacre Hilduin à sa place, *ibid*. — Charles-le-Simple y résidait, quand Robert fut élu roi à Soissons, 41.

TORTUE, manœuvre militaire employée au deuxième siège de Verdun, III, 104.

TOSCANE (Mer de). La réputation de Gerbert se répand en Italie jusque-là, III, 55.

TOUL. Gauslin, son évêque, II, 66, 69.

TOULOUSE, ville de Gothie, envoie des troupes à Eudes, I, 7.

TOURS, ville d'Aquitaine, I, 13. — Robert, duc de Celtique, s'y retire, 14. — Mort de son évêque, Théotilon; on l'enterre dans la basilique de St-Julien, martyr, II, 46. — Ville de Neustrie; Lothaire y est conduit avec sa mère par Hugues-le-Grand, III, 3. — Foulques bâtit sur les terres d'Eudes et près de Tours un château, IV, 90. — Robert, après avoir épousé la veuve d'Eudes, reprend cette ville à Foulques, N. H.

TRAHISON commise au profit d'Héribert, qui récompense le coupable en le jetant en prison, II, 7. — Du gouverneur de Montreuil au profit d'Arnoulf, 11-12. — Du commandant de Dijon au profit de Robert, prince de Troyes; le traître est livré par Robert au roi Lothaire, qui le fait décapiter sous les yeux de son père, III, 11, 12. — Du commandant de Melun, punie de mort par les rois Hugues et Robert; mort atroce de la femme du commandant, IV, 78. — Mot d'Eudes à ce sujet, *ibid*.

TRANSMAR, évêque de Noyon, malade de la fièvre, se fait excuser par le prêtre Sylvestre de n'être pas venu au concile de Laon, II, 82.

TREMBLEMENT DE TERRE dans le Cambrésis, I, 46. — Présage de calamités publiques, *ibid*.

TRÉSORIER de la ville de Laon, I, 26.

TRÈVES en Belgique; l'archevêque concourt avec ses suffragants à l'élection du roi Charles-le-Simple, I, 12. — Robert, son archevêque, concourt à rétablir Artauld sur le siège de Reims, II, 56. — Préside le synode de Verdun, 66. — Son archevêque Léodulf, IV, 99.

TROLI sur Aisne. Il s'y tient un concile, sous la présidence de l'archevêque Hérivée et du roi Charles-le-Simple. On y délie feu

Erlebald de l'excommunication I, 26. — Hérivée y sacre évêque de Laon Adelelme, trésorier de cette ville, *ibid.*

TROMBE, qui se déchaine sur Paris et Montmartre, II, 41.

TROYES. Ansegise, son évêque, I, 49, 94.

TUNIQUE était repoussée par les moines, quand elle n'était pas d'un beau noir, III, 38.

TUTEUR donné par le roi à Gerlon, fils d'Ingon, I, 11.

TYRAN. Nom généralement appliqué aux adversaires et aux compétiteurs des rois : à Catillus, chef de Normands, I, 11 ; — à Robert, duc de France, 21, 40, 43, 44, 45, 46 ; — à Hugues-le-Grand, II, 22, 48, 82, 85 ; — à Héribert, comte de Vermandois, 7, 22, 30, 36, 82 ; III, 11 ; — à Hugues et à Héribert, 22, 24, 26 ; — à Robert de Troyes, fils d'Héribert, III, 11 ; — à Rainier, comte de Hainaut, usurpateur des biens de la reine Gerberge, III, 10 ; — à Charles de Lorraine, compétiteur de Hugues-Capet, IV, 18, 37 ; — à Eudes et à Foulques, armés l'un contre l'autre, 90.

V

V. (VIDO pour WIDO, Gui?), comte, attiré à Reims par l'archevêque Arnoulf, y est fait prisonnier par Charles, et conduit à Laon, IV, 34, 35 ; — finit par prêter à celui-ci serment de fidélité, et recouvre la liberté, 36.

VACHES. Leur prix sous le roi Eudes, I, 5.

VEILLEUR dans les communautés religieuses, III, 24.

VERDUN. Il s'y tient un synode pour juger l'affaire d'Artauld et de Hugues ; celui-ci refuse d'y venir ; on se sépare sans avoir rien décidé, II, 66. — Son évêque Bérenger assiste au synode d'Ingelheim, 69. — Son évêque Wicfrid concourt au sacre de l'archevêque de Reims, Odelric, III, 19. — Lothaire se décide à l'assiéger, 100. — Description de la place, 101. — Elle se rend à Lothaire, *ibid.* — Est reprise par plusieurs princes de Belgique, 103. — Assiégée de nouveau par Lothaire, est emportée et reste en la possession du roi, 104, 108.

VERGE [de Moïse, déposée dans le tabernacle]. Richer y compare les reliques des saints renfermées dans une châsse, III, 23.

VERMANDOIS. — Héribert y amène Charles-le-Simple, pour effrayer les ennemis de ce prince, I, 53. — Le roi Louis le ravage entièrement, II, 44. — Charles de Lorraine en fait venir du blé pour approvisionner Laon, IV, 17.

VEUVE (La) du commandant de Blois est donnée en mariage par le roi Eudes au porte-enseigne Ingon, I, 11.

VICTORIN, rhéteur, a traduit les Isagogues de Porphyre, III, 46.

VIDAME de Reims (Rainier), IV, 99.

VIENNE. Charles Constantin, prince de la ville, II, 98.

VIEILLE-BRIOUDE, château de l'Aquitaine, où Louis, fils de Lothaire, épouse Adélaïde, III, 93, 95.

VIGNES étaient coupées en Gaule sous le roi Eudes, I, 5.

VILLES distinctes des places fortes, I, 12 et *passim*.

VIN. Le commerce en était nul en Gaule sous le roi Eudes, I, 5.

VINCENT (Basilique de Saint-). V. *Basiliques*.

VIR Consularis, dénomination appliquée à des comtes, I, 34, 45, 46; IV, 34, 78. — *Clarus*, II, 28. — *Illustris*, 40, 51; III, 18, 103.

— *Militaris*, IV, 4, etc.— *Nobilis*, I, 34; III, 25, 103. — *Nobilitatis regalis*, 22. — *Spectabilis et Palatinus*, I, 19; II, 59. — *Viri clarissimi*, III, 73.

VIRGILE lu et commenté par Gerbert à ses disciples, III, 47.

VITRAUX, représentant diverses histoires, donnés à l'église de Reims par l'archev. Adalbéron, III, 23.

VITRUVE (Victorin?). Gerbert établit d'après lui sa division de la philosophie, III, 60.

VOYAGES. Comment les grands les faisaient, III, 88. — Comment les rois, 93. — Difficultés qu'ils présentaient aux simples particuliers, IV, 50.

W

WAAST (Saint-), abbaye donnée par Charles-le-Simple à l'archev. Foulques, qui l'échange, avec le château d'Arras, contre l'abbaye de Saint-Médard, I, 17.

WALBERT, abbé de Corbie, succède à l'évêque Ayrard sur le siége de Noyon, I, 63. — Il est sacré par le métropolitain Artauld, *ibid*.

WALON, commandant de Château-Thierry pour le roi Louis, livre cette place à Héribert, qui jette ensuite le traître dans les fers, II, 7.

WICFRID, archevêque de Cologne, assiste au concile d'Ingelheim, II, 69.

WICFRID, évêque de Thérouanne, accusé d'avoir pris part au sacre de l'évêque Hugues, est trouvé innocent, II, 82.

WICFRID, évêque de Verdun, concourt au sacre d'Odelric, archevêque de Reims, III, 19.

WICHARD, évêque de Bâle, siège au concile d'Ingelheim, II, 69.

WINEMAR, exécutant les ordres de Beaudouin, comte de Flandre, tue l'archevêque Foulques, I, 17. — Il est frappé d'anathème; triste fin de ce malheureux, 18.

WISSANT, port de la Belgique, II, 8. — Le roi Louis y construit une forteresse avec le prince Arnoulf, *ibid*.

WITICHIN, germain, aïeul paternel du roi Eudes, 1, 5.

WITTON, archevêque de Rouen, est chargé par Robert, duc de Coltique, d'évangéliser les Normands, et consulte Hérivée sur la conduite à tenir, 1, 32, 33.

WORMS. Charles-le-Simple y a avec Henri d'Outre-Rhin (l'Oiseleur), une conférence qui se termine mal, 1, 20.

WURTZBOURG. Boppon, son évêque, 11, 69.

Z

ZOSIME, père de l'Eglise. Son autorité invoquée au concile d'Ingelheim, 11, 80.

Omissions.

BÂLE. Wichard, son évêque, 11, 69.

EICHSTÆDT. Starchand, son évêque, 11, 69.

EUDES, [évêque de Wilton, plus tard] archev. de Cantorbéry, est envoyé en ambassade à Hugues et aux seigneurs de la Gaule, 11, 4.

TABLE SOMMAIRE.

	Pages.
Préface du traducteur	v
Prologue de Richer	2
Histoire	6
Notes historiques	501
Errata	504

(Voyez aussi les *notes* de la Table chronologique, et la Table alphabétique, p. 536, 591, *notes,* et *omissions,* p. 603).

Tableaux généalogiques, suivis de la Liste des archevêques de Reims.	505
Table chronologique.	513
Table alphabétique	532

Reims, Imp. de P. Regnier.

www.ingramcontent.com/pod-product-compliance
Lightning Source LLC
Chambersburg PA
CBHW060400230426
43663CB00008B/1334